DAS NIBELUNGENLIED

DAS NIBELUNGENLIED

Urtext mit Übertragung

WELTBILD VERLAG

Genehmigte Lizenzausgabe für
Weltbild Verlag GmbH, Augsburg 1994

Umschlaggestaltung: Adolf Bachmann, Reischach
Umschlagbild: Archiv für Kunst und Geschichte, Berlin
Gesamtherstellung: Mohndruck
Graphische Betriebe GmbH, Gütersloh
Printed in Germany
ISBN 3-89350-845-7

Herausgegeben von Prof. Dr. Andreas Heusler
Übersetzung: Karl Simrock

DAS NIBELUNGENLIED

Urtext mit Übertragung

AVENTIURE

von den Nibelungen

Uns ist in alten mæren · wunders vil geseit
von helden lobebæren · von grôzer arebeit,
von vreude und hôchgezîten · von weinen und von klagen,
von küener recken strîten · muget ir nu wunder hœren sagen.

Ez wuohs in Burgonden · ein vil edel magedîn,
daz in allen landen · niht schœners mohte sîn;
Kriemhilt was si geheizen · si wart ein schœne wîp.
dar umbe muosen degene · vil verliesen den lîp.

Der minneclîchen meide · triuten wol gezam;
ir muoten küene recken · niemen was ir gram.
âne mâzen schœne · sô was ir edel lîp.
der juncvrouwen tugende · zierten anderiu wîp.

Ir pflâgen drî künege · edel unde rich,
Gunther unde Gêrnôt · die recken lobelîch,
und Gîselher der junge · ein ûz erwelter degen.
diu vrouwe was ir swester · die vürsten hetens in ir pflegen.

Die hêrren wâren milte · von arte hôch geborn,
mit krefte unmâzen küene · die recken ûz erkorn.
dâ zen Burgonden · sô was ir lant genant;
sie vrumten starkiu wunder · sît in Etzelen lant.

Ze Wormze bî dem Rîne · si wonden mit ir kraft;
in diende von ir landen · vil stolziu rîterschaft
mit lobelîchen êren · unz an ir endes zît.
sît sturbens jâmerlîche · von zweier edelen vrouwen nît.

Ein rîchiu küneginne · vrou Uote, ir muoter hiez:
ir vater der hiez Dancrât · der in diu erbe liez
sît nâch sîme lebene · ein ellens rîcher man,
der ouch in sîner jugende · grôzer êren vil gewan.

ERSTES ABENTEUER

Wie Kriemhilden träumte

Viel Wunderdinge melden · die Mären alter Zeit
Von preiswerten Helden · von großer Kühnheit,
Von Freud' und Festlichkeiten · von Weinen und von Klagen,
Von kühner Recken Streiten · mögt ihr nun Wunder hören sagen.

Es wuchs in Burgunden · solch edel Mägdelein,
Daß in allen Landen · nichts Schönres mochte sein.
Kriemhild war sie geheißen · und ward ein schönes Weib,
Um die viel Degen mußten · verlieren Leben und Leib.

Die Minnigliche lieben · brachte keinem Scham;
Um die viel Recken warben · niemand war ihr gram.
Schön war ohne Maßen · die edle Maid zu schaun;
Der Jungfrau höf'sche Sitte · wär' eine Zier allen Fraun.

Es pflegten sie drei Könige · edel und reich,
Gunther und Gernot · die Recken ohne Gleich,
Und Geiselher der junge · ein auserwählter Degen;
Sie war ihre Schwester · die Fürsten hatten sie zu pflegen.

Die Herren waren milde · dazu von hohem Stamm,
Unmaßen kühn von Kräften · die Recken lobesam.
Nach den Burgunden · war ihr Land genannt;
Sie schufen starke Wunder · noch seitdem in Etzels Land.

Zu Worms am Rheine wohnten · die Herrn in ihrer Kraft.
Von ihren Landen diente · viel stolze Ritterschaft
Mit rühmlichen Ehren · all ihres Lebens Zeit,
Bis jämmerlich sie starben · durch zweier edeln Frauen Streit.

Ute hieß ihre Mutter · die reiche Königin,
Und Dankrat ihr Vater · der ihnen zum Gewinn
Das Erbe ließ im Tode · vordem ein starker Mann,
Der auch in seiner Jugend · großer Ehren viel gewann.

Die drî künege wâren · als ich gesaget hân,
von vil hôhem ellen · in wâren undertân
ouch die besten recken · von den man hât gesaget,
stark und vil küene · in allen strîten unverzaget.

Daz was von Troneje Hagene · und ouch der bruoder sîn,
Dancwart der vil snelle · von Metzen Ortwîn,
die zwêne marcgrâven · Gêre und Eckewart,
Volkêr, von Alzeije · mit ganzem ellen wol bewart,

Rûmolt der kuchenmeister · ein ûz erwelter degen,
Sindolt und Hûnolt · die hêrren muosen pflegen
des hoves und der êren · der drîer künege man;
si heten noch manegen recken · der ich genennen niht enkan.

Dancwart der was marschalc · dô was der neve sîn
truhsæze des küneges · von Metzen Ortwîn;
Sindolt der was schenke · ein wætlîcher degen;
Hûnolt was kamerære · si kunden hôher êren pflegen.

Von des hoves krefte · und von ir wîten kraft,
von ir vil hôhen werdekeit · und von ir rîterschaft,
der die hêrren pflâgen · mit vreuden al ir leben,
des enkunde iu ze wâre · niemen gar ein ende geben.

Ez troumde Kriemhilde · in tugenden, der si pflac,
wie si einen valken wilden · züge manigen tac,
den ir zwên arn erkrummen · daz si daz muoste sehen:
ir enkunde in dirre werlde · leider nimmer geschehen.

Den troum si dô sagete · ir muoter Uoten;
sine kunde in niht bescheiden · baz der guoten:
‚der valke, den du ziuhest · daz ist ein edel man:
in welle Got behüeten · du muost in schiere vloren hân.‘

‚Waz saget ir mir von manne · vil liebiu muoter mîn?
âne recken minne · wil ich immer sîn.
sus schœne wil ich belîben · unz an mînen tôt,
daz ich von mannes minne · sol gewinnen nimmer nôt.‘

WIE KRIEMHILDEN TRÄUMTE

Die drei Kön'ge waren · wie ich kund getan,
Stark und hohen Mutes · ihnen waren untertan
Auch die besten Recken · davon man hat gesagt,
Von großer Kraft und Kühnheit · in allen Streiten unverzagt.

Das war von Tronje Hagen · und der Bruder sein,
Dankwart der schnelle · von Metz Herr Ortewein,
Die beiden Markgrafen · Gere und Eckewart,
Volker von Alzei · an allen Kräften wohlbewahrt,

Rumold der Küchenmeister · ein auserwählter Degen,
Sindold und Hunold · die Herren mußten pflegen
Des Hofes und der Ehren · den Kön'gen untertan.
Noch hatten sie viel Recken · die ich nicht alle nennen kann.

Dankwart war Marschall · so war der Neffe sein
Truchseß des Königs · von Metz Herr Ortewein.
Sindold war Schenke · ein waidlicher Degen,
Und Kämmerer Hunold · sie konnten hoher Ehren pflegen.

Von des Hofes Ehre · von ihrer weiten Kraft,
Von ihrer hohen Würdigkeit · und von der Ritterschaft,
Wie sie die Herren übten · mit Freuden all ihr Leben,
Davon weiß wahrlich niemand · euch volle Kunde zu geben.

Es träumte Kriemhilden · der ehrenreichen Maid,
Einen wilden Falken · zöge sie lange Zeit;
Den griffen ihr zwei Aare · daß sie es mochte sehn:
Ihr konnt' auf dieser Erde · größer Leid nicht geschehn.

Sie sagt' ihrer Mutter · den Traum, Frau Uten;
Die wußt' ihn nicht zu deuten · als so der guten:
„Der Falke, den du ziehest · das ist ein edler Mann:
Ihn wolle Gott behüten · sonst ist es bald um ihn getan."

„Was sagt ihr mir vom Manne · vielliebe Mutter mein?
Ohne Reckenminne · will ich immer sein;
So schön will ich verbleiben · bis an meinen Tod,
Daß ich von Mannesminne · nie gewinnen möge Not."

‚Nu versprich ez niht ze sêre‘ · sprach aber ir muoter dô,
‚soltu immer herzenlîche · zer werlde werden vrô,
daz geschiht von mannes minne · du wirst ein schœne wip,
ob dir noch Got gevüeget · eins rehte guoten rîters lîp‘.

‚Die rede lât belîben‘ · sprach si, ‚vrouwe mîn:
ez ist an manegen wîben · vil dicke worden schîn,
wie liebe mit leide · ze jungest lônen kan:
ich sol si mîden beide · sône kan mir nimmer missegân‘.

Kriemhilt in ir muote · sich minne gar bewac.
sît lebete diu vil guote · vil manegen lieben tac,
daz sine wesse niemen · den minnen wolde ir lîp.
sît wart si mit êren · eins vil küenen recken wîp.

Der was der selbe valke · den si in ir troume sach,
den ir beschiet ir muoter · wie sêre si daz rach
an ir næhsten mâgen · die in sluogen sint!
durch sîn eines sterben · starp vil maneger muoter kint.

„Verred' es nicht so völlig“ · die Mutter sprach da so,
„Sollst du je auf Erden · von Herzen werden froh,
Das geschieht von Mannesminne · du wirst ein schönes Weib,
Will Gott dir noch vergönnen · eines guten Ritters Leib.“

„Die Rede laßt bleiben“ · sprach sie, „Herrin mein.
Es hat an manchen Weiben · gelehrt der Augenschein,
Wie Liebe mit Leide · am Ende gerne lohnt;
Ich will sie meiden beide · so bleib' ich sicher verschont!“

Kriemhild in ihrem Mute · hielt sich von Minne frei.
So lief noch der guten · manch lieber Tag vorbei,
Daß sie niemand wußte · der ihr gefiel zum Mann,
Bis sie doch mit Ehren · einen kühnen Recken gewann.

Das war derselbe Falke · den jener Traum ihr bot,
Den ihr beschied die Mutter · Ob seinem frühen Tod
Den nächsten Anverwandten · wie gab sie blut'gen Lohn!
Durch dieses Einen Sterben · starb noch mancher Mutter Sohn.

AVENTIURE

von Sîvride

Dô wuohs in Niderlanden · eines rîchen küneges kint,
des vater des hiez Sigemunt · sîn muoter Sigelint,
in einer bürge rîche · wîten wol bekant,
niden bî dem Rîne · diu was ze Santen genant.

Ich sage iu von dem degene · wie schœne der wart.
sîn lîp vor allen schanden · was vil wol bewart.
stark unde mære · wart sît der küene man.
hei, waz er grôzer êren · ze diser werlde gewan!

Sîvrit was geheizen · der snelle degen guot.
er versuohte vil der rîche · durch ellenthaften muot.
durch sînes lîbes sterke · reit er in menegiu lant.
hei, waz er sneller degene · sît zen Burgonden vant!

In sînen besten zîten · bî sînen jungen tagen,
man möhte michel wunder · von Sîvride sagen,
waz êren an im wüehse · und wie schœne was sîn lîp;
sît heten in ze minne · diu vil wætlichen wîp.

Man zôch in mit dem vlîze · als im daz wol gezam:
von sîn selbes muote · waz tugende er an sich nam!
des wurden sît gezieret · sînes vater lant,
daz man in ze allen dingen · sô rehte hêrlîchen vant.

Er was nu sô gewahsen · daz er ze hove reit.
die liute in gerne sâhen · manec vrouwe und manec meit
im wunschten, daz sîn wille · in immer trüege dar.
holt wâren im genuoge · des wart der hêrre wol gewar.

Vil selten âne huote · man rîten lie daz kint.
in hiez mit kleidern zieren · Sigmunt und Sigelint.
sîn pflâgen ouch die wîsen · den êre was bekant:
des mohte er wol gewinnen · beidiu liute unde lant.

ZWEITES ABENTEUER

Von Siegfrieden

Da wuchs im Niederlande · eines edeln Königs Kind,
Siegmund hieß sein Vater · die Mutter Siegelind,
In einer mächt'gen Veste · weithin wohlbekannt,
Unten am Rheine · Xanten war sie genannt.

Ich sag' euch von dem Degen · wie so schön er ward.
Er war vor allen Schanden · immer wohl bewahrt.
Stark und hohes Namens · ward bald der kühne Mann:
Hei! was er großer Ehren · auf dieser Erde gewann!

Siegfried ward geheißen · der edle Degen gut.
Er erprobte viel der Reiche · in hochbeherztem Mut.
Seine Stärke führt' ihn · in manches fremde Land:
Hei! was er schneller Degen · bei den Burgunden fand!

In seinen besten Zeiten · bei seinen jungen Tagen
Mochte man viel Wunder · von Siegfrieden sagen,
Wie Ehr' an ihm erblühte · und wie schön er war zu schaun:
Bald dachten sein in Minne · viel der waidlichen Fraun.

Man erzog ihn mit dem Fleiße · wie ihm geziemend war;
Was ihm Zucht und Sitte · der eigne Sinn gebar!
Das ward noch eine Zierde · für seines Vaters Land,
Daß man zu allen Dingen · ihn so recht herrlich fand.

Er war nun so erwachsen · mit an den Hof zu gehn.
Die Leute sahn ihn gerne · viel Fraun und Mädchen schön
Wünschten wohl, er käme · dahin doch immerdar;
Hold waren ihm gar viele · des ward der Degen wohl gewahr.

Selten ohne Hüter · man reiten ließ das Kind.
Mit Kleidern hieß ihn zieren · seine Mutter Siegelind;
Auch pflegten sein die Weisen · denen Ehre war bekannt:
Drum mocht' er wohl gewinnen · so die Leute wie das Land.

Nu was er in der sterke · daz er wol wâfen truoc:
swes er dar zuo bedorfte · des lag an im genuoc.
er begunde mit sinnen · werben schœniu wîp:
die trûten wol mit êren · des küenen Sîvrides lîp.

Dô hiez sîn vater Sigemunt · künden sînen man,
er wolde hôchgezîte · mit lieben vriunden hân.
diu mære man dô vuorte · in ander künege lant.
den vremden und den kunden · gab er ros unt gewant.

Swâ man vant deheinen · der rîter solde sîn,
von arte der sînen mâge · diu edelen kindelîn
ladet man zuo dem lande · durch die hôchgezît:
mit dem jungen künege · swert genâmen si sît.

Von der hôchzîte · man wunder möhte sagen.
Sigmunt unde Sigelint · die mohten wol bejagen
mit guote michel êre · des teilte vil ir hant.
des sach man vil der vremden · zuo in rîten in daz lant.

Vier hundert swertdegene · die solden tragen kleit
mit samt Sîvrîde · vil manec schœniu meit
von werke was unmüezec · wan si im wâren holt.
vil der edelen steine · die vrouwen leiten in daz golt,

Die si mit porten wolden · wurken ûf ir wât
den jungen stolzen recken · des enwas niht rât.
der wirt der hiez dô sidelen · vil manegen küenen man
ze einen sunewenden · dâ Sîvrit rîters namen gewan.

Dô gie ze eime münster · vil manec rîcher kneht
und manec edel rîter · die wîsen heten reht,
daz si den tumben dienden · als in was ê getân.
si heten kurzwîle · und ouch vil maneger vreuden wûn.

Gote man dô zen êren · eine messe sanc.
dô huop sich von den liuten · vil michel gedranc,
dâ si ze rîter wurden · nâch rîterlîcher ê
mit alsô grôzen êren · daz wætlich nimmer mêre ergê.

Nun war er in der Stärke · daß er wohl Waffen trug:
Wes er dazu bedurfte · des gab man ihm genug.
Schon sann er zu werben · um manches schöne Kind;
Die hätten wohl mit Ehren · den kühnen Siegfried geminnt.

Da ließ sein Vater Siegmund · kund tun seinem Lehn,
Mit lieben Freunden woll' er · ein Hofgelag' begehn.
Da brachte man die Märe · in andrer Kön'ge Land.
Den Heimischen und Gästen · gab er Ross' und Gewand.

Wen man finden mochte · aus der Verwandten Art,
Der Ritter werden sollte · die edeln Knappen zart
Lud man nach dem Lande · zu der Lustbarkeit,
Wo sie das Schwert empfingen · mit Siegfried zu gleicher Zeit.

Man mochte Wunder sagen · von dem Hofgelag.
Siegmund und Siegelind · gewannen an dem Tag
Viel Ehre durch die Gaben · die spendet' ihre Hand:
Drum sah man viel der Fremden · zu ihnen reiten in das Land.

Vierhundert Schwertdegen · sollten gekleidet sein
Mit Siegfried zusammen · Manch schönes Mägdelein
Sah man am Werk geschäftig · ihm waren alle hold.
Viel edle Steine legten · die Frauen da in das Gold,

Die sie mit Borten wollten · auf die Kleider nähn
Den jungen stolzen Recken · das mußte so ergehn.
Der Wirt ließ Sitze bauen · für manchen kühnen Mann
Zu der Sonnenwende · wo Siegfried Ritters Stand gewann.

Da ging zu einem Münster · mancher reiche Knecht
Und viel der edeln Ritter · Die Alten taten recht,
Daß sie den Jungen dienten · wie ihnen war geschehn.
Sie hatten Kurzweile · und freuten sich es zu sehn.

Als man da Gott zu Ehren · eine Messe sang,
Da hub sich von den Leuten · ein gewaltiger Drang,
Da sie zu Rittern wurden · dem Ritterbrauch gemäß
Mit also hohen Ehren · so leicht nicht wieder geschäh's.

Si liefen, dâ si vunden · gesatelt manec marc.
in hove Sigmundes · der bûhurt wart sô starc,
daz man erdiezen hôrte · palas unde sal:
die hôch gemuoten degene · die heten grœzlichen schal.

Von wîsen und von tumben · man hôrte manegen stôz,
daz der schefte brechen · gein den lüften dôz.
trunzûne sach man vliegen · vür den palas dan
von maneges recken hende · daz wart mit vlize getân.

Der wirt der bat ez lâzen · dô zôch man dan diu marc.
man sach ouch dâ zebrochen · vil manege buckel starc,
vil der edelen steine · gevellet ûf daz gras
abe liehten schildes spangen · von hurte daz geschehen was.

Dô giengen swirtes geste · dâ man in sitzen riet.
vil der edelen spîse · si von ir müede schiet
und wîn der aller beste · des man in vil getruoc.
den vremden und den kunden · bôt man êren dâ genuoc.

Swie vil si kurzwîle · pflâgen al den tac,
vil der varnden diete · ruowe sich bewac:
si dienden nâch der gâbe · die man dâ rîche vant.
des wart mit lobe gezieret · allez Sigmundes lant.

Der hêrre hiez lihen· Sîvrit den jungen man
lant unde bürge · als er hete ê getân.
sînen swertgenôzen · den gap dô vil sîn hant:
dô liebte in diu reise · daz si kômen in daz lant.

Diu hôhgezît werte · unz an den sibenden tac.
Siglint diu rîche · nâch alten siten pflac
durch ir sunes liebe · teilen rôtez golt.
si kunde ez wol gedienen · daz im die liute wâren holt.

Viel lützel man der varenden · armen dâ vant.
ros unde kleider · daz stoup in von der hant,
sam si ze lebene hêten · niht mêr wan einen tac.
ich wæn nie ingesinde · grœzer milte gepflac.

Sie eilten, wo sie fanden · geschirrter Rosse viel.
Da ward in Siegmunds Hofe · so laut das Ritterspiel,
Daß man ertosen hörte · Pallas und Saal.
Die hochbeherzten Degen · begannen fröhlichen Schall.

Von Alten und von Jungen · mancher Stoß erklang,
Daß der Schäfte Brechen · in die Lüfte drang.
Die Splitter sah man fliegen · bis zum Saal hinan.
Von mancher Recken Händen · ward dies voll Eifers getan.

Der Wirt bat es zu lassen · Man zog die Rosse fort;
Wohl sah man auch zerbrochen · viel starke Schilde dort,
Viel der edeln Steine · auf das Gras gefällt
Von des lichten Schildes Spangen · die hatten Stöße zerschellt.

Da setzen sich die Gäste · wohin man ihnen riet,
Zu Tisch, wo von Ermüdung · viel edle Kost sie schied
Und Wein der allerbeste · des man die Fülle trug.
Den Heimischen und Fremden · bot man Ehren da genug.

So viel sie Kurzweile · gefunden all den Tag,
Das fahrende Gesinde · doch keiner Ruhe pflag:
Sie dienten um die Gabe · die man da reichlich fand;
Ihr Lob ward zur Zierde · König Siegmunds ganzem Land.

Da ließ der Fürst verleihen · Siegfried, den jungen Mann,
Das Land und die Burgen · wie sonst er selbst getan.
Seinen Schwertgenossen · gab er mit milder Hand:
So freute sie die Reise · die sie geführt in das Land.

Das Hofgelage währte · bis an den siebten Tag.
Sieglind die reiche · der alten Sitte pflag,
Daß sie dem Sohn zu Liebe · verteilte rotes Gold:
Sie konnt' es wohl verdienen · daß ihm die Leute waren hold.

Da war zuletzt kein armer · Fahrender mehr im Land.
Ihnen stoben Kleider · und Rosse von der Hand,
Als hätten sie zu leben · nicht mehr denn einen Tag.
Man sah nie Ingesinde · das so großer Milde pflag.

Mit lobelîchen êren · schiet sich diu hôhzît.
von den rîchen hêrren · hôrte man wol sît,
daz si den jungen wolden · zeime hêrren hân:
des gerte niht Sîvrit · der vil wætlîche man.

Sît daz noch beide lebten · Sigmunt und Sigelint,
niht wolde tragen krône · ir beider liebez kint;
doch wolde er wesen hêrre · vûr allen den gewalt,
des in den landen vorhte · der degen küene unde balt.

Mit preiswerten Ehren · zerging die Lustbarkeit.
Man hörte wohl die Reichen · sagen nach der Zeit,
Daß sie dem Jungen gerne · wären untertan;
Das begehrte nicht Siegfried · dieser waidliche Mann.

So lange sie noch lebten · Siegmund und Siegelind,
Wollte nicht Krone tragen · der beiden liebes Kind;
Doch wollt' er herrlich wenden · alle die Gewalt,
Die in den Landen fürchtete · der Degen kühn und wohlgestalt.

AVENTIURE

wie Sîvrit ze Wormze kom

Den hêrren muoten selten · deheiniu herzeleit.
er hôrte sagen mære · wie ein schœniu meit
wære in Burgonden · ze wunsche wol getân,
von der er sît vil vreuden · und ouch arebeit gewan.

Diu ir unmâzen schœne · was vil wîten kunt,
und ir hôhgemüete · zuo der selben stunt
an der juncvrouwen · sô manec helt ervant:
ez ladete vil der geste · in daz Guntheres lant.

Swaz man der werbenden · nâch ir minne sach,
Kriemhilt in ir sinne · ir selber nie verjach,
daz sie deheinen wolde · ze eime trûte hân.
er was ir noch vil vremde · dem si wart sider undertân.

Dô gedâhte ûf hôhe minne · daz Siglinde kint.
Ez was ir aller werben · wider in ein wint.
er mohte wol verdienen · schœner vrouwen lîp.
Sit wart diu edele Kriemhilt · des küenen Sîvrides wîp.

Im rieten sîne mâge · und ander sîne man,
sît er ûf stæte minne · tragen wolde wân,
daz er dan eine wurbe · diu im möhte zemen.
Dô sprach der edel Sîvrit · ‚sô wil ich Kriemhilden nemen,

‚Die schœnen juncvrouwen · von Burgonden lant,
durch ir unmâzen schœne · daz ist mir wol bekant,
nie keiser wart sô rîche · der wolde haben wîp,
im zæme wol ze minnen · der rîchen küneginne lîp.‘

Disiu selben mære · gehôrte Sigmunt.
ez reiten sîne liute · dâ von wart im kunt
der wille sînes kindes · was im harte leit,
daz er werben wolde · die vil hêrlîchen meit.

DRITTES ABENTEUER

Wie Siegfried nach Worms kam

Den Herrn beschwerte selten · irgendein Herzeleid.
Er hörte Kunde sagen · wie eine schöne Maid
Bei den Burgunden wäre · nach Wünschen wohlgetan,
Von der er bald viel Freuden · und auch viel Leides gewann.

Von ihrer hohen Schöne · vernahm man weit und breit,
Und auch ihr Hochgemüte · ward zur selben Zeit
Bei den Jungfrauen · den Helden oft bekannt:
Das ladete der Gäste · viel in König Gunthers Land.

So viel um ihre Minne · man Werbende sah,
Kriemhild in ihrem Sinne · sprach dazu nicht Ja,
Daß sie einen wollte · zum geliebten Mann:
Er war ihr noch gar fremde · dem sie bald ward untertan.

Dann sann auf hohe Minne · Sieglindens Kind:
All der andern Werben · war wider ihn ein Wind.
Er mochte wohl verdienen · ein Weib so auserwählt:
Bald ward die edle Kriemhild · dem kühnen Siegfried vermählt.

Ihm rieten seine Freunde · und die in seinem Lehn,
Hab' er stete Minne · sich zum Ziel ersehn,
So soll' er werben, daß er sich · der Wahl nicht dürfe schämen.
Da sprach der edle Siegfried · „So will ich Kriemhilden nehmen,

„Die schöne Königstochter · von Burgundenland,
Um ihre große Schöne · Das ist mir wohl bekannt,
Kein Kaiser sei so mächtig · hätt' er zu frein im Sinn,
Dem nicht zum Minnen ziemte · diese reiche Königin."

Solche Märe hörte · der König Siegmund.
Es sprachen seine Leute · also ward ihm kund
Seines Kindes Wille · Es war ihm höchlich leid,
Daß er werben wolle · um diese herrliche Maid.

Ez gevriesch ouch Sigelint · des edelen küneges wîp.
si hete grôze sorge · umb ir kindes lîp,
wan si wol erkande · Gunthern und sîne man.
den gewerp man dem degene · sêre leiden began.

Dô sprach der küene Sîvrit · ‚vil lieber vater mîn,
ân edeler vrouwen minne · wolde ich immer sîn,
ich enwurbe dar mîn herze · vil grôze liebe håt.
swaz iemen reden kunde · des ist deheiner slahte rât.‘

‚Und wil du niht erwinden‘ · sprach der künic dô,
‚sô bin ich dînes willen · wærlichen vrô
und wil dirz helfen enden · sô ich aller beste kan:
doch hât der künic Gunther · vil manegen hôhverten man.

‚Ob ez ander nieman wære · wan Hagene der degen,
der kan mit übermüete · der hôhverte pflegen,
daz ich des sêre vürhte · ez müge uns werden leit,
ob wir werben wellen · die vil hêrlîchen meit.‘

‚Waz mag uns daz gewerren?‘ · sprach dô Sîvrit,
‚swaz ich vriuntlîche · niht ab in erbit,
daz mac sus erwerben · mit ellen dâ min hant.
ich trouwe an im erdwingen · beidiu liute unde lant.‘

Dô sprach der vürste Sigemunt · ‚dîn rede ist mir leit.
wan wurden disiu mære · ze Rine geseit,
dune dörftest nimmer · gerîten in daz lant.
Gunther unde Gêrnôt · die sint mir lange bekant.

‚Mit gewalte niemen · erwerben mac die maget,‘
sô sprach der künic Sigmunt · ‚daz ist mir wol gesaget;
wil aber du mit recken · rîten in daz lant,
ob wir iht haben vriunde · die werdent schiere besant.‘

‚Des enist mir niht ze muote‘ · sprach aber Sîvrit,
‚daz mir sülen ze Rîne · recken volgen mit
durch deheine hervart · daz wære mir vil leit,
dâ mit ich solde ertwingen · die vil hêrlichen meit.

Es erfuhr es auch die Königin · die edle Siegelind:
Die mußte große Sorge · tragen um ihr Kind,
Weil sie wohl Gunthern kannte · und die in seinem Heer:
Die Werbung dem Degen · zu verleiden fliß man sich sehr.

Da sprach der kühne Siegfried · „Viellieber Vater mein,
Ohn' edler Frauen Minne · wollt ' ich immer sein,
Wenn ich nicht werben dürfte · nach Herzensliebe frei.
Was jemand reden möge · ich bleibe immer dabei."

„Ist dir nicht abzuraten" · der König sprach da so,
„So bin ich deines Willens · von ganzem Herzen froh
Und will dir's fügen helfen· so gut ich immer kann;
Doch hat der König Gunther · manchen hochfährt'gen Mann.

„Und wär' es anders niemand · als Hagen der Degen,
Der kann im Übermute · wohl der Hochfahrt pflegen,
So daß ich sehr befürchte · es mög' uns werden leid,
Wenn wir werben wollen · um diese herrliche Maid."

„Wie mag uns das gefährden!" · hub da Siegfried an:
„Was ich mir im Guten · da nicht erbitten kann,
Mag ich schon sonst erwerben · mit meiner starken Hand;
Ich will von ihm erzwingen · so die Leute wie das Land."

„Leid ist mir deine Rede" · sprach König Siegmund,
„Denn würde diese Märe · dort am Rheine kund,
Du dürftest nimmer wagen · zu reiten in ihr Land.
Gunther und Gernot · die sind mir lange bekannt.

„Mit Gewalt erwerben · kann niemand die Magd,"
Sprach der König Siegmund · „das ist mir wohl gesagt;
Willst du jedoch mit Recken · reiten in das Land,
Die Freunde, die wir haben · die werden eilends besandt."

„So ist mir nicht zumute " · fiel ihm Siegfried ein,
„Daß mir Recken sollten · folgen an den Rhein
Einer Heerfahrt willen · das wäre mir wohl leid,
Sollt' ich damit erzwingen · diese herrliche Maid.

‚Si mac wol sus erwerben · dâ min eines hant.
ich wil selbe zwelfte · in Guntheres lant.
dar sult ir mir helfen · vater Sigmunt.‘
dô gap man sînen degenen · ze kleidern grâ unde bunt.

Dô vernam ouch disiu mære · sîn muoter Siglint.
si begunde trûren · umbe ir liebez kint:
daz vorhte si verliesen · von Guntheres man.
diu edel küneginne · vil sêre weinen began.

Sîvrit der hêrre · gie, dâ er si sach;
wider sîne muoter · er güetlichen sprach:
‚vrouwe, ir silt niht weinen · durch den willen mîn:
jâ wil ich âne sorge · vor allen wîganden sîn.

‚Und helfet mir der reise · in Burgonden lant,
daz ich und mîne recken · haben sölch gewant,
daz alsô stolze helde · mit êren mügen tragen.
des wil ich iu genâde · mit triuwen wærlîchen sagen.‘

‚Sît du niht wil erwinden‘ · sprach vrou Siglint,
‚sô hilfe ich dir der reise · mîn einigez kint,
mit der besten wæte · die rîter ie getruoc,
dir und dînen gesellen · ir sult ir vüeren genuoc.‘

Dô neic der küneginne · Sîvrit der junge man.
Er sprach: ‚ich wil zer verte · niemen mêre hân
niuwan zwelef recken · den sol man brüeven wât.
ich wil daz sehen gerne · wiez umbe Kriemhilde stât.‘

Dô sâzen schœne vrouwen · naht unde tac,
daz lützel ir deheiniu · ruowe gepflac,
unze man geworhte · die Sîvrides wât.
er wolde sîner reise · haben deheiner slahte rât.

Sîn vater hiez im zieren · sîn rîterlich gewant,
dâ mit er wolde rûmen · daz Sigmundes lant,
und ir vil liehten brüneje · die wurden ouch bereit
und ihr vesten helme · ir schilde schœne unde breit.

„Ich mag sie schon erwerben · allein mit meiner Hand.
Ich will mit zwölf Gesellen · in König Gunthers Land;
Dazu sollt ihr mir helfen · Vater Siegmund."
Da gab man seinen Degen · zu Kleidern grau und auch bunt.

Da vernahm auch diese Märe · seine Mutter Siegelind;
Sie begann zu trauern · um ihr liebes Kind:
Sie bangt' es zu verlieren · durch die in Gunthers Heer.
Die edle Königstochter · darüber weinte sie sehr.

Siegfried der Degen · ging hin, wo er sie sah.
Wider seine Mutter · gütlich sprach er da:
„Frau, ihr sollt nicht weinen · um den Willen mein:
Wohl will ich ohne Sorgen · vor allen Weiganden sein.

„Nun helft mir zu der Reise · nach Burgundenland,
Daß mich und meine Recken · ziere solch Gewand,
Wie so stolze Helden · mit Ehren mögen tragen:
Dafür will ich immer · den Dank von Herzen euch sagen."

„Ist dir nicht abzuraten" · sprach Frau Siegelind,
„So helf' ich dir zur Reise · mein einziges Kind,
Mit den besten Kleidern · die je ein Ritter trug,
Dir und deinen Gesellen · ihr sollt der haben genug."

Da neigte sich ihr dankend · Siegfried, der junge Mann.
Er sprach : „Nicht mehr Gesellen · nehm' ich zur Fahrt mir an
Als der Recken zwölfe · verseht die mit Gewand.
Ich möchte gern erfahren · wie's um Kriemhild sei bewandt."

Da saßen schöne Frauen · über Nacht und Tag,
Daß ihrer selten eine · der Muße eher pflag,
Bis sie gefertigt hatten · Siegfriedens Staat.
Er wollte seiner Reise · nun mit nichten haben Rat.

Sein Vater hieß ihn zieren · sein ritterlich Gewand,
Womit er räumen wollte · König Siegmunds Land,
Und ihre lichten Panzer · die wurden auch bereit
Und ihre festen Helme · ihre Schilde schön und breit.

Dô nâhte in ir reise · ze den Burgonden dan.
umb si begunde sorgen · wib unde man,
ob si immer komen solden · heim wider in daz lant.
die helde in hiezen soumen · beide wâfen und gewant.

Ir ros diu wâren schœne · ir gereite goldes rôt.
lebt iemen übermüeter · des enwas niht nôt,
danne wære Sîvrit · und die sîne man.
urloubes er dô gerte · zuo den Burgonden dan.

In werten trûreclîche · der künic und sîn wîp.
er tröste minneclîche · dô ir beider lîp.
er sprach: ‚ir sult niht weinen · durch den willen mîn:
immer âne sorge · sult ir mînes lîbes sîn.‘

Ez was leit den recken · ez weinte ouch manec meit.
ich wæne, in hete ir herze · rehte daz geseit,
daz in sô vil der vriunde · dâ von gelæge tôt.
von schulden si dô klageten · des gie in wærlichen nôt.

An dem sibenden morgen · ze Wormez ûf den sant
riten die vil küenen · allez ir gewant
was von rôtem golde · ir gereite wolgetân;
ir ros in giengen ebene · des küenen Sîvrites man.

Ir schilde wâren niuwe · lieht unde breit,
und vil schœne ir helme · dô ze hove reit
Sîvrit der vil küene · in Guntheres lant.
man gesach an helden · nie sô hêrlich gewant.

Diu ort der swerte giengen · nider ûf die sporn:
ez vuorten scharpfe gêren · die rîter ûz erkorn.
Sîvrit der vuorte ir einen · wol zweier spannen breit,
der ze sinen ecken · vil harte vreislîchen sneit.

Die goltvarwen zoume · vuortens an der hant,
sîdîniu vürbüege · sus kômens in daz lant.
daz volc si allenthalben · kapfen an began:
dô liefen in enkegene · vil der Guntheres man.

Nun sahen sie die Reise · zu den Burgunden nahn.
Und sie begann zu sorgen · beides, Weib und Mann,
Ob sie je wiederkommen · sollten in das Land.
Sie geboten aufzusäumen · ihre Waffen und ihr Gewand.

Schön waren ihre Rosse · ihr Reitzeug goldesrot;
Wenn wer sich höher dauchte · so was es ohne Not,
Als der Degen Siegfried · und die ihm untertan.
Nun hielt er um Urlaub · zu den Burgunden an.

Den gaben ihm mit Trauern · König und Königin.
Er tröstete sie beide · mit minniglichem Sinn
Und sprach: „Ihr sollt nicht weinen · um den Willen mein:
Immer ohne Sorgen · mögt ihr um mein Leben sein."

Es war leid den Recken · auch weinte manche Maid;
Sie ahnten wohl im Herzen · daß sie es nach der Zeit
Noch schwer entgelten müßten · durch lieber Freunde Tod.
Sie hatten Grund zu klagen · es tat ihnen wahrlich not.

Am siebenten Morgen · zu Worms an den Strand
Ritten schon die Kühnen · all ihr Gewand
War von rotem Golde · ihr Reitzeug wohlbestellt;
Ihnen gingen sanft die Rosse · die sich da Siegfried gesellt.

Neu waren ihre Schilde · licht dazu und breit,
Und schön ihre Helme · als mit dem Geleit
Siegfried der kühne · ritt in Gunthers Land.
Man ersah an Helden · nie mehr so herrlich Gewand.

Der Schwerter Enden gingen · nieder auf die Sporen;
Scharfe Speere führten · die Ritter auserkoren.
Von zweier Spannen Breite · war, welchen Siegfried trug;
Der hatt' an seinen Schneiden · grimmer Schärfe genug.

Goldfarbne Zäume · führten sie an der Hand;
Der Brustriem war von Seide · so kamen sie ins Land.
Da gafften sie die Leute · allenthalben an:
Gunthers Mannen liefen · sie zu empfangen heran.

Die hôch gemuoten recken · rîter unde kneht,
die giengen zuo den hêrren · daz was michel reht,
und enpfiengen die geste · in ir hêrren lant
und nâmen in die mœre · mit den schilden von der hant.

Diu ros si wolden dannen · ziehen an gemach:
Sîvrit der vil küene · wie snelle er dô sprach:
,Lât uns stên die mœre · mir und mînen man:
wir wellen schiere hinnen · des ich guoten willen hân.

,Swem sîn kunt diu mære · der sol mich niht verdagen,
wâ ich den künic vinde · daz sol man mir sagen,
Gunthern den vil rîchen · ûz Burgonden lant.'
dô sagete ez im einer · dem ez rehte was bekant.

,Welt ir den künic vinden · daz mac vil wol geschehen;
in jenem sale wîten · hân ich in gesehen
bî den sînen helden · dâ sult ir hine gân:
dâ muget ir bî im vinden · manegen hêrlîchen man.'

Nu wâren deme künege · die mære geseit,
daz dâ komen wæren · rîter vil gemeit:
die vuorten liehte brünne · und hêrlich gewant;
sine erkande nieman · in der Burgonden lant.

Den künic nam des wunder · von wannen kœmen dar
die hêrlîchen recken · in wæte lieht gevar
und mit sô guoten schilden · niuwe unde breit.
daz ihm daz sagete nieman · daz was Gunthere leit.

Des antwurte dem künege · von Metzen Ortwin;
rîch unde küene · mohte er wol sîn.
,sît wir ir niht erkennen · sô sult ir heizen gân
nâch mînem œheim Hagenen · den sult ir si sehen lân.

,Dem sint kunt diu rîche · und elliu vremdiu lant.
sîn im die hêrren künde · daz tuo er uns bekant.'
der künic bat in bringen · und die sîne man:
man sach in hêrlîche · mit recken hin ze hove gân.

Die hochbeherzten Recken · Ritter so wie Knecht,
Liefen den Herrn entgegen · so war es Fug und Recht,
Und begrüßten diese Gäste · in ihrer Herren Land;
Die Pferde nahm man ihnen · und die Schilde von der Hand.

Da wollten sie die Rosse · ziehn zu ihrer Rast;
Da sprach aber Siegfried · alsbald, der kühne Gast:
„Laßt uns noch stehn die Pferde · mir und meinem Geleit:
Wir reiten bald von hinnen · dazu bin ich ganz bereit.

„Wer von euch es wisse · der soll mir's nicht verschweigen:
Wo ich den König finde · das soll man mir zeigen,
Gunther den reichen · aus Burgundenland."
Da sagt' es ihm einer · dem es wohl war bekannt.

„Wollt ihr den König finden · das mag gar leicht geschehn:
In jenem weiten Saale · hab ' ich ihn gesehn
Unter seinen Helden · da geht zu ihm hinan,
So mögt ihr bei ihm finden · manchen herrlichen Mann."

Nun waren auch dem König · die Mären schon gesagt,
Daß gekommen wären · Ritter unverzagt:
Sie führten lichte Panzer · und herrlich Gewand;
Sie erkenne niemand · in der Burgunden Land.

Den König nahm es wunder · woher gekommen sei'n
Die herrlichen Recken · im Kleid von lichtem Schein
Und mit so guten Schilden · so neu und so breit;
Daß ihm das niemand sagte · das war König Gunthern leid.

Zur Antwort gab dem König · von Metz Herr Ortewein;
Stark und kühnes Mutes · mocht' er wohl sein:
„Da wir sie nicht erkennen · so heißt jemand gehn
Nach meinem Oheim Hagen · dem sollt ihr sie lassen sehn.

„Ihm sind wohl kund die Reiche · und alles fremde Land;
Erkennt er die Herren · das macht er uns bekannt."
Der König ließ ihn holen · und die in seinem Lehn:
Da sah man ihn herrlich · mit Recken hin zu Hofe gehn.

Waz sîn der künic wolde · des vrâgte Hagene.
,ez sint in mîme hûse · unkunde degene,
die niemen hie bekennet · habt ir si ie gesehen,
des sult ir mir, Hagene · der rehten wârheite jehen.‘

,Daz tuon ich,‘ sprach Hagene · zeinem venster er dô gie,
sîn ougen er dâ wenken · zuo den gesten lie.
wol behagete im ir geverte · und ouch ir gewant:
sie wâren im vil vremde · in der Burgonden lant.

Er sprach, von swannen kœmen · die recken an den Rin,
ez möhten selbe vürsten · oder vürsten boten sîn.
,ir ros diu sint schœne · ir kleider harte guot;
von swannen si füeren · si sint hôhe gemuot.‘

Alsô sprach dô Hagene · ,ich wil des wol verjehen,
swie ich Sîvrîden · nimer habe gesehen,
sô wil ich wol gelouben · swie ez dar umbe stât,
daz ez si der recke · der dort sô hêrlîchen gât.

,Er bringet niuwiu mære · her in ditze lant.
die küenen Niblunge · sluoc des heldes hant,
Schilbunc und Niblungen · diu richen küneges kint.
er vrumte starkiu wunder · mit sîner grôzen krefte sint.

,Dâ der helt aleine · ân alle helfe reit,
er vant vor einem berge · als mir ist geseit,
bi Niblunges horde · vil manegen küenen man:
die wârn im ê vil vremde · unz er ir künde dâ gewan.

,Hort der Niblunges · der was gar getragen
ûz eime holn berge · nu hœret wunder sagen,
wie in wolden teilen · der Niblunge man.
daz sach der degen Sîvrit · den helt es wundern began.

,Er kom zuo zin sô nâhen · daz er die helde sach
und ouch in die degene · ir einer drunder sprach:
,hie kumet der starke Sîvrit · der helt von Niderlant.‘
vil seltsæniu mære · er an den Niblungen vant.

Warum nach ihm der König · frug Hagen da, geschickt?
„Es werden fremde Degen · in meinem Haus erblickt,
Die niemand mag erkennen · habt ihr sie je gesehn,
So sollt ihr mir, Freund Hagen · in aller Wahrheit Rede stehn.“

„Das will ich“, sprach Hagen · Zum Fenster schritt er drauf,
Da ließ er nach den Gästen · den Augen freien Lauf.
Wohl gefiel ihm ihr Geräte · und all ihr Gewand;
Doch waren sie ihm fremde · in der Burgunden Land.

Er sprach, woher die Recken · auch kämen an den Rhein,
Es möchten selber Fürsten · oder Fürstenboten sein.
„Schön sind ihre Rosse · und ihr Gewand ist gut;
Von wannen sie auch ritten · es sind Helden hochgemut.“

Also sprach da Hagen · „Soviel ich mag verstehn,
Hab’ ich gleich im Leben · Siegfrieden nie gesehn,
So will ich doch wohl glauben · wie es damit auch steht,
Daß er es sei, der Degen · der so herrlich dorten geht.

„Er bringt neue Mären · her in dieses Land:
Die kühnen Nibelungen · schlug des Helden Hand,
Die reichen Königssöhne · Schilbung und Nibelung;
Er wirkte große Wunder · mit des starken Armes Schwung.

„Als der Held alleine · ritt aller Hilfe bar,
Fand er an einem Berge · so hört’ ich immerdar,
Bei König Niblungs Horte · manchen kühnen Mann;
Sie waren ihm gar fremde · bis er die Kunde hier gewann.

„Der Hort König Nibelungs · ward hervorgetragen
Aus einem hohlen Berge · nun hört Wunder sagen,
Wie ihn teilen wollten · die Niblung untertan.
Das sah der Degen Siegfried · den es zu wundern begann.

„So nah kam er ihnen · daß er die Helden sah
Und ihn die Degen wieder · Der eine sagte da:
‚Hier kommt der starke Siegfried · der Held aus Niederland.‘
Seltsame Abenteuer · er bei den Nibelungen fand.

,Den recken wol enpfiengen · Schilbunc und Nibelunc.
mit gemeinem râte · die edelen vürsten junc
den schaz in bâten teilen · den wætlîchen man
und gerten des mit vlîze · der hêrre loben inz began.

,Er sach sô vil gesteines · sô wir hœren sagen,
hundert kanzwagene · ez heten niht getragen;
noch mê des rôten goldes · von Niblunge lant;
daz solt in allez teilen · des küenen Sîvrides hant.

,Dô gâben si im ze miete · daz Niblunges swert.
si wâren mit dem dienste · vil übele gewert,
den in dâ leisten solde · Sîvrit der helt guot:
ern kunde ez niht verenden · si wâren zornec gemuot.

,Si heten dâ ir vriunde · zwelf küener man,
daz starke risen wâren · waz kundez si vervân?
di sluoc sît mit zorne · diu Sîvrides hant,
und recken siben hundert · twang er von Nibelunge lant

,Mit dem guoten swerte · daz hiez Balmunc.
durch die starken vorhte · vil manec recke junc,
die si ze dem swerte hêten · und an den küenen man,
daz lant zuo den bürgen · si im tâten undertân;

,Dar zuo die rîchen künege · die sluog er beide tôt.
er kom von Albrîche · sît in grôze nôt.
der wânde sîne hêrren · rechen dâ zehant,
unz er die grôzen sterke · sît an Sîvride vant.

,Dône kunde im niht gestrîten · daz starke getwerc.
alsam die lewen wilde · si liefen an den berc,
dâ er die tarnkappen · sît Albrîche an gewan.
dô was des hordes hêrre · Sîvrit der vreislîche man.

,Di dâ torsten vehten · die lâgen alle erslagen.
den schaz den hiez er balde · vüeren unde tragen,
dâ in dâ vor nâmen · die Nibelunges man.
Albrîch der vil starke · dô die kameren gewan.

„Den Recken wohl empfingen · Schilbung und Nibelung.
Einhellig baten · die edeln Fürsten jung,
Daß ihnen teilen möchte · den Schatz der kühne Mann:
Das begehrten sie gar dringend · zu geloben es der Herr begann.

Er sah so viel Gesteines · wie wir hören sagen,
Hundert Leiterwagen · die möchten es nicht tragen,
Noch mehr des roten Goldes · von Nibelungenland:
Das alles sollte teilen · des kühnen Siegfriedes Hand.

„Sie gaben ihm zum Lohne · König Niblungs Schwert:
Da wurden sie des Dienstes · gar übel gewährt,
Den ihnen leisten sollte · Siegfried der Degen gut.
Er konnt' es nicht vollbringen · sie hatten zornigen Mut.

„Da hatten sie zu Freunden · kühne zwölf Mann,
Die starke Riesen waren · was konnt ' es sie verfahn?
Die erschlug im Zorne · Siegfriedens Hand,
Und siebenhundert Recken · zwang er vom Nibelungenland.

„Mit dem guten Schwerte · geheißen Balmung.
Vom Schrecken überwältigt · war mancher Degen jung
Zumal vor dem Schwerte · und vor dem kühnen Mann:
Das Land mit den Burgen · machten sie ihm untertan.

„Dazu die reichen Könige · die schlug er beide tot.
Er kam durch Albrichen · darauf in große Not:
Der wollte seine Herren · rächen allzuhand,
Eh' er die große Stärke · noch an Siegfrieden fand.

„Mit Streit bestehen konnt' ihn · da nicht der starke Zwerg.
Wie die wilden Leuen · liefen sie an den Berg,
Wo er die Tarnkappe · Albrichen abgewann:
Da war des Hortes Meister · Siegfried der schreckliche Mann.

„Die sich getraut zu fechten · die lagen all erschlagen.
Den Schatz ließ er wieder · nach dem Berge tragen,
Dem ihn entnommen hatten · Die Niblung untertan.
Alberich der starke · das Amt des Kämmrers gewann.

‚Er muos im sweren eide · er diente im sô sîn kneht:
aller hande dinge · was er im gereht.'
sô sprach von Tronje Hagene · ‚daz hât er getân;
alsô grôzer krefte · nie mêr recke gewan.

Noch weiz ich an im mêre · daz mir ist bekant:
einen lintrachen · sluoc des heldes hant;
er badet sich in dem bluote · sîn hût wart hurnîn.
des snîdet in kein wâfen · daz ist dicke worden schîn.

‚Wir suln den jungen hêrren · enpfâhen dester baz,
daz wir iht verdienen · des snellen recken haz.
sîn lîp der ist sô küene · man sol in holden hân;
er hât mit sîner krefte · sô manigiu wunder getân.'

Dô sprach der künec des landes · ‚nu sî uns willekomen
er ist edel und küene · daz hân ich wol vernomen.
des sol ouch er geniezen · in Burgonden lant.'
dô gie der hêrre Gunther · dâ er Sîvriden vant.

Der wirt und sîne recken · enpfiengen sô den gast,
daz in an ir zühten · vil lützel iht gebrast.
des begunde in nîgen · der wætlîche man,
daz si im heten grüezen · sô rehte schône getân.

‚Mich wundert dirre mære' · sprach der künec zehant,
‚von wanne ir, edel Sîvrit · sît komen in ditze lant,
oder waz ir wellet werben · ze Wormez an den Rîn.'
dô sprach der gast ze dem künege · ‚daz sol iuch unverdaget sîn.

‚Mir wart gesaget mære · in mînes vater lant,
daz hie bî iu wæren · daz hete ich gerne erkant,
die küenesten recken · des hân ich vil vernomen,
die ie künec gewünne · dar umbe bin ich her bekomen.

‚Ouch hœre ich iu selben · der degenheite jehen,
daz man künec deheinen · küener habe gesehen.
des redent vil die liute · über elliu disiu lant:
nune wil ich niht erwinden · unz ez mir werde bekant.

„Er mußt' ihm Eide schwören · er dien ihm als sein Knecht,
Zu aller Art Diensten · ward er ihm gerecht."
So sprach von Tronje Hagen ·„Das hat der Held getan;
Also große Kräfte · nie mehr ein Recke gewann.

„Noch ein Abenteuer · ist mir von ihm bekannt:
Einen Linddrachen · schlug des Helden Hand;
Als er im Blut sich badete · ward hörnern seine Haut.
So versehrt ihn keine Waffe · das hat man oft an ihm geschaut.

„Man soll ihn wohl empfangen · der beste Rat ist das,
Damit wir nicht verdienen · des schnellen Recken Haß.
Er ist so kühnen Sinnes · man seh' ihn freundlich an:
Er hat mit seinen Kräften · so manche Wunder getan."

Da sprach der Herr des Landes · „Nun sei er uns willkommen.
Er ist kühn und edel · das hab' ich wohl vernommen;
Des soll er auch genießen · im Burgundenland."
Da ging der König Gunther · hin, wo er Siegfrieden fand.

Der Wirt und seine Recken · empfingen so den Mann,
Daß wenig an dem Gruße · gebrach, den er gewann;
Des neigte sich vor ihnen · der Degen ausersehn,
Daß ihm so ehrend Grüßen · von ihrer Seite war geschehn.

„Mich wundert diese Märe" · sprach der König zuhand,
„Von wannen, edler Siegfried · ihr kamt in dieses Land,
Oder was ihr wollet suchen · zu Worms an dem Rhein?"
Da sprach der Gast zum König · „Das soll euch unverhohlen sein.

„Ich habe sagen hören · in meines Vaters Land,
An euerm Hofe wären · das hätt' ich gern erkannt,
Die allerkühnsten Recken · so hab' ich oft vernommen,
Die je gewann ein König · darum bin ich hieher gekommen.

„So hör' ich auch euch selber · viel·Mannheit zugestehn,
Man habe keinen König · noch je so kühn gesehn.
Das rühmen viel der Leute · in all diesem Land;
Nun kann ich's nicht verwinden · bis ich die Wahrheit befand.

,Ich bin ouch ein recke · und solde krône tragen.
ich wil daz gerne vüegen · daz si von mir sagen,
daz ich habe von rehte · liute unde lant;
dar umbe sol mîn êre · und ouch mîn houbet wesen pfant.

,Nu ir sît sô küene · als mir ist geseit,
nune ruoche ich, ist ez ieman · lieb oder leit:
ich wil an iu ertwingen · swaz ir muget hân,
lant unde bürge · daz sol mir werden untertân.'

Den künec hete wunder · und sîne man alsam
umbe solhiu mære · als er hie vernam,
daz er des hete willen · er næme im sîniu lant.
daz hôrten sîne degene · dô wart in zürnen bekant.

,Wie hete ich daz verdienet' · sprach Gunther der degen,
,des mîn vater lange · mit êren hât gepflegen,
daz wir daz solden vliesen · von iemannes kraft?
wir liezen übele schînen · daz wir ouch pflegen rîterschaft.'

,Ich enwil es niht erwinden' · sprach der küene man.
,ez enmüge von dînen ellen · dîn lant den vride hân,
ich wil es alles walten · und ouch diu erbe mîn,
erwirbest dus mit sterke · diu suln dir undertænec sîn.

,Dîn erbe und ouch daz mîne · suln gelîche ligen:
sweder unser einer · an dem anderen mac gesigen,
dem soll ez allez dienen · die liute und ouch diu lant.'
daz widerredete Hagne · unde Gêrnôt zehant.

,Wir hân des niht gedingen' · sprach dô Gêrnôt,
,daz wir ihr lande ertwingen · daz iemen drumbe tôt
gelige vor heldes handen · wir haben rîchiu lant:
diu dienent uns ze rehte · ze niemen sint si baz bewant.'

Mit grimmegem muote · dâ stuonden die vriunde sîn.
dô was ouch dar under · von Metzen Ortwîn:
der sprach: ,disiu suone · ist mir harte leit;
iu hât der starke Sîvrit · unverdienet widerseit.

„Ich bin auch ein Recke · und soll die Krone tragen:
Ich möcht' es gerne fügen · daß sie von mir sagen,
Daß ich mit Recht besäße · die Leute wie das Land.
Mein Haupt und meine Ehre · setz' ich dawider zu Pfand.

„Wenn ihr denn so kühn seid · wie euch die Sage zeiht,
So frag' ich nicht, ist jemand · lieb oder leid:
Ich will von euch erzwingen · was euch angehört,
Das Land und die Burgen · unterwerf' ich meinem Schwert."

Der König war verwundert · und all sein Volk umher,
Als sie vernommen hatten · sein seltsam Begehr,
Daß er ihm zu nehmen · gedächte Leut' und Land.
Das hörten seine Degen · die wurden zornig zuhand.

„Wie sollt' ich das verdienen" · sprach Gunther der Degen,
„Wes mein Vater lange · mit Ehren durfte pflegen,
Daß wir das verlören · durch jemands Überkraft?
Das wäre schlecht bewiesen · daß wir auch pflegen Ritterschaft!"

„Ich will davon nicht lassen" · fiel ihm der Kühne drein,
„Von deinen Kräften möge · dein Land befriedet sein,
Ich will es nun verwalten · doch auch das Erbe mein,
Erwirbst du es durch Stärke · es soll dir untertänig sein.

„Dein Erbe wie das meine · wir schlagen gleich sie an,
Und wer von uns den andern · überwinden kann,
Dem soll es alles dienen · die Leute wie das Land."
Dem widersprach da Hagen · und mit ihm Gernot zuhand.

„So stehn uns nicht die Sinne" · sprach da Gernot,
„Nach neuen Lands Gewinne · daß jemand sollte tot
Vor Heldeshänden liegen · reich ist unser Land,
Das uns mit Recht gehorsamt · zu niemand besser bewandt."

In grimmigem Mute · standen da die Freunde sein.
Da war auch darunter · von Metz Herr Ortewein.
Der sprach: „Diese Sühne · ist mir von Herzen leid:
Euch ruft der starke Siegfried · ohn' allen Grund in den Streit.

,Ob ir und iuwer bruoder · hetet niht die wer,
und ob er danne fuorte · ein ganzez küneges her,
ich trûte wol erstrîten · daz der küene man
dise starke übermüete · von wâren schulden müese lân.'

Daz zurnde harte sêre · der helt von Niderlant:
er sprach: ,sich sol vermezzen · niht wider mich dîn hant:
ich bin ein künic rîche · sô bistu küneges man:
jâne dorften mich dîn zwelve · mit strîte nimmer bestân.'

Nâch swerten rief dô sêre · von Metzen Ortwîn:
er mohte Hagnen swestersun · von Tronje vil wol sîn.
daz der sô lange dagete · daz was dem künege leit.
dô understuont ez Gêrnôt · ein rîter küene und gemeit.

Er sprach ze Ortwîne · ,lât iuwer zürnen stân.
uns hât der hêrre Sîvrit · solhes niht getân.
wir mügenz noch wol scheiden · mit zühten, dêst mîn rât,
und haben in ze vriunde · daz uns noch lobelîcher stât.'

Dô sprach der starke Hagene · ,uns mac wol wesen leit,
allen iuwern degenen · daz er ie gereit
durch strîten her ze Rîne · er soldez haben lân:
im heten mîne hêrren · solher leide niht getân.'

Des antwurte Sîvrit · der kreftige man:
,müet iuch daz, hêr Hagene · daz ich gesprochen hân,
sô sol ich lâzen kiesen · daz die hende mîn
wellent vil gewaltec · hie zen Burgonden sîn.'

,Daz sol ich eine wenden' · sprach aber Gêrnôt.
allen sînen degenen · reden er verbôt
iht mit übermüete · des im wære leit.
dô gedâhte ouch Sîvrit · an die vil hêrlîchen meit.

,Wie zæme uns mit iu strîten' · sprach aber Gêrnôt.
,swaz helde nu dar under · müesen ligen tôt,
wir hetens lützel êren · und ir vil kleinen vrum.'
des antwurte ime dô Sîvrit · des küneges Sigmundes sun:

„Wenn ihr und eure Brüder · ihm auch nicht steht zur Wehr,
Und ob er bei sich führte · ein ganzes Königsheer,
So wollt' ich's doch erstreiten · daß der starke Held
Also hohen Übermut · wohl mit Recht beiseite stellt."

Darüber zürnte mächtig · der Held von Niederland:
„Nicht wider mich vermessen · darf sich deine Hand:
Ich bin ein reicher König · du bist in Königs Lehn;
Deiner zwölfe dürften · mich nicht im Streite bestehn."

Nach Schwertern rief da heftig · von Metz Herr Ortewein:
Er durfte Hagens Schwestersohn · von Tronje wahrlich sein;
Daß er so lang geschwiegen · das war dem König leid.
Da sprach zum Frieden Gernot · ein Ritter kühn und allbereit.

„Laßt euer Zürnen bleiben" · hub er zu Ortwein an,
„Uns hat der edle Siegfried · noch solches nicht getan;
Wir scheiden es in Güte · wohl noch, das rat' ich sehr,
Und haben ihn zum Freunde · es geziemt uns wahrlich mehr."

Da sprach der starke Hagen · „Uns ist billig leid
Und all euern Degen · daß er je zum Streit
Kam an den Rhein geritten · was ließ er das nicht sein?
So übel nie begegnet · wären ihm die Herren mein."

Darauf erwidert' Siegfried · der kraftvolle Held:
„Wenn euch, was ich gesprochen · Herr Hagen, mißfällt,
So will ich schauen lassen · wie noch die Hände mein
Gedenken so gewaltig · bei den Burgunden zu sein."

„Das hoff' ich noch zu wenden" · sprach wieder Gernot.
Allen seinen Degen · zu reden er verbot
In ihrem Übermute · was ihm wäre leid.
Da gedacht' auch Siegfried · an die viel herrliche Maid.

„Wie geziemt' uns mit euch zu streiten?" · sprach wieder Gernot.
„Wieviel dabei der Helden · auch fielen in den Tod,
Wenig Ehre brächt' uns · so ungleicher Streit."
Die Antwort hielt da Siegfried · König Siegmunds Sohn, bereit:

‚War umbe bîtet Hagene · und ouch Ortwîn,
daz er niht gâhet strîten · mit den vriunden sîn,
der er hie sô manegen · ze den Burgonden hât?‘
si muosen rede vermîden · daz was Gêrnôtes rât.

‚Ir sult uns wesen willekomen‘ · sô sprach daz Uoten kint,
‚mit iuwern hergesellen · die mit iu komen sint.
wir suln iu gerne dienen · ich und die mâge mîn.‘
dô hiez man den gesten · schenken den Guntheres wîn.

Dô sprach der wirt des landes · ‚allez, daz wir hân,
geruochet irs nâch êren · daz sî iu undertân,
und sî mit iu geteilet · lîp unde guot!‘
dô wart der hêrre Sîvrit · ein lützel sanfter gemuot.

Dô hiez man in behalten · allez ir gewant.
die besten herberge · man suohte, die man vant,
Sîvrides knehten · man schuof in guot gemach.
den gast man sît vil gerne · dâ zen Burgonden sach.

Man bôt im michel êre · dâ nâch ze manegen tagen,
tûsent stunden mêre · danne ich iu kan gesagen.
daz hete versolt sîn ellen · ir sult gelouben daz:
in sach vil lützel iemen · der im wære gehaz.

Sich vlizzen kurzwile · die künege und ouch ir man,
sô was er ie der beste · swes man dâ began:
des enkunde im gevolgen niemen · sô michel was sîn kraft,
sô si den stein wurfen · oder schuzzen den schaft.

Swâ si bî den vrouwen · durch ir höfscheit
kurzwîle pflâgen · die rîter vil gemeit,
dâ sach man ie vil gerne · den helt von Niderlant.
er hete ûf hôhe minne · sîne sinne gewant.

Swes man ie begunde · des was sîn lîp bereit.
er truog in sîme sinne · ein minneclîche meit
und ouch in ein diu vrouwe · die er noch nie gesach,
diu im in heimlîche · vil dicke güetlîchen sprach.

Warum zögert Hagen · und auch Ortewein,
Daß er nicht zum Streite · eilt mit den Freunden sein,
Deren er so manchen · bei den Burgunden hat?"
Sie blieben Antwort schuldig · das war Gernotens Rat.

„Ihr sollt uns willkommen sein" · sprach Geiselher das Kind,
„Samt euren Heergesellen · die mit euch gekommen sind:
Wir wollen gern euch dienen · ich und die Freunde mein."
Da hieß man den Gästen · schenken König Gunthers Wein.

Da sprach der Wirt des Landes · „Alles, was uns gehört,
Verlangt ihr es in Ehren · das sei euch unverwehrt;
Wir wollen mit euch teilen · unser Gut und Blut."
Da ward dem Degen Siegfried · ein wenig sanfter zumut.

Da ließ man ihnen wahren · all ihr Wehrgewand:
Man suchte Herbergen · die besten, die man fand:
Siegfriedens Knappen · schuf man gut Gemach.
Man sah den Fremdling gerne · in Burgundenland hernach.

Man bot ihm große Ehre · darauf in manchen Tagen,
Mehr zu tausend Malen · als ich euch könnte sagen;
Das hatte seine Kühnheit · verdient; das glaubt fürwahr:
Ihn sah wohl selten jemand · der ihm nicht gewogen war.

Flissen sich der Kurzweil · die Kön'ge und ihr Lehn,
So war er stets der Beste · was man auch ließ geschehn.
Es konnt ' ihm niemand folgen · so groß war seine Kraft,
Ob sie den Stein warfen · oder schossen den Schaft.

Nach höf'scher Sitte ließen · sich auch vor den Fraun
Der Kurzweile pflegend · die kühnen Ritter schaun:
Da sah man stets den Helden · gern von Niederland;
Er hatt' auf hohe Minne · seine Sinne gewandt.

Was man beginnen wollte · er war dazu bereit;
Er trug in seinem Sinne · eine minnigliche Maid,
Und auch nur ihn die Schöne · die er noch nie gesehn,
Und die sich doch viel Gutes · von ihm schon heimlich versehn.

Swenne ûf dem hove wolden · spilen dâ diu kint,
rîter unde knehte · daz sach vil dicke sint
Kriemhilt durch diu venster · diu küneginne hêr;
deheiner kurzwîle · bedorfte si in den zîten mêr.

Wester, daz in sæhe · die er in herzen truoc,
dâ het er kurzwîle · immer von genuoc.
sæhen si sîn ougen · ich wil wol wizzen daz,
daz im in dirre werlde · kunde nimmer werden baz.

Swenne er bî den helden · ûf dem hove stuont,
alsô noch die liute · durch kurzewîle tuont,
sô stuont sô minneclîche · daz Siglinde kint,
daz in von herzeliebe · trûte manec vrouwe sint.

Er gedâht ouch manege zîte · ‚wie sol daz geschehen,
daz ich die maget edele · mit ougen müge sehen,
die ich von herzen minne · und lange hân getân?
diu ist mir noch vil vremde · dez muoz ich trûrec gestân.‘

Sô ie die künege rîche · riten in ir lant,
sô muosen ouch die recken · mit in al zehant.
dâ mite muos ouch Sîvrit · daz was der vrouwen leit;
er leit ouch von ir minne · dicke michel arebeit.

Sus wonde er bî den hêrren · daz ist alwâr,
in Guntheres lande · volleclîch ein jâr,
daz er die minneclîchen · die zîte nie gesach,
dâ von im sît vil liebe · und ouch vil leide geschach.

Wenn man auf dem Hofe · das Waffenspiel begann,
Ritter so wie Knappen · immer sah es an
Kriemhild aus den Fenstern · die Königstochter hehr;
Keiner andren Kurzweil · hinfort bedurfte sie mehr.

Und wüßt' er, daß ihn sähe · die er im Herzen trug,
Davon hätt' er Kurzweil · immerdar genug.
Ersähn sie seine Augen · ich glaube sicherlich,
Keine andre Freude · hier auf Erden wünscht' er sich.

Wenn er bei den Recken · auf dem Hofe stand,
Wie man noch Kurzweil · pflegt in allem Land,
Wie stand dann so minniglich · das Sieglindenkind,
Daß manche Frau ihm heimlich · war von Herzen hold gesinnt.

Er gedacht' auch manchmal · „Wie soll das geschehn,
Daß ich das edle Mägdlein · mit Augen möge sehn,
Die ich von Herzen minne · wie ich schon längst getan?
Die ist mir noch gar fremde · mit Trauern denk' ich daran."

So oft die reichen Könige · ritten in ihr Land.
So mußten auch die Recken · mit ihnen all zur Hand.
Auch Siegfried ritt mit ihnen · das war der Frauen leid;
Er litt von ihrer Minne · auch Beschwer zu mancher Zeit.

So wohnt' er bei den Herren · das ist alles wahr,
In König Gunthers Lande · völliglich ein Jahr,
Daß er die Minnigliche · in all der Zeit nicht sah,
Durch die ihm bald viel Liebes · und auch viel Leides geschah.

AVENTIURE

Wie Sîvrit mit den Sahsen streit

Nu nâhent vremdiu mære · in Guntheres lant
von boten, die in verre · wurden dar gesant
von unkunden recken · die in truogen haz.
dô si die rede vernâmen · leit was in wærliche daz.

Die wil ich iu nennen · ez was Liudgêr
ûzer Sahsen lande · ein rîcher vürste hêr,
und ouch von Tenemarke · der künic Liudgast.
die brâhten in ir reise · vil manegen hêrlîchen gast.

Ir boten komen wâren · in Guntheres lant,
di sîne widerwinnen · heten dar gesant.
dô vrâgte man der mære · die unkunden man.
man hiez die boten balde · ze hove vür den künic gân.

Der künec si gruozte schône · er sprach: ‚sît willekomen!
wer iuch her habe gesendet · desn hân ich niht vernomen:
daz sult ir lâzen hœren‘ · sprach der künic guot.
Dô vorhten si vil sêre · den grimmen Guntheres muot.

‚Welt ir, künec, erlouben · daz wir iu mære sagen,
diu wir iu dâ bringen · sône sulen wir niht verdagen,
wir nennen iu die hêrren · die uns her hânt gesant:
Liudgast und Liudgêr · die wellent iuch suochen inz lant.

‚Ir habet ir zorn verdienet · jâ hôrten wir wol daz,
daz iu die hêrren beide · tragent grôzen haz.
si wellent herverten · zu Wormez an den Rîn;
in hilfet vil der degene · des sult ir gewarnet sîn.

‚Inre zwelf wochen · diu reise muoz geschehen;
habt ir iht guoter vriunde · daz lâzet balde sehen,
die iu vriden helfen · die bürge und iuriu lant:
hie wirt von in verhouwen · vil manec helm unde rant.

VIERTES ABENTEUER

Wie Siegfried mit den Sachsen stritt

Nun nahen fremde Mären · in König Gunthers Land
Durch Boten aus der Ferne · ihnen zugesandt
Von unbekannten Recken · die ihnen trugen Haß:
Als sie die Rede hörten · gar sehr betrübte sie das.

Die will ich euch nennen · es war Lüdeger
Aus der Sachsen Lande · ein mächtiger König hehr;
Dazu vom Dänenlande · der König Lüdegast:
Die gewannen zu dem Kriege · gar manchen herrlichen Gast.

Ihre Boten kamen · in König Gunthers Land,
Die seine Widersacher · hatten hingesandt,
Da frug man um die Märe · die Unbekannten gleich
Und führte bald die Boten · zu Hofe vor dem König reich.

Schön grüßte sie der König · und sprach: „Seid willkommen!
Wer euch hieher gesendet · hab ich noch nicht vernommen;
Das sollt ihr hören lassen " · sprach der König gut.
Da bangten sie gewaltig · vor des grimmen Gunther Mut.

„Wollt ihr uns, Herr, erlauben · daß wir euch Bericht
Von unsrer Märe sagen · wir hehlen sie euch nicht.
Wir nennen euch die Herren · die uns hieher gesandt:
Lüdegast und Lüdeger · die suchen heim euer Land.

„Ihren Zorn habt ihr verdienet · wir vernahmen das
Gar wohl, die Herren tragen · euch beide großen Haß.
Sie wollen heerfahrten · gen Worms an den Rhein;
Ihnen helfen viel der Degen · laßt euch das zur Warnung sein.

„Binnen zwölf Wochen · muß ihre Fahrt geschehn;
Habt ihr nun guter Freunde · so laßt es bald ersehn,
Die euch befrieden helfen · die Burgen und das Land:
Hier werden sie verhauen · manchen Helm und Schildesrand.

‚Oder welt ir mit in dingen · sô entbietet ez in dar;
sône rîtent iu sô nâhen · niht die manegen schar
der iuwer starken vînde · ûf herzenlîchiu leit,
dâ von verderben müezen · vil guote rîter gemeit.‘

‚Nu bîtet eine wîle · (ich kündiu mînen muot),
unz ich mich baz versinne’ · sprach der künic guot.
‚hân ich getriuwer iemen · die sol ich niht verdagen
disiu starken mære · sol ich mînen vriunden klagen.‘

Gunther dem rîchen · leide wart genuoc;
die rede er tougenlîchen · in sîme herze truoc.
er hiez gewinnen Hagenen · und ander sîne man
und bat ouch harte balde · zu hove nâch Gêrnôten gân.

Dô kômen dar die besten · swaz man der dâ vant.
er sprach: ‚man wil uns suochen · her in unser lant
mit starken herverten · daz lât iu wesen leit‘.
des antwurte Gêrnôt · ein rîter küene und gemeit:

‚Daz wer ot wir mit swerten‘ · sô sprach Gêrnôt.
‚dâ sterbent wan die veigen · die lâzen ligen tôt.
dar umbe ich niht vergezzen · mac der êren mîn:
die unser vîande · sulen uns willekomen sîn.‘

Dô sprach von Troneje Hagene · ‚daz endunket mich niht guot.
Liudgast und Liudgêr · die tragent übermuot.
wir mugen uns niht besenden · in sô kurzen tagen,‘
sô sprach der küene recke · ‚ir sult ez Sîvride sagen.‘

Die boten herbergen · hiez man in die stat.
swie vîent man in wære · vil schône ir pflegen bat
Gunther der rîche · daz was wol getân,
unz er ervant an vriunden · wer im dâ wolde gestân.

Dem künege in sînen sorgen · was iedoch vil leit.
dô sach in trûrende · ein rîter vil gemeit,
der niht mohte wizzen · waz im was geschehen:
Dô bat er im der mære · den künic Gunther verjehen.

„Oder wollt ihr unterhandeln · so macht es offenbar;
So reitet euch so nahe · nicht gar manche Schar
Eurer starken Feinde · zu bitterm Herzeleid,
Davon verderben müssen · viel der Ritter kühn im Streit."

„Nun harrt eine Weile · (ich künd euch meinen Mut),
Bis ich mich recht bedachte " · sprach der König gut.
„Hab' ich noch Getreue · denen will ich's sagen:
Diese schwere Botschaft · muß ich meinen Freunden klagen."

Dem mächtigen Gunther · war es leid genug;
Den Botenspruch er heimlich · in seinem Herzen trug.
Er hieß berufen Hagen · und andr' in seinem Lehn
Und hieß auch gar geschwinde · zu Hof nach Gernoten gehn.

Da kamen ihm die Besten · so viel man deren fand.
Er sprach: „Die Feinde wollen · heimsuchen unser Land
Mit starken Heerfahrten · das sei euch geklagt."
Drauf erwiderte Gernot · ein Ritter kühn und unverzagt:

„Dem wehren wir mit Schwertern" · sprach da Gernot,
„Da sterben nur, die müssen · die lasset liegen tot.
Ich werde nie vergessen · darum der Ehre mein:
Unsre Widersacher · sollen uns willkommen sein."

Da sprach von Tronje Hagen · „Das dünkt mich nicht gut;
Lüdegast und Lüdeger · sind voll Übermut.
Wir können uns nicht sammeln · in so kurzen Tagen,"
So sprach der kühne Recke · „ihr sollt es Siegfrieden sagen."

Da gab man den Boten · Herbergen in der Stadt.
Wie feind sie ihnen waren · sie gut zu pflegen bat
Gunther der reiche · das war wohlgetan,
Bis er erprobt an Freunden · wer ihm zu Hilfe zög' heran.

Der König trug im Herzen · Sorge doch und Leid.
Da sah ihn also trauern · ein Ritter allbereit,
Der nicht wissen konnte · was ihm war geschehn:
Da bat er König Gunthern · ihm den Grund zu gestehn.

,Mich nimet des michel wunder' · sprach dô Sîvrit,
,wie ir sô habet verkêret · die vrœlîchen sit,
der ir mit uns nu lange · habt alher gepflegen.'
des antwurte ime dô Gunther · der vil zierlîche degen:

,Jâne mac ich allen liuten · die swære niht gesagen,
die ich muoz tougenlîche · in mîme herzen tragen:
man sol stæten vriunden · klagen herzenôt.'
diu Sîvrides varwe · wart dô bleich unde rôt.

Er sprach zuo dem künege · ,ich hân iu niht verseit.
ich sol iu helfen wenden · elliu iuriu leit.
welt ir vrîunt suochen · der sol ich einer sîn
und trûwe ez wol volbringen · mit êren an daz ende mîn.'

,Nu lône iu Got, hêr Sîvrit · diu rede mich dunket guot;
und ob mir nimmer helfe · iuwer ellen getuot,
ich vreu mich doch der mære · daz ir mir sît sô holt.
lebe ich deheine wîle · ez wirt wol umb iuch versolt.

,Ich wil iuch lâzen hœren · war umbe ich trûric stân.
von boten mîner vînde · ich daz vernomen hân,
daz si mich wellen suochen · mit herverte hie;
daz getâten uns noch degene · her zuo disen landen nie.'

,Daz lât iuch ahten ringe' · sprach dô Sîvrit,
,senftet iuwerm muote · tuot, des ich iuch bit:
lât mich iuch erwerben · êre unde vrumen
und bittet iuwer degene · daz si iu ouch ze helfe kumen.

,Swenne iuwer starke vînde · ze helfe möhten hân
drîzec tûsent degene · sô woldich si bestân,
und het ich niht wan tûsent · des lât iuch an mich.'
dô sprach der künic Gunther · ,daz dienich immer umbe dich.'

,Sô heizet mir gewinnen · tûsent iuwer man,
sît daz ich der mînen · bî mir niht enhân
niuwan zwelf recken · sô wer ich iuwer lant.
iu sol mit triuwen dienen · immer Sîvrides hant.

„Mich nimmt höchlich wunder“· sprach da Siegfried,
„Wie die frohe Weise · so völlig von euch schied,
Deren ihr so lange · mit uns mochtet pflegen.“
Zur Antwort gab ihm Gunther · dieser zierliche Degen:

„Wohl mag ich allen Leuten · nicht von dem Leide sagen,
Das ich muß verborgen · in meinem Herzen tragen:
Steten Freunden klagen · soll man des Herzens Not.“
Siegfriedens Farbe · ward da bleich und wieder rot.

Er sprach zu dem Könige · „Was blieb euch je versagt?
Ich will euch wenden helfen · das Leid, das ihr klagt.
Wollt ihr Freunde suchen · so will ich einer sein
Und getrau es zu vollbringen · mit Ehren bis ans Ende mein.“

„Nun lohn' euch Gott, Herr Siegfried · die Rede dünkt mich gut;
Und kann mir auch nicht helfen · eure Kraft und hoher Mut,
So freut mich doch die Märe · daß ihr so hold mir seid:
Leb' ich noch eine Weile · ich vergelt' es mit der Zeit.

„Ich will euch hören lassen · was mich traurig macht.
Von Boten meiner Feinde · ward mir hinterbracht,
Mit Heerfahrten kämen · sie mich zu suchen hie:
Das geschah uns von Degen · in diesen Landen noch nie.“

„Daß laßt euch nicht betrüben“ · sprach da Siegfried,
„Sänftet eur Gemüte · und tut, wie ich euch riet:
Laßt mich euch erwerben · Ehre so wie Frommen
Und bittet eure Degen · daß sie euch zu Hilfe kommen.

„Und hätten dreißigtausend · Helfer sich ersehn
Eure starken Feinde · doch wollt' ich sie bestehn,
Hätt' ich auch selbst nur tausend · verlaßt euch auf mich.“
Da sprach der König Gunther · „Das verdien' ich stets um dich.“

„So heißt mir eurer Leute · gewinnen tausend Mann,
Da ich von den Meinen · nicht mehr hier stellen kann
Als der Recken zwölfe · so wehr' ich euer Land.
Immer soll getreulich · euch dienen Siegfriedens Hand.

‚Des sol uns helfen Hagene · und ouch Ortwîn,
Dancwart und Sindolt · die lieben recken dîn.
ouch sol dâ mit rîten · Volkêr der küene man:
der sol den vanen vüeren · baz ichs nieman engan.

‚Und lât die boten rîten · heim in ir hêrren lant;
daz si uns sehen schiere · daz tuo man in bekant,
sô daz unser bürge · müezen vride hân.‘
dô hiez der künec besenden · beide mâge unde man.

Die boten Liudegêres · ze hove giengen dô;
daz si ze lande solden · des wâren si vil vrô.
dô bôt in rîche gâbe · Gunther der künic guot
und schuof in sîn geleite · des stuont in hôhe der muot.

‚Nu saget,‘ sprach dô Gunther · ‚den starken vînden mîn,
si mugent mit ir reise · wol dâ heime sîn;
weln aber si mich suochen · her in mîniu lant,
mirn zerinne mîner vriunde · in wirt arebeit bekant.’

Den boten rîche gâbe · man dô vür truoc:
der het in ze gebene · Gunther genuoc.
dine torsten niht versprechen · die Liudgêres man.
dô si urloup genâmen · si schieden vrœlîche dan.

Dô die boten wâren · ze Tenemarke komen,
und der künic Liudgast · hete daz vernomen,
wie si von Rîne kômen · als im daz wart geseit,
ir starkez übermüeten · was im wærlîche leit.

Si sagten, daz si hêten · vil manegen küenen man
ouch sâhen si dar under · einen recken stân,
der was geheizen Sîvrit · ein helt ûz Niderlant.
ez leidete Liudgaste · dô er daz mære rehte ervant.

Dô die von Tenemarke · ditze hôrten sagen,
dô îlten si der vriunde · deste mê bejagen,
unze daz êhr Liudgast · sîner küenen man
zweinzec tûsent degene · ze sîner reise gewan.

„Dazu soll Hagen helfen · und auch Ortewein,
Dankwart und Sindold · die lieben Recken dein.
Auch soll da mit uns reiten · Volker, der kühne Mann:
Der soll die Fahne führen · keinen Bessern trefft ihr an.

„Und laßt die Boten reiten · heim in ihrer Herren Land;
Daß sie uns bald da sehen · macht ihnen das bekannt,
So daß unsre Burgen · befriedet mögen sein."
Der König hieß besenden · Freund' und Mannen insgemein.

Zu Hofe gingen wieder · die Lüdeger gesandt;
Sie freuten sich der Reise · zurück ins Heimatland.
Ihnen bot da reiche Gabe · Gunther, der König gut,
Und sicheres Geleite · des waren sie wohlgemut.

„Nun sagt," sprach da Gunther · „meinen starken Feinden an,
Ihre Reise bliebe · besser ungetan;
Doch wollten sie mich suchen · hier in meinem Land,
Mir zerrännen denn die Freunde · ihnen werde Not bekannt."

Den Boten reiche Gaben · man da zur Stelle trug:
Deren hatte Gunther · zu geben genug.
Das durften nicht verschmähen · die Lüdeger gesandt.
Sie baten um Urlaub · und räumten fröhlich das Land.

Als die Boten waren · gen Dänemark gekommen,
Und der König Lüdegast · den Bericht vernommen,
Wie's ihnen am Rhein ergangen · als das ihm ward gesagt,
Seine übermüt'ge Botschaft · ward da bereut und beklagt.

Sie sagten ihm, sie hätten · manch kühnen Mann im Lehn;
Auch sahen sie darunter · einen Recken stehn,
Der war geheißen Siegfried · ein Held aus Niederland.
Leid war's Lüdegasten · als er die Dinge so befand.

Als die vom Dänenlande · hörten diese Mär,
Da eilten sie, der Helfer · zu gewinnen desto mehr,
Bis der König Lüdegast · zwanzigtausend Mann
Seiner kühnen Degen · zu seiner Heerfahrt gewann.

Dô besande ouch sich von Sahsen · der künic Liudegêr,
unz sie vierzec tûsent · heten unde mêr,
mit den si wolden rîten · in Burgonden lant.
dô hete ouch sich hie heime · der künic Gunther besant

Mit den sînen mâgen · und sîner bruoder man,
die si wolden vüeren · durch urliuge dan,
und ouch die Hagenen recken · des gie den helden nôt.
dar umbe muosen degene · sider kiesen den tôt.

Si vlizzen sich der reise · dô si wolden dan,
den vanen muose leiten · Volkêr der küene man,
alsô si wolden rîten · von Wormez über Rîn.
Hagene von Troneje · der muose scharmeister sîn.

Dâ mite reit ouch Sindolt · und der küene Hûnolt,
die wol gedienen kunden · daz Guntheres golt.
Dancwart, Hagnen bruoder · und ouch Ortwîn
die mohten wol mit êren · in der herverte sîn.

‚Hêr künic, sît hie heime' · sprach dô Sîvrit.
‚sît daz mir iuwer recken · wellent volgen mit,
belîbet bî den vrouwen · und traget hôhen muot.
ich trouwe iu wol behüeten · beidiu êre unde guot.

‚Die iuch dâ wolden suochen · ze Wormez an den Rîn,
daz wil ich wol behüeten · si mugen dâ heime sîn.
wir sulen in gerîten · sô nâhen in ir lant,
daz in ir übermüeten · werde in sorgen gewant.'

Von Rîne si durch Hessen · mit ir helden riten
gegen Sahsen lande · dâ wart sît gestriten.
mit roube und mit brande · wuosten si daz lant,
daz ez den vürsten beiden · wart mit arebeit bekant.

Si kômen ûf die marke · die knehte zogeten dan.
Sîvrit der vil starke · vrâgen des began:
‚wer sol des gesindes · uns nu hüeten hie?'
jâne wart den Sahsen · geriten schedelîcher nie.

Da besandte sich von Sachsen · auch König Lüdeger,
Bis sie vierzigtausend · hatten und wohl mehr,
Die mit ihnen ritten · gen Burgundenland.
Da hatt' auch schon zu Hause · der König Gunther gesandt

Zu seinen nächsten Freunden · und seiner Brüder Heer,
Womit sie fahren wollten · im Kriegszug einher,
Und auch mit Hagens Recken · das tat den Helden not.
Darum mußten Degen · bald erschauen den Tod.

Sie schickten sich zur Reise · als es ging hindann,
Die Fahne mußte führen · Volker, der kühne Mann,
Da sie reiten wollten · von Worms über Rhein;
Hagen von Tronje · der mußte Scharmeister sein.

Mit ihnen ritt auch Sindold · und der kühne Hunold,
Die wohl verdienen konnten · König Gunthers Gold.
Dankwart, Hagens Bruder · und auch Ortewein,
Die mochten wohl mit Ehren · bei dem Heerzuge sein.

„Herr König," sprach da Siegfried · „bleibet ihr zu Haus:
Da mir eure Degen · folgen zu dem Strauß,
So weilt bei den Frauen · und tragt hohen Mut:
Ich will euch wohl behüten · die Ehre so wie das Gut.

„Die euch heimsuchen wollten · zu Worms an dem Rhein,
Der will ich euch erwehren · sie sollen zu Hause sein;
Wir wollen ihnen reiten · so nah ins eigne Land,
Daß ihnen bald in Sorge · der Übermut wird gewandt."

Vom Rheine sie durch Hessen · mit ihren Helden ritten
Nach dem Sachsenlande · da wurde bald gestritten.
Mit Raub und mit Brande · verheerten sie das Land,
Daß bald den Fürsten beiden · ward Not und Sorge bekannt.

Sie kamen an die Marke · die Knechte rückten an.
Siegfried der starke · zu fragen da begann:
„Wer soll nun der Hüter · des Gesindes sein?"
Wohl konnte nie den Sachsen · ein Heerzug übler gedeihn.

Si sprâchen: ‚lât der tumben · hüeten ûf den wegen
den küenen Dancwarten · der ist ein sneller degen.
Wir vliesen deste minner · von Liudgêres man;
lât in und Ortwînen · hie die nâchhuote hân.‘

‚Sô wil ich selber rîten‘ · sprach Sîvrit der degen,
‚unde wil der warte · gên den vînden pflegen,
unz ich rehte ervinde · wâ die recken sint.‘
dô wart gewâfent schiere · der schœnen Siglinden kint.

Daz volc bevalh er Hagenen · dô er wolde dan,
unde Gêrnôte · dem vil küenen man.
dô reit er eine danne · in der Sahsen lant:
des wart von im verhouwen · des tages manec helmebant.

Dô sach er her daz grôze · daz ûf dem velde lac,
daz wider sîner helfe · mit ungevüege wac:
des was wol vierzec tûsent · oder dannoch baz.
Sîvrit in hôhem muote · sach vil vrœlichen daz.

Dô hete sich ouch ein recke · von den vînden dar
erhaben ûf die warte · der was ze vlîze gar:
den sach der hêrre Sîvrit · und in der küene man;
ieweder dô des andern · mit nîde hüeten began.

Ich sage iu, wer der wære · der der warte pflac;
ein liehter schilt von golde · im vor der hende lac.
ez was der künic Liudgast · der huote sîner schar.
dirre gast vil edele · sprancte hêrlîchen dar.

Nu het ouch in hêr Liudgast · vîentlîche erkorn:
diu ros si nâmen beide · zen sîten mit den sporn;
si neigten ûf die schilde · die schefte mit ir kraft;
des wart der künic rîche · mit grôzen sorgen behaft.

Diu ros' nâch stichen truogen · diu rîchen küneges kint
beide vür ein ander · samt si wæte ein wint;
mit zoumen wart gewendet · vil rîterlîchen dan:
mit swerten ez versuohten · die zwêne grimmege man.

Sie sprachen: „Laßt der Knappen · hüten auf den Wegen
Dankwart den kühnen · das ist ein schneller Degen:
Wir verlieren desto minder · durch die in Lüdgers Lehn;
Laßt ihn mit Ortweinen · hie die Nachhut versehn."

„So will ich selber reiten" · sprach Siegfried der Degen,
„Den Feinden gegenüber · der Warte zu pflegen,
Bis ich recht erkunde · wo die Recken sind."
Da stand bald in den Waffen · der schönen Sieglinde Kind.

Das Volk befahl er Hagen · als er zog hindann,
Ihm und Gernoten · diesem kühnen Mann.
So ritt er hin alleine · in der Sachsen Land:
Dabei ward verhauen · von ihm wohl manchen Helmes Band.

Er sah ein groß Geschwader · das auf dem Felde zog
Und die Kraft der Seinen · gewaltig überwog:
Es waren vierzigtausend · oder wohl noch mehr.
Siegfried in hohem Mute · sah gar fröhlich das Heer.

Da hatte sich ein Recke · auch aus der Feinde Schar
Erhoben auf die Warte · der wohl gewappnet war:
Den sah der Degen Siegfried · und ihn der kühne Mann;
Jedweder auf den andern · mit Zorn zu blicken begann.

Ich sag' euch, wer der wäre · der hier der Warte pflag;
Ein lichter Schild von Golde · ihm vor der Linken lag:
Es war der König Lüdegast · der hütete sein Heer.
Der edle Fremdling sprengte · herrlich wider ihn einher.

Nun hatt' auch ihn Herr Lüdegast · sich feindlich erkoren:
Ihre Rosse reizten beide · zur Seite mit den Sporen;
Sie neigten auf die Schilde · mit aller Macht den Schaft;
Da kam der mächt'ge König · darob in großer Sorgen Haft.

Dem Stich gehorsam trugen · die Rosse pfeilgeschwind
Die Könige zusammen · als wehte sie der Wind;
Dann mit den Zäumen wandten · sie ritterlich zurück:
Die grimmen Zwei versuchten · da mit dem Schwerte das Glück.

Dô sluoc der hêrre Sîvrit · daz al daz velt erdôz.
dô stoup ûz dem helme · sam von brenden grôz,
die viuwerrôten vanken · von des heldes hant.
ir ietweder den sînen · an dem anderen vant.

Ouch sluog im hêr Liudegast · vil manegen grimmen slac;
ir ieweders ellen · ûf schilden vaste lac.
dô heten dar gehüetet · wol drîzec sîner man:
ê daz im die kœmen · den sic doch Sîvrit gewan

Mit drîn starken wunden · die er dem künege sluoc
durch eine wîze brünne · diu was guot genuoc.
daz swert an sînen ecken · brâht ûz wunden bluot.
des muose der künic Liudgast · haben trûregen muot.

Er bat sich leben lâzen · und bôt im sîniu lant
und sagte im, daz er wære · Liudgast genant.
dô kômen sîne recken · die heten wol gesehen,
waz dâ von in beiden · ûf der warte was geschehen.

Er wolt in vüeren dannen · dô wart er an gerant
von drîzec sînen mannen · dô werte des heldes hant
sînen rîchen gîsel · mit ungevüegen slegen.
sît tet schaden mêre · der viel zierlîche degen.

Die drîzec er ze tôde · werlîche sluoc.
er liez ir leben einen · balde er reit genuoc
und sagte hin diu mære · waz hie was geschehen;
ouch mohte mans die wârheit · an sîme rôten helme sehen.

Den von Tenemarke · was vil grimme leit,
ir hêrre was gevangen · dô in daz was geseit.
man sagte ez sînem bruoder · toben er began
von ungevüegem zorne · wan im was leide getân.

Liudgast der rîche · was gevüeret dan
von Sîvrides gewalte · zuo Guntheres man.
er bevalch in Hagenen · dô in daz wart geseit,
daz ez der künec wære · dô was in mæzlichen leit.

Da schlug der Degen Siegfried · das Feld erscholl umher,
Aus dem Helme stoben · als ob's von Bränden wär',
Die feuerroten Funken · von des Helden Hand.
Jeder an dem andern · seinen rechten Partner fand.

Auch ihm schlug Herr Lüdegast · manchen grimmen Schlag;
Jedweder auf dem Schilde · mit ganzer Stärke lag.
Da hatten es wohl dreißig · erspäht aus seiner Schar:
Eh' die ihm Hülfe brachten · der Sieg doch Siegfriedens war

Mit drei starken Wunden · die er dem König schlug
Durch einen lichten Harnisch · der war doch fest genug.
Das Schert mit seiner Schärfe · entlockte Wunden Blut;
Davon der König Lüdegast · gewann wohl traurigen Mut.

Er bat ihn um sein Leben · und bot ihm all sein Land
Und sagt' ihm, er wäre · Lüdegast genannt.
Da kamen seine Recken · die hatten wohl gesehn,
Was da von ihnen beiden · auf der Warte war geschehn.

Er führt' ihn gern von dannen · da ward er angerannt
Von dreißig seiner Mannen · doch wehrte seine Hand
Seinen edeln Geisel · mit ungestümen Schlägen.
Bald tat noch größern Schaden · dieser zierliche Degen.

Die Dreißig zu Tode · wehrlich er schlug;
Ihrer einen ließ er leben · der ritt da schnell genug
Und brachte hin die Märe · von dem, was hier geschehn;
Auch konnte man die Wahrheit · an seinem roten Helme sehn.

Gar leid war's den Recken · aus dem Dänenland,
Als ihres Herrn Gefängnis · ihnen ward bekannt.
Man sagt' es seinem Bruder · der fing zu toben an
In ungestümem Zorne · ihm war gar wehe getan.

Lüdegast der König · ward hinweggebracht
Zu Gunthers Ingesinde · von Siegfrieds Übermacht.
Er befahl ihn Hagen · als ihnen zu Ohren kam,
Es sei der fremde König · nicht allzu groß war ihr Gram

Man hiez den Burgonden · ir vanen binden an.
‚wol ûf,' sô sprach Sîvrit · ‚hie wirt mêr getân,
ê sich der tac verende · sol ich haben den lîp:
daz gemüet in Sahsen lande · viel manec wætlîchez wîp.

‚Ir helde von dem Rîne · ir sult mîn nemen war:
ich kan iuch wol geleiten · in Liudgêres schar.
sô sehet ir helme houwen · von guoter helde hant.
ê daz wir wider wenden · in wirdet sorge bekant'

Zen rossen gâhte Gêrnôt · und die sîne man.
den vanen zucte balde · der küene spilman,
Volkêr der hêrre · dô reit er vor der schar.
dô was ouch daz gesinde · ze strîte hêrlîchen gar.

Sie vuorten doch niht mêre · niuwan tûsent man,
dar über zwelf recken · stieben dô began
diu molte von den strâzen · si riten über lant.
dô sach man von in schînen · vil manegen hêrlîchen rant.

Dô wâren ouch die Sahsen · mit ir scharn komen,
mit swerten wol gewahsen · daz hân ich sît vernomen.
diu swert diu sniten sêre · den helden an der hant:
dô wolden si den gesten · weren bürge unde lant.

Der hêrren scharmeister · daz volc dô vuorten dan.
dô was ouch komen Sîvrit · mit den sînen man,
die er mit ihm brâhte · ûzer Niderlant,
des tages wart in sturme · viel manec bluotegiu hant.

Sindolt und Hûnolt · und ouch Gêrnôt
die sluogen in dem strîte · vil manegen helt tôt,
ê si rehte ervunden · wie küene was ir lîp:
daz muose sît beweinen · vil manec wætlîchez wîp.

Volkêr und Hagene · und ouch Ortwîn
laschten in dem strîte · vil maneges helmes schîn
mit vliezendem bluote · die sturmküene man.
dô wart von Dancwarten · vil michel wunder getân.

Man gebot den Burgunden · „Die Fahne bindet an.“
„Wohlauf,“ sprach da Siegfried · „hier wird noch mehr getan
Vor Abendzeit, verlier’ ich · Leben nicht und Leib:
Das betrübt im Sachsenlande · noch manches waidliche Weib.

„Ihr Helden vom Rheine · ihr sollt mein nehmen wahr:
Ich kann euch wohl geleiten · zu Lüdegers Schar.
Da seht ihr Helme hauen · von guter Helden Hand:
Eh’ wir uns wieder wenden · wird ihnen Sorge bekannt.“

Zu den Rossen sprangen Gernot · und die ihm untertan.
Die Heerfahne faßte · der kühne Spielmann,
Volker der Degen · und ritt der Schar vorauf.
Da war auch das Gesinde · zum Streite mutig und wohlauf.

Sie führten doch der Degen · nicht mehr denn tausend Mann,
Darüber zwölf Recken · Zu stieben da begann
Der Staub von den Straßen · sie ritten über Land;
Man sah von ihnen scheinen · manchen schönen Schildesrand.

Nun waren auch die Sachsen · gekommen und ihr Heer
Mit Schwertern wohlgewachsen · die Klingen schnitten sehr,
Das hab’ ich wohl vernommen · den Helden an der Hand:
Da wollten sie die Gäste · von Burgen wehren und Land.

Der Herren Scharmeister · führten das Volk heran.
Da war auch Siegfried kommen · mit samt seinen Mann,
Die er mit sich führte · aus dem Niederland.
Des Tags sah man im Sturme · manche blutige Hand.

Sindold und Hunold · und auch Gernot,
Die schlugen in dem Streite · viel der Helden tot,
Eh’ sie ihrer Kühnheit · noch selber mochten traun:
Das mußten bald beweinen · viel der waidlichen Fraun.

Volker und Hagen · und auch Ortwein
Leschten in dem Streite · manches Helmes Schein
Mit fließendem Blute · die Kühnen in der Schlacht.
Von Dankwarten wurden · viel große Wunder vollbracht.

Die von Tenemarke · versuohten wol ir hant;
dô hôrte man von hurte · erdiezen manegen rant
und ouch von scharpfen swerten · der man dâ vil gesluoc.
die strîtküenen Sahsen · tâten schaden dâ genuoc.

Dô die von Burgonden · drungen in den strît,
von in wart erhouwen · vil manec wunde wît:
dô sach man über satele · vliezen daz bluot;
sus wurben nâch den êren · die rîter küene unde guot.

Man hôrte dâ lûte erhellen · den helden an der hant
diu vil scharpfen wâfen · dô die von Niderlant
drungen nâch ir hêrren · in die herten schar;
si kômen degenlîche · mit samt Sîvride dar.

Volgen der von Rîne · niemen man im sach.
man mohte kiesen vliezen · den bluotegen bach
durch die liehten helme · von Sîvrides hat,
unz er Liudgêren · vor sînen hergesellen vant.

Drî widerkêre · het er nu genomen
durch daz her anz ende · nu was Hagene komen:
der half im wol ervollen · in sturme sînen muot.
des tages muose ersterben · vor in vil manec rîter guot.

Dô der starke Liudegêr · Sîvriden vant,
und daz er alse hôhe · truoc an sîner hant
den guoten Balmungen · und ir sô manegen sluoc,
des wart der hêrre zornec · unde grimmec genuoc.

Dô wart michel dringen · und grôzer swerte klanc,
dâ ir ingesinde · zuo ein ander dranc.
dô versuohten sich die recken · beide deste baz.
die schar begunden wîchen · sich huob dâ grœzlîcher haz.

Dem vogte von den Sahsen · was daz wol geseit,
sîn bruoder was gevangen · daz was im harte leit;
niht wesser, daz ez tæte · daz Siglinde kint.
man zêch es Gêrnôten · wol ervant er ez sint.

Da versuchten auch die Dänen · waidlich ihre Hand;
Von Stößen laut erschallte · mancher Schildesrand
Und von den scharfen Schwertern · womit man Wunden schlug.
Die streitkühnen Sachsen · taten Schadens da genug.

Als die Burgunden · drangen in den Streit,
Von ihnen ward gehauen · manche Wunde weit:
Über sie Sättel fließen · sah man da das Blut;
So warben um die Ehre · diese Ritter kühn und gut.

Man hörte laut erhallen · den Helden an der Hand
Ihr scharfen Waffen · als die von Niederland
Ihrem Herrn nachdrangen · in die dichten Reihn;
Die zwölfe kamen ritterlich · zugleich mit Siegfried hinein.

Deren vom Rheine · kam ihnen niemand nach.
Man konnte fließen sehen · den blutroten Bach
Durch die lichten Helme · von Siegfriedens Hand,
Bis er Lüdegeren · vor seinen Heergesellen fand.

Dreimal die Kehre · hat er nun genommen
Bis an des Heeres Ende · da war Hagen kommen:
Der half ihm wohl vollbringen · im Kampfe seinen Mut.
Es mußte heut' ersterben · vor ihnen mancher Ritter gut.

Als der starke Lüdeger · Siegfrieden fand,
Wie er so erhaben · trug in seiner Hand
Balmung den guten · und da so manchen schlug,
Drob ward der Fürst zornig · und ingrimmig genug.

Da gab es stark Gedränge · und lauten Schwerterklang,
Wo ihr Ingesinde · aufeinander drang.
Da versuchten desto heftiger · die beiden Recken sich;
Die Scharen wichen beide · der Kämpen Haß ward fürchterlich.

Dem Vogt vom Sachsenlande · war es wohl bekannt,
Sein Bruder sei gefangen · drum war er zornentbrannt;
Nicht wußt' er, der's vollbrachte · sei der Sieglindensohn.
Man zeihte des Gernoten · hernach befand er es schon.

Die slege Liudgêres · die wâren also starc,
daz im under satele · strûhte daz marc;
doch sich daz ros erholte · der küene Sîvrit
der gewan in dem sturme · einen vreislîchen sit.

Des half im wol Hagene · und ouch Gêrnôt,
Dancwart und Volkêr · des lac ir vil dâ tôt.
Sindolt und Hûnolt · und Ortwîn der degen
die kunden in dem strîte · zem tôde manegen nider legen.

In sturme ungescheiden · wâren die vürsten hêr.
dô sach man über helme · vliegen manegen gêr
durch die liehten schilde · von der helde hant;
man sach dâ var nâch bluote · vil manegen hêrlîchen rant.

In dem starken sturme · erbeizte manec man
nider von den rossen · ein ander liefens an
Sîvrit der küene · und ouch Liudgêr;
man sach dâ schefte vliegen · und vil manegen scharpfen gêr.

Dô vlouc daz schiltgespenge · von Sîvrides hant.
den sic gedâhte erwerben · der helt von Niderlant
an den küenen Sahsen · der man vil wunder sach.
hei, waz dâ liehter ringe · der küene Dancwart zebrach!

Dô het der hêrre Liudgêr · ûf eime schilte erkant
gemâlet eine krône · vor Sîvrides hant:
wol wesser, daz ez wære · der kreftige man.
der helt zuo sînen vriunden · lûte ruofen began:

‚Geloubet iuch des strîtes · alle mîne man.
sun den Sigmundes · ich hie gesehen hân,
Sîvriden den starken · hân ich hie bekant.
in hât der übele tiuvel · her zen Sahsen gesant.‘

Die vanen hiez er lâzen · in dem sturme nider.
vrides er dô gerte · des werte man in sider;
doch muos er werden gîsel · in Guntheres lant:
daz hete an im ertwungen · des küenen Sîvrides hant.

Da schlug so starke Schläge · Lüdegers Schwert,
Siegfrieden unterm Sattel · niedersank das Pferd;
Doch bald erhob sich's wieder · der kühne Siegfried auch
Gewann jetzt im Sturme · einen furchtbaren Brauch.

Dabei half ihm Hagen · wohl und Gernot,
Dankwart und Volker · da lagen viele tot.
Sindold und Hunold · und Ortwein der Degen
Die konnten in dem Streite · zum Tode manchen niederlegen.

Untrennbar im Kampfe · waren die Fürsten hehr.
Über die Helme fliegen · sah man manchen Speer
Durch die lichten Schilde · von der Helden Hand;
Auch ward von Blut gerötet · mancher herrliche Rand.

In dem starken Sturme · sank da mancher Mann
Von den Rossen nieder · Einander rannten an
Siegfried der kühne · und König Lüdeger;
Man sah da Schäfte fliegen · und manchen schneidigen Speer.

Der Schildbeschlag des Königs · zerstob vor Siegfrieds Hand.
Sieg zu erwerben dachte · der Held von Niederland
An den kühnen Sachsen · die waren von Wunden schwach.
Hei! was da lichte Panzer · der kühne Dankwart zerbrach!

Da hatte König Lüdeger · auf einem Schild erkannt
Eine gemalte Krone · vor Siegfriedens Hand:
Da sah er wohl, es wäre · der kraftreiche Mann.
Laut auf zu seinen Freunden · der Held zu rufen begann:

„Begebt euch des Streites · ihr all mir untertan!
Den Sohn König Siegmunds · traf ich hier an,
Siegfried den starken · hab' ich hier erkannt;
Den hat der üble Teufel · her zu den Sachsen gesandt."

Er gebot die Fahnen · zu senken in dem Streit.
Friedens er begehrte · der ward ihm nach der Zeit;
Doch mußt' er Geisel werden · in König Gunthers Land:
Das hatt' an ihm erzwungen · des kühnen Siegfriedes Hand.

Mit gemeinem râte · sô liezen si den strît.
dürkel vil der helme · und der schilte wit
si leiten von den handen · swaz sô man der vant,
die truogen bluotes varwe · von der Burgonden hant.

Si viengen, swen si wolden · des heten si gewalt.
Gêrnôt und Hagene · die recken vil balt,
die wunden hiezen bâren · si vuorten mit in dan
gevangen zuo dem Rine · fünf hundert wætlîcher man.

Die siglôsen recken · ze Tenemarken riten.
dône heten ouch die Sahsen · sô hôhe niht gestriten,
daz man in lobes jæhe · daz was den helden leit.
dô wurden ouch die veigen · von vriunden sêre gekleit.

Si hiezen ir gewæfen · soumen an den Rîn.
ez hete wol geworben · mit den helden sîn
Sîvrit der recke · der hete ez guot getân,
des im jehen muosen · alle Guntheres man.

Gegen Wormez sande · der hêrre Gêrnôt:
heim ze sînem lande · den vriunden er enbôt,
wie gelungen wære · im und sînen man:
ez heten die vil küenen · wol nâch êren getân.

Die garzûne liefen · von den wart ez geseit.
dâ vreuten sich von liebe · die ê heten leit,
dirre lieben mære · diu in dâ wâren komen.
dâ wart von edelen vrouwen · michel vrâgen vernomen,

Wie gelungen wære · des rîchen küneges man.
man hiez der boten einen · vür Kriemhilde gân.
daz geschach vil tougen · jâne torstes über lût:
wan si hete dar under · ir vil liebez herzen trût.

Dô si den boten komende · zir kemenâte sach,
Kriemhilt diu schœne · viel güetlichen sprach:
‚nu sag an liebiu mære · jâ gib ich dir mîn golt;
tuostuz âne liegen · ich wil dir immer wesen holt.

Nach allgemeinem Rate · ließ man ab vom Streit.
Viel zerschlagner Helme · und der Schilde weit
Legten sie aus Händen · so viel man deren fand,
Die waren blutgerötet · von der Burgunden Hand.

Sie fingen, wen sie wollten · sie hatten volle Macht.
Gernot und Hagen · die schnellen, hatten Acht,
Daß man die Wunden bahrte · da führten sie hindann
Gefangen nach dem Rheine · der Kühnen fünfhundert Mann.

Die sieglosen Recken · zum Dänenlande ritten.
Da hatten auch die Sachsen · so tapfer nicht gestritten,
Daß man sie loben sollte · das war den Helden leid.
Da beklagten ihre Freunde · die Gefallnen in dem Streit.

Sie ließen ihre Waffen · aufsäumen nach dem Rhein.
Es hatte wohl geworben · mit den Gefährten sein
Siegfried der Recke · und hatt' es gut vollbracht:
Das mußt' ihm zugestehen · König Gunthers ganze Macht.

Gen Worms sandte Boten · der König Gernot:
Daheim in seinem Lande · den Freunden er entbot,
Wie ihm gelungen wäre · und all seinem Lehn:
Es war da von den Kühnen · nach allen Ehren geschehn.

Die Botenknaben liefen · so ward es angesagt.
Da freuten sich in Liebe · die eben Leid geklagt,
Dieser frohen Märe · die ihnen war gekommen.
Da ward von edlen Frauen · großes Fragen vernommen,

Wie es den Herrn gelungen · wär' in des Königs Heer.
Man rief der Boten einen · zu Kriemhilden her.
Das geschah verstohlen · sie durfte es wohl nicht laut:
Denn einer war darunter · dem sie längst ihr Herz vertraut.

Als sie in ihre Kammer · den Boten kommen sah,
Kriemhild die schöne · gar gütlich sprach sie da:
„Nun sag' mir liebe Märe · so geb' ich dir mein Gold,
Und tust du's ohne Trügen · will ich dir immer bleiben hold.

,Wie schiet ûz dem strîte · mîn bruoder Gêrnôt
und ander mîne vriunde? · ist uns iht maneger tôt?
oder wer tet daz beste? · daz soltu mir sagen.'
dô sprach der bote schiere · ,wir heten ninder einen zagen.

,Ze ernste und ze strîte · reit niemen alsô wol,
vil edeliu küneginne · sît ich iuz sagen sol,
sô der gast vil edele · ûzer Niderlant:
dâ worhte michel wunder · des küenen Sîvrides hant.

,Swaz die recken alle · in strîte hân getân,
Dancwart und Hagene · und ander des küneges man,
swaz si striten nâch êren · daz ist gar ein wint
unz eine an Sîvrîden · des künic Sigmundes kint.

,Si vrumten in dem sturme · der helde vil derslagen:
doch möhte iu ditze wunder · niemen wol gesagen,
waz dâ worhte Sîvrit · swenne er ze strîte reit.
den vrouwen an ir mâgen · tet er diu grœzlîchen leit.

,Ouch muoste dâ belîben · vil maneger vrouwen trût.
sîne slege man hôrte · ûf helmen alsô lût,
daz si von wunden brâhten · daz vliezende bluot:
er ist an allen tugenden · ein rîter küene unde guot.

,Swaz dâ hât begangen · von Metzen Ortwin:
swaz er ir mohte erlangen · mit dem swerte sîn,
die muosen wunt belîben · oder meistec tôt:
dâ tet iuwer bruoder · die aller grœzisten nôt,

,Diu immer in den stürmen · kunde sîn geschehen:
man muoz der wârheite · dem ûz derwelten jehen.
die stolzen Burgonden · habent sô gevarn,
daz si vor allen schanden · ir êre kunnen wol bewarn.

,Man sach dâ von ir handen · vil manegen satel blôz,
dâ von liehten swerten · daz velte sô lûte erdôz.
die recken von dem Rîne · di habent sô geriten,
daz ez ir vîanden · wære bezzer vermiten.

„Wie schied aus dem Streite · mein Bruder Gernot
Und meine andern Freunde? · Blieb uns nicht mancher tot?
Wer tat da das Beste? · Das sollst du mir sagen."
Da sprach alsbald der Bote · „Wir hatten nirgend einen Zagen

„In Gefahr und Streite · ritt niemand so wohl,
Hehre Königstochter · wenn ich es sagen soll,
Als der edle Fremdling · aus dem Niederland:
Da wirkte große Wunder · des kühnen Siegfriedes Hand.

„Was von den Recken allen · im Streit da geschehn,
Dankwart und Hagen · und des Königs ganzem Lehn,
Wie wehrlich sie auch stritten · das ist doch wie ein Wind
Nur gegen Siegfrieden · König Siegmundens Kind.

„Sie haben in dem Sturme · der Helden viel erschlagen;
Doch möcht' euch dieser Wunder · ein Ende niemand sagen,
Die da Siegfried wirkte · ritt er in den Streit.
Den Fraun an ihren Freunden · tat er mächtiges Leid.

„Auch mußte vor ihm fallen · der Friedel mancher Braut.
Seine Schläge schollen · auf Helmen also laut,
Daß sie aus Wunden brachten · das fließende Blut:
Er ist in allen Dingen · ein Ritter kühn und auch gut.

„Wieviel auch hat begangen · von Metz Herr Ortewein:
Was er nur mocht' erlangen · mit dem Schwerte sein,
Das fiel vor ihm verwundet · oder meistens tot:
Doch schuf euer Bruder · die allergrößeste Not,

„Die jemals in Stürmen · mochte sein geschehn;
Man muß dem Auserwählten · die Wahrheit zugestehn.
Die stolze Burgunden · bestanden so die Fahrt,
Daß sie vor allen Schanden · die Ehre haben wohl bewahrt.

„Man sah von ihren Händen · der Sättel viel geleert,
Als so laut das Feld erhallte · von manchem lichten Schwert.
Die Recken vom Rheine · die ritten allezeit,
Daß ihre Feinde besser · vermieden hätten den Streit.

‚Die küenen Tronejære · die vrumten grôziu leit,
dô mit volkes kreften · daz her ze samne reit.
dâ vrumte manegen tôten · des küenen Hagnen hant,
des vil ze sagene wære · her ze Burgonden lant.

‚Sindolt und Hûnolt · die Gêrnôtes man,
und Rûmolt der küene · die hânt sô vil getân,
daz ez Liudgêre · mag immer wesen leit,
daz er den dînen mâgen · ze Rîne hete widerseit.

‚Strît den aller hœhsten · der inder dâ geschach
ze jungest und zem êrsten · den ieman gesach,
den tet vil degenlîchen · diu Sîvrides hant.
er bringet rîche gîsel · in daz Guntheres lant.

‚Die twanc mit sînen ellen · der wætliche man;
des ouch der künic Liudgast · muoz den schaden hân
und ouch von Sahsen landen · sîn bruoder Liudgêr.
nu hœret mîniu mære · edel küneginne hêr.

‚Si hât gevangen beide · diu Sîvrides hant.
nie sô manegen gîsel · man brâhte in ditze lant,
sô von sînen schulden · nu kumet an den Rîn.'
ir enkunden disiu mære · nimmer lieber gesin.

‚Man bringet der gesunden · fünf hundert oder baz
und der verchwunden · wizzet, vrouwe, daz,
wol ahzec rôte bâre · her in unser lant,
die meistec hât verhouwen · des küenen Sîvrides hant.

‚Die durch übermüete · widerseiten an den Rîn,
die müezen nu gevangen · die Guntheres sîn.
die bringet man mit vreuden · her in ditze lant.'
do erblüete ir liehtiu varwe · dô si diu mære rehte ervant.

Ir schœnez antlütze · daz wart rôsenrôt,
dô mit liebe was gescheiden · ûz sô grôzer nôt
der wætlîche recke · Sîvrit der junge man.
si vreute ouch sich ir vriunde · daz was von schulden getân.

„Auch die kühnen Tronjer · schufen großes Leid,
Als mit Volkskräften · das Heer sich traf im Streit.
Da schlug so manchen nieder · des kühnen Hagen Hand,
Es wäre viel zu sagen · davon in der Burgunden Land.

„Sindold und Hunold · in Gernotens Heer
Und Rumold der kühne · schufen so viel Beschwer,
König Lüdger mag es · beklagen allezeit,
Daß er deine Anverwandten · am Rhein berief in den Streit.

„Kampf, den allerhöchsten · der irgend da geschah,
Vom ersten bis zum letzten · den jemand nur sah,
Hat Siegfried gefochten · mit wehrlicher Hand:
Er bringt reiche Geisel · her in König Gunthers Land.

„Die zwang mit seinen Kräften · der streitbare Held,
Wovon der König Lüdegast · den Schaden nun behält
Und von Sachsenlande · sein Bruder Lüdeger.
Nun hört meine Märe · viel edle Königin hehr!

„Gefangen hat sie beide · Siegfriedens Hand:
Nie so mancher Geisel · kam in dieses Land,
Als nun seine Kühnheit · bringt an den Rhein.“
Ihr konnten diese Mären · nicht willkommener sein.

„Man führt der Gesunden · fünfhundert oder mehr
Und der zum Sterben Wunden · wißt, Königin hehr,
Wohl achtzig blutge Bahren · her in unser Land:
Die hat zumeist verhauen · des kühnen Siegfriedes Hand.

„Die uns im Übermute · widersagten hier am Rhein,
Die müssen nun Gefangene · König Gunthers sein;
Die bringt man mit Freuden · her in dieses Land.“
Ihre lichte Farb’ erblühte · als ihr die Märe ward bekannt.

Ihr schönes Antlitz wurde · von Farbe rosenrot,
Da in Freuden war geschieden · aus so großer Not
Der waidliche Recke · Siegfried der junge Mann.
Sie war auch froh der Freunde · und tat wohl weislich daran.

Dô sprach diu minneclîche · ‚du hâst mir wol geseit.
du solt haben dar umbe · ze miete rîchiu kleit,
und zehen marc von golde · die heiz ich dir tragen.‘
des mac man solhiu mære · rîchen vrouwen gerne sagen.

Man gab im sîne miete · daz golt und ouch diu kleit.
dô gie an diu venster · vil manec schœniu meit:
si warten ûf die strâze · rîten man dô vant.
vil der hôch gemuoten · in der Burgonden lant.

Dâ kômen die gesunden · die wunden tâten sam;
sie mohten grüezen hœren · von vriunden âne scham.
der wirt gên sînen gesten · vil vrœlîchen reit:
mit vreuden was verendet · sîn vil grœzlîchez leit.

Dô enpfie er wol die sîne · die vremden tet er sam,
wan dem rîchen künege · anders niht enzam
wan danken güetlîche · den, die im wâren komen,
daz si den sic nâch êren · in sturme hêten genomen.

Gunther bat im mære · von sînen vriunden sagen,
wer im an der reise · ze tôde wær erslagen:
Dô het er vlorn niemen · niuwan sehzec man.
verklagen man die muose · sô sît vil helde sint getân.

Die gesunden brâhten · zerhouwen manegen rant
und helme vil verschrôten · in Guntheres lant.
daz volk erbeizte nidere · vür des küneges sal;
ze liebem antfange · man hôrte vrœlîchen schal.

Dô hiez man herbergen · die recken in die stat.
der künic sîner geste · vil schône pflegen bat;
er hiez der wunden hüeten · und schaffen guot gemach.
wol man sîne tugende · an sînen vîanden sach.

Er sprach zuo Liudegêre · ‚nu sît mir willekomen!
ich hân von iuwern schulden · schaden vil genomen:
der wirt mir nu vergolten · ob ich gelücke hân.
Got lône mînen vriunden · si hânt mir liebe getân.‘

Die Schöne sprach: „Du machtest · mir frohe Mär bekannt:
Ich lasse dir zum Lohne · geben reich Gewand,
Und zehn Mark von Golde · heiß' ich dir tragen."
Drum mag man solche Botschaft · reichen Frauen gerne sagen.

Man gab ihm zum Lohne · das Gold und auch das Kleid.
Da trat an die Fenster · manche schöne Maid
Und schaute nach der Straße · wo man reiten fand
Viel hochherz'ge Degen · in der Burgunden Land.

Da kamen die Gesunden · der Wunden Schar auch kam:
Die mochten grüßen hören · von Freunden ohne Scham.
Der Wirt ritt seinen Gästen · entgegen hocherfreut:
Mit Freuden war beendet · all sein mächtiges Leid.

Da empfing er wohl die Seinen · die Fremden auch zugleich,
Wie es nicht anders ziemte · dem Könige reich,
Als denen gütlich danken · die da waren kommen,
Daß sie den Sieg mit Ehren · im Sturme hatten genommen.

Herr Gunther ließ sich Kunde · von seinen Freunden sagen,
Wer ihm auf der Reise · zu Tode wär' erschlagen.
Da hat er nicht verloren · mehr als sechzig Mann;
Die mußte man verschmerzen · wie man noch manchen getan.

Da brachten die Gesunden · zerhauen manchen Rand
Und viel zerschlagner Helme · in König Gunthers Land.
Das Volk sprang von den Rossen · vor des Königs Saal;
Zu liebem Empfange · vernahm man fröhlichen Schall.

Da gab man Herbergen · den Recken in der Stadt.
Der König seine Gäste · wohl zu verpflegen bat:
Die Wunden ließ er hüten · und warten fleißiglich.
Wohl zeigte seine Milde · auch an seinen Feinden sich.

Er sprach zu Lüdegeren · „Nun seid mir willkommen!
Ich bin zu großem Schaden · durch eure Schuld gekommen:
Der wird mir nun vergolten · wenn ich das schaffen kann.
Gott lohne meinen Freunden · sie haben wohl an mir getan."

‚Ir muget in gerne danken' · sprach dô Liudgêr,
‚alsô hôher gîsel · gewan nie künic mêr.
umbe schœne huote · wir geben michel guot,
daz ir genædeclîche · an iuwern vîanden tuot.'

‚Ich wil iuch beide lâzen' · sprach er, ‚ledec gên;
daz mîne vîande · hie bî mir bestên,
des wil ich haben bürgen · daz si mîniu lant
iht rûmen âne hulde' · des bôt Liudgêr die hant.

Man brâhte si ze ruowe · und schuof in ir gemach.
den wunden man gebettet · vil güetlîchen sach;
man schancte den gesunden · met und guoten wîn:
dô kunde daz gesinde · nimmer vrœlîcher sîn.

Ir zerhouwen schilde · behalten man truoc.
vil bluoteger setele · der was dâ genuoc:
die hiez man verbergen · daz weinten niht diu wîp.
dâ kom hermüede · maneges guoten rîters lîp.

Der künec pflac sîner geste · vil grœzlîche wol.
der vremden und der kunden · diu lant wâren vol.
er bat der sêre wunden · vil güetlîchen pflegen.
dô was ir übermüeten · vil harte ringe gelegen.

Die erzenîe kunden · den bôt man rîchen solt,
silber âne wâge · dar zuo daz liehte golt,
daz si die helde nerten · nâch des strîtes nôt;
dar zuo der künec den gesten · gâbe grœzlîchen bôt.

Die wider heim zu hûse · heten reise muot,
die bat man noch belîben · sô man vriunden tuot.
der künic gie ze râte · wie er lônde sînen man:
si heten sînen willen · nâch grôzen êren getân.

Dô sprach der hêrre Gêrnôt · ‚man sol si rîten lân:
über sehs Wochen · sî in das kunt getân,
daz si komen widere · zeiner hôhgezît;
sô ist maneger geheilet · der nu vil sêre wunder lît.'

„Wohl mögt ihr ihnen danken“ · sprach da Lüdeger,
„Solche hohe Geisel · gewann kein König mehr.
Um ritterlich Gewahrsam · bieten wir großes Gut
Und bitten, daß ihr gnädiglich · an euern Widersachern tut.“

„Ich will euch,“ sprach er, „beide · ledig lassen gehn;
Nur daß meine Feinde · hier bei mir bestehn,
Dafür verlang’ ich Bürgschaft · damit sie nicht mein Land
Räumen ohne Frieden“ · Darauf bot Lüdeger die Hand.

Man brachte sie zur Ruhe · wo man sie wohl verpflag,
Und bald auf guten Betten · mancher Wunde lag.
Man schenkte den Gesunden · Meth und guten Wein;
Da konnte das Gesinde · nicht wohl fröhlicher sein.

Die zerhaunen Schilde · man zum Verschlusse trug;
Blutgefärbte Sättel · sah man da genug.
Die ließ man verbergen · so weinten nicht die Fraun.
Da waren reisemüde · viel gute Ritter zu schaun.

Seiner Gäste pflegen · hieß der König wohl;
Von Heimischen und Fremden · lag das Land ihm voll:
Er ließ die Fährlichwunden · gütlich verpflegen:
Wie hart war darnieder · nun ihr Übermut gelegen!

Die Arzneikunst wußten · denen bot man reichen Sold,
Silber ungewogen · dazu das lichte Gold,
Wenn sie die Helden heilten · nach des Streites Not.
Dazu viel große Gaben · der König seinen Gästen bot.

Wer wieder heimzureisen · sann in seinem Mut,
Den bat man noch zu bleiben · wie man mit Freunden tut.
Der König ging zu Rate · wie er lohne seinem Lehn:
Durch sie war sein Wille · nach allen Ehren geschehn.

Da sprach der König Gernot · „Laßt sie jetzt hindann:
Über sechs Wochen · das kündigt ihnen an,
Sollten sie wiederkehren · zu einem Hofgelag’:
Heil ist dann wohl mancher · der jetzt schwer verwundet lag.“

Dô gerte ouch urloubes · Sîvrit von Niderlant.
dô der künic Gunther · den willen sîn ervant,
er bat in minneclîchen · noch bî im bestân.
niuwan durch sîn swester · sône wær ez nimmer getân.

Dar zuo was er ze rîche · daz er iht næme solt;
er hetez wol verdienet · der künic was im holt;
sam wâren sîne mâge · die heten daz gesehen,
waz von sînen handen · in dem strîte was geschehen.

Durch der schœnen willen · gedâhte er noch bestân,
ob er si gesehen möhte · sît wart ez getân:
wol nâch sînem willen · wart im diu maget bekant.
sît reit er vrœlîche · in daz Sigemundes lant.

Der wirt hiez zallen zîten · rîterschefte pflegen:
daz tet vil willeclîchen · dô manec junger degen.
die wîle hiez er sidelen · vor Wormez an den sant
den, die im komen solden · in der Burgonden lant.

In den selben zîten · dô si nu solden komen,
dô hete diu schœne Kriemhilt · diu mære wol vernomen,
er wolde hôhgezîte · durch liebe vriunde hân.
dô wart vil michel vlîzen · von schœnen vrouwen getân

Mit wæte und mit gebende · daz si dâ solden tragen.
Uote diu vil rîche · diu mære hôrte sagen
von den stolzen recken · die dâ solden komen:
Dô wart ûz der valde · vil rîcher kleider genomen.

Durch ir kinde liebe · hiez si bereiten kleit;
dâ mite wart gezieret · vil vroun und manec meit
und vil der jungen recken · ûz Burgonden lant.
ouch hiez si vil der vremden · brüeven hêrlîch gewant.

Da bat auch um Urlaub · Siegfried von Niederland.
Als dem König Gunther · sein Wille ward bekannt,
Bat er ihn gar minniglich · noch bei ihm zu bestehn;
Wenn nicht um seine Schwester · so wär' es nimmer geschehn.

Dazu war er zu mächtig · daß man ihm böte Sold,
So sehr er es verdiente · Der König war ihm hold
Und all seine Freunde · die das mit angesehn,
Was da von seinen Händen · war im Streite geschehn.

Er dachte noch zu bleiben · um die schöne Maid;
Vielleicht, daß er sie sähe · Das geschah auch nach der Zeit:
Wohl nach seinem Wunsche · ward sie ihm bekannt.
Dann ritt er reich an Freuden · in König Siegmundes Land.

Der Wirt bat alle Tage · des Ritterspiels zu pflegen;
Das tat mit gutem Willen · mancher junge Degen.
Auch ließ er Sitz' errichten · vor Worms an dem Strand
Für die da kommen sollten · in der Burgunden Land.

Nun hat auch in den Tagen · als sie sollten kommen,
Kriemhild die schöne · die Märe wohl vernommen,
Er stell' ein Hofgelage · mit lieben Freunden an.
Da dachten schöne Frauen · mit großem Fleiße daran,

Gewand und Band zu suchen · das sie wollten tragen.
Ute die reiche · vernahm die Märe sagen
Von den stolzen Recken · die da sollten kommen:
Da wurden aus dem Einschlag · viel reiche Kleider genommen.

Ihrer Kinder halb bereiten · ließ sie Rock und Kleid,
Womit sich da zierten · viel Fraun und manche Maid
Und viele der jungen Recken · aus Burgundenland.
Sie ließ auch manchem Fremden · bereiten herrlich Gewand.

AVENTIURE

wie Sîvrit Kriemhilt êrste gesach

Man sach si tegelîchen · nu rîten an den Rîn,
die zer hôhgezîte · gerne wolden sîn.
die durch des küneges liebe · kômen in daz lant,
den bôt man sumelîchen · ros und hêrlîch gewant.

In was ir gesidele · allen wol bereit,
den hôhsten und den besten · als uns daz ist geseit,
zwein und drîzec vürsten · dâ zer hôhgezît:
dâ zierten sich engegene · alle vrouwen wider strît.

Ez was dâ vil unmüezec · Gîselher daz kint.
die geste mit den kunden · vil güetlîchen sint
die enpfieng er und Gêrnôt · und ouch ir beider man:
jâ gruozten si die degene · als ez nâch êren was getân.

Vil goltrôter setele · si vuorten in daz lant,
zierlîche schilde · und hêrlich gewant
brâhten si ze Rîne · zuo der hôhgezît.
manegen ungesunden · sach man vrœlîchen sît.

Die in den betten lâgen · und heten wunden nôt,
die muosen des vergezzen · wie herte was der tôt.
die siechen ungesunden · muosen si verklagen:
si vreuten sich der mære · gên der hôhgezîte tagen,

Wie si leben wolden · dâ ze der wirtschaft.
wünne âne mâze · mit vreuden überkraft,
heten al die liute · swaz man ir dâ vant:
des huop sich michel vreude · über al daz Guntheres lant.

An einem pfingstmorgen · sach man vür gân
gekleidet wünneclîche · vil manegen küenen man,
fünf tûsent oder mêre · dâ zer hôhgezît.
sich huob diu kurzewîle · an manegen enden wider strît.

FÜNFTES ABENTEUER

Wie Siegfried Kriemhilden zuerst ersah

Man sah die Helden täglich · nun reiten an den Rhein,
Die bei dem Hofgelage · gerne wollten sein
Und dem König zuliebe · kamen in das Land.
Man gab ihrer vielen · Roß und herrlich Gewand.

Es war auch das Gestühle · allen schon bereit,
Den Höchsten und den Besten · so hörten wir Bescheid,
Zweiunddreißig Fürsten · zu dem Hofgelag':
Da zierten um die Wette · sich die Frauen für den Tag.

Gar geschäftig sah man · Geiselher das Kind.
Die Heimischen und Fremden · empfing er holdgesinnt
Mit Gernot seinem Bruder · und beider Mannen da.
Wohl grüßten sie die Degen · wie es nach Ehren geschah.

Viel goldroter Sättel · führten sie ins Land,
Zierliche Schilde · und herrlich Gewand
Brachten sie zu Rheine · bei dem Hofgelag'.
Mancher Ungesunde · hing der Freude wieder nach.

Die wund zu Bette liegend · vordem gelitten Not,
Die durften nun vergessen · wie bitter sei der Tod;
Die Siechen und die Kranken · vergaß man zu beklagen.
Es freute sich ein jeder · entgegen festlichen Tagen:

Wie sie da leben wollten · in gastlichem Genuß!
Wonnen ohne Maßen · der Freuden Überfluß
Hatten alle Leute · so viel man immer fand:
Da hub sich große Wonne · über Gunthers ganzes Land.

An einem Pfingsmorgen · sah man sie alle gehn
Wonniglich gekleidet · viel Degen ausersehn,
Fünftausend oder drüber · dem Hofgelag' entgegen.
Da hub um die Wette · sich viel Kurzweil allerwegen.

Der wirt der hete die sinne · im was daz wol erkant,
wie rehte herzenlîche · der helt von Niderlant
sîne swester trûte · swie er si niene gesach,
der man sô grôzer schœne · vor allen juncvrouwen jach.

Dô sprach zuo dem künege · der degen Ortwîn:
,welt ir mit vollen êren · ze der hôhzîte sîn,
sô sult ir lâzen schouwen · diu wünneclîchen kint,
die mit sô grôzen êren · hie zen Burgonden sint.

,Waz wære mannes wünne · wes vreute sich sîn lîp,
ez entæten schœne meide · und hêrlîchiu wîp?
lâzet iuwer swester · vür iuwer geste gân!'
der rât was ze liebe · manegem helde getân.

,Des wil ich gerne volgen' · sprach der künic dô.
alle, diez ervunden · wârens harte vrô.
ernbôt ez vroun Uoten · und ir tohter wolgetân,
daz si mit ir megeden · hin ze hove solde gân.

Dô wart ûz den schrînen · gesuochet guot gewant,
swaz man in der valde · der guoten wæte vant,
die bouge mit den borten · des was in vil bereit.
sich zierte flîzeclîche · vil manec wætlîchiu meit.

Vil manec recke tumber · des tages hete muot,
daz er an ze sehene · den vrouwen wære guot,
daz er dâ vür niht næme · eins rîchen küneges lant.
si sâhen die vil gerne · die si nie hêten bekant.

Dô hiez der künic rîche · mit sîner swester gân,
die ir dienen solden · hundert siner man,
ir und sîner mâge · die truogen swert enhant.
daz was daz hofgesinde · in der Burgonden lant.

Uoten die vil rîchen · sach man mit ir komen.
diu hete schœner vrouwen · gesellecl îch genomen
hundert oder mêre · die truogen rîchiu kleit.
ouch gie dâ nâch ir tohter · vil manec wætlîchiu meit.

Der Wirt hatt' im Sinne · was er schon längst erkannt,
Wie von ganzem Herzen · der Held von Niederland
Seine Schwester liebe · sah er sie gleich noch nie,
Der man das Lob der Schönheit · vor allen Jungfrauen lieh.

Da sprach zu dem Könige · von Metz Herr Ortewein:
„Soll dieses Hofgelage · mit vollen Ehren sein,
So laßt eure Gäste · die schönen Kinder sehn,
Denen so viel Ehren · in Burgundenland geschehn.

„Was wäre Mannes Wonne · was freut' er sich zu schaun,
Wenn nicht schöne Mägdlein · und herrliche Fraun?
Drum laßt eure Schwester · vor die Gäste gehn."
Der Rat war manchem Helden · zu hoher Freude geschehn.

„Dem will ich gerne folgen" · der König sprach da so.
Alle, die's erfuhren · waren darüber froh.
Er entbot es Frauen Uten · und ihrer Tochter schön,
Daß sie mit ihren Maiden · hin zu Hofe sollten gehn.

Da ward aus den Schreinen · gesucht gut Gewand,
So viel man eingeschlagen · der lichten Kleider fand,
Der Borten und der Spangen · des lag genug bereit.
Da zierte sich voll Eifers · manche waidliche Maid.

Mancher junge Recke · wünschte heut so sehr,
Daß er wohlgefallen · möchte den Frauen hehr,
Daß er dafür nicht nähme · ein reiches Königsland:
Sie sahen die gar gerne · die sie nie zuvor gekannt.

Da ließ der reiche König · mit seiner Schwester gehn
Hundert seiner Recken · zu ihrem Dienst ersehn,
Aus ihren Anverwandten · die Schwerter in der Hand:
Das war das Hofgesinde · in der Burgunden Land.

Ute die reiche · sah man mit ihr kommen,
Die hatte schöner Frauen · sich zum Geleit genommen
Hundert oder drüber · geschmückt mit reichem Kleid.
Auch folgte Kriemhilden · manche waidliche Maid.

Von einer kemenâten · sach man si alle gân:
dô wart vil michel dringen · von helden dar getân,
die des gedinge hêten · ob kunde daz geschehen,
daz si die maget edele · solden vrœlîchen sehen.

Nu gie diu minneclîche · alsô der morgen rôt
tuot ûz trüeben wolken · dâ schiet von maneger nôt,
der si dâ truoc in herzen · und lange hete getân.
er sach die minneclîchen · nu vil hêrlîchen stân.

Jâ lûhte ir von ir wæte · vil manec edel stein:
ir rôsenrôtiu varwe · vil minneclîchen schein.
ob ieman wünschen solde · der kunde niht gejehen,
daz er ze dirre werlde · hete iht schœners gesehen.

Sam der liehte mâne · vor den sternen stât,
des schîn sô lûterlîche · ab den wolken gât,
dem stuont si nu gelîche · vor andern vrouwen guot.
des wart dâ wohl gehœhet · den zieren helden der muot.

Die rîchen kamerære · sach man vor in gân.
die hôch gemuoten degene · wolden des niht lân,
sin drungen, dâ si sâhen · die minneclîchen meit.
Sîvride dem hêrren · wart beide lieb unde leit.

Er dâhte in sînem muote · ‚wie kunde daz ergân,
daz ich dich minnen solde ? · daz ist ein tumber wân;
sol aber ich dich vremden · sô wære ich samfter tôt.‘
er wart von den gedanken · vil dicke bleich unde rôt.

Dô stuont sô minneclîche · daz Siglinde kint,
sam er entworfen wære · an ein permint
von guotes meisters listen · alsô man im jach,
daz man helt neheinen · nie sô schœnen gesach.

Die mit der vrouwen giengen · die hiezen von den wegen
wîchen allenthalben · daz leiste manec degen.
diu hôch tragenden herzen · vreuten manegen lîp;
man sach in hôhen zühten · manec hêrlîchez wîp.

Aus einer Kemenate · sah man sie alle gehn:
Da mußte heftig Drängen · von Helden bald geschehn,
Die alle harrend standen · ob es möchte sein,
Daß sie da fröhlich sähen · dieses edle Mägdelein.

Da kam die Minnigliche · wie das Morgenrot
Tritt aus trüben Wolken · Da schied von mancher Not,
Der sie im Herzen hegte · was lange war geschehn.
Er sah die Minnigliche · nun gar herrlich vor sich stehn.

Von ihrem Kleide leuchtete · mancher edle Stein.
Ihre rosenrote Farbe · gab wonniglichen Schein.
Was jemand wünschen mochte · er mußte doch gestehn,
Daß er hier auf Erden · noch nicht so Schönes gesehn.

Wie der lichte Vollmond · vor den Sternen schwebt,
Des Schein so hell und lauter · sich aus den Wolken hebt,
So glänzte sie in Wahrheit · vor andern Frauen gut:
Das mochte wohl erhöhen · den zieren Helden den Mut.

Die reichen Kämmerlinge · schritten vor ihr her;
Die hochgemuten Degen · ließen es nicht mehr:
Sie drängten, daß sie sähen · die minnigliche Maid.
Siegfried dem Degen · war es lieb und wieder leid.

Er sann in seinem Sinne · „Wie dacht' ich je daran,
Daß ich dich minnen sollte? · das ist ein eitler Wahn;
Soll ich dich aber meiden · so wär' ich sanfter tot."
Er ward von den Gedanken · oft bleich und oft wieder rot.

Da sah man den Sieglindensohn · so minniglich da stehn,
Als wär' er entworfen · auf einem Pergamen
Von guten Meisters Händen · gern man ihm zugestand,
Daß man nie im Leben · so schönen Helden noch fand.

Die mit Kriemhilden gingen · die hießen aus den Wegen
Allenthalben weichen · dem folgte mancher Degen.
Die hochgetragnen Herzen · freute man sich zu schaun:
Man sah in hohen Züchten · viel der herrlichen Fraun.

Dô sprach von Burgonden · der hêrre Gêrnôt:
,der iu sînen dienest · sô güetlîchen bôt,
Gunther, lieber bruoder · dem sult ir tuon alsam
vor allen disen recken · des râtes ich nimmer mich gescham.

,Ihr heizet Sîvrîden · zuo mîner swester kumen,
daz in diu maget grüeze · des habe wir immer vrumen:
diu nie gegruozte recken · diu sol in grüezen pflegen;
dâ mite wir hân gewunnen · den vil zierlîchen degen.'

Dô giengen swirtes mâge · dâ man den helt vant.
si sprâchen zuo dem recken · ûzer Niderlant:
,iu hât der künec erloubet · ir sult ze hove gân,
sîn swester sol iuch grüezen · daz ist zen êren iu getân.'

Der hêrre in sînem muote · was des vil gemeit.
dô truoc er in dem herzen · lieb âne leit,
daz er sehen solde · der schœnen Uoten kint.
mit minneclîchen tugenden · si gruozte Sîvriden sint.

Dô si den hôch gemuoten · vor ir stênde sach,
dô erzunde sich sîn varwe · diu schœne meit sprach:
,sît willekomen, hêr Sîvrit ·ein edel rîter guot.'
dô wart im von dem gruoze · vil wol gehœhet der muot.

Er neig ir flîzeclîchen · bî der hende si in vie.
wie rehte minneclîche · er bî der frouwen gie!
mit lieben ougen blicken · ein ander sâhen an
der hêrre und ouch diu vrouwe · daz wart vil tougenlîch getân.

Wart iht dâ vriuntlîche · getwungen wîziu hant
von herzen lieber minne · daz ist mir niht bekant.
doch enkan ich niht gelouben · daz ez wurde lân:
si het im holden willen · kunt vil schiere getân.

Bî der sumerzîte · und gên des meijen tagen
dorft er in sîme herzen · nimmer mêr getragen
sô vil der hôhen vreude · sô er dâ gewan,
dô im diu gie an hende · die er ze trûte wolde hân.

Da sprach von Burgunden · der König Gernot:
„Dem Helden, der so gütlich · euch seine Dienste bot,
Gunther, lieber Bruder · dem bietet hier den Lohn
Vor allen diesen Recken · des Rates spricht man mir nicht Hohn.

„Heißet Siegfrieden · zu meiner Schwester kommen,
Daß ihn das Mägdlein grüßte · das bringt uns immer Frommen:
Die niemals Recken grüße · soll sein mit Grüßen pflegen,
Daß wir uns so gewinnen · diesen zierlichen Degen."

Des Wirtes Freunde gingen · dahin wo man ihn fand;
Sie sprachen zu dem Recken · aus dem Niederland:
„Der König will erlauben · ihr sollt zu Hofe gehn,
Seine Schwester soll euch grüßen · die Ehre soll euch geschehn."

Der Rede ward der Degen · in seinem Mut erfreut:
Er trug in seinem Herzen · Freude sonder Leid,
Daß er der schönen Ute · Tochter sollte sehn.
In minniglichen Züchten · empfing sie Siegfrieden schön.

Als sie den Hochgemuten · vor sich stehen sah,
Seine Farbe ward entzündet · die Schöne sagte da:
„Willkommen, Herr Siegfried · ein edler Ritter gut."
Da ward ihm von dem Gruße · gar wohl erhoben der Mut.

Er neigte sich ihr eifrig · sie faßte ihn bei der Hand.
In minniglicher Anmut · er bei der Fürstin stand.
Mit liebem Blick der Augen · sahn einander an
Der Held und auch das Mägdlein · das ward verstohlen getan.

Ward da etwa zärtlich · gedrückt weiße Hand
In herzlicher Minne · das ist mir unbekannt.
Doch kann ich auch nicht glauben · daß es unterblieb:
Sie ließ gar bald ihn merken · daß er ihr war von Herzen lieb.

Zu des Sommers Zeiten · und in des Maien Tagen
Durft' er in seinem Herzen · nimmer wieder tragen
So viel hoher Wonne · als er da gewann,
Da die ihm an der Hand ging · die der Held zu minnen sann.

Dô gedâhte manec recke · ‚hei, wær mir sam geschehen,
daz ich ir gienge nebene · als ich in hân gesehen,
oder bî ze ligene! · daz lieze ich âne haz!‘
ez gediente noch nie recke · nâch einer küneginne baz.

Von swelher künege lande · die geste kômen dar,
die nâmen al gelîche · niuwan ir zweier war.
ir wart erloubet küssen · den wætlîchen man:
im wart ze dirre werlde · nie sô liebe getân.

Der künec von Tenemarke · sprach dô sâ zestunt:
‚des vil hôhen gruozes · lît vil maneger wunt,
des ich dâ wol enpfinde · von Sîvrides hant:
Got lâze in nimmer mêre · ze Tenemarke in daz lant!‘

Man hiez dô allenthalben · wîchen von den wegen
der schœnen Kriemhilde · manegen küenen degen
sach man zühtecliche · ze kirche mit ir gân.
sît wart von ir gescheiden · der vil wætlîche man.

Dô gie si zuo dem münster · ir volgete manec wîp.
dô was ouch wol gezieret · der küneginne lîp,
daz dâ hôher wünsche · maneger wart verlorn.
si was ze ougen weide · manegem recken erkorn.

Vil kûme erbeite Sîvrit · daz man dâ gesanc.
er mohte sînen sælden · immer sagen danc,
daz im diu was sô wæge · die er in herzen truoc:
ouch was er der schœnen · holt von schulden genuoc.

Dô si kom ûz dem münster · sam er hete ê getân,
man bat den degen küenen · wider zuo zir gân.
alrêst begunde im danken · diu minneclîche meit,
daz er vor den recken · sô rehte hêrlîchen streit.

‚Nu lôn iu Got, her Sîvrit‘ · sprach daz schœne kint,
‚daz ir daz habet verdienet · daz iu die recken sint
sô holt mit rehten triuwen · sô ich si hœre jehen.‘
dô begunde er minneclîche · an vroun Kriemhilde sehen.

Da gedachte mancher Recke · „Hei! wär' mir so geschehn,
Daß ich so bei ihr ginge · wie ich ihn gesehn,
Oder bei ihr läge! · das nähm' ich willig hin."
Es diente nie ein Recke · so gut noch einer Königin.

Aus welchen Königs Landen · ein Gast gekommen war,
Er nahm im ganzen Saale · nur dieser beiden wahr.
Ihr ward erlaubt zu küssen · den waidlichen Mann:
Ihm ward in seinem Leben · nie so Liebes getan.

Von Dänemark der König · hub an und sprach zur Stund:
„Des hohen Grußes willen · liegt gar mancher wund,
Wie ich wohl hier gewahre · von Siegfriedens Hand:
Gott laß ihn nimmer wieder · kommen in der Dänen Land!"

Da hieß man allenthalben · weichen aus den Wegen
Kriemhild der schönen · manchen kühnen Degen
Sah man wohlgezogen · mit ihr zur Kirche gehn.
Bald ward von ihr geschieden · dieser Degen ausersehn.

Da ging sie zu dem Münster · und mit ihr viel der Fraun.
Da war in solcher Zierde · die Königin zu schaun,
Daß da hoher Wünsche · mancher ward verloren;
Sie war zur Augenweide · viel der Recken auserkoren.

Kaum erharrte Siegfried · bis schloß der Meßgesang;
Er mochte seinem Heile · des immer sagen Dank,
Daß ihm so gewogen war · die er im Herzen trug:
Auch war er der Schönen · nach Verdiensten hold genug.

Als sie aus dem Münster · nach der Messe kam,
Lud man wieder zu ihr · den Helden lobesam.
Da begann ihm erst zu danken · die minnigliche Maid,
Daß er vor allen Recken · so kühn gefochten im Streit.

„Nun lohn' euch Gott, Herr Siegfried!" · sprach das schöne Kind,
„Daß ihr das verdientet · daß euch die Recken sind
So hold mit ganzer Treue · wie sie zumal gestehn."
Da begann er Frau Kriemhilden · minniglich anzusehn.

,Ich sol in immer dienen' · sprach Sîvrit der degen,
,und enwil mîn houbet · nimmer ê gelegen,
ich enwerbe nâch ir willen · sol ich mîn leben hân.
daz ist nâch iuwern hulden · mîn vrou Kriemhilt, getân.'

Inre tagen zwelwen · der tage al ieslîch,
sach man bî dem degene · die maget lobelîch,
sô si ze hove solde · vor ir vriunden gân.
der dienst wart dem recken · durch grôze liebe getân.

Vreude unde wünne · und michelen schal
sach man tegelîche · vor Guntheres sal,
dar ûze und ouch dar inne · von manegem küenen man.
Ortwîn und Hagene · vil grôzer wunder began.

Swes iemen pflegen solde · des wâren sie bereit
mit volleclîcher mâze · die helde vil gemeit.
des wurden von den gesten · die recken wol bekant;
dâ von sô was gezieret · allez Guntheres lant.

Die dâ wunde lâgen · die sach man vüre gân:
si wolden kurzewîle · mit dem gesinde hân,
schirmen mit den schilden · und schiezen manegen schaft.
des hulfen in genuoge · si heten grœzlîche kraft.

In der hôhzîte · der wirt hiez ir pflegen
mit der besten spîse · er hete sich bewegen
aller slahte schande · die ie künec gewan.
man sach in vriuntlîche · zuo den sînen gesten gân.

Er sprach: ,ir guoten recken · ê daz ir scheidet hin,
sô nemet mîne gâbe · alsô stêt mîn sin,
daz ichz immer diene · versmæhet niht mîn guot:
daz wil ich mit iu teilen · des hân ich willigen muot.'

Die von Tenemarken · sprâchen sâ zehant:
,ê daz wir wider rîten · heim in unser lant,
wir gern stæter suone · des ist uns recken nôt:
wir hân von iuwern degenen · manegen lieben vriwent tôt.'

„Stets will ich ihnen dienen“ · sprach Siegfried der Degen,
„Und will mein Haupt nicht eher · zur Ruhe niederlegen,
Bis ihr Wunsch geschehen · so lang mein Leben währt:
Das tu’ ich, Frau Kriemhild · daß ihr mir Minne gewährt.“

Innerhalb zwölf Tagen · so oft es neu getagt,
Sah man bei dem Degen · die wonnigliche Magd,
So sie zu Hofe durfte · vor ihren Freunden gehn.
Der Dienst war dem Recken · aus großer Liebe geschehn.

Freude und Wonne · und lauten Schwerterschall
Vernahm man alle Tage · vor König Gunthers Saal,
Davor und darinnen · von manchem kühnen Mann.
Von Ortewein und Hagen · wurden Wunder viel getan.

Was man zu üben wünschte · dazu sah man bereit
In völligem Maße · die Degen kühn im Streit.
Da machten vor den Gästen · die Recken sich bekannt;
Es war eine Zierde König Gunthers ganzem Land.

Die lange wund gelegen · wagten sich an den Wind:
Sie wollten kurzweilen · mit des Königs Ingesind,
Schirmen mit den Schilden · und schießen manchen Schaft.
Des halfen ihnen viele · sie hatten größliche Kraft.

Bei dem Hofgelage · ließ sie der Wirt verpflegen
Mit der besten Speise · es durfte sich nicht regen
Nur der kleinste Tadel · der Fürsten mag entstehn;
Man sah ihn jetzo freundlich · hin zu seinen Gästen gehn.

Er sprach: „Ihr guten Recken · bevor ihr reitet hin,
So nehmt meine Gaben · also steht mein Sinn,
Ich will euch immer danken · verschmäht nicht mein Gut:
Es unter euch zu teilen · hab’ ich willigen Mut.“

Die vom Dänenlande · sprachen gleich zur Hand:
„Bevor wir wieder reiten · heim in unser Land,
Gewährt uns steten Frieden · das ist uns Recken not;
Uns sind von euern Degen · viel der lieben Freunde tot.“

Liudgast geheilet · sîner wunden was:
der vogt von den Sahsen · nâch strîte wol genas.
etelîche tôten · si liezen dâ ze lant.
dô gie der künec Gunther · dâ er Sîvriden vant.

Er sprach zuo dem recken · ‚nu rât, wie ich tuo.
unser geste wellent · rîten morgen vruo
und gerent stæter suone · an mich und mîne man:
nu râtâ, degen Sîvrit · waz dich des dunke guot getân.

‚Waz mir die hêrren bieten · daz wil ich dir sagen:
swaz vünf hundert mœre · goldes mügen tragen
daz gebent si mir gerne · wil ich si ledic lân.‘
dô sprach der starke Sîvrit · ‚daz wære vil übele getân.‘

‚Ir sult si ledeclîchen · hinnen lâzen varn:
und daz die recken edele · vürbaz bewarn
vîentlîchez rîten · her in iuwer lant,
des lât iu geben sicherheit · hie der beider hêrren hant.‘

‚Des râtes wil ich volgen‘ · dâ mite si giengen dan.
den sînen vîanden · wart daz kunt getân,
ir goldes gerte niemen · daz si dâ bûten ê.
dâ heime ir lieben vriunden · was nâch den hermüeden wê.

Manegen schilt vollen · man dar schatzes truoc;
er teilte es âne wâge · den vriunden sîn genuoc,
bî vünf hundert marken · und eteslîchen baz.
Gêrnôt der vil küene · der riet Gunthere daz.

Urloup si dâ nâmen · alsô si wolden dan.
dô sach man die geste · vür Kriemhilde gân
und ouch, dâ vrou Uote · diu küneginne saz.
ez enwart noch nie degenen · mêre geurloubet baz.

Herberge wurden lære · dâ si dannen riten.
doch bestuont dâ heime · mit hêrlîchen siten
der künec mit sînen mâgen · und manec edel man:
die sach man tegelîche · zuo vroun Kriemhilde gân.

Genesen von den Wunden · war Lüdegast derweil;
Der Vogt des Sachsenlandes · war bald vom Kampfe heil.
Etliche Tote · ließen sie im Land.
Da ging der König Gunther · hin, wo er Siegfrieden fand.

Er sprach zu dem Recken · „Nun rat mir, wie ich tu'.
Unsre Gäste wollen · reiten morgen fruh
Und gehn um stete Sühne · mich und die Meinen an:
Nun rat, Degen Siegfried · was dich dünke wohlgetan.

„Was mir die Herren bieten · das will ich dir sagen:
Was fünfhundert Mähren · an Gold mögen tragen,
Das bieten sie mir gerne · für ihre Freiheit an."
Da sprach der starke Siegfried · „Das wär gar übel getan.

„Ihr sollt sie beide ledig · von hinnen lassen ziehn;
Nur daß die edeln Recken · sich hüten fürderhin
Vor feindlichem Reiten · her in euer Land,
Laßt euch zu Pfande geben · der beiden Könige Hand."

„Dem Rate will ich folgen" · So gingen sie hindann.
Seinen Widersachern · ward es kundgetan,
Des Golds begehre niemand · das sie geboten eh'.
Daheim den lieben Freunden · war nach den Heermüden weh.

Viel Schilde schatzbeladen · trug man da herbei:
Das teilt' er ungewogen · seinen Freunden frei,
An fünfhundert Marken · und manchem wohl noch mehr;
Gernot riet es Gunthern · dieser Degen kühn und hehr.

Um Urlaub baten alle · sie wollten nun hindann,
Da kamen die Gäste · vor Kriemhild heran
Und dahin auch, wo Frau Ute · saß, die Königin.
Es zogen nie mehr Degen · so wohl beurlaubt dahin.

Die Herbergen leerten sich · als sie von dannen ritten.
Doch verblieb im Lande · mit herrlichen Sitten
Der König mit den Seinen · und mancher edle Mann:
Die gingen alle Tage · zu Frau Kriemhild heran.

Urloup ouch nemen wolde · Sîvrit der helt guot:
er wânde niht erwerben · des er dâ hete muot.
der künic sagen hôrte · daz er wolde dan:
Gîselher der junge · in von der reise gewan.

‚War woldet ir nu rîten · edel Sîvrit?
belîbet bî den recken · tuot, des ich iuch bit,
bî Gunther dem künege · und bî sînen man.
hie sint vil schœne vrouwen · die sol man iuch gerne sehen lân.‘

Dô sprach der starke Sîvrit · ‚sô lât diu ros stân.
ich wolde hinne rîten · des wil ich abe gân;
und traget hin die schilde · jâ wolde ich in mîn lant:
des hât mich her Gîselher · mit grôzen triuwen erwant.

Sus beleip der küene · durch vriunde liebe dâ.
jâ wær er in den landen · ninder anderswâ
gewesen alse sanfte · dâ von daz geschach,
daz er nu tegelîche · die schœnen Kriemhilde sach.

Durch ir unmâzen schœne · der hêrre dâ beleip.
mit maneger kurzwîle · man nu die zît vertreip;
wan daz in twanc ir minne · diu gab im dicke nôt;
dar umbe sît der küene · lac vil jæmerlîchen tôt.

Da wollt' auch Urlaub nehmen · Siegfried der gute Held,
Verzweifelnd, zu erwerben · worauf sein Sinn gestellt.
Der König hörte sagen · er wolle nun hindann:
Geiselher der junge · ihn von der Reise gewann.

„Wohin, edler Siegfried · wohin reitet ihr?
Hört meine Bitte · bleibt bei den Recken hier,
Bei Gunther, dem König · und bei seinem Lehn:
Hier sind viel schöne Frauen · die läßt man euch gerne sehn."

Da sprach der starke Siegfried · „So laßt die Rosse stehn.
Von hinnen wollt' ich reiten · das laß ich mir vergehn.
Tragt auch hinweg die Schilde · wohl wollt' ich in mein Land:
Davon hat mich Herr Geiselher · mit großen Treuen gewandt."

So verblieb der Kühne · dem Freund zuliebe dort.
Auch wär' ihm in den Landen · an keinem andern Ort
So wohl als hier geworden · daher es nun geschah,
Daß er alle Tage · die schöne Kriemhild ersah.

Ihrer hohen Schönheit willen · der Degen da verblieb.
Mit mancher Kurzweile · man nun die Zeit vertrieb;
Nur zwang ihn ihre Minne · die schuf ihm oftmals Not;
Darum hernach der Kühne · lag zu großem Jammer tot.

AVENTIURE

wie Gunther gên Isenlande nach Prünhilt vuor

Iteniuwiu mære · sich huoben über Rîn;
man seite, daz dâ wære · manec schœne magedîn.
der dâhte im eine erwerben · Gunther der künec guot.
dâ von begunde dem recken · vil sêre hôhen der muot.

Ez was ein küneginne · gesezzen über sê,
ir gelîche · was deheiniu mê.
si was unmâzen schœne · vil michel was ir kraft;
si schôz mit snellen degenen · umbe minne den schaft.

Den stein warf si verre · dar nâch si wîten spranc.
swer ir minne gerte · der muose âne wanc
driu spil an gewinnen · der vrouwen wol geborn:
gebrast im an eime · er het daz houbet verlorn.

Des het diu juncvrouwe · unmâzen vil getân.
daz gevriesch bî dem Rîne · ein rîter wol getân.
der wande sîne sinne · an daz schœne wîp;
darumbe muosen helde · sît verliesen den lîp.

Dô sprach der vogt von Rîne · ‚ich wil nider an den sê
hin zuo Prünhilde · swie ez mir ergê.
ich wil umbe ir minne · wâgen den lîp:
den wil ich verliesen · sine werde mîn wîp.‘

‚Daz wil ich widerrâten‘ · sprach dô Sîvrit.
‚jâ hât diu küneginne · sô vreislîchen sit,
swer umb ir minne wirbet · daz ez im hôhe stât.
des muget ir der reise · haben wærlîchen rât.‘

‚Sô wil ich iu daz râten‘ · sprach dô Hagene,
‚ir bitet Sîvrîde · mit iu ze tragene
die vil starken swære · daz ist nu mîn rât,
sît im daz ist sô kündec · wiez umbe Prünhilde stât.‘

SECHSTES ABENTEUER

Wie Gunther um Brunhild gen Isenland fuhr

Wieder neue Märe · erhob sich über Rhein:
Man sagte sich, da wäre · manch schönes Mägdelein.
Sich eins davon zu werben · sann Gunther, der König gut.
Davon begann dem Recken · gar hoch zu heben sich der Mut.

Es war eine Königin · gesessen über Meer,
Ihr zu vergleichen · war keine andre mehr.
Schön war sie aus der Maßen · gar groß war ihre Kraft;
Sie schoß mit schnellen Degen · um ihre Minne den Schaft.

Den Stein warf sie ferne · nach dem sie weithin sprang;
Wer ihrer Minne gehrte · der mußte sonder Wank
Drei Spiel' ihr abgewinnen · der Frauen wohlgeboren;
Gebrach es ihm an einem · so war das Haupt ihm verloren.

Die Königstochter hatte · das manchesmal getan.
Das erfuhr am Rheine · ein Ritter wohlgetan,
Der seine Sinne wandte · auf das schöne Weib.
Drum mußten bald viel Degen · verlieren Leben und Leib.

Da sprach der Vogt vom Rheine · „Ich will hinab zur See
Hin zu Brunhilden · wie es mir ergeh'.
Um ihre Minne wag' ich · Leben und Leib,
Die will ich verlieren · gewinn ich sie nicht zum Weib."

„Das möcht' ich widerraten" · sprach Siegfried wider ihn:
„So grimmiger Sitte · pflegt die Königin,
Um ihre Minne werben · das kommt hoch zu stehn!
Drum mögt ihr's wohl entraten · auf diese Reise zu gehn."

„So will ich euch raten" · begann da Hagen,
„Bittet Siegfrieden · mit euch zu tragen
Die Last dieser Sorge · das ist der beste Rat,
Weil er von Brunhilden · so gute Kunde doch hat."

Er sprach: ‚wiltu mir helfen · edel Sîvrit,
die minneclîchen werben? · tuo, des ich dich bit.
und wirt mir ze trûte · daz minneclîche wîp,
ich wil durch dînen willen · wâgen êre unde lîp.‘

Des antwurte Sîvrit · Sigmundes sun:
‚gîstu mir dîn swester · sô wil ich ez tuon,
die schœne Kriemhilde · ein küneginne hêr:
sô gere ich niht lônes · nâch mînen arbeiten mêr.‘

‚Daz lobe ich,‘ sprach Gunther · ‚Sîvrit, an dîne hant.
und kumet diu schœne Prünhilt · her in ditze lant,
sô wil ich dir ze wîbe · mîne swester geben:
sô mahtu mit der schœnen · immer vrœlîchen leben.‘

Des swuoren si dô eide · die recken vil hêr.
des wart ir arbeite · verre dester mêr,
ê daz si die vrouwen · brâhten an den Rîn:
des muosen die küenen · sît in grôzen sorgen sîn.

Sîvrit muose vüeren · die kappen mit im dan,
die der helt küene · mit sorge gewan
ab eime getwerge · daz hiez Albrîch.
sich garten zuo der verte · die recken küene unde rîch.

Alsô der starke Sîvrit · die tarnkappen truoc,
sô het er dar inne · krefte genuoc,
zwelf manne sterke · zuo sîn selbes lîp.
er warp mit grôzen listen · daz vil hêrlîche wîp.

Ouch was diu tarnhût · alsô getân,
daz dar inne worhte · ein ieslîcher man,
swaz er selbe wolde · daz in niemen sach.
sus gewan er Prünhilde · dâ von im leide geschach.

‚Nu sage mir, degen Sîvrit · ê mîn vart ergê,
wie wir mit vollen êren · komen an den sê?
suln wir recken vüeren · in Prünhilde lant?
drîzec tûsent degene · die werdent schiere besant.‘

Er sprach: „Edler Siegfried · willst du mir Helfer sein,
Zu werben um die Schöne? · Tu nach der Bitte mein;
Und gewinn ich mir zur Trauten · das herrliche Weib,
So verwag ich deinetwillen · Ehre, Leben und Leib.“

Zur Antwort gab ihm Siegfried · König Siegmunds Sohn:
„Ich will es tun, versprichst du · die Schwester mir zum Lohn,
Kriemhild die schöne · eine Königin hehr;
So begehr' ich keines Dankes · nach meinen Arbeiten mehr.“

„Das gelob' ich,“ sprach Gunther · „Siegfried, dir an die Hand.
Und kommt die schöne Brunhild · hieher in dieses Land,
So will ich dir zum Weibe · meine Schwester geben:
So magst du mit der Schönen · immerdar in Freuden leben.“

Des schwuren sich Eide · diese Recken hehr.
Da schuf es ihnen beiden · viel Müh und Beschwer,
Eh' daß sie die Jungfrau · brachten an den Rhein.
Es mußten die Kühnen · darum in großen Sorgen sein.

Die Tarnkappe führte · Siegfried mit hindann,
Die der kühne Degen · mit Sorgen einst gewann
Von einem Gezwerge · mit Namen Alberich.
Da schickten sich zur Reise · die Recken kühn und ritterlich.

Wenn der starke Siegfried · die Tarnkappe trug,
So gewann er drinnen · der Kräfte genug,
Zwölf Männer Stärke · zu dem eignen Leib.
Er warb mit großen Listen · um das herrliche Weib.

Auch war so beschaffen · die Nebelkappe gut,
Ein jeder mochte drinnen · tun nach seinem Mut,
Was immer er wollte · daß ihn doch niemand sah.
So gewann er Brunhild · durch die ihm bald viel Leid geschah.

„Nun sage mir, Degen Siegfried · eh' unsre Fahrt gescheh'
Wie wir mit vollen Ehren · kommen über See?
Sollen wir Recken führen · in Brunhildens Land?
Dreißigtausend Degen · die werden eilends besandt.“

‚Swie vil wir volkes vüeren‘ · sprach aber Sîvrit,
‚ez pfliget diu küneginne · sô vreislîcher sit,
die müesen doch ersterben · von ir übermuot.
ich wil iuch baz bewîsen · degen küene unde guot.

‚Wir suln in recken wîse · varn ze tal den Rîn.
die wil ich dir nennen · die daz sulen sîn:
selbe vierde degene · varn wir an den sê:
so erwerben wir die vrouwen · swie ez uns dar nâch ergê.

‚Der gesellen bin ich einer · der ander soltu wesen,
der drite daz sî Hagene · wir suln wol genesen;
der vierde daz sî Dancwart · der vil küene man.
uns endurfen ander tûsent · mit strîte nimmer bestân.‘

‚Diu mære wesse ich gerne‘ · sprach der künic dô,
‚ê wir hinnen vüeren · des wære ich harte vrô,
waz wir kleider solden · vor Prünhilde tragen,
diu uns dâ wol zæmen · Sîvrit, daz soltu mir sagen.‘

‚Wât die aller besten · die ie man bevant,
treit man zallen zîten · in Prünhilde lant:
des sulen wir rîchiu kleider · vor der vrouwen tragen,
daz wirs iht haben schande · sô man diu mære hœre sagen.‘

Dô sprach der degen guoter · ‚sô wil ich selbe gân
ze mîner lieben muoter · ob ich erwerben kan,
daz uns ir schœnen meide · helfen brüeven kleit,
diu wir tragen mit êren · vür die hêrlîchen meit.‘

Dô sprach von Troneje Hagene · mit hêrlîchen siten:
‚waz welt ir iuwer muoter · sölher dienste biten?
lât iuwer swester hœren · wes ir habet muot:
sô wirdet iu ir dienest · zuo dirre hovereise guot.‘

Do enbôt er sîner swester · daz er si wolde sehen
und ouch der degen Sîvrit · ê daz was geschehen,
dô hete sich diu schœne · ze wunsche wol gekleit.
daz die hêrren kômen · daz was ir mæzlîchen leit.

„Wieviel wir Volkes führten“ · sprach Siegfried wider ihn,
„So grimmiger Sitte · pflegt die Königin,
Das müßte doch ersterben · vor ihrem Übermut.
Ich will euch besser raten · Degen ihr kühn und gut.

„In Reckenweise fahren · laßt uns zu Tal den Rhein.
Die will ich dir nennen · die das sollen sein:
Wir selbviert der Helden · ziehen an die See:
Daß wir die Frau erwerben · was auch nachher gescheh.

„Der Gesellen bin ich einer · du sollst der andre sein,
Und Hagen sei der dritte · wir mögen wohl gedeihn;
Der vierte das sei Dankwart · dieser kühne Mann.
Es dürfen andrer tausend · zum Streite nimmer uns nahn.“

„Die Märe wüßt ich gerne“ · der König sprach da so,
„Eh' wir von hinnen führen · des wär' ich herzlich froh,
Was wir für Kleider sollten · vor Brunhilden tragen,
Die uns geziemen möchten · Siegfried, das sollst du mir sagen.“

„Gewand das allerbeste · das man irgend fand,
Trägt man zu allen Zeiten · in Brunhildens Land:
Drum laßt uns reiche Kleider · vor der Frauen tragen,
Daß wir's nicht Schande haben · hört man künftig von uns sagen.“

Da sprach der gute Degen · „So will ich selber gehn
Zu meiner lieben Mutter · ob es nicht mag geschehn,
Daß ihre schönen Mägde · uns schaffen solch Gewand,
Das wir mit Ehren tragen · in der hehren Jungfrau Land.“

Da sprach von Tronje Hagen · mit herrlichen Sitten:
„Was wollt ihr eure Mutter · um solche Dienste bitten?
Laßt eure Schwester hören · euern Sinn und Mut:
So wird für diese Reise · ihr Dienst euch kommen zugut.“

Da entbot er seiner Schwester · er wünschte sie zu sehn
Und auch der Degen Siegfried · Eh' sie das ließ geschehn,
Da hatte sich die Schöne · geschmückt mit reichem Kleid.
Daß die Herren kamen · schuf ihr wenig Herzeleid.

Nu was ouch ir gesinde · geziert, als im gezam.
die vürsten kômen beide · dô sie daz vernam,
dô stuont sie von dem sedele · mit zühten si dô gie,
dâ si den gast vil edelen · und ouch ir bruoder enpfie.

‚Sî willekomen mîn bruoder · und der geselle sîn.
diu mære ich weste gerne‘ · sprach daz magedîn,
‚waz ir hêrren woldet · sît ir ze hove gât.
dâz lât ir mich hœren · wie ez iu edelen recken stât.‘

Dô sprach der künic Gunther · ‚vrouwe, ich wilz iu sagen.
wir müezen michel sorge · bî hôhme muote tragen;
wir wellen hübschen rîten · verre in vremdiu lant:
wir solden zuo der reise · haben zierlîch gewant.‘

‚Nu sitzet · lieber bruoder‘ · sprach daz küneges kint.
‚lât mich rehte hœren · wer die vrouwen sint,
der ir gert ze minne · in ander künege lant.‘
die ûz erwelten beide · nam diu vrouwe bî der hant.

Si gie mit den beiden · dâ si ê dâ saz
ûf matraze rîche · ich wil wizzen daz,
geworht mit guoten bilden · mit golde wol erhaben.
si mohten bî der vrouwen · guote kurzwîle haben.

Vriuntlîche blicke · und güetlîchez sehen,
des mohte von in beiden · harte vil geschehen.
er truoc si in dem herzen · si was im sô der lîp.
sît wart diu schœne Kriemhilt · des starken Sîvrides wîp.

Dô sprach der künic rîche · ‚Vil liebiu swester mîn,
âne dîne helfe – kunde ez niht gesîn.
wir wellen kurzwîlen · in Prünhilde lant:
dô bedorften wir ze habene · vor vrouwen hêrlich gewant.

Dô sprach diu juncfrouwe · ‚vil lieber bruoder mîn,
swaz der mînen helfe · dar an kan gesîn,
des bringe ich iuch wol innen · daz ich iu bin bereit.
versagt iu ander iemen · daz wære Kriemhilde leit.

Da war auch ihr Gesinde · geziert nach seinem Stand.
Die Fürsten kamen beide · als sie das befand,
Erhob sie sich vom Sitze · wie höfisch sie da ging,
Als sie den edeln Fremdling · und ihren Bruder empfing!

„Willkommen sei mein Bruder · und der Geselle sein!
Nun möcht' ich gerne wissen" · sprach das Mägdelein,
„Was euch Herrn geliebe · daß ihr zu Hofe kommt:
Laßt mich doch hören · was euch edeln Recken frommt."

Da sprach König Gunther · „Frau, ich will's euch sagen.
Wir müssen große Sorge · bei hohem Mute tragen:
Wir wollen werben reiten · fern in fremdes Land
Und hätten zu der Reise · gerne zierlich Gewand."

„Nun sitzt, lieber Bruder" · sprach das Königskind,
„Und laßt mich erst erfahren · wer die Frauen sind,
Die ihr begehrt zu minnen · in fremder Könige Land."
Die Auserwählten beide · nahm das Mägdlein bei der Hand:

Hin ging sie mit den beiden · wo sie gesessen war
Auf prächt'gen Ruhebetten · das glaubt mir fürwahr,
Mit eingewirkten Bildern · in Gold wohl erhaben.
Sie mochten bei der Frauen · gute Kurzweile haben.

Freundliche Blicke · und gütliches Sehn,
Des mochte von den beiden · da wohl viel geschehn.
Er trug sie in dem Herzen · sie war ihm wie sein Leben.
Hernach ward schön Kriemhild · Siegfried zum Weibe gegeben.

Da sprach der edle König · „Viel liebe Schwester mein,
Ohne deine Hilfe · kann es nimmer sein,
Wir wollen abenteuern · in Brunhildens Land;
Da müssen wir vor Frauen · tragen herrlich Gewand."

Da sprach die Königstochter · „Viel lieber Bruder mein,
Kann euch an meiner Hilfe · dabei gelegen sein,
So sollt ihr inne werden · ich bin dazu bereit;
Versagte sie ein andrer euch · das wäre Kriemhilden leid.

‚Ir sult mich, rîter edele · niht sorgende biten,
ir sult mir gebieten · mit hêrlîchen siten:
swaz iu von mir gevalle · des bin ich iu bereit
und tuon ez willeclîche' · sprach diu wünneclîchiu meit.

‚Wir wellen, liebiu swester · tragen guot gewant.
daz sol helfen brüeven · iuwer edeliu hant;
des volziehen sich iur megede · daz ez uns rehte stât,
wande wir der verte · hân deheiner slahte rât.'

Dô sprach diu juncvrouwe · ‚nu merket, waz ich sage.
ich hân selbe sîden · nu schaffet, daz man trage
gestein uns ûf den schilden · sô würken wir diu kleit.'
des willen was dô Gunther · und ouch Sîvrit bereit.

‚Wer sint die gesellen' · sprach diu künegîn,
‚die mit iu gekleidet · ze hove sulen sîn?'
er sprach: ‚ich selbe vierde · zwêne mîne man,
Dancwart und Hagene · sulen ze hove mit mir gân.

‚Vrouwe, merket rehte · waz ich iu sage:
daz ich selbe vierde · ze vier tagen trage
ie drîer hande kleider · und alsô guot gewant,
daz wir âne schande · rûmen Prünhilde lant.'

Mit guotem urloube · die hêrren schieden dan.
dô hiez ir juncvrouwen · drîzec meide gân
ûz ir kemenâten · Kriemhilt diu künegîn,
die zuo solhem werke · heten grœzlîchen sin.

Die arâbischen sîden · wîz alsô der snê
unde von Zazamanc der guoten · grüen alsam der klê,
dar în si leiten steine · des wurden guotiu kleit;
selbe sneit si Kriemhilt · diu vil hêrlîche meit.

Von vremder vische hiuten · bezoc wolgetân,
ze sehene vremde den liuten · swaz man der gewan,
die dacten si mit sîden · sô si si solden tragen.
Nu hœret michel wunder · von der liehten wæte sagen.

„Ihr sollt mich, edler Ritter · nicht in Sorgen bitten,
Ihr sollt mir gebieten · mit herrlichen Sitten:
Was euch gefallen möge · dazu bin ich bereit;
Und tu's mit gutem Willen“ · sprach die wonnigliche Maid.

„Wir wollen, liebe Schwester · tragen gut Gewand:
Das soll bereiten helfen · eure edle Hand.
Laßt eure Mägdlein sorgen · daß es uns herrlich steht,
Da man uns diese Reise · doch vergebens widerrät.“

Da begann die Jungfrau · „Nun hört, was ich sage.
Ich habe selber Seide · befehlt, daß man uns trage
Gestein auf den Schilden · so schaffen wir das Kleid.“
Dazu waren Gunther · und auch Siegfried bereit.

„Wer sind die Gesellen“ · sprach die Königin,
„Die mit euch gekleider · zu Hofe sollen ziehn?“
„Das bin ich selbvierter · noch zwei aus meinem Lehn,
Dankwart und Hagen · sollen mit uns zu Hofe gehn.

„Merket wohl, Schwester · was wir euch nun sagen:
Daß wir viere sollen · zu vier Tagen tragen
Je der Kleider dreierlei · und also gut Gewand,
Daß wir ohne Schande · räumen Brunhildens Land.“

Mit gutem Urlaube · schieden die Herren hin.
Da berief der Jungfraun · Kriemhild die Königin
Aus ihrer Kemenate · dreißig Mägdelein,
Die gar sinnreich mochten · zu solcher Kunstübung sein.

In arabische Seide · so weiß als der Schnee,
Und gute Zazamanker · so grün als der Klee,
Legten sie Gesteine · das gab ein gut Gewand;
Kriemhild die schöne · schnitt's mit eigener Hand.

Von seltner Fische Häuten · Bezüge wohlgetan,
Zu schauen fremd den Leuten · so viel man nur gewann,
Bedeckten sie mit Seide · wie's Brauch war sie zu tragen.
Nun höret große Wunder · von den lichten Kleidern sagen.

Von Marroch dem lande · und ouch von Libîân
die aller besten sîden · die ie mêr gewan
deheines küneges künne · der heten si genuoc.
wol lie daz schînen Kriemhilt · daz sie in holden willen truoc.

Sît si der hôhen verte · heten nu gegert,
hermîne vedere · dûhten si unwert;
pfelle dar obe lâgen · swarz alsam ein kol,
daz noch snellen helden · stüende in hôhzîten wol.

Uz arâbischem golde · vil gesteines schein;
der vrouwen unmuoze · diu enwas niht klein.
inre siben wochen · bereiten si diu cleit;
dô was ouch ir gewæfen · den guoten recken bereit.

Dô si bereit wâren · dô was in ûf den Rîn
gemachet vlîzeclîchen · ein starkez schiflîn,
daz si tragen solde · nider an den sê.
den edelen juncvrouwen · was von arbeiten wê.

Dô sagte man den recken · in wæren nu bereit,
diu si dâ vüeren solden · ir zierlîchen kleit.
also si dâ gerten · daz was nu getân:
dône wolden si nit langer · bî dem Rîne bestân.

Nâch den hergesellen · wart bote sâ gesant,
ob si wolden schouwen · niuwez ir gewant,
ob ez den helden wære · ze kurz oder ze lanc.
ez was in rehter mâze · des seiten si den vrouwen danc.

Vür alle die si kômen · die muosen in des jehen,
daz si zer werlde hêten · bezzers niht gesehen.
des mohten si se gerne · dâ ze hove tragen:
von bezzer recken wæte · kunde niemen niht gesagen.

Vil grœzlîche danken · wart dâ niht verdeit.
dô gerten urloubes · die recken vil gemeit;
in rîterlîchen zühten · die hêrren tâten daz.
des wurden liehtiu ougen · von weinen trüebe unde naz.

Aus dem Land Marokko · und auch von Libya
Der allerbesten Seide · die man jemals sah
Königskinder tragen · der hatten sie genug.
Wohl ließ sie Kriemhild schauen · wie sie Liebe für sie trug.

Da sie so teure Kleider · begehrt zu ihrer Fahrt,
Hermelinfelle · wurden nicht gespart,
Darauf von Kohlenschwärze · mancher Flecken lag:
Das trügen schnelle Helden · noch gern bei einem Hofgelag'.

Aus arabischem Golde · glänzte mancher Stein;
Der Frauen Unmuße · war nicht zu klein.
Sie schufen die Gewande · in sieben Wochen Zeit;
Da war auch ihr Gewaffen · den guten Degen bereit.

Als sie gerüstet standen · sah man auf dem Rhein
Fleißiglich gezimmert · ein starkes Schiffelein,
Das sie da tragen sollte · hernieder an die See.
Den edeln Jungfrauen · war von Arbeiten weh.

Da sagte man den Recken · es sei für sie zur Hand,
Das sie tragen sollten · das zierliche Gewand.
Was sie erbeten hatten · das war nun geschehn:
Da wollten sie nicht länger · mehr am Rheine bestehn.

Zu den Heergesellen · ein Bote ward gesandt,
Ob sie schauen wollten · ihr neues Gewand,
Ob es den Helden wäre · zu kurz oder lang.
Es war von rechtem Maße · des sagten sie den Frauen Dank.

Vor wen sie immer kamen · die mußten all gestehn,
Sie hätten nie auf Erden · schöner Gewand gesehn.
Drum mochten sie es gerne · da zu Hofe tragen:
Von besserm Ritterstaate · wußte niemand mehr zu sagen.

Den edeln Maiden wurde · höchlich Dank gesagt.
Da baten um Urlaub · die Recken unverzagt;
In ritterlichen Züchten · taten die Herren das.
Da wurden lichte Augen · getrübt von Weinen und naß.

Si sprach: ‚vil lieber bruoder · ir möhtet noch bestân
und wurbet ander vrouwen · daz hieze ich wol getân;
und dâ iu niht enstüende · en wâge sô der lîp.
ir muget hie nâher vinden · ein als hôch geboren wîp.‘

Ich wæne, in sagt daz herze · daz in dâ von geschach.
si weinten al gelîche · swaz ieman gesprach.
ir golt in vor den brüsten · wart von trähen sal:
die vielen in genôte · von den ougen ze tal.

Si sprach: ‚hêrre Sîvrit · lât iu bevolhen sîn
ûf triuwe und ûf genâde · den lieben bruoder mîn.
daz im iht gewerre · in Prünhilde lant.‘
daz lobte der vil küene · in froun Kriemhilde hant.

Dô sprach der degen rîche · ‚ob mir mîn lîp bestât,
sô sult ir aller sorge · vrouwe, haben rât:
ich bringen iu gesunden · her wider an den Rîn.
daz wizzet sicherlîchen‘ · im neic daz schœne magedîn.

Ir goltvarwen schilde · man truoc in ûf den sant
unde brâhte in zuo zin · allez ir gewant.
ir ros hiez man in ziehen · si wolden rîten dan.
dô wart von schœnen vrouwen · vil michel weinen getân.

Dô stuonden in diu venster · diu minneclîchen kint.
ir schif mit dem segele · ruorte ein hôher wint.
die stolzen hergesellen · sâzen ûf den Rîn;
dô sprach der künic Gunther · ‚wer sol nu schifmeister sîn?‘

‚Daz wil ich,‘ sprach Sîvrit · ‚ich kan iuch ûf der vluot
hinnen wol gevüeren · daz wizzet, helde guot;
die rehten wazzerstrâze · sint mir wol bekant.‘
si schieden vrœlîchen · ûz der Burgonden lant.

Sîvrit dô balde · ein schalten gewan,
von stade er schieben · vaste began.
Gunther der küene · ein ruoder selbe nam.
dô huoben sich von lande · die snellen rîter lobesam.

Sie sprach: „Viel lieber Bruder · ihr bliebet besser hier
Und würbt andre Frauen · klüger schien' es mir,
Wo ihr nicht wagen müßtet · Leben und Leib.
Ihr fändet in der Nähe · wohl ein so hochgeboren Weib."

Sie ahnte wohl im Herzen · ihr künftig Ungemach.
Sie mußten alle weinen · was da auch einer sprach.
Das Gold vor ihren Brüsten · ward von Tränen fahl:
Die fielen ihnen dichte · von den Augen zutal.

Da sprach sie: „Herr Siegfried · laßt euch befohlen sein
Auf Treu und auf Gnade · den lieben Bruder mein,
Daß ihn nichts gefährde · in Brunhildens Land."
Das versprach der Kühne · Frau Kriemhilden in die Hand.

Da sprach der edle Degen · „So lang' mein Leben währt,
So bleibt von allen Sorgen · Herrin, unbeschwert:
Ich bring' ihn euch geborgen · wieder an den Rhein.
Des seiet ihr versichert" · Da dankt ihm schön das Mägdelein.

Die goldroten Schilde · trug man an den Strand
Und schaffte hin zu ihnen · all ihr Rüstgewand;
Ihre Rosse ließ man bringen · sie wollten nun hindann.
Wie da von schönen Frauen · so großes Weinen begann!

Da stellte sich ins Fenster · manch minnigliches Kind.
Das Schiff mit seinem Segel · ergriff ein hoher Wind.
Die stolzen Heergesellen · saßen auf dem Rhein;
Da sprach der König Gunther · „Wer soll nun Schiffmeister sein?"

„Das will ich," sprach Siegfried · „ich kann euch auf der Flut
Wohl von hinnen führen · das wißt, Helden gut;
Die rechten Wasserstraßen · sind mir wohl bekannt."
So schieden sie mit Freuden · aus der Burgunden Land.

Eine Ruderstange · Siegfried ergriff:
Vom Gestade schob er · kräftig das Schiff.
Gunther der kühne · ein Ruder selber nahm.
Da huben sich vom Lande · die schnellen Ritter lobesam.

Si vuorten rîche spîse · dar zuo guoten wîn,
den besten, den man kunde · vinden umben Rîn.
ir ros stuonden schône · si heten guot gemach.
ir schif daz gie vil ebene · lützel leides in geschach.

Ir vil starken segelseil · wurden in gestraht:
si vuoren zweinzec mîle · ê daz ez wurde naht,
mit eime guoten winde · nider gein dem sê;
ir starkes arbeiten · tet sît den hôhgemuoten wê.

An dem zwelften morgen · sô wir hœren sagen,
heten si die winde · verre dan getragen
gegen Îsensteine · in Prünhilde lant;
daz was ir deheinem · niuwan Sîvride erkant.

Dô der künic Gunther · sô vil der bürge sach
und ouch die wîten marke · wie balde er dô sprach:
‚saget mir, vriunt Sîvrit · ist iu daz bekant?
wes sint dise bürge · und ouch daz hêrlîche lant?‘

Des antwurte Sîvrit · ‚ez ist mir wol bekant:
ez ist Prünhilde · liut unde lant
und Îsenstein diu veste · als ir mich hœret jehen.
dâ muget ir noch hiute · vil schœner vrouwen gesehen.

‚Ich wil iu helden râten · ir habet einen muot,
ir jehet al gelîche · jâ dunket ez mich guot.
swenne wir noch hiute · vür Prünhilde gân,
sô müezen wir mit sorgen · vor der küneginne stân.

‚Sô wir die minneclîchen · bî ir gesinde sehen,
sô sult ir helde mære · wan einer rede jehen:
Gunther sî mîn hêrre · unde ich sîn man;
des er hât gedingen · daz wirt allez getân.‘

Des wâren si bereite · des er si loben hiez:
durch ir übermüete · deheiner ez niht liez,
si jâhen, swes er wolde · dâ von in wol geschach,
dô der künic Gunther · die schönen Prünhilde sach.

Sie führten reichlich Speise · dazu guten Wein,
Den besten, den sie finden · mochten um den Rhein.
Ihre Rosse standen · still in guter Ruh;
Das Schiff ging so eben · kein Ungemach stieß ihnen zu.

Ihre starken Segelseile · streckte die Luft mit Macht:
Sie fuhren zwanzig Meilen · eh' niedersank die Nacht,
Mit günstigem Winde · nieder nach der See;
Ihr starkes Arbeiten · tat einst noch den Beherzten weh.

An dem zwölften Morgen · wie wir hören sagen,
Da hatten sie die Winde · weit hinweggetragen
Nach Isenstein der Feste · in Brunhildens Land,
Das war ihrer keinem · außer Siegfried bekannt.

Als der König Gunther · so viel der Burgen sah
Und auch der weiten Marken · wie bald sprach er da:
„Nun sagt mir, Freund Siegfried · ist euch das bekannt?
Wem sind diese Burgen · und wem das herrliche Land?"

Zur Antwort gab ihm Siegfried · „Das ist mir wohl bekannt:
Das ist Brunhilden · Volk und auch Land
Und Isenstein die Feste · glaubt mir fürwahr:
Da mögt ihr heute schauen · schöner Frauen große Schar.

„Ich will euch Helden raten · seid all von einem Mut
Und sprecht in gleichem Sinne · so dünkt es mich gut.
Denn wenn wir heute · vor Brunhilden gehn,
So müssen wir in Sorgen · vor der Königstochter stehn.

„Wenn wir die Minnigliche · bei ihren Leuten sehn,
Sollt ihr erlauchte Helden · nur einer Rede stehn:
Gunther sei mein Lehnsherr · und ich ihm untertan;
So wird ihm sein Verlangen · nach seinem Wunsche getan."

Sie waren all willfährig · zu tun, wie er sie hieß:
In seinem Übermute · es auch nicht einer ließ,
Sie sprachen, wie er wollte · wohl frommt' es ihnen da,
Als der König Gunther · die schöne Brunhild ersah.

,Jâne lobe ichz niht sô verre · durch die liebe dîn,
sô durch dîne swester · daz schœne magedîn.
diu ist mir sam mîn sêle · und sô mîn selbes lîp;
ich wil daz gerne dienen · daz si werde mîn wîp.'

„Wohl tu' ich's nicht so gerne · dir zu lieb allein,
Als um deine Schwester · das schöne Mägdelein.
Die ist mir wie die Seele · und wie mein eigner Leib;
Ich will es gern verdienen · daß sie werde mein Weib."

AVENTIURE

wie Gunther Prünhilde gewan

In der selben zîte · dô was ir schif gegân
der burc alsô nâhen · dô sach der künic stân
oben in den venstern · manec schœne meit.
daz er ir niht erkande · daz was im wærlîche leit.

Er vrâgte Sîvrîden · den gesellen sîn:
‚ist iu iht daz künde · umb disiu magedîn,
die dort nider schouwent · gên uns ûf die vluot?
swie ir hêrre geheize · si sint vil hôhe gemuot.‘

Dô sprach der hêrre Sîvrit · ‚nu sult ir tougen spehen
under den juncvrouwen · und sult mir danne jehen,
welhe ir nemen woldet · hetet irs gewalt.‘
‚daz tuon ich,‘ sprach Gunther · ein rîter küene unde balt.

‚Sô sihe ich ir eine · in jenem venster stân
in snêwîzer wæte · diu ist sô wol getân:
die wellent mîniu ougen · durch ir schœnen lîp:
ob ich gewalt des hête · si müese werden mîn wîp.‘

‚Dir hât erwelt vil rehte · dîner ougen schîn:
ez ist diu edel Prünhilt · daz schœne magedîn,
nâch der dîn herze ringet · dîn sin und ouch dîn muot.‘
elliu ir gebærde · dûhte Gunthere guot.

Dô hiez diu küneginne · ûz den venstern gân
ir hêrlîche meide · sine solden dâ niht stân
den vremden an ze sehene · des wâren si bereit.
waz dô die vrouwen tâten · daz ist uns sider ouch geseit.

Gên den unkunden · strichen si ir lîp,
des ie site hêten · wætlîchiu wîp.
an diu engen venster · kômen si gegân,
dâ si die helde sâhen · daz wart durch schouwen getân.

SIEBENTES ABENTEUER

Wie Gunther Brunhilden gewann

Ihr Schifflein unterdessen · war auf dem Meer
Zur Burg heran geflossen · da sah der König hehr
Oben in den Fenstern · manche schöne Maid.
Daß er sie nicht erkannte · das war in Wahrheit ihm leid.

Er fragte Siegfrieden · den Gesellen sein:
„Hättet ihr wohl Kunde · um diese Mägdelein,
Die dort hernieder schauen · nach uns auf die Flut?
Wie ihr Herr auch heiße · so tragen sie hohen Mut."

Da sprach der kühne Siegfried · „Nun sollt ihr heimlich spähn
Nach den Jungfrauen · und sollt mir dann gestehn,
Welche ihr nehmen wolltet · wär' euch die Wahl verliehn."
„Das will ich," sprach Gunther · dieser Ritter schnell und kühn.

„So schau' ich ihrer eine · in jenem Fenster an,
Im schneeweißen Kleide · die ist so wohlgetan:
Die wünschen meine Augen · so schön ist sie von Leib.
Wenn ich gebieten dürfte · sie müßte werden mein Weib."

„Dir hat recht erkoren · deiner Augen Schein:
Es ist die edle Brunhild · das schöne Mägdelein,
Nach der das Herz dir ringet · der Sinn und auch der Mut."
All ihr Gebaren · dauchte König Gunthern gut.

Da hieß die Königstochter · von dem Fenster gehn
Die herrlichen Maide · sie sollten da nicht stehn
Zum Anblick für die Fremden · sie folgten unverwandt.
Was da die Frauen taten · das ist uns auch wohl bekannt.

Sie zierten sich entgegen · den unkunden Herrn,
Wie es immer taten · schöne Frauen gern.
Dann an die engen Fenster · traten sie heran,
Wo sie die Helden sahen · das ward aus Neugier getan.

Ir wâren niuwan viere · die kômen in daz lant.
Sîvrit der küene · ein ros zôch ûf den sant.
daz sâhen durch diu venster · diu wætlîchen wîp:
des dûhte sich getiuret · des künic Guntheres lîp.

Er habte im dâ bî zoume · daz zierliche marc,
guot unde schœne · vil michel unde starc,
unz der künic Gunther · in den satel gesaz.
alsô diente im Sîvrit · des er doch sît vil gar vergaz.

Dô zôch er ouch daz sîne · von dem schiffe dan:
er het solhen dienest · vil selten ê getân,
daz er bî stegereife · gestüende ie helde mêr.
daz sâhen durch diu venster · die vrouwen schœn unde hêr.

Rehte in einer mâze · den helden vil gemeit
von snêblanker varwe · ir ros und ouch ir kleit
wâren vil gelîche · ir schilde wol getân:
die lûhten von den handen · den vil wætlîchen man.

Ir sâtele wol gesteinet · ir vürbüege smal:
si riten hêrlîche · vür Prünhilde sal;
dar an hiengen schellen · von liehtem golde rôt.
si kômen zuo dem lande · als ez ir ellen in gebôt,

Mit spern niuwe sliffen · mit swerten wol getân,
diu ûf die sporen giengen · den wætlîchen man.
diu vuorten die vil küenen · scharpf unde breit.
daz sach allez Prünhilt · diu vil hêrlîche meit.

Mit in kom dô Dancwart · und ouch Hagene:
wir hœren sagen mære · wie die degene
von rabenswarzer varwe · truogen rîchiu kleit.
ir schilde wâren niuwe · michel, guot unde breit.

Von Indîâ dem lande · sach man si steine tragen,
die kôs man an ir wæte · vil hêrlîchen wagen.
si liezen âne huote · daz schiffel bî der vluot:
sus riten zuo der bürge · die helde küene unde guot.

Nur ihrer Viere waren · die kamen in das Land.
Siegfried der kühne · ein Roß zog auf den Strand.
Das sahen durch die Fenster · die schönen Frauen an:
Große Ehre dauchte · sich König Gunther getan.

Er hielt ihm bei dem Zaume · das zierliche Roß,
Das war gut und stattlich · stark dazu und groß,
Bis der König Gunther · fest im Sattel saß.
Also dient' ihm Siegfried · was er hernach doch ganz vergaß.

Dann zog er auch das seine · aus dem Schiff heran:
Er hatte solche Dienste · gar selten sonst getan,
Daß er am Steigreif Helden · je gestanden wär'.
Das sahen durch die Fenster · diese schönen Frauen hehr.

Es war in gleicher Weise · den Helden allbereit
Von schneeblanker Farbe · das Roß und auch das Kleid,
Dem einem wie dem andern · und schön der Schilde Rand:
Die warfen hellen Schimmer · an der edeln Recken Hand.

Ihre Sättel wohlgesteinet · die Brustriemen schmal:
So ritten sie herrlich · vor Brunhildens Saal;
Daran hingen Schellen · von lichtem Golde rot.
Sie kamen zu dem Lande · wie ihr Hochsinn gebot,

Mit Speeren neu geschliffen · mit wohlgeschaffnem Schwert,
Das bis auf die Sporen · ging den Helden wert.
Die Wohlgemuten führten · es scharf genug und breit.
Das alles sah Brunhild · diese herrliche Maid.

Mit ihnen kam auch Dankwart · und sein Bruder Hagen:
Diese beiden trugen · wie wir hören sagen,
Von rabenschwarzer Farbe · reichgewirktes Kleid;
Neu waren ihre Schilde · gut, dazu auch lang und breit.

Von India dem Lande · trugen sie Gestein,
Das warf an ihrem Kleide · auf und ab den Schein.
Sie ließen unbehütet · das Schifflein bei der Flut;
So ritten nach der Feste · diese Helden kühn und gut.

Sehs und ahzec türne · si sâhen drinne stân,
drî palas wîte · und einen sal wol getân
von edelem marmelsteine · grüene alsam ein gras,
dar inne selbe Prünhilt · mit ir ingesinde was.

Diu burc was entslozzen · vil wîte ûf getân.
dô liefen in enkegene · die Prünhilde man
und enpfiengen die geste · in ir vrouwen lant.
ir ros hiez man behalden · und ir schilde von der hant.

Dô sprach ein kameræere · ‚gebet uns diu swert
und die liehten brünne' · ‚des sît ir ungewert,'
sprach von Troneje Hagene · ‚wir wellens selbe tragen.'
dô begunde im Sîvrit · dâ von diu rehten mære sagen.

‚Man pfliget in dirre bürge · daz wil ich iu sagen,
daz neheine geste · sulen wâfen tragen:
lât si tragen hinnen · daz ist wol getân.'
des volgte ungerne · Hagne Guntheres man.

Man hiez den gesten schenken · und schaffen guot gemach.
manegen snellen recken · man ze hove sach
in vürstlîcher wæte · allenthalben gân;
doch wart michel schouwen · an die küenen getân.

Dô wart vroun Prünhilde · gesaget mit mæren
daz unkunde recken · dâ komen wæren
in hêrlîcher wæte · gevlozzen ûf der vluot.
dâ von begonde vrâgen · diu maget schœne unde guot:

‚Ir sult mich lâzen hœren' · sprach diu künegîn,
‚wer die unkunden · recken mügen sîn,
die in mîner bürge · sô hêrlîche stân,
und durch wes liebe · die helde her gevaren hân.'

Dô sprach ein ir gesinde · ‚vrouwe, ich mac wol jehen,
daz ich ir deheinen · mêre habe gesehen,
wan Sîvride gelîche · einer drunder stât:
den sult ir wol enpfâhen · daz ist mit triuwen mîn rât.'

Sechsundachtzig Türme · sahn sie drin zumal,
Drei weite Pfalzen · und einen schönen Saal
Von edelm Marmelsteine · so grün wie das Gras,
Darin Brunhild selber · mit ihrem Ingesinde saß.

Die Burg war erschlossen · und weithin aufgetan,
Brunhildes Mannen · liefen alsbald heran
Und empfingen die Gäste · in ihrer Herrin Land.
Die Rosse nahm man ihnen · und die Schilde von der Hand.

Da sprach der Kämmrer einer · „Gebt uns euer Schwert
Und die lichten Panzer" · „Das wird euch nicht gewährt,"
Sprach Hagen von Tronje · „wir wollen's selber tragen."
Da begann ihm Siegfried · rechten Bescheid davon zu sagen:

„In dieser Burg ist Sitte · das will ich euch sagen,
Keine Waffen dürfen · da die Gäste tragen:
Laßt sie von hinnen bringen · das ist wohlgetan."
Ihm folgte wider Willen · Hagen, König Gunthers Mann.

Man ließ den Gästen schenken · und schaffen gute Ruh.
Manchen schnellen Recken · sah man dem Hofe zu
Allenthalben eilen · in fürstlichem Gewand;
Doch wurden nach den Kühnen · ringsher die Blicke gesandt.

Nun wurden auch Brunhilden · gesagt die Mären,
Daß unbekannte Recken · gekommen wären
In herrlichem Gewande · geflossen auf der Flut.
Da begann zu fragen · diese Jungfrau schön und gut:

„Ihr sollt mich hören lassen" · sprach das Mägdelein,
„Wer die unbekannten · Recken mögen sein,
Die ich dort stehen sehe · in meiner Burg so hehr,
Und wem zulieb die Helden · wohl gefahren sind hieher."

Des Gesindes sprach da einer · „Frau, ich muß gestehn,
Daß ich ihrer keinen · je zuvor gesehn;
Doch einer steht darunter · der Siegfrieds Weise hat:
Den sollt ihr wohl empfangen · das ist in Treuen mein Rat.

Der ander der gesellen · der ist sô lobelîch:
,ob er gewalt des hæte · wol wær er künic rîch
ob wîten vürsten landen · und mohte er diu hân.
man siht in bî den andern · sô rehte hêrlîche stân.

,Der drite der gesellen · der ist sô gremlîch
und doch mit schœnem lîbe · küneginne rîch;
von swinden sînen blicken · der er sô vil getuot,
er ist in sînen sinnen · ich wæne, grimme gemuot.

,Der jungeste dar under · der ist sô lobelîch:
magtlîcher zühte · sihe ich den degen rîch
mit guotem gelæze · sô minneclîche stân.
wir möhtenz alle vürhten · hete im hie iemen iht getân.

,Swie blîde er pflege der zühte · und swie schœne sî sîn lîp,
er möhte wol erweinen · vil wætlîchiu wîp,
swenne er begonde zürnen · sîn lîp ist sô gestalt,
er ist in allen tugenden · ein degen küene unde balt.'

Dô sprach diu küneginne · ,Nu brinc mir mîn gewant:
und ist der starke Sîvrit · komen in mîn lant
durch willen mîner minne · ez gât im an den lîp.
ich vürhte in niht sô sêre · daz ich werde sîn wîp.'

Prünhilt diu schœne · wart schiere wol gekleit.
dô gie mit ir dannen · manegiu schœniu meit,
wol hundert oder mêre · gezieret was ir lîp.
die geste wolden schouwen · diu vil wætlîchen wîp.

Dâ mite giengen degene · dâ ûz Îslant,
Prünhilde recken · die truogen swert enhant,
vünf hundert oder mêre · daz was den gesten leit:
dô stuonden von dem sedele · die küenen helde gemeit.

Dô diu küneginne · Sîvriden sach,
nu muget ir hœren gerne · wie diu maget sprach:
,sît willekomen, Sîvrit · her in ditze lant!
waz meinet iuwer reise? · daz hete ich gerne bekant.'

Der andere der Gesellen · gar löblich dünkt er mich;
Wenn er die Macht besäße · zum König ziemt' er sich
Ob weiten Fürstenlanden · sollt er die versehn.
Man sieht ihn bei den andern · so recht herrlich da stehn.

„Der dritte der Gesellen · der hat gar herben Sinn,
Doch schönen Wuchs nicht minder · reiche Königin.
Die Blicke sind gewaltig · deren so viel er tut:
Er trägt in seinem Sinne · wähn' ich, grimmigen Mut.

„Der jüngste darunter · gar löblich dünkt er mich:
Man sieht den reichen Degen · so recht minniglich
In jungfräulicher Sitte · und edler Haltung stehn:
Wir müßten's alle fürchten · wär' ihm ein Leid hier geschehn,

„So freundlich er gebare · so wohlgetan sein Leib,
Er brächte doch zum Weinen · manch waidliches Weib,
Wenn er zürnen sollte · sein Wuchs ist wohl so gut,
Er ist an allen Tugenden · ein Degen kühn und wohlgemut."

Da sprach die Königstochter · „Nun bringt mir mein Gewand:
Und ist der starke Siegfried · gekommen in mein Land
Um meiner Minne willen · es geht ihm an den Leib:
Ich fürcht' ihn nicht so heftig · daß ich würde sein Weib."

Brunhild die schöne · trug bald erlesen Kleid.
Auch gab ihr Geleite · manche schöne Maid,
Wohl hundert oder drüber · sie all in reicher Zier.
Die Gäste kam zu schauen · manches edle Weib mit ihr.

Mit ihnen gingen Degen · da aus Island,
Brunhildens Recken · die Schwerter in der Hand,
Fünfhundert oder drüber · das war den Gästen leid.
Aufstanden von den Sitzen · die kühnen Helden allbereit.

Als die Königstochter · Siegfrieden sah,
Nun höret, wie die Jungfrau · zu ihm redet' da:
„Seid willkommen, Siegfried · hier in diesem Land.
Was meint eure Reise? · das macht mir, bitt' ich, bekannt."

,Vil michel iuwer genâde · mîn vrou Prünhilt,
daz ir mich ruochet grüezen · vürsten tohter milt,
vor disem edelen recken · der hie vor mir stât:
wan der ist mîn hêrre · der êren hete ich gerne rât.

,Er ist geborn von Rîne · waz sol ich sagen mêr?
durch die dîne liebe · sîn wir gevarn her.
er wil dich gerne minnen · swaz im dâ von geschiht.'
bedenke dichs bezîte · er enlât dich sîn niht.

,Er ist geheizen Gunther · ein künec rîch unde hêr.
erwurbe er dîne minne · sône gerte er niht mêr.
jâ gebôt mir her ze varne · der recke wol getân:
möht ichs im hân geweigert · ich hetez gerne verlân.'

Si sprach: ,ist er dîn hêrre · und bistu sîn man,
diu spil, diu ich im teile · getar er diu bestân,
behabe er die meisterschaft · sô wird ich sîn wîp:
und ist daz ich gewinne · ez gêt iu allen an den lîp.'

Dô sprach von Troneje Hagene · ,vrouwe, lât uns sehen
iuwer spil diu starken · ê daz iu müeste jehen
Gunther mîn hêrre · dâ mües ez herte sîn.
er trouwet wol erwerben · ein alsô schœne magedîn.'

Den stein sol er werfen · und springen dar nâch,
den gêr mit mir schiezen · lât iu niht sîn ze gâch.
ir muget hie wol verliesen · die êre und ouch den lîp:
des sult ir iuch bedenken' · sprach daz minneclîche wîp.

Sîvrit der snelle · zuo dem künege trat,
allen sînen willen · er in reden bat
gên der küneginne · er solde ân angest sîn:
,ich sol dich wol behüeten · vor ir mit den listen mîn.'

Dô sprach der künic Gunther · ,küneginne hêr,
nu teilt, swaz ir gebietet · und wær es dannoch mêr,
ich bestüende ez allez · durch iuwern schœnen lîp.
mîn houbet ich verliuse · ir enwerdet mîn wîp.'

„Viel Dank muß ich euch sagen · Frau Brunhild,
Daß ihr mich geruht zu grüßen · Fürstentochter mild,
Vor diesem edlen Recken · der hier vor mir steht:
Denn der ist mein Lehnsherr · der Ehre Siegfried wohl enträt.

„Er ist geboren vom Rheine · was soll ich sagen mehr?
Dir nur zuliebe · fuhren wir hieher.
Er will dich gerne minnen · was ihm geschehen mag.
Nun bedenke dich bei Zeiten · mein Herr läßt nimmermehr nach.

„Er ist geheißen Gunther · ein König reich und hehr.
Erwirbt er deine Minne · nicht mehr ist sein Begehr.
Er gebot mir, herzufahren · mit ihm, meinem Herrn.
Hätt' ich's ihm weigern können · ich unterließ die Reise gern."

Sie sprach: „Wenn er dein Herr ist · und du in seinem Lehn,
Wagt er, die ich erteile · meine Spiele zu bestehn
Und bleibt darin der Meister · so werd' ich sein Weib;
Doch ist's, daß ich gewinne · es geht euch allen an den Leib."

Da sprach von Tronje Hagen · „So zeigt uns, Königin,
Eure starken Spiele · Eh' euch den Gewinn
Mein Herr Gunther ließe · so müßt' es übel sein:
Er mag wohl noch erwerben · ein so schönes Mägdelein."

„Den Stein soll er werfen · und springen darnach,
Den Speer mit mir schießen · drum sei euch nicht zu jach.
Ihr verliert hier mit der Ehre · Leben leicht und Leib:
Drum mögt ihr euch bedenken" · sprach das minnigliche Weib.

Siegfried der schnelle · ging zu dem König hin
Und bat ihn, frei zu reden · mit der Königin
Ganz nach seinem Willen · angstlos soll' er sein!
„Ich will dich wohl behüten · vor ihr mit den Listen mein."

Da sprach der König Gunther · „Königstochter hehr,
Erteilt mir, was ihr wollet · und wär' es auch noch mehr,
Euer Schönheit willen · bestünd' ich alles gern.
Mein Haupt will ich verlieren · gewinnt ihr mich nicht zum Herrn."

Dô diu küneginne · sîne rede vernam,
der spile bat sie gâhen · als ir daz gezam.
si hiez ir ze strîte · bringen ir gewant,
ein brünne von golde · und einen guoten schildes rant.

Ein wâfenhemde sîdîn · leite an diu meit,
daz in deheime strîte · wâfen nie versneit,
von pfelle ûzer Libîâ; · ez was vil wol getân:
von borten lieht gewürhte · sach man schînen dar an.

Die zît wart den recken · in gelfe vil gedreut.
Dancwart und Hagene · wâren ungevreut.
wie ez dem künege ergienge · des sorget in der muot.
si dâhten: ‚unser reise · ist uns gesten niht ze guot.‘

Die wîle was ouch Sîvrit · der wætlîche man,
ê ez iemen erfunde · zuo dem schiffe gegân,
dâ er die tarnkappen · verborgen ligen vant.
dar in slouf er schiere · dô was er niemen bekant.

Er îlte hin widere · dô vant er recken vil,
dâ diu küneginne · teilte ir hôhiu spil.
dâ gie er tougenlîchen · von listen daz geschach,
alle, die dâ wâren · daz in dâ niemen ensach.

Der rinc was bezeiget · dâ soldez spil geschehen
vor manegem küenen recken · die daz solden sehen.
mêr danne siben hundert · sach man wâfen tragen:
swem an dem spil gelunge · daz ez die helde solden sagen.

Dô was ouch komen Prünhilt · gewâfent man die vant,
sam ob si wolde strîten · umbe elliu küneges lant.
jâ truoc si ob den sîden · manegen goldes zein,
ir minneclîchiu varwe · dar under hêrlîchen schein.

Dô kom ir gesinde · die truogen dar zehant
von alrôtem golde · eines schildes rant
mit stahelherten spangen · michel unde breit,
dar under spilen wolde · diu vil minneclîche meit.

Als da seine Rede · vernahm die Königin,
Bat sie, wie ihr ziemte · das Spiel nicht zu verziehn.
Sie ließ sich zum Streite · bringen ihr Gewand,
Einen goldnen Panzer · und einen guten Schildesrand.

Ein seiden Waffenhemde · zog sich an die Maid,
Daß ihr keine Waffe · verletzen konnt' im Streit,
Von Zeugen wohlgeschaffen · aus Libya dem Land:
Lichtgewirkte Borten · erglänzten rings an dem Rand.

Derweil hat ihr Übermut · den Gästen schwer gedräut.
Dankwart und Hagen · die standen unerfreut.
Wie es dem Herrn erginge · sorgte sehr ihr Mut.
Sie dachten: „Unsre Reise · bekommt uns Recken nicht gut."

Derweilen ging Siegfried · der waidliche Mann,
Eh' es wer bemerkte · an das Schiff heran,
Wo er die Tarnkappe · verborgen liegen fand,
In die er hurtig schlüpfte · da war er niemand bekannt.

Er eilte bald zurücke · und fand hier Recken viel:
Die Königin erteilte · da ihr hohes Spiel.
Da ging er hin verstohlen · (durch Zauber dies geschah),
Von allen, die da waren · ihn nicht einer ersah.

Es war ein Kreis gezogen · wo das Spiel geschehn
Vor kühnen Recken sollte · die es wollten sehn.
Mehr denn siebenhundert · sah man Waffen tragen:
Wer das Spiel gewänne · das sollten diese Helden sagen.

Da war gekommen Brunhild · die man gewaffnet fand,
Als ob sie streiten wolle · um aller Kön'ge Land.
Wohl trug sie auf der Seide · viel Golddrähte fein;
Ihre minnigliche Farbe · gab darunter holden Schein.

Nun kam ihr Gesinde · das trug herbei zuhand
Aus allrotem Golde · einen Schildesrand
Mit hartem Stahlbeschlage · mächtig groß und breit,
Worunter spielen wollte · diese minnigliche Maid.

Der vrouwen schiltvezzel · ein edel borte was,
dar ûfe lâgen steine · grüene alsam ein gras:
der lûhte maneger hande · mit schîne widerz golt.
er müeste wesen küene · dem diu vrouwe wurde holt.

Der schilt was under buckeln · als uns daz ist geseit,
drier spannen dicke · den tragen solt diu meit:
von stâle und ouch von golde · rîch er was genuoc,
den ir kamerære · selbe vierde kûme getruoc.

Alsô der starke Hagene · den schilt dar tragen sach,
mit grimmegem muote · der helt von Troneje sprach:
,wâ nu, künic Gunther · wie vliese wir den lîp?
der ir dâ gert ze minnen · diu ist des tiuveles wîp.'

Vernemt noch von ihr wæte · der hete si genuoc.
von Azagouc der sîden · einen wâfenroc si truoc,
edel unde rîche · ab des varwe schein
von der küneginne · vil manec hêrlîcher stein.

Dô truoc man der vrouwen · swære unde grôz
einen gêr vil scharpfen · dens zallen zîten schôz,
starc und ungevüege · michel unde breit,
der zu sînen ecken · harte vreislîchen sneit.

Von des gêres swære · hœret wunder sagen.
vierdehalbiu messe · was dar zuo geslagen.
den truogen kûme drie · Prünhilde man.
Gunther der edele · dar umbe sorge gewan.

Er dâhte in sînem muote · ,waz sol ditze wesen?
der tiuvel ûz der helle · wie kunde er dâ vor genesen?
wære ich ze Burgonden · mit dem lebene mîn,
si müeste hie vil lange · vrî vor mîner minne sîn.'

Dô sprach Hagnen bruoder · der küene Dankwart:
,mich riuwet inneclîchen · disiu hovevart.
nu hiezen wir ie recken · wie vliese wir den lîp,
suln uns in disem lande · nu verderben diu wîp?

An einer edlen Borte · ward der Schild getragen,
Auf der Edelsteine · grasgrüne, lagen;
Die tauschten mannigfaltig · Gefunkel mit dem Gold.
Er bedurfte großer Kühnheit · dem die Jungfrau wurde hold.

Der Schild war untern Buckeln · so ward uns gesagt,
Von dreier Spannen Dicke · den trug hernach die Magd.
An Stahl und auch an Golde · war er reich genug,
Den ihrer Kämmrer einer · selbvierter nur mit Mühe trug.

Als der starke Hagen · den Schild hertragen sah,
In grimmigem Mute · sprach der Tronjer da:
„Wie nun, König Gunther? · An Leben geht's und Leib:
Die ihr begehrt zu minnen · die ist ein teuflisches Weib."

Hört noch von ihren Kleidern · deren hatte sie genug.
Von Azagauger Seide · einen Wappenrock sie trug,
Der kostbar war und edel · daran warf hellen Schein
Von der Königstochter · gar mancher herrliche Stein.

Da brachten sie der Frauen · mächtig und breit
Einen scharfen Wurfspieß · den verschoß sie allezeit,
Stark und ungefüge · groß dazu und schwer.
An seinen beiden Seiten · schnitt gar grimmig der Speer.

Von des Spießes Schwere · höret Wunder sagen:
Wohl hundert Pfund Eisen · war dazu verschlagen.
Ihn trugen mühsam Dreie · von Brunhildens Heer;
Gunther der edle · rang mit Sorgen da schwer.

Er dacht' in seinem Sinne · „Was soll das sein hier?
Der Teufel aus der Hölle · wie schützt er sich vor ihr?
Wär' ich mit meinem Leben · wieder an dem Rhein,
Sie dürfte hier wohl lange · meiner Minne ledig sein."

Da sprach Hagens Bruder · der kühne Dankwart:
„Mich reut in der Seele · her zu Hof die Fahrt.
Nun hießen wir einst Recken · wie verlieren wir den Leib,
Soll uns in diesem Lande · nun verderben ein Weib?

‚Mich müet harte sêre · daz ich kom in daz lant.
hete mîn bruoder Hagene · sîn wâfen an der hant
und ouch ich daz mîne · sô möhten samfte gân
mit ir übermüete · alle Prünhilde man.

‚Daz wizzet sicherlîchen · si soldenz wol bewarn.
und hete ich tûsent eide · ze einem vride geswarn,
ê daz ich sterben sæhe · den lieben hêrren mîn,
jâ müese den lîp verliesen · daz vil schœne magedîn.‘

‚Wir solden ungevangen · wol rûmen ditze lant,‘
sprach sîn bruoder Hagene · ‚hete wir daz gewant,
des wir ze nôt bedurfen · und diu swert vil guot,
sô wurde wol gesenftet · der schœnen vrouwen übermuot.‘

Wol hôrt diu maget edele · waz der degen sprach.
mit smielendem munde · si über ahsel sach:
‚nu er dunket sich sô küene · sô traget in ir gewant,
ir vil scharfen wâfen · gebet den helden an die hant.‘

Dô si diu swert gewunnen · sô diu meit gebôt,
der vil küene Dancwart · von vreuden wart rôt:
‚nu spilen, swes sie wellen‘ · sprach der küene man.
‚Gunther ist unbetwungen · sît wir unser wâfen hân.‘

Prünhilde sterke · grœzlîchen schein.
man truoc ir zuo dem ringe · einen swæren stein,
grôz und ungevüege · michel unde wel:
in truogen kûme zwelfe · der küenen helde unde snel.

Den warf si zallen zîten · sô si den gêr verschôz.
der Burgonden sorge · was vil harte grôz.
‚wâfen!‘ sprach Hagene · ‚waz hât der künec ze trût!
jâ sol si in der helle · sin des übelen tiuvels brût.‘

An ir vil wîze arme · si die ermel want,
si begunde vazzen · den schilt an der hant,
den gêr si hôhe zucte · dô gie ez an den strît.
Gunther und Sîvrit · die vorhten Prünhilde nît.

„Des muß mich sehr verdrießen · daß ich kam in dieses Land.
Hätte mein Bruder Hagen · sein Schwert an der Hand
Und auch ich das meine · so sollten sachte gehn
Mit ihrem Übermute · die in Brunhildens Lehn.

„Sie sollten sich bescheiden · das glaubet mir nur.
Hätt' ich den Frieden tausendmal · bestärkt mit einem Schwur,
Bevor ich sterben sähe · den lieben Herren mein,
Das Leben müßte lassen · dieses schöne Mägdelein."

„Wir möchten ungefangen · wohl räumen dieses Land,"
Sprach sein Bruder Hagen · „hätten wir das Gewand,
Des wir zum Streit bedürfen · und die Schwerter gut,
So sollte sich wohl sänften · der schönen Fraue Übermut."

Wohl hörte, was er sagte · die Fraue wohlgetan;
Über die Achsel · sah sie ihn lächelnd an.
„Nun er so kühn sich dünket · so bringt doch ihr Gewand,
Ihre scharfen Waffen · gebt den Helden an die Hand."

Als man die Waffen brachte · wie die Maid gebot,
Dankwart der kühne · ward vor Freuden rot.
„Nun spielt, was ihr wollet" · sprach der Degen wert,
„Gunther ist unbezwungen · wir haben wieder unser Schwer."

Brunhildens Stärke · zeigte sich nicht klein:
Man trug ihr zu dem Kreise · einen schweren Stein,
Groß und ungefüge · rund dabei und breit.
Ihn trugen kaum zwölfe · dieser Degen kühn im Streit.

Den warf sie allerwegen · wie sie den Speer verschoß.
Darüber war die Sorge · der Burgunden groß.
„Wen will der König werben?" · sprach da Hagen laut:
„Wär' sie in der Hölle · doch des übeln Teufels Braut!"

An ihre weißen Arme · sie die Ärmel wand,
Sie schickte sich und faßte · den Schild an die Hand,
Sie schwang den Spieß zur Höhe · das war des Kampfs Beginn.
Gunther und Siegfried bangten · vor Brunhildens grimmem Sinn.

Unde wære im Sîvrit · niht dâ ze helfe komen,
sô hête si Gunther · sînen lîp benomen.
er gie dar tougenlîche · und ruort im sîne hant.
Gunther sîne liste · harte sorclîch ervant.

,Waz hât mich gerüeret?' · dâht der küene man.
dô sach er allenthalben · er vant dâ niemen stân.
er sprach: ,ich pinz, Sîvrit · der liebe vriunt dîn.
vor der küneginne · soltu gar âne angest sîn.

,Den schilt gip mir von hende · unt lâ mich den tragen,
unde merke rehte · waz du mich hœrest sagen.
nu habe du die gebærde · diu werk wil ich begân.'
dô er in bekande · ez was im liebe getân.

,Nu hil du mîne liste · diene soltu niemen sagen:
sô mac diu küneginne · vil lützel iht bejagen
an dir deheines ruomes · des si doch willen hât:
nu sihtu, wie diu vrouwe · vor dir unsorclîchen stât.'

Dô schôz vil krefteclîchen · diu hêrlîche meit
ûf einen schilt niuwen · michel unde breit;
den truoc an sîner hende · daz Siglinde kint.
daz viur spranc von stahele · sam ez wâte der wint.

Des starken gêres snîde · al durch den schilt gebrach,
daz man daz viuwer lougen · ûz den ringen sach.
des schuzzes beide strûchten · die kreftige man:
wan diu tarnkappe · si wæren tôt dâ bestân.

Sîvride dem küenen · von munde brast daz bluot.
vil balde spranc er widere · dô nam der helt guot
den gêr, den si geschozzen · im hete durch den rant:
den vrumte ir dô hin widere · des starken Sîvrides hant.

Er dâhte: ,ich wil niht schiezen · daz schœne magedîn.'
er kêrte des gêres snîde · hindern rücke sîn;
mit der gêrstangen · er schôz ûf ir gewant,
daz ez erklanc vil lûte · von sîner ellenthaften hant.

Und wär' ihm da Siegfried · zu Hilfe nicht gekommen,
So hätte sie dem König · das Leben wohl benommen.
Er trat hinzu verstohlen · und rührte seine Hand;
Gunther seine Künste · mit großen Sorgen befand.

„Wer war's, der mich berührte?" · dachte der kühne Mann,
Und wie er um sich blickte · da traf er niemand an.
Er sprach: „Ich bin es, Siegfried · der Geselle dein:
Du sollst ganz ohne Sorge · vor der Königin sein.

„Den Schild gieb aus den Händen · und laß mich ihn tragen
Und behalt' im Sinne · was du mich hörest sagen:
Du habe die Gebärde · ich will das Werk begehn."
Als er ihn erkannte · da war ihm Liebes geschehn.

„Verhehl' auch meine Künste · die darfst du niemand sagen:
So mag die Königstochter · schwerlich viel erjagen
An dir etwelches Ruhmes · wie sie gesonnen ist:
Nun sieh doch, welcher Kühnheit · sie wider dich sich vermißt."

Da schoß mit ganzen Kräften · die herrliche Maid
Den Speer nach einem neuen Schild · mächtig und breit;
Den trug an der Linken · Sieglindens Kind.
Das Feuer sprang vom Stahle · als ob es wehte der Wind.

Des starken Spießes Schneide · den Schild ganz durchdrang,
Daß das Feuer lohend · aus den Ringen sprang.
Von dem Schusse fielen · die kraftvollen Degen:
War nicht die Tarnkappe · sie wären beide da erlegen.

Siegfried dem kühnen · vom Munde brach das Blut.
Bald sprang er auf die Füße · da nahm der Degen gut
Den Speer, den sie geschossen · ihm hatte durch den Rand:
Den warf ihr jetzt zurücke · Siegfried mit kraftvoller Hand.

Er dacht': „Ich will nicht schießen · das Mägdlein wonniglich."
Des Spießes Schneide kehrt' er · hinter den Rücken sich;
Mit der Speerstange · schoß er auf ihr Gewand,
Daß es laut erhallte · von seiner kraftreichen Hand.

Daz fiuwer stoup ûz ringen · alsam ez tribe der wint.
den gêr schôz mit ellen · daz Sigmundes kint:
sine mohte mit ir kreften · des schuzzes niht gestân;
ez enhete der künic Gunther · entriuwen nimmer getân.

Prünhilt diu schœne · balde ûf spranc:
,edel rîter Gunther · des schuzzes habe danc.'
si wânde, daz erz hête · mit sîner kraft getân;
nein, si hete gevellet · ein verre kreftiger man.

Dô gie si hin balde · zornec was ir muot:
den stein huop vil hôhe · diu edel maget guot.
si swanc in krefteclîche · verre von der hant:
dô spranc si nâch dem wurfe · daz lûte erklang ir gewant.

Der stein was gevallen · zwelf klâfter dan:
den wurf brach mit sprunge · diu maget wol getân.
dar gie der snelle Sîvrit · dâ der stein gelac:
Gunther in wegete · der helt in werfennes pflac.

Sîvrit was küene · kreftec unde lanc:
den stein warf er verrer · dar zuo er wîter spranc.
von sînen schœnen listen · het er kraft genuoc,
daz er mit dem sprunge · den künic Gunthere truoc.

Der sprunc was ergangen · der stein was gelegen:
dô sach man ander niemen · wan Gunther den degen.
Prünhilt diu schœne · wart in zorne rôt;
Sîvrit hete geverret · des künic Guntheres tôt.

Zuo ir ingesinde · ein teil si lûte sprach,
dô si ze ende des ringes · den helt gesunden sach:
,balde komet her nâher · mâge und mîne man:
ir sult dem künic Gunther · alle werden untertân.'

Dô leiten die vil küenen · diu wâfen von der hant,
si buten sich ze vüezen · von Burgonden lant
Gunther dem rîchen · vil manec küener man:
si wânden, er hête · mit sîner kraft diu spil getân.

Das Feuer stob vom Panzer · als trieb' es der Wind.
Es hatte wohl geschossen · der Sieglinde Kind:
Sie vermochte mit den Kräften · dem Schusse nicht zu stehn;
Das wär' von König Gunthern · in Wahrheit nimmer geschehn.

Brunhild die schöne · bald auf die Füße sprang:
„Gunther, edler Ritter · des Schusses habe Dank!"
Sie wähnt', er hätt' es selber · mit seiner Kraft getan;
Nein, zu Boden warf sie · ein viel stärkerer Mann.

Da ging sie hin geschwinde · zornig war ihr Mut,
Den Stein hoch erhub sie · die edle Jungfrau gut;
Sie schwang ihn mit Kräften · weithin von der Hand,
Dann sprang sie nach dem Wurfe · daß laut erklang ihr Gewand.

Der Stein fiel zu Boden · von ihr zwölf Klafter weit:
Den Wurf überholte · im Sprung die edle Maid.
Hin ging der schnelle Siegfried · wo der Stein nun lag:
Gunther mußt' ihn wägen · des Wurfs der Held selber pflag.

Siegfried war kräftig · kühn und auch lang;
Den Stein warf er ferner · dazu er weiter sprang.
Ein großes Wunder war es · und künstlich genug,
Daß er in dem Sprunge · den König Gunther noch trug.

Der Sprung war ergangen · am Boden lag der Stein:
Gunther war's, der Degen · den man sah allein.
Brunhild die schöne · ward vor Zorne rot;
Gewendet hatte Siegfried · dem König Gunther den Tod.

Zu ihrem Ingesinde · sprach die Königin da,
Als sie gesund den Helden · an des Kreises Ende sah:
„Ihr, meine Freund' und Mannen · tretet gleich heran:
Ihr sollt dem König Gunther · alle werden untertan."

Da legten die Kühnen · die Waffen von der Hand
Und boten sich zu Füßen · von Burgundenland
Gunther dem reichen · so mancher kühne Mann:
Sie wähnten, die Spiele · hätt' er mit eigner Kraft getan.

Er gruoztes minneclîche · jâ was er tugende rîch.
dô nam in bî der hende · diu maget lobelîch:
si erloubte im, daz er solde · haben dâ gewalt.
des vreute sich dô Hagene · der degen küene unde balt.

Si bat den rîter edele · mit ir dannen gân
in den palas wîten · alsô daz wart getân,
dô erbôt manz den recken · mit dienste dester baz.
Dancwart und Hagene · muosenz lâzen âne haz.

Sîvrit der snelle · wîse er was genuoc,
sîne tarnkappen · er ze behalten truoc.
dô gie er hin widere · dâ manec vrouwe saz;
er sprach zuo dem künege · und tet vil wîslîche daz:

,Wes pîtet ir, mîn hêrre · wan beginnet ir der spil,
der iu diu küneginne · teilet alsô vil?
und lât uns balde schouwen · wie diu sîn getân.'
sam ers niht enweste · gebârt der listige man.

Dô sprach diu küneginne · ,wie ist daz geschehen,
daz ir habt, hêr Sîvrit · der spil niht gesehen,
diu hie hât errungen · diu Guntheres hant?'
des antwurte ir Hagene · ûzer Burgonden lant:

Er sprach: ,dâ het ir, vrouwe · betrüebet uns den muot:
dô was bî dem scheffe · Sîvrit der helt guot,
dô der vogt von Rîne · diu spil iu an gewan:
des ist ez im unkündec' · sprach der Guntheres man.

,Sô wol mich dirre mære' · sprach Sîvrit der degen,
,daz iuwer hôchverten · alsô ist gelegen,
,daz iemen lebet, der iuwer · meister müge sîn.
nu sult ir, maget edele · uns hinnen volgen an den Rîn.'

Dô sprach diu wol getâne · ,des mac niht ergân.
ez müezen ê bevinden · mâge und mîne man.
jâne mag ich alsô lîhte · gerûmen niht mîn lant:
die mîne besten vriunde · müezen werden ê besant.'

Er grüßte sie gar minniglich · wohl trug er höf'schen Sinn.
Da nahm ihn bei der Rechten · die schöne Königin:
Sie erlaubt' ihm, zu gebieten · in ihrem ganzen Land.
Des freute sich da Hagen · der Degen kühn und gewandt.

Sie bat den edeln Ritter · mit ihr zurück zu gehn
Zu dem weiten Saale · als dies war geschehn,
Begrüßte man die Recken · erst recht ehrenvoll.
Dankwart und Hagen · nahmen's hin ohne Groll.

Siegfried der schnelle · war wohl schlau genug,
Daß er die Tarnkappe · aufzubewahren trug.
Dann ging er zu dem Saale · wo manche Fraue saß;
Er sprach zu dem König · gar listiglich tat er das:

„Was säumt ihr, Herr König · und beginnt die Spiele nicht,
Die euch aufzugeben · die Königin verspricht?
Laßt uns doch bald erschauen · wie es damit bestellt."
Als wüßt' er nichts von allem · so tat der listige Held.

Da sprach die Königstochter · „Wie konnte das geschehn,
Daß ihr nicht die Spiele · Herr Siegfried, habt gesehn,
Worin hier Sieg errungen · hat König Gunthers Hand?"
Zur Antwort gab ihr Hagen · aus der Burgunden Land:

Er sprach: „Da habt ihr, Königin · uns betrübt den Mut:
Da war bei dem Schiffe · Siegfried der Degen gut,
Als der Vogt vom Rheine · das Spiel euch abgewann;
Drum ist es ihm unkundig", · sprach da Gunthers Untertan.

„Nun wohl mir dieser Märe" · sprach Siegfried der Held,
„Daß hier eure Hochfahrt · also ward gefällt,
Und jemand lebt, der euer · Meister möge sein.
Nun sollt ihr, edle Jungfrau · uns hinnen folgen an den Rhein."

Da sprach die Wohlgetane · „Das mag noch nicht geschehn.
Erst frag' ich meine Vettern · und die in meinem Lehn.
Ich darf ja nicht so leichthin · räumen dies mein Land:
Meine höchsten Freunde · die werden erst noch besandt."

Dô hiez si boten rîten · allenthalben dan:
si besande ir vriunde · mâg unde man.
die bat si ze Îsensteine · komen unerwant
und hiez in geben allen · rîch und hêrlîch gewant.

Si riten tegelîche · spâte unde vruo
Prünhilde bürge · scharhafte zuo.
‚jarîâ,' sprach Hagene · ‚waz haben wir getân!
wir erbeiten hie übele · der schœnen Prünhilde man.

‚Sô si nu mit ir krefte · koment in daz lant,
der küneginne wille · ist uns unbekant:
waz, ob si alsô zürnet · daz wir sîn verlorn?
sô ist uns diu maget edele · zen grôzen sorgen geborn.'

Dô sprach der starke Sîvrit · ‚daz sol ich understên.
des ir dâ habet sorge · des lâze ich niht ergên.
ich sol iu helfe bringen · her in ditze lant
von ûz erwelten recken · die iu noch nie wurden bekant.

‚Ir sult nâch mir niht vrâgen · ich wil hinnen varn.
Got müeze iuwer êre · die zît wol bewarn.
ich kume schiere widere · und bringiu tûsent man
der aller besten degene · der ich ie künde gewan.'

‚Sône sît et niht ze lange' · sprach der künic dô.
‚wir sîn iuwer helfe · billîchen vrô'.
er sprach: ‚ich kume widere · in vil kurzen tagen.
daz ir mich habet gesendet · sult ir der küneginne sagen.'

Da ließ sie ihre Boten · nach allen Seiten gehn:
Sie besandte ihre Freunde · und die in ihrem Lehn,
Daß sie zum Isensteine · kämen unverwandt;
Einem jeden ließ sie geben · reiches, herrliches Gewand.

Da ritten alle Tage · beides, spat und fruh,
Der Feste Brunhildens · die Recken scharweis zu.
„Nun ja doch," sprach da Hagen · „was haben wir getan!
Wir erwarten uns zum Schaden · hier die Brunhild untertan.

„Wenn sie mit ihren Kräften · kommen in dies Land,
Der Königin Gedanken · die sind uns unbekannt:
Wie, wenn sie uns zürnte? · so wären wir verloren,
Und wär' uns das edle Mägdlein · zu großen Sorgen geboren!"

Da sprach der starke Siegfried · „Dem will ich widerstehn.
Was euch da Sorge schaffet · das lass' ich nicht geschehn.
Ich will euch Hilfe bringen · her in dieses Land
Durch auserwählte Degen · die sind euch noch unbekannt.

„Ihr sollt nach mir nicht fragen · ich will von hinnen fahren;
Gott möge eure Ehre · derweil wohl bewahren.
Ich komme bald zurücke · und bring euch tausend Mann
Der allerbesten Degen · deren ich Kunde je gewann."

„So bleibt nur nicht zu lange" · der König sprach da so,
„Wir sind eurer Hilfe · nicht unbillig froh."
Er sprach: „Ich komme wieder · gewiß in wenig Tagen.
Ihr hättet mich versendet · sollt ihr der Königin sagen."

AVENTIURE

wie Sîvrit nâch den Nibelungen vuor

Dannen gie dô Sîvrit · zer porten ûf den sant
in sîner tarnkappen · dâ er ein schiffel vant.
dar an sô stuont vil tougen · daz Sigmundes kint:
er vuorte ez balde dannen · als ob ez wæte der wint.

Den schifmeister sach niemen · daz schiffel sêre vlôz
von Sîvrides kreften · die wâren alsô grôz.
si wânden, daz ez vuorte · ein sunder starker wint:
nein, ez vuorte Sîvrit · der schœnen Siglinde kint.

Bî des tages zîte · und in der einen naht
kom er zeime lande · mit michelre maht,
hundert langer raste · und dannoch lîhte baz:
daz hiez Niblunge · dâ er den grôzen hort besaz.

Der helt vuor aleine · ûf einen wert breit:
daz schif gebant vil balde · der rîter vil gemeit.
er gie zuo eime berge · dar ûfe ein burc stuont,
und suohte herberge · sô die wegemüede tuont.

Dô kom er vür die porten · verslozzen im diu stuont:
jâ huoten si ir êren · sô noch die liute tuont.
anz tor begunde bôzen · der unkunde man:
daz was wol behüetet · dô vant er innerthalben stân

Einen ungevüegen · der der burc pflac,
bî dem zallen zîten · sîn gewæfen lac.
der sprach: ‚wer ist der bôzet · sô vaste an daz tor?'
dô wandelte sîne stimme · der küene Sîvrit dâ vor

Und sprach: ‚ich bin ein recke · entsliuz ûf daz tor.
ich erzürne ir eteslîchen · noch hiute dâ vor,
der gerne sampfte læge · und hete sîn gemach.'
daz muote den portenære · dô daz Sîvrit gesprach.

ACHTES ABENTEUER

Wie Siegfried nach den Nibelungen fuhr

Von dannen ging da Siegfried · zum Hafen an den Strand
In seiner Tarnkappe · wo er ein Schifflein fand.
Darin stand verborgen · König Siegmunds Kind:
Er führt' es bald von dannen · als ob es wehte der Wind.

Den Steuermann sah niemand · wie schnell das Schifflein floß
Von Siegfriedens Kräften · die waren also groß.
Da wähnten sie, es trieb' es · ein eigner starker Wind:
Nein, es führt' es Siegfried · der schönen Sieglinde Kind.

Nach des Tags Verlaufe · und in der einen Nacht
Kam er zu einem Lande · von gewalt'ger Macht:
Es war wohl hundert Rasten · und noch darüber lang,
Das Land der Nibelungen · wo er den großen Schatz errang.

Der Held fuhr alleine · nach einem Werder breit:
Sein Schiff band er feste · der Ritter allbereit.
Er fand auf einem Berge · eine Burg gelegen
Und suchte Herberge · wie die Wegemüden pflegen.

Da kam er vor die Pforte · die ihm verschlossen stand:
Sie bewachten ihre Ehre · wie Sitte noch im Land.
Ans Tor begann zu klopfen · der unbekannte Mann:
Das wurde wohl behütet · da traf er innerhalben an

Einen Ungefügen · der da der Wache pflag,
Bei dem zu allen Zeiten · sein Gewaffen lag.
Der sprach: „Wer pocht so heftig · da draußen an das Tor?"
Da wandelte die Stimme · der kühne Siegfried davor

Und sprach: „Ich bin ein Recke · tut mir auf alsbald,
Sonst erzürn' ich etlichen · hier außen mit Gewalt,
Der gern in Ruhe läge · und hätte sein Gemach."
Das verdroß den Pförtner · als da Siegfried also sprach.

Nu hete der rise küene · sîn wæfen an getân,
sînen helm ûf sîn houbet · der vil starke man
den schilt er balde zucte · daz tor er ûf swief:
wie rehte gremlîchen · er dô an Sîvriden lief!

Wie er getorste wecken · sô manegen küenen man?
dô wurden slege swinde · von sîner hant getân.
dô begunde im schirmen · der hêrlîche gast;
doch schuof der portenære · daz sîn gespenge zebrast

Von einer îsenstangen · des gie dem helde nôt.
ein teil begunde vürhten · der helt den grimmen tôt,
dô der portenære · sô krefteclîchen sluoc.
dar umbe was im wæge · sîn hêrre Sîvrit genuoc.

Si striten alsô sêre · daz al diu burc erschal:
dô hôrte man daz diezen · in Niblunge sal.
er twanc den portenære · daz er in sît gebant;
diu mære wurden künde · in al der Niblunge lant.

Dô hôrte daz strîten · verre durch den berc
Albrîch der küene · ein wildez getwerc.
Er wâfent sich balde · und lief, dâ er dâ vant
disen gast vil edele · dâ er den risen vaste bant.

Albrîch was küene · dar zuo stark genuoc.
helm unde ringe · er an dem lîbe truoc
und eine geisel swære · von golde an sîner hant.
dô lief er harte swinde · dâ er Sîvriden vant.

Siben knöpfe swære · hiengen vor dar an,
dâ mit er umb die hende · den schilt dem küenen man
sluoc sô bitterlîchen · daz im des vil zebrast.
des lîbes kom in sorge · dô der wætlîche gast.

Den scherm er von der hende · gar zebrochen swanc:
dô stiez er in die scheide · ein wâfen, daz was lanc.
sînen kameræere · wold er niht slahen tôt:
er schônde sîner liute · als im diu tugent daz gebôt.

Der kühne Riese hatte · die Rüstung angetan,
Den Helm aufs Haupt gehoben · der gewaltige Mann:
Den Schild alsbald ergriffen · und schwang nun auf das Tor.
Wie lief er Siegfrieden · da so grimmig an davor!

Wie er zu wecken wage · so manchen kühnen Mann?
Da wurden schnelle Schläge · von seiner Hand getan.
Der edle Fremdling schirmte · sich vor manchem Schlag;
Da hieb ihm der Pförtner · in Stücke seines Schilds Beschlag

Mit einer Eisenstange · so litt der Degen Not.
Schier begann zu fürchten · der Held den grimmen Tod,
Als der Türhüter · so mächtig auf ihn schlug.
Dafür war ihm gewogen · sein Herre Siegfried genug.

Sie stritten so gewaltig · die Burg gab Widerhall:
Man hörte fern das Tosen · in König Niblungs Saal.
Doch zwang er den Pförtner · zuletzt, daß er ihn band;
Kund ward diese Märe · in allem Nibelungenland.

Das Streiten hatte ferne · gehört durch den Berg
Alberich der kühne · ein wildes Gezwerg.
Er waffnete sich balde · und lief hin, wo er fand
Diesen edeln Fremdling · als er den Riesen eben band.

Alberich war mutig · dazu auch stark genug.
Helm und Panzerringe · er am Leibe trug
Und eine schwere Geisel · von Gold an seiner Hand.
Da lief er hin geschwinde · wo er Siegfrieden fand.

Sieben schwere Knöpfe · hingen vorn daran,
Womit er vor der Linken · den Schild dem kühnen Mann
So bitterlich zergerbte · in Splitter ging er fast.
In Sorgen um sein Leben · geriet der herrliche Gast.

Den Schild er ganz zerbrochen · seiner Hand entschwang:
Da stieß er in die Scheide · eine Waffe, die war lang.
Seinen Kammerwärter · wollt' er nicht schlagen tot:
Er schonte seiner Leute · wie ihm die Treue gebot.

Mit starken sînen handen · lief er Albrîchen an
und vie bî dem barte · den altgrîsen man:
er zogte in ungevuoge · daz er vil lûte erschrê.
zuht des jungen heldes · diu tet Albrîche wê.

Lûte rief der küene · ‚nu lâzet mich genesen.
und möhte ich iemens eigen · ân einen recken wesen
(dem swuor ich des eide · ich wær im undertân),
ich diente iu, ê ich sturbe' · sprach der listige man.

Er bant ouch Albrîchen · sam den risen ê:
die Sîvrides krefte · tâten im vil wê.
daz twerc begunde vrâgen · ‚wie sît ir genant?'
er sprach: ‚ich heize Sîvrit · ich wânde, ich wære iu wol bekant.'

‚Sô wol mich dirre mære' · sprach Albrîch daz getwerc.
‚nu hân ich wol ervunden · diu hêrlichen werc,
daz ir von wâren schulden · muget landes hêrre wesen,
ich tuon, swaz ir gebietet · daz ir lâzet mich genesen.'

Dô sprach der hêrre Sîvrit · ‚ir sult vil balde gân
und bringet mir der besten · recken, die wir hân,
tûsent Niblunge · daz mich die hie gesehen:
sô wil ich iu leides · lâzen hie niht geschehen.'

Dem risen und Albrîche · lôste er dô diu bant.
dô lief Albrîch balde · dâ er die recken vant:
sorgende wacter · der Niblunge man.
er sprach: ‚wol ûf, ir helde · ir sult ze Sîvride gân.'

Si sprungen von den betten · und wâren vil bereit.
tûsent rîter snelle · wurden wol gekleit.
sie giengen, dâ si vunden · Sîvriden stân.
dâ wart ein schœne grüezen · ein teil mit werken getân.

Vil kerzen was enzündet · man schancte im lûtertranc.
daz si kômen schiere · er seit ins allen danc.
er sprach: ‚ir sult hinnen · mit mir über vluot.'
des vant er vil bereite · die helde küene unde guot.

Mit den starken Händen · Albrichen lief er an,
Und erfaßte bei dem Barte · den altgreisen Mann.
Den zuckt' er ungefüge · der Zwerg schrie auf vor Schmerz.
Des jungen Helden Züchtigung · ging Alberichen ans Herz.

Laut rief der Kühne · „Nun laßt mir das Leben:
Und hätt' ich einem Helden · mich nicht schon ergeben,
Dem ich schwören mußte · ich wär' ihm untertan,
Ich dient' euch, bis ich stürbe“ · so sprach der listige Mann.

Er band auch Alberichen · wie den Riesen eh:
Siegfriedens Kräfte · taten ihm gar weh.
Der Zwerg begann zu fragen · „Wie seid ihr genannt?“
Er sprach: „Ich heiße Siegfried · ich wähnt', ich wäre euch bekannt.“

„So wohl mir dieser Kunde“ · sprach da Alberich,
„An euern Heldenwerken · spürt' ich nun sicherlich,
Daß ihr's wohl verdientet · des Landes Herr zu sein.
Ich tu', was ihr gebietet · laßt ihr nur mich gedeihn.“

Da sprach der Degen Siegfried · „So macht euch auf geschwind
Und bringt mir her der Besten · die in der Feste sind,
Tausend Nibelungen · die will ich vor mir sehn.
So lass' ich euch kein Leides · an euerm Leben geschehn.“

Albrichen und den Riesen · löst' er von dem Band.
Hin lief der Zwerg geschwinde · wo er die Recken fand.
Sorglich erweckt' er · die in Niblungs Lehn
Und sprach: „Wohlauf, ihr Helden · ihr sollt zu Siegfrieden gehn.“

Sie sprangen von den Betten · und waren gleich bereit:
Tausend schnelle Ritter · standen im Eisenkleid.
Er brachte sie zur Stelle · wo er Siegfried fand:
Der grüßte schön die Degen · und gab manchem die Hand.

Viel Kerzen ließ man zünden · man schenkt' ihm lautern Trank.
Daß sie so bald gekommen · des sagt' er allen Dank.
Er sprach: „Ihr sollt von hinnen · mir folgen über Flut.“
Dazu fand er willig · diese Helden kühn und gut.

Wol drîzec hundert recken · wâren schiere komen;
ûz den wurden tûsent · der besten dô genomen.
den brâhte man ir helme · und ander ir gewant,
wan er si vüeren wolde · in daz Prünhilde lant.

Er sprach: ‚ir guoten rîter · daz wil ich iu sagen,
ir sult vil rîchiu kleider · dâ ze hove tragen,
wan uns dâ sehen müezen · vil minneclîchiu wîp.
dar umbe sult ir zieren · mit guoter wæte den lîp.‘

An einem morgen vrüeje · huoben si sich dan:
waz sneller geverten · Sîvrit dô gewan!
si vuorten ros diu guoten · und hêrlîch gewant:
si kômen weigerlîchen · in daz Prünhilde lant.

Dô stuonden in den zinnen · diu minneclîchen kint.
dô sprach diu küneginne · ‚weiz iemen, wer die sint,
die ich dort sihe vliezen · sô verre ûf dem sê?
si vüerent segel rîche · die sint noch wîzer danne snê.‘

Dô sprach der künec von Rîne · ‚ez sint mîne man;
die hete ich an der verte · hie nâhen bî verlân.
die hân ich besendet · die sint nu, vrouwe, komen.‘
der hêrlîchen geste · wart mit zühten war genomen.

Dô sach man Sîvrîden · vor ime schiffe stân
in hêrlîcher wæte · und ander manegen man.
dô sprach diu küneginne · ‚her künec, ir sult mir sagen,
sol ich die geste enpfâhen · oder sol ich grüezen si verdagen?‘

Er sprach: ‚ir sult enkegene · in vür daz palas gên,
ob ir si sehet gerne · daz si daz wol verstên.‘
dô tet diu küneginne · als ir der künic riet;
Sîvriden mit dem gruoze · sie von den anderen schiet.

Man schuof in herberge · und behielt in ir gewant.
dô was sô vil geste · komen in daz lant,
daz si sich allenthalben · drungen mit den scharn.
dô wolden die vil küenen · heim zen Burgonden varn.

Wohl dreißig hundert Recken · kamen ungezählt:
Von denen wurden tausend · der besten auserwählt,
Man brachte ihre Helme · und ander Rüstgewand,
Da er sie führen wollte · hin zu Brunhildens Land.

Er sprach: „Ihr guten Ritter · Eins laßt euch sagen:
Ihr sollt reiche Kleider · dort am Hofe tragen,
Denn uns wird da schauen · manch minnigliches Weib:
Darum sollt ihr zieren · mit guten Kleidern den Leib."

Eines frühen Morgens · begannen sie die Fahrt:
Was schneller Mannen hatte · da Siegfried sich geschart!
Sie führten gute Rosse · und herrlich Gewand:
Sie kamen stolz gezogen · hin zu Brunhildens Land.

Da stand in den Zinnen · manch minnigliches Kind.
Da sprach die Königstochter · „Weiß jemand, wer die sind,
Die ich dort fließen sehe · so fern auf der See?
Sie führen reiche Segel · sie sind noch weißer als der Schnee."

Da sprach der König vom Rheine · „Es ist mein Heergeleit,
Das ich auf der Reise · verließ von hier nicht weit:
Ich habe sie besendet · nun sind sie, Frau, gekommen."
Der herrlichen Gäste · ward mit Zühten wahrgenommen.

Da sah man Siegfrieden · im Schiffe stehn voran
In herrlichem Gewande · mit manchem andern Mann.
Da sprach die Königstochter · „Herr König, wollt mir sagen:
Soll ich die Gäste grüßen · oder ihnen Gruß versagen?"

Er sprach: „Ihr sollt entgegen · ihnen vor den Pallas gehn,
Ob ihr sie gerne sehet · daß sie das wohl verstehn."
Da tat die Königstochter · wie ihr der König riet;
Siegfrieden mit dem Gruße · sie von den andern unterschied.

Herberge gab man ihnen · und wahrt' ihr Gewand.
Da waren so viel Gäste · gekommen in das Land,
Daß sie sich allenthalben · drängten mit den Scharen:
Da wollten heim die Kühnen · zu den Burgunden fahren.

Dô sprach diu küneginne · ,ich wolde im wesen holt,
der geteilen kunde · mîn silber und mîn golt
mîn und des küneges gesten · des ich sô vil hân.'
dô antwurte Dankwart · des küenen Gîselhêres man:

,Vil edel küneginne · lât mich der slüzzel pflegen.
ich trûwez sô geteilen' · sprach der küene degen,
,swaz ich erwerbe schande · die lât mîn eines sîn.'
daz er milte wære · daz tet er grœzlîchen schîn.

Dô sich Hagenen bruoder · der slüzzele underwant,
sô manege rîche gâbe · bôt des heldes hant:
der einer mark gerte · dem wart sô vil gegeben,
daz die armen alle · muosen vrœlîchen leben.

Wol bî hundert pfunden · gab er âne zal.
genuoge in rîcher wæte · giengen vor dem sal,
die nie dâ vor getruogen · sô hêrlîchiu cleit.
daz gevriesch diu künegin · ez was ir wærlîche leit.

Dô sprach diu küneginne · ,hêr künec, ich het des rât,
daz iuwer kamerære · mir wil mîner wât
lâzen niht belîben · er swendet gar mîn golt.
derz noch understüende · dem wolde ich immer wesen holt.

,Er gît sô rîche gâbe · jâ wænet des der degen,
ich habe gesant nâch tôde · ich wils noch lenger pflegen.
ouch trûwe ichz wol verswenden · daz mir mîn vater lie.'
sô milten kamerære · gewan noch küneginne nie.

Dô sprach von Troneje Hagene · ,vrouwe, iu sî geseit,
ez hât der künic von Rîne · golt unde kleit
alsô vil ze gebene · daz wir des haben rât,
daz wir von hinnen vüeren · iht der Prünhilde wât.'

,Nein, durch mîne liebe' · sprach diu künegîn,
,nu lât mir ervüllen · zweinzec leitschrîn
von golde und ouch sîden · daz geben sol mîn hant,
sô wir komen übere · in der Burgonden lant.'

Da sprach die Königstochter · „Dem blieb ich immer hold,
Der zu verteilen wüßte · mein Silber und mein Gold
Meinen Gästen und des Königs · des ich so viel gewann.“
Zur Antwort gab ihr Dankwart · des kühnen Geiselher Mann:

„Viel edle Königstochter · laßt mich der Schlüssel pflegen;
Ich will es so verteilen“ · sprach der kühne Degen,
„Wenn ich mir Schand’ erwerbe · die treffe mich allein.“
Daß er milde wäre · das leuchtete da wohl ein.

Als sich Hagens Bruder · der Schlüssel unterwand,
So manche reiche Gabe · bot des Helden Hand:
Wer eine Mark begehrte · dem ward so viel gegeben,
Daß die Armen alle · da in Freuden mochten leben.

Wohl mit hundert Pfunden · gab er ohne Wahl.
Da ging in reichem Kleide · mancher aus dem Saal,
Der nie zuvor im Leben · so hehr Gewand noch trug.
Die Königin erfuhr es · da war es ihr leid genug.

Sie sprach zu dem König · „Des hätt’ ich gerne Rat,
Daß nichts mir soll verbleiben · von meinem Kleiderstaat
Vor euerm Kämmerlinge · er verschwendet all mein Gold.
Wer dem noch widerstände · dem wollt’ ich immer bleiben hold.

„Er gibt so reiche Gaben · der Degen wähnet eben,
Ich habe nach dem Tode · gesandt: ich will noch leben
Und kann wohl selbst verschwenden · meines Vaters Gut.“
Nie hatt’ einer Königin · Kämmerer so milden Mut.

Da sprach von Tronje Hagen · „Frau, euch sei bekannt:
Der König vom Rheine · hat Gold und Gewand
Zu geben solche Fülle · daß es nicht Not ihm tut,
Von hier hinweg zu führen · einen Teil von Brunhilds Gut.“

„Nein, wenn ihr mich liebet“ · sprach sie zu dem Herrn,
„Zwanzig Reiseschreine · füllt’ ich mir gern
Mit Gold und mit Seide · das soll meine Hand
Verteilen, so wir kommen · hinüber in Burgunden Land.“

Mit edelem gesteine · ladet man ir diu schrîn.
ir selber kamerære · dâ mite muosen sîn:
sine wolde es niht getrûwen · dem Gîselhêres man.
Gunther und Hagene · dar umbe lachen began.

Dô sprach diu küneginne · ‚wem lâze ich mîniu lant?
diu sol ê hie bestiften · mîn und iuwer hant.‘
dô sprach der künic edele · ‚nu heizet her gân,
der iu dar zuo gevalle · den sul wir voget wesen lân.‘

Ein ir hôhsten mâge · diu vrouwe bî ir sach,
er was ir muoter bruoder · zuo dem diu maget sprach:
‚nu lât iu sîn bevolhen · mîne bürge und ouch diu lant,
unze daz hie rihte · des künic Guntheres hant.‘

Dô welt si ir gesindes · zweinzec hundert man,
die mit ir varn solden · ze Burgonden dan,
zuo jenen tûsent recken · ûz Nibelunge lant.
si rihten sich zer verte · man sach si rîten ûf den sant.

Si vuorten mit ir dannen · sehs und ahzec wîp,
dar zuo hundert meide · vil schœne was der lîp.
sin sûmten sich niht langer · si wolden gâhen dan.
die si dâ heime liezen · hei, waz der weinen began!

In tugentlîchen zühten · diu vrouwe rûmte ir lant:
si kuste ir næhsten vriunde · die si bî ir vant.
mit guotem urloube · si kômen ûf den sê;
zuo ir vater lande · kom diu vrouwe nimmer mê.

Man hôrte ûf ir verte · maneger hande spil;
aller kurzwîle · der hêten si vil.
ouch kom in zuo ir reise · ein rehter wazzerwint.
si vuoren von dem lande · daz beweinde maneger muoter kint.

Doch wolde sie den hêrren · niht minnen ûf der vart:
ez wart ir kurzwîle · unz in ir hûs gespart
ze Wormez zuo der bürge · an eine hôhzît,
dar si vil vreuden rîche · kômen mit ir helden sît.

Da lud man ihr die Kisten · mit edelm Gestein.
Der Frauen Kämmerlinge · mußten zugegen sein:
Sie wollt' es nicht vertrauen · Geiselhers Untertan.
Gunther und Hagen · darob zu lachen begann.

Da sprach die Königstochter · „Wem lass' ich nun mein Land?
Das soll hier erst bestimmen · mein und eure Hand."
Da sprach der edle König · „So rufet wen herbei,
Der euch dazu gefalle · daß er zum Vogt geordnet sei."

Ihrer nächsten Freunden einen · die Jungfrau bei sich sah;
Es war ihr Mutterbruder · zu dem begann sie da:
„Nun laßt euch sein befohlen · die Burgen und das Land,
Bis seine Amtleute · der König Gunther gesandt."

Aus dem Gesinde wählte · sie zweitausend Mann,
Die mit ihr fahren sollten · gen Burgund hindann
Mit jenen tausend Recken · aus Nibelungenland.
Sie schickten sich zur Reise · man sah sie reiten nach dem Strand.

Sie führten mit von dannen · sechsundachtzig Fraun,
Dazu wohl hundert Mägdelein · die waren schön zu schaun.
Sie säumten sich nicht länger · sie eilten nun hindann:
Die sie zuhause ließen · wie manche hub zu weinen an!

In höfischen Züchten · räumte die Frau ihr Land,
Die nächsten Freunde küssend · die sie bei sich fand.
Mit gutem Urlaube · kamen sie aufs Meer;
Ihres Vaters Lande · sah die Jungfrau nimmermehr.

Auf ihrer Fahrt ertönte · vielfaches Freudenspiel;
Aller Kurzweile · hatten sie da viel.
Auch hob sich zu der Reise · der rechte Wasserwind.
Sie fuhren ab vom Lande · das beweinte mancher Mutter Kind.

Doch wollte sie den König · nicht minnen auf der Fahrt:
Ihre Kurzweil wurde · bis in sein Haus gespart
Zu Worms in der Feste · zu einem Hofgelag,
Dahin mit ihren Helden · sie fröhlich kamen hernach.

AVENTIURE

Wie Sîvrit ze Wormez gesant wart

Dô sie gevarn wâren · volle niun tage,
dô sprach von Troneje Hagene · ‚nu hœret, waz ich sage.
wir sûmen uns mit den mæren · ze Wormez an den Rîn:
iuwer boten solden · nu ze Burgonden sîn.‘

Dô sprach künic Gunther · ‚ir habet wâr geseit.
uns wære ze der verte · niemen sô bereit
als ir, vriwent Hagene · nu rîtet in mîn lant.
unser hovereise · tuot in nieman baz bekant.‘

Des antwurte Hagene · ‚ich bin niht bote guot:
lât mich pflegen der kamere · belîben ûf der vluot
jâ wil ich bî den vrouwen · behüeten ir gewant,
unze wir si bringen · in der Burgonde lant.

‚Nu bitet Sîvrîden · vüeren die botschaft:
der kan si wol gewerben · mit ellenhafter kraft.
verseit er iu die reise · ir sult mit guoten siten
durch iuwer swester liebe · der verte in vriuntlîchen biten.‘

Er sande nâch dem recken · der kom, dô man in vant.
er sprach: ‚sît wir nâhen · heim in mîniu lant,
sô solde ich boten senden · der lieben swester mîn
und ouch mîner muoter · daz wir nâhen an den Rîn.

‚Des ger ich an iuch, Sîvrit · nu leistet mînen muot,
daz ich ez immer diene‘ · sprach der degen guot.
dô widerredet ez Sîvrit · der vil küene man,
unze daz in Gunther · sêre vlêgen began.

Er sprach: ‚ir sult rîten · durch den willen mîn
und ouch durch Kriemhilde · daz schœne magedîn,
daz es mit mir verdiene · diu hêrlîche meit.‘
dô daz gehôrte Sîvrit · dô was der recke vil bereit.

NEUNTES ABENTEUER

Wie Siegfried nach Worms gesandt ward

Da sie gefahren waren · voll neun Tage,
Da sprach von Tronje Hagen · „Nun höret, was ich sage.
Wir säumen mit der Kunde · nach Worms an den Rhein:
Nun sollten eure Boten · schon bei den Burgunden sein."

Da sprach König Gunther · „Ihr redet recht daran;
Auch hätt' uns wohl niemand · die Fahrt so gern getan
Als ihr selbst, Freund Hagen · nun reitet in mein Land,
Unsre Hofreise · macht niemand besser da bekannt."

Drauf entgegnet' Hagen · „Ich bin kein Bote gut:
Laßt mich der Kammer pflegen · bleiben auf der Flut
Will ich hier bei den Frauen · behüten ihr Gewand,
Bis daß wir sie bringen · in der Burgunden Land.

„Nein, bittet Siegfrieden · um die Botschaft dahin:
Der mag sie wohl verrichten · mit zuchtreichem Sinn.
Versagt er euch die Reise · ihr sollt mit guten Sitten
Bei eurer Schwester Liebe · um die Fahrt ihn freundlich bitten."

Er sandte nach dem Recken · der kam, als man ihn fand.
Er sprach zu ihm : „Wir nahen · uns schon meinem Land;
Da sollt' ich Boten senden · der lieben Schwester mein
Und auch meiner Mutter · daß wir kommen an den Rhein.

„So bitt' ich euch, Herr Siegfried · erfüllet mein Begehr,
Ich will's euch immer danken" · so sprach der Degen hehr.
Da weigerte sich Siegfried · dieser kühne Mann,
Bis ihn König Gunther · sehr zu flehen begann.

Er sprach: „Ihr sollt reiten · um den Willen mein,
Dazu auch um Kriemhild · das schöne Mägdelein,
Daß es mit mir vergelte · die herrliche Maid."
Als Siegfried das hörte · da war der Recke bald bereit.

‚Enbietet, swaz ir wellet · des wirt niht verdaget.
ich wil ez werben gerne · durch die schœne maget.
zwiu solde ich die verzîhen · die ich in herzen hân?
swaz ir durch si gebietet · daz ist allez getân.‘

‚Sô saget mîner muoter · Uoten der künegîn,
daz wir an dirre verte · hôhes muotes sîn.
lât wizzen mîne bruoder · wie wir geworben hân;
ir sult ouch unser vriunde · disiu mære hœren lân.

‚Mîne schœne swester · sult ir niht verdagen,
ir sult ir Prünhilde · und mînen dienest sagen
und ouch dem gesinde · und allen mînen man.
dar nâch ie ranc mîn herze · wie wol ich daz verendet hân.

‚Und saget Ortwîne · dem lieben neven mîn,
daz er heize sidelen · ze Wormez an den Rîn,
und ander mîne mâge · die sol man wizzen lân,
ich wil mit Prünhilde · grôze hôhzîte hân.

‚Und saget mîner swester · sô si habe vernomen,
daz ich mit mînen gesten · sî ze lande komen,
daz si wol enpfâhe · die triutinne mîn:
daz wil ich immer diende · umbe Kriemhilde sîn.‘

Sîvrit der hêrre · balde urloup nam
von vroun Prünhilde · als im daz wol gezam,
und zallem ir gesinde · dô reit er an den Rîn.
ez enkunde in dirre werlde · ein bote bezzer niht gesîn.

Mit vier und zweinzec recken · ze Wormez er dô reit;
des küneges kom er âne · dô daz wart geseit,
allez daz gesinde · muote jâmers nôt!
si vohrten, daz ir hêrre · dort beliben wære tôt.

Si erbeizten von den rossen · hôhe stuont ir muot;
schiere kom in Gîselhêr · der junge künic guot,
und Gêrnôt sîn bruoder · wie balde er dô sprach,
dô er den künic Gunther · niht bî Sîvride sach:

„Entbietet, was ihr wollet · es soll gemeldet sein:
Ich will es gern bestellen · um das schöne Mägdelein.
Die ich im Herzen trage · verzichtet' ich auf die?
Leisten will ich alles · was ihr gebietet, um sie.“

„So saget meiner Mutter · Ute der Königin,
Daß ich auf dieser Reise · hohen Mutes bin.
Wie wir geworben haben · sagt meinen Brüdern an;
Auch unsern Freunden werde · diese Märe kund getan.

„Ihr sollt auch nichts verschweigen · der schönen Schwester mein,
Ich wollt' ihr mit Brunhilden · stets zu Diensten sein;
So sagt auch dem Gesinde · und wer mir untertan
Was je mein Herz sich wünschte · daß ich das alles gewann.

„Und saget Ortweinen · dem lieben Neffen mein,
Daß er Gestühl errichte · zu Worms bei dem Rhein;
Den Mannen auch und Freunden · sei es kund getan,
Ich stelle mit Brunhilden · eine große Hochzeit an.

„Und bittet meine Schwester · werd' ihr das bekannt,
Daß ich mit meinen Gästen · gekommen sei ins Land,
Daß sie dann wohl empfange · die liebe Traute mein:
So woll' ich Kriemhilden · stets zu Dienst erbötig sein.“

Da bat bei Brunhilden · und ihrem Ingesind
Alsbald um den Urlaub · Siegfried, Siegmunds Kind,
Wie es ihm geziemte · da ritt er an den Rhein.
Es konnt' in allen Landen · ein beßrer Bote nicht sein.

Mit vierundzwanzig Recken · zu Worms kam er an;
Ohne den König kam er · das wurde kund getan.
Da mühten all die Degen · in Jammer sich und Not,
Besorgt, daß dort der König · gefunden habe den Tod.

Sie stiegen von den Rossen · und trugen hohen Mut;
Da kam alsbald Herr Geiselher · der junge König gut,
Und Gernot, sein Bruder · wie hurtig sprach er da,
Als er den König Gunther · nicht bei Siegfrieden sah:

,Sît willekomen, hêr Sîvrit · ir sult mich wizzen lân,
war ir mînen bruoder · den künic, habet getân?
Prünhilde sterke · in wæn uns habe benomen:
sô wære ir hôhiu minne · uns ze grôzem schaden komen.'

,Die angest lât belîben · iu und den mâgen sîn
enbiutet sînen dienest · der hergeselle mîn.
den lie ich wol gesunden · er hât mich iu gesant,
daz ich sîn bote wære · mit mæren her in iuwer lant.

,Ir sult daz ahten schiere · swie sô daz geschehe,
daz ich die küneginne · und iuwer swester sehe.
die sol ich lâzen hœren · waz in enboten hât
Gunther und Prünhilt · ir dinc in beiden hôhe stât.'

Dô sprach der junge Gîselhêr · ,dâ sult ir zuo in gân;
dâ habet ir mîner swester · liebe an getân.
si treit doch michel sorge · umbe den bruoder mîn:
diu meit sihet iuch gerne · des wil ich iuwer bürge sîn.'

Dô sprach der hêrre Sîvrit · ,swâ ich ir dienen kan,
daz sol willeclîchen · mit triuwen sîn getân.
wer seit nu den vrouwen · daz ich wil dar gân?'
des wart dô bote Gîselher · der vil wætlîche man.

Gîselher der junge · zuo sîner muoter sprach
und ouch zuo sîner swester · dâ er si beide sach:
,uns ist komen Sîvrit · der helt ûz Niderlant:
in hât mîn bruoder Gunther · her ze Rîne gesant.

,Er bringet uns diu mære · wiez umbe den künic stê;
nu sult ir im erlouben · daz er ze hove gê:
er seit diu rehten mære · her von Îslant.'
noch was den edelen vrouwen · michel sorgen bekant.

Si sprungen nâch ir wæte · und cleiten sich an.
si bâten Sîvrîden · hin ze hove gân:
daz tete er willeclîchen · wande er sie gerne sach.
Kriemhilt diu edele · zuo im güetlîchen sprach:

„Willkommen, Herr Siegfried · ich bitte, sagt mir an:
Wo habt ihr meinen Bruder · den König, hingetan?
Brunhildens Stärke · hat ihn uns wohl benommen;
So wär uns sehr zum Schaden · ihre hohe Minne gekommen."

„Die Sorge lasset fahren · euch und den Freunden sein
Entbietet seine Dienste · der Heergeselle mein.
Ich verließ ihn wohlgeborgen · er hat mich euch gesandt,
Daß ich sein Bote würde · mit Mären her in euer Land.

„Nun helft mir es fügen · wie es auch gescheh',
Daß ich die Königin Ute · und eure Schwester seh';
Die soll ich hören lassen · was ihr zu wissen tut
Gunther und Frau Brunhild · um sie beide steht es gut."

Da sprach der junge Geiselher · „So sprecht bei ihnen an;
Da habt ihr meiner Schwester · einen Liebesdienst getan.
Sie trägt noch große Sorge · um den Bruder mein:
Die Maid sieht euch gerne · dafür will ich euch Bürge sein."

Da sprach der Degen Siegfried · „Wo ich ihr dienen kann,
Das soll immer treulich · und willig sein getan.
Wer sagt nun, daß ich komme · den beiden Frauen an?"
Da warb die Botschaft Geiselher · dieser waidliche Mann.

Geiselher der junge · sprach zu der Mutter da
Und auch zu seiner Schwester · als er die beiden sah:
„Uns ist gekommen Siegfried · der Held aus Niederland;
Ihn hat mein Bruder Gunther · her zum Rheine gesandt.

„Er bringt uns die Kunde · wie's um den König steht;
Nun sollt ihr ihm erlauben · daß er zu Hofe geht:
Er bringt die rechten Mären · uns her von Island."
Noch war den edlen Frauen · große Sorge nicht gewandt.

Sie sprangen nach dem Staate · und kleideten sich drein
Und luden Siegfrieden · nach Hof zu kommen ein.
Das tat der Degen williglich · weil er sie gerne sah.
Kriemhild die edle · sprach zu ihm in Güte da:

‚Sît willekomen, hêr Sîvrit · rîter lobelîch.
wâ ist mîn bruoder Gunther · der edel künic rich?
von Prünhilde sterke · den wæn wir hân verlorn.
ouwê mir armer meide · daz ich zer werlde ie wart geborn.‘

Dô sprach der rîter küene · ‚gebet mir boten brôt:
ir vil schœne vrouwen · weinet âne nôt.
ich lie in wol gesunden · daz tuon ich iu bekant:
er hât mich iu beiden · mitten mæren her gesant.

‚Mit vriuntlîcher liebe · vil edel künegîn,
enbiutet iu ir dienest · er und diu wine sîn.
nu lât iuwer weinen · si wellent schiere komen.‘
si hete in manegen zîten · sô lieber mære niht vernomen.

Mit snêwîzen gêren · ir ougen wol getân
wischte si nâch trehenen · danken si began
dem boten dirre mære · diu ir dâ wâren komen.
dô was ir michel trûren · unde weinen benomen.

Si bat den boten sitzen · des was er vil bereit.
dô sprach diu minneclîche · ‚mir wære niht ze leit,
ob ich ze boten miete · iu solde geben mîn golt:
dar zuo sît ir ze rîche · ich wil iu sus wesen holt.‘

‚Ob ich nu eine hête‘ · sprach er , ‚drîzec lant,
so enpfienge ich doch gerne · gâbe ûz iuwer hant.‘
dô sprach diu tugentrîche · ‚sô sol ez sîn getân.‘
si hiez ir kamerære · nâch der boten miete gân.

Vier und zweinzec bouge · mit gesteine guot
gap si im ze miete · sô stuont des heldes muot,
er woldez niht behalten · er gab ez sâ zehant
ir vil schœnen meiden · die er ze kemenâten vant.

Ir muoter bôt ir dienest · in vil güetlîchen an.
‚ich sol iu sagen mêre‘ · sprach der küene man,
‚wes iuch der künic bittet · so er kumet an den Rîn:
ob ir daz, vrouwe, leistet · er welle iu immer wæge sîn.

„Willkommen, Herr Siegfried · ein Ritter ohne Gleich.
Wo blieb mein Bruder Gunther · der edle König reich?
Durch Brunhilds Stärke, fürcht' ich · ging er uns verloren:
O weh mir armen Mägdelein · daß ich je ward geboren!"

Da sprach der kühne Ritter · „Nun gebt mir Botenbrot!
Ihr zwei schönen Frauen · weinet ohne Not.
Ich verließ ihn wohlgeborgen · das tu' ich euch bekannt:
Sie haben mich euch beiden · mit der Märe hergesandt.

„Mit freundlicher Liebe · viel edle Herrin mein,
Entbeut euch seine Dienste · er und die Traute sein.
Nun laßt euer Weinen · sie wollen balde kommen."
Sie hatte lange Tage · so liebe Märe nicht vernommen.

Mit schneeweißem Kleide · aus Augen wohlgetan
Wischte sie die Tränen · zu danken huben sie an
Dem Boten dieser Märe · die ihr war gekommen.
Ihr war die große Trauer · und auch ihr Weinen benommen.

Sie hieß den Boten sitzen · des war er gern bereit.
Da sprach die Minnigliche · „Es wäre mir nicht leid,
Wenn ich euch geben dürfte · zum Botenlohn mein Gold.
Dazu seid ihr zu vornehm · so bleib' ich sonst denn euch hold."

„Und würden dreißig Lande" · sprach er, „mein genannt,
So empfing' ich Gabe · doch gern aus eurer Hand."
Da sprach die Wohlgezogne · „Wohlan, es soll geschehn."
Da hieß sie ihren Kämmerer · nach dem Botenlohne gehn.

Vierundzwanzig Spangen · mit Edelsteinen gut
Gab sie ihm zum Lohne · So stund des Helden Mut:
Er wollt' es nicht behalten · er gab es unverwandt
Ihren schönen Maiden · die er in der Kammer fand.

Ihre Dienste bot ihnen · die Mutter gütlich an.
„Ich soll euch ferner sagen" · sprach der kühne Mann,
„Um was der König bittet · gelangt er an den Rhein:
Wenn ihr das, Fraue, leistet · er will euch stets gewogen sein.

‚Sîne rîche geste · hôrte ich in gern,
daz ir die wol enpfâhet · und sult in des gewern,
daz ir gên im rîtet · vür Wormez ûf den sant.
des sît ir von dem künege · mit guoten triuwen gemant.‘

Dô sprach diu minneclîche · ‚des bin ich bereit.
swaz ich im kan dienen · daz ist unverseit:
mit vriuntlîchen triuwen · sô sol ez sîn getân.‘
dô mêrte sich ir varwe · die si vor liebe gewan.

Ez enwart nie bote enpfangen · deheines vürsten baz:
getorste si in hân küsset · daz hete si âne haz;
wie rehte minneclîche · er von den vrouwen schiet!
dô tâten die Burgonden · als in Sîvrit geriet.

Sindolt und Hûnolt · und Rûmolt der degen
vil grôzer unmoze · muosen si dô pflegen,
rihten daz gesidele · vor Wormez ûf den sant;
des küneges schaffære · man mit arbeiten vant.

Ortwîn und Gêre · dine wolden daz niht lân,
si sanden nâch den vriunden · allenthalben dan,
si kunten in die hôhzît · diu dâ solde sîn.
dâ zierten sich engegene · diu vil schœnen magedîn.

Der palas und die wende · was allez über al
geziret gên den gesten · der Guntheres sal
wart vil wol bezimbert · durch manegen vremden man.
disiu starke hôhgezît · huop sich vil vrœlîchen an.

Dô riten allenthalben · die wege durch daz lant
der drîer künege mâge · die hete man besant,
daz si den solden warten · die in dâ solden komen.
dô wart ûz der valde · rîcher wæte vil genomen.

Dô seite man diu mære · daz man rîten sach
Prünhilde vriunde · dô huop sich ungemach
von des volkes krefte · in Burgonden lant.
hei, waz man küener degene · dâ ze beiden sîten vant!

„Seine reichen Gäste · das ist sein Begehr,
Sollt ihr wohl empfangen · auch bittet er euch sehr,
Entgegen ihm zu reiten · vor Worms ans Gestad.
Das ist's, worum der König · euch in Treun gebeten hat."

„Das will ich gern vollbringen" · sprach die schöne Magd:
„Worin ich ihm kann dienen · das ist ihm unversagt.
Mit freundlicher Treue · wird all sein Wunsch getan."
Da mehrte sich die Farbe · die sie vor Freude gewann.

Nie sah man Fürstenboten · besser wohl empfahn:
Wenn sie ihn küssen durfte · sie hätt' es gern getan;
Wie minniglicher Weise · er von den Frauen schied!
Da taten die Burgunden · wie da Siegfried ihnen riet.

Sindold und Hunold · und Rumold der Degen
Großer Unmuße · mußten sie da pflegen,
Als sie die Sitze richteten · vor Worms an dem Strand:
Die Schaffner des Königs · man sehr beflissen da fand.

Ortwein und Gere · säumten auch nicht mehr,
Sie sandten nach den Freunden · allwärts umher,
Die Hochzeit anzusagen · die da sollte sein;
Der zierten sich entgegen · viel der schönen Mägdelein.

Der Pallas und die Wände · waren allzumal
Verziert der Gäste wegen · König Gunthers Saal
Ward herrlich ausgerüstet · für manchen fremden Mann;
Das große Hofgelage · mit hohen Freuden begann.

Da ritten allenthalben · die Wege durch das Land
Der drei Kön'ge Freunde · die hatte man besandt,
Die Gäste zu empfangen · die da sollten kommen.
Da wurden aus dem Einschlag · viel reicher Kleider genommen.

Bald brachte man die Kunde · daß man schon reiten sah
Brunhilds Gefolge · Gedränge gab es da
Von des Volkes Menge · in Burgundenland.
Hei! was man kühner Degen · da zu beiden Seiten fand!

Dô sprach diu schœne Kriemhilt · ‚ir, mîniu magedîn,
die an dem antfange · mit mir wellen sîn,
die suochen ûz den kisten · dîu aller besten kleit:
sô wirt uns von den gesten · lob und êre geseit.'

Dô kômen ouch die recken · und hiezen tragen dar
hêrlîche setele · von rôtem golde gar,
die die vrouwen solden rîten · ze Wormez an den Rîn.
bezzer pfertgereite · kunde nimmer gesîn.

Hei, waz dâ liehtes goldes · von den mœren schein!
in lûhte von den zoumen · vil manec edel stein;
die guldînen schæmele · ob liehtem pfelle guot
die brâhte man den vrouwen · si wâren vrœlîch gemuot.

Uf dem hove wâren · diu vrouwen pfert bereit
den edelen juncvrouwen · als ich iu hân geseit.
diu smalen vürbüege · sach man die mœre tragen
von den besten sîden · dâ von iu iemen kunde sagen.

Sehs und ahzec vrouwen · sach man vür gân,
die gebende truogen · zuo Kriemhilde dan
kômen die vil schône · und truogen rîchiu kleit;
dar kom ouch wol gezieret · vil manec wætlîchiu meit,

Funfzec unde viere · von Burgonden lant:
ez wâren ouch die besten · die man iender vant.
die sach man valevahse · under liehten porten gân.
des ê der künic gerte · daz wart mit vlîze getân.

Si truogen rîche pfelle · die besten, die man vant,
vor den vremden recken · sô manec guot gewant,
daz ir schœnen varwe · ze rehte wol gezam.
er wære in swachem muote · der ir deheiner wære gram.

Von zobel und von harme · vil kleider man dâ vant.
dâ wart vil wol gezieret · manec arm unde hant
mit pougen ob den sîden · die si solden tragen.
iu enkunde ditze vlîzen · ze ende niemen gesagen.

Da sprach die schöne Kriemhild · „Ihr, meine Mägdelein,
Die bei dem Empfange · mit mir wollen sein,
Die suchen aus den Kisten · ihr allerbest Gewand:
So wird uns Lob und Ehre · von den Gästen zuerkannt."

Da kamen auch die Recken · und ließen vor sich her
Schöne Sättel tragen · von rotem Golde schwer,
Daß drauf die Frauen ritten · von Worms an den Rhein.
Besser Pferdgeräte · konnte wohl nimmer sein.

Wie warf da von den Mähren · den Schein das lichte Gold!
Viel Edelsteine glänzten · von den Zäumen hold;
Die goldenen Schemel · auf lichtem Teppich gut
Brachte man den Frauen · sie hatten fröhlichen Mut.

Die Frauenpferde standen · auf dem Hof bereit,
Wie gemeldet wurde · für manche edle Maid.
Die schmalen Brustriemen · sah man die Mähren tragen
Von der besten Seide · davon man je hörte sagen.

Sechsundachtzig Frauen · traten da heraus,
Die Kopfgebinde trugen · zu Kriemhild vor das Haus
Zogen die Schönen · jetzt in reichem Kleid;
Da kam in vollem Schmucke · auch manche waidliche Maid,

Funfzig und viere · aus Burgundenland:
Es waren auch die besten · die man irgend fand.
Man sah sie gelblockig · unter lichten Borten gehn.
Was sich bedingt der König · das sah er fleißig geschehn.

Von kostbaren Zeugen · den besten, die man fand,
Trugen sie vor den Gästen · manch herrlich Gewand.
Zu ihrer schönen Farbe · stand es ihnen gut:
Wer einer abhold wäre · litte wohl an schwachem Mut.

Von Hermelin und Zobel · viel Kleider man da fand.
Da schmückte sich gar manche · den Arm und auch die Hand
Mit Spangen auf der Seide · die sie sollten tragen.
Es könnt' euch dies Befleißen · niemand wohl zu Ende sagen.

Vil manegen gürtel spæhe · rîch unde lanc,
über liehtiu kleider · manec hant dô swanc.
ûf edel röcke ferrans · von pfelle ûz Arâbî.
den edelen juncvrouwen · was vil hôher vreuden bî.

Ez wart in vürgespenge · manec schœniu meit
genæt vil minneclîche · ez möhte ir wesen leit,
der ir liehtiu varwe · niht lûhte gên der wât.
sô schœnes ingesindes · nu niht küneges künne hât.

Dô die minneclîchen · nu truogen ir gewant,
die si dâ vüeren solden · die kômen dar zehant,
der hôch gemuoten recken · ein vil michel kraft;
man truoc ouch dar mit schilden · manegen eschînen schaft.

Viel Gürtel kunstgeschaffen · kostbar und lang,
Über lichte Kleider · die Hand der Frauen schwang
Um edle Ferransröcke · von Zeug aus Arabia.
Die edeln Jungfrauen · waren in hohen Freuden da.

Man sah in Brustgeschmeide · manch schöne Maid
Minniglich sich schnüren · Die mochte tragen Leid,
Deren lichte Farbe · das Kleid nicht überschien.
So schönes Ingesinde · hat nun keine Königin.

Als die Minniglichen · nun trugen ihr Gewand,
Die sie da führen sollten · die kamen unverwandt,
Die hochgemuten Recken · in großer Zahl daher;
Man bracht' auch hin viel Schilde · und manchen eschenen Speer.

AVENTIURE

wie Prünhilt ze Wormez enpfangen wart

Anderthalp des Rînes · sach man mit manegen scharn
den künec mit sînen gesten · zuo dem stade varn.
man sach ouch dâ bî zoume · leiten manege meit.
die si enpfâhen solden · die wâren alle bereit.

Dô die von Îslande · zen schiffen kômen dan
und ouch von Niblunge · Sîvrides man,
si gâhten zuo dem lande · unmüezec wart ir hant,
dâ man des küneges vriunde · anderthalp des stades vant.

Nu hœrt ouch disiu mære · von der künegîn,
Uoten der vil rîchen · wie si diu meidîn
gevrumte von der bürge · das si dâ selbe reit.
dâ gewan ein ander künde · vil manec rîter unde meit.

Der herzoge Gêre · Kriemhilt zoumte dan
niuwan vür daz bürgetor · Sîvrit der küene man
der muoste ir vürbaz dienen · si was ein schœne kint.
des wart im wol gelônet · von der juncvrouwen sint.

Ortwîn der küene · bî vroun Uoten reit,
vil gesellechlichen · manec rîter unde meit.
ze solhem antfange · des wir wol mügen jehen,
wart nie sô vil der vrouwen · bî ein ander gesehen.

Vil manegen bûhurt rîchen · sach man dan getriben
von helden lobelîchen · (niht wohl wær ez beliben)
vor Kriemhilt der schœnen · zuo den schiffen dan.
dô huob man von den mœren · manege vrouwen wol getân.

Der künec was komen übere · und manec werder gast.
hei, waz starker schefte · vor den vrouwen brast!
man hôrt dâ hurteclîchen · von schilden manegen stôz.
hei, waz rîcher buckeln · vor gedrange lûte erdôz!

ZEHNTES ABENTEUER

Wie Gunther mit Brunhild Hochzeit hielt

Jenseits des Rheines · sah man dem Gestad'
Mit allen seinen Gästen · den König schon genaht.
Da sah man auch am Zaume · leiten manche Maid:
Die sie empfangen sollten · die waren alle bereit.

Als bei den Schiffen ankam · von Island die Schar
Und die der Nibelungen · die Siegfried eigen war,
Sie eilten an das Ufer · wohl fliß sich ihre Hand,
Als man des Königs Freunde · jenseits am Gestade fand.

Nun hört auch die Märe · von der Königin,
Ute der reichen · wie sie die Mägdlein hin
Brachte von der Feste · und selber ritt zum Strand.
Da wurden miteinander · viel Maid' und Ritter bekannt.

Der Herzog Gere führte · am Zaum Kriemhildens Pferd
Bis vor das Tor der Feste · Siegfried der Degen wert
Durft' ihr weiter dienen · sie war so schön und hehr.
Das ward ihm wohl vergolten · von der Jungfrau nachher.

Ortwein der kühne führte · Ute die Königin,
Und so ritt mancher Ritter · neben den Frauen hin.
Zu festlichem Empfange · das mag man wohl gestehn,
Wurden nie der Frauen · so viel beisammen gesehn.

Viel hohe Ritterspiele · wurden da getrieben
Von preiswerten Helden · (wie wär es unterblieben?)
Vor Kriemhild der schönen · die zu den Schiffen kam.
Da hub man von den Mähren · viel der Frauen lobesam.

Der König war gelandet · mit fremder Ritterschaft.
Wie brach da vor den Frauen · mancher starke Schaft!
Man hört' auf den Schilden · erklingen Stoß auf Stoß.
Hei! reicher Buckeln Schallen · ward im Gedränge da groß!

Die vil minneclîchen · stuonden an der habe;
Gunther mit sînen gesten · gie von schiffen abe:
er vuorte Prünhilde · selbe an sîner hant.
dâ lûhte wider ein ander · vil liehte steine und gewant.

Mit vil grôzen zühten · vrou Kriemhilt dô gie,
dâ si vroun Prünhilde · und ir gesinde enpfie.
man sach dâ schapel rücken · mit wîzen henden dan,
dâ si sich kusten beide · daz wart durch liebe getân.

Dô sprach gezogenlîchen · Kriemhilt daz meidîn:
‚ir sult zuo disen landen · uns willekomen sîn,
mir und mîner muoter · und allen, die wir hân
der getriuwen vriunde‘ · dô wart dâ nîgen getân.

Die vrouwen sich beviengen · mit armen dicke hie.
sô minneclîch enpfâhen · gehôrte man noch nie,
sô die vrouwen beide · der briute tâten kunt,
vrou Uote und ir tohter · si kusten dicke ir süezen munt.

Dô Prünhilde vrouwen · volkômen ûf den sant,
dâ wart minneclîchen · genomen bî der hant
von wætlîchen recken · manec wîp wol getân.
man sach die edelen meide · vor vrou Prünhilde stân.

Ê daz ir gruoz ergienge · daz was ein lengiu stunt.
jâ wart dâ geküsset · manec rôter munt.
noch stuonden bî ein ander · die künege tohtre rîch:
Daz liebet an ze sehene · manegen recken lobelîch.

Dô spehten mit den ougen · die ê hôrten jehen,
daz sie alsô schœnes · heten niht gesehen
sô die vrouwen beide · das sach man âne lüge.
man kôs an ir lîbe · dâ deheiner slahte trüge.

Die vrouwen spehen kunden · und minneclîchen lîp,
die lobten durch ir schœne · daz Guntheres wîp;
dô sprâchen dâ die wîsen · die hetenz baz besehen,
man möhte Kriemhilde · für vroun Prünhilde jehen.

Vor dem Hafen standen · die Frauen minniglich;
Gunther mit seinen Gästen · hub von den Schiffen sich:
Er führte Brunhilden · selber an der Hand.
Wider einander leuchtete · schön Gestein und licht Gewand.

In höfischen Züchten · hin Frau Kriemhild ging,
Wo sie Frau Brunhilden · und ihr Gesind' empfing.
Man konnte lichte Hände · am Kränzlein rücken sehn,
Da sich die beiden küßten · das war aus Liebe geschehn.

Da sprach wohlgezogen · Kriemhild das Mägdelein:
„Ihr sollt uns willkommen · in diesem Lande sein,
Mir und meiner Mutter · und allen, die uns treu
Von Mannen und von Freunden" · Da verneigten sich die zwei.

Oftmals mit den Armen · umfingen sich die Fraun.
So minniglich Empfangen · war nimmer noch zu schaun,
Als die Frauen beide · der Braut da taten kund,
Frau Ute mit der Tochter · sie küßten oft den süßen Mund.

Da Brunhilds Frauen alle · nun standen auf dem Strand,
Von waidlichen Recken · wurden bei der Hand
Freundlich genommen · viel Frauen ausersehn.
Man sah die edeln Maide · vor Frau Brunhilden stehn.

Bis der Empfang vorüber war · das währte lange Zeit,
Manch rosigem Munde · war da ein Kuß bereit.
Noch standen beieinander · die Königinnen reich:
Das freuten sich zu schauen · viel der Recken ohne Gleich.

Da spähten mit den Augen · die oft gehört vorher,
Man hab' also Schönes · gesehen nimmermehr
Als die Frauen beide · das fand man ohne Lug.
Man sah an ihrer Schöne · auch nicht den mindesten Trug.

Wer Frauen schätzen konnte · und minniglichen Leib,
Der pries um ihre Schöne · König Gunthers Weib;
Doch sprachen da die Kenner · die es recht besehn,
Man müsse vor Brunhilden · den Preis Kriemhilden zugestehn.

Wider ein ander giengen · maget unde wîp;
man sach dâ wol gezieret · vil manegen schœnen lîp.
dâ stuonden sîdîn hütten · und manec rîch gezelt:
der was dâ gar ervüllet · vor Wormez allez daz velt.

Von des küneges mâgen · wart dringen dâ getân.
dô hiez man Prünhilde · und Kriemhilde gân
und mit in al die vrouwen · dâ man schate vant;
dar brâhten si die degene · ûzer Burgonden lant.

Nu wâren ouch die geste · ze rossen alle komen;
vil manec rîchiu tjoste · durch schilde wart genomen.
daz velt begunde stouben · sam ob al daz lant
mit louge wære enbrunnen · dâ wurden helde wol bekant.

Des dâ die recken pflâgen · daz sach vil manec meit.
mich dunket, daz hêr Sîvrit · mit sînen degen reit
vil manege widerkêre · vür die hütten dan.
er vuort der Nibelunge · tûsent wætlîcher man.

Dô kom von Tronje Hagene · als im der wirt geriet:
den bûhurt minneclîchen · dô der helt geschiet,
daz si ungestoubet liezen · diu vil schœnen kint.
des wart dô von den gesten · gevolget güetlîchen sint.

Dô sprach der hêrre Gêrnôt · ‚diu ros lâzet stân,
unz ez beginne kuolen · sô sul wir ane vân
dienen schœnen wîben · vür den palas wît;
sô der künec welle rîten · daz ir vil bereite sît.‘

Der bûhurt was zergangen · über al daz velt.
dô giengen kurzwîlen · under manec hôch gezelt
die rîter zuo den vrouwen · ûf hôher vreuden wân.
dâ vertriben si die stunde · unz man rîten wolde dan.

Vor âbende nâhen · dô diu sunne nider gie
und ez begunde kuolen · niht lenger man daz lie,
sich huoben gên der bürge · manec man unde wîp.
mit ougen wart getriutet · vil maneger schœner vrouwen lîp.

Nun gingen zueinander · Mägdelein und Frauen;
Es war in hoher Zierde · manch schönes Weib zu schaun.
Da standen seidne Hütten · und manches reiche Zelt,
Womit man erfüllt sah · hier vor Worms das ganze Feld.

Des Königs Freunde drängten · sich, um sie zu sehn.
Da hieß man Brunhilden · und Kriemhilden gehn
Und all die Fraun mit ihnen · hin, wo sich Schatten fand;
Es führten sie die Degen · aus der Burgunden Land.

Nun waren auch die Gäste · zu Roß gesessen all;
Da gab's beim Lanzenbrechen · durch Schilde lauten Schall.
Das Feld begann zu stäuben · als ob das ganze Land
Entbrannt wär in der Lohe · da machten Helden sich bekannt.

Was da die Recken taten · sah manche Maid mit an.
Wohl ritt mit seinen Degen · Siegfried der kühne Mann
In mancher Wiederkehre · vorbei an dem Gezelt;
Der Nibelungen führte · tausend Degen der Held.

Da kam von Tronje Hagen · wie ihm der König riet;
Der Held mit guter Sitte · die Ritterspiele schied,
Daß sie nicht bestaubten · die schönen Mägdelein:
Da mochten ihm die Gäste · gerne wohl gehorsam sein.

Da sprach der edle Gernot · „Die Rosse laßt stehn,
Bis es beginnt zu kühlen · daß wir die Frauen schön
Mit unserm Dank geleiten · bis vor den weiten Saal;
Will dann der König reiten · find' er euch bereit zumal."

Das Kampfspiel war vergangen · über all dem Feld:
Da gingen kurzweilen · in manches hohe Zelt
Die Ritter zu den Frauen · um hoher Lust Gewinn:
Da vertrieben sie die Stunden · bis sie weiter sollten ziehn.

Vor des Abends Nahen · als sank der Sonne Licht
Und es begann zu kühlen · ließ man es länger nicht:
Zu der Feste huben · Fraun und Ritter sich;
Mit Augen ward geliebkost · mancher Schönen minniglich.

Dâ wart von guoten helden · vil kleider ab geriten,
von den hôch gemuoten · nâch des landes siten
unze vür den pallas · dâ der künic nider stuont.
dâ wart gedienet vrouwen · sô helde hôch gemuote tuont.

Dô wurden ouch gescheiden · die rîchen künegin.
vrou Uote und ir tohter · die giengen beide hin
mit ir ingesinde · in ein vil wîtez gadem.
dô hôrte man allenthalben · ze vreuden grœzlîchen kradem.

Gerihtet was gesidele · der künic wolde gân
ze tische mit den gesten · dô sach man bî im stân
die schœnen Prünhilde · krône si dô truoc
in des küneges lande · jâ was si rîche genuoc.

Vil manec hergesidele · mit guoten tavelen breit
vol spîse wart gesetzet · als uns daz ist geseit.
des si dâ haben solden · wie wênec des gebrast!
dô sach man bî dem künege · gar manegen hêrlichen gast.

Des wirtes kamerære · in pecken von golde rôt
daz wazzer vür truogen · des wære lützel nôt,
ob iu daz iemen seite · daz man diende baz
ze vürsten hôhgezîte · ich wolde niht gelouben daz.

Ê daz der vogt von Rîne · wazzer dô genam,
dô tet der hêrre Sîvrit · als im daz gezam,
er mante in sîner triuwe · wes er im verjach,
ê daz er Prünhilde · dâ heime in Îslande sach.

Er sprach: ‚ir sult gedenken · wes mir swuor iuwer hant,
swenne daz vrou Prünhilt · kœme in ditze lant,
ir gæbt mir iuwer swester · war sint die eide komen?
ich hân an iuwer reise · vil michel arbeit genomen.‘

Dô sprach der künec zem gaste · ‚ir habt mich rehte ermant.
jâne sol niht meineide · werden des mîn hant:
ich wilz iu helfen vüegen · sô ich beste kan.‘
dâ hiez man Kriemhilde · ze hove vür den künic gân.

Von guten Helden wurden · viel Pferde müd' geritten,
Von den Hochgemuten · nach des Landes Sitten,
Bis vor dem Saale · abstieg der König wert.
Da diente man den Frauen · und hob sie nieder vom Pferd.

Da wurden auch geschieden · die Königinnen reich.
Hin ging Frau Ute · und Kriemhild zugleich
Mit ihrem Ingesinde · in ein weites Haus;
Da vernahm man allenthalben · der Freude rauschenden Braus.

Man richtete die Stühle · der König wollte gehn
Zu Tisch mit den Gästen · Da sah man bei ihm stehn
Brunhild die schöne · die da die Krone trug
In des Königs Lande · sie erschien wohl reich genug.

Da sah man viele Sitze · und gute Tafeln breit
Mit Speisen beladen · so hörten wir Bescheid.
Was sie da haben sollten · wie wenig fehlte dran!
Da sah man bei dem König · gar manchen herrlichen Mann.

Des Wirtes Kämmerlinge · in Becken goldesrot
Reichten ihnen Wasser · das wär' vergebne Not,
Sagte wer, man hätte · je fleiß'gern Dienst getan
Bei eines Fürsten Hochzeit · ich glaubte schwerlich daran.

Eh' der Vogt vom Rheine · hier das Wasser nahm,
Zu Gunthern trat da Siegfried · er durft' es ohne Scham,
Und mahnt' ihn seiner Treue · die er ihm gab zu Pfand,
Bevor er Brunhilden · daheim gesehen in Island.

Er sprach zu ihm: „Gedenket · mir schwur eure Hand,
Wenn wir Frau Brunhilden · brächten in dies Land,
Ihr gäbt mir eure Schwester · wo blieb nun der Eid?
Ihr wißt, bei eurer Reise · war keine Mühe mir leid."

Da sprach der Wirt zum Gaste · „Recht, daß ihr mich mahnt.
Ich will den Eid nicht brechen · den ich schwur mit Mund und Hand:
Ich helf' es euch fügen · so gut es mag geschehn."
Da hieß man Kriemhilden · zu Hofe vor den König gehn.

Mit ir vil schœnen meiden · si kom vür den sal.
dô spranc von einer stiegen · Gîselher ze tal:
,Nu heizet wider wenden · disiu magedîn:
niuwan mîn swester eine · sol hie bî dem künege sîn.'

Dô brâht man Kriemhilde · dâ man den künic vant:
dô stuonden rîter edele · von maneger vürsten lant.
in dem sale wîten · man hiez si stille stân;
dô was diu vrouwe Prünhilt · an den tisch hin gegân.

Dô sprach der künic Gunther · ,swester vil gemeit.
durch dîn selber tugende · lœse mînen eit.
ich swuor dich eime recken · und wirdet er dîn man,
sô hâstu mînen willen · mit grôzen triuwen getân.'

Dô sprach diu maget edele · ,lieber bruoder mîn,
ir sult mich niht vlêgen · jâ wil ich immer sîn,
swie ir mir gebietet · daz sol sîn getân.
ich wil in loben gerne · den ir mir, hêrre, gebt ze man.'

Von lieber ougen blicke · wart Sîvrits varwe rôt.
ze dienste sich der recke · vroun Kriemhilde bôt.
man hiez si zuo ein ander · an dem ringe stân:
man vrâgte si, ob sie wolde · den vil wætlîchen man.

In meitlîchen zühten · si schamte sich ein teil;
doch sô was gelücke · und Sîvrides heil,
daz si in niht versprechen · wolde dâ zehant;
ouch lobte si ze wîbe · der edel künec von Niderlant.

Dô er si gelobete · und ouch in diu meit,
güetlîch umbevâhen · was dâ vil bereit
von Sîvrides armen · daz minneclîche kint.
vor Helden wart geküsset · diu edel küneginne sint.

Sich teilte daz gesinde · alsô daz geschach,
an daz gegensidele · man Sîvriden sach
sitzen mit Kriemhilde · in diende manec man.
man sach die Niblunge · mit samt Sîvride gân.

Mit ihren schönen Maiden · kam sie vor den Saal.
Da sprang von einer Stiege · Geiselher zutal:
„Nun heiß' wiederkehren · diese Mägdelein:
Meine Schwester soll alleine · hier bei dem Könige sein."

Hin brachten sie Kriemhilden · wo man den König fand:
Da standen edle Ritter · von mancher Fürsten Land.
In dem weiten Saale · hieß man sie stille stehn;
Frau Brunhilden sah man · eben auch zu Tische gehn.

Da sprach der König Gunther · „Schwester, edle Maid,
Bei deiner Zucht und Güte · löse meinen Eid.
Ich schwur dich einem Recken · und nimmst du ihn zum Mann,
So hast du meinen Willen · mit großen Treuen getan."

Die edle Maid versetzte · „Lieber Bruder mein,
Ihr sollt mich nicht flehen · ich will gehorsam sein.
Wie ihr mir gebietet · so soll es sein getan:
Dem will ich mich verloben · den ihr, Herr, mir gebt zum Mann."

Von lieber Augen Blicken · ward Siegfrieds Farbe rot:
Zu Diensten sich der Recke · Frau Kriemhilden bot.
Man ließ sie miteinander · in einem Kreise stehn
Und frug sie, ob sie wolle · diesen Recken ausersehn.

Scheu, wie Mädchen pflegen · schämte sie sich ein Teil;
Jedoch war Siegfrieden · so günstig Glück und Heil,
Daß sie nicht verschmähen · wollte seine Hand.
Auch versprach sich ihr zum Manne · der edle Held von Niederland.

Da er sich ihr verlobte · und sich ihm die Maid,
Ein gütlich Umfangen · war da alsbald bereit
Von Siegfriedens Armen · dem schönen Mägdlein zart:
Die edle Königin küßt' er · in der Helden Gegenwart.

Sich schied das Gesinde · Als das geschah,
Auf dem Ehrenplatze · man Siegfrieden sah
Mit Kriemhilden sitzen · ihnen dient' da mancher Mann.
Man sah die Nibelungen · zugleich mit Siegfried sich nahn.

Der künic was gesezzen · und Prünhilt diu meit.
dô sach si Kriemhilde · (dô wart ir nie sô leit)
bî Sîvride sitzen · weinen sie began,
ir vielen heize trähene · über liehtiu wange dan.

Dô sprach der wirt des landes · ,waz ist iu, vrouwe mîn,
daz ir sô lâzet truoben · liehter ougen schîn?
ir sult iuch vreuwen balde · iu ist undertân
mîn lant und mîne bürge · und manec wætlîcher man.'

,Ich mac wol balde weinen' · sprach diu schœne meit.
,umbe dîne swester · ist mir von herzen leit.
die sihe ich sitzen nâhen · dem eigenholden dîn:
daz muoz ich immer weinen · sol si sô verderbet sîn.'

Dô sprach der künic Gunther · ,ir sult des stille dagen,
ich wil iu zandern zîten · disiu mære sagen,
war umbe ich mîne swester · Sîvride hân gegeben.
jâ mac si mit dem recken · immer vrœlîche leben.'

Si sprach: ,mich riuwet immer · ir schœne und ouch ir zuht.
wessich, war ich mehte · ich hete gerne vluht,
daz ich iu nimmer wolde · geligen nâhen bî,
irn saget mir, wâ von Kriemhilt · diu wine Sîvrides sî.'

Dô sprach der künic Gunther · ,ich tuonz iu wol bekant.
er hât als ich wol bürge · unde wîtiu lant.
daz wizzet sicherlîchen · er ist ein künic rîch:
dar umbe gan ich im ze minnen · die schœnen magt lobelîch.'

Swaz ir der künic seite · doch hete si trüeben muot.
dô gâhte von den tischen · manec rîter guot.
ir bûhurt wart sô herte · daz al diu burc erdôz.
den wirt bî sînen gesten · harte sêre verdrôz.

Er dâhte, er læge sanfter · der schœnen vrouwen bî.
dô was er des gedingen · niht gar in herzen vrî,
im müese von ir minne · liebe vil geschehen.
er begunde vriuntlîchen · an vroun Prünhilde sehen.

Der König saß zu Tische · bei Brunhild der Maid.
Da sah sie Kriemhilden · (nichts war ihr je so leid)
Bei Siegfrieden sitzen · zu weinen hub sie an,
Daß ihr manch heiße Träne · über lichte Wangen rann.

Da sprach der Wirt des Landes · „Was ist euch, Fraue mein,
Daß ihr so trüben lasset · lichter Augen Schein?
Ihr solltet recht euch freuen · euch ist untertan
Mein Land und meine Burgen · und mancher waidliche Mann.“

„Recht weinen sollt' ich eher“ · sprach die schöne Maid,
„Deiner Schwester wegen · trag' ich Herzeleid.
Ich seh' sie sitzen neben · dem Eigenholden dein:
Wohl muß ich immer weinen · soll sie so erniedrigt sein.“

Da sprach der König Gunther · „Schweigt davon jetzt still,
Da ich euch ein andermal · die Kunde sagen will,
Warum meine Schwester · Siegfrieden ward gegeben.
Wohl mag sie mit dem Recken · allezeit in Freuden leben.“

Sie sprach: „Mich jammern immer · ihre Schönheit, ihre Zucht;
Wüßt' ich, wohin ich sollte · ich nähme gern die Flucht
Und wollt' euch nimmer eher · nahe liegen bei,
Bis ich wüßte, weshalb Kriemhild · die Braut von Siegfrieden sei.“

Da sprach König Gunther · „Ich mach' es euch bekannt:
Er hat selber Burgen · wie ich und weites Land.
Das dürft' ihr sicher glauben · er ist ein König reich:
Drum gönn' ich ihm zum Weibe · die schöne Magd ohne Gleich.“

Was ihr der König sagte · traurig blieb ihr Mut.
Da eilte von den Tischen · mancher Ritter gut:
Das Kampfspiel ward so heftig · daß rings die Burg erklang.
Dem Wirt bei seinen Gästen · ward die Weile viel zu lang.

Er dacht', er läge sanfter · der schönen Frauen bei.
Er wurde des Gedankens · nicht mehr im Herzen frei,
Von ihrer Minne müsse · ihm Liebes viel geschehn.
Da begann er freundlich · Frau Brunhilden anzusehn.

Ir rîterschaft die geste · bat man abe lân:
der künec mit sîme wîbe · ze bette wolde gân.
vor des sales stiegen · gesamden sich dô sît
Kriemhilt und Prünhilt · noch was ez ân ir beider nît.

Dô kom ir ingesinde · die sûmten sich des niht,
ir rîchen kameræere · die brâhten in diu lieht.
sich teilten dô die recken · der zweier künege man.
dô sach man vil degene · dan mit Sîvride gân.

Die hêrren kômen beide · dâ si solden ligen.
dô dâhte er iewedere · mit minnen an gesigen
den wætlîchen vrouwen · daz senftet in den muot.
Sîvrides kurzwîle · diu war grœzlîchen guot.

Dô der hêrre Sîvrit · bî Kriemhilde lac
und er sô minneclîche · der juncvrouwen pflac
mit sîner edelen minne · si wart im sô sîn lîp:
er næme für si eine · niht tûsent anderiu wîp.

Ich sage iu niht mêre · wie er der vrouwen pflac.
nu hœret disiu mære · wie Gunther gelac
bî vrouwen Prünhilde · der zierlîche degen
hæte dicke samfter · bî anderen vrouwen gelegen.

Daz volc was im entwichen · vrouwen unde man:
dô wart diu kemenâte · balde zuo getân.
er wânde , er solde triuten · ir minneclîchen lîp:
jâ was ez noch unnâhen · ê daz si wurde sîn wîp.

In sabenwîzem hemede · si an daz bette gie.
dô dâhte der rîter edele · ‚nu hân ichz allez hie,
des ich ie dâ gerte · in allen mînen tagen.‘
si muos im durch ir schœne · von grôzen schulden behagen.

Diu lieht begunde bergen · des edelen küneges hant.
dô gie der degen küene · dâ er die vrouwen vant.
er leite sich ir nâhen · sîn vreude diu was grôz,
die vil minneclîchen · der helt mit armen umbeslôz.

Vom Ritterspiel die Gäste · bat man abzustehn:
Mit seinem Weibe wollte · zu Bett der König gehn,
Vor des Saales Stiege · begegneten da
Sich Kriemhild und Brunhild · noch in Güte das geschah.

Da kam ihr Ingesinde · sie säumten länger nicht:
Ihre reichen Kämmerlinge · brachten ihnen Licht.
Es teilten sich die Recken · in beider Kön'ge Lehn.
Da sah man viel der Degen · hinweg mit Siegfrieden gehn.

Die Helden kamen beide · hin wo sie sollten liegen.
Da dachte jedweder · mit Minnen obzusiegen
Den minniglichen Frauen · des freute sich ihr Mut.
Siegfriedens Kurzweil · die wurde herrlich und gut.

Als Siegfried der Degen · bei Kriemhilden lag
Und er da der Jungfrau · so minniglich pflag
Mit seinen edeln Minnen · sie ward ihm wie sein Leben:
Er hätte nicht die eine · für tausend andre gegeben.

Ich sag' euch nicht weiter · wie er der Frauen pflag.
Nun hört diese Märe · wie der König Gunther lag
Bei Brunhild der Frauen · der zierliche Degen
Hätte leichtlich sanfter · bei andern Frauen gelegen.

Das Volk hatt' ihn verlassen · zumal, so Frau als Mann:
Da ward die Kemenate · balde zugetan.
Er wähnt', er solle kosen · ihren minniglichen Leib:
Da währt' es noch gar lange · bevor sie wurde sein Weib.

Im weißen Linnenhemde · ging sie ins Bett hinein.
Der edle Ritter dachte · „Nun ist das alles mein,
Wes mich je verlangte · in allen meinen Tagen."
Sie mußt' ob ihrer Schöne · mit großem Recht ihm behagen.

Das Licht begann zu bergen · des edeln Königs Hand.
Hin ging der kühne Degen · wo er die Jungfrau fand.
Er legte sich ihr nahe · seine Freude die war groß,
Als die Minnigliche · der Held mit Armen umschloß.

Minneclîche triuten · des kunder vil begân,
ob in diu edele vrouwe · hete lâzen daz getân:
dô zurnde si sô sêre · daz in gemuote daz:
er wânde vinden vreude · dô vant er vîntlîchen haz.

Si sprach: ‚rîter edele · ir sult ez lâzen stân.
des ir dâ habet gedingen · jâne mag es niht ergân.
ich wil noch meit belîben · ir sult wol merken daz,
unz ich diu mære ervinde‘ · des wart ir Gunther gehaz.

Dô rang er nâch ir minne · und zervuorte ir diu kleit.
dô greif nâch eime gürtel · diu hêrlîche meit,
eime starken borten · dens umbe ir sîten truoc:
dô tet si dem künege · grôzer leide genuoc.

Die vüeze und ouch die hende · si im zesamne bant,
si truog in zeime nagele · und hienc in an die want,
dô er si slâfes irte · minne si ime verbôt.
jâ hete er von ir krefte · vil nâch gewunnen den tôt.

Dô begunde vlêgen · der meister solde sîn:
‚nu lœset mîn gebende · vil edel künegîn:
ine trouwiu, schœne vrouwe · nimmer an gesigen
und sol ouch harte selten · iu sô nâhen bî geligen.‘

Sine ruohte, wie im wære · want si vil sanfte lac.
dort muoste er allez hangen · die naht unz an den tac,
unz der liehte morgen · durch diu venster schein.
ob er ie kraft gewünne · diu was an sîme lîbe klein.

‚Nu saget mir, hêr Gunther · ist iu daz iht leit,
ob iuch gebunden vindent‘ · sprach diu schœne meit,
‚iuwer kamerære · von einer vrouwen hant?‘
dô sprach der rîter edele · ‚daz wurde iu übele bewant.

‚Ouch hete ichs wênec êre‘ · sprach der edel man:
‚durch iuwer selber tugende · nu lât mich zuo iu gân.
sît iu mîne minne · sint sô starke leit,
ich sol mit mînen handen · selten rüeren iuwer kleit.‘

Minnigliches Kosen · möcht' er da viel begehn,
Ließe das willig · die edle Frau geschehn.
Doch zürnte sie gewaltig · den Herrn betrübte das.
Er wähnt, er fände Freude · da fand er feindlichen Haß.

Sie sprach: „Edler Ritter · laßt euch das vergehn:
Was ihr da habt im Sinne · das kann nicht geschehn.
Ich will noch Jungfrau bleiben · Herr König, merkt euch das,
Bis ich die Mär' erfahre" · Da faßte Gunther ihr Haß.

Er rang nach ihrer Minne · und zerrauft' ihr Kleid.
Da griff nach einem Gürtel · die herrliche Maid,
Einer starken Borte · die sie um sich trug:
Da tat sie dem König · großen Leides genug.

Die Füß' und die Hände · sie ihm zusammenband,
Zu einem Nagel trug sie ihn · und hing ihn an die Wand,
Als er im Schlaf sie störte · sein Minnen sie verbot.
Von ihrer Stärke hätt' er · beinah' gewonnen den Tod.

Da begann zu flehen · der Meister sollte sein:
„Nun löst mir die Bande · viel edle Fraue mein.
Ich getrau' euch, schöne Herrin · doch nimmer obzusiegen
Und will auch wahrlich selten · mehr so nahe bei euch liegen."

Sie frug nicht, wie ihm wäre · da sie in Ruhe lag.
Dort muß' er hangen bleiben · die Nacht bis an den Tag,
Bis der lichte Morgen · durchs Fenster warf den Schein:
Hatt' er je Kraft besessen · die ward an seinem Leibe klein.

„Nun sagt mir, Herr Gunther · ist euch das etwa leid,
Wenn euch gebunden finden" · sprach die schöne Maid,
„Eure Kämmerlinge · von einer Frauen Hand?"
Da sprach der edle Ritter · „Das würd' euch übel gewandt.

„Auch wär' mir's wenig Ehre" · sprach der edle Mann:
„Bei eurer Zucht und Güte · nehmt mich nun bei euch an.
Und ist euch meine Minne · denn so mächtig leid,
So will ich nie berühren · mit meiner Hand euer Kleid."

Dô lôste si in balde · ûf si in verlie.
wider an daz bette · er zuo der vrouwen gie.
er leite sich sô verre · daz er ir schœne wât
dar nâch selten ruorte · ouch wolde si des haben rât.

Dô kom ouch ir gesinde · die brâhten niuwe kleit:
der was in an den morgen · harte vil bereit.
swie wol man dâ gebârte · trûrec was genuoc
der hêrre des landes · swie er des tages krône truoc.

Nâch siten, der si pflâgen · und man durch reht begie,
Gunther unde Prünhilt · niht langer daz verlie:
si giengen zuo dem münster · dâ man die messe sanc.
dar kom ouch hêr Sîvrit · dô huop sich michel gedranc.

Nâch küneclichen êren · was in dar bereit,
swaz si haben solden · ir krône und ouch ir kleit.
dô wurden si gewîhet · dô daz was getân,
dô sach man under krône · elliu vieriu schône stân.

Vil junger swert dâ nâmen · sehs hundert oder baz,
den künigen zen êren · ir sult wizzen daz.
sich huop michel vreude · in Burgonden lant:
man hôrte schefte hellen · an der swertdegen hant.

Dô sâzen in den venstern · diu schœnen magedîn.
si sâhen vor in liuhten · maneges schildes schîn.
dô hete sich gesundert · der künec von sinen man:
swes iemen dâ begunde · man sach in trûrende gân.

Im unde Sîvrîde · ungelîche stuont der muot;
wol wiste, waz im würre · der edel rîter guot.
er gie zuo dem künege · vrâgen er began:
‚wie ist iu hînt gelungen? · daz sult ir mich wizzen lân.‘

Dô sprach der wirt zem gaste · ‚laster unde schaden
hân ich an mîner vrouwen · ze hûse heim geladen.
dô ich se wânde minnen · vil sêre si mich bant:
si truoc mich zeime nagele · und hienc mich hôch an die want.

Da löste sie den König · daß er nicht länger hing:
Wieder an das Bette · er zu der Frauen ging.
Er legte sich so ferne · daß er ihr Hemde fein
Nicht oft darnach berührte · auch wollte sie des ledig sein.

Da kam auch ihr Gesinde · das brachte neu Gewand:
Des war heute Morgen · genug für sie zur Hand.
Wie froh man da gebahrte · traurig genug
War der Herr des Landes · wie er des Tags die Krone trug.

Nach des Landes Sitte · die zu begehen Pflicht,
Unterließ es Gunther · mit Brunhild länger nicht:
Sie gingen nach dem Münster · wo man die Messe sang.
Dahin auch kam Herr Siegfried · da hob sich mächtiger Drang.

Nach königlichen Ehren · war da für sie bereit,
Was sie haben sollten · die Krone wie das Kleid.
Da ließen sie sich weihen · als das war geschehn,
Da sah man unter Krone · alle viere herrlich stehn.

Das Schwert empfingen Knappen · sechshundert oder mehr,
Den Königen zu Ehren · auf meines Worts Gewähr.
Da hob sich große Freude · im Burgundenland:
Man hörte Schäfte klirren · an der Schwertdegen Hand.

Da saßen in den Fenstern · die schönen Mägdelein.
Sie sahen vor sich leuchten · manches Schildes Schein.
Nun hatte sich der König · getrennt von seinem Lehn:
Was man beginnen mochte · er ließ es trauernd geschehn.

Ihm und Siegfrieden · ungleich stand der Mut:
Wohl wußte, was ihm fehlte · der edle Ritter gut.
Da ging er zu dem König · zu fragen er begann:
„Wie ist's euch gelungen · die Nacht? Das sagt mir an."

Da sprach der Wirt zum Gaste · „Den Schimpf und den Schaden
Hab' ich an meiner Frauen · in mein Haus geladen.
Ich wähnte sie zu minnen · wie schnell sie mich da band!
Zu einem Nagel trug sie mich · und hing mich hoch an die Wand.

‚Dâ hieng ich angestlîchen · die naht unz an den tac,
ê si mich enbunde · wie samfte si dô lac!
daz sol dir vriuntlîchen · tougen sîn gekleit.‘
dô sprach der starke Sîvrit · ‚daz ist mir wærlîchen leit.

‚Des bringe ich iuch wol innen · lât irz âne nît.
ich schaffe, daz si hînaht · sô nâhen bî iu lît,
daz si iuch ir minne · gesûmet nimmer mêr.‘
der rede was dô Gunther · nâch sînen arbeiten hêr.

Dô sprach der hêrre Sîvrit · ‚du maht wol genesen,
ich wæne, uns ungelîche · hînaht sî gewesen.
mir ist dîn swester Kriemhilt · lieber danne der lîp.
ez muoz diu vrouwe Prünhilt · noch hînte werden dîn wîp.‘

Er sprach: ‚ich kume noch hînte · zer kemenâten dîn
alsô tougenlîche · in der tarnkappen mîn,
daz sich mîner liste · mac niemen wol verstên.
sô lâ die kameræere · zuo den herbergen gên.

‚Sô lesche ich den kinden · diu lieht an der hant:
daz ich sî dar inne · sî dir dâ bî bekant,
daz ich dir gerne diene · sô twinge ich dir dîn wîp,
daz du si hînte minnest · oder ich verliuse den lîp.‘

‚Âne daz du iht triutest‘ · sprach der künic dô,
‚mîne lieben vrouwen · anders bin ichs vrô:
sô tuo ir, swaz du wellest · und næmest ir den lîp,
daz solde ich wol verkiesen · si ist ein vreislîchez wîp.‘

‚Daz nim ich,‘ sprach Sîvrit ·‚ûf die triuwe mîn,
daz ich ir niht enminne · diu liebe swester dîn
ist mir vor in allen · die ich noch ie gesach.‘
vil wol geloubtez Gunther · swaz dô Sîvrit gesprach.

Dâ was von kurzewîle · vreude unde nôt.
bûhurt unde schallen · man allez verbôt.
dâ die vrouwen solden · gegen dem sale gân,
dô hiezen kameræere · die liute von den wegen stân.

„Da hing ich sehr in Ängsten · die Nacht bis an den Tag,
Eh' sie mich wieder löste · wie sanft sie da lag!
Das sei dir in der Stille · geklagt in Freundlichkeit."
Da sprach der starke Siegfried · „Das ist in Wahrheit mir leid.

„Das will ich euch beweisen · verschmerzt ihr den Verdruß.
Ich schaffe, daß sie heute Nacht · so nah euch liegen muß,
Daß sie euch ihre Minne · nicht länger vorenthält."
Die Rede hörte gerne · nach seinem Leide der Held.

Da sprach der starke Siegfried · „Es wird noch alles gut.
Uns beiden war wohl ungleich · heute Nacht zumut.
Mir ist deine Schwester · wie Leben lieb und Leib!
So muß nun auch Frau Brunhild · noch heute werden dein Weib.

„Ich komme heute Abend · zu deinem Kämmerlein
Also wohl verborgen · in der Tarnkappe mein,
Daß sich meiner Künste · niemand mag versehn.
Laß dann die Kämmerlinge · zu ihren Herbergen gehn:

„So lesch' ich den Knappen · die Lichter an der Hand:
Daß ich sei darinnen · sei dir dadurch bekannt,
Und daß ich gern dir diene · So zwing' ich dir dein Weib,
Daß du sie heute minnest · ich verlör' denn Leben und Leib."

„Wenn du sie nicht minnest" · der König sprach da so,
„Meine liebe Fraue · des andern bin ich froh;
Was du auch tust und nähmst du · Leben ihr und Leib,
Das wollt' ich wohl verschmerzen · sie ist ein schreckliches Weib."

„Das nehm' ich," sprach da Siegfried · „auf die Treue mein,
Daß ich sie nicht berühre · die liebe Schwester dein
Geht mir über alle · die ich jemals sah."
Wohl glaubte König Gunther · der Rede Siegfriedens da.

Da gab's von Ritterspielen · Freude so wie Not,
Den Buhurd und das Lärmen · man allzumal verbot.
Da wo die Frauen sollten · nach dem Saale gehn,
Geboten Kämmerlinge · den Leuten, nicht im Weg zu stehn.

Von rossen und von liuten · gerûmet wart der hof.
der vrouwen ieslîche · vuorte ein bischof,
dô si vor den künegen · ze tische solden gân.
in volgte an daz gesidele · vil manec wætlîcher man.

Der künic in guotem wâne · dâ vrœlîchen saz:
daz im gelobte Sîvrit · wol dâhte er an daz.
der eine tac in dûhte · wol drîzec tage lanc:
an sîner vrouwen minne · stuont im aller sîn gedanc.

Er erbeite kûme · daz man von tische gie.
die schœnen Prünhilde · man dô komen lie
und ouch Kriemhilde · beide an ir gemach:
hei, was man sneller degene · vor den küneginnen sach!

Sîvrit der hêrre · vil minneclichen saz
bî sîme schœnen wîbe · mit vreuden âne haz.
si trûte sîne hende · mit ir vil wîzen hant,
unz er ir vor den ougen · sine wesse wenne verswant.

Dô si mit im spilte · und si sîn niht ensach,
zuo sîme ingesinde · diu küneginne sprach:
‚mich hât des michel wunder · war ist der künic komen?
wer hât die sînen hende · ûz den mînen genomen?'

Die rede si lie belîben · dô was er hin gegân,
dâ er die kamerære · vant mit liehten stân:
diu begunde er leschen · den kinden an der hant:
daz ez wære Sîvrit · daz was dô Gunther bekant.

Wol wesse er, waz er wolde · dô hiez er dannen gân
meide unde vrouwen · dô daz was getân,
der edel künic dô selbe · vil wol beslôz die tür:
starker rigele zwêne · warf er balde dervür.

Diu lieht verbarc er schiere · under die bettewât.
eines spils begunde · des enwas niht rât,
Sîvrit der starke · und ouch diu schœne meit:
daz was dem künege Gunther · beide lieb unde leit.

Von Rossen und von Leuten · räumte man den Hof.
Der Frauen jedwede · führt' ein Bischof,
Als sie vor den Königen · zu Tische sollten gehn.
Ihnen folgten zu den Stühlen · viel der Degen ausersehn.

Bei seinem Weib der König · in froher Hoffnung saß:
Was Siegfried ihm verheißen · im Sinne lag ihm das.
Der eine Tag ihn dauchte · wohl dreißig Tage lang:
Nach seiner Fraue Minne · all sein Denken ihm rang.

Er konnt' es kaum erwarten · bis vorbei das Mahl.
Brunhild die schöne · rief man aus dem Saal
Und auch Kriemhilden · sie sollten schlafen gehn:
Hei! was man kühner Degen · sah vor den Königinnen stehn!

Siegfried der Herre · gar minniglich saß
Bei seinem schönen Weibe · mit Freuden ohne Haß.
Sie koste seine Hände · mit ihrer weißen Hand,
Bis er ihr vor den Augen · sie wußte nicht wie, verschwand.

Da sie mit ihm spielte · und sie ihn nicht mehr sah,
Zu seinem Ingesinde · sprach die Königin da:
„Mich wundert sehr, wo ist doch · der König hingekommen?
Wer hat seine Hände · mir aus den meinen genommen?"

Sie ließ die Rede bleiben · Da eilt' er hinzugehn,
Wo er die Kämmerlinge · fand mit Lichtern stehn:
Die lescht' er unversehens · den Knappen an der Hand:
Daß es Siegfried wäre · das war da Gunthern bekannt.

Wohl wußt' er, was er wolle · er ließ von dannen gehn
Mägdelein und Frauen · Als das war geschehn,
Der edle König selber · verschloß der Kammer Tür:
Starke Riegel zweie · die warf er eilends dafür.

Hinterm Bettvorhange · barg er der Kerzen Licht.
Ein Spiel sogleich begannen · vermeiden ließ sich's nicht,
Siegfried der starke · und die schöne Maid:
Das war dem König Gunther · beides lieb und auch leid.

Sîvrit sich dô leite · der küneginne bî.
si sprach: ‚nu lâtz, hêr Gunther · als liep iu daz sî,
daz ir iht arbeite · lîdet alsam ê.‘
sît getet diu vrouwe · dem küenen Sîvride wê.

Dô hal er sîne stimme · daz er niht ensprach.
Gunther wol hôrte · swie er niht ensach,
daz heimlîcher dinge · von in dâ niht geschach;
si heten an dem bette · harte kleinen gemach.

Er gebârte, sam ez wære · Gunther der künic rîch;
er umbeslôz mit armen · die maget lobelîch.
si warf in ûz dem bette · dâ bî ûf eine banc,
daz im sîn houbet lûte · an eime schâmel erklanc.

Wider ûf mit kreften · spranc der küene man:
er woldez baz versuochen · dô er des began,
daz er si wolde twingen · dar umbe wart im wê.
solich wer an vrouwen · ich wæne nimmer ergê.

Dô er niht wolde erwinden · diu maget ûf spranc:
‚iu zimet niht zefüeren · mîn hemde sô blanc.
ir sît ungevüege · daz sol iu werden leit.
des bringe ich iuch wol innen‘ · sprach diu wætlîche meit.

Si beslôz mit armen · den tiuwerlîchen degen
und wold in gebunden · alsam den künic legen,
daz si an dem bette · hete guot gemach.
daz er ir wât zervuorte · diu vrouwe ez grœzlîchen rach.

Waz half dô sîn sterke · und ouch sîn michel kraft?
wan si im erzeigte · ir lîbes meisterschaft.
si truoc in mit gewalte · daz muos et alsô sîn,
und dructe in ungevuoge · bî dem bette an einen schrîn.

‚Ouwê,‘ gedâht der recke · ‚sol ich nu mînen lîp
von einer meit verliesen · sô mugen elliu wîp
dar nâch immer mêre · tragen gelphen muot
gegen ire manne · diu sus ez nimmer getuot.‘

Da legte sich Siegfried · der Königin bei.
Sie sprach: „Nun laßt es, Gunther · wie lieb es euch auch sei,
Daß ihr nicht Not erleidet · heute so wie eh."
Nicht lang, so tat die Fraue · dem kühnen Siegfried ein Weh'.

Er hehlte seine Stimme · kein Wörtlein sprach er da.
Wohl hörte König Gunther · obgleich er sie nicht sah,
Daß Heimliches von beiden · wenig geschehen sei;
Nicht viel bequeme Ruhe · im Bette fanden die Zwei.

Er stellte sich, als wär' er · Gunther der König reich;
Er umschloß mit Armen · das Mägdlein ohne Gleich'.
Sie warf ihn aus dem Bette · dabei auf eine Bank,
Daß laut an einem Schemel · ihm das Haupt davon erklang.

Wieder auf mit Kräften · sprang der kühne Mann,
Es besser zu versuchen · wie er das begann,
Daß er sie zwingen wollte · da widerfuhr ihm Weh.
Ich glaube nicht, daß solche Wehr · von Frauen je wieder gescheh'.

Da er's nicht lassen wollte · das Mägdlein aufsprang:
„Euch ziemt nicht zu zerraufen · mein Hemd also blank.
Ihr seid ungezogen · das wird euch noch leid.
Des bring' ich euch wohl inne" · sprach die waidliche Maid.

Sie umschloß mit den Armen · den teuerlichen Degen
Und wollt' ihn auch in Bande · wie den König legen,
Daß sie im Bette läge · mit Gemächlichkeit.
Wie grimmig sie das rächte · daß er zerzerret ihr Kleid!

Was half ihm da die Stärke · was seine große Kraft?
Sie erwies dem Degen · ihres Leibes Meisterschaft.
Sie trug ihn übermächtig · das mußte nur so sein,
Und drückt' ihn ungefüge · bei dem Bett an einen Schrein.

„O weh," gedacht' er, „soll ich · Leben nun und Leib
Von einer Maid verlieren · so mag jedes Weib
In allen künft'gen Zeiten · tragen Frevelmut
Dem Manne gegenüber · die es sonst wohl nimmer tut."

Der künic ez wol hôrte · er angeste umb den man.
Sîvrit sich schamte · zürnen er began.
mit ungevüeger krefte · satzter ir sich wider;
er versuocht ez angestlîchen · an vroun Prünhilde sider.

Den künic ez dûhte lange · ê er si betwanc.
si druhte sîne hende · daz ûz den nagelen spranc
daz bluot von ir krefte · daz was dem helde leit.
sît brâhte er an ein lougen · die vil hêrlîchen meit.

Ir ungevüeges willen · des si ê dâ jach.
der künic ez allez hôrte · swie er niht ensprach.
er dructes an daz bette · daz si vil lûte erschrê;
ir tâten sîne krefte · harte grœzlîchen wê.

Dô greif si zuo der sîten · dâ si den porten vant,
und wolde in hân gebunden · dô wertez sô sîn hant,
daz ir diu lit erkrachten · dar zuo al der lîp.
des wart der strît gescheiden · dô wart si Guntheres wîp.

Si sprach: ‚künic edele · du solt mich leben lân:
ez wirt vil wol versüenet · swaz ich dir hân getân.
ich were mich nimmer mêre · der edelen minne dîn:
ich hân wol ervunden · daz du kanst vrouwen meister sin.‘

Sîvrit der stuont dannen · ligen lie er die meit,
sam ober von im ziehen · wolde sîniu kleit.
er zôch ir ab der hende · ein guldîn vingerlîn,
daz er dâ nie wart innen · diu vil edel künegîn.

Dar zuo nam er ir gürtel · daz was ein borte guot.
ich enweiz, ob er daz tæte · durch sînen hôhen muot.
er gab in sînem wîbe · daz wart im sider leit.
dô lâgen bî ein ander · der künic und diu schœne meit.

Er pflac ir minneclîchen · als im daz gezam:
dô muose si verkiesen · ir zorn und ouch ir scham.
von sîner heimlîche · si wart ein lützel bleich.
Hei, waz ir von der minne · ir vil grôzen krefte entweich!

Der König hörte alles · er bangte für den Mann.
Da schämte sich Siegfried · zu zürnen fing er an.
Mit ungefügen Kräften · ihr widersetzt' er sich
Und versuchte seine Stärke · an Brunhilden ängstiglich.

Es währte lang dem König · bis Siegfried sie bezwang.
Sie drückte seine Hände · daß aus den Nägeln sprang
Das Blut von ihren Kräften · das war dem Helden leid.
Bald zwang er zu verleugnen · diese herrliche Maid

Den ungestümen Willen · den sie erst dargetan.
Alles vernahm der König · doch hört' er's schweigend an.
Er drückte sie ans Bette · daß sie aufschrie laut:
Des starken Siegfrieds Kräfte · schmerzten übel die Braut.

Da griff sie nach der Hüfte · wo sie die Borte fand,
Und dacht' ihn zu binden · doch wehrt' es seine Hand,
Daß ihr die Glieder krachten · dazu der ganze Leib.
Da war der Streit zu Ende · da wurde sie Gunthers Weib.

Sie sprach: „Edler König · nimm mir das Leben nicht:
Was ich dir tat zuleide · vergüt' ich dir nach Pflicht.
Ich wehre mich nicht wieder · der edeln Minne dein:
Ich hab' es wohl erfahren · daß du magst Frauen Meister sein."

Aufstand da Siegfried · liegen blieb die Maid,
Als dächt' er abzuwerfen · eben nur das Kleid.
Er zog ihr vom Finger · ein Ringlein von Gold,
Daß es nicht gewahrte · die edle Königin hold.

Auch nahm er ihren Gürtel · eine Borte gut.
Ich weiß nicht, geschah es · aus hohem Übermut.
Er gab ihn seinem Weibe · das ward ihm später leid.
Da lagen beieinander · der König und die schöne Maid.

Er pflag der Frauen minniglich · wie es geziemend war:
Scham und Zorn verschmerzen · mußte sie da gar.
Von seinen Heimlichkeiten · ihre lichte Farb' erblich.
Hei! wie von der Minne · die große Kraft ihr entwich!

Dône was ouch si niht sterker · danne ein ander wîp.
er trûte minneclîchen · ir vil schœnen lîp;
ob siz versuochte mêre · waz kunde ez si vervân?
daz het ir allez Gunther · mit sînen minnen getân.

Wie rehte minneclîche · er bî der vrouwen lac
mit vriuntlîcher liebe · unz an den liehten tac!
nu was der hêrre Sîvrit · wider ûz gegân,
dâ er wart wol enpfangen · von einer vrouwen wol getân.

Er understuont ir vrâge · der si hete gedâht;
er hal si sît vil lange · daz er ir hete brâht,
unz si under krône · in sîme lande gie.
swaz er ir geben solde · wie lützel erz belîben lie!

Der wirt wart an dem morgen · verre baz gemuot,
danner vore wære · des wart diu vreude guot
in allen den landen · von manegem edelen man.
die er ze hûse ladete · den wart vil dienste getân.

Diu hôchzît diu werte · den vierzehenden tac,
daz in al der wîle · der schal nie gelac
von aller hande vreuden · der iemen solde pflegen.
dâ wart des küneges koste · vil harte hôhe gewegen.

Des edelen wirtes mâge · als ez der künic gebôt,
gâben durch sîn êre · kleider und golt rôt,
ros und dar zuo silber · manegem vremdem man.
die dâ gâbe gerten · die schieden vrœlîchen dan.

Ouch der hêrre Sîvrit · ûzer Niderlant
mit tûsent sînen mannen · allez daz gewant,
daz si ze Rîne brâhten · daz wart gar hin gegeben,
schœniu ros mit setelen · si kunden hêrlîchen leben.

Ê daz man die rîchen gâbe · alle dâ verswanc,
die wider ze lande wolden · die dûhte des ze lanc.
ez enwart nie gesindes · mêre baz gepflegen.
sô endete sich diu hôchzît · ez schiet von dannen manec degen.

Da war auch sie nicht stärker · als ein ander Weib.
Minniglich umfing er · ihren schönen Leib;
Wenn sie noch widerstände · was könnt' es sie verfahn?
Das hatt' ihr alles Gunther · mit seinem Minnen getan.

Wie minniglich der Degen · da bei der Frauen lag
In freundlicher Liebe · bis an den lichten Tag!
Inzwischen war Herr Siegfried · längst schon hindann:
Da ward er wohl empfangen · von einer Frauen wohlgetan.

Er wich allen Fragen · aus, die sie erdacht,
Und hehlt' ihr noch lange · was er mitgebracht,
Bis sie in seinem Lande · unter der Krone ging:
Da unterblieb's nicht länger · daß sie die Gabe empfing.

Dem Wirt am andern Morgen · viel höher stand der Mut.
Als am ersten Tage · da ward die Freude gut
In allen seinen Landen · bei manchem edeln Mann.
Die er zu Hof geladen · denen ward viel Dienst getan.

Vierzehn tage währte · diese Lustbarkeit,
Daß sich der Schall nicht legte · in so langer Zeit
Von aller Lust und Kurzweil · die man erdenken mag.
Wohl verwandte hohe Kosten · der König bei dem Hofgelag'.

Des edeln Wirtes Freunde · wie es der Herr gewollt,
Verschenkten ihm zu Ehren · Kleider und rotes Gold,
Silber auch und Rosse · an manchen fremden Mann.
Die um Gabe warben · die schieden fröhlich hindann.

Auch der kühne Siegfried · aus dem Niederland
Mit seinen tausend Mannen · – all das Gewand,
Das sie gebracht zum Rheine · ward ganz dahin gegeben,
Schöne Ross' und Sättel · sie wußten herrlich zu leben.

Bevor die reiche Gabe · noch alle war verwandt,
Schon daucht' es die zu lange · die wollten in ihr Land.
Nie sah man ein Gesinde · mehr so wohl verpflegen.
So endete die Hochzeit · da schied von dannen mancher Degen.

AVENTIURE

wie Sîvrit ze lande mit sînem wîbe kom

Dô die geste wâren · alle dan gevarn,
dô sprach zuo sim gesinde · Sigmundes barn:
‚wir suln ouch uns bereiten · heim in unser lant.'
liep was ez sînem wîbe · dô ez diu vrouwe rehte ervant.

Si sprach zuozir manne · ‚wenne sul wir varn?
daz ich sô harte gâhe · daz heize ich wol bewarn:
mir siln ê mîne bruoder · teilen mit diu lant.'
leit was ez Sîvrîde · dô erz an Kriemhilt ervant.

Die vürsten zuozim giengen · und sprâchen alle drî:
‚nu wizzet daz, hêr Sîvrit · daz iu immer sî
mit triuwen unser dienest · bereit unz in den tôt.'
dô neig er den hêrren · dô man imz sô güetlîch erbôt.

‚Wir suln ouch mit iu teilen' · sprach Gîselher daz kint,
‚lant unde bürge · die unser eigen sint:
swaz der wîten rîche · uns ist undertân,
der sult ir teil vil guoten · mit samt Kriemhilde hân.'

Sun der Sigmundes · zuo den vürsten sprach,
dô er der hêrren willen · gehôrte unde sach:
‚Got lâze iu iuwer erbe · immer sælec sîn
und ouch diu liute drinne · jâ getuot diu liebe wine mîn

‚Des teiles wol ze râte · den ir ir woldet geben:
dâ si sol tragen krône · und sul wir daz geleben,
si muoz werden rîcher · dan iemen lebender sî.
swaz ir sus gebietet · des bin ich iu dienstlîchen bî.'

Dô sprach diu vrouwe Kriemhilt · ‚habet ir der erbe rât,
umb Burgonden degene · ez niht sô lîhte stât,
si müge ein künic gerne · vüeren in sîn lant:
jâ sol si mit mir teilen · mîner lieben bruoder hant.'

ELFTES ABENTEUER

Wie Siegfried mit seinem Weibe heimkehrte

Als die Gäste waren · gefahren all davon,
Da sprach zu dem Gesinde · König Siegmunds Sohn:
„Wir wollen auch uns rüsten · zur Fahrt in unser Land.“
Lieb ward es seinem Weibe · als ihr die Märe ward bekannt.

Sie sprach zu ihrem Manne · „Wann sollen wir nun fahren?
So sehr damit zu eilen · will ich mich bewahren:
Erst sollen mit mir teilen · meine Brüder dieses Land.“
Leid war es Siegfrieden · als er's an Kriemhilden fand.

Die Fürsten gingen zu ihm · und sprachen alle drei:
„Wißt nun, Herr Siegfried · daß euch immer sei
Unser Dienst mit Treue · bereit bis in den Tod.“
Er neigte sich den Herren · da man's so gütig ihm erbot.

„Wir wolln auch mit euch teilen“ · sprach Geiselher das Kind,
„Das Land und die Burgen · die unser Eigen sind,
Und was der weiten Reiche · uns ist untertan;
Ihr empfangt mit Kriemhild · euer volles Teil daran.“

Der Sohn König Siegmunds · sprach zu den Fürsten da,
Als er der Herren Willen · hörte wie auch sah:
„Gott lass' euch euer Erbe · gesegnet immer sein
Und auch die Leute drinnen · es mag die liebe Fraue mein

„Des Teils wohl entraten · den ihr ihr wolltet geben:
Wo sie soll Krone tragen · mögen wir's erleben,
Da muß sie reicher werden · als wer ist auf der Welt.
Was ihr sonst gebietet · ich bin euch dienstlich gesellt.“

Da sprach aber Kriemhild · „Wenn ihr mein Land verschmäht,
Um die Burgundendegen · es so gering nicht steht;
Die mag ein König gerne · führen in sein Land:
Wohl soll sie mit mir teilen · meiner lieben Brüder Hand.“

Dô sprach der hêrre Gêrnôt · ‚nim dir, swen du wil.
die gerne mit dir rîten · der vindestu hie vil.
ûz drîzec hundert recken · nim dir tûsent man:
die sîn dîn heimgesinde‘ · Kriemhilt senden began

Nâch Hagenen von Troneje · und nâch Ortwîn,
ob die und ir mâge · Kriemhilde wolden sîn.
dô gewan dar umbe Hagene · ein zornlîchez leben:
er sprach: ‚jâ mag uns Gunther · zer werlde niemen gegeben.

‚Ander iuwer gesinde · lât iu volgen mite,
wan ir wol bekennet · der Tronejære site:
wir müezen bî den künegen · hie ze hove bestân.
wir suln in langer dienen · den wir her gevolget hân.‘

Daz liezen si belîben · und bereiten sich dan.
ir edel ingesinde · vrou Kriemhilt zir gewan,
zwô und drîzec meide · und fünf hundert man;
Eckewart der grâve · volgete Kriemhilde dan.

Urloup si dô namen · beidiu rîter unde kneht,
meide unde vrouwen · daz was vil michel reht.
gescheiden küssende · wurden si zehant:
si rûmten vrœlîchen · des künic Guntheres lant.

Dô beleiten si ir mâge · verre ûf den wegen.
man hiez in allenthalben · ir nahtselde legen,
swâ sis gerne nâmen · durch der künege lant.
boten wurden balde · Sigemunde dan gesant,

Daz er wizzen solde · und ouch vrou Sigelint,
daz sîn sun komen wolde · und vrou Uoten kint,
Kriemhilt diu vil schœne · von Wormez über Rîn.
dône kunden in diu mære · nimmer lieber gesîn.

‚Wol mich,‘ sprach dô Sigemunt · ‚daz ich gelebet hân,
daz diu schœne Kriemhilt · sol hie gekrônet gân:
des müezen wol getiuwert · sîn diu erbe mîn.
mîn sun, der edele Sîvrit · sol hie selbe künic sîn.‘

Da sprach König Gernot · „Nimm, die du willst, mit dir.
Die gerne mit dir reiten · du findest viele hier.
Von dreißighundert Recken · nimm dir tausend Mann
Zu deinem Hausgesinde“ · Kriemhild zu senden begann

Nach Hagen von Tronje · und nach Ortwein,
Ob sie und ihre Freunde · Kriemhildens wollten sein.
Da gewann darüber Hagen · ein zorniges Leben:
Er sprach: „Uns kann Gunther · in der Welt an niemand vergeben.

„Ander Ingesinde · nehmt zu eurer Fahrt;
Ihr werdet ja wohl kennen · der Tronejer Art.
Wir müssen bei den Königen · bleiben so fortan
Und denen ferner dienen · deren Dienst wir stets versahn.“

Sie ließen es bewenden · und machten sich bereit.
Ihres edeln Ingesindes · nahm Kriemhild zum Geleit
Zweiunddreißig Mägdelein · und fünfhundert Mann;
Eckewart der Markgraf · zog mit Kriemhild hindann.

Da nahmen alle Urlaub · Ritter so wie Knecht,
Mägdelein und Frauen · so war es Fug und Recht.
Unter Küssen scheiden · sah man sie unverwandt,
Und jene räumten fröhlich · dem König Gunther das Land.

Da geleiteten die Freunde · sie fern auf ihren Wegen.
Allenthalben ließ man · ihnen Nachtherberge legen,
Wo sie die nehmen wollten · in der Könige Land.
Da wurden bald auch Boten · dem König Siegmund gesandt

Damit er wissen sollte · und auch Frau Siegelind,
Sein Sohn sollte kommen · mit Frau Utens Kind,
Kriemhild der schönen · von Worms über Rhein.
Diese Mären konnten · ihnen nimmer lieber sein.

„Wohl mir,“ sprach da Siegmund · „daß ich den Tag soll sehn,
Da hier die schöne Kriemhild · soll unter Krone gehn!
Das erhöht im Werte · mir all das Erbe mein:
Mein Sohn, der edle Siegfried · soll nun selbst hier König sein.“

Dô gap diu vrouwe Sigelint · manegen samît rôt,
silber und golt swære · was ir botenbrôt.
si vreute sich der mære · diu si dô vernam.
sich kleidete ir gesinde · mit vlîze wol als in gezam.

Man seite, wer dâ kœme · mit im in daz lant.
dô hiez si gesidele · rihten sâ zehant,
dar zuo er gekrônet · vor vriunden solde gân.
dô riten in engegene · des künic Sigmundes man.

Ist iemen baz enpfangen · dêst mir unbekant,
dan die helde mære · in Sigmundes lant.
Siglint diu schœne · Kriemhilde engegen reit
mit maneger schœnen vrouwen · unde rîtern gemeit

In einer tageweide · dâ man die geste sach.
die kunden und die vremden · liten ungemach,
unze daz si kômen · zeiner bürge wît,
diu was geheizen Santen · dâ si krône truogen sît.

Mit lachendem munde · Siglint und Sigmunt
kusten Kriemhilde · durch liebe manege stunt
und ouch Sîvrîden · in was ir leit benomen.
allez ir gesinde · was in grôze willekomen.

Man bat die geste bringen · vür Sigmundes sal.
die schœnen juncvrouwen · huop man dâ ze tal
nider von den mœren · dâ was manec man,
der den schœnen wîben · mit vlîze dienen began.

Swie grôz ir hôhzîte · bî Rîne was bekant,
noch gap man hie den helden · vil bezzer gewant,
denne sie ie getrüegen · noch bî allen ir tagen.
man mohte michel wunder · von ir rîcheite sagen.

Dôs in ir grôzen êren · sâzen und heten genuoc,
waz goltvarwer gêren · ir ingesinde truoc,
borten und edel gesteine · verwieret wol dar în!
sus pflac ir vlîzeclîchen · Sigelint diu edel künegîn.

Da gab ihnen Siegelind · zu Kleidern Sammet rot
Und schweres Gold und Silber · das war ihr Botenbrot.
Sie freute sich der Märe · die man ihr da gebracht.
Mit Fleiß ihr Gesinde · war schön zu kleiden sich bedacht.

Man sagt' ihr, wer da käme · mit ihm in das Land.
Da hieß sie Gestühle · errichten gleich zur Hand,
Wo er vor den Freunden · sollte gekrönet gehn.
Entgegen ritten ihnen · die in König Siegmunds Lehn,

Wer besser wäre empfangen · mir ist es unbekannt,
Als die erlauchten Helden · in Siegmundens Land.
Kriemhilden seine Mutter · Sieglind entgegenritt
Mit viel der schönen Frauen · kühne Ritter zogen mit

Wohl eine Tagereise · bis man die Gäste sah.
Die Heimischen und Fremden · litten Beschwerde da,
Bis sie endlich kamen · zu einer Veste weit,
Die Santen war geheißen · wo sie Krone trugen nach der Zeit.

Mit lachendem Munde · Siegmund und Siegelind
Manche liebe Weile · küßten sie Utens Kind
Und Siegfried den Degen · ihnen war ihr Leid benommen.
All ihr Ingesinde · hieß man fröhlich willkommen.

Man hieß die Gäste bringen · vor König Siegmunds Saal.
Die schönen Jungfrauen · hub man allzumal
Von den Mähren nieder · da war mancher Mann,
Der den schönen Frauen · mit Fleiß zu dienen begann.

So prächtig ihre Hochzeit · am Rhein war bekannt,
Doch gab man hier den Helden · köstlicher Gewand,
Als sie all ihr Leben · je zuvor getragen.
Man mochte große Wunder · von ihrem Reichtume sagen.

So saßen sie in Ehren · und hatten genug.
Was goldrote Kleider · ihr Ingesinde trug!
Edel Gestein und Borten · sah man gewirkt darin,
So verpflag sie fleißig · Sieglind die edle Königin.

Dô sprach vor sînen vriunden · der hêrre Sigmunt:
‚den Sîvrides mâgen · tuon ich allen kunt:
er sol vor disen recken · mîne krône tragen.‘
diu mære hôrten gerne · die von Niderlanden sagen.

Er bevalch ihm sîne krône · gerihte unde lant:
sît was er ir hêrre · die er ze rehte vant
und dar er rihten solde · daz wart alsô getân,
daz man sêre vorhte · der schœnen Kriemhilde man.

In disen grôzen êren · lebter, daz ist wâr,
und rihte ouch under krône · unz an daz zehende jâr,
daz diu schœne vrouwe · einen sun gewan:
daz was des küneges mâgen · nâch ir willen wol ergân.

Den îlte man dô toufen · und gab im einen namen,
Gunther, nâch sînem œheim · des dorfte er sich niht schamen.
geriet er nâch den mâgen · daz wær im wol ergân.
dô zôch man in mit vlîze · daz was von schulden getân.

In den selben zîten · starp vrou Sigelint:
dô het den gewalt mit alle · der edelen Uoten kint,
der sô rîcher vrouwen · ob landen wol gezam.
daz klageten genuoge · dô si der tôt von in genam.

Nu hete ouch dort bî Rîne · so wir hœren sagen,
bî Gunther dem rîchen · einen sun getragen
Prünhilt diu schœne · in Burgonden lant.
durch des heldes liebe · wart er Sîvrit genant.

Wie rehte vlîzeclîchen · man sîn hüeten hiez!
Gunther der edele · im magezogen liez,
die ez wol kunden ziehen · ze einem biderben man.
hei, waz im ungelücke · sît der vriunde an gewan!

Maere zallen zîten · wart sô vil geseit,
wie rehte lobelîchen · die recken vil gemeit
lebeten zallen stunden · in Sigmundes lant.
alsam tet ouch Gunther · mit sînen mâgen ûz erkant.

Da sprach vor seinen Freunden · der König Siegmund:
„Siegfrieds Verwandten · tu' ich allen kund:
Er soll vor diesen Recken · meine Krone tragen."
Die Märe hörten gerne · die von Niederlanden sagen.

Er befahl ihm seine Krone · mit Gericht und Land:
Da war er Herr und König · Wem er den Rechtsspruch fand
Und wen er strafen sollte · das wurde so getan,
Daß man wohl fürchten durfte · der schönen Kriemhilde Mann.

In diesen großen Ehren · lebt' er, das ist wahr,
Und richtet' unter Krone · bis an das zehnte Jahr,
Da die schöne Königin · einen Sohn gewann,
An dem des Königs Freunde · ihren Wunsch und Willen sahn.

Alsbald ließ man ihn taufen · und einen Namen nehmen:
Gunther, nach seinem Oheim · des durft' er sich nicht schämen.
Geriet' er nach den Freunden · das käm' ihm wohl zupaß.
Man erzog ihn sorgsam · wie sich's gebühret, tat man das.

In denselben Zeiten · starb Frau Siegelind:
Da hatte die volle Herrschaft · der edeln Ute Kind,
Wie so reicher Frauen · geziemte wohl im Land.
Es ward genug betrauert · daß der Tod sie hatt' entwandt.

Nun hatt auch dort am Rheine · wie wir hören sagen,
Gunther dem reichen · einen Sohn getragen
Brunhild die schöne · in Burgundenland.
Dem Helden zuliebe · ward er Siegfried genannt.

Mit welchen Sorgen immer · man sein hüten hieß!
Gunther der edle · Hofmeister wählen ließ,
Die ihn zu ziehn verstanden · zu einem wackern Mann.
Hei, was ihm bald das Unglück · der Verwandten abgewann!

Zu allen Zeiten Märe · war so viel gesagt,
Wie doch so herrlich · die Degen unverzagt
Zu allen Stunden lebten · in Siegmundens Land:
So lebt' auch König Gunther · mit seinen Freunden auserkannt.

Daz lant ze Niblunge · Sîvride diende hie,
rîcher sîner mâge · wart neheiner nie,
und Schilbunges recken · und ir beider guot.
des truoc der vil küene · deste hœheren muot.

Hort den aller meisten · den ie helt gewan,
âne dies ê pflâgen · hete der küene man,
den er vor eime berge · mit sîner hende erstreit,
dar umbe er sluoc ze tôde · manegen rîter gemeit.

Er hete den wunsch der êren · und wær des niht geschehen,
sô müese man von schulden · dem edelen recken jehen,
daz er wære der beste · der ie ûf ors gesaz.
man vorhte sîne sterke · und tet vil billîchen daz.

Das Land der Nibelungen · war Siegfried untertan
(Keiner seiner Freunde · je größern Schatz gewann)
Mit Schilbungens Recken · und der beiden Gut.
Darüber trug der Kühne · desto höher den Mut.

Hort den allermeisten · den je ein Held gewann,
Nach den ersten Herren · besaß der kühne Mann,
Den von einem Berge · seine Hand erwarb im Streit:
Er schlug darum zu Tode · manchen Ritter allbereit.

Vollauf besaß er Ehre · und hätt' er's halb entbehrt,
Doch müßte man gestehen · dem edeln Recken wert,
Daß er der Beste wäre · der je auf Rossen saß.
Man scheute seine Stärke · mit allem Grunde tat man das.

AVENTIURE

wie Gunther Sîvriden zuo der hôhzît bat

Dô dâhte ouch alle zîte · daz Guntheres wîp:
,wie treit et alsô hôhe · vrou Kriemhilt den lîp?
nu ist doch unser eigen · Sîvrit ir man:
er hât uns nu lange · lützel dienste getân.'

Daz truoc si in ir herzen · und wart ouch wol verdeit;
daz si ir vremde wâren · daz was ir harte leit,
daz man ir sô selten diende · von Sîvrides lant.
wâ von daz komen wære · daz hete si gerne bekant.

Si versuohte ez an dem künege · ob daz möhte geschehen,
daz si Kriemhilde · solde noch gesehen.
si reite ez heimlîche · des si dâ hete muot.
dô dûhte den hêrren · diu rede mæzlîchen guot.

,Wie möhten wir si bringen' · sprach der künic rîch,
,her zuo disem lande? · daz wær unmügelîch.
si sitzent uns ze verre · ich getar sis niht gebiten.'
des antwurt im Prünhilt · in vil hôhverten siten:

,Swie hôhe rîche wære · deheines küneges man,
swaz im gebüte sîn hêrre · daz solde er doch niht lân.'
des ersmielte Gunther · dô si daz gesprach:
ern jachs im niht ze dienste · swie dicke er Sîvriden sach.

Si sprach: ,lieber hêrre · durch den willen mîn
hilf mir, daz Sîvrit · und diu swester dîn
komen zuo dem lande · daz wir si hie gesehen:
sône kunde mir ze wâre · nimmer lieber geschehen.

,Dîner swester zühte · und ir wol gezogen muot,
sô ich dar an gedenke · wie sanfte mir daz tuot,
wie wir ensament sâzen · dô ich wart dîn wîp!
si mac mir êren minnen · des küenen Sîvrides lîp.'

ZWÖLFTES ABENTEUER

Wie Gunther Siegfrieden zum Hofgelage lud

Da dacht' auch alle Tage · Brunhild die Königin:
„Wie trägt nur Frau Kriemhild · so übermüt'gen Sinn?
Nun ist doch unser Eigen · Siegfried ihr Mann:
Der hat uns nun schon lange · wenig Dienste getan."

Das trug sie im Herzen · in großer Heimlichkeit;
Daß sie ihr fremde blieben · das war ihr bitter leid,
Daß man ihr Dienst so selten · entbot von Siegfrieds Land.
Woher das wohl käme · das hätte gern sie erkannt.

Sie versucht' es bei dem König · ob es nicht geschehn
Möchte, daß sie Kriemhild · noch sollte wiedersehn.
Sie vertraut' ihm heimlich · worauf ihr sann der Mut;
Da dauchte den König · der Frauen Rede nicht gut.

„Wie können wir sie bringen" · sprach der König hehr,
„Her zu diesem Lande? · das fügt sich nimmermehr.
Sie wohnen uns zu ferne · ich darf sie nicht drum bitten."
Da gab ihm Brunhild Antwort · mit gar hochfährt'gen Sitten:

„Und wäre noch so mächtig · eines Königs Mann,
Was ihm sein Herr gebietet · daß muß doch sein getan."
Lächeln mußte Gunther · ihrer Rede da:
Er nahm es nicht als Dienst an · wenn er Siegfrieden sah.

Sie sprach: „Lieber Herre · bei der Liebe mein,
Hilf mir, daß Siegfried · und die Schwester dein
Zu diesem Lande kommen · und wir sie hier ersehn:
So könnte mir auf Erden · nimmer lieber geschehn.

„Deiner Schwester Güte · und ihr wohlgezogner Mut,
Wenn ich daran gedenke · wie wohl mir's immer tut,
Wie wir beisammen saßen · als ich dir ward vermählt!
Sie hat sich mit Ehren · den kühnen Siegfried erwählt."

Si gertes alsô lange · unz daz der künic sprach:
,nu wizzet, daz ich geste · sô gerne nie gesach.
ir muget mich sanfte vlêgen · ich wil die boten mîn
nâch in beiden senden · daz si her komen an den Rîn.'

Dô sprach diu küneginne · sô sult ir mir sagen,
wenne ir si welt besenden · oder in welhen tagen
unser liebe vriunde · suln komen in daz lant.
die ir dar welt senden · die lât mir werden bekant.'

,Daz tuon ich,' sprach der fürste · ,drîzec mîner man
wil ich dar lân rîten' · die hiez er vür sich gân:
bî den enbôt er mære · in Sîvrides lant.
ze liebe gab in Prünhilt · vil harte hêrlîch gewant.

Dô sprach der künec Gunther · ,ir recken sult von mir sagen,
daz ich dar enbiete · des sult ir niht verdagen,
dem starken Sîvride · und der swester mîn,
daz in darf zer werlde · niemen holder gesîn.

,Und bitet, daz si beidiu · uns komen an den Rîn:
daz welle ich und mîn vrouwe · immer diende sîn.
vor disen sunewenden · sol er und sîne man
sehen hie vil manegen · der im grôzer êren gan.

,Dem künic Sigmunde · saget den dienst mîn,
daz ich und mîne vriunde · im immer wæge sîn,
und saget ouch mîner swester · daz si niht lâze daz,
sine rîte zuo ir vriunden · ir zam nie hôhzîte baz.'

Prünhilt und Uote · und swaz man dâ vrouwen vant,
die enbuten alle ir dienest · in Sîvrides lant
den minneclîchen vrouwen · und manegem küenem man.
mit des küneges râte · die boten huoben sich dan.

Si vuoren reislîche · ir pfert und ir gewant
daz was in komen allen · dô rûmten si daz lant.
in zogte wol ir verte · dar si dâ wolden varn.
der künic mit geleite · hiez die boten wol bewarn.

Da bat sie ihn so lange · bis der König sprach:
„Nun wißt, daß ich Gäste · nicht lieber sehen mag.
Ihr mögt mich leicht erbitten · ich will die Boten mein
Zu ihnen beiden senden · daß sie kommen an den Rhein."

Da sprach die Königstochter · „So sollt ihr mir sagen,
Wann ihr sie wollt besenden · oder zu welchen Tagen
Die lieben Freunde sollen · kommen in dies Land;
Die ihr dahin wollt senden · die macht zuvor mir bekannt."

„Das will ich," sprach der König · „Dreißig aus meinem Lehn
Laß ich zu ihnen reiten" · Die hieß er vor sich gehn:
Durch sie entbot er Märe · in Siegfriedens Land.
Da beschenkte sie Frau Brunhild · mit manchem reichen Gewand.

Da sprach der König Gunther · „Ihr Recken sollt von mir sagen
Und nichts von dem verschweigen · was ich euch aufgetragen,
Siegfried dem starken · und der Schwester mein,
Ihnen dürf' auf Erden · nimmer jemand holder sein.

„Und bittet, daß sie beide · uns kommen an den Rhein:
Dafür will ich und Brunhild · ihnen stets gewogen sein.
Vor dieser Sonnenwende · soll er hier manchen sehn,
Er und seine Mannen · die ihm Ehre lassen geschehn.

„Vermeldet auch dem König · Siegmund die Dienste mein,
Daß ich und meine Freunde · ihm stets gewogen sei'n,
Und bittet meine Schwester · daß sie's nicht unterläßt
Und zu den Freunden reitet · nie ziemt' ihr so ein Freudenfest."

Brunhild und Ute · und was man Frauen fand,
Die entboten ihre Dienste · in Siegfriedens Land
Den minniglichen Frauen · und manchem kühnen Mann.
Nach Wunsch des Königs hoben · sich bald die Boten hindann.

Sie standen reisefertig · ihr Roß und ihr Gewand
War ihnen angekommen · da räumten sie das Land.
Sie eilten zu dem Ziele · dahin sie wollten fahren.
Der König hieß die Boten · durch Geleite wohl bewahren.

Si kômen in drîn wochen · geriten in daz lant,
ze Niblunges bürge · dar wâren si gesant.
ze Norwege in der marke · vunden si den degen.
ros und liute wâren · müede von den langen wegen.

Sîvride und Kriemhilde · wart beiden dô geseit,
daz rîter komen wæren · die trüegen solhiu kleit,
sam man zen Burgonden · dô der site pflac.
sie spranc von einem bette · daran si ruowende lac.

Dô bat si zeime venster · eine maget gân.
diu sach den küenen Gêren · an dem hove stân,
in und die gesellen · die wâren dar gesant.
gegen ir herzeleide · wie liebiu mære si bevant!

Si sprach zuo dem künege · ‚sehet ir, wâ si stênt,
die mit dem starken Gêren · ûf dem hove gênt,
die uns mîn bruoder Gunther · sendet nider Rîn.‘
dô sprach der starke Sîvrit · ‚die suln uns willekomen sîn.‘

Allez daz gesinde · lief, dâ man si sach.
ir ieslîch besunder · vil güetlîche sprach
daz beste, daz si kunden · zuo den boten dô.
Sigmunt der hêrre · was ir künfte harte vrô.

Dô wart geherberget · Gêre und sîne man;
diu ros man hiez behalten · die boten giengen dan,
dâ der herre Sîvrit · bî Kriemhilde saz.
in was ze hove erloubet · dâ von sô tâten si daz.

Der wirt mit sînem wîbe · stuont ûf sâ zehant.
wol wart enpfangen Gêre · ûz Burgonden lant
mit sînen hergesellen · Guntheres man,
Gêren den vil rîchen · bat man an den sedel gân.

‚Erloubet uns die botschaft · ê wir sitzen gên;
uns wegemüede geste · lât uns die wîle sten.
wir suln iu sagen mære · waz iu enboten hât
Gunther und Prünhilt · der dinc vil hôchlîche stât,

Sie kamen in drei Wochen · geritten in das Land,
Zu Nibelungens Veste · wohin man sie gesandt:
In der Mark zu Norweg · fanden sie den Degen:
Roß und Leute waren · müde von den langen Wegen.

Siegfried und Kriemhilden · war eilends hinterbracht,
Daß Ritter kommen wären · die trügen solche Tracht,
Wie bei den Burgunden · man trug der Sitte nach.
Sie sprang von einem Bette · darauf die Ruhende lag.

Zu einem Fenster ließ sie · eins ihrer Mägdlein gehn;
Die sah den kuhnen Gere · auf dem Hofe stehn,
Ihn und die Gefährten · die man dahin gesandt.
Ihr Herzeleid zu stillen · wie liebe Kunde sie fand!

Sie sprach zu dem Könige · „Seht ihr, wie sie stehn,
Die mit dem starken Gere · auf dem Hofe gehn,
Die uns mein Bruder Gunther · nieder schickt den Rhein."
Da sprach der starke Siegfried · „Die sollen uns willkommen sein."

All ihr Ingesinde · lief hin, wo man sie sah.
Jeder an seinem Teile · gütlich sprach er da
Das Beste, was er konnte · zu den Boten hehr.
Ihres Kommens freute · der König Siegmund sich sehr.

Herbergen ließ man Geren · und die ihm untertan
Und ihrer Rosse warten · Die Boten brachte man
Dahin, wo Herr Siegfried · bei Kriemhilden saß.
Man lud sie vor zu Hofe · darauf befolgten sie das.

Der Wirt mit seinem Weibe · erhob sich gleich zur Hand.
Wohl ward empfangen Gere · aus Burgundenland
Mit seinen Fahrtgenossen · aus König Gunthers Lehn.
Den Markgrafen Gere · bat man nicht länger zu stehn.

„Erlaubt uns die Botschaft · eh' wir uns setzen gehn;
Uns wegemüde Gäste · laßt uns so lange stehn,
So melden wir die Märe · die euch zu wissen tut
Gunther mit Brunhilden · es geht ihnen beiden gut;

,Unde waz vrou Uote · iwer muoter, her enbôt,
Giselher der junge · und ouch hêr Gêrnôt
und iuwer besten mâge · habent uns her gesant:
die enbietent iu ir dienest · ûzer Burgonden lant.'

,Nu lôn in Got,' sprach Sîvrit · ,ich getrûwe in wol
triuwen unde guotes · alsô man vriunden sol;
sam tuot ouch ir swester · man sol uns mêre sagen,
ob unser lieben vriunde · dâ heime iht hôhes muotes tragen.

,Sît wir von in schieden · hât man in iht getân
mînen konemâgen? · daz sult ir mich wizzen lân.
daz wil ich in mit triuwen · immer helfen tragen,
unz daz ir vîende · mînen dienst müezen klagen.'

Dô sprach der marcgrâve · Gêre, ein rîter guot:
,si sint in allen tugenden · sô rehte hôh gemuot.
si ladent iuch ze Rîne · zeiner hôhgezît.
si sæhen iuch vil gerne · daz ir des âne zwîvel sît,

,Unt bitent mîne vrouwen · si sül mit iu dar komen,
swenne der winder · ein ende habe genomen,
vor disen sunewenden · wolden sie iuch sehen.'
dô sprach der starke Sîvrit · ,daz kunde müelîch geschehen.'

Dô sprach aber Gêre · von Burgonden lant:
,iuwer muoter Uote · diu hât iuch gemant,
Gêrnôt und Gîselher · ir sült in niht versagen.
daz ir in sît sô verre · daz hœre ich tegelîche klagen.

,Prünhilt mîn vrouwe · und ir magedîn
vreuwent sich der mære · ob daz mehte sîn,
daz si iuch noch sæhen · daz gæbe in hôhen muot.'
dô dûhten disiu mære · die schœnen Kriemhilde guot.

Gêre was ir sippe · der wirt in sitzen hiez;
den gesten hiez er schenken · niht langer man daz liez.
dô kom ouch dar Sigmunt · dâ er die boten sach:
der hêrre vriuntlîche · zuo den Burgonden sprach:

„Und was euch Frau Ute · eure Mutter, her entbot,
Geiselher der junge · und auch Herr Gernot
Und eure nächsten Freunde · die haben uns gesandt
Und entbieten euch viel Dienste · aus der Burgunden Land."

„Lohn' ihnen Gott," sprach Siegfried · „ich versah zu ihnen wohl
Mich aller Lieb' und Treue · wie man zu Freunden soll.
So tut auch ihre Schwester · ihr sollt uns ferner sagen,
Ob unsre lieben Freunde · hohen Mut daheim noch tragen.

„Hat ihnen, seit wir schieden · jemand ein Leid getan,
Meiner Fraue Brüdern? · Das saget mir an.
Ich wollt' es ihnen immer · mit Treue helfen tragen,
Bis ihre Widersacher · meine Dienste müßten beklagen."

Zur Antwort gab der Markgraf · Gere, ein Ritter gut:
„Sie sind in allen Züchten · in Wahrheit hochgemut.
Sie laden euch zum Rheine · zu einer Lustbarkeit.
Sie säh'n euch gar gerne · daß ihr des außer Zweifel seid,

„Und bitten meine Fraue · auch mit euch zu kommen.
Wenn nun der Winter · ein Ende hat genommen,
Vor dieser Sonnenwende · da möchten sie euch sehn."
Da sprach der starke Siegfried · „Das könnte schwerlich geschehn."

Da sprach wieder Gere · von Burgundenland:
„Eure Mutter Ute · hat euch sehr gemahnt
Mit Gernot und Geiselher · ihr sollt es nicht versagen.
Daß ihr so ferne wohnet · hör' ich sie täglich beklagen.

„Brunhild meine Herrin · und ihre Mägdelein
Freuen sich der Kunde · und könnt' es jemals sein,
Daß sie euch wiedersähen · ihnen schüf' es hohen Mut."
Da dauchten diese Mären · die schöne Kriemhilde gut.

Gere war ihr Vetter · der Wirt ihn sitzen hieß;
Den Gästen hieß er schenken · nicht länger man das ließ.
Da kam dazu auch Siegmund · als der die Boten sah,
Freundlich sprach der König · zu den Burgunden da:

,Sît willekomen, ir recken · Guntheres man.
sît daz Kriemhilde · ze wîbe gewan
Sîvrit der mîn sun · man solde iuch dicker sehen
hie in disem lande · wolt ir uns vriuntschefte jehen.'

Si sprâchen, swenne er wolde · si solden gerne komen.
in wart michel müede · mit vreuden benomen.
die boten bat man sitzen · spîse man in truoc;
der hiez dô geben Sîvrit · sînen gesten genuoc.

Si muosen dâ belîben · bevollen niun tage.
des heten endelîchen · die snellen rîter klage,
daz si niht wider rîten · solden in ir lant.
dô hete der künic Sîvrit · nâch sînen vriunden gesant.

Er vrâgte, waz si rieten · er sold an den Rîn.
,ez hât nâch mir gesendet · Gunther der vriunt mîn,
er und sîne mâge · durch eine hôhzît:
nu kœm ich im vil gerne · wan daz sîn lant ze verre lît.

,Si bittent Kriemhilde · daz si mit mir var.
nu râtet, lieben vriunde · wie sol si komen dar?
sold ich herverten · durch si in drîzec lant,
dâ müese in dienen gerne · hin diu Sîvrides hant.'

Dô sprâchen sîne recken · ,habet ir der reise muot
hin zer hôhzîte · wir râten, waz ir tuot:
ir sult mit tûsent recken · rîten an den Rîn:
sô muget ir wol mit êren · dâ zen Burgonden sîn.'

Dô sprach von Niderlanden · der hêrre Sigmunt:
,welt ir zer hôhzîte · wan tuot ir mir daz kunt?
obez iu niht versmâhet · sô rîte ich mit iu dar.
ich vüere hundert degene · dâ mite mêre ich iuwer schar.'

,Welt ir mit uns rîten · lieber vater mîn',
sprach der küene Sîvrit · ,vil vrô sol ich des sîn.
inre tagen zwelfen · sô rûme ich mîniu lant.'
alle, die es gerten · den gap man ros und ouch gewant.

„Willkommen uns, ihr Recken · in König Gunthers Lehn!
Da sich Kriemhilden · zum Weibe hat ersehn
Mein Sohn Siegfried · man sollt' euch öfter schaun
In diesem Lande, dürften wir · bei euch auf Freundschaft vertraun."

Sie sprachen: wenn er wolle · sie würden gerne kommen.
Ihnen ward mit Freuden · die Müdigkeit benommen.
Man hieß die Boten sitzen · Speise man ihnen trug:
Deren schuf da Siegfried · seinen Gästen genug.

Sie mußten da verweilen · volle neun Tage.
Darob erhoben endlich · die schnellen Ritter Klage,
Daß sie nicht wieder reiten · durften in ihr Land.
Da hatt' auch König Siegfried · zu seinen Freunden gesandt:

Er fragte, was sie rieten· er solle nach dem Rhein.
„Es ließ mich entbieten · Gunther der Schwager mein,
Er und seine Brüder · zu einer Lustbarkeit:
Ich möcht' ihm gerne kommen · liegt gleich sein Land mir so weit.

„Sie bitten Kriemhilden · mit mir zu ziehn.
Nun ratet, liebe Freunde · wie kommen wir dahin?
Und sollt' ich heerfahren · durch dreißig Herren Land,
Gern dienstbereit erwiese · sich ihnen Siegfriedens Hand."

Da sprachen seine Recken · „Steht euch zur Fahrt der Mut
Nach dem Hofgelage · wir raten, was ihr tut:
Ihr sollt mit tausend Recken · reiten an den Rhein:
So möget ihr wohl mit Ehren · bei den Burgunden sein."

Da sprach von Niederlanden · der König Siegmund:
„Wollt ihr zum Hofgelage · was tut ihr mir's nicht kund?
Ich will mit euch reiten · wenn ihr's zufrieden seid;
Hundert Degen führ' ich · damit mehr' ich eur Geleit."

„Wollt ihr mit uns reiten · lieber Vater mein",
Sprach der kühne Siegfried · „des will ich fröhlich sein.
Binnen zwölf Tagen · räum' ich unser Land."
Die sie begleiten sollten · denen gab man Ross' und Gewand.

Dô der künic edele · der reise hete muot,
dô hiez man wider rîten · die snellen degne guot.
sînen konemâgen · enbôt er an den Rîn,
er wolde harte gerne · bî ir hôhgezîte sîn.

Sîvrit und Kriemhilt · sô wir hœren sagen,
sô vil den boten gâben · daz ez niht mohten tragen
ir mœre heim ze lande · er was ein rîcher man.
ir starken soumære · treip man vrœlîchen dan.

Ir volk kleidete Sîvrit · und ouch Sigemunt.
Eckewart der grâve · der hiez an der stunt
vrouwen kleider suochen · diu besten, die man vant
oder inder kunde erwerben · über Sîvrides lant.

Die setel zuo den schilden · bereiten man began,
rîtern und vrouwen · die mit im solden dan,
den gap man, swaz si wolden · daz in niht gebrast.
er brâhte sînen vriunden · manegen hêrlîchen gast.

Die boten zogten sêre · ze lande ûf den wegen.
dô kom zen Burgonden · Gêre der degen.
er wart vil wol enpfangen · do erbeizten si ze tal
von rossen und von mœren · vür den Guntheres sal.

Die tumben und die wîsen · giengen, sô man tuot,
vrâgen umbe mære · sô sprach der rîter guot:
‚swenne ich si sage dem künege · dâ hœrt ir si zehant.‘
er gie mit den gesellen · dâ er Guntheren vant.

Der künic durch grôze liebe · von dem sedele spranc.
daz si sô snelle kômen · des seite in dô danc
Prünhilt diu schœne · Gunther zen boten sprach:
‚wie gehabet sich Sîvrit · von dem mir liebe vil geschach?‘

Dô sprach der küene Gêre · ‚dâ wart er vreuden rôt,
er und iuwer swester · nie vriunden baz enbôt
sô getriuwe mære · deheiner slahte man,
als iu der hêrre Sîvrit · und ouch sîn vater hât getân.‘

Als dem edeln König · zur Reise stand der Mut,
Da ließ man wieder reiten · die schnellen Degen gut.
Seiner Frauen Brüdern · entbot er an den Rhein,
Daß er gerne wolle · bei ihrem Hofgelage sein.

Siegfried und Kriemhild · so hörten wir sagen,
Beschenkten so die Boten · es mochten es nicht tragen,
Die Pferde nach der Heimat · er war ein reicher Mann.
Ihre starken Säumer · trieb man zur Reise fröhlich an.

Da schuf dem Volke Kleider · Siegfried und Siegemund.
Eckewart der Markgraf · ließ da gleich zur Stund'
Frauenkleider suchen · die besten, die man fand
Und irgend mocht' erwerben · in Siegfriedens ganzem Land.

Die Sättel und die Schilde · man da bereiten ließ.
Den Rittern und den Frauen · die er sich folgen hieß,
Gab man, was sie wollten · nichts gebrach daran.
Er brachte seinen Freunden · manchen herrlichen Mann.

Nun wandten sich die Boten · zurück und eilten sehr.
Da kam zu den Burgunden · Gere, der Degen hehr,
Und wurde schön empfangen · sie schwangen sich zutal
Von Rossen und von Mähren · dort vor König Gunthers Saal.

Die Jungen und die Alten · kamen, wie man tut,
Und fragten nach der Märe · Da sprach der Ritter gut:
„Wenn ich's dem König sage · wird es auch euch bekannt."
Er ging mit den Gesellen · dahin, wo er Gunthern fand.

Der König vor großer Freude · von dem Sessel sprang;
Daß sie so bald gekommen · sagt' ihnen Dank
Brunhild die schöne · Zu den Boten sprach er da:
„Wie gehabt sich Siegfried · von dem mir Liebe viel geschah?"

Da sprach der kühne Gere · „Er ward vor Freuden rot,
Er und eure Schwester · So holde Mär' entbot
Seinen Freunden nimmer · noch zuvor ein Mann,
Als euch der edle Siegfried · und sein Vater hat getan."

Dô sprach zem marcgrâven · des rîchen küneges wîp:
‚nu saget mir, kumt uns Kriemhilt? · hât noch ir schœner lîp
behalten iht der zühte · der si kunde pflegen?‘
‚si kumet iu sicherlîchen‘ · sô sprach dô Gêre der degen.

Uote bat dô drâte · die boten vür sich gên.
man moht an ir vrâge · harte wol verstên,
daz sie hôrte gerne · ‚was Kriemhilt noch gesunt?‘
er seite, wier sie vunde · und daz si kœme in kurzer stunt.

Ez wart von in diu gâbe · ze hove niht verdeit,
die in gap hêr Sîvrit · golt und ouch diu kleit
brâhte man ze sehene · der drîer künege man.
ir vil grôzer milte · wart dâ danken getân.

‚Er mac,‘ sprach dô Hagene · ‚von im samfte geben:
ern kundez niht verswenden · sold er immer leben.
hort der Niblunge · belozzen hât sîn hant;
hei, sold er komen immer · in der Burgonden lant!‘

Allez daz gesinde · vreute sich dar zuo,
daz si komen solden · spâte unde vruo
wâren vil unmüezec · der drîer künege man.
manec hergesidele · ma dô rihten began.

Hûnolt der küene · und Sindolt der degen
heten vil unmuoze · die zît si muosen pflegen,
truhsœzen unde schenken · ze rihten manege banc.
des half in ouch Ortwîn · des seite in Gunther dô danc.

Rûmolt der kuchenmeister · wie wol er rihte sît
sîne undertâne! · manegen kezzel wît,
haven unde pfannen · hei, waz man der dâ vant!
dô bereite man den spîse · die dâ kômen in daz lant.

Da sprach zum Markgrafen · des reichen Königs Weib:
„Nun sagt mir, kommt uns Kriemhild? · Hat noch ihr schöner Leib
Die hohe Zier behalten · deren sie mochte pflegen?"
„Sie wird euch sicher kommen" · so sprach da Gere der Degen.

Ute ließ die Boten · alsbald vor sich gehn.
Da war's an ihrem Fragen · leichtlich zu verstehn,
Was sie zu wissen wünsche · „War Kriemhild noch wohlauf?"
Er gab Bescheid, sie käm' auch · nach kurzer Tage Verlauf.

Da blieb auch nicht verhohlen · am Hof der Botensold,
Den ihnen Siegfried schenkte · die Kleider und das Gold:
Die ließ man alle schauen · in der drei Fürsten Lehn.
Da mußten sie ihm Ehre · wohl für Milde zugestehn.

„Er mag," sprach da Hagen · „mit vollen Händen geben:
Er könnt' es nicht verschwenden · und sollt' er ewig leben.
Den Hort der Nibelungen · beschließt des Königs Hand;
Hei! daß der jemals käme · her in der Burgunden Land!"

Da freuten sich die Degen · am Hof im voraus,
Daß sie kommen sollten · Beflissen überaus
Sah man spät und frühe · die in der Kön'ge Lehn.
Großes Heergestühle · ließ man vor der Burg erstehn.

Hunold der kühne · und Sindold der Degen
Hatten wenig Muße · des Amtes mußte pflegen
Truchseß auch und Schenke · und richten manche Bank;
Auch Ortwein war behülflich · des sagt' ihnen Gunther Dank.

Rumold der Küchenmeister · wie herrscht' er in der Zeit
Ob seinen Untertanen! · Gar manchen Kessel weit,
Häfen und Pfannen · hei! was man deren fand!
Denen ward da Kost bereitet · die da kamen in das Land.

AVENTIURE

wie si ze der hôhzît vuoren

Alle ir unmuoze · lâzen wir nu sîn
und sagen, wie vrou Kriemhilt · und ir magedîn
hin gên Rîne vuoren · von Niblunge lant.
nie getruogen mœre · sô manec hêrlîch gewant.

Vil der soumschrîne · man schihte zu den wegen.
dô reit mit sînen vriunden · Sîvrit der degen
und diu küneginne · dar si heten vreuden wân;
sît wart ez in allen · ze grôzem leide getân.

Dâ heime si dô liezen · Sîvrides kindelîn
und sun den Kriemhilde · daz muos et alsô sîn.
von ir hovereise · wuohs vil michel sêr:
sînen vater und sîn muoter · gesach daz kindel nimmer mêr.

Dô reit ouch mit in dannen · der hêrre Sigmunt.
solde er rehte wizzen · wie ez nâch der stunt
zer hôchzît ergienge · er het ir niht gesehen;
im kunde an lieben vriunden · leider nimmer geschehen.

Boten man vür sande · die diu mære seiten dar.
dô reit ouch in enkegene · mit wünneclîcher schar
vil der Uoten vriunde · und der Guntheres man.
der wirt gên sînen gesten · sich sêre vlîzen began.

Er gie zuo Prünhilde · dâ er si sitzen vant.
‚wie enpfieng iuch mîn swester · dô ir kômet in daz lant?
sam sult ir enpfâhen · Sîvrides wîp.‘
‚daz tuon ich‘, sprach si, ‚gerne · von schulden holt ist ir mîn lîp.‘

Dô sprach der künic rîche · ‚si koment uns morgen vruo.
welt ir si enpfâhen · dâ grîfet balde zuo,
daz wir ir in der bürge · niht erbîten hie.
mir sint in allen zîten · lieber geste komen nie.‘

DREIZEHNTES ABENTEUER

Wie sie zum Hofgelage fuhren

All ihr Bemühen · lassen wir nun sein
Und sagen, wie Frau Kriemhild · und ihre Mägdelein
Hin zum Rheine fuhren · von Nibelungenland.
Niemals trugen Rosse · so viel herrlich Gewand.

Viel Saumschreine wurden · versendet auf den Wegen.
Da ritt mit seinen Freunden · Siegfried der Degen
Und die Königstochter · in hoher Freuden Wahn;
Da war es ihnen allen · zu großem Leide getan.

Sie ließen in der Heimat · Siegfrieds Kindelein
Und Kriemhildens bleiben · das mußte wohl so sein.
Aus ihrer Hofreise · erwuchs ihm viel Beschwer:
Seinen Vater, seine Mutter · ersah das Kindlein nimmermehr.

Mit ihnen ritt von dannen · Siegmund der König hehr.
Hätt' er ahnen können · wie es ihm nachher
Beim Hofgelag' erginge · er hätt' es nicht gesehn:
Ihm konnt' an lieben Freunden · größer Leid nicht geschehn.

Vorausgesandte Boten · verhießen sie bei Zeit.
Entgegen ritten ihnen · in herrlichem Geleit
Von Utens Freunden viele · und König Gunthers Lehn.
Der Wirt ließ großen Eifer · für die lieben Gäste sehn.

Er ging zu Brunhilden · wo er sie sitzen fand:
„Wie empfing euch meine Schwester · da ihr kamet in dies Land?
So will ich, daß ihr Siegfrieds · Gemahl empfangen sollt."
„Das tu ich," sprach sie, „gerne · ich bin ihr billiglich hold."

Da sprach der mächtige König · „Sie kommen morgen fruh;
Wollt ihr sie empfangen · so greift nur bald dazu,
Daß sie uns in der Veste · nicht überraschen hie:
Mir sind so liebe Gäste · nicht oft gekommen wie sie."

Ir meide und ir vrouwen · hiez si sâ zehant
suochen guotiu kleider · diu besten, diu man vant,
diu ir ingesinde · vor gesten solde tragen.
daz tâten si doch gerne · daz mac man lîhte gesagen.

Ouch îlten in dô dienen · die Guntheres man.
alle sîne recken · der wirt zuo im gewan.
dô reit diu küneginne · hêrlîchen dan.
dâ wart vil michel grüezen · die lieben geste getân.

Mit wie getânen vreuden · man die geste enpfie!
si dûhte, daz vrou Kriemhilt · vroun Prünhilde nie
sô rehte wol enpfienge · in Burgonden lant.
die ez ie gesâhen · den wart vil hôher muot bekant.

Nu was ouch kommen Sîvrit · mit den sînen man.
man sach die helde wenden · wider unde dan
des veldes allenthalben · mit ungevüegen scharn.
dringen unde stouben · kunde niemen dâ bewarrn.

Dô der wirt des landes · Sîvriden sach
und ouch Sigmunden · wie minneclîch er sprach!
‚nu sît mir grôze willekomen · und al den vriunden mîn;
iuwer hovereise · suln wir hôhes muotes sîn.‘

‚Nu lône iu got,‘ sprach Sigmunt · der êre gernde man.
‚sît daz iuch mîn sun Sîvrit · ze vriunde gewan,
dô rieten mîne sinne · daz ich iuch wolde sehen.‘
dô sprach der künic Gunther · ‚nu ist mir liebe dran geschehen.‘

Sîvrit wart enpfangen · als im daz wol gezam,
mit vil grôzen êren · niemen was im gram.
des half mit grôzen zühten · Gîselher und Gêrnôt.
ich wæne, man ez gesten · nie sô güetlîch erbôt.

Nu nâheten zuo ein ander · der zweier künege wîp.
dâ wart vil setel lære · maneger vrouwen lîp
wart von helde handen · erhaben ûf daz gras.
die vrouwen gerne dienden · waz der dâ unmüezec was!

Ihre Mägdelein und Frauen · ließ sie da zur Hand
Gute Kleider suchen · die besten, die man fand,
Die ihr Ingesinde · vor Gästen mochte tragen.
Da taten sie doch gerne · das mag man für Wahrheit sagen.

Sie zu empfangen eilten · auch die in Gunthers Lehn;
All seine Recken · hieß er mit sich gehn.
Da ritt die Königstochter · hinweg in stolzem Zug.
Die lieben Gäste grüßte · sie alle freudig genug.

Mit wie hoher Freude · da empfing man sie!
Sie dauchte, daß Frau Kriemhild · Brunhilden nie
So wohl empfangen habe · in Burgundenland.
Allen, die es sahen · war hohe Wonne bekannt.

Nun war auch Siegfried kommen · mit seiner Leute Heer.
Da sah man die Helden · sich wenden hin und her
Im Feld allenthalben · mit ungezählten Scharen.
Vor Staub und Drängen konnte · sich da niemand bewahren.

Als der Wirt des Landes · Siegfrieden sah
Und Siegmund den König · wie gütlich sprach er da:
„Nun seid mir hochwillkommen · und all den Freunden mein;
Wir wollen hohen Mutes · ob eurer Hofreise sein."

„Nun lohn' euch Gott," sprach Siegmund · der ehrbegier'ge Mann.
„Seit mein Sohn Siegfried · euch zum Freund gewann,
Riet mir all mein Sinnen · wie ich euch möchte sehn."
Da sprach der König Gunther · „nun freut mich, daß es geschehn."

Siegfried ward empfangen · wie man das wohl gesollt,
Mit viel großen Ehren · ein jeder ward ihm hold.
Des half mit Rittersitten · Gernot und Geiselher;
Ich glaub', man bot es Gästen · so gütlich wohl nimmermehr.

Nun konnten sich einander · die Königinnen schaun.
Da sah man Sättel leeren · und viel der schönen Fraun
Von der Helden Händen · gehoben auf das Gras:
Wer gerne Frauen diente · wie selten der da müßig saß!

Dô giengen zuo ein ander · diu minneclîchen wîp.
des was in grôzen vreuden · maneges rîters lîp,
daz ir beider grüezen · sô schône wart getân.
dô sach man vil der recken · bî den juncvrouwen stân.

Daz hêrlîch gesinde · vie sich bî der hant;
in zühten grôze nîgen · des man vil dâ vant
und küssen minneclîchen · von vrouwen wol getân.
daz was liep ze sehene · Gunthers und Sîvrides man.

Si biten dâ niht langer · si riten zuo der stat.
der wirt sînen gesten · wol erzeigen bat,
daz man si gerne sæhe · in Burgonden lant.
manegen puneiz rîchen · man vor den juncvrouwen vant.

Uzer Troneje Hagene · und ouch Ortwîn,
daz si gewaltec wæren · daz tâten si wol schîn.
swaz si gebieten wolden · des torste man niht lân.
von in wart michel dienest · den lieben gesten getân.

Vil schilde hört man hellen · dâ ze dem bürge tor
von stichen und von stœzen · lange habte dâ vor
der wirt mit sînen gesten · ê si kômen drin.
jâ gie in diu stunde · mit grôzer kurzwîle hin.

Vür den palas wîten · mit vreuden si dô riten.
manegen pfelle spæhe · guot und wol gesniten,
sach man über setele · den vrouwen wol getân
allenthalben hangen · dô kômen Guntheres man.

Die geste hiez man vüeren · balde an ir gemach.
under wîlen blicken · man Prünhilde sach
an vrouwen Kriemhilde · diu schœne was genuoc.
ir varwe gên dem golde · den glanz vil hêrlîchen truoc.

Allenthalben schallen · ze Wormez in der stat
hôrte manz gesinde · Gunther dô bat
Dancwarten sînen marschalc · daz er ir solde pflegen.
dô begunde er daz gesinde · harte güetlîchen legen.

Da gingen zueinander · die Frauen minniglich.
Darüber höchlich freuten · viel der Ritter sich,
Daß der beiden Grüßen · so schön war zu sehn.
Man sah da manchen Recken · bei den Jungfrauen stehn

Das herrliche Gesinde · nahm sich bei der Hand;
Züchtiglich sich neigen · man allerorten fand
Und minniglich sich küssen · viel Frauen wohlgetan.
Das sahen gerne Gunthers · und Siegfrieds Mannen mit an.

Sie säumten da nicht länger · und ritten nach der Stadt.
Der Wirt seinen Gästen · zu erweisen bat,
Daß man sie gerne sähe · in der Burgunden Land.
Manches schöne Kampfspiel · man vor den Jungfrauen fand.

Da ließ von Tronje Hagen · und auch Ortewein,
Wie sie gewaltig waren · wohl offenkundig sein.
Was sie gebieten mochten · das ward alsbald getan.
Man sah die lieben Gäste · viel Dienst von ihnen empfahn.

Man hörte Schilde hallen · vor der Veste Tor
Von Stichen und von Stößen · Lange hielt davor
Der Wirt mit seinen Gästen · bis alle waren drin.
In mancher Kurzweil gingen · ihnen schnell die Stunden hin.

Vor den weiten Gästesaal · sie nun in Freuden ritten.
Viel kunstvolle Decken · reich und wohlgeschnitten,
Sah man von den Sätteln · den Frauen wohlgetan
Allenthalben hangen · da kamen Diener heran.

Zu Gemache wiesen · sie die Gäste da
Hin und wieder blicken · man Brunhilden sah
Nach Kriemhild der Frauen · schön war sie genug:
Den Glanz noch vor dem Golde · ihre hehre Farbe trug.

Da vernahm man allenthalben · zu Worms in der Stadt
Den Jubel des Gesindes · König Gunther bat
Dankwart, seinen Marschall · es wohl zu verpflegen:
Da ließ er die Gäste · in gute Herbergen legen.

Dar ûze und ouch dar inne · spîsen man si lie.
jâ wart vremder geste · baz gepflegen nie.
alles, des si gerten · des was man in bereit.
der künic was sô rîche · daz niemen dâ niht wart verseit.

Man diente in vriuntlîche · und ân allen haz.
der wirt dâ ze tische · mit sînen gesten saz.
man bat Sîvride sitzen · als er ê hete getân.
dô gie mit im ze sedele · vil manec wætlîcher man.

Zwelf hundert recken · an dem ringe sîn
dâ ze tische sâzen · Prünhilt diu künegin
gedâht, daz eigenholde · niht rîcher kunde wesen.
si was im noch sô wæge · daz si in gerne lie genesen.

An einem âbende · dâ der künic saz,
vil der rîchen kleider · wart von wîne naz,
dâ die schenken solden · zuo den tischen gân:
dâ wart vil voller dienest · mit grôzem vlîze getân.

Sô man ze hôhzîten · lange hât gepflegen,
vrouwen und meide · hiez man schône legen.
swannen si dar kômen · der wirt in willen truoc;
in güetlîchen êren · man gap in allen genuoc.

Dô diu naht het ende · und der tac erschein,
ûz den soumschrînen · manec edel stein
erlûhte in guoter wæte · die ruorte vrouwen hant.
dô wart dar vür gesuochet · manec hêrlîch gewant.

Ê ez vol ertagete · dô kômen vür den sal
vil rîter unde knehte · dô huop sich aber schal
vor einer vruomesse · die man dem künege sanc.
dâ rîten junge helde · daz ins der künic seite danc.

Manec pusûne lûte · vil krefteclîch erdôz.
von trumben und von vloiten · der schal wart sô grôz,
daz Wormez diu vil wîte · dar nâch lûte erschal.
die hôch gemuoten helde · ze rossen kômen über al.

Draußen und darinnen · beköstigte man sie:
So wohl gewartet wurde · fremder Gäste nie.
Was einer wünschen mochte · das war ihm gern gewährt:
So reich war der König · es blieb keinem was verwehrt.

Man dient' ihnen freundlich · und ohn' allen Haß.
Der König zu Tische · mit seinen Gästen saß;
Siegfrieden ließ man sitzen · wie er sonst getan.
Mit ihm ging zu Tische · gar mancher waidliche Mann.

Zwölfhundert Recken · setzten sich dahin
Mit ihm an der Tafel · Brunhild die Königin
Gedachte, wie ein Dienstmann · nicht reicher möge sein.
Noch war sie ihm günstig · sie ließ ihn gerne gedeihn.

Es war an einem Abend · da so der König saß,
Viele reiche Kleider wurden · da vom Weine naß,
Als die Schenken sollten · zu den Tischen gehn:
Da sah man volle Dienste · mit großem Fleiße geschehn.

Wie bei Hofgelagen · Sitte mochte sein,
Ließ man zur Ruh geleiten · Fraun und Mägdelein.
Von wannen wer gekommen · der Wirt ihm Sorge trug;
In gütlichen Ehren · gab man Allen genug.

Die Nacht war zu Ende · sich hob des Tages Schein;
Aus den Saumschreinen · mancher Edelstein
Erglänzt' auf gutem Kleide · das schuf der Frauen Hand.
Aus der Lade suchten sie · manches herrliche Gewand.

Eh' es noch völlig tagte · kamen vor den Saal
Ritter viel und Knechte · da hob sich wieder Schall
Vor einer Frühmesse · die man dem König sang.
So ritten junge Helden · der König sagt' ihnen Dank.

Da klangen die Posaunen · von manchem kräft'gen Stoß;
Von Flöten und Drommeten · ward der Schall so groß,
Worms die weite Veste · gab lauten Widerhall.
Auf die Rosse sprangen · die kühnen Helden überall.

Dô huop sich in dem lande · harte hôch ein spil
von manegen guoten recken · der sach man dâ vil,
den ir tumbiu herze · gâben hôhen muot;
der sach man under schilde · manegen zieren rîter guot.

In diu venster sâzen · diu hêrlîchen wîp
und vil der schœnen meide · gezieret was ir lîp.
si sâhen kurzewîle · von manegem küenen man.
der wirt mit sînen vriunden · selbe rîten dâ began.

Sus vertriben si die wîle · diu dûhte si niht lanc.
man hôrte dâ zem tuome · maneger glocken klanc:
dô kômen in die mœre · die vrouwen riten dan;
den edelen küneginnen · volgete manec küene man.

Si stuonden vor dem münster · nider ûf daz gras,
Prünhilt ir gesten · dannoch wæge was.
si giengen under krône · in daz münster wît.
diu liebe wart sît gescheiden · daz vrumte grœzlîcher nît.

Dô si gehôrten messe · si vuoren wider dan
mit vil manegen êren · man sach si sider gân
ze tische vrœlîche · ir vreude nie gelac
dâ zer hôhgezîte · unz an den einliften tac.

Da hob sich in dem Lande · ein hohes Ritterspiel
Von manchem guten Recken · man fand ihrer viel,
Deren junge Herzen · füllte froher Mut;
Unter Schilden sah man · manchen zieren Ritter gut.

Da ließen in den Fenstern · die herrlichen Fraun
Und viel der schönen Maide · sich im Schmucke schaun.
Sie sahen kurzweilen · manchen kühnen Mann;
Der Wirt mit seinen Freunden · zu reiten selber begann.

So vertrieben sie die Weile · die dauchte sie nicht lang.
Da lud zu dem Dome · mancher Glocke Klang:
Den Frauen kamen Rosse · da ritten sie hindann;
Den edeln Königinnen · folgte mancher kühne Mann.

Sie stiegen vor dem Münster · nieder auf das Gras.
Noch hegte zu den Gästen · Brunhild keinen Haß.
Sie gingen unter Krone · in das Münster weit.
Bald schied sich diese Liebe · das wirkte grimmiger Neid.

Als die Messe war gesungen · sah man sie weiter ziehn
Unter hohen Ehren · sie gingen heiter hin
Zu des Königs Tischen · ihre Freude nicht erlag
Bei diesen Lustbarkeiten · bis gegen den eilften Tag.

AVENTIURE

wie die küneginne ein ander schulten

Vor einer vesperzîte · huop sich grôz ungemach,
daz von manegem recken · ûf dem hove geschach:
si pflâgen rîterschefte · durch kurzwîle wân.
dô liefen dar durch schouwen · manec wîp unde man.

Ze samne dô gesâzen · die küneginne rîch:
si gedâhten zweier recken · die wâren lobelîch.
dô sprach diu schœne Kriemhilt · ‚ich hân einen man,
daz elliu disiu rîche · zuo sînen handen solden stân.‘

Dô sprach die vrouwe Prünhilt · ‚wie kunde daz gesîn?
ob ander nieman lebete · wan sîn unde dîn,
sô môhten im diu rîche · wol wesen undertân:
die wîle daz lebet Gunther · sô kundez nimmer ergân.‘

Dô sprach aber Kriemhilt · ‚sihestu, wie er stât,
wie rehte hêrlîche · er vor den recken gât,
sam der liehte mâne · vor den sternen tuot!
des muoz ich von schulden · tragen vrœlîchen muot.‘

Dô sprach diu vrouwe Prünhilt · ‚swie wætlîch sî dîn man,
swie biderbe und swie schœne · sô soltu vor im lân
Gunther den recken · den edelen bruoder dîn:
der muoz vor allen künegen · daz wizze, wærlîche sîn.‘

Dô sprach aber Kriemhilt · ‚sô tiuwer ist mîn man,
daz ich in âne schulde · niht gelobet hân.
an vil manegen dingen · ist sîn êre grôz.
geloubestu daz, Prünhilt · er ist wol Gunthers genôz.‘

‚Jâne soltu mirz, Kriemhilt · ze arge niht verstân,
wan ich âne schulde · die rede niht hân getân:
ich hôrtes jehen beide · dô ichs êrste sach,
und dâ des küneges wille · an mîme lîbe geschach,

VIERZEHNTES ABENTEUER

Wie die Königinnen sich schalten

Es war vor einer Vesper · als man den Schall vernahm,
Der von manchem Recken · auf dem Hofe kam:
Sie stellten Ritterspiele · der Kurzweil willen an.
Da eilten es zu schauen · Frauen viel und mancher Mann.

Da saßen beisammen · die Königinnen reich
Und gedachten zweier Recken · die waren ohne Gleich.
Da sprach die schöne Kriemhild · „Ich hab' einen Mann,
Dem wären diese Reiche · alle billig untertan."

Da sprach zu ihr Frau Brunhild · „Wie könnte das wohl sein?
Wenn anders niemand lebte · als er und du allein,
So möchten ihm die Reiche · wohl zu Gebote stehn:
So lange Gunther lebte · so könnt' es nimmer geschehn."

Da sprach Kriemhild wieder · „Siehst du, wie er steht,
Wie er da so herrlich · vor allen Recken geht,
Wie der lichte Vollmond · vor den Sternen tut!
Darob mag ich wohl immer · tragen fröhlichen Mut."

Da sprach wieder Brunhild · „Wie waidlich sei dein Mann,
Wie schön und wie bieder · so steht ihm doch voran
Gunther, der Recke · der edle Bruder dein:
Der muß vor allen Königen · das wisse du wahrlich, sein."

Da sprach Kriemhild wieder · „So wert ist mein Mann,
Daß er ohne Grund nicht · solch Lob von mir gewann.
An gar manchen Dingen · ist seine Ehre groß.
Glaubst du das, Brunhild? · er ist wohl Gunthers Genoß!"

„Das sollst du mir, Kriemhild · im Argen nicht verstehn;
Es ist auch meine Rede · nicht ohne Grund geschehn.
Ich hört' es Beide sagen · als ich zuerst sie sah,
Und als des Königs Willen · in meinen Spielen geschah,

‚Und dâ er mîne minne · sô rîterlîch gewan,
dô jach des selbe Sîvrit · er wære küneges man:
des hân ich in vür eigen · sît ich ins hôrte jehen.‘
dô sprach diu schœne Kriemhilt · ‚sô wær mir übele geschehen.

‚Wie heten sô geworben · die edelen bruoder mîn,
daz ich eigenmannes · wine solde sîn?
des wil ich dich, Prünhilt · vil vriuntlîchen biten,
daz du die rede lâzest · durch mich mit güetlîchen siten.‘

‚Ich mag ir niht gelâzen‘ · sprach des küneges wîp:
‚zwiu sold ich verkiesen · sô maneges rîters lîp,
der uns mit dem degene · dienstlich ist undertân?‘
Kriemhilt diu vil schœne · daz sêre zürnen began.

‚Du muost in verkiesen · daz er dir immer bî
wone deheiner dienste · erst tiurer, danne si
Gunther mîn bruoder · der vil edel man.
du solt mich des erlâzen · daz ich von dir vernomen hân.

‚Und nimt mich immer wunder · sît er dîn eigen ist
und du über uns beidiu · sô gewaltec bist,
daz er dir sô lange · den zins versezzen hât.
dîner übermüete · solde ich von rehte haben rât.‘

‚Du ziuhest dich ze hôhe‘ · sprach dô des küneges wîp.
‚nu wil ich sehen gerne · ob man dînen lîp
habe ze solhen êren · sô man den mînen tuot.‘
die vrouwen wurden beide · vil sêre zornec gemuot.

Dô sprach diu vrouwe Kriemhilt · ‚daz muoz et nu geschehen:
sît du mînes mannes · vür eigen hâst gejehen,
sô müezen hiute kiesen · der beider künege man,
ob ich vor küneges wîbe · ze kirchen türre gegân.

‚Du muost daz hiute schouwen · daz ich bin adelvrî,
und daz mîn man ist tiuwerr · danne der dîne sî.
dâ mite wil ich selbe · niht bescholden sîn.
du solt nach hînte kiesen · wie diu eigen diwe dîn

„Und da er meine Minne · so ritterlich gewann,
Da sagt' es Siegfried selber · er sei des Königs Mann:
Drum halt' ich ihn für eigen · ich hört' es ihn gestehn."
Da sprach die schöne Kriemhild · „So wär' mir übel geschehn.

„Wie hätten so geworben · die edlen Brüder mein,
Daß ich des Eigenmannes · Gemahl sollte sein?
Darum will ich, Brunhild · gar freundlich dich bitten,
Laß mir zu Lieb die Rede · hinfort mit gütlichen Sitten."

Die Königin versetzte · „Sie lassen mag ich nicht:
Wie tät ich auf so manchen · Ritter wohl Verzicht,
Der uns mit dem Degen · zu Dienst ist untertan?"
Kriemhild die schöne · hub da sehr zu zürnen an.

„Dem mußt du wohl entsagen · daß er in der Welt
Dir irgend Dienste leiste · Werter ist der Held
Als mein Bruder Gunther · der Degen unverzagt,
Erlaß mich der Dinge · die du mir jetzo gesagt.

„Auch muß mich immer wundern · wenn er dein Dienstmann ist
Und du ob uns Beiden · so gewaltig bist,
Warum er dir so lange · den Zins versessen hat;
Deines Übermutes · wär ich billig nun satt."

„Du willst dich überheben" · sprach da die Königin:
„Wohlan, ich will doch schauen · ob man dich fürderhin
So hoch in Ehren halte · als man mich selber tut."
Die Frauen waren beide · in sehr zornigem Mut.

Da sprach wieder Kriemhild · „Das wird dir wohl bekannt:
Da du meinen Siegfried · dein Eigen hast genannt,
So sollen heut die Degen · der beiden Kön'ge sehn,
Ob ich vor der Königin · wohl zur Kirche dürfe gehn.

„Ich lasse dich wohl schauen · daß ich edel bin und frei,
Und daß mein Mann viel werter · als der deine sei.
Ich will damit auch selber · nicht bescholten sein:
Du sollst noch heute sehen · wie die Eigenholde dein

‚Ze hove gê vor recken · in Burgonden lant.
ich wil wesen tiuwerr · danne ieman habe bekant
deheine küneginne · diu krône ie her getruoc.‘
dô huop sich undern vrouwen · grôzes nîdes genuoc.

Dô sprach aber Prünhilt · ‚wiltu niht eigen sîn,
sô muostu dich scheiden · mit den vrouwen dîn
von mînem ingeside · dâ wir ze münster gân.‘
des antwurte Kriemhilt · ‚entriuwen, daz sol sîn getân.‘

‚Nu kleidet iuch, mîn meide‘ · sprach Sîvrides wîp.
‚ez muoz âne schande · belîben hie mîn lîp.
ir sult wol lâzen schouwen · habt ir iht rîche wât.
si mac sîn gerne lougen · des si hie verjehen hât.‘

Man mohte in lîhte râten · si suochten rîchiu kleit.
dâ wart vil wol gezieret · manec vrouwe unde meit.
dô gie mit ir gesinde · des edelen küneges wîp;
dô wart ouch wol gezieret · der schœnen Kriemhilde lîp.

Mit drîn und vierzec meiden · die brâhtes an den Rîn;
die truogen liehte pfelle · geworht in Arâbîn.
sus kômen zuo dem münster · die meide wol getân.
ir warten vor dem hûse · alle Sîvrides man.

Die liute nam des wunder · wâ von daz geschach,
daz man die küneginne · alsô gescheiden sach,
daz si bî ein ander · niht giengen alsam ê.
dâ von wart manegem degene · sît vil sorclîchen wê.

Hie stuont vor dem münster · Guntheres wîp.
dô hete kurzwîle · vil maneges rîters lîp
mit den schœnen vrouwen · der si dâ nâmen war.
dô kom diu vrouwe Kriemhilt · mit maneger hêrlîchen schar.

Swaz kleider ie getruogen · edeler rîter kint,
wider ir gesinde · daz was gar ein wint.
si was sô rîch des guotes · daz drîzec küneges wîp
ez möhten niht erziugen · daz tete Kriemhilde lîp.

„Zu Hof geht vor den Helden · in Burgundenland.
Ich will höher gelten · als man je gekannt
Eine Königstochter · die noch die Krone trug."
Unter den Frauen hob sich · der Haß da grimmig genug.

Da sprach Brunhild wieder · „Willst du nicht eigen sein,
So mußt du dich scheiden · mit den Frauen dein
Von meinem Ingesinde · wenn wir zum Münster gehn."
„In Treuen," sprach da Kriemhild · „also soll es geschehn."

„Nun kleidet euch, ihr Maide" · hub da Kriemhild an:
„Ob ich frei von Schande · hier nicht verbleiben kann,
Laßt es heute schauen · besitzt ihr reichen Staat;
Sie soll es noch verleugnen · was ihr Mund gesprochen hat."

Ihnen war das leicht zu raten · sie suchten reich Gewand.
Wie bald man da im Schmucke · viel Frauen und Maide fand!
Da ging mit dem Gesinde · des edeln Königs Gemahl;
Da ward auch wohl gezieret · die schöne Kriemhild zumal

Mit dreiundvierzig Maiden · die sie zum Rhein gebracht:
Die trugen lichte Zeuge · in Arabien gemacht.
So kamen zu dem Münster · die Mägdlein wohlgetan.
Ihrer harrten vor dem Hause · die Siegfrieden untertan.

Die Leute nahm es wunder · warum das geschah,
Daß man die Königinnen · so geschieden sah,
Und daß sie beieinander · nicht gingen so wie eh.
Das geriet noch manchem Degen · zu großen Sorgen und Weh.

Nun stand vor dem Münster · König Gunthers Weib.
Da fanden viel der Ritter · genehmen Zeitvertreib
Bei den schönen Frauen · die sie da nahmen wahr.
Da kam die Fraue Kriemhild · mit mancher herrlichen Schar.

Was Kleider je getragen · eines edeln Ritters Kind,
Gegen ihr Gesinde · war alles nur wie Wind.
Sie war so reich an Gute · dreißig Königsfraun
Mochten die Pracht nicht zeigen · die da an ihr war zu schaun.

Ob ieman wünschen solde · der kunde niht gesagen,
daz man sô rîcher kleider · gesæhe ie mê getragen,
sô dâ ze stunde truogen · ir meide wol getân.
wan Prünhilde ze leide · ez hete Kriemhilt verlân.

Ze samene si dô kômen · vor dem münster wît.
ez tet diu hûsvrouwe · durch einen grôzen nît,
si hiez vil übelliche · Kriemhilde stille stân:
‚jâ sol vor küneges wîbe · nimmer eigen diu gegân.‘

Dô sprach diu schœne Kriemhilt · zornec was ir muot:
‚kundestu noch swîgen · daz wær dir lîhte guot.
du hâst geschendet selbe · dînen schœnen lîp.
wie möhte mannes kebse · immer werden küneges wîp?‘

‚Wen hâstu hie verkebeset?‘ · sprach des küneges wîp.
‚daz tuon ich dich,‘ sprach Kriemhilt · ‚dînen schœnen lîp
minnete êrste Sîvrit · mîn vil lieber man.
jâ was ez niht mîn bruoder · der dînen meituom gewan.

‚War kômen dîne sinne? · ez was ein arger list.
zwiu lieze du in minnen · sît er dîn eigen ist?
ich hœre dich,‘ sprach Kriemhilt · ‚âne schulde klagen.‘
‚entriuwen,‘ sprach dô Prünhilt · ‚daz wil ich Gunthere sagen.‘

‚Waz mac mir daz gewerren? · dîn übermuot dich hât betrogen:
du hâst mich ze dienste · mit rede dich an gezogen.
daz wizze an rehten triuwen · ez ist mir immer leit:
getriuwer heinlîche · sol ich dir wesen unbereit.‘

Prünhilt dô weinde · Kriemhilt niht lenger lie,
vor des küneges wîbe · inz münster si dô gie
mit ir ingesinde · dâ huop sich grôzer haz:
des wurden liehtiu ougen · starke trüebe unde naz.

Swie vil man Gote diende · oder ieman dâ sanc,
des dûhte Prünhilde · diu wîle gar ze lanc,
wand ir was vil trüebe · der lîp und ouch der muot.
des muoste sît enkelten · manec helt küene unde guot.

Was man auch wünschen mochte · niemand konnte sagen,
Daß er so reiche Kleider · je gesehen tragen,
Als da zur Stunde trugen · ihre Mägdlein wohlgetan.
Brunhilden war's zu Leide · sonst hätt' es Kriemhild nicht getan.

Nun kamen sie zusammen · vor dem Münster weit.
Die Hausfrau des Königs · aus ingrimmem Neid
Hieß da Kriemhilden · unwirsch stille stehn:
„Es soll vor Königsweibe · die Eigenholde nicht gehn."

Da sprach die schöne Kriemhild · zornig war ihr Mut:
„Hättest du noch geschwiegen · das wär' dir wohl gut!
Du hast geschändet selber · deinen schönen Leib:
Mocht' eines Mannes Kebse · je werden Königes Weib?"

„Wen willst du hier verkebsen?" · sprach des Königs Weib.
„Das tu' ich dich", sprach Krimhild · „deinen schönen Leib
Hat Siegfried erst geminnet · mein geliebter Mann:
Wohl war es nicht mein Bruder · der dein Magdtum gewann.

„Wo blieben deine Sinne? · Es war doch arge List:
Was ließest du ihn minnen · wenn er dein Dienstmann ist?
Ich höre dich," sprach Kriemhild · „ohn' alle Ursach klagen."
„In Wahrheit," sprach da Brunhild · „das will ich Gunthern doch sagen."
„Wie mag mich das gefährden? · Dein Übermut hat dich betrogen:
Du hast mich mit Reden · in deinen Dienst gezogen.
Das wisse du in Treuen · es ist mir immer leid:
Zu trauter Freundschaft bin ich · dir nimmer wieder bereit."

Brunhild begann zu weinen · Kriemhild es nicht verhing,
Vor des Königs Weibe · sie in das Münster ging
Mit ihrem Ingesinde · Da hub sich großer Haß;
Es wurden lichte Augen · sehr getrübt davon und naß.

Wie man da Gott auch diente · oder jemand sang,
Brunhilden währte · die Weile viel zu lang.
Ihr war allzutrübe · der Sinn und auch der Mut;
Des mußte bald entgelten · mancher Degen kühn und gut.

Prünhilt mit ir vrouwen · gie vür daz münster stân.
si dâhte: ‚mich muoz Kriemhilt · mêre hœren lân,
des mich sô lûte zîhet · daz wortræze wîp.
hât er sichs gerüemet · ez gêt im wærlîch an den lîp.‘

Nu kom diu edel Kriemhilt · mit manegem küenen man.
dô sprach diu vrouwe Prünhilt · ‚ir sult noch stille stân.
ir jâhet mîn ze kebesen · daz sult ir lâzen sehen:
mir ist von iuwern sprüchen · daz wizzet, leide geschehen.‘

Dô sprach diu vrouwe Kriemhilt · ‚ir möht mich lâzen gân.
ich erziugez mit dem golde · deich an der hende hân:
daz brâhte mir Sîvrit · dô er bî iu lac.‘
nie gelebte Prünhilt · deheinen leideren tac.

Si sprach: ‚diz golt vil edele · daz wart mir verstoln
und ist mich harte lange · übele verholn:
ich kum es an ein ende · wer mirz hât genomen.‘
die vrouwen wâren beide · in grôz ungemüete komen.

Dô sprach aber Kriemhilt · ‚ine wils niht wesen diep.
du möhtest wol gedaget hân · wær dir êre liep.
ich erziugez mit dem gürtel · den ich umbe hân,
daz ich niht enliuge · jâ wart Sîvrit dîn man.‘

Von Ninnivê der sîden · si den borten truoc
mir edelem gesteine · jâ was er guot genuoc.
dô den gesach vrou Prünhilt · weinen si began:
daz muoste vreischen Gunther · dar zuo alle sîne man.

Dô sprach diu küneginne · ‚heizet here gân
den vürsten von Rîne · ich wil in hœren lân,
wie mich hât gehœnet · sîner swester lîp.
si seit hie offenlîche · ich sî Sîvrides wîp.‘

Der künic kom mit recken · weinen er dô sach
sîne triutinne · güetlîch er dô sprach:
‚saget mir, liebiu vrouwe · wer hât iu iht getân?‘
si sprach zuo dem künege · ‚ich muoz unvrœlîchen stân.

Brunhild mit ihren Frauen · ging vor das Münster stehn.
Sie gedacht': „Ich muß von Kriemhild · mehr zu hören sehn,
Wes mich so laut hier zeihte · das wortscharfe Weib:
Und wenn er sich's gerühmt hat · geht's ihm an Leben und Leib!"

Nun kam die edle Kriemhild · mit manchem kühnen Mann.
Da begann Frau Brunhild · „Haltet hier noch an.
Ihr wolltet mich verkebsen · laßt uns Beweise sehn,
Mir ist von euern Reden · das wisset, übel geschehn."

Da sprach die Fraue Kriemhild · „Was laßt ihr mich nicht gehn?
Ich bezeug' es mit dem Golde · an meiner Hand zu sehn.
Das brachte mir Siegfried · nachdem er bei euch lag."
Nie erlebte Brunhild · wohl einen leidigern Tag.

Sie sprach: „Dies Gold das edle · das ward mir gestohlen
Und blieb mir lange Jahre · übel verhohlen:
Ich komme nun dahinter · wer es hat genommen."
Die Frauen waren beide · in großen Unmut gekommen.

Da sprach wieder Kriemhilt · „Ich will nicht sein der Dieb.
Du hättest schweigen sollen · wär' dir Ehre lieb.
Ich bezeug' es mit dem Gürtel · den ich umgetan,
Ich habe nicht gelogen · wohl wurde Siegfried dein Mann."

Von Niniveer Seide · sie eine Borte trug
Mit edelm Gesteine · die war wohl schön genug.
Als Brunhild sie erblickte · zu weinen hub sie an.
Das mußte Gunther wissen · und alle die ihm untertan.

Da sprach des Landes Königin · „Sendet her zu mir
Den König vom Rheine · hören soll er hier,
Wie sehr seine Schwester · schändet meinen Leib:
Sie sagt vor allen Leuten · ich sei Siegfriedens Weib."

Der König kam mit Recken · als er weinen sah
Brunhild seine Traute · gütlich sprach er da:
„Von wem, liebe Fraue · ist euch ein Leid geschehn?"
Sie sprach zu dem König · „Unfröhlich muß ich hier stehn.

‚Von allen mînen êren · mich diu swester dîn
gerne wolde scheiden · dir sol geklaget sîn,
si gihet, mich habe gekebeset · Sîvrit ir man.‘
dô sprach der künic Gunther · ‚sô hetes übele getân.‘

‚Si treit hie mînen gürtel · den ich hân verlorn,
und mîn golt daz rôte · daz ich ie wart geborn,
daz riuwet mich vil sêre · dun beredest, künic, mich
der vil grôzen schanden · ich minne nie mêre dich.‘

Dô sprach künic Gunther · ‚er sol her vüre gân:
hât er sichs gerüemet · daz sol er hœren lân,
oder sîn muoz lougen · der helt ûz Niderlant.‘
dô wart der küene Sîvrit · harte balde dar besant.

Dô der hêrre Sîvrit · die ungemuoten sach,
ern weste niht der mære · balde er dô sprach:
‚waz weinent dise vrouwen? · daz hete ich gerne erkant,
oder von welhen schulden · ich dâ her sî besant.‘

Dô sprach künic Gunther · ‚mir ist harte leit.
mir hât mîn vrouwe Prünhilt · ein mære hie geseit,
du habest dich des gerüemet · du wærst ir êrster man.
sô seit dîn wîp Kriemhilt · hâstu, degen, daz getân?

‚Nein ich,‘ sprach dô Sîvrit · ‚und hât si daz geseit,
ê daz ich erwinde · das muoz ir werden leit,
und wil dirz gerihten · vor allen dînen man
mit mînen hôhen eiden · daz ich irz niht gesaget hân.‘

Dî sprach der künec von Rîne · ‚daz soltu lâzen sehen:
den eit, den du biutest · mac der hie geschehen,
aller valschen dinge · wil ich dich ledec lân.‘
man sach zuo dem ringe · dô die von Burgonden stân.

Sîvrit der vil küene · zem eide bôt die hant.
dô sprach der künic rîche · ‚mir ist sô wol bekant
iuwer grôz unschulde · ich wil iuch ledec lân,
des iuch mîn swester zîhet · daz ir des niht habet getân.‘

„Aller meiner Ehren · hat die Schwester dein
Mich berauben wollen · Geklagt soll dir sein,
Sie sagt: ich sei die Kebse · von Siegfried, ihrem Mann."
Da sprach der König Gunther · „So hat sie übel getan."

„Sie trägt hier meinen Gürtel · den ich längst verloren,
Und mein Gold das rote · Daß ich je ward geboren,
Des muß mich sehr gereuen · befreist du, Herr, mich nicht
Solcher großen Schande · ich minne nie wieder dich."

Da sprach König Gunther · „So ruft ihn herbei:
Hat er sich's gerühmet · das gesteh' er frei,
Er woll' es denn leugnen · der Held von Niederland."
Da ward der kühne Siegfried · bald hin zu ihnen gesandt.

Als Siegfried der Degen · die Unmutvollen sah
Und den Grund nicht wußte · balde sprach er da:
„Was weinen diese Frauen? · das macht mir bekannt:
Oder wessentwegen · wurde hier nach mir gesandt?"

Da sprach König Gunther · „Groß Herzleid fand ich hier.
Eine Märe sagte · mein Weib Frau Brunhild mir:
Du habest dich gerühmet · du wärst ihr erster Mann.
So spricht dein Weib Kriemhild · hast du, Degen, das getan?"

„Niemals," sprach da Siegfried · „und hat sie das gesagt,
Nicht eher will ich ruhen · bis sie es beklagt,
Und will davon mich reinigen · vor deinem ganzen Heer
Mit meinen hohen Eiden · ich sagte solches nimmermehr."

Da sprach der Fürst vom Rheine · „Wohlan, das zeige mir!
Der Eid, den du geboten · geschieht der allhier,
Aller falschen Dinge · laß' ich dich ledig gehn."
Man ließ in einem Ringe · die stolzen Burgunden stehn.

Da bot der kühne Siegfried · zum Eide hin die Hand.
Da sprach der reiche König · „Jetzt hab ich wohl erkannt,
Ihr seid hieran unschuldig · und sollt' des ledig gehn:
Des euch Kriemhild zeihte · das ist nicht von euch geschehn."

Dô sprach aber Sìvrit · ,und geniuzet des ir lîp,
daz si hât ertrüebet · dîn vil schœne wîp,
daz ist mir sicherlîchen · âne mâze leit.'
dô sahen zuo ein ander · die küenen rîter gemeit.

,Man sol sô vrouwen ziehen' · sprach Sîvrit der degen,
,daz si üppege sprüche · lâzen under wegen.
verbiut ez dînem wîbe · der mînen tuon ich sam.
solher übermüete · ich mich wærlîchen scham.'

Mit rede wart gescheiden · manec schœne wîp.
dô trûrte alsô sêre · Prünhilde ir lîp,
daz ez erbarmen muose · die Guntheres man.
dô kom von Troneje Hagene · zuo sîner vrouwen gegân.

Er vrâgte, waz ir wære · weinende er si vant.
dô seite si im diu mære · er lobte ir sâ zehant,
daz ez erarnen müese · Kriemhilde man,
oder er wolde nimmer · dar umbe vrœlîch gestân.

Zuo der rede kômen · Ortwîn und Gêrnôt,
dâ die helde rieten · den Sîvrides tôt.
dar zuo kom ouch Gîselher · der schœnen Uoten kint;
dô er ir rede gehôrte · er sprach getriulîchen sint:

,Ir vil guoten recken · war umbe tuot ir daz?
jâne gediende Sîvrit · nie alsolhen haz,
daz er dar umbe solde · verliesen sînen lîp:
jâ ist es harte lîhte · dar umbe zürnent diu wîp.'

,Suln wir gouche ziehen?' · sprach aber Hagene:
,des habent lützel êre · sô guote degene.
daz er sich hât gerüemet · der lieben vrouwen mîn,
dar umbe wil ich sterben · ez engê im an daz leben sîn.'

Dô sprach der künic selbe · ,ern hât uns niht getân
niuwan guot und êre · man soll in leben lân.
waz touc, ob ich dem recken · wære nu gehaz?
er was uns ie getriuwe · und tet vil willeclîchen daz.'

Da sprach wieder Siegfried · „Und kommt es ihr zugut,
Daß deinem schönen Weibe · sie so betrübt den Mut,
Das wäre mir wahrlich · aus der Maßen leid."
Da blickten zueinander · die Ritter kühn und allbereit.

„Man soll so Frauen ziehen" · sprach Siegfried der Degen,
„Daß sie üpp'ge Reden · lassen unterwegen;
Verbiet es deinem Weibe · ich will es meinem tun.
Solchen Übermutes · in Wahrheit schäm' ich mich nun."

Viel schöne Frauen wurden · hier im Gespräch entzweit.
Da erzeigte Brunhild · solche Traurigkeit,
Daß es erbarmen mußte · die in Gunthers Lehn.
Von Tronje Hagen sah man · zu der Königin da gehn.

Er fragte, was ihr wäre · da er sie weinend fand.
Sie sagt' ihm die Märe · Er gelobt' ihr gleich zur Hand,
Daß es büßen sollte · der Kriemhilde Mann,
Oder man treff' ihn nimmer · unter Fröhlichen an.

Über die Rede kamen · Ortwein und Gernot.
Allda die Herren rieten · zu Siegfriedens Tod.
Dazu kam auch Geiselher · der schönen Ute Kind;
Als er die Rede hörte · sprach der Getreue geschwind:

„Ihr viel wackern Helden · warum tut ihr das?
Siegfried verdiente · ja niemals solchen Haß,
Daß er darum verlieren · Leben sollt' und Leib:
Auch sind es viel Dinge · um die wohl zürnet ein Weib."

„Sollen wir Gäuche ziehen?" · sprach Hagen entgegen:
„Das brächte wenig Ehre · solchen guten Degen.
Daß er sich rühmen durfte · der lieben Frauen mein,
Ich will des Todes sterben · oder es muß gerochen sein."

Da sprach der König selber · „Er hat uns nichts getan
Als Liebes und Gutes · leb' er denn fortan!
Was sollt' ich dem Recken · hegen solchen Haß?
Er bewies uns immer Treue · gar williglich tat er das."

Dô sprach von Metzen · der degen Ortwîn:
,jâne kan in niht gehelfen · diu grôze sterke sîn.
erloubet mirz mîn hêrre · ich tuon im allez leit.'
dô heten im die helde · âne schulde widerseit.

Sîn gevolgte niemen · niuwan daz Hagene
riet in allen zîten · Gunther dem degene,
ob Sîvrit niht enlebte · sô wurde im undertân
vil der künege lande · der helt des trûren began.

Dô liezen siz belîben · spiln man dô sach.
hei, waz man starker schefte · vor dem münster brach
vor Sîvrides wîbe · al zuo dem sale dan!
dô wâren in unmuote · genuoge Guntheres man.

Der künic sprach: ,lât belîben · den mortlîchen zorn.
er ist uns ze sælden · unt ze êren geborn;
ouch ist sô grimme starker · der wundernküene man,
wurde er sîn innen · sô torst in nieman bestân.'

,Nein er,' sprach dô Hagene · ,lât iu ez wol behagen:
ich trouwe ez heinlîche · alsô an getragen,
daz Prünhilde weinen · sol im werden leit.
jâ sol im von Hagenen · immer wesen widerseit.'

Dô sprach der künic Gunther · ,wie möhte daz ergân?'
des antwurte Hagene · ,ich wil iuchz hœren lân:
heizen boten rîten · zuo uns in daz lant
widersagen offenlîche · die hie niemen sîn bekant.

,Sô jehet ir vor den gesten · daz ir und iuwer man
wellent herverten · alsô daz ist getân,
sô lobet er iu dar dienen · des vliuset er den lîp;
sô ervare ich uns diu mære · an des küenen recken wîp.'

Der künic übel volgte · Hagnen sînem man.
die starken untriuwe · begunden tragen an,
ê ieman daz ervunde · die rîter ûz erkorn.
von zweier vrouwen bâgen · wart vil manec helt verlorn.

Dann begann der Degen · von Metz Herr Ortewein:
„Wohl kann ihm nicht mehr helfen · die große Stärke sein.
Will es mein Herr erlauben · ich tu' ihm alles Leid."
Da waren ihm die Helden · ohne Grund zu schaden bereit.

Dem folgte doch niemand · außer daß Hagen
Alle Tage pflegte · zu Gunther zu sagen:
Wenn Siegfried nicht mehr lebte · ihm würden untertan
Manches Königs Lande · Da hub der Held zu trauern an.

Man ließ es bewenden · und ging dem Kampfspiel nach.
Hei! was man starker Schäfte · vor dem Münster brach
Vor Siegfriedens Weibe · bis hinan zum Saal!
Mit Unmut sah es mancher · dem König Gunther befahl.

Der König sprach: „Laßt fahren · den mordlichen Zorn.
Er ist uns zu Ehren · und zum Heil geborn;
Auch ist so grimmer Stärke · der wunderkühne Mann,
Wenn er's inne würde · so dürfte niemand ihm nahn."

„Nicht doch," sprach da Hagen · „da dürft ihr ruhig sein:
Wir leiten in der Stille · alles sorglich ein.
Brunhildens Weinen · soll ihm werden leid.
Immer sei ihm Hagen · zu Haß und Schaden bereit."

Da sprach der König Gunther · „Wie möcht' es geschehn?"
Zur Antwort gab ihm Hagen · „Das sollt ihr bald verstehn:
Wir lassen Boten reiten · her in dieses Land,
Uns offnen Krieg zu künden · die hier niemand sind bekannt.

Dann sagt ihr vor den Gästen · ihr wollt mit euerm Lehn
Euch zur Heerfahrt rüsten · Sieht er das geschehn,
So verspricht er euch zu helfen · dann geht's ihm an den Leib,
Erfahr' ich nur die Märe · von des kühnen Recken Weib."

Der König folgte leider · seines Dienstmanns Rat.
So huben an zu sinnen · auf Untreu und Verrat,
Eh' es wer erkannte · die Ritter auserkoren:
Durch zweier Frauen Zanken · ging da mancher Held verloren.

AVENTIURE

wie Sîvrit verrâten wart

An dem vierden morgen · zwên und drîzec man
sach man ze hove rîten · daz wart dô kunt getân
Gunther dem rîchen · im wære widerseit.
von lüge wuohs den vrouwen · grôzer jâmer unde leit.

Urloup si gewunnen · daz si vür solden gân,
und jâhen, daz siz wæren · Liudgêres man,
den ê dâ hete betwungen · Sîvrides hant
und in ze gîsel brâhte · in daz Guntheres lant.

Die boten er dô gruozte · und hiez si sitzen gân.
einer sprach dar under · ‚hêrre, lât uns stân,
unz wir gesagen mære · diu iu enboten sint.
jâ habet ir ze vînde · daz wizzet, maneger muoter kint.

‚Iu widersaget Liudegast · unde Liudgêr,
den ir dâ wîlen tâtet · gremlîchiu sêr:
die wellent zuo iu rîten · mit her in ditze lant.‘
der künic begunde zürnen · dô er diu mære bevant.

Man hiez die meinræten · zen herbergen varn.
wie möhte sich Sîvrit · dâ vor dô bewarn,
er oder ander ieman · daz si dô truogen an?
daz wart sît in selben · ze grôzem leide getân.

Der künic mit sînen vriunden · rûnende gie.
Hagne von Troneje · in nie geruowen lie.
noch heten ez gescheiden · genuoge küneges man;
dône wolde et Hagene · nie des râtes abe gân.

Eines tages si Sîvrit · rûnende vant.
dô begunde vrâgen · der helt von Niderlant:
‚wie gât sô trûreclîchen · der künic und sîne man?‘
daz hilfe ich immer rechen · hât in ieman iht getân.‘

FUNFZEHNTES ABENTEUER

Wie Siegfried verraten ward

Man sah am vierten Morgen · zweiunddreißig Mann
Hin zu Hofe reiten · da ward es kund getan
Gunther dem reichen · es droh' ihm neuer Streit.
Die Lüge schuf den Frauen · das allergrößeste Leid.

Sie gewannen Urlaub · an den Hof zu gehn.
Da sagten sie, sie stünden · in Lüdegers Lehn,
Den einst bezwungen hatte · Siegfriedens Hand
Und ihn als Geisel brachte · König Gunthern in das Land.

Die Boten grüßte Gunther · und hieß sie sitzen gehn.
Einer sprach darunter · „Herr König, laßt uns stehn,
Daß wir die Mären sagen · die euch entboten sind.
Wohl habt ihr zu Feinden · das wißt, mancher Mutter Kind.

„Euch widersagen Lüdegast · und König Lüdeger:
Denen schuft ihr weiland · grimmige Beschwer;
Nun wollen sie mit Heereskraft · reiten in dies Land."
Gunther begann zu zürnen · als ihm die Märe ward bekannt.

Man ließ die falschen Boten · zu den Herbergen gehn.
Wie mochte da Siegfried · der Tücke sich versehn,
Er oder anders jemand · die man so listig spann?
Doch war es ihnen selber · zu großem Leide getan.

Der König mit den Freunden · ging raunend ab und zu.
Hagen von Tronje · ließ ihm keine Ruh:
Noch wollt' es mancher wenden · in des Königs Lehn;
Doch nicht vermocht' er Hagen · von seinen Räten abzustehn.

Eines Tages Siegfried · die Degen raunend fand.
Da begann zu fragen · der Held von Niederland:
„Wie traurig geht der König · und die ihm untertan?
Das helf' ich immer rächen · hat ihnen wer ein Leid getan."

Dô sprach künic Gunther · ‚mir ist von schulden leit:
Liudgast und Liudgêr · habent mir widerseit:
si wellen offenlîche · rîten in mîn lant.‘
dô sprach der degen küene · daz sol Sîvrides hant

‚Nâch allen iuwern êren · mit vlîze understân;
ich tuon noch den degenen · als ich hân ê getân.
ich gelege in wüeste · ir bürge und ouch ir lant,
ê daz ich erwinde · des sî mîn houbet iuwer pfant.

‚Ir und iuwer recken · sult hie heim bestân
und lât mich zuo in rîten · mit den, die ich hân.
daz ich iu gerne diene · daz lâze ich iuch sehen:
von mir sol iuwern vînden · daz wizzet, leide geschehen.‘

‚Sô wol mich dirre mære‘ · sprach der künic dô,
als ob er ernstlîche · der helfe wære vrô.
in valsche neig im tiefe · der ungetriuwe man.
dô sprach der hêrre Sîvrit ·‚ir sult kleine sorge hân.‘

Dô schikten sie die reise · mit den knehten dan:
Sîvride und den sînen · ze sehene ez was getân.
dô hiez er sich bereiten · die von Niderlant:
Sîvrides recken · suohten strîtlîch gewant.

Dô sprach der starke Sîvrit · ‚mîn vater Sigmunt,
ir sult hie belîben · wir komen in kurzer stunt,
gît uns Got gelücke · her wider an den Rîn.
ir sult bî dem künege · hie vil vrœlîchen sîn.‘

Diu zeichen sie ane bunden · alsô si wolden dan.
dô wâren dâ genuoge · Guntheres man,
dine wessen niht der mære · wâ von ez was geschehen.
man mohte grôz gesinde · dô bî Sîvride sehen.

Ir helme und ouch ir brünne · si bunden ûf diu marc;
sich bereite von dem lande · vil manec rîter starc.
dô gie von Troneje Hagene · dâ er Kriemhilde vant,
und bat im geben urloup · si wolden rûmen daz lant.

Da sprach König Gunther · „Wohl hab' ich Herzeleid:
Lüdegast und Lüdeger · droh'n mir wieder Streit.
Mit Heerfahrten wollen sie · reiten in mein Land."
Da sprach der kühne Degen · „Dem soll Siegfriedens Hand

„Nach allen euern Ehren · mit Kräften widerstehn;
Von mir geschieht den Degen · was ihnen einst geschehn.
Ihre Burgen leg' ich wüste · und dazu ihr Land,
Eh' ich ablasse · des sei mein Haupt euer Pfand.

„Ihr mit euern Mannen · nehmt der Heimat wahr;
Laßt mich zu ihnen reiten · mit meiner Leute Schar.
Daß ich euch gerne diene · lass' ich euch wohl sehn:
Von mir soll euern Feinden · das wisset, übel geschehn."

„Nun wohl mir dieser Märe!" · der König sprach da so,
Als wär' er seiner Hülfe · alles Ernstes froh.
Tief neigte sich in Falschheit · der ungetreue Mann.
Da sprach der edle Siegfried · „Laßt euch keine Sorge nahn!"

Sie schickten mit den Knechten · zu der Fahrt sich an:
Siegfrieden und den Seinen · ward es zum Schein getan.
Da hieß er sich rüsten · die von Niederland:
Siegfriedens Recken · suchten da ihr Streitgewand.

Da sprach der starke Siegfried · „Mein Vater Siegmund,
Bleibt ihr hier im Lande · wir kehren bald gesund,
Will Gott uns Glück verleihen · wieder an den Rhein.
Ihr sollt bei dem König · unterdessen fröhlich sein."

Da wollten sie von dannen · die Fähnlein band man an.
Umher standen viele · die Gunthern untertan
Und hatten nicht erfahren · wie es damit bewandt.
Groß Heergesinde war es · das da bei Siegfrieden stand.

Die Panzer und die Helme · man auf die Rosse lud;
Sich rüsteten aus dem Lande · viel starke Ritter gut.
Da ging von Tronje Hagen · hin, wo er Kriemhild fand;
Er bat sie um Urlaub · sie wollten räumen das Land.

'Wol mich,' sprach dô Kriemhilt · 'deich ie gewan den man,
der mînen lieben vriunden · sô wol tar vor gestân,
alsô mîn hêrre Sîvrit · tuot den vriunden mîn:
des wil ich hôhes muotes' · sprach diu küneginne, 'sîn.

'Lieber vriunt, hêr Hagene · gedenket an daz,
daz ich iu gerne diene · und noch nie wart gehaz.
des lâzet mich geniezen · an mînen lieben man:
ern sol des niht enkelten · hab ich Prünhilt iht getân.

'Daz hât mich sît gerouwen' · sprach daz edel wîp,
'ouch hât er sô zerblouwen · dar umbe mînen lîp:
daz ichz ie gereite · daz beswârte ir den muot,
daz hât vil wol errochen · der degen küene unde guot.'

Er sprach: 'ir werdet versüenet · wol nâch disen tagen.
Kriemhilt, liebiu vrouwe · jâ sult ir mir sagen,
wie ich iu müge dienen · an Sîvride iuwerm man.
daz tuon ich gerne, vrouwe · baz ichs nieman engan.'

'Ich wære ân alle sorge' · sprach dô daz edel wîp,
'daz im ieman næme · in sturme sînen lîp,
ob er niht wolde volgen · sîner übermuot,
sô wære immer sicher · der degen küene unde guot.'

'Vrouwe,' sprach dô Hagene · 'und habet ir des wân,
daz man in müge versnîden · ir sult mich wizzen lân,
mit wie getânen listen · sol ichz understên?
ich wil im ze huote · immer rîten unde gên.'

Si sprach: 'du bist mîn mâc · sô bin ich der dîn.
ich bevilhe dir ûf triuwe · den holden wine mîn,
daz du wol behüetest · mir den lieben man.'
si seit im kundiu mære · diu bezzer wæren verlân.

Si sprach: 'mîn man ist küene · dar zuo starc genuoc.
dô er den lintdrachen · an dem berge sluoc,
jâ badet sich in dem bluote · der recke vil gemeit,
dâ von in sît in stürmen · nie dehein wâfen versneit.

„Nun wohl mir," sprach Kriemhild · „daß ich den Mann gewann,
Der meine lieben Freunde · so wohl beschützen kann,
Wie hier mein Herr Siegfried · an meinen Brüdern tut!
Drum trag ich," sprach die Königin · „immer fröhlichen Mut.

„Lieber Freund Hagen · nun hoff' ich, ihr gedenkt,
Daß ich euch gerne diene · ich hab' euch nie gekränkt.
Das komme mir zugute · an meinem lieben Mann:
Laßt es ihn nicht entgelten · was ich Brunhilden getan.

„Des hat mich schon gereuet" · sprach das edle Weib,
„Auch hat er so zerbläuet · zur Strafe mir den Leib,
Daß ich je beschwerte · mit Reden ihr den Mut,
Er hat es wohl gerochen · dieser Degen kühn und gut."

Da sprach er: „Ihr versöhnt euch · wohl nach wenig Tagen.
Kriemhild, liebe Herrin · nun sollt ihr mir sagen,
Wie ich euch dienen möge · an Siegfried euerm Herrn.
Ich gönn' es niemand besser · und tu' es, Königin, euch gern."

„Ich wär' ohn alle Sorge" · sprach da das edle Weib,
„Daß man ihm im Kampfe · Leben nähm' und Leib,
Wenn er nicht folgen wollte · seinem Übermut,
So wär' immer sicher · dieser Degen kühn und gut."

„Fürchtet ihr, Herrin" · Hagen da begann,
„Daß er verwundet werde · so vertraut mir an,
Wie soll ich's beginnen · dem zu widerstehn?
Ihn zu schirmen will ich immer · bei ihm reiten und gehn."

Sie sprach: „Du bist mir Sippe · so will ich dir es sein:
Ich befehle dir auf Treue · den holden Gatten mein,
Daß du mir behütest · den geliebten Mann."
Was besser wär' verschwiegen · vertraute da sie ihm an.

Sie sprach: „Mein Mann ist tapfer · dazu auch stark genug.
Als er den Linddrachen · an dem Berge schlug,
Da badet' in dem Blute · der Degen allbereit,
Daher ihn keine Waffe · je versehren mocht' im Streit.

,Jedoch bin ich in sorgen · swenne er in strîte stât
und vil der gêrschüzze · von helde handen gât,
daz ich dâ verliese · den mînen lieben man.
hei, waz ich grôzer sorge · dicke umb Sîvriden hân!

,Ich melde ez ûf genâde · vil lieber vriunt, dir,
daz du dîne triuwe · behaltest ane mir,
dâ man dâ mac verhouwen · den mînen lieben man.
daz lâze ich dich hœren · dêst ûf genâde getân.

,Dô von des trachen wunden · vlôz daz heize bluot,
und sich dar inne badete · der küene rîter guot,
dî viel im zwischen herte · ein linden blat vil breit.
dâ mac man in versnîden · des hân ich sorge unde leit.'

Dô sprach von Tronje Hagene · ,ûf daz sîn gewant
næt ein kleinez zeichen · dâ bî ist mir bekant,
wâ ich in müge behüeten · sô wir in stürmen stân.'
si wânde den helt vristen · ez was ûf sînen tôt getân.

Si sprach: ,mit kleinen sîden · næ ich ûf sîn gewant
ein tougenlîchez criuze · dâ sol, helt, dîn hant
mînen man behüeten · sô ez an die herte gât,
swenne er in den stürmen · vor sînen vîanden stât.'

,Daz tuon ich,' sprach dô Hagene · ,vil liebiu vrouwe mîn.'
dô wând ouch diu vrouwe · ez sold im vrume sîn:
dô was dâ mite verrâten · der Kriemhilde man.
urloup nam dô Hagene · dô gie er vrœlîchen dan.

Des küneges ingesinde · was allez wol gemuot.
ich wæne, nimmer recke · deheiner mêr getuot
sô grôze meinræte · sô dâ von im ergie,
dô sich an sîne triuwe · Kriemhilt diu künegîn verlie.

Des anderen morgens · mit tûsent sîner man
reit der hêrre Sîvrit · vil vrœlîchen dan.
er wânde, er solde rechen · der sînen vriunde leit.
Hagene im reit sô nâhen · daz er geschouwet diu kleit.

„Jedoch bin ich in Sorgen · wenn er im Kampfe steht
Und aus der Helden Händen · mancher Speerwurf geht,
Daß ich da verliere · meinen lieben Mann.
Hei! was ich großer Sorgen · oft um Siegfried gewann!

„Mein lieber Freund, ich meld' es · nun auf Gnade dir,
Daß du deine Treue · bewähren mögst an mir,
Wo man mag verwunden · meinen lieben Mann.
Das sollst du nun vernehmen · es ist auf Gnade getan.

„Als von des Drachen Wunden · floß das heiße Blut
Und sich darinne badete · der kühne Recke gut,
Da fiel ihm auf die Achseln · ein Lindenblatt so breit:
Da kann man ihn verwunden · das schafft mir Sorgen und Leid."

Da sprach von Tronje Hagen · „So näht auf sein Gewand
Mir ein kleines Zeichen · mit eigener Hand:
Wo ich ihn schirmen müsse · mag ich daran verstehn."
Sie wähnt' ihn so zu fristen · auf seinen Tod war's abgesehn.

Sie sprach: „Mit feiner Seide · näh' ich auf sein Gewand
Insgeheim ein Kreuzchen · da soll, Held, deine Hand
Mir den Mann behüten · wenn's ins Gedränge geht,
Da wo in den Stürmen · er vor seinen Feinden steht."

„Das tu' ich," sprach da Hagen · „viel liebe Herrin mein."
Wohl wähnte da die Gute · sein Frommen sollt' es sein:
Da war hiemit verraten · der Kriemhilde Mann.
Urlaub nahm da Hagen · da ging er fröhlich hindann.

Der Dienstmann des Königs · war froh und wohlgemut.
Gewiß, daß solche Bosheit · kein Recke wieder tut
Bis zum jüngsten Tage · als da von ihm geschah,
Da sich seiner Treue · Kriemhild die Königin versah.

Früh des andern Morgens · mit wohl tausend Mann
Ritt Siegfried der Degen · mit frohem Mut hindann:
Er wähnt', er solle rächen · seiner Freunde Leid.
So nah ritt ihm Hagen · daß er beschaute sein Kleid.

Als er gesach daz bilde · dô schikte er tougen dan,
die seiten andriu mære · zwêne sîner man:
mit vride solde belîben · daz Guntheres lant,
und si hete Liudgêr · zuo dem künige gesant.

Wie ungerne Sîvrit · dô hin wider reit,
er enhete ê gerochen · sîner vriunde leit!
wan in der reise erwanden · vil kûme Gunthers man.
er reit zuo dem künege · der wirt im danken began.

‚Nu lône iu Got des willen · vriunt, hêr Sîvrit,
daz ir sô willeclîchen · tuot, des ich iuch bit:
daz wil ich immer dienen · als ich von rehte sol.
vür alle mîne vriunde · sô getrouwe ich iu wol.

‚Nu wir der herverte · ledec worden sîn,
sô wil ich jagen rîten · bern unde swîn
hin zem Otenwalde · als ich vil dicke hân.‘
daz hete gerâten Hagene · der vil ungetriuwe man.

‚Allen mînen gesten · sol man daz nu sagen,
ich welle vruo rîten · die wellen mit mir jagen,
daz sich die bereiten · die wellen hie bestân,
hübschen mit den vrouwen · daz sî liep mir getân.‘

Dô sprach der starke Sîvrit · mit hêrlichem site:
‚swenne ir jagen rîtet · dâ wil ich gerne mite.
sô sult ir mir lîhen · einen suochman
und etelîchen bracken · sô wil ich rîten in den tan.‘

‚Welt ir niht wan einen?‘ · sprach der künic zehant.
‚ich lîhe iu, welt ir, viere · den wol ist bekant
der walt und ouch die stîge · swâ diu tier gânt,
die iuch niht vürewîse · wider heim rîten lânt.‘

Dô reit zuo sînem wîbe · der rîter vil gemeit.
schiere hete Hagene · dem künige geseit,
wie er gewinnen wolde · den tiuwerlîchen degen.
sus grôzer untriuwe · solde nimmer man gepflegen.

Als er ersah das Zeichen · da schickt' er ungesehn,
Andre Mär zu bringen · zwei aus seinem Lehn:
In Frieden sollte bleiben · König Gunthers Land;
Es habe sie Herr Lüdeger · zu dem König gesandt.

Wie ungerne Siegfried · abließ vom Streit,
Eh' er gerochen hatte · seiner Freunde Leid!
Kaum hielten ihn zurücke · die Gunthern untertan.
Da ritt er zu dem König · der ihm zu danken begann:

„Nun lohn' euch Gott, Freund Siegfried · den willigen Sinn,
Daß ihr so gerne tatet · was mir vonnöten schien:
Das will ich euch vergelten · wie ich billig soll.
Vor allen meinen Freunden · vertrau' ich euch immer wohl.

„Da wir uns der Heerfahrt · so entledigt sehn,
So laßt uns nun Bären · und Schweine jagen gehn
Nach dem Odenwalde · wie ich oft getan."
Geraten hatte Hagen das · dieser ungetreue Mann.

„Allen meinen Gästen · soll man das nun sagen,
Ich denke früh zu reiten · die mit mir wollen jagen,
Die laßt sich fertig halten · die aber hier bestehn,
Kurzweilen mit den Frauen · das lass' ich gerne geschehn."

Mit herrlichen Sitten · sprach da Siegfried:
„Wenn ihr jagen reitet · da will ich gerne mit.
So sollt ihr mir leihen · einen Jägersmann
Mit etlichen Bracken · so reit' ich mit euch in den Tann."

„Wollt ihr nur einen?" · frug Gunther zuhand;
„Ich leih' euch, wollt ihr, viere · denen wohl bekannt
Der Wald ist und die Steige · wo viel Wildes ist,
Daß ihr des Wegs unkundig · nicht ledig wieder heimwärts müßt."

Da ritt zu seinem Weibe · der Degen unverzagt.
Derweilen hatte Hagen · dem König gesagt,
Wie er verderben wolle · den herrlichen Degen.
So großer Untreue · sollt' ein Mann nimmer pflegen.

AVENTIURE

wie Sîvrit erslagen wart

Gunther und Hagene · die recken vil balt,
lobeten mit untriuwen · ein pirsen in den walt.
mit ir scharpfen gêren · si wolden jagen swîn,
beren unde wisende · waz kunde küeners gesîn?

Dâ mite reit ouch Sîvrit · in hêrlîchem site.
maneger hande spîse · die vuorte man in mite.
zuo eime kalten brunnen · verlôs er sît den lîp.
daz hete gerâten Prünhilt · künic Guntheres wîp.

Dô gie der degen küene · dâ er Kriemhilde vant.
dô was nû ûf gesoumet · sîn edel pirsgewant
und ouch der gesellen · si wolden über Rîn.
dô endorfte Kriemhilde · nimmer leider gesîn.

Sîne triutinne · kust er an den munt:
‚Got lâze mich dich, vrouwe · gesehen noch gesunt
und mich ouch dîniu ougen · mit holden mâgen dîn
soltu kurzwîlen · ine mac heime niht gesîn.‘

Dô dâhtes an diu mære · si entorste ir niht sagen,
diu si Hagenen seite · dô begunde klagen
diu edel küneginne · daz si ie gewan den lîp.
dô weinde âne mâze · des hêrren Sîvrides wîp.

Si sprach zuo dem recken · ‚lât iuwer jagen sîn.
mir troumde hînt leide · wie iuch zwei wildiu swîn
jageten über heide · dâ wurden bluomen rôt.
daz ich sô sêre weine · des gêt mir wærlîche nôt.

‚Ich vürhte harte sêre · etelîchen rât,
ob man der deheinen · missedienet hât,
die uns gevüegen kunnen · vîentlîchen haz.
belîbet, lieber hêrre · mit triuwen râte ich iu daz.‘

SECHZEHNTES ABENTEUER

Wie Siegfried erschlagen ward

Gunther und Hagen · die Recken wohlgetan,
Gelobten mit Untreuen · ein Birschen in den Tann.
Mit ihren scharfen Spießen · wollten sie jagen Schwein'
Und Bären und Wisende · was mochte Kühneres sein?

Da ritt auch mit ihnen · Siegfried mit stolzem Sinn.
Man bracht' ihnen Speise · aller Art dahin.
An einem kühlen Brunnen · ließ er da das Leben:
Den Rat hatte Brunhild · König Gunthers Weib, gegeben.

Da ging der kühne Degen · hin, wo er Kriemhild fand.
Schon war aufgeladen · das edle Birschgewand
Ihm und den Gefährten · sie wollten über Rhein.
Da konnte Kriemhilden · leider nicht zumute sein.

Seine liebe Traute · küßt' er auf den Mund:
„Gott lasse mich dich, Liebe · noch wiedersehn gesund
Und deine Augen mich auch · mit holden Freunden dein
Kürze dir die Stunden · ich kann nun nicht bei dir sein."

Da gedachte sie der Märe · sie durft' es ihm nicht sagen,
Nach der sie Hagen fragte · da begann zu klagen
Die edle Königstochter · daß sie je das Leben sah:
Ohne Maßen weinte · des Herren Siegfried Fraue da.

Sie sprach zu dem Recken · „Laßt euer Jagen sein:
Mir träumte heunt von Leide · wie euch zwei wilde Schwein'
Über die Heide jagten · da wurden Blumen rot.
Daß ich so bitter weine · das tut in Wahrheit mir not.

„Wohl muß ich fürchten · etlicher Verrat,
Wenn man den und jenen · vielleicht beleidigt hat,
Die uns verfolgen könnten · mit feindlichem Haß.
Bleibt hier, lieber Herre · mit Treuen rat' ich euch das."

Er sprach: ‚mîn triutinne · ich kume in kurzen tagen.
ine weiz hie niht der liute · die mir iht hazzes tragen.
alle dîne mâge · sint mir gemeine holt;
ouch hân ich an den degenen · hie niht anders versolt.‘

‚Neinâ, hêrre Sîvrit · jâ vürhtich dînen val.
mir troumde hînt leide · wie obe dir ze tal
vielen zwêne berge · ich gesach dich nimmer mê.
wiltu von mir scheiden · daz tuot mir inneclîchen wê.‘

Er umbevie mit armen · daz tugentrîche wîp,
mit minneclîchem küssen · er trûte ir schœnen lîp.
mit urloube er dannen · schiet in kurzer stunt.
sine gesach in leider · dar nâch nimmer mêr gesunt.

Dô riten si von dannen · in einen tiefen walt
durch kurzewîle willen · vil manec rîter balt
volgten Gunthêre · unde sînen man.
Gêrnôt und Gîselher · die wârn dâ heime bestân.

Geladen vil der rosse · kom vor in über Rîn,
diu den jeitgesellen · truogen brôt unt wîn,
vleisch mit den vischen · und ander manegen rât,
den ein künic sô rîche · harte billîchen hât.

Si hiezen herbergen · vür den grüenen walt
gên des wildes abeloufe · die stolzen jegere balt,
dâ si dâ jagen solden · ûf einen wert vil breit.
dô was ouch komen Sîvrit · daz wart dem künige geseit.

Von den jeitgesellen · wurden dô bestân
die warte an allen ende · dô sprach der küene man,
Sîvrit der vil starke · ‚wer sol uns in den walt
wîsen nâch dem wilde · ir degne küene unde balt?‘

‚Welle wir uns scheiden‘ · sprach dô Hagene,
‚ê daz wir beginnen · hie ze jagene:
dâ bî mugen bekennen · ich und der hêrre mîn,
wer die besten jegere · an diser waltreise sîn.

Er sprach: „Liebe Traute · ich kehr' in kurzer Zeit;
Ich weiß nicht, daß hier jemand · mir Haß trüg' oder Neid.
Alle deine Freunde · sind insgemein mir hold;
Auch verdient' ich von den Degen · wohl nicht anderlei Sold."

„Ach nein, lieber Siegfried · wohl fürcht' ich deinen Fall.
Mir träumte heunt von Leide · wie über dir zutal
Fielen zwei Berge · daß ich dich nie mehr sah:
Und willst du von mir scheiden · das geht mir inniglich nah."

Er umfing mit Armen · das zuchtreiche Weib,
Mit holden Küssen herzt' er · ihr den schönen Leib.
Da nahm er Urlaub · und schied in kurzer Stund':
Sie ersah ihn leider · darnach nicht wieder gesund.

Da ritten sie von dannen · in einen tiefen Tann
Der Kurzweile willen · manch kühner Rittersmann
Folgte Guntheren · und seinem Hofgesind.
Daheim waren verblieben · Gernot und Geiselher das Kind.

Manch Saumroß zog beladen · vor ihnen überrhein,
Das den Jagdgesellen · das Brot trug und den Wein,
Das Fleisch mit den Fischen · und Vorrat aller Art,
Wie sie ein reicher König · wohl haben mag auf der Fahrt.

Da ließ man herbergen · bei dem Walde grün
Vor des Wildes Wechsel · die stolzen Jäger kühn,
Wo sie da jagen wollten · auf breitem Angergrund.
Auch Siegfried war gekommen · das ward dem Könige kund.

Von den Jagdgesellen · ward umhergestellt
Die Wart an allen Enden · da sprach der kühne Held,
Siegfried der starke · „Wer soll uns in den Wald
Nach dem Wilde weisen · ihr Degen kühn und wohlgestalt?"

„Wollen wir uns scheiden" · hub da Hagen an,
„Eh' wir beginnen · zu jagen hier im Tann:
So mögen wir erkennen · ich und der Herre mein,
Wer die besten Jäger · bei dieser Waldreise sei'n.

‚Liute und gehünde · suln wir teilen gar:
sô kêre ieslîcher · swar er gerne var.
der danne jage daz beste · der sol des haben danc.‘
dô wart der jeger bîten · bî ein ander niht lanc.

Dî sprach der hêrre Sîvrit · ‚ich hân der hunde rât
niuwan einen bracken · der sô genozzen hât,
daz er die verte erkenne · der tiere durch den tan.
wir komen wol ze jeide‘ · sprach der Kriemhilde man.

Dô nam ein alter jegere · einen spürhunt:
er brâhte den hêrren · in einer kurzen stunt,
dâ si vil tiere vunden · swaz der von leger stuont,
diu erjeiten die gesellen · sô noch guote jeger tuont.

Swaz ir der bracke ersprancte · diu sluoc mit sîner hant
Sîvrit der küene · der helt von Niderlant.
sîn ros lief sô sêre · daz ir im niht entran.
den lop er vor in allen · an dem gejeide gewan.

Er was an allen dingen · biderbe genuoc.
sîn tier daz êrste · daz er ze tôde sluoc,
was ein starkez halpswuol · mit der sîner hant;
dar nâch er vil schiere · einen ungevüegen lewen vant.

Der bracke den ersprancte · er schôz in mit dem bogen.
eine scharfe strâle · hete er dar in gezogen:
der lewe lief nâch dem schuzze · wan drîer sprünge lanc.
die sînen jeitgesellen · die seiten Sîvride danc.

Dar nâch sluoc er schiere · einen wisent und einen elch,
starker ûre viere · und einen grimmen schelch.
sîn ros truoc in sô balde · daz im niht entran.
hirze oder hinde · kunde im wênec enkân.

Einen eber grôzen · vant der spürhunt.
als er begunde vliehen · dô kom an der stunt
des gejeides meister · bestuont in ûf der slâ.
daz swîn zorneclîchen · lief an den küenen degen sâ.

„Leute so wie Hunde · wir teilen uns darein:
Dann fährt, wohin ihn lüstet · jeglicher allein,
Und wer das Beste jagte · dem sagen wir den Dank."
Da weilten die Jäger · beieinander nicht mehr lang.

Da sprach der edle Siegfried · „Der Hunde hab' ich Rat
Bis auf einen Bracken · der so genossen hat,
Daß er die Fährte spüre · der Tiere durch den Tann.
Wir kommen wohl zum Jagen!" · sprach der Kriemhilde Mann.

Da nahm ein alter Jäger · einen Spürhund hinter sich,
Und brachte den Herren · eh' lange Zeit verstrich,
Wo sie viel Wildes fanden · was des erstöbert ward,
Das erjagten die Gesellen · wie heut noch guter Jäger Art.

Was da der Brack' ersprengte · das schlug mit seiner Hand
Siegfried der kühne · der Held von Niederland.
Sein Roß lief so geschwinde · daß ihm nicht viel entrann:
Das Lob er bei dem Jagen · vor ihnen allen gewann.

Er war in allen Dingen · mannhaft genug.
Das erste der Tiere · die er zu Tode schlug,
War ein starker Büffel · den traf des Helden Hand:
Nicht lang darauf der Degen · einen ungefügen Leuen fand.

Als den der Hund ersprengte · schoß er ihn mit dem Bogen
Und dem scharfen Pfeile · den er darauf gezogen;
Der Leu lief nach dem Schusse · nur dreier Sprünge lang.
Seine Jagdgesellen · die sagten Siegfrieden Dank.

Einen Wisend schlug er wieder · darnach und einen Elk,
Vier starker Auer nieder · und einen grimmen Schelk.
So schnell trug ihn die Mähre · daß ihm nichts entsprang:
Hinden und Hirsche · wurden viele sein Fang.

Einen großen Eber · trieb der Spürhund auf.
Als der flüchtig wurde · da kam in schnellem Lauf
Alles Jagens Meister · und nahm zum Ziel ihn gleich.
Anlief das Schwein im Zorne · diesen Helden tugendreich.

Dô sluoc in mit dem swerte · Kriemhilde man:
ez hete ein ander jegere · sô sanfte niht getân.
dô ern hete ervellet · man vie den spürhunt.
dô wart sîn rîch gejeide · allen Burgonden kunt.

Dô sprâchen sîne jegere · ‚müg ez mit vuoge wesen,
sô lât uns, hêr Sîvrit · der tier ein teil genesen:
ir tuot uns hiute lære · den berc und ouch den walt.‘
des begonde smielen · der degen küene unde balt.

Si hôrten allenthalben · ludem unde dôz.
von liuten und von hunden · der schal was sô grôz,
daz in dâ von antwurte · der berc und ouch der tan.
vier und zweinzec ruore · die jeger hêten verlân.

Dô muosen vil der tiere · verliesen dâ daz leben.
dô wânden si vüegen · daz man solde geben
in den prîs des jeides · des kunde niht geschehen,
dô der starke Sîvrit · wart zer viurstat gesehen.

Daz jeit was ergangen · unde doch niht gar.
die zer viurstat wolden · die brâhten mit in dar
vil maneger tiere hiute · und wildes genuoc.
hei, waz man des ze kuchen – des küneges ingesinde truoc!

Dô hiez der künic künden · den jegern wol geborn,
daz er enbîzen wolde · dô wart lûte ein horn
zeiner stunt geblâsen · dâ mite in wart erkant,
daz man den vürsten edele · dâ zen herbergen vant.

Dô sprach ein Sîvrides jegere · ‚hêrre, ich hân vernomen
von eines hornes duzze · daz wir nu suln komen
zuo den herbergen · antwurten ich des wil.‘
dô wart nâch den gesellen · gevrâget blâsende vil.

Dô sprach der hêrre Sîvrit · ‚nu rûme wir den tan!‘
sîn ros truoc in ebene · si îlten mit im dan.
si ersprancten mit ir schalle · ein tier gremelich,
einen bern wilden · dô sprach der degen hinder sich:

Das schlug es mit dem Schwerte · der Krimhilde Mann:
Das hätt' ein andrer Jäger · nicht so leicht getan.
Als er nun gefällt lag · fing man den Spürhund.
Seine reiche Beute wurde · den Burgunden allen kund.

Da sprachen seine Jäger · „Kann es füglich sein,
So laßt uns, Herr Siegfried · des Wilds ein Teil gedeihn:
Ihr wollt uns heute leeren · den Berg und auch den Tann."
Darob begann zu lächeln · der Degen kühn und wohlgetan.

Da vernahm man allenthalben · Lärmen und Getos.
Von Leuten und von Hunden · ward der Schall so groß,
Man hörte widerhallen · den Berg und auch den Tann.
Vierundzwanzig Meuten · hatten die Jäger losgetan.

Da wurde viel des Wildes · vom grimmen Tod ereilt.
Sie wähnten es zu fügen · daß ihnen zugeteilt
Der Preis des Jagens würde · das konnte nicht geschehn,
Als bei der Feuerstätte · der starke Siegfried ward gesehn.

Die Jagd war zu Ende · doch nicht so ganz und gar.
Zu der Feuerstelle · brachte der Jäger Schar
Häute mancher Tiere · und des Wilds genug.
Hei! was man des zur Küche · für des Königs Ingesinde trug!

Da ließ der König künden · den Jägern wohlgeborn,
Daß er zum Imbiß wolle · da wurde laut ins Horn
Einmal gestoßen · so machten sie bekannt,
Daß man den edeln Fürsten · nun bei den Herbergen fand.

Da sprach ein Jäger Siegfrieds · „Mit eines Hornes Schall
Ward uns kund gegeben · Herr, daß wir nun all
Zur Herberge sollen · erwid're ich's, das behagt."
Da ward nach den Gesellen · mit Blasen lange gefragt.

Da sprach der edle Siegfried · „Nun räumen wir den Wald."
Sein Roß trug ihn eben · die andern folgten bald.
Sie ersprengten mit dem Schalle · ein Waldtier fürchterlich,
Einen wilden Bären · da sprach der Degen hinter sich:

‚Ich wil uns hergesellen · kurzwîle wern.
ir sult den bracken lâzen · ich sihe einen bern;
der sol mit uns hinnen · zen herbergen varn.
ern vliehe danne sêre · ern kan sichs nimmer bewarn.‘

Der bracke wart verlâzen · der ber spranc von dan.
dô wolde in errîten · der Kriemhilde man.
er kom in ein gevelle · dône kunde ez niht wesen;
daz starke tier dô wânde · vor den jegeren genesen.

Dô spranc von sîme rosse · der stolze rîter guot,
er begunde nâch loufen · daz tier was unbehuot,
ez enkunde im niht entrinnen · dô vie erz sâ zehant;
ân aller slahte wunden · der helt ez schiere gebant.

Krazen noch gebîzen · kunde ez niht den man.
er band ez zuo dem satele · ûf saz der snelle sân,
er brâhte ez an die viuwerstat · durch sînen hôhen muot
zeiner kurzwîle · der degen küene unde guot.

Wie rehte hêrlîche · er ze herbergen reit!
sîn gêr was vil michel · starc unde breit;
im hie ein ziere wâfen · nider ûf den sporn.
von rôteme golde · der hêrre vuorte ein schœne horn.

Von bezzerm pirsgewæte · hôrte ich nie gesagen.
einen roc von swarzem pfellel · den sach man in tragen
und einen huot von zobele · der rîche was genuoc.
hei, waz er rîcher borten · an sîme kochære truoc!

Von einem pantelle · was dar über gezogen
ein hût durch die süeze · ouch vuorter einen bogen,
den man mit antwerke · muose ziehen dan,
der in spannen wolde · ern hetez selbe getân.

Von einer ludmes hiute · was allez sîn gewant;
von houbte unz anz ende · gestreut man drûfe vant.
ûz der liehten riuhe · vil manec goldes zein
ze beiden sînen sîten · dem küenen jegermeister schein.

„Ich schaff' uns Jagdgesellen · eine Kurzweil.
Da seh' ich einen Bären · den Bracken löst vom Seil,
Zu den Herbergen · soll mit uns der Bär:
Er kann uns nicht entrinnen · und flöh' er auch noch so sehr."

Da lösten sie den Bracken · der Bär sprang hindann.
Da wollt' ihn erreiten · der Kriemhilde Mann.
Er kam in eine Bergschlucht · da konnt' er ihm nicht bei:
Das starke Tier wähnte · von den Jägern schon sich frei.

Da sprang von seinem Rosse · der stolze Ritter gut
Und begann ihm nachzulaufen · Das Tier war ohne Hut,
Es konnt' ihm nicht entrinnen · er fing es allzuhand;
Ohn' es zu verwunden · der Degen eilig es band.

Kratzen oder beißen · konnt' es nicht den Mann.
Er band es an den Sattel · auf saß der Schnelle dann
Und bracht es an die Feuerstatt · in seinem hohen Mut
Zu einer Kurzweile · dieser Degen kühn und gut.

Er ritt zur Herberge · in welcher Herrlichkeit!
Sein Speer war gewaltig · stark dazu und breit;
Eine schmucke Waffe hing ihm · herab bis auf den Sporn;
Von rotem Golde führte · der Held ein herrliches Horn.

Von besserm Birschgewande · hört' ich niemals sagen.
Einen Rock von schwarzem Zeuge · sah man ihn tragen
Und einen Hut von Zobel · der reich war genug.
Hei! was edler Borten · an seinem Köcher er trug!

Ein Vlies von einem Panther · war darauf gezogen
Des Wohlgeruches wegen · Auch trug er einen Bogen,
Den mit einer Winde · mußte ziehen an,
Wer ihn spannen wollte · er hätt' es selbst denn getan.

Von fremden Tierhäuten · war all sein Gewand,
Das man von Kopf zu Füßen · bunt überhangen fand.
Aus dem lichten Rauchwerk · zu beiden Seiten hold
An dem kühnen Jägermeister · schien mancher Flitter von Gold.

Ouch vuorte er Balmungen · ein ziere wâfen breit:
daz was alsô scherpfe · daz ez nie vermeit,
swâ manz sluoc ûf helme · sîn ecke wâren guot.
der hêrlîche jegere · was vil hôhe gemuot.

Sît ich iu diu mære · gar bescheiden sol,
im was sîn edel kocher · guoter strâle vol,
von guldînen tüllen · diu sahs wol hende breit.
ez muoste balde ersterben · swaz er dâ mit versneit.

Dô reit der rîter edele · vil weidenlîche dan.
in sâhen zuo in komende · Guntheres man:
si liefen im enkegene · und enpfiengen im daz marc:
dô vuorte er bî dem satele · den beren grôz unde starc.

Als er gestuont von rosse · dô lôste er im diu bant
von vuoze und ouch von munde · dô erlûte sâ zehant
vil lûte daz gehünde · swaz es den bern sach.
daz tier ze walde wolde · die liute heten ungemach.

Der ber von dem schalle · durch die kuche geriet:
hei, waz er kuchenknehte · von dem viuwer schiet!
vil kezzele wart gerüeret · zervüeret manec brant;
hei, waz man guoter spîse · in der aschen ligen vant!

Dô sprungen von dem sedele · die hêrren und ir man.
der ber begunde zürnen · der künic hiez dô lân
allez daz gehünde · daz an seilen lac;
und wære ez wol verendet · si heten vrœlîchen tac.

Mit bogen und mit spiezen · niht langer man daz lie,
dar liefen dô die snellen · dâ der bere gie.
dô was sô vil der hunde · daz dâ nieman schôz.
von des liutes schalle · daz gebirge allez erdôz.

Der ber begunde vliehen · vor den hunden dan:
im kunde niht gevolgen · wan Kriemhilde man.
er erlief in mit dem swerte · ze tôde er in dô sluoc.
hin wider zuo dem viure · man den beren sider truoc.

Auch führt' er Balmungen · das breite schmucke Schwert:
Das war solcher Schärfe · nichts blieb unversehrt,
Wenn man es schlug auf Helme · seine Schneiden waren gut.
Der herrliche Jäger · trug gar hoch seinen Mut.

Wenn ich euch der Märe · ganz bescheiden soll,
So war sein edler Köcher · guter Pfeile voll,
Mit goldenen Röhren · die Eisen händebreit.
Was er traf mit Schießen · dem war das Ende nicht weit.

Da ritt der edle Ritter · stattlich aus dem Tann.
Gunthers Leute sahen · wie er ritt heran.
Sie liefen ihm entgegen · und hielten ihm das Roß:
Da trug er an dem Sattel · einen Bären stark und groß.

Als er vom Roß gestiegen · löst' er ihm das Band
Vom Mund und von den Füßen · die Hunde gleich zur Hand
Begannen laut zu heulen · als sie den Bären sahn.
Das Tier zu Walde wollte · das erschreckte manchen Mann.

Der Bär durch die Küche · von dem Lärm geriet:
Hei! was er Küchenknechte · da vom Feuer schied!
Gestürzt ward mancher Kessel · verschleudert mancher Brand;
Hei! was man guter Speisen · in der Asche liegen fand!

Da sprang von den Sitzen · Herr und Knecht zumal.
Der Bär begann zu zürnen · der König gleich befahl
Der Hunde Schar zu lösen · die an den Seilen lag;
Und wär' es wohl geendet · sie hätten fröhlichen Tag.

Mit Bogen und mit Spießen · man säumte sich nicht mehr,
Liefen hin die Schnellen · wo da ging der Bär;
Doch wollte niemand schießen · von Hunden war's zu voll.
So laut war das Getöse · daß rings der Bergwald erscholl.

Der Bär begann zu fliehen · vor der Hunde Zahl;
Ihm konnte niemand folgen · als Kriemhilds Gemahl.
Er lief ihm mit dem Schwerte · zu Tod er ihn da schlug.
Wieder zu dem Feuer · das Gesind' den Bären trug.

Dô sprâchen, die daz sâhen · er wære ein kreftec man.
die stolzen jeitgesellen · hiez man ze tische gân.
ûf einen schœnen anger · saz ir dâ genuoc.
hei, waz man rîcher spîse · den edelen jegeren dô truoc!

Die schenken kômen seine · die tragen solden wîn;
ez enkunde baz gedienet · nimmer helden sîn,
heten si dar under · niht sô valschen muot.
sô wæren wol die recken · vor allen schanden behuot.

Dô sprach det hêrre Sîvrit · ‚wunder mich des hât,
sît man uns von kuchen · gît sô manegen rât,
war umbe uns die schenken · dar zuo niht bringen wîn:
man enpflege baz der jegere · ich wil niht jeitgeselle sîn.

‚Ich hete wol verdienet · daz man mîn næme war.'
der künic von dem tische · sprach in valsche dar :
‚man sol iu gerne büezen · swes wir gebresten hân.
ez ist von Hagnen schulde · der wil uns erdürsten lân.'

Dô sprach von Troneje Hagene · ‚lieber hêrre mîn,
ich wânde, daz pirsen · hiute solde sîn
dâ zem Spehtsharte · den wîn den sande ich dar.
sîn wir hiut ungetrunken · wie wol ich mêre daz bewar!

Dô sprach der hêrre Sîvrit · ‚ir lîp der habe undanc!
man sold mir siben soume · met und lûtertranc
haben her gevüeret · dô des niht mohte sîn,
dô sold man uns gesidelet · haben nâher an den Rîn.'

Dô sprach von Troneje Hagene · ‚ir edelen rîter balt,
ich weiz hie vil nâhen · einen brunnen kalt:
daz ir niht enzürnet · dâ sul wir hine gân.'
der rât wart manegem degene · ze grôzen sorgen getân.

Sîvriden den recken · twanc des durstes nôt;
den tisch er deste zîter · rucken dan gebôt:
er wolde vür die berge · zuo dem brunnen gân.
dô was der rât mit meine · von den recken getân.

Da sprachen, die es sahen · er wär' ein starker Mann.
Die stolzen Jagdgesellen · rief man zu Tisch heran.
Auf schönen Anger saßen · der Helden da genug.
Hei! was man reicher Speise · vor die edeln Jäger trug!

Die Schenken waren säumig · sie brachten nicht den Wein;
So gut bewirtet mochten · sonst Helden nimmer sein.
Wären manche drunter · nicht so falsch dabei,
So wären wohl die Degen · aller Schaden los und frei.

Da sprach der edle Siegfried · „Mich verwundert sehr,
Man trägt uns aus der Küche · doch so viel daher,
Was bringen uns die Schenken · nicht dazu den Wein?
Pflegt man so der Jäger · will ich nicht Jagdgeselle sein.

„Ich möcht' es doch verdienen · bedächte man mich gut."
Von seinem Tisch der König · sprach mit falschem Mut:
„Wir büßen euch ein andermal · was heut' uns muß entgehn;
Die Schuld liegt an Hagen · der will uns verdursten sehn."

Da sprach von Tronje Hagen · „Lieber Herre mein,
Ich wähnte, das Birschen · sollte heute sein
Fern im Spechtsharte · den Wein hin sandt' ich dort.
Heute gibt es nichts zu trinken · doch vermeid' ich es hinfort."

Da sprach der edle Siegfried · „Dem weiß ich wenig Dank:
Man sollte sieben Lasten · mit Meth und Lautertrank
Mir hergesendet haben · konnte das nicht sein,
So sollte man uns näher · gesiedelt haben dem Rhein."

Da sprach von Tronje Hagen · „Ihr edeln Ritter schnell,
Ich weiß hier in der Nähe · einen kühlen Quell:
Daß ihr mir nicht zürnet · da rat' ich hinzugehn."
Der Rat war manchem Degen · zu großem Leide geschehn.

Siegfried den Recken · zwang des Durstes Not;
Den Tisch hinwegzurücken · der Held alsbald gebot:
Er wollte vor die Berge · zu dem Brunnen gehn.
Da war der Rat aus Arglist · von den Recken geschehn.

Diu tier hiez man ûf wägenen · vüeren in daz lant,
diu dâ hete verhouwen · sîvrides hant.
man jach im grôzer êren · swer ez ie gesach.
Hagne sîne triuwe · sêre an Sîvride brach.

Dô si wolden dannen · zuo der linden breit,
dô sprach von Troneje Hagene · ‚mir ist des vil geseit,
daz niht gevolgen kunde · dem Kriemhilde man,
swenne er welle gâhen · hei! wolde er uns daz sehen lân!‘

Dô sprach von Niderlande · der küene Sîvrit:
‚daz muget ir wol versuochen · welt ir mir volgen mit
ze wette zuo dem brunnen · sô daz ist getân,
dem sol man jehen danne · den man sihet gewunnen hân.‘

‚Nu welle ouch wirz versuochen‘ · sprach Hagne der degen.
dô sprach der starke Sîvrit · ‚sô wil ich mich legen
vür die iuwern vüeze · nider an daz gras.‘
dô er daz gehörte · wie liep daz Gunthere was!

Dô sprach der degen küene · ‚ich wil iu mêre sagen:
allez mîn gewæte · wil ich mit mir tragen,
den gêr zuo dem schilde · und mîn pirsgewant.‘
den kocher zuo dem swerte · vil schier er umbe gebant.

Dô zugen si diu kleider · von dem lîbe dan:
in zwein wîzen hemden · sach man si beide stân.
sam zwei wildiu pantel · sie liefen durch den klê;
doch sach man bî dem brunnen · den küenen Sîvriden ê.

Den prîs an allen dingen · truoc er vor manegem man.
daz swert lôste er schiere · den kocher leit er dan,
den starken gêr er leinde · an der linden ast:
bî des brunnen vluzze · stuont der hêrlîche gast.

Die Sîvrides tugende · wâren harte grôz.
den schilt er leite nidere · dâ der brunne vlôz:
swie harte sô in durste · der helt doch niht entranc,
ê der künec getrunke · des seit er im vil bœsen danc.

Man hieß das Wild auf Wagen · führen in das Land,
Das da verhauen hatte · Siegfriedens Hand.
Wer es auch sehen mochte · sprach großen Ruhm ihm nach.
Hagen seine Treue · sehr an Siegfrieden brach.

Als sie von dannen wollten · zu der Linde breit,
Da sprach von Tronje Hagen · „Ich hörte jederzeit,
Es könne niemand folgen · Kriemhilds Gemahl,
Wenn er rennen wolle · hei! schauten wir das einmal!"

Da sprach von Niederlanden · der Degen kühn und gut:
„Das mögt ihr wohl versuchen · wenn ihr mit mir tut
Einen Wettlauf nach dem Brunnen · Ist dies dann geschehn,
Dem soll man's zuerkennen · den wir als den Sieger sehn."

„Wohl, laßt's auch uns versuchen" · sprach Hagen der Degen.
Da sprach der starke Siegfried · „So will ich mich legen
Hier vor eure Füße · nieder in das Gras."
Als er das erhörte · wie lieb war König Gunthern das!

Da sprach der kühne Degen · „Noch mehr will ich euch sagen:
Gewand und Gewaffen · will ich bei mir tragen,
Den Wurfspieß samt dem Schilde · und all mein Birschgewand."
Das Schwert und den Köcher · um die Glieder schnell er band.

Die Kleider vom Leibe · zogen die andern da:
In zwei weißen Hemden · man beide stehen sah.
Wie zwei wilde Panther · liefen sie durch den Klee;
Man sah bei dem Brunnen · den schnellen Siegfried doch eh.

Den Preis in allen Dingen · vor manchem man ihm gab.
Da löst' er schnell die Waffe · den Köcher legt' er ab,
Den starken Spieß lehnt'er · an den Lindenast.
Bei des Brunnens Flusse · stand der herrliche Gast.

Die höf'sche Zucht erwies da · Siegfried daran:
Den Schild legt' er nieder · wo der Brunnen rann;
Wie sehr ihn auch dürstete · der Held nicht eher trank,
Bis der König getrunken · dafür gewann er übeln Dank.

Der brunne was küele · lûter unde guot.
Gunther sich dô neigete · nider zuo der vluot.
als er hete getrunken · dô rihte er sich von dan:
alsam het ouch gerne · der küene Sîvrit getân.

Dô engalt er sîner zühte · den bogen und daz swert
daz truoc allez Hagene · von im danwert.
dô spranc er hin widere · dâ er den gêr vant.
er sach nâch einem bilde · an des küenen gewant.

Dô der hêrre Sîvrit · ob dem brunnen tranc,
er schôz in durch daz kriuze · daz von der wunden spranc
daz bluot von dem herzen · vaste an Hagnen wât.
solher missewende · ein helt nu nimmer begât.

Den gêr im gên dem herzen · stecken er dô lie.
alsô grimmeclîche · ze flühte Hagne nie
gelief in der werlde · vor deheinem man.
dô sich der starke Sîvrit · der grôzen wunden versan,

Der hêrre tobelîchen · von dem brunnen spranc;
im ragete von dem herzen · ein gêrstange lanc,
der vürste wânde vinden · bogen oder swert:
Sô müese wesen Hagene · nâch sîme dienste gewert.

Dô der sêre wunde · des swertes niht envant,
dône het et er niht mêre · wan des schildes rant:
er zuct in von dem brunnen · dô lief er Hagnen an:
dône kunde im niht entrinnen · des künic Guntheres man.

Swie wunt er was zem tôde · sô krefteclîch er sluoc,
daz ûzer dem schilde · dræte genuoc
des edelen gesteines · der schilt vil gar zerbrast.
sich hete gerne errochen · der vil hêrlîche gast.

Dô was gestrûchet Hagene · vor sîner hant ze tal;
von des slages krefte · der wert vil lûte erhal.
het er swert enhende · sô wær ez Hagenen tôt.
sô sêre zurnde der wunde · des gie im wærlîchen nôt.

Der Brunnen war lauter · kühl und auch gut;
Da neigte sich Gunther · hernieder zu der Flut.
Als er getrunken hatte · erhob er sich hindann;
Also hätt' auch gerne · der kühne Siegfried getan.

Da entgalt er seiner höf'schen Zucht · den Bogen und das Schwert
Trug beiseite Hagen · von dem Degen wert.
Dann sprang er zurücke · wo er den Wurfspieß fand,
Und sah nach einem Zeichen · an des Kühnen Gewand.

Als der edle Siegfried · aus dem Brunnen trank,
Er schoß ihn durch das Kreuze · daß aus der Wunde sprang
Das Blut von seinem Herzen · an Hagens Gewand.
Kein Held begeht wohl wieder · solche Untat nach der Hand.

Den Gerschaft im Herzen · ließ er ihm stecken tief.
Wie im Fliehen Hagen · da so grimmig lief,
So lief er wohl auf Erden · nie vor einem Mann!
Als da Siegfried Kunde · der schweren Wunde gewann,

Der Degen mit Toben · von dem Brunnen sprang;
Ihm ragte von dem Herzen · eine Gerstange lang.
Nun wähnt' er da zu finden · Bogen oder Schwert,
Gewiß, so hätt' er Hagen · den verdienten Lohn gewährt.

Als der Todwunde · da sein Schwert nicht fand,
Da blieb ihm nichts weiter · als der Schildesrand.
Den rafft' er von dem Brunnen · und rannte Hagen an:
Da konnt' ihm nicht entrinnen · König Gunthers Untertan.

Wie wund er war zum Tode · so kräftig doch er schlug,
Daß von dem Schilde nieder · wirbelte genug
Des edeln Gesteines · der Schild zerbrach auch fast:
So gern gerochen hätte · sich der herrliche Gast.

Da mußte Hagen fallen · von seiner Hand zutal;
Der Anger von den Schlägen · erscholl im Widerhall.
Hätt' er sein Schwert in Händen · so wär' es Hagens Tod:
So sehr zürnte der Wunde · dazu trieb wahrlich ihn die Not.

Erblichen was sîn varwe · ern mohte niht gestên.
sînes lîbes sterke · muoste gar zergên,
wande er des tôdes zeichen · in liehter varwe truoc.
sît wart er beweinet · von schœnen vrouwen genuoc.

Dô viel in die bluomen · der Kriemhilde man.
daz bluot von sîner wunden · sach man vaste gân.
dô begunder schelten· des twanc in grôziu nôt,
die ûf in gerâten · heten ungetriuwe den tôt.

Dô sprach der verchwunde · ‚jâ ir bœsen zagen,
waz helfent mîniu dienest · sît ir mich habet erslagen?
ich was iu ie getriuwe · des ich enkolten hân.
ir habt an iuwern vriunden · leider übele getân.

‚Die sint dâ von bescholden · swaz ir wirt geborn
her nâch diesen zîten · ir habet iuwern zorn
gerochen al ze sêre · an dem lîbe mîn.
mit laster gescheiden · sult ir von guoten recken sîn.‘

Die rîter liefen alle · dâ er erslagen lac.
ez was ir genuogen · ein vreudelôser tac.
die iht triuwe hêten · von den wart er gekleit:
daz het wol verdienet · umb alle liute der helt gemeit.

Der künec von Burgonden · klagte ouch sînen tôt.
dô sprach der verchwunde · ‚daz ist âne nôt,
daz der nâch schaden weinet · der in dâ hât getân:
der dienet michel schelten · ez wære bezzer verlân.‘

Dô sprach der grimme Hagene · ‚jâne weiz ich, waz ir kleit.
ez hat nu allez ende · unser sorge und unser leit.
wir vinden ir nu wênec · die getürren uns bestân;
wol mich, deich sîner hêrschaft · hân ze râte getân.‘

‚Ir muget iuch lîhte rüemen‘ · sprach dô Sîvrit,
‚het ich an iu erkunnet · den mortlîchen sit,
ich hete wol behalten · vor iu mînen lîp.
mich riuwet niht sô sêre · sô vrou Kriemhilt mîn wîp.

Seine Farbe war erblichen · er konnte nicht mehr stehn.
Seines Leibes Stärke · mußte ganz zergehn,
Da er des Todes Zeichen · in lichter Farbe trug.
Er ward hernach betrauert · von schönen Frauen genug.

Da fiel in die Blumen · der Kriemhilde Mann.
Das Blut von seiner Wunde · stromweis niederrann.
Da begann er die zu schelten · ihn zwang die große Not,
Die da geraten hatten · mit Untreue seinen Tod.

Da sprach der Todwunde · „Weh, ihr bösen Zagen,
Was helfen meine Dienste · da ihr mich habt erschlagen?
Ich war euch stets gewogen · und sterbe nun daran.
Ihr habt an euern Freunden · leider übel getan.

„Die sind davon bescholten · so viele noch geborn
Werden nach diesem Tage · ihr habt euern Zorn
Allzusehr gerochen · an dem Leben mein.
Mit Schanden geschieden · sollt ihr von guten Recken sein."

Hinliefen all die Ritter · wo er erschlagen lag.
Es war ihrer vielen · ein freudeloser Tag.
Wer Treue kannt' und Ehre · der hat ihn beklagt:
Das verdient' auch wohl um alle · dieser Degen unverzagt.

Der König der Burgunden · klagt' auch seinen Tod.
Da sprach der Todwunde · „Das tut nimmer not,
Daß der um Schaden weine · von dem man ihn gewann:
Er verdient groß Schelten · er hätt' es besser nicht getan."

Da sprach der grimme Hagen · „Ich weiß nicht, was euch reut:
Nun hat doch gar ein Ende · was uns je gedräut.
Es gibt nun nicht manchen · der uns darf bestehn;
Wohl mir, daß seiner Herrschaft · durch mich ein End' ist geschehn."

„Ihr mögt euch leichtlich rühmen" · sprach der von Niederland.
„Hätt' ich die mörderische · Weis' an euch erkannt,
Vor euch behütet hätt' ich · Leben wohl und Leib,
Mich dauert nichts auf Erden · als Frau Kriemhild mein Weib.

‚Nu müeze Got erbarmen · deich ie gewan den sun,
dem man daz itewîzen · sol nâh den zîten tuon,
daz sîne mâge ieman · mortlîch hânt erslagen.
möhte ichz verenden · daz solde ich pillîche klagen.‘

Dô sprach jæmerlîche · der verchwunde man:
‚welt ir, künic edele · triuwen iht begân
in der werlde an iemen · lât iu bevolhen sîn
ûf iuwer genâde · die lieben triutinne mîn.

‚Lât si des geniezen · daz si iuwer swester sî:
durch aller vürsten tugende · wont ir mit triuwen bî.
mir müezen warten lange · mîn vater und mîne man:
ez enwart nie vrouwen leider · an liebem vriunde getân.‘

Die bluomen allenthalben · von bluote wâren naz.
dô ranger mit dem tôde · unlange tet er daz,
wan des tôdes wâfen · ie ze sêre sneit.
dô mohte reden niht mêre · der recke küene und gemeit.

Dô die hêrren sâhen · daz der helt was tôt,
si leiten in ûf einen schilt · der was von golde rôt,
und wurden des ze râte · wie daz solde ergân,
daz man ez verhæle · daz ez Hagne hete getân.

Dô sprâchen ir genuoge · ‚uns ist übel geschehen.
ir sult ez heln alle · und sult gelîche jehen:
dâ er jagen rite aleine · Kriemhilde man,
in slüegen schâchære · dâ er vüere durch den tan.‘

Dô sprach von Troneje Hagene · ‚ich bring in in daz lant.
mir ist vil unmære · wirt ez ir bekant,
diu sô hât betrüebet · den Prünhilde muot.
ez ahtet mich vil ringe · swaz si nu weinens getuot.‘

„Nun mög' es Gott erbarmen · daß ich gewann den Sohn,
Der jetzt auf alle Zeiten · den Vorwurf hat davon,
Daß seine Freunde jemand · meuchlerisch erschlagen!
Hätt' ich Zeit und Weile · das müßt' ich billig beklagen."

Da sprach im Jammer weiter · der todwunde Held:
„Wollt ihr, edler König · noch auf dieser Welt
An jemand Treue pflegen · so laßt befohlen sein
Doch auf eure Gnade · euch die liebe Traute mein.

„Es komm' ihr zugute · daß sie eure Schwester ist:
Bei aller Fürsten Tugend · helft ihr zu jeder Frist.
Mein mögen lange harren · mein Vater und mein Lehn:
Nie ist an liebem Freunde · einem Weibe so leid geschehn."

Die Blumen allenthalben · waren vom Blute naß.
Da rang er mit dem Tode · nicht lange tat er das,
Denn des Todes Waffe · schnitt ihn allzusehr.
Da konnte nicht mehr reden · dieser Degen kühn und hehr.

Als die Herren sahen · den edlen Helden tot,
Sie legten ihn auf einen Schild · der war von Golde rot.
Da gingen sie zu Rate · wie sie es stellten an,
Daß es verhohlen bliebe · Hagen hab' es getan.

Da sprachen ihrer viele · „Ein Unfall ist geschehn;
Ihr sollt es alle hehlen · und einer Rede stehn:
Als er allein ritt jagen · der Kriemhilde Mann,
Erschlugen ihn Schächer · als er fuhr durch den Tann."

Da sprach von Tronje Hagen · „Ich bring' ihn in das Land.
Mich soll es nicht kümmern · wird es ihr auch bekannt,
Die so betrüben konnte · der Königin hohen Mut;
Ich werde wenig fragen · wie sie nun weinet und tut."

AVENTIURE

wie Sîvrit beklaget und begraben wart

Dô biten si der nahte · und vuoren über Rîn:
von helden kunde nimmer · wirs gejaget sîn.
ein tier, daz si dâ sluogen · daz weinden edeliu wîp:
jâ muose sîn enkelten · vil guoter wîgande lîp.

Von grôzer übermüete · muget ir hœren sagen
Und von eislîcher râche · ez hiez Hagne tragen
Sîvriden alsô tôten · von Niblunge lant
vür eine kemenâten · dâ man Kriemhilde vant.

Er hiez in tougenlîche · legen an die tür,
daz si in dâ vinden solde · sô si gienge dervür
hin ze mettîne · ê daz ez wurde tac,
der diu vrouwe Kriemhilt · vil selten eine verlac.

Man lûte dâ zem münster · nâch gewoneheit:
Kriemhilt diu vil schœne · wacte manege meit.
ein lieht bat si ir bringen · und ouch ir gewant;
dô kom ein kameræere · dâ er Sîvriden vant.

Er sach in bluotes rôten · sîn wât was elliu naz.
daz ez sîn hêrre wære · niht enwesser daz.
hin ze der kemenâten · daz lieht truoc er enhant,
bî dem vil leider mære · diu vrouwe Kriemhilt ervant.

Dô si mit ir vrouwen · ze kirche wolde gân,
dô sprach der kameræere · ‚vrouwe, ir sult stille stân:
ez lît vor dem gademe · ein rîter tôt erslagen.'
‚Ouwê,' sprach vrou Kriemhilt · ‚waz wiltu solher mære sagen?'

Ê si rehte ervunde · daz ez wære ir man,
an die Hagenen vrâge · denken si began,
wie er solde in vristen · êrst dô wart ir leit.
von ir was allen vreuden · mit sîme tôde widerseit.

SIEBZEHNTES ABENTEUER

Wie Siegfried beklagt und begraben ward

Da harrten sie des Abends · und fuhren über Rhein;
Es mochte nie von Helden · ein schlimmer Jagen sein.
Ihr Beutewild beweinte · noch manches edle Weib:
Sein mußte bald entgelten · viel guter Weigande Leib.

Von großem Übermute · mögt ihr nun hören sagen
Und schrecklicher Rache · Bringen ließ Hagen
Den erschlagnen Siegfried · von Nibelungenland
Vor eine Kemenate · darin sich Kriemhild befand.

Er ließ ihn ihr verstohlen · legen vor die Tür,
Daß sie ihn finden müsse · wenn morgen sie herfür
Zu der Mette ginge · frühe vor dem Tag,
Deren Frau Kriemhild · wohl selten eine verlag.

Da hörte man wie immer · zum Münster das Geläut:
Kriemhild die schöne · weckte manche Maid.
Ein Licht ließ sie sich bringen · dazu auch ihr Gewand;
Da kam der Kämmrer einer · hin, wo er Siegfrieden fand.

Er sah ihn rot von Blute · all sein Gewand war naß:
Daß sein Herr es wäre · mit nichten wußt' er das.
Da trug er in die Kammer · das Licht in seiner Hand,
Bei dem da Frau Kriemhild · viel leide Märe befand.

Als sie mit den Frauen · zum Münster wollte gehn,
„Frau," sprach der Kämmerer · „wollt noch stille stehn:
Es liegt vor dem Gemache · ein Ritter totgeschlagen."
„O weh", sprach da Kriemhild · „was willst du solche Botschaft sagen?"
Eh' sie noch selbst gesehen · es sei ihr lieber Mann,
An die Frage Hagens · hub sie zu denken an,
Wie er ihn schützen möchte · da ahnte sie ihr Leid.
Mit seinem Tod entsagte · sie nun aller Fröhlichkeit.

Si seic zuo der erden · daz si niht ensprach:
die schœnen vreudelôsen · ligen man dô sach.
Kriemhilde jâmer · wart unmâzen grôz.
dô schrei si nâch unkreften · daz al diu kemenâte erdôz.

Dô sprach daz gesinde · ‚waz, ob ez ist ein gast?‘
daz bluot ir ûz dem munde · von herzen jâmer brast.
si sprach: ‚nein, ez ist Sîvrit · mîn vil lieber man:
ez hât gerâten Prünhilt · daz ez Hagne hât getân.‘

Diu vrouwe bat sich wîsen · dâ si den helt vant.
si huop sîn schœne houbet · mit ir vil wîzen hant.
swie rôt er was von bluote · si hete in schiere erkant.
dô lac vil jæmerlîche · der helt von Nibelunge lant.

Dô rief vil trûreclîchen · diu küneginne milt:
‚wê mir dises leides! · nu ist dir doch dîn schilt
mit swerten niht verhouwen · du lîst ermorderôt.
wesse ich, wer ez het getân · ich riete im immer sînen tôt.‘

Allez ir gesinde · klagete unde schrê
mit ir lieben vrouwen · wande in was vil wê
umb ir edelen hêrren · der dâ was verlorn.
gerochen hete Hagene · vil übele Prünhilde zorn.

Dô sprach diu jâmerhafte · ‚ir sult hine gân
und wecket harte bald · die Sîvrides man.
ir sult ouch Sigmunde · mînen jâmer sagen,
ob er mir helfen welle · den küenen Sîvriden klagen.‘

Dô lief ein bote balde · dâ er liegen vant
Sîvrides helde · von Niblunge lant.
mit den vil leiden mæren · ir vreude er in benam;
si woldenz niht gelouben · ê man daz weinen vernam.

Der bote kom ouch schiere · dâ der künic lac.
Sigmunt der hêrre · des slâfes niene pflac:
ich wæn, sîn herze im seite · daz im was geschehen,
ern möhte sînen lieben sun · lebenden nimmer gesehen.

Da sank sie zur Erden · kein Wort mehr sprach sie da;
Die schöne Freudenlose · man da liegen sah.
Kriemhildens Jammer · wurde groß und voll;
Sie schrie nach der Ohnmacht · daß all die Kammer erscholl.

Da sprach ihr Gesinde · „Es kann ein Fremder sein."
Das Blut ihr aus dem Munde · brach vor Herzenspein.
„Nein, es ist Siegfried · mein geliebter Mann:
Brunhild hat's geraten · und Hagen hat es getan."

Sie ließ sich hingeleiten · wo sie den Helden fand;
Sein schönes Haupt erhob sie · mit ihrer weißen Hand.
So rot er war von Blute · sie hat ihn gleich erkannt:
Da lag zu großem Jammer · der Held von Nibelungenland.

Da rief in Jammerlauten · die Königin mild:
„O weh mir dieses Leides! · Nun ist dir doch dein Schild
Mit Schwertern nicht verhauen! · dich fällte Meuchelmord.
Und wüßt' ich. wer der Täter wär' · ich wollt es rächen immerfort.

All ihr Ingesinde · klagte laut und schrie
Mit seiner lieben Frauen · heftig schmerzte sie
Ihr edler Herr und König · den sie da sahn verlorn.
Gar übel hatte Hagen · gerochen Brunhildens Zorn.

Da sprach die Jammerhafte · „Nun soll einer gehn
Und mir in Eile wecken · die in Siegfrieds Lehn
Und soll auch Siegmunden · meinen Jammer sagen,
Ob er mir helfen wolle · den kühnen Siegfried beklagen."

Da lief dahin ein Bote · wo er sie liegen fand,
Siegfriedens Helden · von Nibelungenland.
Mit den leiden Mären · die Freud' er ihnen nahm;
Sie wollten es nicht glauben · bis man das Weinen vernahm.

Auch kam dahin der Bote · wo der König lag.
Siegmund der Herre · keines Schlafes pflag,
Als ob das Herz ihm sagte · was ihm wär' geschehn,
Er sollte seinen lieben Sohn· lebend nimmer wiedersehn.

‚Wachet, hêrre Sigmunt! · mich bat nâch iu gân
Kriemhilt mîn vrouwe · der ist ein leit getân,
daz ir vor allen leiden · an ir herze gât:
daz sult ir klagen helfen · wan ez sêre iuch bestât.'

Uf rihte sich dô Sigmunt · er sprach: ‚waz sint diu leit
der schœnen Kriemhilde · sô du hâst geseit?'
der bote sprach mit weinen · ine kan iu niht verdagen:
jâ ist von Niderlanden · der hüene Sîvrit erslagen.'

Dô sprach der künic Sigemunt · ‚lât daz schimpfen sîn
und alsô bœsiu mære · durch den willen mîn,
daz ir saget ieman · daz er si erslagen,
wan ich enkunde in nimmer · unz an mîn ende verklagen.'

‚Welt irz niht gelouben · daz ir mich hœret sagen,
sô vernemet selbe · Kriemhilde klagen
und allez ir gesinde · den Sîvrides tôt.'
vil sêre erschrac dô Sigmunt · des gie im wærlîchen nôt.

Mit hunder sîner manne · er von dem bette spranc.
si zucten zuo den handen · diu scharpfen wâfen lanc:
si liefen zuo dem wuofe · jâmerlîchen dan.
dô kômen tûsent recken · des küenen Sîvrides man.

Dô si sô jâmerlîche · die vrouwen hôrten klagen,
dô wânden sumelîche · si solden kleider tragen,
jâne mohten si der sinne · vor leide niht gehaben:
in wart michel swære · in ir herze begraben.

Dô kom der künic Sigemunt · dâ er Kriemhilde vant.
er sprach: ‚ouwê der reise · her in ditze lant!
wer hât mich mînes kindes · und iuch des iuwern man
bî alsô guoten vriunden · sus mortlîch âne getân?'

‚Solde ich den bekennen' · sprach daz vil edel wîp,
‚holt wurde im nimmer · mîn herze noch mîn lîp:
ich riete im alse leides · daz al die vriunde sîn
von den mînen schulden · müesen weinende sîn.'

„Wacht auf, König Siegmund! · Mich hieß nach euch gehn
Kriemhild, meine Herrin · der ist ein Leid geschehn,
Das ihr vor allem Leide · wohl das Herz versehrt;
Das sollt ihr klagen helfen · da es auch euch widerfährt."

Auf richtete sich Siegmund · und sprach: „Was beklagt
Denn die schöne Kriemhild · wie du mir hast gesagt?"
Der Bote sprach mit Weinen · „Ich muß euch alles sagen:
Es liegt von Niederlanden · der kühne Siegfried erschlagen."

Da sprach König Siegmund · „Laßt das Scherzen sein
Mit so böser Märe · von dem Sohne mein
Und sagt es niemand wieder · daß er sei erschlagen,
Denn ich könnt' ihn nie genug · bis an mein Ende beklagen."

„Wollt ihr denn nicht glauben · was ihr mich höret sagen,
So vernehmet selber · Kriemhilden klagen
Und all ihr Ingesinde · um Siegfriedens Tod."
Wie erschrak da Siegmund! · Es schuf ihm wahrhafte Not.

Mit hundert seiner Mannen · er von dem Bette sprang.
Sie zuckten zu den Händen · die scharfen Waffen lang
Und liefen zu dem Wehruf · jammersvoll heran.
Da kamen tausend Recken · dem kühnen Siegfried untertan.

Als sie so jämmerlich · die Frauen hörten klagen,
Da kam vielen erst in Sinn · sie müßten Kleider tragen.
Wohl mochten sie vor Schmerzen · des Sinnes Macht nicht haben:
Es lag in ihrem Herzen · große Schwere begraben.

Da kam der König Siegmund · hin, wo er Kriemhild fand.
Er sprach : „O weh der Reise · hieher in dieses Land!
Wer hat euch euern Gatten · wer hat mir mein Kind
So mordlich entrissen · da wir bei guten Freunden sind?"

„Ja, kennt' ich den," versetzte · die edle Königin,
„Hold würd' ihm nimmer · mein Herz noch mein Sinn:
Ich riet' ihm so zum Leide · daß all die Freunde sein
Durch meine Schuld müßten · in Weinen und in Klagen sein."

Sigemunt der hêrre · den vürsten umbeslôz.
dô wart von sînen vriunden · der jâmer alsô grôz,
daz von dem starken wuofe · palas unde sal
und diu stat ze Wormze · von ir weinen erschal.

Dône kunde nieman trœsten · Sîvrides wîp.
man zôch ûz den kleidern · sînen schœnen lîp
und wuosch im sîne wunde · man leite in ûf den rê.
dô was sînen liuten · von starkem jâmer vil wê.

Ez sprâchen sîne recken · uz Niblunge lant:
,in sol immer rechen · mit willen unser hant.
er ist in disem hûse · der ez hât getân.'
dô îlten mâch wâfen · alle Sîvrides man.

Die ûz erwelten degene · mit schilden kômen dar,
einlif hundert recken · die hete an sîner schar
Sigmunt der rîche · sînes sunes tôt
wolde er gerne rechen · als im sîn triuwe daz gebôt.

Sine wessen, wen si solden · mit strîte dô bestân,
si entæten Gunthêren · und ouch sîne man,
mit den der hêrre Sîvrit · an daz gejeide reit.
Kriemhilt sach si gewâfent · daz was ir grœzlîche leit.

Swie michel waer ir jâmer · und swie starc ir nôt,
doch vorhte si sô harte · der Niblunge tôt
von ir bruoder mannen · daz si ez understuont.
si warnt si güetlîche · sô vriunde liebe vriunde tuont.

Dô sprâch diu jâmers rîche · ,mîn hêr Sigmunt,
wes welt ir beginnen? · iu ist niht rehte kunt.
jâ hât künic Gunther · sô manegen küenen man:
ir welt iuch alle vliesen · welt ir die recken bestân.'

Mit ûf erburten schilden · was in ze strîte nôt.
diu edel küneginne · si bat und ouch gebôt,
daz ez mîden solden · die recken vil gemeit.
daz wolden si niht lâzen · daz was ir wærlîche leit.

Siegmund der König · den Fürsten umschloß;
Da ward von seinen Freunden · der Jammer also groß,
Daß von dem lauten Wehruf · Pallas und Saal
Und Worms die weite Veste · rings erscholl im Widerhall.

Da konnte niemand trösten · Siegfriedens Weib.
Man zog aus den Kleidern · seinen schönen Leib,
Wusch ihm seine Wunde · und legt' ihn auf die Bahr;
Allen seinen Leuten · wie weh vor Jammer da war!

Es sprachen seine Recken · aus Nibelungenland:
„Immer ihn zu rächen · bereit ist unsre Hand.
Er ist in diesem Hause · von dem es ist geschehn."
Da eilten nach den Waffen · die Degen in Siegfrieds Lehn.

Die Auserwählten kamen · in ihrer Schilde Wehr,
Eilfhundert Recken · die hatt' in seinem Heer
Siegmund der König · seines Sohnes Tod
Hätt' er gern gerochen · wie ihm die Treue gebot.

Sie wußten nicht, wen sollten · sie im Streit bestehn,
Wenn es nicht Gunther wäre · und die in seinem Lehn,
Die zur Jagd mit Siegfried · geritten jenen Tag.
Kriemhild sah sie gewaffnet · das schuf ihr großes Ungemach.

Wie stark auch ihr Jammer · wie groß war ihre Not,
Sie besorgte doch so heftig · der Nibelungen Tod
Von ihrer Brüder Mannen · daß sie dawider sprach:
Sie warnte sie in Liebe · wie immer Freund mit Freunden pflag.

Da sprach die Jammerreiche · „Herr König Siegmund,
Was wollt ihr beginnen? · Euch ist wohl nicht kund,
Es hat der König Gunther · so manchen kühnen Mann:
Ihr wollt euch all verderben · greift ihr solche Recken an."

Mit auferhobnen Schilden · tat ihnen Streiten not.
Die edle Königstochter · bat und gebot,
Daß es meiden sollten · die Recken allbereit.
Daß sie's nicht lassen wollten · das war ein grimmiges Leid.

Sie sprach: ‚mîn hêr Sigmunt · ir sult ez lâzen stân,
unz ez sich baz vüege · sô wil ich mînen man
immer mit iu rechen · der mir in hât benomen,
wird ich des bewîset · ez muoz im schedlîchen komen.

‚Ez ist der übermüeten · hie bî Rîne vil,
dâ von ich iu des strîtes · râten niht enwil.
si habent wider einen · ie wol drîzec man.
Got lâz in gelingen · als si umb uns gedienet hân!

‚Ir sult hie belîben · und dolt mit mir diu leit,
unz ez tagen beginne · ir helde vil gemeit:
sô helfet mir beserken · mînen lieben man.‘
dô sprâchen die degene · ‚vrouwe liep, daz sî getân.‘

Iu enkunde nieman · daz wunder volsagen
von rîtern und von vrouwen · wie man die hôrte klagen,
sô daz man des wuofes · wart in der stat gewar.
die edelen burgære · kômen gâhende dar.

Sie klagten mit den gesten · wan in was harte leit.
Sîvrides schulde · in wâren niht geseit,
durch waz der edel recke · verlôs dâ sînen lîp.
dô weinden mit den vrouwen · der guoten burgære wîp.

Smide hiez man gâhen · wurken einen sarc
von silber und von golde · michel unde starc,
und hiez in vaste spengen · mit stahel, der was guot.
dô was al den liuten · harte trûrec der muot.

Diu naht was ergangen · man seite, ez wolde tagen.
dô hiez diu edel vrouwe · zuo dem münster tragen
Sîvrit den hêrren · ir vil lieben man.
swaz er dâ vriunde hête · die sach man weinende gân.

Dô si in zem münster brâhten · wie vil dâ glocken klanc!
dô hôrt man allenthalben · maneges pfaffen sanc.
dô kom der künic Gunther · dar mit sînen man
und ouch der grimme Hagene · daz wære bezzer verlân.

Sie sprach: „Herr König Siegmund · steht damit noch an,
Bis es sich besser füget · so will ich meinen Mann
Euch immer rächen helfen · Der mir ihn hat benommen,
Wird es mir bewiesen · es muß ihm noch zu Schaden kommen.

„Es sind der Übermütigen · hier am Rhein so viel,
Daß ich euch zum Streite · jetzt nicht raten will:
Sie haben wider einen · immer dreißig Mann;
Lass' ihnen Gott gelingen · wie sie uns haben getan!

„Bleibt hier im Hause · und tragt mit mir das Leid,
Bis es beginnt zu tagen · ihr Helden allbereit:
Dann helft ihr mir besargen · meinen lieben Mann."
Da sprachen die Degen · „Liebe Frau, das sei getan."

Es könnt' euch des Wunders · ein Ende niemand sagen,
Der Ritter und die Frauen · wie man sie hörte klagen,
Bis man des Wehrufs · ward in der Stadt gewahr.
Die edeln Bürger kamen · daher in eilender Schar.

Sie klagten mit den Gästen · sie schmerzte der Verlust.
Was Siegfried verschulde · war ihnen unbewußt,
Weshalb der edle Recke · Leben ließ und Leib.
Da weinte mit den Frauen · manchen guten Bürgers Weib.

Schmiede hieß man eilen · und würken einen Sarg
Von Silber und von Golde · mächtig und stark,
Und ließ ihn wohl beschlagen · mit Stahl, der war gut.
Da war allen Leuten · das Herz beschwert und der Mut.

Die Nacht war vergangen · man sagt', es wolle tagen.
Da ließ die edle Königin · hin zum Münster tragen
Siegfried den Herren · ihren lieben Mann.
Mit ihr gingen weinend · was sie der Freunde gewann.

Da sie zum Münster kamen · wie manche Glocke klang!
Allenthalben hörte · man der Pfaffen Sang.
Da kam der König Gunther · hinzu mit seinem Lehn
Und auch der grimme Hagen · es wäre klüger nicht geschehn.

Er sprach: ‚liebiu swester · wê der leide dîn,
daz wir niht mohten âne · sô grôzes schaden sîn!
wir müezen klagen immer · Sîvrides lîp.'
‚daz tuot ir âne schulde' · sprach daz jâmerhafte wîp.

‚Wær iu dar umbe leide · sône wær es niht geschehen.
ir hetet mîn vergezzen · des mag ich wol jehen,
dâ ich dâ wart gescheiden · von mîme lieben man.
daz wolde Got', sprach Kriemhilt · ‚wær ez mir selber getân.'

Si buten vaste ir lougen · Kriemhilt begunde jehen:
‚swelher sî unschuldec · der lâze daz besehen.
der sol zuo der bâre · vor den liuten gân:
dâ mac man die wârheit · harte schiere bî verstân.'

Daz ist ein michel wunder · dicke ez noch geschiht,
swâ man den mortmeilen · bî dem tôten siht,
sô bluotent im die wunden · sam ouch dâ geschach;
dâ von man die schulde · dâ ze Hagenen gesach.

Die wunden vluzzen sêre · alsam si tâten ê.
die ê dâ sêre klageten · des wart nu michel mê.
dô sprach künic Gunther · ‚ich wilz iuch wizzen lân.
in sluogen schâchære · Hagene hât es niht getân.'

‚Mir sint die schâchære' · sprach si, , vil wol bekant.
nu lâze ez Got errechen · noch sîner vriunde hant!
Gunther und Hagene · jâ habet irz getân.'
die Sîvrides degene · heten dô zuo strîte wân.

Dô sprach aber Kriemhilt · ‚nu traget mit mir die nôt.'
dô kômen dise beide · dâ si in vunden tôt,
Gêrnôt ir bruoder · und Gîselher daz kint.
mit triuwen si in klageten · mit den anderen sint.

Sie weinden inneclîche · Kriemhilde man.
man wolde messe singen · zuo dem münster dan
giengen allenthalben · man unde wîp.
die sîn doch lîhte enbâren · die weinden Sîvrides lîp.

Er sprach: „Liebe Schwester · o weh des Leides dein,
Daß wir nicht ledig mochten · so großen Schadens sein!
Wir müssen immer klagen · um Siegfriedens Tod."
„Daran tut ihr unrecht" · sprach die Frau in Jammersnot.

„Wenn euch das betrübte · so wär' es nicht geschehn.
Ihr hattet mein vergessen · das muß ich wohl gestehn,
Als ich so geschieden ward · von meinem lieben Mann.
Wollte Gott," sprach Kriemhild · „es wär' mir selber getan."

Sie hielten sich am Leugnen · da hub Kriemhild an:
„Wer unschuldig sein will · leicht ist es dargetan,
Er darf nur zu der Bahre · hier vor dem Volke gehn:
Da mag man gleich zur Stelle · sich der Wahrheit versehn."

Das ist ein großes Wunder · wie es noch oft geschieht,
Wenn man den Mordbefleckten · bei dem Toten sieht,
So bluten ihm die Wunden · wie es auch hier geschah;
Daher man nun der Untat · sich zu Hagen versah.

Die Wunden flossen wieder · so stark als je vorher.
Die erst schon heftig klagten · die weinten nun noch mehr.
Da sprach der König Gunther · „Nun hört die Wahrheit an:
Ihn erschlugen Schächer · Hagen hat es nicht getan."

Sie sprach: „Diese Schächer · sind mir wohl bekannt:
Nun lass' es Gott noch rächen · von seiner Freunde Hand!
Gunther und Hagen · ja ihr habt es getan."
Da wollten wieder streiten · die Siegfrieden untertan.

Da sprach aber Kriemhild · „Ertragt mit mir die Not."
Da kamen auch die beiden · wo sie ihn fanden tot,
Gernot ihr Bruder · und Geiselher das Kind.
Sie beklagten ihn in Treuen · mit dem ganzen Hofgesind'.

Sie weinten von Herzen · um Kriemhildens Mann.
Man wollte Messe singen · zum Münster heran
Sah man allenthalben · Frauen und Männer ziehn.
Die ihn doch leicht verschmerzten · weinten alle jetzt um ihn.

Gêrnôt und Gîselher · sprâchen: ‚swester mîn,
nu trœste dich nâch tôde · als ez iedoch muoz sîn.
wir wellen dichs ergetzen · die wîle wir geleben.‘
dône kunde ir trôst deheinen · zer werlde niemen gegeben

Sîn sarc was bereitet · wol umbe mitten tac;
man huop in von der bâre · dâ er ûfe lac.
in wolde noch diu vrouwe · lâzen niht begraben:
des muosen al die liute · michel arbeite haben.

In einen rîchen pfelle · man den tôten want.
ich wæne, man dâ iemen · âne weinen vant.
dô klagte herzenlîche · Uote, ein edel wîp.
und al ir ingesinde · Sîvrides wætlîchen lîp.

Dô man daz gehôrte · daz man zem münster sanc
und in besarket hête · dô huop sich grôß gedranc:
durch willen sîner sêle · was man opfers truoc!
er hete bî den vînden · doch guoter vriunde genuoc.

Kriemhilt diu arme · zir kameræren sprach:
‚ir sult durch mîne liebe · lîden ungemach:
die im guotes günnen · und mir wesen holt,
durch Sîvrides sêle · sol man teilen sîn golt.‘

Dehein kint was sô kleine · daz witze mohte haben,
ez muose gên zem opfer · ê er wurde begraben,
baz danne hundert messe · man des tages sanc.
von Sîvrides vriunden · wart dô grôzer gedranc.

Dô man het gesungen · daz volc sich huop von dan.
dô sprach vrou Kriemhilt · ‚irn sult niht eine lân
hînte mich bewachen · den ûz erwelten degen.
ez ist an sîme lîbe · al mîn vreude gelegen.

‚Drî tage und drî nahte · wil ich in lâzen stân,
unz ich mich geniete · mîns vil lieben man.
waz, ob Got gebiutet · daz mich ouch nimet der tôt?
sô wære wol verendet · mîn armer Kriemhilde nôt.‘

Geiselher und Gernot · sprachen: „Schwester mein,
Nun tröste dich des Todes · es muß wohl also sein.
Wir wollen dir's ersetzen · so lange wir leben."
Da wußt' ihr auf Erden · niemand doch Trost zu geben.

Sein Sarg war geschmiedet · wohl um den hohen Tag;
Man hob ihn von der Bahre · darauf der Tote lag.
Da wollt' ihn noch die Königin · nicht lassen begraben:
Es mußten alle Leute · große Mühsal erst haben.

In kostbare Zeuge · man den Toten wand.
Gewiß daß man da niemand · ohne Weinen fand.
Aus ganzem Herzen klagte · Ute das edle Weib
Und all ihr Ingesinde · um Siegfrieds herrlichen Leib.

Als die Leute hörten · daß man im Münster sang
Und ihn besargt hatte · da hob sich großer Drang:
Um seiner Seele willen · was man da Opfer trug!
Er hatte bei den Feinden · doch guter Freunde genug.

Kriemhild die arme · zu den Kämmerlingen sprach:
„Ihr sollt mir zuliebe · leiden Ungemach:
Die ihm Gutes gönnen · und mir blieben hold,
Um Siegfriedens Seele · verteilt an diese sein Gold."

Da war kein Kind so kleine · mocht' es Verstand nur haben,
Das nicht zum Opfer ginge · Eh' er ward begraben,
Mehr denn hundert Messen · man des Tages sang.
Von Siegfriedens Freunden · hob sich da mächtiger Drang.

Als die gesungen waren · verlief die Menge sich.
Da sprach wieder Kriemhild · „Nicht einsam sollt ihr mich
Heunt bewachen lassen · den auserwählten Degen:
Es ist an seinem Leibe · all meine Freude gelegen.

„Drei Tage und drei Nächte · will ich verwachen dran,
Bis ich mich ersättige · an meinem lieben Mann.
Vielleicht daß Gott gebietet · daß mich auch nimmt der Tod:
So wäre wohl beendet · der armen Kriemhilde Not."

Ze herbergen giengen · die liute von der stat.
pfaffen unde müniche · si belîben bat
und allez sîn gesinde · daz des heldes pflac.
si heten naht vil arge · und vil müelîchen tac.

Ân ezzen und ân trinken · beleib dâ manec man.
die ez nemen wolden · den wart daz kunt getân,
daz man ins den vollen gæbe · daz schuof hêr Sigmunt.
dô was den Niblungen · vil michel arebeite kunt.

Die drîe tagezîte · sô wir hœren sagen,
die dâ kunden singen · daz si muosen tragen
vil der arebeite · waz man in opfers truoc!
die vil arme wâren · die wurden rîche genuoc.

Swaz man vant der armen · die es niht mohten hân,
die hiez man doch zem opfer · mit dem golde gân
ûz sîn selbes kamere · dô er niht solde leben,
umbe sîne sêle · wart manec tûsent marc gegeben.

Urbor ûf der erden · teiltes in diu lant,
swâ sô man diu klôster · und guote liute vant.
silber unde wæte · gap man den armen genuoc.
si tet dem wol gelîche · daz sim holden willen truoc.

An dem dritten morgen · ze rehter messezît
sô was bî dem münster · der kirchhof alsô wît
von den lantliuten · weinens alsô vol:
si dienden im nâch tôde · als man lieben vriunden sol.

In den tagen vieren · man hât gesaget daz,
ze drîzec tûsent marken · oder dannoch baz
wart durch sîne sêle · den armen dâ gegeben.
dô was gelegen ringe · sîn grôziu schœne und ouch sîn leben.

Dô Gote wart gedienet · und man vol gesanc,
mit ungevüegem leide · vil des volkes ranc.
man hiez in ûz dem münster · zuo dem grabe tragen.
man vant dâ niht anders · wan ein weinen unde klagen.

Zur Herberge gingen · die Leute von der Stadt.
Die Pfaffen und die Mönche · sie zu verweilen bat
Und all sein Ingesinde · das sein billig pflag.
Sie hatten üble Nächte · und gar mühsel'gen Tag.

Ohne Trank und Speise · verblieb da mancher Mann.
Wer's nicht gern entbehrte · dem ward kund getan,
Man gäb ihm gern die Fülle · das schuf Herr Siegmund.
Da ward den Nibelungen · viel Not und Beschwerde kund.

In diesen dreien Tagen · so hörten wir sagen
Mußte mit Kriemhilden · viel Mühsal ertragen,
Wer da singen konnte · Was man auch Opfer trug!
Die eben arm gewesen · die wurden nun reich genug.

Was man fand der Armen · die es nicht mochten haben,
Die ließ sie mit dem Golde · bringen Opfergaben
Aus seiner eignen Kammer · er durfte nicht mehr leben,
Da ward um seine Seele · manches Tausend Mark gegeben.

Güter und Gefälle · verteilte sie im Land,
So viel man der Klöster · und guter Leute fand.
Silber und Gewande · gab den Armen man genug.
Sie ließ es wohl erkennen · wie holde Liebe sie ihm trug.

An dem dritten Morgen · zur rechten Messezeit
Sah man bei dem Münster · den ganzen Kirchhof weit
Von der Landleute · Weinen also voll:
Sie dienten ihm im Tode · wie man lieben Freunden soll.

In diesen vier Tagen · so hört' ich immerdar
Wohl an dreißigtausend Mark · oder mehr noch gar
Ward um seine Seele · den Armen hingegeben.
Indes war gar zerronnen · seine große Schöne wie sein Leben.

Als vom Gottesdienste · verhallt war der Gesang,
Mit ungefügem Leide · des Volkes Menge rang.
Man ließ ihn aus dem Münster · zu dem Grabe tragen.
Da hörte man auch anders · nichts als Weinen und Klagen.

Lûte schrîende · daz liut gie mit im dan:
vrô enwas dô niemen · weder wîp noch man.
ê man in begrüebe · man sanc unde las:
hei, waz guoter pfaffen · ze sîner bîvilde was!

Ê daz zem grabe kœme · Sîvrides wîp,
dô ranc mit solhem jâmer · ir getriuwer lîp,
daz man si mit dem brunnen · dicke dâ begôz.
ez was ir ungemüete · vil harte unmæzlîchen grôz.

Ez was ein michel wunder · daz si ie genas.
mit klage ir helfende · dâ manec vrouwe was.
dô sprach die küneginne · ‚ir Sîvrides man,
ir sult durch iuwer triuwe · an mir genâde begân.

‚Lât mir nâch mîme leide · ein kleine liep geschehen,
daz ich sîn schœne houbet · noch eines müeze sehen.‘
dô bat sis alsô lange · mit jâmers sinnen starc,
daz man zebrechen muose · den vil hêrlîchen sarc.

Dô brâhte man die vrouwen · dâ si in ligen vant.
si huop sîn schœnez houbet · mit ir vil wîzen hant
und kuste in alsô tôten · den edelen rîter guot:
ir vil liehten ougen · von leide weinden dô bluot.

Ein jæmerlîchez scheiden · wart dô dâ getân.
dâ truoc man si von dannen · sine kunde niht gegân.
dô vant man sinnelôse · daz hêrlîche wîp.
von leide möht ersterben · ir vil wünneclîcher lîp.

Dô man den edelen hêrren · hete nu begraben,
leit âne mâze · sach man die alle haben,
die mit im komen wâren · von Niblunge lant.
vil selten vrœlîchen · man dô Sigmunden vant.

Dô was etelîcher · der drîer tage lanc
vor dem grôzen leide · niht az noch entranc.
dô mohten si dem lîbe · sô geswîchen niht:
si nerten sich nâch sorgen · sô noch genuogen geschiht.

Das Volk mit lautem Wehruf · schloß im Zug sich an:
Froh war da niemand · weder Weib noch Mann.
Eh' er bestattet wurde · las und sang man da:
Hei! was man guter Pfaffen · bei seinem Grabgange sah!

Bevor da zu dem Grabe · kam das getreue Weib,
Rang sie mit solchem Jammer · um Siegfriedens Leib,
Daß man sie mit Wasser · vom Brunnen oft begoß:
Ihres Herzens Kummer · war ohn' alle Maßen groß.

Es war ein großes Wunder · daß sie zu Kräften kam.
Es halfen ihr mit Klagen · viel Frauen lobesam.
„Jhr, meines Siegfrieds Mannen" · sprach die Königin,
„Erweist mir eine Gnade · aus erbarmendem Sinn.

„Laßt mich nach meinem Leide · die kleine Gunst geschehn,
Daß ich sein schönes Angesicht · noch einmal dürfe sehn."
Da bat sie im Jammer · so lang und so stark,
Daß man zerbrechen mußte · den schön geschmiedeten Sarg.

Hin brachte man die Königin · wo sie ihn liegen fand.
Sein schönes Haupt erhob sie · mit ihrer weißen Hand
Und küßte so den Toten · den edeln Ritter gut:
Ihre lichten Augen · vor Leide weinten sie Blut.

Ein jammervolles Scheiden · sah man da geschehn.
Man trug sie von dannen · sie vermochte nicht zu gehn.
Da lag ohne Sinne · das herrliche Weib:
Vor Leid wollt' ersterben · ihr viel wonniglicher Leib.

Als der edle Degen · also begraben war,
Sah man in großem Leide · die Helden immerdar,
Die ihn begleitet hatten · aus Nibelungenland:
Fröhlich gar selten · man da Siegmunden fand.

Wohl mancher war darunter · der drei Tage lang
Vor dem großen Leide · weder aß noch trank;
Da konnten sie's nicht länger · dem Leib' entziehen mehr:
Sie genasen von den Schmerzen · wie noch mancher wohl seither.

AVENTIURE

wie Sigmunt wider ze lande vuor

Der sweher Kriemhilde · gie, dâ er si vant.
er sprach zu der küneginne · ,wir suln in unser lant.
wir wæne unmære geste · bî dem Rîne sîn.
Kriemhilt, vil liebiu vrouwe · nu vart ir zuo dem lande mîn.

,Sît daz uns untriuwe · âne hât getân
hie in disen landen · des iuwern edelen man,
des sult ir niht enkelten · ich wil iu wæge sîn
durch mînes suns liebe · unde des edelen kindes sîn.

,Ir sult ouch haben, vrouwe · allen den gewalt,
den iu ê tete künde · Sîvrit der degen balt.
daz lant und ouch diu krône · sî iu undertân.
iu suln gerne dienen · alle Sîvrides man.'

Dô seite man den knehten · si solden rîten dan:
dô wart michel gâhen · nâch rossen getân.
bî ir starken vînden · was in daz leben leit.
vrouwen unde meiden · hiez man suochen diu kleit.

Dô der künic Sigemunt · wolde sîn geriten,
dô begunden Kriemhilt · ire mâge biten,
daz si bî ir muoter · solde dâ bestân.
dô sprach diu vreuden arme · ,daz kunde müelîch ergân.

,Wie möht ich den immer · mit ougen an gesehen,
von dem mir armen wîbe · sô leide ist geschehen?'
dô sprach der junge Gîselher · ,liebiu swester mîn,
du solt durch dîne triuwe · hie bî dîner muoter sîn.

,Die dir hânt beswæret · und betrüebet dînen muot,
der bedarftu niht ze dienste · du zere mîn eines guot.'
si sprach zuo dem recken · ,jâne mag es niht geschehen.
vor leide müese ich sterben · swenne ich Hagenen solde sehen.'

ACHTZEHNTES ABENTEUER

Wie Siegmund heimkehrte und Kriemhild daheim blieb

Der Schwäher Kriemhildens · ging hin, wo er sie fand.
Er sprach zu der Königin · „Laßt uns in unser Land:
Wir sind unliebe Gäste · wähn' ich, hier am Rhein.
Kriemhild, liebe Fraue · nun folgt uns zu dem Lande mein.

„Daß man in diesen Landen · uns so verwaiset hat
Eures edeln Mannes · durch böslichen Verrat,
Ihr sollt es nicht entgelten · hold will ich euch sein
Aus Liebe meines Sohnes · und des edeln Kindes sein.

„Ihr sollt auch, Frau, gebieten · mit all der Gewalt,
Die Siegfried euch verstattete · der Degen wohlgestalt.
Das Land und auch die Krone · soll euch zu Diensten stehn.
Euch sollen gern gehorchen · die in Siegfriedens Lehn."

Da sagte man den Knechten · „Wir reiten heim vor Nacht."
Da sah man nach den Rossen · eine schnelle Jagd:
Bei den verhaßten Feinden · zu leben war ein Leid.
Den Frauen und den Maiden · suchte man ihr Reisekleid.

Als König Siegmund gerne · weggeritten wär'
Da baten Kriemhilden · ihre Freunde sehr,
Sie sollte bei der Mutter · im Lande doch bestehn.
Da sprach die Freudenarme · „Das könnte schwerlich geschehn.

„Wie vermöcht' ich's, mit den Augen · den immer anzusehn,
Von dem mir armen Weibe · so leid ist geschehn?"
Da sprach der junge Geiselher · „Liebe Schwester mein,
Du sollst bei deiner Treue · hier mit deiner Mutter sein.

„Die dir das Herz beschwerten · und trübten dir den Mut,
Du bedarfst nicht ihrer Dienste · du zehrst von meinem Gut."
Sie sprach zu dem Recken · „Wie könnte das geschehn?
Vor Leide müßt' ich sterben · wenn ich Hagen sollte sehn."

‚Des tuon ich dir ze râte · vil liebiu swester mîn.
du solt bî dînem bruoder · Gîselhere sîn.
jâ wil ich dich ergetzen · dînes mannes tôt.‘
dô sprach diu Gotes arme · ‚des wære Kriemhilde nôt.‘

Dô ez ir der junge · sô güetlîch erbôt,
dô begunde ouch vlêgen · Uote und Gêrnôt
und ir getriuwe mâge · si bâtens dâ bestân:
si hete lützel künnes · under Sîvrides man.

‚Si sint iu alle vremede‘ · sô sprach Gêrnôt.
‚niemen lebt sô starker · ern müeze ligen tôt.
daz bedenket, liebiu swester · und trœstet iuwern muot,
belîbet bî den vriunden · ez wirt iu wærlîchen guot.‘

Si lobete Gîselhere · si wolde dâ bestân.
diu ros gezogen wâren · den Sigmundes man,
als si wolden rîten · ze Niblunge lant;
dô was ouch ûf gesoumet · al der recken gewant.

Dô gie der hêrre Sigmunt · vür Kriemhilde stân:
er sprach zuo der vrouwen · ‚die Sîvrides man
wartent bî den rossen · nu suln wir rîten hin,
wan ich vil ungerne · hie bî den Burgonden bin.‘

Dô sprach diu vrouwe Kriemhilt · ‚mir râtent vriunde mîn,
swaz der ist getriuwe · ich sul hie bî in sîn:
ich habe niemen mâge · in Niblunge lant.‘
leit waz ez Sigmunde · dô erz an Kriemhilde vant.

Dô sprach der künic Sigmunt · ‚lât iuz nieman sagen.
vor allen mînen mâgen · sult ir krône tragen
vil gewalteclîchen · als ir habt ê getân:
irn sult des niht enkelten · daz wir den helt verloren hân.

‚Und vart mit uns widere · durch iuwer kindelîn;
daz ensult ihr niht, vrouwe · verweiset lâzen sîn.
swenn iuwer sun gewahset · der trœstet iu den muot.
die wîle sol iu dienen · manec küene degen guot.‘

„Dessen überheb' ich dich · viel liebe Schwester mein.
Du sollst bei deinem Bruder · Geiselher hier sein;
Ich will dir wohl vergüten · deines Mannes Tod."
Da sprach die Freudlose · „Das wäre Kriemhilden not."

Als es ihr der junge · so gütlich erbot,
Da begannen auch zu flehen · Ute und Gernot
Und ihre treuen Freunde · sie möchte da bestehn:
Sie hätte wenig Sippen · unter Siegfriedens Lehn.

„Sie sind euch alle fremde" · sprach da Gernot.
„Wie stark auch einer gelte · so rafft ihn doch der Tod.
Bedenkt das, liebe Schwester · und tröstet euern Mut:
Bleibt hier bei euern Freunden · es gerät euch wahrlich gut."

Da gelobte sie dem Bruder · im Lande zu bestehn.
Man zog herbei die Rosse · denen in Siegmunds Lehn,
Als sie reiten wollten · gen Nibelungenland;
Da waren auch aufgeladen · der Recken Zeug und Gewand.

Da ging König Siegmund · vor Kriemhilden stehn
Und sprach zu der Frauen · „Die in Siegfriedens Lehn
Warten bei den Rossen · reiten wir denn hin,
Da ich gar so ungern · hier bei den Burgunden bin."

Frau Kriemhild sprach: „Mir raten · hier die Freunde mein,
Die besten, die ich habe · bei ihnen soll ich sein.
Ich habe keinen Blutsfreund · im Nibelungenland."
Leid war es Siegmunden · da er dies an Kriemhild fand.

Da sprach der König Siegmund · „Das laßt euch niemand sagen.
Vor allen meinen Freunden · sollt ihr die Krone tragen
Nach rechter Königswürde · wie ihr vordem getan:
Ihr sollt es nicht entgelten · daß ihr verloren habt den Mann.

„Fahrt auch mit uns zur Heimat · um euer Kindelein:
Das sollt ihr eine Waise · Frau, nicht lassen sein.
Ist euer Sohn erwachsen · er tröstet euch den Mut.
Derweil soll euch dienen · mancher Degen kühn und gut."

Si sprach: ‚mîn hêr Sigemunt · jâne mag ich rîten niht.
ich muoz hie belîben · swaz halt mir geschiht,
bî den mînen mâgen · die mir helfen klagen.‘
dô begunden disiu mære · den guoten recken missehagen.

Si sprâchen al gelîche · ‚so möhten wir wol jehen,
daz uns êrste wære · leide geschehen,
woldet ir belîben · bî unsern vînden hie:
sô geriten hovereise · noch helde sorclîcher nie.‘

‚Ir sult âne sorge · Gote bevolhen varn:
man gît iu guot geleite · ich heiz iuch wol bewarn
zuo iuwerme lande · mîn liebez kindelîn
daz sol ûf genâde · iu recken wol bevolhen sîn.‘

Dô si wol vernâmen · daz si niht wolde dan,
dô weinden al gelîche · Sigmundes man.
wie rehte jæmerlîche · schiet dô Sigmunt
von vroun Kriemhilde! · dô was im ungemüete kunt.

‚Sô wê der hôchzîte‘ · sprach der künic hêr.
‚ez geschiht von kurzwîle · vürbaz nimmer mêr
künege noch sînen magen · daz uns ist geschehen.
man sol uns nimmer mêre · hie zen Burgonden sehen.‘

Dô sprâchen offenlîche · Sîvrides man:
‚ez möhte noch diu reise · in ditze lant ergân,
sô wir noch den vunden · der uns den hêrren sluoc.
si hânt von sînen mâgen · starker vînde genuoc.‘

Er kuste Kriemhilde · jæmerlîch er sprach,
dô si belîben wolde · und er daz rehte ersach:
‚nu rîten vreuden âne · heim in unser lant!
alle mîne sorge · sint mir êrste nu bekant.‘

Si riten ân geleite · von Wormez über Rîn:
si mohten wol des muotes · sicherlîchen sîn,
ob si in vîentschefte · wurden an gerant,
daz sich weren wolde · der küenen Niblunge hant.

Sie sprach: „Mein Herr Siegmund · ich kann nicht mit euch gehn.
Ich muß hier verbleiben · was halt mir mag geschehn,
Bei meinen Anverwandten · die mir helfen klagen."
Da wollten diese Mären · den guten Recken nicht behagen.

Sie sprachen einhellig · „So möchten wir gestehn,
Es sei in dieser Stunde · uns erst ein Leid geschehn.
Wollt ihr hier im Lande · bei unsern Feinden sein,
So könnte Helden niemals · eine Hoffahrt übler gedeihn."

„Ihr sollt ohne Sorge · Gott befohlen fahren:
Ich schaff euch gut Geleite · und heiß' euch wohl bewahren
Bis zu euerm Lande · mein liebes Kindelein
Das soll euch guten Recken · auf Gnade befohlen sein."

Als sie das recht vernahmen · sie wolle nicht hindann,
Da huben Siegfrieds Mannen · all zu weinen an.
Mit welchem Herzensjammer · nahm da Siegmund
Urlaub von Kriemhilden! · Da ward ihm Unfreude kund.

„Weh dieses Hofgelages!" · sprach der König hehr.
„Einem König und den Seinen · geschieht wohl nimmermehr
Einer Kurzweil willen · was uns hier ist geschehn:
Man soll uns nimmer wieder · hier bei den Burgunden sehn."

Da sprachen laut die Degen · in Siegfriedens Heer:
„Wohl möchte noch die Reise · geschehen hieher,
Wenn wir den nur fänden · der uns den Herrn erschlug.
Sie haben Todfeinde · bei seinen Freunden genug."

Er küßte Kriemhilden · kläglich sprach er da,
Als er daheim zu bleiben · sie so entschlossen sah:
„Wir reiten arm an Freuden · heim in unser Land!
Alle meine Sorgen · sind mir jetzo erst bekannt."

Sie ritten ungeleitet · von Worms an den Rhein:
Sie mochten wohl des Mutes · in ihrem Sinne sein,
Wenn sie in Feindschaft · würden angerannt,
Daß sich schon wehren sollte · der kühnen Niblungen Hand.

Sine gerten urloubes · dâ ze keinem man.
dô sach man Gêrnôten · und Gîselheren gân
zuo im minneclîchen · in was sîn schade leit:
des brâhten in wol inne · die helde küene unt gemeit.

Dô sprach gezogenlîche · der vürste Gêrnôt:
‚Got weiz wol von himele · an Sîvrides tôt
gewan ich nie schulde · ich hôrte ouch nie gesagen,
wer im hie vîent wære · ich sol in billîche klagen.‘

Dô gab im guot geleite · Gîselher daz kint.
er brâhte sorgende · ûz dem lante sint
den künec mit sînen recken · heim ze Niderlant.
wie lützel man der mâge · dar inne vrœlîche vant!

Wie si nu gevüeren · des kan ich niht gesagen.
man hôrt hie zallen zîten · Kriemhilde klagen,
daz ir niemen trôste · daz herze noch den muot,
ez entæte Gîselher · der was getriuwe unde guot.

Prünhilt diu schœne · mit übermüete saz.
swaz geweinde Kriemhilt · unmære was ir daz.
sîne wart ir guoter triuwen · nimmer mê bereit;
sît getet ouch ir vrou Kriemhilt · diu vil herzenlîchen leit.

Sie erbaten Urlaub · von niemanden sich.
Da sah man Geiselheren · und Gernot minniglich
Zu dem König kommen · ihnen war sein Schade leid:
Das ließen ihn wohl schauen · die kühnen Helden allbereit.

Da sprach wohlgezogen · der kühne Gernot:
„Wohl weiß es Gott im Himmel · an Siegfriedens Tod
Bin ich ganz unschuldig · ich hört' auch niemals sagen,
Wer ihm Feind hier wäre · ich muß ihn billig beklagen."

Da gab ihm gut Geleite · Geiselher das Kind.
Er brachte aus dem Lande · das sorgende Gesind',
Den König und seine Recken · heim nach Niederland.
Wie wenig der Verwandten · man dort fröhlich wiederfand!

Wie's ihnen nun ergangen ist · weiß ich nicht zu sagen.
Man hörte hier Kriemhilden · zu allen Zeiten klagen,
Daß ihr niemand tröstete · das Herz noch den Mut
Als ihr Bruder Geiselher · der war getreu und auch gut.

Brunhild die schöne · des Übermutes pflag:
Wieviel Kriemhild weinte · was fragte sie darnach!
Sie war zu Lieb und Treue · ihr nimmermehr bereit;
Bald schuf auch ihr Frau Kriemhild · wohl so ungefüges Leid.

AVENTIURE

wie der Nibelunge hort ze Wormez kam

Dô diu edel Kriemhilt · alsô verwitwet wart
bî ir inme lande · der grâve Eckewart
beleip mit sînen mannen · der diende ir zallen tagen
und half ouch sîner vrouwen · sînen hêrren dicke klagen.

Ze Wormez bî dem münster · ein gezimber man ir slôz,
wît und vil michel · rîch unde grôz,
dâ si mit ir gesinde · sît âne vreude saz.
si was ze kirchen gerne · und tet vil willeclîchen daz.

Dâ man begruob ir vriedel · wie selten si daz lie,
mit trûrigem muote · si alle zît dar gie
und bat Got den guoten · sîner sêle pflegen!
vil dicke wart beweinet · mit grôzen triuwen der degen.

Uote und ir gesinde · trôstens alle stunt;
dô was ir daz herze · sô grœzlîchen wunt,
ez kunde niht vervâhen · swaz man ir trôstes bôt.
si het nâch liebem vriunde · die aller grœzisten nôt,

die nâch liebem manne · ie mê wîp gewan.
man moht ir michel tugende · kiesen wol dar an.
si klagete unz an ir ende · die wîle werte ir lîp.
sît rach sich wol mit ellen · des künen Sîvrides wîp.

Sus saz si nâch ir leide · daz ist alwâr,
nâch ir mannes tôde · wol vierdehalbez jâr,
daz si ze Gunthêre · nie kein wort gesprach
und ouch ir vîent Hagenen · in der zîte nie gesach.

Dô sprach von Tronje Hagene · ‚muget ir daz tragen an,
daz ir iuwer swester · ze vriunde möhtet hân?
sô kœm zuo disem lande · der Niblunge golt:
des möht ir vil gewinnen · wurde uns diu küneginne holt.‘

NEUNZEHNTES ABENTEUER

Wie der Nibelungenhort nach Worms kam

Als die edle Kriemhild · so verwitwet ward,
Blieb bei ihr im Lande · der Markgraf Eckewart
Zurück mit seinen Mannen · der dient' ihr alle Tage
Und half auch seiner Frauen · daß sie seinen Herrn beklage.

Zu Worms am Münster wies man · ihr ein Gezimmer an,
Weit und geräumig · reich und wohlgetan,
Wo mit dem Gesinde · die Freudenlose saß.
Sie ging zur Kirche gerne · mit großer Andacht tat sie das.

Wo ihr Freund begraben lag · wie fleißig ging sie hin!
Sie tat es alle Tage · mit trauerndem Sinn
Und bat seiner Seele · Gott den Herrn zu pflegen:
Gar oft bejammert wurde · mit großer Treue der Degen.

Ute und ihr Gesinde · sprachen ihr immer zu,
Und doch im wunden Herzen · fand sie so wenig Ruh.
Es konnte nicht verfangen · der Trost, den man ihr bot.
Sie hatte nach dem Freunde · die allergrößeste Not,

Die nach liebem Manne · je ein Weib gewann:
Ihre große Treue · ersah man wohl daran.
Sie klagt' ihn bis zu Ende · da sie zu sterben kam;
Bis sie zuletzt gewaltig · um den kühnen Siegfried Rache nahm.

Sie saß in ihrem Leide · das ist alles wahr,
Nach ihres Mannes Tode · wohl viertehalbes Jahr
Und hatte nie zu Gunthern · gesprochen einen Laut
Und auch Hagen ihren Feind · in all der Zeit nicht erschaut.

Da sprach von Tronje Hagen · „Könnte das geschehn,
Daß ihr euch die Schwester · gewogen möchtet sehn,
So käm' zu diesem Lande · der Nibelungen Gold:
Des mögt ihr viel gewinnen · wird uns die Königin hold."

Er sprach: ,wir sulnz versuochen · mîne bruoder sint ir bî:
die sul wirz piten werben · daz si unser vriunt sî,
ob wirn ir an gewinnen · daz si daz gerne sehe.'
,ine trouwes niht,' sprach Hagene · ,daz ez immer geschehe.'

Dô hiez er Ortwînen · hin ze hove gân
und den marcgrâven Gêren · dô daz was getân,
man brâhte ouch Gêrnôten · und Gîselher daz kint.
si versuohtens vriuntlîchen · an vroun Kriemhilde sint.

Dô sprach von Burgonden · der küene Gêrnôt:
,vrouwe, ir klaget ze lange · den Sîvrides tôt.
iu wil der künic rihten · daz er sîn niht hât erslagen.
man hœrt iuch zallen zîten· sô rehte grœzlîchen klagen.'

Si sprach: ,des zîht in nieman · in sluoc Hagnen hant.
wâ man in verhouwen solde · dô er daz an mir ervant,
wie moht ich des getrouwen · daz er im trüege haz?
ich hete wol behüetet' · sprach die küneginne, ,daz,

,Daz ich vermeldet hête · sînen schœnen lîp.
sô lieze ich nu mîn weinen · ich vil armez wîp.
holt wird ich in nimmer · die ez dâ hânt getân.'
dô begunde vlêgen Gîselher · der vil wætlîche man.

,Ich wil den künic grüezen' · dô si im des verjach,
mit sînen besten vriunden · man in vor ir sach.
dô getorste Hagene · vür sie niht gegân:
wol weste er sîne schulde · er hete ir leide getân.

Dô sie verkiesen wolde · ûf Gunther den haz,
ob er sie küssen solde · ez zæme im deste baz.
wær ir von sîme râte · leide niht getân,
sô möhte er vrevellîche · dicke sîn zuo ir gegân.

Ez enwart nie suone · mit sô vil trehen mê
gevüeget under vriunden · ir tet ir schade vil wê;
si verkôs ûf sie alle · wan ûf den einen man:
in hete erslagen niemen · het ez Hagene niht getân.

Er sprach: „Laßt's uns versuchen! · meine Brüder sind bei ihr:
Die sollen für uns bitten · daß sie nicht zürnt, wenn wir
Den Hort von ihr erlangen · und daß sie's gerne sieht."
„Ich glaube nicht," sprach Hagen · „daß es jemals geschieht."

Da befahl er Orteweinen · hin an Hof zu gehn
Und dem Markgrafen Gere . als das war geschehn,
Brachte man auch Gernot · und Geiselhern das Kind:
Da versuchten bei Kriemhilden · sie es freundlich und gelind.

Da sprach von Burgunden · der kühne Gernot:
„Frau, ihr klagt zu lange · um Siegfriedens Tod.
Der König will euch zeigen · er hab' ihn nicht erschlagen:
Man hört' zu allen Zeiten · euch so heftig um ihn klagen."

Sie sprach: „Des zeiht ihn niemand · ihn schlug Hagens Hand.
Wo er verwundbar wäre · macht' ich ihm bekannt.
Wie konnt' ich mich's versehen · er trüg' ihm Haß im Sinn!
Sonst hätt' ich's wohl vermieden" · sprach die edle Königin,

„Daß ich verraten hätte · seinen schönen Leib:
So ließ' ich nun mein Weinen · ich unselig Weib!
Hold werd' ich ihnen nimmer · die das an ihm getan!"
Zu flehn begann da Geiselher · dieser waidliche Mann.

„Ich will den König grüßen" · Als er das vernahm,
Mit seinen besten Freunden · der König zu ihr kam.
Da getraute Hagen · sich nicht, zu ihr zu gehn:
Er kannte seine Schuld wohl · ihr war Leid von ihm geschehn.

Als sie verschmerzen wollte · auf Gunther den Haß,
Daß er sie küssen sollte · wohl ziemte sich ihm das.
Wär' ihr mit seinem Willen · so leid nicht geschehn,
So dürft' er dreisten Mutes · immer zu Kriemhilden gehn.

Es ward mit so viel Tränen · nie eine Sühne mehr
Gestiftet unter Freunden · Sie schmerzt' ihr Schade sehr;
Doch verzieh sie allen · bis auf den einen Mann:
Niemand hätt' ihn erschlagen · hätt' es Hagen nicht getan.

Dar nâch vil unlange · dô truogen si daz an,
daz diu vrouwe Kriemhilt · den grôzen hort gewan
von Niblunges lande · und vuorte in an den Rîn:
ez was ir morgengâbe · er solde ir billîchen sîn.

Dar nâch vuor dô Gîselher · und ouch Gêrnôt.
ahtzec hundert mannen · kriemhilt dô gebôt,
daz si in holen solden · dâ er verborgen lac,
dâ sîn der degen Albrîch · mit sînen besten vriunden pflac.

Dô man sie von Rîne · nâch dem schatze komen sach,
Albrîch der vil küene · zuo sînen vriunden sprach:
,wir turren ir des hortes · vor gehaben niht,
sît sîn ze morgengâbe · diu edele küneginne giht.

,Doch enwurdez nimmer' · sprach Albrich, ,getân,
niuwan daz wir übele · dâ verlorn hân
mit samet Sîvrîde · die guoten tarnhût:
wan die truoc alle zîte · der schœnen Kriemhilde trût.

,Nu ist ez Sîvrîde · leider übele komen,
daz uns die tarnkappen · der helt hete benomen
und daz im muose dienen · allez ditze lant.'
dô gie der kamerære · dâ er die slüzzele vant.

Ez stuonden vor dem Berge · die Kriemhilde man
und ouch ein teil ir mâge · den schaz hiez man dan
tragen zuo dem sêwe · an diu schiffelîn.
den vuorte man ûf ünden · unz ze berge an den Rîn.

Ir muget von dem horte · wunder hœren sagen:
swaz zwelf kanzwegene · meist mohten tragen
in vier tagen und nahten · von dem berge dan;
ouch muos ir ieslîcher · des tages drîstunde gân.

Ez was ouch niht anders · wan gesteine unde golt.
und ob man al die werlde · het dâ von versolt,
sîn wære niht minner · einer marke wert.
jâne het es âne schulde · niht gar Hagene gegert.

Nun währt' es nicht mehr lange · so stellten sie es an,
Daß die Königstochter · den großen Hort gewann
Vom Nibelungenlande · und bracht' ihn an den Rhein:
Ihre Morgengabe war es · und mußt' ihr billig eigen sein.

Nach diesem fuhr da Geiselher · und auch Gernot.
Achtzighundert Mannen · Frau Kriemhild gebot,
Daß sie ihn holen sollten · wo er verborgen lag
Und sein der Degen Alberich · mit seinen besten Freunden pflag.

Als man des Schatzes willen · vom Rhein sie kommen sah,
Alberich der kühne · sprach zu den Freunden da:
„Wir dürfen ihr wohl billig · den Hort nicht entziehn,
Da sein als Morgengabe · heischt die edle Königin.

„Dennoch sollt' es nimmer" · sprach Alberich, „geschehn,
Müßten wir nicht leider · uns verloren sehn
Die gute Tarnkappe · mit Siegfried zumal,
Die immer hat getragen · der schönen Kriemhild Gemahl.

„Nun ist es Siegfrieden · leider schlimm bekommen,
Daß die Tarnkappe · der Held uns hat genommen,
Und daß ihm dienen mußte · all dieses Land."
Da ging dahin der Kämmerer · wo er die Schlüssel liegen fand.

Da standen vor dem Berge · die Kriemhild gesandt,
Und mancher ihrer Freunde · man ließ den Schatz zur Hand
Zu Meere bringen · an die Schiffelein
Und führt' ihn auf den Wellen · bis zu Berg in den Rhein.

Nun mögt ihr von dem Horte · Wunder hören sagen:
Zwölf Leiterwagen konnten · ihn kaum von dannen tragen
In vier Tag' und Nächten · aus des Berges Schacht,
Hätten sie des Tages · den Weg auch dreimal gemacht.

Es war auch nichts anders · als Gestein und Gold.
Und hätte man die ganze Welt · erkauft mit diesem Sold,
Um keine Mark vermindern · möcht' es seinen Wert.
Wahrlich Hagen hatte · nicht ohne Grund sein begehrt.

Der wunsch lac dar under · von golde ein rüetelîn.
der daz hete erkunnet · der möhte meister sîn
wol in al der werlde · über ieslîchen man.
der Albrîches mâge · kom vil mit Gêrnôte dan.

Dô sie den hort behielten · in Guntheres lant,
und sich diu küneginne · des alles underwant,
kamere unde türne · die wurden vol getragen;
man gehôrte nie daz wunder · von guote mêre gesagen.

Unde wær sîn tûsent stunde · noch alse vil gewesen,
unde solde Sîvrit · gesunder sîn genesen,
bî im wære Kriemhilt · hendeblôz bestân.
getriuwer wîbes künne · ein helt nie mêre gewan.

Dô si den hort nu hête · dô brâhtes in daz lant
vil unkunder recken · jâ gap der vrouwen hant,
daz man sô grôzer milte · mêre nie gesach.
si pflac vil grôzer tugende · des man der küneginne jach.

Den armen und den rîchen · begunde si nu geben,
daz dô reite Hagene · obe si solde leben
noch deheine wîle · daz si sô manegen man
in ir dienst gewünne · daz ez in leide müeste ergân.

Dô sprach der künic Gunther · ‚ir ist lîp unde guot:
zwiu sol ich daz wenden · daz si dâ mite tuot?
jâ erwarb ich daz vil kûme · daz si mir wart holt;
nu enruochen, war si teile · ir steine unde ir rôtez golt.‘

Hagene sprach zem künege · ‚ez sold ein vrumer man
deheineme wîbe · niht des hordes lân.
si bringet ez mit gâbe · noch unz ûf den tac,
deiz vil wol geriuwen · die küenen Burgonden mac.‘

Dô sprach künic Gunther · ‚ich swuor ir einen eit,
daz ich ir getæte · nimmer mêre leit,
und wils vürbaz hüeten · si ist diu swester mîn.‘
dô sprach aber Hagene · ‚lât mich den schuldigen sîn.‘

Der Wunsch lag darunter · ein golden Rütelein:
Wer es hätt ' erkundet · der möchte Meister sein
Auf der weiten Erde · wohl über jeden Mann.
Von Albrichs Freunden zogen · mit Gernot viele hinan.

Als sie den Hort gewannen · in König Gunthers Land,
Und sich darob die Königin · der Herrschaft unterwand,
Kammern und Türme · die wurden voll getragen;
Man hörte nie von Schätzen · so große Wunder wieder sagen.

Und wären auch die Schätze · noch größer tausendmal,
Und wär' der edle Siegfried · erstanden von dem Fall,
Gern wäre bei ihm Kriemhild · geblieben händebloß.
Nie war zu einem Helden · eines Weibes Treue so groß.

Als sie den Hort nun hatte · da brachte sie ins Land
Viel der fremden Recken · wohl gab der Frauen Hand,
Daß man so große Milde · nie zuvor gesehn.
Sie übte hohe Güte · das mußte man ihr zugestehn.

Den Armen und den Reichen · zu geben sie begann.
Hagen sprach zum König · „Läßt man sie so fortan
Noch eine Weile schalten · so wird sie in ihr Lehn
So manchen Degen bringen · daß es uns übel muß ergehn."

Da sprach König Gunther · „Ihr gehört das Gut:
Wie darf ich mich drum kümmern · was sie mit ihm tut?
Ich konnt' es kaum erlangen · daß sie mir wurde hold;
Nicht frag' ich, wie sie teilet · ihr Gestein und rotes Gold."

Hagen sprach zum König · „Es vertraut ein kluger Mann
Doch solche Schätze billig · keiner Frauen an:
Sie bringt es mit Gaben · wohl noch an den Tag,
Da es sehr gereuen · die kühnen Burgunden mag."

Da sprach König Gunther · „Ich schwur ihr einen Eid,
Daß ich ihr nie wieder · fügen wollt' ein Leid,
Und will es künftig meiden · sie ist die Schwester mein."
Da sprach wieder Hagen · „Laßt mich den Schuldigen sein."

Ir sumelîcher eide · wären unbehuot.
dô nâmen si der witewen · daz kreftige guot.
Hagene sich der slüzzel · aller underwant.
daz zurnde ir bruoder Gêrnôt · dô er daz rehte becant.

Dô sprach der hêrre Gîselher · ‚Hagene hât getân
vil leides mîner swester · ich soldez understân:
Wær er niht mîn mâc · ez gienge im an den lîp.‘
iteniuwez weinen · tet dô Sîvrides wîp.

Dô sprach der hêrre Gêrnôt · ‚ê wir immer sîn
gemüet mit dem golde · wir soldenz in den Rîn
allez heizen senken · deiz wurde nieman.‘
si gie vil klegelîche · vür Gîselher ir bruoder stân.

Si sprach: ‚lieber bruoder · du solt gedenken mîn,
lîbes unde guotes · soltu mîn voget sîn.‘
dô sprach er zuo der vrouwen · ‚daz sol sîn getân,
als wir komen widere · wir haben rîtennes wân.‘

Der künec und sîne mâge · die rûmten dô daz lant,
die aller besten drunder · die man iender vant;
niuwan Hagene eine · der beleip dâ durch haz,
den er truoc Kriemhilde · und tet vil schedelîchen daz.

Ê der künic rîche · wider wære komen,
die wîle hete Hagene · den schatz vil gar genomen:
er sancte in dâ ze Lôche · allen in den Rîn.
er wânde, er sold in niezen · des enkunde dô niht gesîn.

Ê daz von Troneje Hagene · den schatz alsô verbarc,
dô heten siz gevestent · mit eiden alsô starc,
daz er verholen wære · unz ir einer möhte leben:
sô enkunden sis in selben · noch ander niemen gegeben.

Die vürsten kômen widere · mit in vil manec man.
Kriemhilt ir schaden grôzen · klagen dô began
mit vrouwen und mit meiden · in was harte leit.
gerne wær ir Gîselher · aller triuwen bereit.

Sie nahmen ihre Eide · meistens schlecht in Hut:
Da raubten sie der Witwe · das mächtige Gut.
Hagen aller Schlüssel · dazu sich unterwand.
Ihr Bruder Gernot zürnte · als ihm das wurde bekannt.

Da sprach der junge Geiselher · „Viel Leides ist geschehn
Von Hagen meiner Schwester · dem sollt' ich widerstehn:
Wär' er nicht mein Blutsfreund · es ging' ihm an den Leib."
Wieder neues Weinen · begann da Siegfriedens Weib.

Da sprach König Gernot · „Eh' wir solche Pein
Um dieses Gold erlitten · wir sollten's in den Rhein
All versenken lassen · so gehört' es niemand an."
Sie kam mit Klaggebärde · da zu Geiselher heran.

Sie sprach: „Lieber Bruder · du sollst gedenken mein,
Lebens und Gutes · sollst du ein Vogt mir sein."
Da sprach er zu der Schwester · „Gewiß, es soll geschehn,
Wenn wir wiederkommen · eine Fahrt ist zu bestehn."

Gunther und seine Freunde · räumten das Land,
Die allerbesten drunter · die man irgend fand;
Hagen nur alleine · verblieb um seinen Haß,
Den er Kriemhilden hegte · ihr zum Schaden tat er das.

Eh' der reiche König · wieder war gekommen,
Derweil hatte Hagen · den ganzen Schatz genommen:
Er ließ ihn bei dem Loche · versenken in den Rhein.
Er wähnt', er sollt' ihn nutzen · das aber konnte nicht sein.

Bevor von Tronje Hagen · den Schatz also verbarg,
Da hatten sie' s beschworen · mit Eiden hoch und stark,
Daß er verhohlen bliebe · so lang' sie möchten leben:
So konnten sie's sich selber · noch auch jemand anders geben.

Die Fürsten kamen wieder · mit ihnen mancher Mann.
Kriemhild den großen Schaden · zu klagen da begann
Mit Mägdlein und Frauen · sie hatten Herzeleid.
Gerne wär' ihr Geiselher · zu allen Treuen bereit.

Dô sprâchen si gemeine · ‚er hât übele getân.‘
er entweich der vürsten zorne · alsô lange dan,
unz er gewan ir hulde · sie liezen in genesen;
dône kunde im Kriemhilt · nimmer vînder gewesen.

Mit iteniuwen leiden · beswæret was ir muot
umb ir mannes ende · und dô si ir daz guot
alsô gar benâmen · dô gestuont ir klage
des lîbes nimmer mêre · unz an ir jungisten tage.

Nâch Sîvrides tôde · daz ist al wâr,
si wonde in manegem sêre · driuzehen jâr,
daz sie des recken tôdes · vergezzen kunde niht.
si was im getriuwe · des ir diu meiste menege giht.

Sie sprachen einhellig · „Er hat nicht wohlgetan."
Bis er zu Freunden wieder · die Fürsten sich gewann,
Entwich er ihrem Zorne · sie ließen ihn genesen;
Aber Kriemhild konnt' ihm · wohl nicht feinder sein gewesen.

Mit neuem Leide wieder · belastet war ihr Mut,
Erst um des Mannes Leben · und nun, da sie das Gut
Ihr so gar benahmen · da ruht' auch ihre Klage,
So lang' sie lebte, nimmer · bis zu ihrem jüngsten Tage.

Nach Siegfriedens Tode · das ist alles wahr,
Lebte sie im Leide · noch dreizehen Jahr,
Daß ihr der Tod des Recken · stets im Sinne lag:
Sie wahrt' ihm immer Treue · das rühmen ihr die meisten nach.

AVENTIURE

wie künic Etzel ze Burgonden nâch Kriemhilde sande

Daz was in einen zîten · dô vrou Helche erstarp
und der künic Etzel · umb ander vrouwen warp,
dô rieten sîne vriunde · in Burgonden lant
zuo einer stolzen witwen · diu was vrou Kriemhilt genant.

Sît daz erstorben wære · der schœnen Helchen lîp,
si sprâchen: ‚welt ir immer · gewinnen edel wîp,
die hôhsten und die besten · die künic ie gewan,
sô nemt die selben vrouwen · der starke Sîvrit was ir man.'

Dô sprach der künic rîche · ‚wie möhte daz ergân,
sît ich bin ein heiden · und des toufes niht enhân?
sô ist diu vrouwe kristen · des enlobet siz niht.
ez müese sîn ein wunder · ob ez immer geschiht.'

Dô sprâchen aber die snellen · ‚waz, ob siz lîhte tuot
durch iuwern namen den hôhen · und iuwer michel guot?
sô sol manz doch versuochen · an daz vil edel wîp.
ir muget vil gerne minnen · ir vil wætlîchen lîp.'

Dô sprach der künic edele · ‚wem ist nu bekant
under iu bî Rîne · die liute und ouch daz lant?'
dô sprach von Bechlâren · der guote Rüedegêr:
‚ich hân erkant von Kinde · die vil edelen künege hêr:

‚Gunther und Gêrnôt · die edelen rîter guot,
der dritte heizet Gîselher · ir ieslîcher tuot,
swaz er bester êren · und tugende mac begân:
ouch habent ir alte mâge · noch daz selbe her getân.'

Dô sprach aber Etzel · ‚vriunt, du solt mir sagen,
ob si in mîme lande · krône solde tragen.
und ist ir lîp sô schœne · sô mir ist geseit,
mînen besten vriunden · sol ez nimmer werden leit.'

ZWANZIGSTES ABENTEUER

Wie König Etzel um Kriemhilden sandte

Das war zu den Zeiten · als Frau Helke starb
Und der König Etzel · um andre Frauen warb,
Da rieten seine Freunde · in Burgundenland
Zu einer stolzen Witwe · die war Frau Kriemhild genannt.

Seit ihm die schöne Helke · erstarb, die Königin,
Sie sprachen: „Sinnt ihr wieder · auf edler Frau Gewinn,
Der höchsten und der besten · die je ein Fürst gewann,
So nehmet Kriemhilden · der starke Siegfried war ihr Mann."

Da sprach der reiche König · „Wie ginge das wohl an?
Ich bin ein Heide · ein ungetaufter Mann,
Sie jedoch ist Christin · sie tut es nimmermehr.
Ein Wunder müßt' es heißen · käm' sie jemals hieher."

Die Schnellen sprachen wieder · „Vielleicht, daß sie es tut
Um euern hohen Namen · und euer großes Gut.
Man soll es doch versuchen · bei dem edeln Weib:
Euch ziemte wohl zu minnen · ihren waidlichen Leib."

Da sprach der edle König · „Wem ist nun bekannt
Unter euch am Rheine · das Volk und auch das Land?"
Da sprach von Bechlaren · der gute Rüdiger:
„Kund von Kindesbeinen · sind mir die edeln Könige hehr,

„Gunther und Gernot · die edeln Ritter gut;
Der dritte heißt Geiselher · ein jeglicher tut,
Was er nach Zucht und Ehren · am besten mag begehn:
Auch ist von ihren Ahnen · noch stets dasselbe geschehn."

Da sprach wieder Etzel · „Freund, nun sage mir,
Ob ihr wohl die Krone · ziemt zu tragen hier;
Und hat sie solche Schöne · wie man sie zeiht,
Meinen besten Freunden · sollt' es nimmer werden leid."

‚Sie gelîchet sich mit schœne · wol der vrouwen mîn,
Helchen der vil rîchen · jâne kunde niht gesîn
in dieser werlde schœner · deheines küneges wîp:
den si lobet ze vriunde · der mac wol trœsten sînen lîp!'

Er sprach: ‚Sô wirb ez, Rüedegêr · als liep ich dir sî.
und sol ich Kriemhilde · geligen immer bî,
des wil ich dir lônen · sô ich beste kan.
und hâst ouch mînen willen · sô rehte verre getân.

‚Uzer mîner kamere · sô heiz ich dir geben,
daz du und dîne gesellen · vrœlîchen mügen leben,
von rossen und von kleidern · allez, daz du wil;
des heize ich iu bereiten · zuo der boteschefte vil.'

Des antwurte Rüedegêr · der markgrâve rîch:
‚gerte ich dînes guotes · daz wære unlobelîch.
ich wil dîn bote gerne · wesen an den Rîn
mit mîn selbes guote · daz ich hân von den henden dîn.'

Dô sprach der künic rîche · ‚nu wenne welt ir varn
nâch der minneclîchen? · Got sol iuch bewarn
der reise an allen êren · und ouch die vrouwen mîn.
des helfe mir gelücke · daz si uns genædec müeze sîn.'

Dô sprach aber Rüedegêr · ‚ê wir rûmen daz lant,
wir müezen ê bereiten · wâfen und gewant,
alsô daz wirs êre · vor vürsten mügen hân:
ich wil ze Rîne vüeren · vünf hundert wætlîcher man;

Swâ man ze Burgonden · mich und die mîne sehe,
daz ir ieslîcher · danne wol des jehe,
daz nie künec deheiner · alsô manegen man
sô verre baz gesande · dan du ze Rîne habest getân.

‚Und ob duz, künic edele · dar umbe niht wil lân,
si was dem besten manne · Sîvride undertân,
dem Sigmundes kinde · den hâstu hie gesehen:
man mohte im grôzer êren · mit rehter wârheite jehen.'

„Sie vergleicht sich an Schöne · wohl der Frauen mein,
Helke der reichen · nicht schöner könnte sein
Auf der weiten Erde · eine Königin:
Wen sie erwählt zum Freunde · der mag wohl trösten den Sinn."

Er sprach: „So wirb sie, Rüdiger · so lieb als ich dir sei.
Und darf ich Kriemhilden · jemals liegen bei,
Das will ich dir lohnen · so gut ich immer kann;
Auch hast du meinen Willen · so recht von Herzen getan.

„Von meinem Kammergute · lass' ich so viel dir geben,
Daß du mit den Gefährten · in Freude mögest leben;
Von Rossen und von Kleidern · was ihr nur begehrt,
Des wird zu der Botschaft · euch die Genüge gewährt."

Zur Antwort gab der Markgraf · der reiche Rüdiger:
„Begehrt' ich deines Gutes · das ziemte mir nicht sehr.
Ich will dein Bote gerne · werden an den Rhein
Mit meinem eignen Gute · ich hab' es aus den Händen dein."

Da sprach der reiche König · „Wann denkt ihr zu fahren
Nach der Minniglichen? · So soll euch Gott bewahren
Dabei an allen Ehren · und auch die Fraue mein;
Und möge Glück mir helfen · daß sie uns gnädig möge sein."

Da sprach wieder Rüdiger · „Eh' wir räumen dieses Land,
Müssen wir uns rüsten · mit Waffen und Gewand,
Daß wir vor den Königen · mit Ehren dürfen stehn:
Ich will zum Rheine führen · fünfhundert Degen ausersehn.

„Wenn man bei den Burgunden · mich und die Meinen seh',
Daß dann einstimmig · das Volk im Land gesteh',
Es habe nie ein König · noch so manchen Mann
So fern daher gesendet · als du zum Rheine getan.

„Und wiss', edler König · stehst du darob nicht an,
Sie war dem besten Manne · Siegfrieden untertan,
Siegmundens Sohne · du hast ihn hier gesehn:
Man mocht' ihm große Ehre · in voller Wahrheit zugestehn."

Dô sprach künic Etzel · ‚was si des recken wîp,
sô was wol alsô tiuwer · des edelen vürsten lîp,
daz ich niht versmæhen · die küneginne sol.
durch ir vil grôze schœne · sô gevellet si mir wol.‘

Dô sprach der marcgrâve · ‚sô wil ich iu daz sagen,
daz wir uns heben hinnen · in vier und zweinzec tagen.
ich enbiutez Gotelinde · der lieben vrouwen mîn,
daz ich nâch Kriemhilde · selbe bote welle sîn.‘

Hin ze Bechelâren · dô sande Rüedegêr.
dô wart diu marcgrâvinne · trûrec unde hêr.
er enbôt ir, daz er solde · dem künege werben wîp.
si gedâhte minneclîche · an der schœnen Helchen lîp.

Dô diu marcgrâvinne · die botschaft vernam,
ein teil was ez ir leide · weinens si gezam,
ob si gewinnen solde · vrouwen alsô ê.
sô sie dâhte an Helchen · daz tet ir inneclîchen wê.

Rüedegêr von Ungern· in siben tagen reit:
des was künic Etzel · vrô und ouch gemeit.
dâ ze der stat ze Wiene · bereite man im wât.
dô mohte er sîner reise · dâ niht langer haben rât.

Dâ ze Bechlâren · warte im Gotelint;
diu junge marcgrâvinne · Rüedegêres kint,
sach ir vater gerne · und die sîne man:
dô wart ein liebez bîten · von schœnen vrouwen getân.

Ê der edel Rüedegêr · ze Bechlâren reit
ûz der stat ze Wiene · dô wâren im diu kleit
rehte volleclîchen · ûf den soumen komen.
si vuoren in der mâze · daz in wart wênic iht genomen.

Dô si ze Bechlâren · kômen in die stat,
di sînen reisegesellen · herbergen bat
der wirt vil minneclîche · und schuof in guot gemach.
Gotlint diu rîche · den wirt si gerne komen sach.

Da sprach der König Etzel · „War sie dem Herrn vermählt,
So war so hohes Namens · der edle Fürst erwählt,
Daß ich nicht verschmähen · darf die Königin.
Ob ihrer großen Schönheit · gefällt sie wohl meinem Sinn."

Da sprach der Markgraf wieder · „Wohlan, ich will euch sagen,
Wir heben uns von hinnen · in vierundzwanzig Tagen.
Ich entbiet es Gotelinden · der lieben Fraue mein,
Daß ich zu Kriemhilden · selber wolle Bote sein."

Hin gen Bechelaren · sandte Rüdiger.
Da ward der Sinn der Markgräfin · froh und auch schwer,
Er meldet', er werbe für Etzel · um eine Königin:
Der schönen Helke dachte · sie da mit liebreichem Sinn.

Als die Botenkunde · die Markgräfin gewann,
Leid war es ihr zum Teile · zu sorgen hub sie an,
Ob sie wohl eine Herrin · gewänne so wie eh.
Gedachte sie an Helke · das tat ihr inniglich weh.

Nach sieben Tagen Rüdiger · ritt aus Heunenland,
Worüber frohgemutet · man König Etzeln fand.
Man fertigte die Kleider · in der Stadt zu Wien;
Da wollt' er mit der Reise · auch nicht länger mehr verziehn.

Zu Bechlaren harrte · sein Frau Gotelind;
Die Markgräfin, die junge · Rüdigers Kind,
Sah ihren Vater gerne · und die ihm untertan;
Da ward ein liebes Harren · von schönen Frauen getan.

Eh' der edle Rüdiger · aus der Stadt zu Wien
Ritt nach Bechlaren · da waren hier für ihn
Kleider und Gewaffen · auf Säumern angekommen.
Sie fuhren solcherweise · daß ihnen wenig ward genommen.

Als sie zu Bechlaren · kamen in die Stadt,
Für seine Heergesellen · um Herbergen bat
Der Wirt mit holden Worten · die gab man ihnen da.
Gotelind die reiche · den Wirt gar gerne kommen sah.

Als tet sîn liebiu tohter · diu junge marcgrâvîn:
derne Kunde nimmer · sîn komen lieber sîn.
die helde ûz Hiunen lande · wie gerne si si sach!
mit lachendem Muote · diu edle juncvrouwe sprach:

‚Sî uns grôze willekomen · mîn vater und sîne man.‘
dô wart ein schœne danken · mit vlîze dâ getân
der jungen marcgrâvinne · von manegem rîter guot.
vil wol wesse Gotlint · des hêrren Rüedegêres muot.

Dô si des nahtes nâhen · bî Rüedegêre lac,
wie güetlîche vrâgen · diu marcgrâvinne pflac,
war in gesendet hête · der künec von Hiunen lant!
er sprach: ‚mîn vrou Gotelint · ich tuonz iu gerne bekant.

Dâ sol ich mîme hêrren · werben ein ander wîp,
sît daz ist erstorben · der schönen Helchen lîp.
ich wil nâch Kriemhilde · rîten an den Rîn:
diu sol hie zen Hiunen · vrouwe vil gewaltec sîn.‘

‚Daz wolde Got,‘ sprach Gotelint · ‚möhte daz geschehen!
sît wir ir sô maneger · êren hœren jehen.
si ergazte uns mîner vrouwen · lîhte in alten tagen:
wir möhten si zen Hiunen · gerne lâzen krône tragen.‘

Dô sprach der marcgrâve · ‚triutinne mîn,
die mit mir suln rîten · hinnen an den Rîn,
den sult ir minneclîche · bieten iuwer guot:
sô helde varnt rîche · sô sint si hôhe gemuot.‘

Si sprach: ‚ez ist neheiner · derz gerne von mir nimt,
ich engebe ieslîchem · daz im wol gezimt,
ê ir hinnen scheidet · und ouch iuwer man.‘
dô sprach der marcgrâve · ‚daz ist mir liebe getân.‘

Hei, waz man rîcher pfelle · von ir kameren truoc!
der wart den edelen recken· ze teile dô genuoc,
ervüllet vlîzeclîchen · von halse unz ûf die sporn.
die im dar ab gevielen · die het im Rüedegêr erkorn.

Auch seine liebe Tochter · die Markgräfin jung,
Ob ihres Vaters Kommen · war sie froh genung.
Aus Heunenland die Helden · wie gern sie die sah!
Mit lachendem Mute · sprach die edle Jungfrau da:

„Willkommen sei mein Vater · und die ihm untertan."
Da ward ein schönes Danken · von manchem werten Mann
Freundlich geboten · der jungen Markgräfin.
Wohl kannte Frau Gotlinde · des edeln Rüdiger Sinn.

Als sie des Nachts zur Seite · bei Rüdigern lag,
Mit holden Worten fragte · die Markgräfin nach,
Wohin ihn denn gesendet · der Fürst von Heunenland.
„Meine Frau Gotlind," sprach er · „ich mach' es gern euch bekannt.
„Meinem Herren werben · soll ich ein ander Weib,
Da ihm ist erstorben · der schöne Helke Leib.
Nun will ich nach Kriemhilden · reiten an den Rhein:
Die soll hier bei den Heunen · gewalt'ge Königin sein."

„Das wollte Gott!" sprach Gotlind · „möcht' uns dies Heil geschehn,
Da wir so hohe Ehren · ihr hören zugestehn.
Sie ersetzt uns Helken · vielleicht in alten Tagen;
Wir mögen bei den Heunen · sie gerne sehen Krone tragen."

Da sprach Markgraf Rüdiger · „Liebe Fraue mein,
Die mit mir reiten sollen · von hinnen an den Rhein,
Denen sollt ihr freundlich · bieten euer Gut:
Wenn Helden reichlich leben · so tragen sie hohen Mut."

Sie sprach: „Da ist nicht einer · wenn er es gerne nähm',
Ich wollt' ihm willig bieten · was jeglichem genehm,
Eh' ihr von hinnen scheidet · und die euch untertan."
Da sprach der Markgraf wieder · „Ihr tut mir Liebe daran."

Hei! was man reicher Zeuge · von ihrer Kammer trug!
Da ward den edeln Recken · Gewand zuteil genug,
Mit allem Fleiß gefüttert · vom Hals bis auf die Sporen;
Die ihm davon gefielen · hatte Rüdger sich erkoren.

An dem sibenden morgen · von Bechlâren reit
der wirt mit sînen recken · wâfen unde kleit
vuorten sie den vollen · durch der Beire lant.
si wurden ûf der strâze · durch rouben selten an gerant.

Inre tagen zwelfen · si riten an den Rîn.
dône kunden disiu mære · niht verholen sîn.
man seite ez dem künege · und den sînen man,
dâ kœmen vremde geste · der wirt dô vrâgen began,

Ob ieman si bekande · daz manz im solde sagen.
man sach ir soumære · harte swære tragen:
daz si vil rîche wâren · daz wart dâ wol bekant.
man schuof in herberge · in der witen stat zehant.

Dô die vil unkunden · wâren in bekomen,
dô wart der selben hêrren · vaste war genomen.
si wundert, wannen vüeren · die recken an den Rîn.
der wirt Hagenen vrâgte · wer die hêrren möhten sîn?

Dô sprach der helt von Troneje · ‚ich hân ir niht gesehen;
als wir si nu geschouwen · ich kan iu wol verjehen,
von swannen si rîten · her in ditze lant.
si sulen sîn vil vremde · ine habe si schiere bekant.‘

Den gesten herberge · wâren nu genomen.
in vil rîchiu kleider · was der bote komen
und sîne hergesellen · ze hove si dô riten.
si vuorten goutiu kleider · vil harte spæhe gesniten.

Dô sprach der snelle Hagene · ‚als ich mich kan verstân,
wand ich den hêrren lange · niht gesehen hân,
si varnt wol dem gelîche · sam ez sî Rüedegêr,
von Hiunischen landen · der degen küene unde hêr.‘

‚Wie sol ich daz gelouben‘ · sprach der künec zehant,
‚daz der von Bechelâren · kœme in ditze lant?‘
als der künic Gunther · die rede volsprach,
Hagene der küene · den guoten Rüedegêren sach.

Am siebenten Morgen · von Bechlaren ritt
Der Wirt mit seinen Recken · Sie führten Waffen mit
Und Kleider auch die Fülle · durch der Baiern Land.
Sie wurden auf der Straße · von Räubern selten angerannt.

Binnen zwölf Tagen · kamen sie an den Rhein.
Da konnte diese Märe · nicht lang verborgen sein:
Dem König und den Seinen · ward es kund getan,
Es kämen fremde Gäste · Der Wirt zu fragen begann,

Ob sie jemand kennte · das sollte man ihm sagen.
Man sah die Saumrosse · schwere Lasten tragen:
Wie reich die Helden waren · ward daran erkannt.
Herberge schuf man ihnen · in der weiten Stadt zuhand.

Als die Gäste waren · in die Stadt gekommen,
Da ward dieser Herren · mit Neugier wahrgenommen.
Sie wunderte, von wannen · sie kämen an den Rhein.
Der Wirt fragte Hagen · wer die Herren möchten sein?

Da sprach der Held von Tronje · „Ich sah sie noch nicht;
Wenn ich sie erschaue · mag ich euch Bericht
Wohl geben, von wannen · sie ritten in dies Land.
Sie wären denn gar fremde · so sind sie gleich mir bekannt."

Herbergen hatten · die Gäste nun empfahn.
Der Bote hatte reiche · Gewänder angetan
Mit seinen Heergesellen · als sie zu Hofe ritten.
Sie trugen gute Kleider · die waren zierlich geschnitten.

Da sprach der schnelle Hagen · „So viel ich mag verstehn,
Da ich seit langen Tagen · den Herrn nicht hab' ersehn,
So sind sie so zu schauen · als wär' es Rüdiger
Aus der Heunen Lande · dieser Degen kühn und hehr."

„Wie sollt' ich das glauben" · der König sprach's zuhand,
„Daß der von Bechelaren · käm' in dieses Land?"
Kaum hatte König Gunther · das Wort gesprochen gar,
So nahm der kühne Hagen · den guten Rüdiger wahr.

Er und sîne vriunde · si liefen alle dan.
dô sach man von den rossen · fünf hunder rîter stân.
dô wurden wol enpfangen · die von Hiunen lant.
boten nie getruogen · alsô hêrlîch gewant.

Dô sprach harte lûte · von Tronje Hagene:
‚nu sîn Gote willekomen · dise degene,
der vogt von Bechelâren · und alle sîne man.‘
der antfanc wart mit êren · den snellen Hiunen getân.

Des küneges naehsten mâge · dringen dar man sach.
Ortwîn von Metze · zuo Rüedegêre sprach:
‚wir haben in aller wîle · mêre nie gesehen
geste hie sô gerne · des wil ich wærlîche jehen.‘

Des gruozes si dô dancten · den recken über al.
Mit den hergesinden · sie giengen in den sal,
dâ sie den künic vunden · bî manegem küenen man.
der hêrre stuont von sedele · daz was durch grôze zuht getân.

Wie rehte zühteclîchen · er zuo den boten gie!
Gunther und Gêrnôt · vil vlîzeclîch enpfie
den gast mit sînen mannen · als im wol gezam.
den guoten Rüedegêre · er bî der hende genam.

Er brâhte in zuo dem sedele · dâ er selbe saz:
den gesten hiez er schenken · vil gerne tet man daz,
mete den vil guoten · und den besten wîn,
den man kunde vinden · dem lande al umben Rîn.

Gîselher und Gêre · die wâren beide komen,
Dancwart und Volkêr · die heten schiere vernomen
umbe dise geste · si wâren vrô gemuot,
si enpfiengen vor dem künege · die rîter edele unde guot.

Dô sprach zuo sîme hêrren · von Troneje Hagene:
‚ez solden immer dienen · dise degene,
daz uns der marcgrâve · zuo liebe hât getân:
des solte lôn enpfâhen · der schœnen Gotelinde man.

Er und seine Freunde · liefen ihm entgegen:
Da sprangen von den Rossen · fünfhundert schnelle Degen.
Wohl empfangen wurden · die von Heunenland;
Niemals trugen Boten · wohl so herrlich Gewand.

Da rief von Tronje Hagen · mit lauter Stimme Schall:
„Nun sei'n uns hochwillkommen · diese Degen all,
Der Vogt von Bechelaren · mit seiner ganzen Schar."
Man empfing mit Ehren · die schnellen Heunen fürwahr.

Des Königs nächste Freunde · drängten sich heran:
Da hub von Metzen Ortewein · zu Rüdigern an:
„Wir haben lange Tage · hier nicht mehr gesehn
Also liebe Gäste · das muß ich wahrlich gestehn!"

Sie dankten des Empfanges · den Recken allzumal.
Mit dem Heergesinde · gingen sie zum Saal,
Wo sie den König fanden · bei manchem kühnen Mann.
Der stand empor vom Sitze · das ward aus höf'scher Zucht getan.

Wie höfisch dem Boten · er entgegenging
Und allen seinen Degen! · Gernot auch empfing
Den Gast mit hohen Ehren · und die ihm untertan.
Den guten Rüdger führte · der König an der Hand heran.

Er bracht' ihn zu dem Sitze · darauf er selber saß.
Den Gästen ließ er schenken · (gerne tat man das)
Von dem guten Methe · und von dem besten Wein,
Den man mochte finden · in den Landen um den Rhein.

Geiselher und Gere · waren auch gekommen,
Dankwart und Volker · die hatten bald vernommen
Von den werten Gästen · Sie waren wohlgemut:
Sie empfingen vor dem König · die Ritter edel und gut.

Da sprach von Tronje Hagen · zu Gunthern seinem Herrn:
„Mit Dienst vergelten sollten · stets eure Degen gern,
Was uns der Markgraf · zu Liebe hat getan;
Des sollte Lohn empfangen · der schönen Gotlinde Mann."

Dô sprach der künic Gunther · ,ine kan daz niht verdagen:
wie sie sich gehaben beide · daz sult ir mir sagen,
Etzel unde Helche · ûz der Hiunen lant.'
dô sprach der marcgrâve · ,ich tuonz iu gerne bekant.'

Dô stuont er von dem sedele · mit allen sînen man.
er sprach zuo dem künege · ,und mac daz sin getân,
daz ir mir, fürste, erloubet · sône wil ich niht verdagen,
diu mære, diu ich bringe · sol ich iu willeclîchen sagen.'

Er sprach: ,swaz man uns mære · bî iu enboten hât,
diu erloube ich iu ze sagene · âne vriunde rât.
ir sult si lâzen hœren · mich und mîne man,
wan ich iu aller êren · hie ze werbenne gan.'

Dô sprach der bote biderbe · ,iu enbiutet an den Rîn
getriuwelîchen dienest · der grôze voget mîn,
dar zuo allen vriunden · die ir muget hân;
ouch ist disiu botschaft · mit grôzen triuwen getân.

,Iu bat der künic edele · klagen sîne nôt:
sîn volc ist âne vreude · mîn vrouwe diu ist tôt,
Helche diu vil rîche · mînes hêrren wîp:
an der ist nu verweiset · vil maneger juncvrouwen lîp,

,Kint der edelen vürsten · diu si gezogen hât,
dâ von ez inme lande · vil jæmerlîchen stât:
diu enhânt nu leider niemen · der ir mit triuwen pflege.
des wæn ouch sich vil seine · des küneges sorge gelege.'

,Nu lôn im Got,' sprach Gunther · ,daz er den dienst sîn
sô willeclîch enbiutet · mir und den vriunden mîn.
den sînen gruoz ich gerne · hie vernomen hân;
daz sulen gerne dienen · beide mâge und mîne man.'

Dô sprach von Burgonden · der recke Gêrnôt:
,die werlt mac immer riuwen · der schœnen Helchen tôt
durch ir vil manec tugende · der si kunde pflegen.'
der rede gestuont im Hagene · dar zuo manec ander degen.

Da sprach der König Gunther · „Ich lasse nicht das Fragen:
Wie beide sich gehaben · das sollt ihr mir sagen,
Etzel und Frau Helke · in der Heunen Land?“
Der Markgraf gab zur Antwort · „Ich mach es gern euch bekannt.“

Da erhob er sich vom Sitze · und die in seinem Lehn
Und sprach zu dem König · „Kann das denn geschehn,
Daß ihr mir's, Herr, erlaubet · so will ich nicht verhehlen
Die Märe, die ich bringe · die soll ich willig euch erzählen.“

Er sprach: „Was man uns immer · durch euch entboten hat,
Erlaub' ich euch zu sagen · ohne der Freunde Rat.
Die Märe laßt vernehmen · mich und die Degen mein:
Euch soll nach allen Ehren · zu werben hier gestattet sein.“

Da sprach der biedre Bote · „Euch entbietet an den Rhein
Seine treuen Dienste · der große König mein,
Dazu den Freunden allen · die euch zugetan;
Auch wird euch diese Botschaft · mit großer Treue getan.

„Euch läßt der edle König · klagen seine Not:
Sein Volk ist ohne Freude · meine Frau die ist tot,
Helke die reiche · meines Herrn Gemahl:
An der sind schöne Jungfraun · nun verwaist in großer Zahl,

„Edler Fürsten Kinder · die sie erzogen hat;
Darum hat im Lande · nun große Trauer statt:
Sie haben leider niemand mehr · der sie so treulich pflegt,
Drum wähn' ich auch, daß selten · des Königs Sorge sich legt.“

„Nun lohn' ihm Gott,“ sprach Gunther · „daß er die Dienste sein
So williglich entbietet · mir und den Freunden mein.
Ich hörte gern die Grüße · die ihr mir kund getan;
Auch wollen sie verdienen · die mir treu und untertan.“

Da sprach von Burgunden · der Recke Gernot:
„Die Welt mag wohl beklagen · der schönen Helke Tod
Und manche höf'sche Tugend · der sie gewohnt zu pflegen.“
Das bestätigte Hagen · und auch mancher andre Degen.

Dô sprach aber Rüedegêr · der edel bote hêr:
‚sît ir mir, künec, erloubet · ich sol iu sagen mêr,
waz iu mîn lieber hêrre · her enboten hât,
sît im sîn dinc nâch Helchen · sô rehte kumberlîchen stât.

‚Man sagete mînem hêrren · Kriemhilt sî âne man,
hêr Sîvrit si erstorben · und ist daz sô getân,
welt ir ir des gunnen · sô sol si krône tragen
vor Etzelen recken · daz hiez ir mîn hêrre sagen.‘

Dô sprach der künic rîche · wol gezogen was sîn muot:
‚si hœret mînen willen · ob si ez gerne tuot.
daz wil ich iu künden · in disen drîen tagen:
ê ich ez an ir vunde · zwiu solde ich Etzeln versagen?‘

Die wîle man den gesten · hiez schaffen guot gemach.
in wart dâ sô gedienet · das Rüedegêr des jach,
daz er dâ hete vriunde · under Gunthers man.
Hagene im diende gerne · er hete im ê alsam getân.

Alsus beleip dô Rüedegêr · unz an den driten tac.
der künec nâch râte sande · vil wîslîch er pflac,
und ob ez sîne mâge · dûhte guot getân,
daz Kriemhilt nemen solde · den künic Etzeln ze man.

Si rietenz al gemeine · niuwan Hagene,
der sprach zuo Gunther · dem küenen degene:
‚habt ir rehte sinne · sô wirt ez wol behuot,
und ob sis volgen wolte · daz irz doch nimmer getuot.‘

‚War umbe,‘ sprach dô Gunther · ‚solt ichs volgen niht?
swaz der küneginne · liebes noch geschiht,
des soll ich ir wol gunnen · si ist diu swester mîn.
wir soldenz selbe werben · ob ez ir êre möhte sîn.‘

Dô sprach aber Hagene · ‚nu lât die rede stân.
het ir Etzelen künde · als ich sîn künde hân,
sol si in danne minnen · als ich iu hœre jehen,
sô ist iu aller êrste · von schulden sorgen geschehen.‘

Da sprach wieder Rüdiger · der edle Bote hehr:
„Erlaubt ihr mir, Herr König · so sag' ich euch noch mehr,
Was mein lieber Herre · euch hieher entbot:
Er lebt in großem Kummer · seit der Königin Helke Tod.

„Man sagte meinem Herren · Kriemhild sei ohne Mann,
Da Siegfried gestorben · und sprach man wahr daran,
Und wollt' ihr ihr's vergönnen · so soll sie Krone tragen
Vor König Etzels Recken · das gebot mein Herr ihr zu sagen."

Da sprach König Gunther · mit wohlerzognem Mut:
„Sie hört meinen Willen · wenn sie es gerne tut.
Das will ich euch berichten · von heut in dreien Tagen:
Wenn sie es nicht weigert · wie sollt' ich's Etzel versagen?"

Man ließ Gemach bescheiden · den Gästen allzuhand.
Sie fanden solche Pflege · daß Rüdiger gestand,
Er habe gute Freunde · in König Gunthers Lehn.
Gerne dient' ihm Hagen · ihm war einst gleiches geschehn.

So verweilte Rüdiger · bis an den dritten Tag.
Der Fürst berief die Räte · gar weislich er es pflag:
Ob es seine Freunde · däuchte gut getan,
Daß Kriemhild sollte nehmen · den König Etzel zum Mann.

Da rieten sie es alle · nur Hagen stand's nicht an.
Er sprach zu König Gunther · diesem kühnen Mann:
„Habt ihr kluge Sinne · so seid wohl auf der Hut,
Wenn sie auch folgen wollte · daß ihr doch nimmer es tut."

„Warum," sprach da Gunther · „ließ' ich es nicht ergehen?
Was künftig noch der Königin · Liebes mag geschehn,
Will ich ihr gerne gönnen · sie ist die Schwester mein.
Wir müßten selbst drum werben · sollt' es ihr zur Ehre sein."

Da sprach aber Hagen · „Das sprecht ihr unbedacht.
Wenn ihr Etzeln kenntet · wie ich und seine Macht,
Und ließt ihr sie ihn minnen · wie ich euch höre sagen,
Das müßtet ihr vor allen · mit großem Rechte beklagen."

,War umbe?' sprach dô Gunther · ,ich kan wol bewarn daz,
daz ich im kom sô nâhe · daz ich deheinen haz
von im dulden müese · und wurde si sîn wîp.'
dô sprach aber Hagene · ,daz gerætet nimmer mîn lîp.'

Man hiez nâch Gêrnôte · und Gîselhere gân,
ob die hêrren beide · dûhte guot getân,
daz Kriemhilt nemen solde · den rîchen künic hêr.
noch widerreitez Hagene · unde ouch ander niemen mêr.

Dô sprach von Burgonden · Gîselher der degen:
,nu muget ir, vriunt Hagene · noch der triuwen pflegen:
ergetzet si der leide · und ir ir habet getân.
an swiu ir wol gelunge · daz solt ir ungevêhet lân.'

,Jâ habet ir mîner swester · getân sô menegiu leit,'
sô sprach aber Gîselher · der recke vil gemeit,
,daz si des hete schulde · daz si iu wære gram.
nie man deheiner vrouwen · vreude mêre benam.'

,Daz ich dâ wol bekenne · daz tuon ich iu kunt:
und sol si nemen Etzel · und gelebet si an die stunt,
si getuot uns vil leide · swie siz getraget an.
jâ wirt ir dienende · vil manec wætlîcher man.'

Des antwurte Hagenen · der küene Gêrnôt:
,ez mac alsô belîben · unz an ir beider tôt,
daz wir gerîten nimmer · in Etzelen lant.
wir suln ir sîn getriuwe · deist uns zen êren gewant.'

Dô sprach aber Hagene · ,mir mac niemen widersagen;
und sol diu edele Kriemhilt · Helchen krône tragen,
si getuot uns leide · swie si gevüege daz.
ir sult ez lân belîben · daz zimet iu recken michel baz.'

Mit zorne sprach dô Gîselher · der schœnen Uoten sun:
,wir suln doch niht alle · meinlîchen tuon.
swaz êren ir geschæhe · vrô solden wir des sîn.
swaz ir geredet, Hagene · ich diene ir durch die triuwe mîn.'

„Warum?“ sprach da Gunther · „Leicht vermeid’ ich das,
Ihm je so nah zu kommen · daß ich durch seinen Haß
Leid zu befahren hätte · würd’ er auch ihr Mann.“
Da sprach wieder Hagen · „Mich dünkt es nimmer wohlgetan.“

Da lud man Gernoten · und Geiselhern heran,
Ob die Herren beide · däuchte wohlgetan,
Wenn Frau Kriemhild nähme · den mächt’gen König hehr.
Noch widerriet es Hagen · und auch anders niemand mehr.

Da sprach von Burgunden · Geiselher der Degen:
„Nun mögt ihr, Freund Hagen · noch der Treue pflegen:
Entschädigt sie des Leides · das ihr ihr habt getan.
Was ihr noch mag gelingen · das säht ihr billig neidlos an.“

„Wohl habt ihr meiner Schwester · gefügt so großes Leid,“
Sprach da wieder Geiselher · der Degen allbereit,
„Ihr hättet’s wohl verschuldet · wäre sie euch gram:
Noch niemand einer Frauen · so viel der Freuden benahm.“

„Das was ich wohl erkenne · das sei euch frei bekannt:
Und soll sie Etzeln nehmen · und kommt sie in sein Land,
Wie sie es fügen möge · viel Leid tut sie uns an.
Wohl kommt in ihre Dienste · da mancher waidliche Mann.“

Dawider sprach zu Hagen · der kühne Gernot:
„Es mag dabei verbleiben · bis an beider Tod,
Daß wir niemals reiten · in König Etzels Land.
Laßt uns ihr Treue leisten · zu Ehren wird uns das gewandt.“

Da sprach Hagen wieder · „Das lass’ ich mir niemand sagen;
Und soll die edle Kriemhild · Helkens Krone tragen,
Viel Leid wird sie uns schaffen · wo sie’s nur fügen kann:
Ihr sollt es bleiben lassen · das ständ’ euch Recken besser an.“

Im Zorn sprach da Geiselher · der schönen Ute Kind:
„Wir wollen doch nicht alle · meineidig sein gesinnt.
Was ihr geschieht zu Ehren · laßt uns froh drum sein.
Was ihr auch redet, Hagen · ich dien’ ihr nach der Treue mein.“

Dô daz gehôrte Hagene · dô wart er ungemuot.
Gêrnôt und Gîselher · die stolzen rîter guot,
und Gunther der rîche · ze jungist reiten daz,
ob ez lobete Kriemhilt · si woltenz lâzen âne haz.

Dô sprach der vürste Gêre · ,ich wilz der vrouwen sagen,
daz si ir den künic Etzel · lâze wol behagen.
dem ist sô manec recke · mit vorhten undertân:
er mac si noch ergetzen · swaz si leides ie gewan.'

Dô gie der snelle recke · dâ er Kriemhilde sach.
si enpfie in güetlîche · wie balde er dô sprach:
,ir muget mich gerne grüezen · und geben botenbrôt.
iuch wil gelücke scheiden · vil schiere ûz aller iuwer nôt.

,Ez hât durch iuwer minne · vrouwe, her gesant
ein der aller beste · der ie küneges lant
gewan mit vollen êren · oder krône solde tragen:
ez werbent rîter edele · daz hiez iu iuwer bruoder sagen.'

Dô sprach diu jâmers rîche · ,iu sol verbieten Got
und allen mînen vriunden · daz si deheinen spot
an mir armer üeben · waz sold ich einem man,
der ie herzeliebe · von guotem wîbe gewan?'

Si widerreit ez sêre · dô kômen aber sint
Gêrnôt ir bruoder · und Gîselher daz kint.
si bâten minneclîche · trœsten si den muot:
ob si den künec genæme · daz wær ir wærlîchen guot.

Überwinden kunde nieman · dô daz edele wîp,
daz si minnen wolde · deheines mannes lîp.
dô bâten si die degene · ,nu lâzet doch geschehen,
ob ir anders niht getuot · daz ir den boten ruochet sehen.'

,Daz wil ich niht versprechen' · sô sprach daz edele wîp,
,ich ensehe gerne · den Rüedegêres lîp
durch sîne manege tugende · wær er niht her gesant,
swerz ander boten wære · dem wær ich immer unbekant.'

Als das Hagen hörte · da trübte sich sein Mut.
Geiselher und Gernot · die stolzen Ritter gut,
Und Gunther der reiche · vereinten endlich sich,
Wenn es Kriemhild wünsche · sie wollten's dulden williglich.

Da sprach Markgraf Gere · „So geh' ich ihr zu sagen,
Daß sie den König Etzel · sich lasse wohlbehagen.
Dem ist so mancher Recke · mit Furchten untertan,
Er mag ihr wohl vergüten · was sie je Leides gewann."

Hin ging der schnelle Degen · wo er Kriemhilden sah.
Sie empfing ihn gütlich · wie balde sprach er da:
„Ihr mögt mich gern begrüßen · und geben Botenbrot,
Es will das Glück euch scheiden · gar bald von all eurer Not.

„Es hat um eure Minne · Frau, hieher gesandt
Der Allerbesten einer · der je ein Königsland
Gewann mit vollen Ehren · und Krone durfte tragen:
Es werben edle Ritter · das läßt euch euer Bruder sagen."

Da sprach die Jammerreiche · „Verbiete doch euch Gott
Und allen meinen Freunden · daß sie keinen Spott
Mit mir Armen treiben · was sollt' ich einem Mann,
Der je Herzensliebe · von gutem Weibe gewann?"

Sie widersprach es heftig · Da traten zu ihr her
Gernot ihr Bruder · und der junge Geiselher.
Sie baten sie in Minne · zu trösten ihren Mut;
Und nehme sie den König · es gerat' ihr wahrlich gut.

Bereden mochte niemand · doch die Königin,
Noch einen Mann zu minnen · auf Erden fürderhin.
Da baten sie die Degen · „So laßt es doch geschehn,
Wenn ihr denn nicht anders wollt · daß euch der Bote möge sehn."

„Das will ich nicht versagen" · sprach die Fraue hehr.
„Ich empfange gerne · den guten Rüdiger
Ob seiner höf'schen Sitte · wär' er nicht hergesandt,
Jedem andern Boten · dem blieb' ich immer unbekannt."

Si sprach: ‚ir sult in morgen · heizen her gân
zuo mîner kemenâten · ich wil in hœren lân
vil gar den mînen willen · sol ich im selbe sagen.‘
ir wart eriteniuwet · daz ir vil grœzlîche klagen.

Dô gert ouch niht anders · der edele Rüedegêr,
wan daz er gesæhe · die küneginne hêr:
er weste sich sô wîsen · ob ez immer kunde ergân,
daz si sich den recken · überreden müese lân.

Des anderen morgen vrüeje · dô man die messe sanc,
die edelen boten kâmen · dô wart dâ grôz gedranc.
die mit Rüedegêre · ze hove solden gân,
der sach man dâ gekleidet · vil manegen hêrlîchen man.

Kriemhilt diu hêre · und vil trûrec gemuot,
si warte Rüedegêre · dem edelen boten guot.
der vant si in der wæte · die si alle tage truoc;
dâ bî truoc ir gesinde · rîcher kleider genuoc.

Si gie im engegene · zuo der türe stân
und enpfienc vil güetlîche · den Etzelen man.
niuwan selbe zwelfter · er dar in zuo ir gie.
man bôt im grôzen dienest · ir kômen hôher boten nie.

Man hiez den hêrren sitzen · unt die sîne man.
die zwêne marcgrâven · sach man vor ir stân,
Eckewart und Gêren · die edelen rîter guot.
durch die hûsvrouwen · si sâhen nieman wol gemuot.

Si sâhen vor ir sitzen · vil manec schœne wîp.
dô pflac niuwan jâmers · der Kriemhilde lîp.
ir wât was vor den brüsten · von heizen trehen naz.
der edele marcgrâve · wol sach an Kriemhilde daz.

Dô sprach der bote hêre · ‚vil edel küneges kint,
mir und mînen gesellen · die mit mir komen sint,
sult ir daz erlouben · daz wir vor iu stân
und iu sagen diu mære · war nâch wir her geriten hân.‘

Sie sprach: „So schickt den Degen · morgen früh heran
Zu meiner Kemenate · Ich bescheid' ihn dann:
Meinen Entschluß und Willen · werd' ich ihm selber sagen."
So war ihr jetzt erneuert · das große Weinen und Klagen.

Da wünschte sich auch anders nichts · der edle Rüdiger,
Als daß er schauen dürfte · die Königin hehr.
Er wußte sich so weise · könnt' es irgend sein,
So müßt' er sie bereden · diesen Recken zu frein.

Früh des andern Morgens · nach dem Meßgesang
Kamen die edeln Boten · da hub sich großer Drang.
Die mit Rüdigeren · zu Hofe sollten gehn,
Die sah man wohlgekleidet · manchen Degen ausersehn.

Kriemhilde die hehre · in traurigem Mut
Harrte sie auf Rüdiger · den edeln Boten gut.
Er fand sie in dem Kleide · das sie für täglich trug:
Dabei hatt' ihr Gesinde · reicher Kleider genug.

Sie ging ihm entgegen · zu der Türe hin
Und empfing Etzels Recken · mit gütlichem Sinn.
Nur selbzwölfter trat er · herein zu der Fraun;
Man bot ihm große Ehre · wer möcht' auch bessre Boten schaun?

Man hieß den Herren sitzen · und die in seinem Lehn.
Die beiden Markgrafen · sah man vor ihr stehn,
Eckewart und Gere · die edeln Ritter gut.
Um der Hausfrau willen · sahn sie niemand wohlgemut.

Sie sahen vor ihr sitzen · manche schöne Maid.
Da hatte Frau Kriemhild · Jammer nur und Leid.
Ihr Kleid war vor den Brüsten · von heißen Tränen naß.
Es sah der edle Markgraf · gar wohl an Kriemhilden das.

Da sprach der hehre Bote · „Viel edles Königskind,
Mir und den Gefährten · die mit mir kommen sind,
Sollt ihr das erlauben · daß wir vor euch stehn
Und euch melden, weshalb · unsre Reise sei geschehn."

‚Nu sî iu erloubet‘ · sprach diu künegin,
‚swaz ir reden wellet · alsô stât mîn sin,
daz ich ez gerne hœre · ir sît ein bote guot.‘
die andern dô wol hôrten · ir unwilligen muot.

Dô sprach von Bechelâren · der vürste Rüedegêr:
‚mit triuwen grôze liebe · Etzel ein künic hêr
hât iu enboten, vrouwe · her in ditze lant.
er hât nâch iuwer minne · vil guote recken her gesant.

‚Er enbiut iu minneclîche · liep âne leit.
stæter vriuntschefte · der sî er iu bereit,
als er ê tet vroun Helchen · diu im ze herzen lac:
jâ hât er nâch ir tugenden · vil dicke unvrœlîchen tac.‘

Dô sprach diu küneginne · ‚marcgrâve Rüedegêr,
wær ieman, der bekande · diu mînen scharpfen sêr,
der bæte mich niht triuten · noch deheinen man:
jâ vlôs ich ein den besten · den ie vrouwe gewan.‘

‚Waz mac ergetzen leides‘ · sprach der vil küene man,
‚wan vriuntlîche liebe? · swer die kan begân,
und der dan einen kiuset · der im ze rehte kumt,
vor herzenlîcher leide · niht sô grœzlîche vrumt.

‚Und geruochet ir ze minnen · den edelen hêrren mîn,
zwelf rîcher krône · sult ir gewaltec sîn.
dar zuo gît iu mîn hêrre · wol drîzec vürsten lant,
diu elliu hât betwungen · sîn vil ellenthaftiu hant.

‚Ir sult ouch werden vrouwe · über manegen werden man,
die mîner vrouwen Helchen · wâren undertân,
und über manige vrouwen · der si het gewalt,
von hôher vürsten künne‘ · sprach der küene degen balt.

‚Dar zuo gît iu mîn hêrre · daz heizet er iu sagen,
ob ir geruochet krône · bî dem künege tragen,
gewalt den aller hœhsten · den Helche ie gewan:
den sult ir gewalteclîchen · haben vor Etzelen man.‘

„Ich will euch gern erlauben“ · sprach die Königin,
„Was ihr wollt, zu reden · also steht mein Sinn,
Daß ich es gerne höre · ihr seid ein Bote gut.“
Da merkten wohl die andern · ihren abgeneigten Mut.

Da sprach von Bechelaren · der Markgraf Rüdiger:
„Euch läßt entbieten, Herrin · Etzel der König hehr
Große Lieb' und Treue · hierher in dieses Land;
Er hat um eure Minne · viel gute Recken gesandt.

„Er entbeut euch freundlich · Liebe sonder Leid;
Er sei steter Freundschaft · nun euch hinfort bereit
Wie Helken einst, der Königin · die ihm am Herzen lag:
Fürwahr nach ihren Tugenden · hat er oft unfrohen Tag.“

Da sprach zu ihm die Königin · „Markgraf Rüdiger,
Wenn meines Herzeleides · jemand kundig wär',
Der würde mir nicht raten · zu einem zweiten Mann:
Ich verlor der Besten Einen · die je ein Weib noch gewann.“

„Was tröstet mehr im Leide“ · sprach der kühne Mann,
„Als freundliche Liebe? · Wer die gewähren kann
Und hat sich den erkoren · der ihm zu Herzen kommt,
Der erfährt wohl, daß im Leide · nichts so sehr als Liebe frommt.

„Und geruht ihr zu minnen · den edeln Herren mein,
Zwölf reicher Kronen · sollt ihr gewaltig sein.
Dazu von dreißig Fürsten · gibt euch mein Herr das Land,
Die alle hat bezwungen · seine vielgewalt'ge Hand.

„Ihr sollt auch Herrin werden · über manchen werten Mann,
Die meiner Frauen Helke · waren untertan,
Und über manche Frauen · einst ihrem Dienst gesellt,
Von hoher Fürsten Stamme“ · sprach der hochbeherzte Held.

„Dazu gibt euch der König · gebot er euch zu sagen,
Wenn ihr geruht die Krone · bei meinem Herrn zu tragen,
Gewalt die allerhöchste · die Helke je gewann:
Alle Mannen Etzels · werden euch da untertan.“

Dô sprach diu küneginne · ‚wie möhte mînen lîp
immer des gelüsten · deich wurde heldes wîp?
mir hât der tôt an einem · sô rehte leit getân,
des ich unz an mîn ende · muoz unvrœliche stân.‘

Dô sprâchen aber die Hiunen · ‚küneginne rîch,
iuwer leben wirt bî Etzeln · sô rehte lobelîch,
daz ez iuch immer wünnet · ist, daz ez ergât,
wan der künic rîche · vil manegen zieren degen hât.

‚Helchen juncvrouwen · und iuwer magedîn,
solten die bî ein ander · ein gesinde sîn,
dâ bî möhten recken · werden wol gemuot.
lât ez iu, vrouwe, râten · ez wirt iu wærlîchen guot.‘

Si sprach in ir zühten · ‚nu lât die rede stân
unze morgen vrüeje · sô sult ir her gân:
ich wil iu antwurten · des ir dâ habet muot.‘
des muosen dô gevolgen · die recken küene unde guot.

Dô si zen herbergen · alle kômen dan,
dô hiez diu edele vrouwe · nâch Gîselhere gân
und ouch nâch ir muoter · den bêden sagt si daz,
daz si gezæme weinens · und niht anderes baz.

Dô sprach ir bruoder Gîselher · ‚swester, mirst geseit
und wilz ouch wol gelouben · daz elliu dîniu leit
der künic Etzel wende · und nimestun zeinem man,
swaz ander ieman râte · sô dunket ez mich guot getân.‘

‚Er mac dich wol ergetzen‘ · sprach aber Gîselher.
‚vome Roten zuo dem Rîne · von der Elbe unz an daz mer,
sô ist künec deheiner · sô gewaltec niht.
du maht dich vreuwen balde · sô er dîn ze konen giht.‘

Si sprach: ‚lieber bruoder · zwiu rætestu mir daz?
klagen unde weinen · mir immer zæme baz.
wie sold ich vor recken · dâ ze hove gân?
wart mîn lîp ie schœne · des bin ich âne getân.‘

„Wie möchte jemals wieder“ · sprach die Königin,
„Eines Helden Weib zu werden · gelüsten meinem Sinn?
Mir hat der Tod an Einem · so bittres Leid getan,
Daß ich's bis an mein Ende · nimmermehr verschmerzen kann.“

Die Heunen sprachen wieder · „Viel reiche Königin,
Das Leben geht bei Etzeln · so herrlich euch dahin,
Daß ihr in Wonnen schwebet · weigert ihr es nicht;
Mancher ziere Degen · steht in des reichen Königs Pflicht.

„Helkens Jungfrauen · und eure Mägdelein,
Sollten die beisammen · je ein Gesinde sein,
Dabei möchten Recken · wohl werden wohlgemut.
Laßt es euch raten, Fraue · es bekommt euch wahrlich gut.“

Sie sprach mit edler Sitte · „Nun laßt die Rede sein
Bis morgen in der Frühe · dann tretet zu mir ein,
Daß ich auf die Werbung · euch gebe den Bescheid.“
Da mußten Folge leisten · die kühnen Degen allbereit.

Als zu den Herbergen · sie kamen allzumal,
Nach Geiselhern zu senden · die edle Frau befahl
Und nach ihrer Mutter · den beiden sagte sie,
Ihr gezieme nur zu weinen · und alles andere nie.

Da sprach ihr Bruder Geiselher · „Mir ahnet, Schwester mein,
Und gerne mag ich's glauben · dein Leid und deine Pein
Wird König Etzel wenden · und nimmst du ihn zum Mann,
Was jemand anders rate · so dünkt es mich wohlgetan.

„Er mag dir's wohl ersetzen“ · sprach wieder Geiselher.
„Vom Rotten bis zum Rheine · von der Elbe bis ans Meer
Weiß man keinen König · gewaltiger als ihn.
Du magst dich höchlich freuen · heischt er dich zur Königin.“

Sie sprach: „Lieber Bruder · wie rätst du mir dazu?
Weinen und Klagen · das käm' mir eher zu.
Wie sollt' ich vor den Recken · da zu Hofe gehn?
Hatt' ich jemals Schönheit · um die ist' s lange geschehn.“

Dô sprach diu vrouwe Uote · ir lieben tohter zuo:
‚swaz dîne bruoder râten · liebez kint, daz tuo.
volge dînen vriunden · sô mac dir wol geschehen.
ich hân dich doch sô lange · mit grôzem jâmer gesehen.‘

Dô bat si Got vil dicke · vüegen ir den rât:
ob si ze gebene hête · golt, silber unde wât
sam ê bî ir manne · dô er noch was gesunt,
si gelebt doch nimmer mêre · sît sô vrœlîche stunt.

Si gedâhte in ir sinne · ‚und sol ich mînen lîp
geben eime heiden? · ich bin ein kristen wîp:
des muoz ich zer werlte · immer schande hân;
gît er mir elliu rîche · ez ist von mir immer ungetân.‘

Dâ mit siz lie belîben · die naht unz an den tac
diu vrouwe an ir bette · mit vil gedanken lac.
diu ir vil liehten ougen · getruckenten nie,
unz si aber den morgen · hin ze mettîne gie.

Ze rehter messezîte · die künege wâren komen.
si heten aber ir swester · under hende genomen:
jâ rietens ir ze minnen · den künec ûz Hiunen lant.
die vrouwen ir deheiner · ein lützel vroelîcher vant.

Dô hiez man dar gewinnen · die Etzelen man,
die nu mit urloube · gerne wæren dan,
geworben oder gescheiden · swie ez dô möhte sîn.
ze hove kom dô Rüedegêr · die helde reiten wider in,

Daz man rehte ervüere · des edelen vürsten muot,
und tæten daz bî zîte · daz diuhtes alle guot;
ir wege wæren verre · wider in ir lant.
man brâhte Rüedegêren · dâ man Kriemhilde vant.

Vil minneclîchen bitten · der recke dô began
die edelen küneginne · si solde in hœren lân,
waz si enbieten wolde · in Etzelen lant.
er wæn an ir niht anders · niuwan lougen envant,

Da redete Frau Ute · der lieben Tochter zu:
„Was deine Brüder raten · liebes Kind, das tu.
Folge deinen Freunden · so mag dir's wohlergehn.
Hab' ich dich doch so lange · in großem Jammer gesehn."

Da bat sie, daß vom Himmel · ihr würde Rat gesandt:
Denn hätte sie zu geben · Gold, Silber und Gewand
Wie einst, da er noch lebte · ihr Mann, der Degen hehr,
Sie erlebe doch nicht wieder · so frohe Stunden nachher.

Sie dacht' in ihrem Sinne · „Und sollt' ich meinen Leib
Einem Heiden geben? · Ich bin ein Christenweib;
Des müßt' ich billig Schelte · von aller Welt empfahn;
Gäb' er mir alle Reiche · es bliebe doch ungetan."

Da ließ sie es bewenden · die Nacht bis an den Tag
Die Frau in ihrem Bette · voll Gedanken lag.
Ihre lichten Augen · trockneten ihr nicht,
Bis sie hin zur Mette · wieder ging beim Morgenlicht.

Nun waren auch die Könige · zur Messezeit gekommen.
Sie hatten ihre Schwester · an die Hand genommen
Und rieten ihr zu minnen · den von Heunenland.
Niemand doch die Fraue · ein wenig fröhlicher fand.

Da ließ man zu ihr bringen · die Etzel hingesandt,
Die nun mit Urlaub wollten · räumen Gunthers Land,
Wie es geraten möge · mit Nein oder Ja.
Da kam zu Hofe Rüdiger · die Gefährten mahnten ihn da,

Recht zu erforschen · des edeln Fürsten Mut
Und zeitig das zu leisten · das dauchte jeden gut;
Ihre Wege wären ferne · wieder in ihr Land.
Man brachte Rüdigeren · hin, wo er Kriemhilden fand.

Da bat alsbald der Recke · die edle Königin
Mit minniglichen Worten · zu künden ihren Sinn,
Was sie entbieten wolle · in König Etzels Land.
Der Held mit seinem Werben · bei ihr nur Weigerung fand:

Daz si nimmer minnen wolde · mêr deheinen man.
dô sprach der marcgrâve · ‚daz wære missetân.
zwiu woldet ir verderben · einen alsô schœnen lîp?
ir muget noch mit êren · werden guotes mannes wîp.‘

Niht half, daz si gebâten · unz daz Rüedegêr
gesprach heinlîche · die küneginne hêr,
er wolde si ergetzen · swaz ir ie geschach.
ein teil begunde ir senften · dô ir grôzer ungemach.

Er sprach zer küneginne · ‚lât iuwer weinen sîn.
ob ir zen Hiunen hête · nieman danne mîn,
getriuwer mîner mâge · und ouch der mînen man,
er mües es sêre engelten · und het iu ieman iht getân.‘

Dâ von wart dô geringet · wol der vrouwen muot.
si sprach: ‚sô swert mir eide · swaz mir ieman getuot,
daz ir sît der næhste · der büeze mîniu leit.‘
dô sprach der marcgrâve · ‚des bin ich, vrouwe, vil bereit.‘

Mit allen sînen mannen · swuor ir dô Rüedegêr
mit triuwen immer dienen · und daz die recken hêr
ir nimmer niht versageten · ûz Etzelen lant,
des si êre haben solte · des sichert ir Rüedegêres hant.

Dô gedâhte diu getriuwe · ‚sit ich vriunde hân
alsô vil gewunnen · sô sol ich reden lân
die liute, swaz si wellen · ich jâmerhaftez wîp:
waz, ob noch wirt errochen · des mînen lieben mannes lîp?‘

Si gedâhte: ‚sît das Etzel · der recken hât sô vil,
sol ich den gebieten · sô tuon ich, swaz ich wil.
er ist ouch wol sô rîche · daz ich ze gebene hân;
mich hât der leidege Hagene · mînes guotes âne getân.‘

Si sprach ze Rüedegêre · ‚het ich daz vernomen,
daz er niht wære ein heiden · sô wolde ich gerne komen,
swar er hete willen · und næme in zeinem man.‘
dô sprach der marcgrâve · ‚die rede sult ir, vrouwe, lân.

Sie wolle nimmer wieder · minnen einen Mann.
Dawider sprach der Markgraf · „Das wär' nicht recht getan:
Was wolltet ihr verderben · so minniglichen Leib?
Ihr werdet noch mit Ehren · eines werten Recken Weib."

Nichts half es, was sie baten · bis daß Rüdiger,
Insgeheim gesprochen · mit der Königin hehr,
Er hoff' ihr zu vergüten · all ihr Ungemach.
Da ließ zuletzt ein wenig · ihre hohe Trauer nach.

Er sprach zu der Königin · „Laßt euer Weinen sein!
Hättet ihr bei den Heunen · niemand als mich allein,
Meine getreuen Freunde · und die mir untertan,
Er sollt' es schwer entgelten · hätt' euch jemand Leid getan."

Davon ward erleichtert · der Frauen wohl der Mut.
Sie sprach: „So schwört mir Eide · was mir jemand tut,
Ihr wollt der erste werden · der rächen will mein Leid."
Da sprach zu ihr der Markgraf · „Dazu bin ich, Frau, bereit."

Mit allen seinen Mannen · schwur ihr da Rüdiger,
Ihr immer treu zu dienen · und daß die Recken hehr
Ihr nichts versagen wollten · in König Etzels Land,
Was ihre Ehre heische · das gelobt' ihr Rüdigers Hand.

Da gedachte die Getreue · „Wenn ich gewinnen kann
So viel steter Freunde · so seh' ich's wenig an,
Was auch die Leute reden · in meines Jammers Not.
Vielleicht wird noch gerochen · meines lieben Mannes Tod."

Sie gedachte: „Da Herr Etzel · der Recken hat so viel,
Denen ich gebiete · so tu' ich, was ich will.
Er hat auch solche Schätze · daß ich verschenken kann;
Mich hat der leide Hagen · meines Gutes ohne getan."

Sie sprach zu Rüdigeren · „Hätt' ich nicht vernommen,
Daß er ein Heide wäre · so wollt' ich gerne kommen,
Wohin er geböte · und nähm' ihn zum Mann."
Da sprach der Markgraf wieder · „Steht darauf, Herrin, nicht an.

'Er hât sô vil der recken · in kristenlîcher ê,
daz iu bî dem künege · nimmer wirdet wê.
waz ob ir daz verdienet · daz er toufet sînen lîp?
des muget ir gerne werden · des küneges Etzelen wîp.'

Dô sprâchen aber ir bruoder · 'nu lobetz, swester mîn.
iuwer ungemüete · daz sult ir lâzen sîn.'
si bâtens alsô lange · unz daz doch ir trûrec lîp
lobete vor den helden · si würde Etzelen wîp.

Si sprach: 'ich wil iu volgen · ich vil armiu künegîn!
daz ich var zen Hiunen · sô daz nu mac gesîn,
swenne ich hân die vriunde · die mich vüeren in sîn lant.'
des bôt dô vor den helden · diu schœne Kriemhilt die hant.

Dô sprach der marcgrâve · 'habet ir zwêne man,
dar zuo hân ich ir mêre · ez wirdet wol getân,
daz wir iuch wol nâch êren · bringen über Rîn.
irn sult niht, vrouwe, langer · hie zen Burgonden sîn.

'Ich hân fünf hundert manne · und ouch der mâge mîn:
die suln iu hie dienen · und dâ heime sîn,
vrouwe, swie ir gebietet · ich tuon iu selbe alsam,
swenn ir mich mant der mære · daz ich michs nimmer gescham.

'Nu heizet iu bereiten · iuwer pfertkleit,
die Rüedegêres ræte · iu nimmer werdent leit,
und saget ez iuwern mageden · die ir dâ vüeren welt:
jâ kumet uns ûf der strâze · vil maneger ûz erwelter helt.'

Si heten noch gesmîde · daz man dâ vor reit
bî Sîvrides zîten · daz si vil manege meit
mit êren mohte vüeren · swenn si wolde dan.
hei, waz man guoter setele · den schœnen vrouwen gewan!

Ob si ie getrüegen · deheiniu rîchiu kleit,
der wart zuo zir verte · vil manegez nu bereit,
wan in von dem künege · sô vil gesaget wart;
si sluzzen ûf die kisten · die ê stuonden wol bespart.

„Ihm dienen so viel Recken · in der Christenheit,
Daß euch bei dem König · nie widerfährt ein Leid.
Wie, wenn ihr das erreichet · daß er taufet seinen Leib?
Daraufhin mögt ihr gerne · werden König Etzels Weib."

Da sprachen ihre Brüder · „Verheißt es, Schwester mein,
Und all euern Kummer · laßt in Zukunft sein."
Des baten sie so lange · bis sie mit Trauer drein
Vor den Helden willigte · den König Etzel zu frein.

Sie sprach: „Ich muß euch folgen · ich arme Königin!
Ich fahre zu den Heunen · wann es geschehe, hin,
Wenn ich Freunde finde · die mich führen in sein Land."
Darauf bot vor den Helden · die schöne Kriemhild die Hand.

Der Markgraf sprach: „Zwei Recken · stehn in euerm Lehn,
Dazu hab' ich noch manchen · so kann es wohl geschehn,
Daß wir euch mit Ehren · bringen überrhein,
Ihr sollt nicht länger, Fraue · hier bei den Burgunden sein.

„Fünfhundert Mannen hab' ich · und der Freunde mein:
Die sollen euch zu Diensten · hier und bei Etzeln sein,
Was ihr auch gebietet · ich selber steh' euch bei
Und will mich's nimmer schämen · mahnt ihr mich künftig meiner Treu.

„Eure Pferdedecken · haltet euch bereit;
Was Rüdiger geraten hat · wird euch nimmer leid.
Und sagt es euern Mägdlein · die ihr euch gesellt,
Uns begegnet unterweges · mancher auserwählte Held."

Sie hatten noch Geschmeide · das sie zu Siegfrieds Zeit
Beim Reiten getragen · daß sie mit mancher Maid
Mit Ehren reisen mochte · so sie wollt' hindann.
Hei! was man guter Sättel · den schönen Frauen gewann!

Hatten sie schon immer · getragen reich Gewand,
So wurde des zur Reise · die Fülle nun zur Hand,
Weil ihnen von dem König · so viel gepriesen ward;
Sie schlossen auf die Kisten · so lang versperrt und gespart.

Si wâren vil unmüezec · wol vünftehalben tac,
si suochten ûz der valden · des vil dar inne lac.
Kriemhilt ir kameren · ensliezen began,
si wolde machen rîche · al die Rüedegêres man.

Si hete noch des goldes · von Niblunge lant:
si wânde, ez zen Hiunen · teilen solde ir hant.
ez enkunden hundert mœre · dannen niht getragen.
diu mære hôrte Hagene · dô von Kriemhilde sagen.

Er sprach: ,Sît mir vrou Kriemhilt · nimmer wirdet holt,
sô muoz ouch hie belîben · daz Sîvrides golt.
zwiu solde ich mînen vînden · lân sô michel guot?
ich weiz vil wol, waz Kriemhilt · mit disem schatze getuot.

,Ob si in bræhte hinnen · ich wil gelouben daz,
er wurde doch zerteilet · ûf den mînen haz.
sin habent ouch niht der rosse · diu in solden tragen:
in wil behalten Hagene · daz sol man Kriemhilde sagen.'

Dô si gehôrt diu mære · daz was ir grimme leit.
ez wart ouch den künegen · allen drîn geseit:
si woldenz gerne wenden · dô des niht geschach,
Rüedegêr der edele · harte vrœlîchen sprach:

,Rîchiu küneginne · zwiu klaget ir daz golt?
iu ist der künic Etzel · sô grœzlîchen holt:
gesehent iuch sîniu ougen · er gît iu alsô vil,
daz irz verswendet nimmer · des ich iuch, vrouwe, sweren wil.'

Dô sprach diu küneginne · ,vil edel Rüedegêr,
ez gewan nie küneges tohter · rîcheite mêr,
danne der mich Hagene · âne hât getân.'
dô kom ir bruoder Gêrnôt · hin zer kameren gegân.

Mit gewalt des küneges slüzzel · stiez er an die tür.
golt daz Kriemhilde · reichte man dervür,
ze drîzec tûsent marken · oder dannoch baz.
er hiez ez nemen die geste · liep was Gunthere daz.

Sie waren sehr geschäftig · wohl fünftehalben Tag
Und suchten aus dem Einschlag · so viel darinne lag.
Ihre Kammer zu erschließen · hub da Kriemhild an,
Sie alle reich zu machen · die Rüdigern untertan.

Sie hatte noch des Goldes · von Nibelungenland:
Das sollte bei den Heunen · verteilen ihre Hand.
Sechshundert Pferde mochten · es nicht von dannen tragen.
Die Märe hörte Hagen · da von Kriemhilden sagen.

Er sprach: „Mir wird Kriemhild · doch nimmer wieder hold:
So muß auch hier verbleiben · Siegfriedens Gold.
Wie ließ' ich meinen Feinden · wohl so großes Gut?
Ich weiß gar wohl, was Kriemhild · noch mit diesem Schatze tut.

„Brächte sie ihn von hinnen · ich glaube sicherlich,
Sie würd' ihn nur verteilen · zu werben wider mich.
Sie hat auch nicht die Rosse · um ihn hinwegzutragen:
Behalten will ihn Hagen · das soll man Kriemhilden sagen."

Als sie vernahm die Märe · das schuf ihr grimme Pein.
Es ward auch den Königen · gemeldet allen drein:
Sie gedachten es zu wenden · Als das nicht geschah,
Rüdiger der edle · sprach mit frohem Mute da:

„Reiche Königstochter · was klagt ihr um das Gold?
Euch ist König Etzel · so zugetan und hold,
Ersehn euch seine Augen · er gibt euch solchen Hort,
Daß ihr ihn nie verschwendet · das verbürgt euch, Frau, mein Wort."

Da sprach zu ihm die Königin · „Vieledler Rüdiger,
Nie gewann der Schätze · eine Königstochter mehr
Als die, deren Hagen · mich ohne hat getan."
Da kam ihr Bruder Gernot · zu ihrer Kammer heran.

Mit Macht des Königs Schlüssel · stieß er in die Tür.
Kriemhildens Schätze · reichte man herfür,
An dreißigtausend Marken · oder wohl noch mehr,
Daß es die Gäste nähmen · des freute Gunther sich sehr.

Dô sprach von Bechlâren · der Gotelinde man:
,ob ez mîn vrouwe Kriemhilt · allez möhte hân,
swaz sîn ie wart gevüeret · von Niblunge lant,
sîn solde lützel rüeren · mîn oder der küneginne hant.

Nu heizet ez behalten · wand ich sîn niht enwil.
jâ vuort ich von lande · des mînen alsô vil,
daz wirs ûf der strâzen · haben guoten rât
und unser koste hinnen · harte hêrlîche stât.'

Dâ vor in allen wîlen · gefüllet zwelef schrîn
des aller besten goldes · daz iender mohte sîn,
heten die ir magede · daz vuorten si von dan
und gezierde vil der vrouwen · daz si zer verte solten hân.

Gewalt des grimmen Hagene · dûhte si ze starc.
si het ir opfergoldes · noch wol tûsent marc:
si teiltez sîner sêle · ir vil lieben man.
daz dûhte Rüedegêren · mit grôzen triuwen getân.

Dô sprach diu klagende künegin · ,wâ sint die vriunde mîn,
die durch mîne liebe · welnt ellende sîn,
die suln mit mir rîten · in der Hiunen lant?
die nemen schatz mînen · und koufen ros unt gewant.

Dô sprach zer küneginne · der marcgrâve Eckewart:
,sît daz ich aller êrste · iuwer gesinde wart,
sô hân ich iuch mit triuwen · gedienet,' sprach der degen,
,und wil unz an mîn ende · des selben immer bî iu pflegen.

,Ich wil ouch mit mir vüeren · vünf hundert mîner man,
der ich iu ze dienste · mit rehten triuwen gan.
wir sîn vil ungescheiden · ez entuo dan der tôt.'
der rede neic im Kriemhilt · des gie ir wærlîche nôt.

Dô zôch man dar die mœre · si wolden varn dan.
dâ wart vil michel weinen · von vriunden getân.
Uote diu vil rîche · und manec schœne meit
die zeigten, daz in wære · nâch vroun Kriemhilde leit.

Da sprach von Bechelaren · der Gotelinde Mann:
„Und gehörten all die Schätze · noch Kriemhilden an,
Die man jemals brachte · von Nibelungenland,
Nicht berühren sollt' es · mein noch der Königin Hand.

„Heißt es aufbewahren · da ich's nicht haben will.
Ich bracht' aus unserm Lande · des meinen her so viel,
Wir mögen's unterweges · entraten wohl mit Fug:
Wir haben zu der Reise · genug und übergenug."

Zwölf Schreine hatten · noch ihre Mägdelein
Des allerbesten Goldes · das irgend mochte sein,
Bewahrt aus alten Zeiten · das nun verladen ward
Und viel der Frauenzierde · die sie brauchten auf der Fahrt.

Die Macht des grimmen Hagen · bedauchte sie zu stark.
Des Opfergoldes hatte · sie wohl noch tausend Mark:
Das gab sie für die Seele · von ihrem lieben Mann.
Das dauchte Rüdigeren · mit großen Treuen getan.

Da sprach die arme Königin · „Wo sind die Freunde mein,
Die da mir zuliebe · im Elend wollen sein
Und mit mir reiten sollen · in König Etzels Land?
Die nehmen meines Goldes · und kaufen Ross' und Gewand."

Der Königin gab Antwort · der Markgraf Eckewart:
„Seit ich als Ingesinde · euch zugewiesen ward,
Hab' ich euch stets getreulich · gedient," sprach der Degen,
„Und will bis an mein Ende · desgleichen immer bei euch pflegen."

„Ich führ' auch mit der meinen · fünfhundert Mann,
Die biet' ich euch zu Dienste · mit rechten Treuen an.
Wir bleiben ungeschieden · es tu' es denn der Tod."
Der Rede dankt' ihm Kriemhild · das tat in Wahrheit ihr not.

Da brachte man die Rosse · sie wollten aus dem Land.
Wohl huben an zu weinen · die Freunde all zur Hand.
Ute die reiche · und manche schöne Maid
Bezeigten, wie sie trugen · um Kriemhilden Herzeleid.

Hundert rîcher megede · vuort si mit ir dan:
die wurden sô gekleidet · als in daz wol gezam.
dô vielen in die trehene · von liehten ougen nider;
si gelebten vil der vreuden · ouch bî Etzelen sider.

Dô kom der hêrre Gîselher · und ouch Gêrnôt
mit ir ingesinde · als in ir zuht gebôt.
dô wolden si beleiten · ir lieben swester dan:
dô vuorten si ir recken · wol tûsent wætlîcher man.

Dô kom der snelle Gêre · und ouch Ortwîn:
Rûmolt der kuchenmeister · dâ mite muose sîn.
si schuofen die nahtselde · unz an Tuonouwe stat.
dô reit niht vürbaz Gunther · wan ein lützel vür die stat.

Ê si von Rîne vüeren · si heten vür gesant
ir boten harte snelle · in der Hiunen lant,
die dem künege sageten · daz im Rüedegêr
ze wîbe hete erworben · die edelen küneginne hêr.

Hundert schöner Mägdelein · führte sie aus dem Land;
Die wurden wohl gekleidet · jede nach ihrem Stand.
Aus lichten Augen fielen · die Tränen ihnen nieder;
Manche Freud' erlebten · sie auch bei König Etzel wieder.

Da kam der junge Geiselher · und König Gernot.
Mit ihrem Heergesinde · wie es die Zucht gebot:
Die liebe Schwester wollten sie · begleiten durch das Land;
Sie hatten im Gefolge · wohl tausend Degen auserkannt.

Da kam der schnelle Gere · und auch Ortewein;
Rumold der Küchenmeister · der ließ sie nicht allein.
Sie schufen Nachtlager · bis hin zum Donauland.
Nicht weit vor Worms schon hatte · sich König Gunther gewandt.

Eh' sie vom Rheine führen · hatten sie vorgesandt
Ihre schnellen Boten · in der Heunen Land,
Dem Könige zu melden · daß ihm Rüdiger
Zum Gemahl geworben · die edle Königin hehr.

AVENTIURE

wie Kriemhilt gein den Hiunen vuor

Die boten lâzen rîten · wir suln iu tuon bekant,
wie diu küneginne · gevuor durch diu lant
oder wâ von ir schieden · Gîselher und Gêrnôt.
sie heten ir gedienet · als in ir triuwe daz gebôt.

Unz an die Tuonouwe · ze Vergen si dô riten.
si begunden urloubes · die küneginne biten,
wan si wider wolden · rîten an den Rîn.
dône mohtez âne weinen · von guoten vriunden niht gesîn.

Gîselher der snelle · sprach zer swester sîn:
‚swenne daz du, vrouwe · bedürfen welles mîn,
ob dir iht gewerre · daz tuo mir bekant:
sô rîte ich dir ze dienste · in daz Etzelen lant.'

Die ir mâge wâren · kustes an den munt.
vil minneclîchen scheiden · sach man an der stunt
die snellen Burgonden · von Rüedegêres man.
dô vuort diu küneginne · vil manege meit wol getân

Hundert und viere · die truogen rîchiu kleit
von gemâlet rîchen pfellen · vil der schilte breit
vuort man bî der vrouwen · nâhen ûf den wegen.
dô kêrte von ir dannen · vil manec hêrlîcher degen.

Si zogeten dannen balde · nider durch Beier lant.
dô sagte man diu mære · dâ wæren vür gerant
vil unkunder geste · dâ noch ein klôster stât
und dâ daz In mit vluzze · in die Tuonouwe gât,

In der stat ze Pazzouwe · saz ein bischof.
die herberge wurden lære · und ouch des vürsten hof:
Si îlten gein den gesten · ûf in Beier lant,
dâ der bischof Pilgerîn · die schœnen Kriemhilde vant.

EINUNDZWANZIGSTES ABENTEUER

Wie Kriemhild zu den Heunen fuhr

Die Boten laßt reiten · so tun wir euch bekannt,
Wie die Königstochter · fuhr durch das Land,
Und wo von ihr Geiselher · schied mit Gernot;
Sie hatten ihr gedienet · wie ihre Treue gebot.

Sie kamen an die Donau · gen Vergen nun geritten.
Da begannen sie um Urlaub · die Königin zu bitten,
Weil sie wieder wollten · reiten an den Rhein.
Da mocht' es ohne Weinen · von guten Freunden nicht sein.

Geiselher der schnelle · sprach zu der Schwester sein:
„Schwester, wenn du jemals · bedürfen solltest mein,
Was immer dich gefährde · so mach' es mir bekannt,
Dann reit' ich dir zu dienen · hin in König Etzels Land."

Die Verwandten alle · küßte sie auf den Mund.
Minniglich sich scheiden · sah man da zur Stund'
Die schnellen Burgunden · von Rüdigers Geleit.
Da zog mit der Königin · manche wohlgetane Maid,

Hundert und viere · sie trugen schön Gewand.
Von buntgewebten Zeugen · manch breiten Schildesrand
Führte man der Königin · nach auf ihren Wegen.
Da trennte sich vom Zuge · mancher herrliche Degen.

Sie zogen weiter eilig · hinab durchs Baierland:
Da sagte man die Märe · es kämen angerannt
Viel unkunder Gäste · Wo noch ein Kloster steht
Und der Innfluß mündend · in die Donau niedergeht,

In der Stadt zu Passau · saß ein Bischof.
Die Herbergen leerten sich · und auch des Fürsten Hof:
Den Gästen entgegen · ging's auf durch Baierland,
Wo der Bischof Pilgerin · die schöne Kriemhilde fand.

Den recken von dem lande · was dô niht ze leit,
dô si ir volgen sâhen · sô manege schœne meit.
dâ trûte man mit ougen · der edelen rîter kint.
guote herberge · gab man den gesten allen sint.

Der bischof mit sîner niftel · ze Pazzouwe reit.
dô daz den burgæren · von der stat wart geseit,
daz dâ kœme Kriemhilt · des vürsten swester kint:
diu wart wol enpfangen · von den koufliuten sint.

Daz si belîben solden · der bischof het des wân.
dô sprach der hêrre Eckewart · ‚daz ist ungetân.
wir müezen varn nidere · in Rüedegêres lant:
uns wartent vil der degene · wan ez ist in allen wol bekant.

Diu mære nu wol wesse · diu schœne Gotelint:
si bereite sich mit vlîze · und ir vil edel kint.
ir het enboten Rüedegêr · daz in daz dûhte guot,
daz si der küneginne · dâ mit trôste den muot,

Daz si ir rite engegene · mit den sînen man
ûf zuo der Ense · dô daz wart getân,
dô sach man allenthalben · die wege unmüezec stên:
si begunden gegen den gesten · beidiu rîten unde gên.

Nu was diu küneginne · ze Everdingen komen.
gnuoge ûz Beier lande · solden hân genomen
den roub ûf der strâzen · nâch ir gewoneheit:
sô heten si den gesten · dâ getân vil lîhte leit:

Daz was wol understanden · von dem marcgrâven hêr:
er vuorte tûsent rîter · unde dannoch mêr.
dô was ouch komen Gotelint · Rüedegêres wîp:
mit ir kom hêrlîche · vil maneges küenen recken lîp.

Dô si über die Trûne kômen · bî Ense ûf daz velt,
dô sach man ûf gespannen · hütten und gezelt,
dâ die geste solden · die nahtselde hân.
diu kost diu was den recken · dâ von Rüedegêr getân.

Den Recken in dem Lande · war es nicht zu leid,
Als sie ihr folgen sahen · so manche schöne Maid.
Da kosten sie mit Augen · manch edeln Ritters Kind.
Gute Herberge · wies man den Gästen geschwind.

Der Bischof mit der Nichte · ritt auf Passau an,
Als es da den Bürgern · der Stadt ward kund getan,
Das Schwesterkind des Fürsten · Kriemhild, wolle kommen,
Da ward sie wohl mit Ehren · von den Kaufherrn aufgenommen.

Als der Bischof wähnte · sie blieben nachts ihm da,
Sprach Eckewart der Markgraf · „Unmöglich ist das ja:
Wir müssen abwärts reiten · in Rüdigers Land:
Viel Degen harren unser · ihnen allen ist es bekannt."

Nun wußt' auch wohl die Märe · die schöne Gotelind:
Sie rüstete sich fleißig · und auch ihr edel Kind.
Ihr hatt' entboten Rüdiger · ihn bedünkt' es gut,
Wenn sie der Königstochter · damit tröstete den Mut

Und ihr entgegenritte · mit seiner Mannen Schar
Hinauf bis zur Ense · Als das im Werke war,
Da sah man allenthalben · erfüllt die Straßen stehn:
Sie wollten ihren Gästen · entgegen reiten und gehn.

Nun war gen Everdingen · die Königin gekommen.
Manche im Baierlande · hätten wohl genommen
Den Raub auf der Straße · wie es ihr Gebrauch,
Und hätten so die Gäste · mögen schädigen auch:

Das ward wohl verhütet · von dem Markgrafen hehr:
Er führte tausend Ritter · oder wohl noch mehr.
Da kam auch Gotelinde · Rüdigers Gemahl,
Mit ihr in stolzem Zuge · kühner Recken große Zahl.

Über die Traune kamen sie · bei Ense auf das Feld;
Da sah man aufgeschlagen · Hütten und Gezelt,
Daß gute Ruhe fänden · die Gäste bei der Nacht.
Für ihre Kost zu sorgen · war der Markgraf bedacht.

Gotelint diu schœne · die herberge lie
hinder ir belîben · ûf den wegen gie
mit klingenden zoumen · manec pferit wol getân.
der antfanc wart vil schœne · liep was ez Rüedegêr getân.

Die in ze beiden sîten · kômen ûf den wegen,
die riten lobelîche · der was vil manec degen.
si pflâgen rîterschefte · daz sach vil manec meit.
ez was der küneginne · der rîter dienest niht leit.

Dô zuo den gesten kômen · die Rüedegêres man,
vil der trunzûne · sach man ze berge gân
von der recken hende · mit rîterlîchen siten.
dô wart wol ze prîse · vor den vrouwen geriten.

Daz liezen si belîben · dô gruozte manec man
vil güetlîche ein ander · dô vuorten si von dan
die schœnen Gotelinde · dâ si Kriemhilt sach.
die vrouwen dienen kunden · die heten kleinen gemach.

Der vogt von Bechelâren · ze sîme wîbe reit.
der edelen marcgrâvinne · was daz niht ze leit,
daz er sô wol gesunder · was von Rîne komen.
ir was ein teil ir swære · mit grôzen vreuden benomen.

Dô sin hete enpfangen · er hiez si ûf daz gras
erbeizen mit den vrouwen · swaz ir dâ mit ir was.
dâ wart vil unmüezec · manec edel man:
den vrouwen wart dô dienest · mit grôzem vlize getân.

Dô sach diu vrouwe Kriemhilt · die markgrâvinne stên
mit ir ingesinde · si lie niht nâher gên:
daz pfert mit dem zoume · zucken si began
und bat sich snelleclîchen · von dem satele heben dan.

Den bischof sach man wîsen · sîner swester kint,
in und Eckewarten · zuo Gotelinde sint.
dâ wart vil michel wîchen · an der selben stunt.
dô kuste diu ellende · an den Gotelinden munt.

Von den Herbergen · ritt ihrer Frau entgegen
Gotelind die schöne · Da zogen auf den Wegen
Mit klingenden Zäumen · viel Pferde wohlgetan.
Sie wurde wohl empfangen · lieb tat man Rüdigern daran.

Die sie zu beiden Seiten · begrüßten auf dem Feld
Mit kunstvollem Reiten · das war mancher Held.
Sie übten Ritterspiele · das sah manch' schöne Maid.
Auch war der Dienst der Helden · der Königin selber nicht leid.

Als zu den Gästen kamen · die in Rüdgers Lehn,
Viel Schaftsplitter sah man · in die Lüfte gehn
Von der Recken Händen · nach ritterlichen Sitten.
Da wurde wohl zu Danke · vor den Frauen geritten.

Sie ließen es bewenden · Da grüßte mancher Mann
Freundlich den andern · nun führten sie heran
Die schöne Gotelinde · wo sie Kriemhild sah.
Die Frauen dienen konnten · hatten selten Muße da.

Der Vogt von Bechelaren · ritt zu Gotlinden hin.
Wenig Kummer schuf es · der edeln Markgräfin,
Daß sie wohl geborgen · ihn sah vom Rheine kommen.
Ihr war die meiste Sorge · mit großer Freude benommen.

Als sie ihn hatt' empfangen · hieß er sie auf das Feld
Mit den Frauen steigen · die er ihr sah gesellt.
Da zeigte sich geschäftig · mancher edle Mann:
Den Frauen wurden Dienste · mit großem Fleiße getan.

Da ersah Frau Kriemhild · die Markgräfin stehn
Mit ihrem Ingesinde · sie ließ nicht näher gehn:
Sie zog mit dem Zaume · das Roß an, das sie trug,
Und ließ sich aus dem Sattel · heben schleunig genug.

Den Bischof sah man führen · seiner Schwester Kind,
Ihn und Eckewarten · hin zu Frau Gotelind.
Es mußte vor ihr weichen · wer im Wege stund.
Da küßte die Fremde · Gotelinden auf den Mund.

Dô sprach vil minneclîchen · daz Rüedegêres wîp:
‚nu wol mich, liebe vrouwe · deich iuwern schœnen lîp
hân in disem lande · mit ougen mîn gesehen:
mir enkunde an disen zîten · nimmer lieber geschehen.‘

‚Nu lôn iu Got,‘ sprach Kriemhilt · ‚vil edele Gotelint.
sol ich gesunt belîben · und Botlunges kint,
ez mac iu komen ze liebe · daz ir mich habet gesehen.‘
in beiden was unkünde · daz sider muose geschehen.

Mit zühten zuo ein ander · gie vil manec meit.
dô wâren in die recken · mit dienste vil bereit.
si sâzen nâch dem gruoze · nider ûf den klê.
si gewannen maneger künde · die in vil vremde wâren ê.

Man hiez den vrouwen schenken · ez was wol mitter tac;
daz edel ingesinde · dâ niht lenger lac.
si riten, dâ si vunden · manege hütten breit:
dâ was den edelen gesten · vil michel dienest bereit.

Die naht si heten ruowe · unz an den morgen vruo.
die von Bechelâren · bereiten sich dar zuo,
wie si behalten solden · vil manegen werden gast.
wol hete gehandelt Rüedegêr · daz in dâ wênec iht gebrast.

Diu venster an den mûren · sach man offen stân;
diu burc ze Bechelâren · diu was ûf getân.
dô riten dar in die geste · die man vil gerne sach.
den hiez der wirt vil edele · schaffen guoten gemach.

Diu Rüedegêres tohter · mit ir gesinde gie,
dâ si die küneginne · vil minneclîch enpfie.
dâ was ouch ir muoter · des marcgrâven wîp;
mit liebe wart gegrüezet · vil maneger juncvrouwen lîp.

Si viengen sich behanden · unde giengen dan
in einen palas wîten · der was vil wol getân,
dâ diu Tuonouwe · under hine vlôz.
si sâzen gên dem lufte · und heten kurzwîle grôz.

Da sprach mit holden Worten · die edle Markgräfin:
„Nun wohl mir, liebe Herrin · daß ich so glücklich bin,
Hier in diesem Lande · mit Augen euch zu sehn:
Mir konnt ' in diesen Zeiten · nimmer lieber geschehn."

„Nun lohn' euch Gott", sprach Kriemhild · „viel edle Gotelind.
So ich gesund verbleibe · und Botlungens Kind,
Mag euch zugute kommen · daß ihr mich habt gesehn."
Noch ahnten nicht die Beiden · was später mußte geschehn.

Mit Züchten zueinander · ging da manche Maid;
Zu Diensten waren ihnen · die Recken gern bereit.
Sie setzten nach dem Gruße · sich nieder auf den Klee:
Da lernten sich kennen · die sich fremd gewesen eh.

Man ließ den Frauen schenken · Es war am hohen Tag;
Das edle Ingesinde · der Ruh' nicht länger pflag.
Sie ritten, bis sie fanden · viel breiter Hütten stehn:
Da konnten große Dienste · den edeln Gästen geschehn.

Über Nacht da pflegen · sollten sie der Ruh'.
Die von Bechelaren · schickten sich dazu,
Nach Würden zu bewirten · so manchen werten Mann.
So hatte Rüdiger gesorgt · es gebrach nicht viel daran.

Die Fenster an den Mauern · sah man offen stehn;
Man mochte Bechelaren · weit erschlossen sehn.
Da ritten ein die Gäste · die man gerne sah;
Gut Gemach schuf ihnen · der edle Rüdiger da.

Des Markgrafen Tochter · mit dem Gesinde ging
Dahin, wo sie die Königin · minniglich empfing.
Da war auch ihre Mutter · Rüdigers Gemahl:
Liebreich empfangen wurden · die Jungfrauen allzumal.

Sie fügten ihre Hände · in eins und gingen dann
Zu einem weiten Saale · der war gar wohlgetan,
Vor dem die Donau unten · die Flut vorübergoß.
Da saßen sie im Freien · und hatten Kurzweile groß.

Wes si dâ mêre pflâgen · des enkan ich niht gesagen.
daz in sô übel zogete · daz hôrte man dô klagen
die Kriemhilde recken · wand ez was in leit.
hei, waz dô guoter degene · mit in von Bechlâren reit!

Vil minneclîchen dienest · Rüedegêr in bôt.
dô gap diu küneginne · zwelf armbouge rôt
der Gotlinde tohter · und alsô guot gewant,
daz si niht bezzers brâhte · in daz Etzelen lant.

Swie ir genomen wære · der Niblunge golt,
alle, die si gesâhen · die mahte si ir holt
noch mit dem kleinen guote · daz si dâ mohte hân.
des wirtes ingesinde · dem wart grôziu gâbe getân.

Dâ wider bôt dô êre · diu vrouwe Gotlint
den gesten von dem Rîne · sô güetlîche sint,
daz man dô der vremden · harte wênec vant
sine trüegen ir gesteine · oder ir hêrlîch gewant.

Dô si enbizzen wâren · und daz si solden dan,
von der hûsvrouwen · wart geboten an
getriuwelîcher dienest · daz Etzelen wîp.
dô wart vil getriutet · der schœnen juncvrouwen lîp.

Si sprach zer küneginne · ‚swenne iuch nu dunket guot,
ich weiz wol, daz ez gerne · mîn lieber vater tuot,
daz er mich zuo ziu sendet · in der Hiunen lant.‘
dazs si ir getriuwe wære · wie wol daz Kriemhilt ervant!

Diu ros bereitet wâren · unt vûr Bechlâren komen:
dô het diu edel künegin · urloup nu genomen
von Rüedegêres wîbe · und der tohter sîn;
dô schiet ouch sich mit gruoze · vil manec schœne magedîn.

Ein ander si vil selten · gesâhen nâch den tagen.
ûzer Medelicke · ûf handen wart getragen
manec goltvaz rîche · dar inne brâht man wîn
den gesten zuo der strâze · si muosen willekomen sîn.

Ich kann euch nicht bescheiden · was weiter noch geschah.
Daß sie so eilen müßten · darüber klagten da
Die Recken Kriemhildens · wohl war es ihnen leid.
Was ihnen guter Degen · aus Bechlarn gaben Geleit!

Viel minnigliche Dienste · der Markgraf ihnen bot.
Da gab die Königstochter · zwölf Armspangen rot
Der Tochter Gotlindens · und also gut Gewand,
Daß sie kein bessres brachte · hin in König Etzels Land.

Obwohl ihr war benommen · der Nibelungen Gold,
Alle, die sie sahen · machte sie sich hold
Noch mit dem kleinen Gute · das ihr verblieben war.
Dem Ingesind' des Wirtes · bot sie große Gaben dar.

Dafür erwies Frau Gotlind · den Gästen von dem Rhein
Auch so hohe Ehre · mit Gaben groß und klein,
Daß man da der Fremden · wohl selten einen fand,
Der nicht von ihr Gesteine · trug oder herrlich Gewand.

Als man nach dem Imbiß · fahren sollt' hindann,
Ihre treuen Dienste · trug die Hausfrau an
Mit minniglichen Worten · Etzels Gemahl.
Die liebkoste scheidend · der schönen Jungfrau zumal.

Da sprach sie zu der Königin · „Dünkt es euch nun gut,
So weiß ich, wie gern es · mein lieber Vater tut,
Daß er mich zu euch sendet · in der Heunen Land."
Daß sie ihr treu gesinnt war · wie wohl Frau Kriemhild das fand!
Die Rosse kamen aufgezäumt · vor Bechelaren an.
Als die edle Königin · Urlaub hatt' empfahn
Von Rüdigers Weibe · und von der Tochter sein,
Da schieden auch mit Grüßen · viel der schönen Mägdelein.

Sie sahn einander selten · mehr nach diesen Tagen.
Aus Medelick auf Händen · brachte man getragen
Manch schönes Goldgefäße · angefüllt mit Wein
Den Gästen auf die Straße · und hieß sie willkommen sein.

Ein wirt was dâ gesezzen · Astolt genant:
der wîsete si die strâze · in das Osterlant
gegen Mûtâren · die Tuonouwe nider.
dâ wart vil wol gedienet · der rîchen küneginne sider.

Der bischof vriuntlîche · von sîner nifteln schiet.
daz si sich wol gehabete · wie vaste er ir daz riet,
und daz si ir êre koufte · als Helche het getân.
hei, waz si grôzer êren · sît dâ zen Hiunen gewan!

Zuo der Treisem brâhte · man die geste dan.
ir pflâgen vlîzeclîchen · die Rüedegêres man,
unze daz die Hiunen · riten über lant.
dô wart der küneginne · vil michel êre bekant.

Bî der Treisem hête · der künec ûz Hiunen lant
eine burc wîte · diu was wol bekant,
geheizen Treisenmûre · vrou Helke saz dâ ê
und pflac sô grôzer tugende · daz wætlîch nimmer mêr ergê.

Ezen tæte danne Kriemhilt · diu alsô kunde geben.
si mohte nâch ir leide · daz liep wol geleben,
daz ir ouch jâhen êre · die Etzelen man,
der si sît grôzen vollen · bî den helden gewan.

Etzelen hêrschaft · was wîten erkant,
daz man ze allen zîten · in sîme hove vant
die küenesten recken · von den ie wart vernomen
under kristen und under heiden · die wâren mit im alle komen.

Bî im was alle zîte · daz wætlîch mêr ergê,
kristenlîcher orden · und ouch der heiden ê.
in swie getânem lebene · sich ieslîcher truoc,
daz schuof des küneges milte · daz man in allen gap genuoc.

Ein Wirt war da gesessen · Astold genannt,
Der wies sie die Straße · ins Österreicherland
Gegen Mautaren · an der Donau nieder:
Da ward viel Dienst erboten · der reichen Königin wieder.

Der Bischof mit Liebe · von seiner Nichte schied.
Daß sie sich wohl gehabe · wie sehr er ihr das riet,
Und sich Ehr' erwerbe · wie Helke einst getan.
Hei! was sie großer Ehren · bald bei den Heunen gewann!

An die Traisem kamen · die Gäst' in kurzer Zeit.
Sie zu pflegen fliß sich · Rüdigers Geleit,
Bis daß man die Heunen · sah reiten über Land:
Da ward der Königstochter · erst große Ehre bekannt.

Bei der Traisem hatte · der Fürst von Heunenland
Eine reiche Veste · im Lande wohl bekannt,
Mit Namen Traisenmauer · einst wohnte Helke da
Und pflag so hoher Milde · als wohl nicht wieder geschah.

Es sei denn von Kriemhilden · die mochte gerne geben.
Sie durfte wohl die Freude · nach ihrem Leid erleben,
Daß ihre Güte priesen · die Etzeln untertan.
Das Lob sie bei den Helden · in der Fülle bald gewann.

König Etzels Herrschaft · war so weit erkannt,
Daß man zu allen Zeiten · an seinem Hofe fand
Die allerkühnsten Recken · davon man je vernommen
Bei Christen oder Heiden · die waren all mit ihm gekommen.

Bei ihm war allerwegen · so sieht man's nimmermehr,
So christlicher Glaube · als heidnischer Verkehr.
Wozu nach seiner Sitte · sich auch ein jeder schlug,
Das schuf des Königs Milde · man gab doch allen genug.

AVENTIURE

wie si zen Hiunen wart enpfangen

Si was ze Treisenmûre · unz an den vierden tac.
diu molte ûf der strâze · die wîle nie gelac,
si enstübe, sam ez brünne · allenthalben dan.
dâ riten durch Osterrîche · des künic Etzelen man.

Dô was ouch dem künege · vil rehte nu geseit,
des im von gedanken · swunden sîniu leit,
wie hêrlîchen Kriemhilt · kœme durch diu lant.
der künec begunde gâhen · dâ er die minneclîchen vant.

Von vil maneger sprâche · sach man ûf den wegen
vor Etzelen rîten · manegen küenen degen,
von kristen und von heiden · manege wîte schar.
dâ si die vrouwen vunden · si kômen hêrlîchen dar.

Von Riuzen und von Kriechen · reit dâ manec man;
den Pœlân und den Vlâchen · sach man swinde gân
ir ros diu vil guoten · si mit krefte riten.
swaz si site hêten · der wart vil wênec vermiten.

Von dem lant ze Kiewen · reit dâ manec degen
und die wilden Peschenære · dâ wart vil gepflegen
mit dem bogen schiezen · zuo vogelen, dâ si vlugen;
die pfîle si sêre · zuo den wenden vaste zugen.

Ein stat bî Tuonouwe · lît in Osterlant,
diu ist geheizen Tulne · dâ wart ir bekant
vil manec site vremde · den si ê nie gesach.
si enpfiengen dâ genuoge · den sît vil leit von ir geschach.

Vor Etzelen dem künege · ein ingesinde reit,
vrô und vil rîche · hübsch und gemeit,
wol vier und zweinzec vürsten · rîch unde hêr.
daz si ir vrouwen sâhen · dâ von engerten si niht mêr.

ZWEIUNDZWANZIGSTES ABENTEUER

Wie Kriemhild bei den Heunen empfangen ward

Sie blieb zu Traisenmauer · bis an den vierten Tag.
Der Staub in den Straßen · derweil nicht stille lag:
Aufstob er allenthalben · wie in hellem Brand.
Da ritten Etzels Leute · durch das Österreicherland.

Es war dem König Etzel · gemeldet in der Zeit,
Daß ihm vor Gedanken · schwand sein altes Leid,
Wie herrlich Frau Kriemhild · zöge durch das Land.
Da eilte hin der König · wo er die Minnigliche fand.

Von gar manchen Sprachen · sah man auf den Wegen
Vor König Etzeln reiten · viel der kühnen Degen,
Von Christen und von Heiden · manches breite Heer.
Als sie die Herrin fanden · sie zogen fröhlich einher.

Von Reußen und von Griechen · ritt da mancher Mann;
Die Polen und Walachen · zogen geschwind heran
Auf den guten Rossen · die sie herrlich ritten.
Da zeigte sich ein jeder · in seinen heimischen Sitten.

Aus dem Land zu Kiew · ritt da mancher Mann
Und die wilden Peschenegen · Mit Bogen hub man an
Zu schießen nach den Vögeln · die in den Lüften flogen;
Mit Kräften sie die Pfeile · bis zu des Bogens Ende zogen.

Eine Stadt liegt an der Donau · im Österreicherland,
Die ist geheißen Tulne · Da ward ihr bekannt
Manche fremde Sitte · die sie noch niemals sah.
Da empfingen sie gar viele · denen noch Leid von ihr geschah.

Es ritt dem König Etzel · ein Ingesind' voran,
Fröhlich und prächtig · höfisch und wohlgetan,
Wohl vierundzwanzig Fürsten · mächtig und hehr:
Ihre Königin zu schauen · sie begehrten sonst nichts mehr.

Der herzoge Râmunc · ûzer Vlâchen lant
mit siben hundert mannen · kom er vür si gerant.
sam vliegende vogele · sach man si alle varn.
dô kom der vürste Gibeke · mit vil hêrlîchen scharn.

Hornboge der snelle · wol mit tûsent man
kêrte von dem künege · gein sîner vrouwen dan.
vil lûte wart geschallet · nâch des landes siten
von der Hiunen mâgen · wart ouch dâ sêre geriten.

Dô kom von Tenemarke · der küene Hâwart
und Îrinc der vil snelle · vor valsche wol bewart,
Irnvrit von Dürengen · ein wætlîcher man:
si enpfiengen Kriemhilde · daz sis êre muosen hân,

Mit zwelf hundert mannen · die vuortens in ir schar.
dô kom der hêrre Blœdel · mit drîn tûsent dar,
der Etzelen bruoder · ûzer Hiunen lant:
der kom vil hêrlîche · dâ er die küneginne vant.

Dô kom der künic Etzel · und ouch hêr Dietrîch
mit allen sînen degenen · dâ was vil lobelîch
manec rîter edele · biderbe unde guot.
des wart vroun Kriemhilde · vil wol gehœhet ir muot.

Dô sprach zer küneginne · der hêrre Rüedegêr:
‚vrouwe, iuch wil enpfâhen · hie der künic hêr.
swen ich iuch heize küssen · daz sol sîn getân:
jâne muget ir niht gelîche · grüezen al die Etzeln man.‘

Dô huop man von dem mœre · die küneginne hêr.
Etzel der vil rîche · enbeite dô niht mêr,
er stuont von sîme rosse · mit manegen küenen man.
man sach in vrœlîche · gegen Kriemhilde gân.

Zwêne vürsten rîche · als uns daz ist geseit,
bî der vrouwen giengen · und truogen ir diu kleit,
dô ir der künic Etzel · hin engegen gie,
dâ si den vürsten edele · mit küssen güetlich enpfie.

Ramung, der Herzog · aus Walachenland,
Mit siebenhundert Mannen · kam er vor sie gerannt.
Wie fliegende Vögel · sah man sie alle fahren.
Da kam der Fürst Gibeke · mit viel herrlichen Scharen.

Hornbog der schnelle · ritt mit tausend Mann
Von des Königs Seite · zu seiner Fraun heran.
Sie prangten und stolzierten · nach ihres Landes Sitten.
Von den Heunenfürsten · ward auch da herrlich geritten.

Da kam vom Dänenlande · der kühne Hawart
Und Iring der schnelle · vor allem Falsch bewahrt;
Von Thüringen Irnfried · ein waidlicher Mann:
Man empfing Kriemhilden · so daß man Ehre gewann,

Mit zwölfhundert Mannen · die zählte ihre Schar.
Da kam der Degen Blödel · mit dreitausend gar,
König Etzels Bruder · aus dem Heunenland:
Der ritt in stolzem Zuge · bis er die Königin fand.

Da kam der König Etzel · und Herr Dieterich
Mit seinen Helden allen · Da sah man ritterlich
Manchen edeln Ritter · bieder und auch gut.
Davon ward Kriemhilden · gar wohl erhoben der Mut.

Da sprach zu der Königin · der edle Rüdiger:
„Frau, euch will empfangen · hier der König hehr.
Wen ich euch küssen heiße · dem sei der Kuß gegönnt:
Wißt, daß ihr Etzels Recken · nicht alle gleich empfangen könnt."

Da hob man von der Mähre · die Königin hehr.
Etzel der reiche · nicht säumt' er länger mehr:
Er schwang sich von dem Rosse · mit manchem kühnen Mann;
Voller Freuden kam er · zu Frau Kriemhild heran.

Zwei mächtige Fürsten · das ist uns wohlbekannt,
Gingen bei der Frauen · und trugen ihr Gewand,
Als der König Etzel · ihr entgegen ging
Und sie den edlen Fürsten · mit Küssen gütlich empfing.

Uf ructes ir gebende · ir varwe wol getân
diu lûhte ir ûz dem golde · dâ was vil manec man,
si jâhen, daz vrou Helche · niht schœner kunde gesîn.
dâ bî sô stuont vil nâhen · des küneges bruoder Blœdelîn.

Den hiez si küssen Rüedegêr · der marcgrâve tîch,
und den künic Gibeken · dô stuont ouch Dieterîch;
der recken kuste zwelfe · daz Etzelen wîp.
dô enpfie si sus mit gruoze · vil manges rîtæres lîp.

Al die wîle und Etzel · bî Kriemhilde stuont,
dô tâten dâ die tumben · als noch die liute tuont:
vil manegen puneiz rîchen · sach man dâ geriten;
daz tâten kristen helde · und ouch die heiden nâch ir siten.

Wie rehte rîterlîchen · die Dietrîches man
die schefte liezen vliegen · mit trunzûnen dan
hôhe über schilde · von guoter rîter hant!
von den tiuschen gesten · wart dürkel maneges schildes rant.

Dâ wart von schefte brechen · vil michel dôz vernomen.
dô wâren von dem lande · die recken alle komen
und ouch des küneges geste · vil manec edel man:
dô gie der künic rîche · mit vroun Kriemhilde dan.

Si sâhen bî in stênde · ein vil hêrlich gezelt.
von hütten was ervüllet · alumbe daz velt,
dâ si solden ruowen · nâch ir arebeit.
von helden wart gewîset · dar under manec schœniu meit

Mit der küneginne · dâ si sît gesaz
ûf rîche stuolgewæte · der marcgrâve daz
hete wol geschaffet · daz man ez vant vil guot,
daz gesidele Kriemhilde · des vreut sich Etzelen muot.

Waz dô redete Etzel · daz ist mir unbekant;
in der sînen zeswen · lac ir wîziu hant.
si gesâzen minneclîche · dâ Rüedegêr der degen
den künec niht wolde lâzen · Kriemhilde heimlîche pflegen.

Sie schob hinauf die Binden · ihre Farbe wohlgetan
Erglänzt' aus dem Golde · Da sagte mancher Mann,
Frau Helke könne schöner · nicht gewesen sein.
Da stand in der Nähe · des Königs Bruder Blödelein.

Den riet ihr zu küssen · Rüdiger der Markgraf reich
Und den König Gibeke · Dietrichen auch zugleich:
Zwölf der Recken küßte · Etzels Königin;
Da blickte sie mit Grüßen · noch zu manchem Ritter hin.

Während König Etzel · bei Kriemhilden stand,
Taten junge Degen · wie Sitte noch im Land:
Waffenspiele wurden · schön vor ihr geritten;
Das taten Christenhelden · und Heiden nach ihren Sitten.

Wie ritterlich die Degen · in Dietrichens Lehn
Die splitternden Schäfte · in die Lüfte ließen gehn
Hoch über Schilde · aus guter Ritter Hand!
Vor den deutschen Gästen · brach da mancher Schildesrand.

Von der Schäfte Krachen · vernahm man lauten Schall.
Da waren aus dem Lande · die Recken kommen all
Und auch des Königs Gäste · so mancher edle Mann:
Da ging der reiche König · mit Frau Kriemhild hindann.

Sie fanden in der Nähe · ein herrlich Gezelt.
Erfüllt war von Hütten · rings das ganze Feld;
Da war nach den Beschwerden · Rast für sie bereit.
Da geleiteten die Helden · darunter manche schöne Maid

Zu Kriemhild der Königin · die dort darnieder saß
Auf reichem Stuhlgewande · der Markgraf hatte das
So prächtig schaffen lassen · sie fanden's schön und gut,
Kriemhildens Gestühle · Drob freute sich Etzels Mut.

Was da Etzel redete · das ist mir unbekannt;
In seiner Rechten ruhte · ihre weiße Hand.
So saßen sie in Minne · als Rüdiger der Degen
Dem König nicht gestattete · Kriemhildens heimlich zu pflegen.

Dô hiez man lân belîben · den bûhurt über al;
mit êren wart verendet · dâ der grôze schal.
dô giengen zuo den hütten · die Etzelen man;
man gab in herberge · vil wîten allenthalben dan.

Der tac der hete nu ende · si schuofen ir gemach,
unz man den liehten morgen · aber schînen sach.
dô was zuo den rossen · komen manec man:
hei, waz man kurzewîle · dem künege zêren began!

Der künec ez nâch den êren · die Hiunen schaffen bat.
dô riten si von Tulne · ze Wiene zuo der stat.
dâ vunden si gezieret · vil maneger vrouwen lîp:
si enpfiengen wol mit êren · des künic Etzelen wîp.

Mit harte grôzem vollen · sô wart in bereit,
swaz si haben solden · vil manec helt gemeit
sich vreute gên dem schalle · herbergen man began.
des küneges hôhgezîte · huop sich vil vrœlîchen an.

Sine mohten niht geherbergen · alle in der stat.
die niht geste wâren · Rüedegêr die bat,
daz si herberge · næmen in daz lant.
ich wæn, man alle zîte · bi vroun Kriemhilde vant

Den hêrren Dietrîchen · und ander manegen degen.
die heten sich der ruowe · mit arbeit bewegen.
durch daz si den gesten · trôsten wol den muot.
Rüedgêr und sîne vriunde · heten kurzwîle guot.

Diu hôhzît was gevallen · an einen pfingestac,
dâ der künic Etzel · bî Kriemhilde lac
in der stat ze Wiene · si wæn sô manegen man
bî ir êrsten manne · nie ze dienste gewan.

Si kunte sich mit gâbe · dem, der si nie gesach.
vil maneger dar under · zuo den gesten sprach:
‚wir wânden, daz vrou Kriemhilt · guotes niht möhte hân:
nu ist hie mit ir gâbe · vil manec wunder getân.‘

Da ließ man unterbleiben · das Kampfspiel überall;
Mit Ehren ward beendet · der laute Freudenschall.
Da gingen zu den Hütten · die Etzeln untertan;
Herberge wies man ihnen · ringsum allenthalben an.

Der Tag war vergangen · sie fanden Ruhe da,
Bis man den lichten Morgen · wieder scheinen sah.
Da kamen hoch zu Rosse · viel Helden ausersehn;
Hei! was sah man Kurzweil · zu des Königs Ehren geschehn!

Nach Würden es zu schaffen · der Fürst die Heunen bat.
Da ritten sie von Tulne · gen Wien in die Stadt.
In schönem Schmucke fand man · da Frauen ohne Zahl.
Sie empfingen wohl mit Ehren · König Etzels Gemahl.

In Überfluß und Fülle · war da für sie bereit,
Wes sie nur bedurften · Viel Degen allbereit
Sahn froh dem Fest entgegen · Herbergen wies man an;
Die Hochzeit des Königs · mit hohen Freuden begann.

Man mochte sie nicht alle · herbergen in der Stadt:
Die nicht Gäste waren · Rüdiger die bat,
Daß sie Herberge · nähmen auf dem Land.
Ich glaube, daß sich immer · in Kriemhildens Nähe fand

Dietrich der Degen · und mancher andre Held.
Die hatten ihre Muße · mit Arbeit eingestellt,
Auf daß sie den Gästen · trösteten den Mut;
Rüdger und seine Freunde · hatten Kurzweile gut.

Die Hochzeit war gefallen · auf einen Pfingstentag,
Wo der König Etzel · bei Kriemhilden lag
In der Stadt zu Wiene · Fürwahr so manchen Mann
Bei ihrem ersten Manne · sie nicht zu Diensten gewann.

Durch Gabe ward sie manchem · der sie nicht kannte, kund.
Darüber zu den Gästen · hub mancher an zur Stund:
„Wir wähnten, Kriemhilden · benommen wär' ihr Gut,
Die nun mit ihren Gaben · hier so große Wunder tut."

Diu hôhzît diu werte · sibenzehen tage.
ich wæn, man von deheinem · künege mêre sage,
des hôhzît grœzer wære · daz ist uns gar verdeit.
alle, die dâ wâren · truogen iteniuwe kleit.

Si wæn in Niderlande · dâ vor nie gesaz
mit sô manegem recken · dâ bî geloube ich daz,
was Sîvrit rîch des guotes · daz er doch nie gewan
sô manegen recken edele · sô si sach vor Etzeln stân.

Ouch gap nie künec deheiner · zuo sîn selbes hôhgezît
sô manegen rîchen mantel · tief unde wît,
noch sô guoter kleider · der si vil mohten hân,
die durch Kriemhilde willen · wurden alle vertân.

Ir vriunde und ouch die geste · heten einen muot,
daz sie dâ niht ensparten · deheiner slahte guot.
swes ieman an si gerte · des wâren si bereit.
des gestuont dô vil der degene · von milte blôz âne kleit.

Wie si ze Rîne sæze · gedâhte sie ane daz,
bî ir edelem manne · ir ougen wurden naz.
si hetes vaste hæle · daz ez ieman kunde sehen.
ir was nâch manegem leide · sô vil der êren geschehen.

Swaz ieman tet mit milte · daz was gar ein wint
unz an Dietrîche · swaz Botlunges kint
im gegeben hête · daz was nu gar verswant.
ouch begie dâ michel wunder · des milten Rüedegêres hant.

Uzer Ungerlande · der vürste Blœdelîn
der hiez dâ lære machen · vil manec leitschrîn
von silber und von golde · dâ wart hin gegeben.
man sach des küneges helde · sô rehte vrœlîche leben.

Werbel unde Swemmelîn · des küneges spilman,
ich wæn, ir ieglîcher · zer hôhzît gewan
wol ze tûsent marke · oder dannoch baz,
dâ diu schœne Kriemhilt · bî Etzeln under krône saz.

Diese Hochzeit währte · siebzehn Tage lang.
Von keinem andern König · weiß der Heldensang,
Der solche Hochzeit hielte · es ist uns unbekannt.
Alle, die da waren · die trugen neues Gewand.

Sie hatte nie gesessen · daheim in Niederland
Vor so manchem Recken · auch ist mir wohlbekannt,
War Siegfried reich an Schätzen · so hatte er doch nicht
So viel der edeln Recken · als sie hier sah in Etzels Pflicht.

Wohl gab auch nie ein König · bei seiner Hochzeit
So manchen reichen Mantel · lang, tief und weit,
Noch so gute Kleider · als man hier gewann,
Die Kriemhildens willen · alle wurden vertan.

Ihre Freunde wie die Gäste · hatten Einen Mut:
Sie dachten nichts zu sparen · und wär's das beste Gut.
Was Einer wünschen mochte · man war dazu bereit;
Da standen viel der Degen · vor Milde bloß und ohne Kleid.

Wenn sie daran gedachte · wie sie am Rheine saß
Bei ihrem edeln Manne · ihre Augen wurden naß;
Doch hehlte sie es immer · daß es niemand sah,
Da ihr nach manchem Leide · so viel der Ehren geschah.

Was Einer tat aus Milde · das war doch gar ein Wind
Gegen Dietrichen · was Botlungens Kind
Ihm gegeben hatte · das wurde gar verwandt.
Da beging auch großer Wunder · des milden Rüdiger Hand.

Auch aus Ungarlande · der Degen Blödelein
Ließ da ledig machen · manchen Reiseschrein
Von Silber und von Golde · das ward dahin gegeben.
Man sah des Königs Helden · so recht fröhlich alle leben.

Des Königs Spielleute · Werbel und Schwemmelein,
Wohl an tausend Marken · nahm jedweder ein
Bei dem Hofgelage · (oder mehr als das),
Als die schöne Kriemhild · bei Etzeln unter Krone saß.

An dem ahtzehenden morgen · von Wiene si dô riten.
dâ wart in rîterscheften · schilde vil versniten
von speren, di dâ vuorten · die recken an der hant.
sus kom der künic Etzel · unz in daz hiunische lant.

Ze Heimburc der alten · si wâren über naht.
dône kunde niemen wizzen · wol des volkes aht,
mit wie getâner krefte · si riten über lant.
hei, waz man schœner vrouwen · in sîme heimuote vant.

Ze Misenburc der rîchen · dâ schiften si sich an.
daz wazzer wart verdecket · von ros und ouch von man,
alsam ez erde wære · swaz man sîn vliezen sach.
die wegemüden vrouwen · die heten semfte und ouch gemach.

Ze samne was geslozzen · manec schef vil guot,
daz in niht enschadete · diu ünde noch diu vluot;
dar über was gespannen · manec guot gezelt,
sam ob si noch hêten · beidiu lant unde velt.

Dô kômen disiu mære · ze Etzelenburc von dan,
dô vreuten sich dar inne · wîp unde man.
Etzelen ingesinde · des ê vrou Helche pflac,
gelebte bî Kriemhilde · sît manegen vrœlîchen tac.

Dô stuont dâ wartende · vil manec edel meit,
die nâch Helchen tôde · heten manegiu leit.
siben künege tohter · Kriemhilt noch dâ vant:
von den was gezieret · wol allez Etzelen lant.

Diu juncvrouwe Herrât · noch des gesindes pflac,
diu Helchen swester tohter · an der vil tugende lac,
diu gemahele Dietrîches · eins edelen küneges kint,
diu tohter Nentwînes · diu hete vil der êren sint.

Gegen der geste kümfte · vreute sich ir muot;
ouch was dar zuo bereitet · viel kreftigez guot.
wer kunde iu daz bescheiden · wie sît der künec gesaz?
si gelebten dâ zen Hiunen · nie mit küneginne baz.

Am achtzehnten Morgen · von Wien die Helden ritten.
In Ritterspielen wurden · der Schilde viel verschnitten
Von Speeren, so da führten · die Recken an der Hand:
So kam der König Etzel · bis in das heunische Land.

In Heimburg der alten · verblieb man über Nacht.
Da konnte niemand wissen · recht des Volkes Macht,
Mit welchen Heerkräften · sie ritten durch das Land.
Hei! was schöner Frauen · man in seiner Heimat fand!

In Misenburg der reichen · fing man zu segeln an.
Verdeckt ward das Wasser · von Roß und auch von Mann,
Als ob es Erde wäre · was man doch fließen sah.
Die wegemüden Frauen · mochten sich wohl ruhen da.

Zusammen war gebunden · manches Schifflein gut,
Daß ihnen wenig schaden · Woge mocht' und Flut;
Darüber ausgebreitet · manch köstlich Gezelt,
Als ob sie noch immer · beides hätten, Land und Feld.

Nun ward auch in Etzelnburg · die Märe kund getan:
Da freute sich darinnen · beides, Weib und Mann.
Etzels Ingesinde · des einst Frau Helke pflag,
Erlebte bei Kriemhilden · noch manchen fröhlichen Tag.

Da stand ihrer harrend · gar manche edle Maid,
Die seit Helkens Tode · getragen Herzeleid.
Sieben Königstöchter · Kriemhild noch da fand;
Durch die so ward gezieret · König Etzels ganzes Land.

Herrat die Jungfrau · noch des Gesindes pflag,
Helkens Schwestertochter · in der viel Tugend lag,
Dietrichs Verlobte · eines edeln Königs Sproß,
Die Tochter Nentweinens · die noch viel Ehren genoß.

Auf der Gäste Kommen · freute sich ihr Mut;
Auch war dazu verwendet · viel kostbares Gut.
Wer könnt' euch des bescheiden · wie der König saß seitdem?
Den Heunen ward nicht wieder · eine Königin so genehm.

Dô der künic mit sîme wîbe · von dem stade reît,
wer ieglîche vuorte · daz wart dô wol geseit
der edelen Kriemhilde · si gruoztes deste baz.
hei, wie gewalteclîchen · si sît an Helchen stat gesaz!

Getriulîches dienstes · wart ir vil bekant.
dô teilte diu küneginne · golt und ouch gewant,
silber und gesteine · swaz si des über Rîn
mit ir zen Hiunen brâhte · daz muose gar zergeben sîn.

Ouch wurden ir mit dienste · sider undertân
al des küneges mâge · und alle sîne man,
daz nie diu vrouwe Helche · sô gewalteclîch gebôt,
sô si nu muosen dienen · unz an den Kriemhilde tôt.

Dô stuont mit solhen êren · der hof und ouch daz lant,
daz man dâ zallen zîten · die kurzwîle vant,
swar nâch ieglîchem · daz herze truoc den muot,
durch des küneges liebe · und der küneginne guot.

Als der Fürst mit seinem Weibe · geritten kam vom Strand,
Wer eine jede führte · das ward da wohl benannt
Kriemhild der edlen · sie grüßte desto mehr.
Wie saß an Helkens Stelle · sie bald gewaltig und hehr!

Getreulichen Dienstes · ward ihr viel bekannt.
Die Königin verteilte · Gold und Gewand
Silber und Gesteine · was sie des überrhein
Zum Heunenlande brachte · das mußte gar vergeben sein.

Auch wurden ihr mit Diensten · ergeben allzumal
Die Freunde des Königs · und denen er befahl,
Daß Helke nie die Königin · so gewaltiglich gebot,
Als sie ihr dienen mußten · bis an Kriemhildens Tod.

Da stand in solchen Ehren · der Hof und auch das Land,
Daß man zu allen Zeiten · die Kurzweile fand,
Wonach einem jeden · verlangte Herz und Mut;
Das schuf des Königs Liebe · dazu der Königin Gut.

AVENTIURE

wie Kriemhilt ir leit gedâht ze rechen

Mit vil grôzen êren · daz ist alwâr,
wonten si mit ein ander · unz an daz sibende jâr.
die zît diu küneginne · eins suns was genesen:
des kunde der künic Etzel · nimmer vrœlîcher wesen.

Sine wolde niht erwinden · sine wurbe sint,
daz getoufet wurde · daz Etzelen kint
nâch kristenlîchem rehte · Ortliep wart ez genant.
des wart vil michel vreude · über allez Etzelen lant.

Swaz ie guoter tugende · an vroun Helchen lac,
der vleiz sich vrou Kriemhilt · dar nâch vil manegen tac.
die site si lêrte Herrât · diu ellende meit.
diu hete tougenlîche · nâch Helchen grœzlîchiu leit.

Den vremden und den kunden · was si vil wol bekant;
die jâhen, daz nie vrouwe · besæze küneges lant
bezzer unde milter · daz heten si vür wâr.
daz lop si truoc zen Hiunen · unz an daz driuzehende jâr.

Nu het si wol erkunnet · daz ir niemen widerstuont,
alsô noch vürsten wîbe · küneges recken tuont,
und daz si alle zîte · zwelf künege vor ir sach.
si gedâht ouch maneger leide · der ir dâ heime geschach.

Si dâhte ouch maneger êren · von Niblunge lant,
der si was gewaltec · und die ir Hagenen hant
mit Sîvrides tôde · hete gar benomen,
und ob im daz ouch immer · noch ze leide möhte komen.

‚Daz geschæhe, ob ich in bringen · möhte in ditze lant.‘
ir troumde, daz ir gienge · vil dicke an der hant
Gîselher ir bruoder · si kusten zaller stunt
vil ofte in semftem slâfe · sît wart in arbeite kunt.

DREIUNDZWANZIGSTES ABENTEUER

Wie Kriemhild ihr Leid zu rächen gedachte

In gar hohen Ehren · das ist alles wahr,
Wohnten sie beisammen · bis an das siebte Jahr.
Eines Sohns war genesen · derweil die Königin:
Das schien König Etzel · der allergrößte Gewinn.

Bis sie es erlangte · ließ sie nicht ab davon,
Die Taufe mußt' empfangen · König Etzels Sohn
Nach christlichem Brauche · Ortlieb ward er genannt.
Darob war große Freude · über Etzels ganzem Land.

Der Zucht, deren jemals · zuvor Frau Helke pflag,
Fliß sich Frau Kriemhild · darauf gar manchen Tag.
Es lehrte sie die Sitte · Herrat die fremde Maid;
Die trug noch in der Stille · um Helke schmerzliches Leid.

Von Heimischen und Fremden · gestanden allesamt,
Besser und milder · hab' eines Königs Land
Nie eine Frau besessen · das hielten sie für wahr.
Des rühmten sie die Heunen · bis an das dreizehnte Jahr.

Nun wußte sie, daß niemand · ihr feindlich sei gesinnt,
Wie oft wohl Königinnen · der Fürsten Recken sind,
Und daß sie täglich mochte · zwölf Kön'ge vor sich sehn.
Sie vergaß auch nicht des Leides · das ihr daheim war geschehn.

Sie gedacht auch noch der Ehren · in Nibelungenland,
Die ihr geboten worden · und die ihr Hagens Hand
Mit Siegfriedens Tode · hatte gar benommen,
Und ob ihm das nicht jemals · noch zu Leide sollte kommen.

„Es geschäh', wenn ich ihn bringen · möcht' in dieses Land."
Ihr träumte wohl, ihr ginge · oftmals an der Hand
Geiselher, ihr Bruder · sie küßt' ihn allezeit
In ihrem sanften Schlafe · das ward zu schmerzlichem Leid.

Ich wæn, der übel vâlant · Kriemhilde daz geriet,
daz si mit vriuntschefte · von Gunthere schiet,
den si durch suone kuste · in Burgonden lant.
dô begunde ir aber salwen · von heizen trehen ir gewant.

Ez lac ir an dem herzen · spât unde vruo,
wie man si âne schulde · bræhte dar zuo,
daz si muose minnen · einen heidenischen man:
die nôt die het ir Hagene · unde Gunther getân.

Des willen in ir herzen · kom si vil selten abe.
si gedâht: ‚ich bin sô rîche · und hân sô grôze habe,
daz ich mînen vînden · gevüege noch ein leit:
des wær et ich von Troneje · Hagnen gerne bereit.

‚Nâch den getriuwen jâmert · dicke daz herze mîn:
die mir dâ leide tâten · möhte ich bî den sîn,
sô wurde wol errochen · mînes vriundes lîp.
des ich kûme erbeite‘ · sprach daz Etzelen wîp.

Ze liebe si dô hêten · alle sküneges man,
die Kriemhilde recken · daz was vil wol getân.
der kameren pflac Eckewart · dâ von er vriunt gewan.
Kriemhilde willen · kunde nieman understân.

Si dâhte zallen zîten · ‚ich wil den künic biten,‘
daz er ir des gunde · mit güetlîchen siten,
daz man ir vriunde bræhte · in der Hiunen lant.
den argen willen niemen · an der küniginne vant.

Dô si eines nahtes · bî dem künege lac,
mit armen umbevangen · het er si, als er pflac
die edelen vrouwen triuten · si was im sô sîn lîp:
dô gedâhte ir vînde · daz vil hêrlîche wîp.

Sie sprach zuo dem künege · ‚vil lieber hêrre mîn,
ich wolde iuch biten gerne · möhtez mit hulden sîn,
daz ir mich sehen liezet · ob ich daz het versolt,
ob ir den mînen vriunden · wæret inneclîchen holt.‘

Der üble Teufel war es wohl · der Kriemhilden riet,
Daß sie ihre Freundschaft · mit König Gunther schied,
Den sie zur Sühne küßte · in Burgundenland.
Aufs neu' begann zu triefen · von heißen Tränen ihr Gewand.

Es lag ihr an dem Herzen · beides, spat und fruh,
Wie man mit Widerstreben · sie doch gebracht dazu,
Daß sie minnen mußte · einen heidnischen Mann:
Die Not hatt' ihr Hagen · und Herr Gunther angetan.

Von diesem Vorsatz wurde · ihr Herze selten kalt:
Sie dachte : „Ich bin so mächtig · und hab so viel Gewalt,
Daß ich meinen Feinden · mag schaffen Herzeleid:
Dazu wär' ich dem Hagen · von Tronje gerne bereit.

„Nach den Getreuen jammert · noch oft die Seele mein;
Doch die mir Leides taten · möcht' ich bei denen sein,
So würde noch gerochen · meines Friedels Tod.
Kaum kann ich es erwarten" · sprach sie in des Herzens Not.

Es liebten sie alle · die dem König untertan,
Die Recken Kriemhildens · das war wohltgetan.
Ihr Kämmerer war Eckewart · drum ward er gern gesehn:
Kriemhildens Willen · konnte niemand widerstehn.

Sie gedacht' auch alle Tage · „Ich will den König bitten,"
Er möcht' ihr vergönnen · mit gütlichen Sitten,
Daß man ihre Freunde · brächt' in der Heunen Land.
Den argen Willen niemand · an der Königin verstand.

Als eines Nachts Frau Kriemhild · bei dem König lag,
Umfangen mit den Armen · hielt er sie, wie er pflag
Der edeln Frau zu kosen · sie war ihm wie sein Leib,
Da gedachte ihrer Feinde · dieses herrliche Weib.

Sie sprach zu dem König · „Viel lieber Herre mein,
Ich wollt' euch gerne bitten · möcht' es mit Hulden sein,
Daß ihr mich sehen ließet · ob ich verdient den Sold,
Daß ihr meinen Freunden · wäret inniglich hold."

Dô sprach der künic rîche · getriuwe was sîn muot:
‚ich bringe iuch des wol innen · swâ liep unde guot
den helden widervüere · des müese ich vreude hân,
wand ich von wîbes minne · nie bezzer vriunde gewan.‘

Dô sprach diu küneginne · ‚iu ist daz wol geseit,
ich hân vil hôhe mâge · dar umbe ist mir sô leit,
daz mich die sô selten · ruochent hie gesehen:
ich hœre, mîn die liute · niuwan vür ellende jehen.‘

Dô sprach der künic Etzel · ‚vil liebiu vrouwe mîn,
diuht ez si niht ze verre · sô lüede ich über Rîn,
swelhe ir dâ gerne sæhet · her in mîniu lant.‘
des vreute sich diu vrouwe · dô si den willen sîn ervant.

Si sprach: ‚welt ir mir triuwe · leisten, hêrre mîn,
sô sult ir boten senden · ze Wormez über Rîn.
so enbiute ich mînen vriunden · des ich dâ habe muot:
sô kumt uns her ze lande · vil manec edel rîter guot.‘

Er sprach: ‚swenne ir gebietet · sô lâzet ez geschehen.
irn kundet iuwer vriunde · sô gerne niht gesehen,
als ich si gesæhe · der edelen Uoten kint.
mich müet daz harte sêre · daz si uns sô lange vremde sint.

‚Ob ez dir wol gevalle · vil liebiu vrouwe mîn,
sô wold ich gerne senden · nâch den vriunden dîn
die mînen videlære · in Burgonden lant.‘
die guoten videlære · hiez er bringen sâ zehant.

Si îlten harte balde · dâ der künic saz
bî der küneginne · er saget in beiden daz,
si solden boten werden · in Burgonden lant.
dô hiez er in bereiten · harte hêrlîch gewant.

Vier und zweinzec recken · bereite man dô kleit.
ouch wart in von dem künege · diu botschaft geseit,
wie sie dar laden solden · Gunther und sîne man.
Kriemhilt diu vrouwe · si sunder sprechen began.

Da sprach der mächt'ge König · arglos war sein Mut:
„Des sollt ihr innewerden · was man den Helden tut
Zu Ehren und zugute · mir geschieht ein Dienst daran,
Da ich von Weibesminne · nie bessre Freunde gewann."

Noch sprach zu ihm die Königin · „Ihr wißt so gut wie ich,
Ich habe hohe Freunde · darum betrübt es mich.
Daß mich die so selten · besuchen hier im Land:
Ich bin allen Leuten · hier nur als freundlos bekannt."

Da sprach der König Etzel · „Viel liebe Fraue mein,
Däucht' es sie nicht zu ferne · so lüd' ich überrhein,
Die ihr da gerne sähet · hieher zu meinem Land."
Sie freute sich der Rede · als ihr sein Wille ward bekannt.

Sie sprach: „Wollt ihr mir Treue · leisten, Herre mein,
So sollt ihr Boten senden · gen Worms überrhein.
So entbiet' ich meinen Freunden · meinen Sinn und Mut:
So kommen uns zu Lande · viel Ritter edel und gut."

Er sprach: „Wenn ihr gebietet · so lass' ich es geschehn.
Ihr könntet eure Freunde · nicht so gerne sehn,
Der edlen Ute Kinder · als ich sie sähe gern:
Es ist mir ein Kummer · daß sie so fremd uns sind und fern."

Er sprach: „Wenn dir's gefiele · viel liebe Fraue mein,
So wollt' ich gerne senden · zu den Freunden dein
Meine Fiedelspieler · gen Burgundenland."
Die guten Spielleute · ließ man bringen gleich zur Hand.

Die Knappen kamen beide · wo sie den König sahn
Sitzen bei der Königin · Da sagt' er ihnen an,
Sie sollten Boten werden · nach Burgundenland.
Auch ließ er ihnen schaffen · reiches herrliches Gewand.

Vierundzwanzig Recken · schnitt man da das Kleid.
Ihnen ward auch von dem König · gegeben der Bescheid,
Wie sie Gunthern laden sollten · und die ihm untertan.
Frau Kriemhild mit ihnen · geheim zu sprechen begann.

Dô sprach der künic rîche · ‚ich sag iu, wie ir tuot:
ich enbiute mînen vriunden · lieb und allez guot,
daz si geruochen rîten · her in mîniu lant.
ich hân sô lieber geste · harte wênec noch bekant.

‚Und ob si mînes willen · wellen iht begân,
die Kriemhilde mâge · daz si des niht enlân,
sine komen an disem sumere · zuo mîner hôhgezît,
wan vil der mînen wünne · an mînen konemâgen lît.‘

Dô sprach der videlære · der stolze Swemmelîn:
‚wenne sol iuwer hôhzît · in disen landen sîn?
daz wir iuwern vriunden · daz künnen dort gesagen.‘
dô sprach der künic Etzel · ‚zen næhsten sunwenden tagen.‘

‚Wir tuon, swaz ir gebietet‘ · sprach dô Werbelîn.
in ir kemenâten · bat sie diu künegîn
bringen tougenlîchen · dâ sie die boten gesprach;
dâ von vil manegem degene · sît wênec liebes geschach.

Si sprach zen boten beiden · ‚nu dienet michel guot,
daz ir mînen willen · vil güetlîchen tuot,
und sagt, swaz ich enbiete · heim in unser lant:
ich mache iuch guotes rîche · und gib iu hêrlîch gewant.

‚Und swaz ir mîner vriunde · immer muget gesehen
ze Wormez bî dem Rîne · den sult ir niht verjehen,
daz ir noch ie gesæhet · betrüebet mînen muot;
und saget mînen dienest · den helden küene unde guot.

‚Bitet, daz si leisten · daz in der künec enbôt,
und mich dâ mite scheiden · von aller mîner nôt.
die Hiunen wellent wænen · deich âne vriunde sî.
ob ich ein rîter wære · ich kœme in etwenne bî.

‚Und saget ouch Gêrnôte · dem edelen bruoder mîn,
daz im zer werlde niemen · holder müge sîn.
bitet, daz er mir bringe · her in ditze lant
unser besten vriunde · deiz uns zen êren sî gewant.

Da sprach der reiche König · „Nun hört, wie ihr tut:
Ich entbiete meinen Freunden · alles, was lieb und gut,
Daß sie geruhn zu reiten · hieher in mein Land.
Ich habe noch gar selten · so liebe Gäste gekannt.

„Und wenn sie meinen Willen · gesonnen sind zu tun,
Kriemhilds Verwandte · so mögen sie nicht ruhn
Und diesen Sommer kommen · zu meinem Hofgelag',
Da meiner Schwäger Freundschaft · mich so sehr erfreuen mag."

Da sprach der Fiedelspieler · der stolze Schwemmelein:
„Wann soll euer Gastgebot · in diesen Landen sein?
Daß wir's euern Freunden · am Rhein mögen sagen."
Da sprach der König Etzel · „In der nächsten Sonnenwende Tagen."

„Wir tun, was ihr gebietet" · sprach da Werbelein.
Kriemhild ließ die Boten · zu ihrem Kämmerlein
Führen in der Stille · und besprach mit ihnen da,
Wodurch noch manchem Degen · bald wenig Liebes geschah.

Sie sprach zu den Boten · „Ihr verdient groß' Gut,
Wenn ihr besonnen · meinen Willen tut
Und sagt, was ich entbiete · heim in unser Land:
Ich mach' euch reich an Gute · und geb' euch herrlich Gewand.

„Wen ihr von meinen Freunden · immer möget sehn
Zu Worms an dem Rheine · dem sollt ihr's nie gestehn,
Daß ihr mich immer sahet · betrübt in meinem Mut;
Und entbietet meine Grüße · diesen Helden kühn und gut.

„Bittet sie zu leisten · was mein Gemahl entbot,
Und mich dadurch zu scheiden · von all meiner Not.
Ich scheine hier den Heunen · freundlos zu sein.
Wenn ich ein Ritter wäre · ich käme manchmal an den Rhein.

„Und sagt auch Gernoten · dem edeln Bruder mein,
Daß ihm auf Erden niemand · holder möge sein:
Bittet, daß er mir bringe · hieher in dieses Land
Unsre besten Freunde · so wird uns Ehre bekannt.

‚Sô saget ouch Gîselhere · daz er wol gedenke dran,
daz ich von sînen schulden · nie leides niht gewan:
des sæhen in vil gerne · hie diu ougen mîn.
ich heten hie vil gerne · durch die grôzen triuwe sîn.

‚Saget ouch mîner muoter · die êre, die ich hân,
und ob von Troneje Hagene · welle dort bestân,
wer si danne wîsen · solde durch diu lant:
dem sint die wege von kinde · her zen Hiunen wol bekant.‘

Die boten niene wessen · wâ von daz was getân,
daz si von Troneje Hagenen · niht ensolden lân
belîben bî dem Rîne · ez wart in sider leit:
mit im was manegem degene · zem grimmen tôde widerseit.

Brieve unde botschaft · was in nu gegeben.
si vuoren guotes rîche · und mohten schône leben.
urloup gap in Etzel · und ouch sîn schœne wîp;
in was von guoter wæte · wol gezieret der lîp.

„Sagt auch Geiselheren · ich mahn' ihn daran,
Daß ich mit seinem Willen · nie ein Leid gewann:
Drum sähn ihn hier im Lande · gern die Augen mein;
Ich hätt' ihn hier gar gerne · wegen der großen Treue sein.

„Sagt auch meiner Mutter · wie mir Ehre hier geschieht;
Und wenn von Tronje Hagen · der Reise sich entzieht,
Wer ihnen zeigen solle · die Straßen durch das Land?
Die Wege zu den Heunen · sind von frühauf ihm bekannt."

Nun wußten nicht die Boten · warum das möge sein,
Daß sie diesen Hagen · von Tronje nicht am Rhein
Bleiben lassen sollten · Bald ward es ihnen leid:
Durch ihn war manchem Degen · mit dem grimmen Tode gedräut.

Botenbrief und Siegel · ward ihnen nun gegeben:
Sie fuhren reich an Gute · und mochten herrlich leben.
Urlaub gab ihnen Etzel · und sein schönes Weib;
Ihnen war auch wohlgezieret · mit guten Kleidern der Leib.

AVENTIURE

wie Werbel unde Swemmel die botschaft wurben

Dô Etzel zuo dem Rîne · sîne boten sande,
dô vlugen disiu mære · von lande ze lande:
mit boten harte snellen · er bat und ouch gebôt
zuo sîner hôhgezîte · des holte maneger dâ den tôt.

Die boten dannen vuoren · ûzer Hiunen lant
zuo den Burgonden · dar wâren si gesant
nâch drîn edelen künegen · und ouch nâch ir man:
si solten komen Etzeln · des man dô gâhen began.

Hin ze Bechlâren · kômen si geriten:
Dâ diende man in gerne · daz enwart dâ niht vermiten.
Rüedgêr sînen dienest · enbôt und Gotelint
bî in hin ze Rîne · und ouch ir beider liebez kint.

Sîne liezens âne gâbe · von in niht scheiden dan,
daz deste baz gevüeren · die Etzelen man.
Uoten und ir kinden · enbôt dô Rüedegêr,
sine heten in sô wægen · deheinen marcgrâven mêr.

Si enbuten ouch Prünhilde · dienest unde guot,
stæteclîche triuwe · und willigen muot.
dô si die rede vernâmen · die boten wolden varn:
si bat diu marcgrâvinne · Got von himele bewarn.

Ê daz die boten kœmen · vol durch Beier lant,
Werbel der vil snelle · den guoten bischof vant.
waz der dô sînen vriunden · hin ze Rîne enbôt,
daz ist mir niht gewizzen · niuwan sîn golt alsô rôt

Gab er den boten zu minnen · rîten er si lie.
dô sprach der bischof Pilgerîn · ‚und solde ichs sehen hie,
mir wære wol ze muote · die swester süne mîn:
wand ich mac leider selten · zuo zin komen an den Rîn.‘

VIERUNDZWANZIGSTES ABENTEUER

Wie Werbel und Schwemmel die Botschaft brachten

Als Etzel seine Fiedler · hin zum Rheine sandte,
Da flogen diese Mären · von Lande zu Lande:
Mit schnellen Abgesandten · bat er und entbot
Zu seinem Hofgelage · da holte mancher sich den Tod.

Die Boten ritten hinnen · aus der Heunen Land
Zu den Burgunden · wohin man sie gesandt
Zu dreien edeln Königen · und ihrer Mannen Heer:
Daß sie zu Etzeln kämen · da beeilten sie sich sehr.

Zu Bechlaren ritten · schon die Boten ein.
Ihnen diente man da gerne · und ließ auch das nicht sein:
Ihre Grüße sandten · Rüdger und Gotelind
Den Degen an dem Rheine · und auch ihr beider liebes Kind.

Sie ließen ohne Gaben · die Boten nicht hindann,
Daß desto sanfter führen · die Etzeln untertan.
Uten und ihren Söhnen · entbot da Rüdiger,
Ihnen so gewogen hätten · sie keinen Markgrafen mehr.

Sie entboten auch Brunhilden · alles, was lieb und gut,
Ihre stete Treue · und dienstbereiten Mut.
Da wollten nach der Rede · die Boten weiter ziehn;
Gott bat sie zu bewahren · Gotlind die edle Markgräfin.

Eh noch die Boten völlig · durchzogen Baierland,
Werbel der schnelle · den guten Bischof fand.
Was der da seinen Freunden · hin an den Rhein entbot,
Davon hab' ich nicht Kunde · jedoch sein Gold also rot

Gab er den Boten milde · Als sie wollten ziehn,
„Sollt' ich sie bei mir schauen" · sprach Bischof Pilgerin,
„So wär' mir wohl zumute · die Schwestersöhne mein:
Denn ich mag leider selten · zu ihnen kommen an den Rhein."

Welhe wege si vüeren · ze Rîne durch diu lant,
des kan ich niht bescheiden · ir silber und gewant
des ennam in nieman · man vorhte ir hêrren zorn:
jâ was vil gewaltec · der edele künic wol geborn.

Inre tagen zwelfen · kômens an den Rîn,
ze Wormez zuo dem lande · Werbel und Swemmelîn.
dô sagte man diu mære · den künegen und ir man,
dâ kœmen boten vremede · Gunther dô vrâgen began.

Dô sprach der vogt von Rîne · ‚wer tuot uns daz bekant,
von wannen dise vremeden · riten in daz lant?‘
daz enwesse nieman · unze daz si sach
Hagene von Troneje · dô ze Gunthere sprach:

‚Uns koment niuwe mære · des wil ich iu verjehen:
die Etzelen videlære · die hân ich hie gesehen;
si hât iuwer swester · gesendet an den Rîn:
si suln uns durch ir hêrren · grôze willekomen sîn.‘

Si riten al bereite · vür den palas dan:
ez gevuoren hêrlîcher · nie vürsten spileman.
des küneges ingesinde · enpfie si sâ zehant:
man gab in herberge · und hiez behalten ir gewant.

Ir reiskleider wâren · rîch und sô wolgetân,
jâ möhten si mit êren · vür den künic gân:
sine wolden ir niht mêre · dâ ze hove tragen.
ob ir ieman geruohte · die boten hiezen daz sagen.

In der selben mâze · man ouch liute vant,
die ez vil gerne nâmen · den wart ez gesant.
dô leiten an die geste · verre bezzer wât,
als ez boten küneges · ze tragene hêrlîche stât.

Dô gie mit urloube · dâ der künic saz,
daz Etzelen gesinde · gerne sach man daz.
Hagene zühteclîche · gein den boten spranc
und enpfie si minneclîche · des sagten im die knappen danc.

Was sie für Wege fuhren · zum Rhein durch das Land,
Kann ich euch nicht bescheiden · Ihr Gold und ihr Gewand
Blieb ihnen unbenommen · man scheute Etzels Zorn:
So gewaltig herrschte · der edle König wohlgeborn.

Binnen zwölf Tagen · kamen sie an den Rhein,
Gen Worms in die Veste · Werbel und Schwemmelein.
Da sagte man's dem König · und seinen Mannen an,
Es kämen fremde Boten · Gunther zu fragen begann.

Da sprach der Vogt vom Rheine · „Wer macht uns bekannt,
Von wannen diese Gäste · ritten in das Land?"
Davon wußte niemand · bis die Boten sah
Hagen von Tronje · der begann zu Gunthern da:

„Wir hören Neues heute · dafür will ich euch stehn:
Etzels Fiedelspieler · die hab' ich hier gesehn;
Die hat eure Schwester · gesendet an den Rhein:
Ihres Herren willen · sollen sie uns willkommen sein."

Sie ritten ohne Weilen · zu dem Saal heran:
So herrlich fuhr wohl nimmer · eines Fürsten Fiedelmann.
Des Königs Ingesinde · empfing sie gleich zur Hand;
Herberge gab man ihnen · und bewahrte ihr Gewand.

Ihre Reisekleider waren · reich und so wohlgetan,
Sie mochten wohl mit Ehren · sich so dem König nahn;
Doch wollten sie nicht länger · sie dort am Hofe tragen.
Ob jemand sie begehre · ließen da die Boten fragen.

Da waren auch bedürftige · Leute bei der Hand,
Die sie gerne nahmen · denen wurden sie gesandt.
Da schmückten mit Gewanden · so reich die Gäste sich,
Wie es Königsboten · herrlich stand und wonniglich.

Da ging mit Urlaube · hin, wo der König saß,
Etzels Ingesinde · gerne sah man das.
Herr Hagen gleich in Züchten · den Boten entgegen sprang,
Sie freundlich zu begrüßen · des sagten ihm die Knappen Dank.

Durch diu kunden mære · vrâgen er began,
wie sich Etzele gehabete · und die sîne man.
dô sprach der videlære · ‚daz lant gestuont nie baz,
noch sô vrô die liute · nu wizzet endelîche daz.‘

Si giengen zuo dem wirte · der palas der was vol:
dô enpfie man die geste · sô man von rehte sol
güetlîchen grüezen · in ander künege lant.
Werbel vil der recken · dâ bî Gunthere vant.

Der künec gezogenlîche · grüezen si began:
‚sît willekomen beide · ir Hiunen spileman,
und iuwer hergesellen · wes hât iuch her gesant
Etzele der rîche · zuo der Burgonden lant?‘

Si nigen dô dem künege · dô sprach Werbelîn:
‚iu enbiutet holden dienest · der liebe hêrre mîn
und Kriemhilt dîn swester · her in ditze lant:
si habent uns iu recken · ûf guote triuwe her gesant.‘

Dô sprach der vürste rîche · ‚der mære bin ich vrô.
wie gehabt sich Etzel‘ · sô vrâgte der degen dô,
‚und Kriemhilt mîn swester · ûzer Hiunen lant?‘
dô sprach der videlære · ‚diu mære tuon ich iu bekant.

Daz sich noch nie gehabten · deheine liute baz
dan si sich gehabent beide · ir sult wol wizzen daz,
und allez daz gedigene · die mâge und ouch ir man,
si vreuten sich der verte · dô wir schieden von dan.‘

‚Genâde sîner dienste · die er mir entboten hât,
unde mîner swester · sît ez alsô stât,
daz si lebent mit vreuden · der künec und sîne man,
wande ich doch der mære · gevrâget sorgende hân.‘

Die zwêne jungen künege · die wâren ouch nu komen;
sie heten disiu mære · alrêrste dô vernomen.
durch sîner swester liebe · die boten gerne sach
Gîselher der junge · zuo zin dô minneclîchen sprach:

Da hub er um die Kunde · sie zu befragen an,
Wie Etzel sich gehabe · und die ihm untertan.
Da sprach der Fiedelspieler · „Nie besser stand's im Land,
Das Volk war niemals froher · das sei euch wahrlich bekannt."

Sie gingen zu dem Wirte · der Königssaal war voll:
Da empfing man die Gäste · wie man immer soll
Boten freundlich grüßen · in andrer Kön'ge Land.
Werbel der Recken · viel bei König Gunthern fand.

Der König wohlgezogen · zu grüßen sie begann:
„Willkommen, beide Fiedler · die Etzeln untertan,
Mit euern Heergesellen! · wozu hat euch gesandt
Etzel der reiche · zu der Burgunden Land?"

Sie neigten sich dem König · Da sprach Werbelein:
„Euch entbietet holde Dienste · der liebe Herre mein
Und Kriemhild deine Schwester · hierher in dieses Land:
Sie haben uns euch Recken · auf gute Treue gesandt."

Da sprach der reiche König · „Der Märe bin ich froh.
Wie gehabt sich Etzel" · der Degen fragte so,
„Und Kriemhild meine Schwester · in der Heunen Land?"
Da sprach der Fiedelspieler · „Das mach' ich gern euch bekannt.

„Besser wohl gehabten · sich Menschen noch nie,
Als sie sich gehabten beide · vernehmet das allhie,
Und ihre Degen alle · Freund und Untertan.
Sie freuten sich der Reise · da wir schieden hindann."

„Nun Dank ihm für die Dienste · die er mir entbeut,
Ihm und meiner Schwester · gern erfahr' ich heut',
Daß sie in Freuden leben · der König und sein Lehn;
Meine Frage war nach ihnen · in großen Sorgen geschehn."

Die beiden jungen Könige · waren auch gekommen,
Die hatten diese Märe · eben erst vernommen.
Geiselher der junge · die Boten gerne sah
Aus Liebe zu der Schwester · gar minniglich sprach er da:

,Ir boten sult uns grôze · willekomen sîn;
ob ir dicker woldet · her rîten an den Rîn,
ir vündet hie die vriunde · die ir gerne möhtet sehen.
iu solte hie ze lande · vil wênec leides geschehen.'

,Wir triuwen iu aller êren' · sprach dô Swemlîn;
,ine kunde iu niht bediuten · mit den sinnen mîn,
wie rehte minneclîche · iu Etzel enboten hât
und iuwer edele swester · der dinc in hôhen êren stât.

,Genâde unde triuwen · mant iuch des küneges wîp,
und daz ir ie was wæge · iuwer herze und iuwer lîp.
und ze vordrest dem künege · sî wir her gesant,
daz ir geruochet rîten · in daz Etzelen lant.

,Daz wir iuch des bæten · vil vaste uns daz gebôt
Etzel der rîche · iu allen daz enbôt,
ob ir iuch iuwer swester · niht sehen woldet lân,
sô wolde er gerne wizzen · waz er iu hête getân,

,Daz ir in alsô vremdet · und ouch sîniu lant.
ob iu diu küneginne · wær nie mêr bekant,
sô möhte er doch verdienen · daz ir in geruochet sehen:
swenne daz ergienge · sô wær im liebe geschehen.'

Dô sprach der künic Gunther · ,über dise siben naht
sô künde ich iu diu mære · wes ich mich hân bedâht
mit den mînen vriunden · die wîle sult ir gân
in iuwer herberge · und sult vil guote ruowe hân.'

Dô sprach aber Werbelîn · ,und möhte daz geschehen,
daz wir mîne vrouwen · kunden ê gesehen,
Uoten die vil rîchen · ê wir schüefen uns gemach?'
Gîselher der edele · vil harte zühteclîchen sprach:

,Daz ensol iu niemen wenden · und welt ir vür si gân,
ir habet mîner muoter · willen gar getân;
wan si sihet iuch gerne · durch die swester mîn,
vrouwen Kriemhilde · ir sult ir willekomen sîn.'

„Ihr Boten sollt uns beide · hochwillkommen sein;
Kämet ihr nur öfter · geritten an den Rhein,
Ihr fändet hier der Freunde · die ihr gerne möchtet sehn.
Euch soll hierzulande · wenig Leides geschehn."

„Wir versehn uns alles Guten · zu euch," sprach Schwemmelein;
„Ich könnt' euch nicht bedeuten · mit den Worten mein,
Wie minnigliche Grüße · euch Etzel hat gesandt
Und eure edle Schwester · die da in hohen Ehren stand.

„An eure Lieb' und Treue · mahnt euch die Königin
Und daß ihr stets gewogen · war euer Herz und Sinn.
Zuvörderst euch, Herr König · sind wir hieher gesandt,
Daß ihr geruht zu reiten · in des König Etzels Land.

„Daß wir euch darum bäten · dringend er uns gebot:
Etzel der reiche · euch allen das entbot,
Wenn ihr nicht kommen wolltet · eure Schwester sehn,
So möcht' er doch wohl wissen · was euch von ihm wär' geschehn,

„Daß ihr ihn also meidet · und auch sein Reich und Land.
Wär' euch auch die Königin · fremd und unbekannt,
So möcht' er selbst verdienen · ihr kämet ihn zu sehn:
Wenn ihr das leisten wolltet · so wär' ihm Liebes geschehn."

Da sprach der König Gunther · „Nach der siebten Nacht
Will ich euch bescheiden · wes ich mich bedacht
Hab' im Rat der Freunde · geht derweilen hin
Zu eurer Herberge · und findet gute Ruh' darin."

Da sprach wieder Werbel · „Könnt' es nicht geschehn,
Daß wir unsre Fraue · die reiche Ute, sehn,
Eh' wir müden Degen · fragten nach der Ruh?"
Da sprach wohlgezogen · der edle Geiselher dazu:

„Das soll euch niemand wehren · wollt ihr vor sie gehn,
So ist auch meiner Mutter · Will' und Wunsch geschehn,
Denn sie sieht euch gerne · um die Schwester mein,
Um Frau Kriemhilde · ihr sollt ihr willkommen sein."

Gîselher si brâhte · dâ er die vrouwen vant.
die boten sach si gerne · von der Hiunen lant:
si gruoztes minneclîche · durch ir tugenthaften muot.
dô sagten ir diu mære · die boten hövisch unde guot.

,Jâ enbiutet iu mîn vrouwe' · sô sprach Swemmelîn,
,dienest unde triuwe · möhte daz gesîn,
daz si iuch dicke sæhe · ir sult gelouben daz,
sô wære ir in der werlte · mit deheinen vreuden baz.'

Dô sprach diu küneginne · ,des mac nu niht gesîn.
swie gerne ich dicke sæhe · die lieben tohter mîn,
so ist leider mir ze verre · des edelen küneges wîp.
nu sî immer sælec · ir und Etzelen lîp.

,Ir sult mich lâzen wizzen · ê irz gerûmet hie,
wenne ir wider wendet · ine gesach sô gerne nie
boten in langen zîten · danne ich iuch hân gesehen.'
die knappen ir dô lobeten · daz si daz liezen geschehen.

Zen herbergen vuoren · die von Hiunen lant.
dô het der künic rîche · nâch vriunden sîn gesant.
Gunther der edele · vrâgte sîne man,
wie in diu rede geviele · vil maneger sprechen dô began,

Daz er wol möhte rîten · in Etzelen lant.
daz rieten im die besten · die er dar under vant,
âne Hagene eine · dem was ez grimme leit.
er sprach zem künege tougen · ,ir habt iu selben widerseit.

,Nu ist iu doch gewizzen · waz wir haben getân:
wir mugen immer sorge · zuo Kriemhilde hân,
wan ich sluoc ze tôde · ir man mit mîner hant:
wie getorsten wir gerîten · in daz Etzelen lant?'

Dô sprach der künic rîche · ,mîn swester lie den zorn.
mit kusse minneclîche · si hât ûf uns verkorn,
daz wir ir ie getâten · ê daz si hinnen reit,
ez ensî et, Hagene · danne iu einem widerseit.'

Geiselher sie brachte · hin, wo er Uten fand.
Die sah die Boten gerne · aus der Heunen Land
Und empfing sie freundlich · mit wohlgezognem Mut.
Da sagten ihr die Märe · die Boten höfisch und gut.

„Meine Frau läßt euch entbieten“ · sprach da Schwemmelein,
„Dienst und stete Treue · Wenn es möchte sein,
Daß sie euch öfter sähe · so glaubet sicherlich,
Wohl keine andre Freude · auf Erden wünschte sie sich.“

Da sprach die Königin Ute · „Das kann nun nicht sein.
So gern ich öfter sähe · die liebe Tochter mein,
So wohnt zu fern uns leider · die edle Königin.
Nun geh' ihr immer selig · die Zeit mit Etzeln dahin!

„Ihr sollt mich wissen lassen · eh' ihr von hinnen müßt,
Wann ihr reiten wolltet · ich sah in langer Frist
Boten nicht so gerne · als ich euch gesehn.“
Da gelobten ihr die Knappen · ihr Wille solle geschehn.

Zu den Herbergen gingen · die von Heunenland.
Der reiche König hatte · die Freunde nun besandt.
Gunther der edle · fragte Mann für Mann,
Was sie darüber dächten · Wohl manche huben da an,

Er möge wohl reiten · in König Etzels Land.
Das rieten ihm die Besten · die er darunter fand.
Hagen nur alleine · dem war es grimmig leid.
Zum König sprach er heimlich · „Mit euch selbst seid ihr im Streit.

„Ihr habt doch nicht vergessen · was ihr von uns geschehn:
Vor Kriemhilden müssen · wir stets in Sorge stehn.
Ich schlug ihr zu Tode · den Mann mit meiner Hand:
Wie dürften wir wohl reiten · hin in König Etzels Land?“

Da sprach der reiche König · „Meiner Schwester Zürnen schwand.
Mit minniglichem Kusse · eh' sie verließ dies Land,
Hat sie uns verziehen · was wir an ihr getan,
Es wäre denn, sie stände · bei euch, Herr Hagen, noch an.“

‚Nu lât iuch niht betriegen‘ · sprach Hagene, ‚swes si jehen,
die boten von den Hiunen · welt ir Kriemhilde sehen,
ir muget wol dâ verliesen · die êre und ouch den lîp:
ez ist vil lancræche · des küneges Etzelen wîp.‘

Dô sprach zuo dem râte · der vürste Gêrnôt:
‚sît daz ir von schulden · vürhtet dâ den tôt
in Hiunischen rîchen · solde wirz dar umbe lân,
wirn sæhen unser swester · daz wær vil übele getân.‘

Dô sprach der vürste Gîselher · zuo dem degene:
‚sît ir iuch schuldec wizzet · vriwent Hagene,
sô sult ir hie belîben · und iuch vil wol bewarn
und lâzet die getürren · mit uns zuo mîner swester varn.‘

Dô begunde zürnen · von Tronje der degen:
‚ich wil niht, daz ir vüeret · iemen ûf den wegen,
der getürre rîten · mit iu ze hove baz.
sît ir niht welt erwinden · ich sol iu wol erzeigen daz.‘

Dô sprach der kuchenmeister · Rûmolt der degen:
‚der vremden und der kunden · möht ir wol heizen pflegen
nâch iuwer selbes willen · wand ir habt vollen rât.
ich wæne niht, daz Hagene · iuch noch vergîselet hât.

‚Welt ir niht volgen Hagenen · iu rætet Rûmolt,
wand ich iu bin mit triuwen · dienstlîchen holt,
daz ir hie sult belîben · durch den willen mîn,
und lât den künic Etzeln · dort bî Kriemhilde sîn.

‚Wie kund iu in der werlte · immer samfter wesen?
ir muget vor iuwern vînden · hie heime wol genesen.
ir sult mit guoten kleidern · zieren wol den lîp,
trinket wîn den besten · und minnet wætlîchiu wîp.

‚Dar zuo gît man iu spîse · die besten, die ie gewan
in der werlte künec deheiner · ob des niht möhte ergân,
ir soldet noch belîben · durch iuwer schœne wîp,
ê ir so kintlîche · soldet wâgen den lîp.

„Nun laßt euch nicht betrügen“ · sprach Hagen, „was auch sagen
Diese Heunenboten · wollt ihr’s mit Kriemhild wagen,
Da verliert ihr zu der Ehre · Leben leicht und Leib:
Sie weiß wohl nachzutragen · dem König Etzel sein Weib!“

Da sprach zu dem Degen · der junge Geiselher:
„Ihr mögt aus guten Gründen · fürchten dort den Tod
In heunischen Reichen · ständen wir drum an
Und mieden unsre Schwester · das wär’ übel getan.“

Da sprach zu dem Degen · der junge Geiselher:
„Da ihr euch, Freund Hagen · schuldig wißt so sehr,
So bleibt hier im Lande · euer Heil zu wahren;
Nur laßt, die sich’s getrauen · mit uns zu meiner Schwester fahren.“

Darob begann zu zürnen · von Tronje der Held:
„Ich will nicht, daß euch jemand · sei bei der Fahrt gesellt,
Der an den Hof zu reiten · sich mehr getraut als ich:
Wollt ihr’s nicht bleiben lassen· ich beweis’ es euch sicherlich.“

Da sprach der Küchenmeister · Rumold der Degen:
„Der Heimischen und Fremden · mögt ihr zu Hause pflegen
Nach euerm Wohlgefallen · da habt ihr vollen Rat;
Ich glaube nicht, daß Hagen · euch noch je vergeiselt hat.

„Wollt ihr nicht Hagen folgen · so rät euch Rumold,
Der ich euch dienstlich · gewogen bin und hold,
Daß ihr im Lande bleibet · nach dem Willen mein
Und laßt den König Etzel · dort bei Kriemhilden sein.

„Wo könntet ihr auf Erden · so gut als hier gedeihn?
Ihr mögt vor euern Feinden · daheim geborgen sein,
Ihr sollt mit guten Kleidern · zieren euern Leib,
Des besten Weines trinken · und minnen manches schöne Weib.

„Dazu gibt man euch Speise · so gut sie irgendwann
Ein König mag gewinnen · und fehlt’ es auch daran,
Den schönen Fraun zuliebe · bleibet doch zu Haus,
Eh’ ihr so kindisch setzet · das Leben diesem Wagnis aus!

,Des rât ich iu belîben · rîch sint iuwer lant:
man mac iu baz erlœsen · hie heime diu pfant
danne dâ zen Hiunen · wer weiz, wie ez dâ stât?
ir sult belîben, hêrre · daz ist der Rûmoldes rât.'

,Wir wellen niht belîben · sprach dô Gêrnôt.
,sît daz uns mîn swester · sô vriuntlîche enbôt
und Etzel der rîche · zwiu solde wir daz lân?
der dar niht gerne welle · der mac hie heime bestân.'

Des antwurte Hagene · ,lât iuch unbilden niht
mîne rede dar umbe · swie halt iu geschiht,
ich rât iu an den triuwen · welt ir iuch bewarn,
sô sult ir zuo den Hiunen · vil gewerlîchen varn.

,Sît ir niht welt erwinden · sô besendet iuwer man,
die besten, die ir vindet · oder inder muget hân,
sô wel ich ûz in allen · tûsent rîter guot:
sône mag iu niht gewerren · der argen Kriemhilde muot.'

,Des wil ich gerne volgen' · sprach der künec zehant.
dô hiez er boten rîten · wîte in sîniu lant:
dô brâhte man der helde · driu tûsent oder mêr.
sine wânden niht zerwerben · alsô grœzlîchiu sêr.

Si riten vrœlîche · in Guntheres lant.
man hiez in geben allen · ros und ouch gewant,
die dâ varen solden · von Burgonden dan.
der künec mit guotem willen · der vil manegen gewan.

Dô hiez von Tronje Hagene · Dancwart den bruoder sîn
ir beider recken ahzec · vüeren an den Rîn.
die kômen rîterlîche · harnas und gewant
vuorten die vil snellen · in daz Guntheres lant.

Dô kom der küene Volkêr · ein edel spilman,
zuo der hovereise · mit drîzec sîner man:
die heten sölch gewæte · ez möhte ein künic tragen.
daz er zen Hiunen wolde · daz hiez er Gunthere sagen.

„Drum rat' ich euch zu bleiben · Reich ist euer Land:
Ihr könnt hier besser lösen · was ihr gabt zu Pfand,
Als dort bei den Heunen · wer weiß, wie es da steht?
Verbleibet hier, ihr Herren · das ist, was Rumold euch rät."

„Wir wollen nun nicht bleiben" · sprach da Gernot.
„Da es meine Schwester · so freundlich uns entbot
Und Etzel der reiche · was führen wir nicht hin?
Die nicht mit uns wollen · mögen bleiben immerhin."

Zur Antwort gab da Hagen · „Laßt euch zum Verdruß
Meine Rede nicht gereichen · was auch geschehen muß,
Das rat' ich euch in Treuen · wenn ihr euch gern bewahrt,
Daß ihr nur wohlgerüstet · zu dem Heunenlande fahrt.

„Wenn ihr's euch unterwindet · so entbietet euer Heer,
Die Besten, die ihr findet · und irgend wißt umher,
Aus ihnen allen wähl' ich · dann tausend Ritter gut:
So mag euch nicht gefährden · der argen Kriemhilde Mut."

„Dem Rate will ich folgen" · sprach der König gleich.
Da sandt' er seine Boten · umher in seinem Reich.
Bald brachte man der Helden · dreitausend oder mehr.
Sie dachten nicht zu finden · so großes Leid und Beschwer.

Sie ritten hohes Mutes · durch König Gunthers Land.
Sie verhießen allen · Ross' und Gewand,
Die ihnen geben wollten · zum Heunenland Geleit.
Da fand viel gute Ritter · der König zur Fahrt bereit.

Da ließ von Tronje Hagen · Dankwart den Bruder sein
Achtzig ihrer Recken · führen an den Rhein.
Sie kamen stolz gezogen · Harnisch und Gewand
Brachten viel die schnellen · König Günthern in das Land.

Da kam der kühne Volker · ein edler Spielmann,
Mit dreißig seiner Degen · zu der Fahrt heran.
Ihr Gewand war herrlich · ein König mocht' es tragen.
Er wollte zu den Heunen · ließ er dem Könige sagen.

Wer der Volkêr wære · daz wil ich iuch wizzen lân.
er was ein edel hêrre · im was ouch undertân
vil der guoten recken · in Burgonden lant.
durch daz er videlen kunde · was er der spilman genant.

Hagne welte tûsent · die het er wol bekant;
waz in starken stürmen · hete gevrumet ir hant,
oder swaz si ie begiengen · des het er vil gesehen:
den kunde anders nieman · niuwan vrümekeite jehen.

Die boten Kriemhilde · vil sêre dâ verdrôz:
wan ir vorht zir hêrren · diu was harte grôz:
si gerten tegelîche · urloubes von dan.
des engunde in niht Hagene · daz was durch liste getân.

Er sprach zuo sîme hêrren · ‚wir suln daz wol bewarn,
daz wir si lâzen rîten · ê daz wir selbe varn
dar nâch in siben nahten · in Etzelen lant.
treit uns iemen argen willen · daz wirt uns deste baz erkant.

‚Sône mac ouch sich vrou Kriemhilt · bereiten niht dar zuo,
daz uns durch ir ræte · ieman schaden tuo.
hât aber si den willen · ez mag ir leide ergân:
wir vüeren mit uns hinnen · sô manegen ûz erwelten man.‘

Schilde unde setele · und allez ir gewant,
daz si vüeren wolden · in Etzelen lant,
daz was nu gar bereitet · vil manegem küenem man.
die boten Kriemhilde · hiez man vür Guntheren gân.

Dô die boten kômen · dô sprach Gêrnôt:
‚der künic wil des volgen · daz uns Etzel her enbôt.
wir wellen komen gerne · zuo sîner hôhgezît
und sehen unser swester · daz ir des âne zwîvel sît.‘

Dô sprach der künic Gunther · ‚kunnet ir uns gesagen,
wenne sî diu hôhzît · oder in welhen tagen
wir da komen solden?‘ · dô sprach Swemmelîn:
‚zen næhsten sunewenden · sol si wærlîchen sîn.‘

Wer Volker sei gewesen · das sei euch kund getan.
Es war ein edler Herre · ihm waren untertan
Viel der guten Recken · im Burgundenland;
Weil er fiedeln konnte · war er der Spielmann genannt.

Hagen wählte tausend · die waren ihm bekannt;
Was sie in starken Stürmen · gefrommt mit ihrer Hand
Und sonst begangen hatten · das hatt' er oft gesehn:
Auch alle andern mußten · ihnen Ehre zugestehn.

Die Boten Kriemhildens · der Aufenthalt verdroß;
Die Furcht vor ihrem Herren · war gewaltig groß:
Sie hielten alle Tage · um den Urlaub an.
Den gönnt' ihnen Hagen nicht · das ward aus Vorsicht getan.

Er sprach zu seinem Herren · „Wir wollen uns bewahren,
Daß wir sie reiten lassen · bevor wir selber fahren
Sieben Tage später · in König Etzels Land:
Trägt man uns argen Willen · das wird so besser gewandt.

„So mag sich Frau Kriemhild · bereiten nicht dazu,
Daß uns nach ihrem Rate · jemand Schaden tu'.
Will sie es doch versuchen · so fährt sie übel an:
Wir führen mit uns von hinnen · manchen auserwählten Mann."

Die Sättel und die Schilde · und all ihr Gewand,
Das sie führen wollten · in König Etzels Land,
War nun bereit und fertig · für manchen kühnen Mann.
Die Boten Kriemhildens · rief man zu Gunthern heran.

Da die Boten kamen · begann Herr Gernot:
„Der König will leisten · was Etzel uns entbot.
Wir wollen gerne kommen · zu seiner Lustbarkeit
Und unsre Schwester sehen · daß ihr des außer Zweifel seid."

Da sprach der König Gunther · „Wißt ihr uns zu sagen,
Wann das Fest beginnet · oder zu welchen Tagen
Wir erwartet werden?" · Da sprach Schwemmelein:
„Zur nächsten Sonnenwende · da soll es in Wahrheit sein."

Der künic in erloubte · des was noch niht geschehen,
ob si wolden gerne · vroun Prünhilde sehen,
daz si vür si solden · mit sînem willen gân.
daz understuont dô Volker · daz was ir liebe getân.

‚Jâne is mîn vrouwe Prünhilt · nu niht sô wol gemuot,
daz ir si muget schouwen‘ · sprach der rîter guot.
‚bîtet unze morgen · sô lât man si iuch sehen.‘
dô si si wânden schouwen · dône kundes niht geschehen.

Dô hiez der vürste rîche · er was den boten holt,
durch sîn selbes tugende · tragen dar sîn golt.
ûf den breiten schilten · des mohter vil gehân.
ouch wart in rîchiu gâbe · von sînen vriunden getân.

Gîselher und Gêrnôt · Gêre und Ortwîn,
daz si ouch milte wâren · daz tâten si wol schîn.
alsô rîche gâbe · buten si die boten an,
daz sis vor ir hêrren · niht getorsten enpfân.

Dô sprach zuo dem künege · der bote Werbelîn:
‚her künec, lât iuwer gâbe · hie ze lande sîn.
wir mugen ir doch niht vüeren · mîn hêrre ez uns verbôt,
daz wir iht gâbe næmen · ouch ist es harte lützel nôt.‘

Dô wart der vogt von Rîne · dâ von vil ungemuot,
daz si versprechen wolden · sô rîches küneges guot:
dô muosen si enpfâhen · sîn golt und sîn gewant,
daz si mit in vuorten · sît in Etzelen lant.

Sie wolden sehen Uoten · ê daz si schieden dan.
Gîselher der junge · brâht die spileman
vür sîne muoter Uoten · diu vrouwe enbôt dô dan,
swaz si êren hête · daz wære ir liebe getân.

Dô hiez diu küneginne · ir borten und ir golt
geben durch Kriemhilde · wan der was si holt,
und durch den künic Etzeln · den selben spilman.
si mohtenz gerne enpfâhen · ez was mit triuwen getân.

Der König erlaubte · das war noch nicht geschehn,
Wenn sie Frau Brunhilden · wünschten noch zu sehn,
Daß sie mit seinem Willen · sprächen bei ihr an.
Dem widerstrebte Volker · da war ihr Liebes getan.

„Es ist ja Frau Brunhild · nun nicht so wohlgemut,
Daß ihr sie schauen möchtet" · sprach der Ritter gut.
„Wartet bis morgen · so läßt man sie euch sehn."
Sie wähnten sie zu schauen · da konnt' es doch nicht geschehn.

Da ließ der reiche König · er war den Boten hold,
Aus eigner hoher Milde · daher von seinem Gold
Auf breiten Schilden bringen · wohl war er reich daran.
Ihnen ward auch reiche Schenkung · von seinen Freunden getan.

Geiselher und Gernot · Gere und Ortewein,
Wie sie auch milde waren · das leuchtete wohl ein:
So reiche Gaben boten · sie den Boten an,
Daß sie's vor ihrem Herren · nicht getrauten zu empfahn.

Da sprach zu dem König · der Bote Werbelein:
„Herr König, laßt die Gaben · nur hier im Lande sein.
Wir können's nicht verführen · weil uns der Herr verbot,
Daß wir Geschenke nähmen · auch tut es uns wenig not."

Da ward der Vogt vom Rheine · darüber ungemut,
Daß sie verschmähen wollten · so reichen Königs Gut.
Da mußten sie empfahen · sein Gold und sein Gewand,
Daß sie es mit sich führten · heim in König Etzels Land.

Sie wollten Ute schauen · vor ihrer Wiederkehr.
Die Spielleute brachte · der junge Geiselher
Zu Hof vor seine Mutter · sie entbot der Königin,
Wenn man ihr Ehre biete · so bedünk' es sie Gewinn.

Da ließ die Königswitwe · ihre Borten und ihr Gold
Verteilen um Kriemhildens · denn der war sie hold,
Und König Etzels willen · an das Botenpaar.
Sie mochten's wohl empfahen · getreulich bot sie es dar.

Urloup genomen hêten · die boten nu von dan
von mannen und von wîben · vrœlîch si dô dan
vuoren unz in Swâben · dar hiez si Gêrnôt
beleiten sîne helde · daz ez in niemen missebôt.

Dô sich die von in schieden · die ir dâ solden pflegen,
diu Etzelen hêrschaft · si vridete ûf allen wegen:
des ennam in nieman · ros noch ir gewant.
si îlten harte balde · in daz Etzelen lant.

Swâ si vriunde westen · daz tâten si den kunt,
daz die von Burgonden · in vil kurzer stunt
kœmen her von Rîne · in der Hiunen lant.
dem bischof Piligrîne · wart ouch daz mære bekant.

Dô si vür Bechlâren · die strâze nider riten,
man seit ez Rüedegêre · daz wart niht vermiten,
und vroun Gotelinde · des marcgrâven wîp.
daz si si sehen solden · des wart vil vrœlîch ir lîp.

Gâhen mit den mœren · sach man die spilman.
Etzeln si vunden · in sîner stat ze Gran.
dienst über dienste · der man im vil enbôt,
seiten si dem künege · vor liebe wart er vreuden rôt.

Dô diu küneginne · diu mære rehte ervant,
daz ir bruoder solden · komen in daz lant?
dô was ir wol ze muote · si lônde den spilman
mit vil grôzer gâbe · daz was ir êre getân.

Si sprach : ‚nu saget beide · Werbel und Swemlîn,
welhe mîne mâge · zer hôhzît wellen sîn,
der besten, die wir ladeten · her in ditze lant?
nu saget, waz redet Hagene · dô er diu mære bevant?‘

Er sprach: ‚er kom zer sprâche · an einem morgen vruo:
lützel guoter sprüche · redet er dar zuo,
dô si die reise lobeten · her in Hiunen lant:
daz was dem grimmen Hagenen · gar zem tôde genant.

Urlaub genommen hatten · nun von Weib und Mann
Die Boten Kriemhildens · sie fuhren wohl hindann
Bis zum Schwabenlande · dahin ließ Gernot
Seine Helden sie begleiten · daß sie nirgend litten Not.

Als die von ihnen schieden · die sie sollten pflegen,
Gab ihnen Etzels Herrschaft · Frieden auf den Wegen,
Daß ihnen niemand raubte · ihr Roß noch ihr Gewand.
Sie ritten sehr in Eile · in des König Etzels Land.

Wo sie Freunde wußten · da machten sie es kund,
In wenigen Tagen kämen · die Helden von Burgund
Vom Rhein hergezogen · in der Heunen Land.
Pilgerin, dem Bischof · ward auch die Märe bekannt.

Als sie vor Bechlaren · die Straße niederzogen,
Da ward um die Märe · Rüdger nicht betrogen,
Noch Frau Gotelinde · die Markgräfin hehr.
Daß sie sie schauen sollten · des freuten beide sich sehr.

Die Spielleute spornten · die Rosse mächtig an.
Sie fanden König Etzeln· in seiner Stadt zu Gran.
Gruß über Grüße · die man ihm her entbot,
Brachten sie dem Könige · vor Liebe ward er freudenrot.

Als Kriemhild der Königin · die Märe ward bekannt,
Ihre Brüder wollten · kommen in ihr Land,
Da ward ihr wohl zumute · sie gab den Boten Lohn
Mit reichlichen Geschenken · sie hatte Ehre davon.

Sie sprach: „Nun sagt mir beide · Werbel und Schwemmelein,
Wer will von meinen Freunden · beim Hofgelage sein,
Von den höchsten, die wir luden · hieher in dieses Land?
Sagt an, was sprach wohl Hagen · als ihm die Märe ward bekannt?"

„Er kam zu ihrem Rate · an einem Morgen fruh;
Wenig gute Sprüche · redet' er dazu,
Als sie die Fahrt gelobten · nach dem Heunenland:
Die hat der grimme Hagen · die Todesreise genannt.

‚Ez koment iuwer bruoder · die künege alle drî
in hêrlîchem muote · swer mêr dar mite sî,
der mære ich endeclîchen · wizzen niene kan.
ez lobte mit in rîten · Volkêr der küene spileman.‘

‚Des enbær ich harte lîhte‘ · sprach des küneges wîp,
‚daz ich immer hie gesæhe · den Volkêres lîp:
Hagnen bin ich wæge · der ist ein helt guot:
daz wir in hie sehen müezen · des stât mir hôhe der muot.‘

Dô gie diu küneginne · dâ si den künic sach.
wie rehte minneclîche · vrou Kriemhilt dô sprach:
‚wie gevallent iu diu mære · vil lieber hêrre mîn?
des ie mîn wille gerte · daz sol nu gar verendet sîn.‘

‚Dîn wille derst mîn vreude‘ · sprach der künic dô.
‚ine wart mîn selbes mâge · nie sô rehte vrô,
ob si immer komen solden · her in mîniu lant.
durch liebe dîner vriunde · sô ist mîn sorge verswant.‘

Des küneges amptliute · die hiezen über al
mit gesidele rihten · palas unde sal
gên den lieben gesten · die in dâ solden komen.
sît wart von in dem künege · vil michel wünne benomen.

„Es kommen eure Brüder · die Kön'ge alle drei,
In herrlichem Mute · Wer mehr mit ihnen sei,
Darüber ich des weitern · euch nicht bescheiden kann.
Es will mit ihnen reiten · Volker der kühne Fiedelmann."

„Des mag ich leicht entbehren" · sprach die Königin,
„Daß ich auch Volkern sähe · her zu Hofe ziehn;
Hagen bin ich gewogen · der ist ein Degen gut:
Daß wir ihn schauen sollen · des hab' ich fröhlichen Mut."

Hin ging die Königstochter · wo sie den König sah.
Wie minnigliche Worte · sprach Frau Kriemhild da:
„Wie gefallen euch die Mären · viellieber Herre mein?
Wes mich je verlangte · das soll nun bald vollendet sein."

„Dein Will' ist meine Freude" · der König sprach da so:
„Ich wär' der eignen Freunde · nicht so von Herzen froh,
Wenn sie kommen sollten · hieher in unser Land.
Durch deiner Freunde Liebe · viel meiner Sorge verschwand."

Des Königs Amtleute · befahlen überall
Mit Gestühl zu schmücken · Pallas und Saal
Für die lieben Gäste · die da sollten kommen.
Durch die ward bald dem König · viel hoher Freude benommen.

AVENTIURE

wie die künege zuo den Hiunen vuoren

Nu lâzen daz belîben · wie si gebâren hie.
hôchgemuoter recken · die gevuoren nie
sô rehte hêrlîchen · in deheines küneges lant.
si heten, swaz si wolden · beidiu wâfen und gewant.

Der vogt von dem Rîne · kleidete sîne man
sehzec unde tûsent · als ich vernomen hân,
und niun tûsent knehte · gên der hôhzît.
die si dâ heime liezen · die beweinden ez sît.

Dô truoc man daz gereite · ze Wormez über den hof.
dô sprach dâ von Spîre · ein alter bischof
zuo der schœnen Uoten · ,unser vriunde wellent varn
gên der hôhzîte · Got müeze ir êre dâ bewarn.'

Dô sprach zuo zir kinden · diu edele Uote:
,ir soldet hie belîben · helde guote.
mit ist getroumet hînte · von engestlîcher nôt,
wie allez daz gevügele · in disem lande wære tôt.'

,Swer sich an troume wendet' · sprach dô Hagene,
,der enweiz der rehten mære · niht ze sagene,
wenne ez im zen êren · volleclîchen stê.
ich wil, daz mîn hêrre · ze hove nâch urloube gê.

,Wir suln vil gerne rîten · in Etzelen lant:
dâ mac wol dienen künegen · guoter helde hant,
dâ wir dâ schouwen müezen · Kriemhilde hôhzît.'
Hagne riet die reise · iedoch gerouw ez in sît.

Er hetez widerrâten · wan daz Gêrnôt
mit ungevüegen sprüchen · im alsô missebôt.
er mant in Sîvrîdes · vroun Kriemhilde man:
er sprach: ,dâ von wil Hagene · die grôzen hovereise lân.'

FÜNFUNDZWANZIGSTES ABENTEUER

Wie die Könige zu den Heunen fuhren

Wie man dort gebarte · vernahmt ihr nun genug.
Wohl kamen nie gefahren · in solchem stolzen Zug
So hochgemute Degen · in eines Königs Land.
Sie hatten, was sie wollten · beides, Waffen und Gewand.

Der Vogt vom Rheine kleidete · aus seinem Heergeleit
Der Degen tausendsechzig · so gab man uns Bescheid,
Und neuntausend Knechte · zu dem Hofgelag';
Die sie zu Hause ließen · beweinten wohl es hernach.

Da trug man ihr Geräte · zu Worms übern Hof.
Wohl sprach da von Speier · ein alter Bischof
Zu der schönen Ute · „Unsre Freunde wollen fahren
Zu dem Gastgebote · möge Gott sie da bewahren!"

Da sprach zu ihren Söhnen · Ute, die Fraue gut:
„Ihr solltet hier verbleiben · Helden hochgemut.
Geträumt hat mir heute · von ängstlicher Not.
Wie all das Gevögel · in diesem Lande wäre tot."

„Wer sich an Träume wendet" · sprach dawider Hagen,
„Der weiß noch die rechte · Kunde nicht zu sagen,
Wie es mög' am besten · um seine Ehre stehn:
Es mag mein Herr nur immer · mit Urlaub hin zu Hofe gehn.

„Wir wollen gerne reiten · in König Etzels Land:
Da mag wohl Kön'gen dienen · guter Helden Hand,
So wir da schauen sollen · Kriemhildens Hochzeit."
Hagen riet die Reise · doch ward es später ihm leid.

Er hätt' es widerraten · nur daß Gernot
Mit ungefügen Reden · ihm Spott entgegenbot.
Er mahnt' ihn an Siegfried · Frau Kriemhildens Mann:
Er sprach: „Darum steht Hagen · die große Reise nicht an."

Dô sprach von Troneje Hagene · ‚durch vorhte ich niht entuo.
swenne ir gebietet, helde · sô sult ir grîfen zuo:
jâ rîte ich mit iu gerne · in Etzelen lant.‘
sît wart von im verhouwen · manec helm unde rant.

Diu schif bereitet wâren · dâ was vil manec man;
swaz si kleider hêten · diu truoc man dar an.
si wâren vil unmüezec · vor âbendes zît;
si huoben sich von hûse · vil harte vrœlîche sît.

Gezelt unde hütten · spien man an daz gras
anderhalp des Rînes · dô daz geschehen was,
den künec bat noch belîben · sîn vil schœnez wîp:
si trûte noch des nahtes · den sînen wætlîchen lîp.

Pusûnen, vloitieren · huop sich des morgens vruo,
daz si varen solden · dô griffen si dô zuo.
swer liep hete an arme · der trûte vriundes lîp;
des schiet sît vil mit leide · des küneges Etzelen wîp.

Diu kint der schœnen Uoten · die heten einen man
küenen und getriuwen · dô si dô wolten dan,
dô sagete er dem künege · tougen sînen muot.
er sprach: ‚des muoz ich trûren · daz ir die hovereise tuot.‘

Er was geheizen Rûmolt · und was ein helt zer hant.
er sprach: ‚wem welt ir lâzen · liute und ouch diu lant?
daz nieman kan erwenden · iu recken iuwern muot!
diu Kriemhilde mære · nie gedûhten mich guot.‘

‚Daz lant sî dir bevolhen · und ouch mîn kindelîn;
und diene wol den vrouwen · daz ist der wille mîn.
swen du sehest weinen · dem trœste sînen lîp;
jâ tuot uns nimmer leide · das künic Etzelen wîp!‘

Diu ros bereitet wâren · den künegen und ir man.
mit minneclîchem kusse · schiet vil maneger dan,
dem in hôhem muote · lebete dô der lîp.
daz muose sît beweinen · vil manec wætlîchez wîp.

Da sprach von Tronje Hagen · „Nicht Furcht ist's, daß ich's tu.
Gebietet ihr es, Helden · so greift immer zu:
Gern will ich mit euch reiten · in König Etzels Land."
Bald ward von ihm zerhauen · mancher Helm und Schildesrand.

Die Schiffe standen fertig · gar mancher fand sich ein:
Was sie an Kleidern hatten · trug man für sie darein.
Sie fanden viel zu schaffen · bis zur Abendzeit;
Sie huben sich von Hause · zur Reise freudig bereit.

Sie schlugen auf im Grase · sich Hütten und Gezelt
Jenseits des Rheines · Als dies war bestellt,
Da bat noch zu verweilen · Gunthern sein schönes Weib;
Sie herzte nachts noch einmal · des Mannes waidlichen Leib.

Flöten und Posaunen · erschollen morgens fruh,
Den Aufbruch anzukündigen · da griff man bald dazu.
Wem Liebes lag im Arme · herzte des Freundes Leib;
Mit Leid trennte viele · hernach des König Etzels Weib.

Der schönen Ute Söhne · die hatten einen Mann,
Der kühn war und bieder · Als man die Fahrt begann,
Sprach er zu dem Könige · geheim nach seinem Mut.
Er sprach: „Ich muß wohl trauern · daß ihr die Hofreise tut."

Er war geheißen Rumold · ein Degen auserkannt.
Er sprach: „Wem wollt ihr lassen · Leute nun und Land?
Daß niemand doch euch Recken · wenden mag den Mut!
Die Mären Kriemhildens · dauchten niemals mich gut."

„Das Land sei dir befohlen · und auch mein Söhnelein;
Und diene wohl den Frauen · das ist der Wille mein.
Wen du weinen siehest · dem tröste Herz und Sinn;
Es wird uns nichts zu Leide · Kriemhild tun, die Königin."

Die Rosse standen aufgezäumt · den Mannen wie den Herrn:
Mit minniglichem Kusse · zog da mancher fern,
Dem noch in hohem Mute · lebte Seel und Leib;
Das mußte bald beweinen · manches waidliche Weib.

Dô man die snellen recken · sach zen rossen gân,
dô kôs man vil der vrouwen · trûreclîchen stân.
daz ir vil langez scheiden · seite in wol der muot
ûf grôzen schaden ze komene · daz herze niemer samfte tuot.

Die snellen Burgonden · sich ûz huoben,
dô wart in dem lande · ein michel uoben:
beidenthalp der berge · weinde wîp und man.
swie dort ir volc tæte · si vuoren vrœlîche dan.

Die Niblunges helde · kômen mit in dan
in tûsent halspergen · die ze hûse heten lân
manege schœne vrouwen · die si gesâhen nimmer mê;
Sîvrides wunden · tâten Kriemhilde wê.

Dô schicten si ir reise · gên dem Möune dan,
ûf durch Ostervranken · die Guntheres man.
dar leitete si Hagene · dem was ez wohl bekant.
ir marschalc was Dancwart · der helt von Burgonden lant.

Dô si von Ostervranken · gên Swanevelde rîten,
dô mohte man si kiesen · an hêrlîchen siten,
die vürsten und ir mâge · die helde lobesam.
an dem zwelften morgen · der künec zer Tuonouwe kam.

Dô reit von Tronje Hagene · zaller vorderôst:
er was den Niblungen · ein helflîcher trôst.
do erbeizte der degen küene · nider ûf den sant:
sîn ros er harte balde · zuo eime boume gebant.

Daz wazzer was engozzen · diu schif verborgen:
ez ergie den Niblungen · ze grôzen sorgen,
wie si kœmen übere · der wâc was in ze breit.
dô erbeizte zuo der erden · vil manec rîter gemeit.

‚Leide,‘ sô sprach Hagene · ‚mac dir hie wol geschehen,
vogt von dem Rîne · nu mahtu selbe sehen,
daz wazzer ist engozzen · vil starc ist im sîn vluot:
jâ wæn wir hie verliesen · noch hiute manegen recken guot.‘

Als man die schnellen Recken · sah zu den Rossen gehn,
Fand man viel der Frauen · in hoher Trauer stehn.
Ihnen würd' ihr langes Scheiden · so sagt' ihnen wohl der Mut,
Zu großem Schaden kommen · das tut keinem Herzen gut.

Die schnellen Burgunden · begannen ihren Zug.
Da ward in dem Lande · das Treiben groß genug;
Beiderseits des Rheines · weinte Frau und Mann.
Wie auch das Volk gebarte · sie fuhren fröhlich hindann.

Niblungens Helden · zogen mit ihnen aus
In tausend Halsbergen · die hatten dort zu Haus
Viel schöne Fraun gelassen · und sahn sie nimmermehr.
Siegfriedens Wunden · die schmerzten Kriemhilden sehr.

Da lenkten mit der Reise · auf den Mainstrom an
Hinauf durch Ostfranken · die Gunthern untertan.
Hagen war ihr Führer · der war da wohlbekannt.
Ihr Marschall war Dankwart · der Held von Burgundenland.

Da sie von Ostfranken · durch Schwalefelde ritten,
Da konnte man sie kennen · an den herrlichen Sitten,
Die Fürsten und die Freunde · die Helden lobesam.
An dem zwölften Morgen · der König an die Donau kam.

Da ritt von Tronje Hagen · den andern all zuvor:
Er hielt den Nibelungen · zumal den Mut empor.
Bald sprang der kühne Degen · nieder auf den Strand,
Wo er sein Roß in Eile · fest an einem Baume band.

Die Flut war ausgetreten · die Schifflein verborgen:
Die Nibelungen kamen · da in große Sorgen,
Wie sie hinüber sollten · das Wasser war zu breit.
Da schwang sich zur Erde · mancher Ritter allbereit.

„Übel," sprach da Hagen · „mag dir wohl hier geschehn,
König an dem Rheine · du magst es selber sehn:
Das Wasser ist ergossen · zu stark ist seine Flut:
Ich fürchte, wir verlieren · noch heute manchen Recken gut."

‚Waz wîzet ir mir, Hagene?‘ · sprach der künic hêr,
‚durch iuwer selbes tugende · untrœstet uns niht mêr.
den vurt sult ir uns suochen · hin über an daz lant,
daz wir von hinnen bringen · beidiu ros und ouch gewant.‘

‚Jâ enist mir,‘ sprach Hagene · ‚mîn leben niht sô leit,
daz ich mich welle ertrenken · in disen ünden breit:
ê sol von mînen handen · ersterben manec man
in Etzelen landen · des ich vil guoten willen hân.

‚Belîbet bî dem wazzer · ir stolzen rîter guot.
ich wil die vergen suochen · selbe bî der vluot,
die uns bringen übere · in Gelphrâtes lant.‘
dô nam der starke Hagene · sînen guoten schildes rant.

Er was wol gewâfent · den schilt er dannen truoc,
sînen helm ûf gebunden · lieht was er genuoc.
dô truoc er ob der brünne · ein wâfen alsô breit,
daz ze beiden ecken · vil harte vreislîchen sneit.

Dô suohte er nâch den vergen · wider unde dan.
er hôrte wazzer giezen · losen er began.
in einem schœnen brunnen · tâten daz wîsiu wîp:
diu wolden sich dâ küelen · unde badeten ir lîp.

Hagene wart ir innen · er sleich in tougen nâch.
dô si daz versunnen · dô was in dannen gâch.
daz si im entrunnen · des wâren si vil hêr.
er nam in ihr gewæte · der helt enschadete in niht mêr.

Dô sprach daz eine merwîp · Hadburc was si genant:
‚edel rîter Hagene · wir tuon iu hie bekant,
swenne ir uns, degen küene · gebt wider unser wât,
wie iu zuo den Hiunen · iuwer hovereise ergât.‘

Sie swebten sam die vogele · vor im ûf der vluot.
des dûhten in ir sinne · starc unde guot:
swaz si im sagen wolden · er geloubte in dester baz.
daz er dô hinze in gerte · wol beschieden si im daz.

„Hagen, was verweist ihr mir?“ · sprach der König hehr,
„Um eurer Hofzucht willen · erschreckt uns nicht noch mehr.
Ihr sollt die Furt uns suchen · hinüber an das Land,
Daß wir von hinnen bringen · beides, Ross' und Gewand.“

„Mir ist ja noch,“ sprach Hagen · „mein Leben nicht so leid,
Daß ich mich möcht'ertränken · in diesen Wellen breit:
Erst soll von meinen Händen · ersterben mancher Mann
In König Etzels Landen · wozu ich gute Lust gewann.

„Bleibet bei dem Wasser · ihr stolzen Ritter gut.
So geh' ich und suche · die Fergen bei der Flut,
Die uns hinüber bringen · in Gelfratens Land.“
Da nahm der kühne Hagen · seinen festen Schildesrand.

Er war wohl bewaffnet · den Schild er bei sich trug;
Sein Helm war aufgebunden · und glänzte hell genug.
Überm Harnisch führt' er · eine breite Waffe mit,
Die an den beiden Schärfen · aufs allergrimmigste schnitt.

Er suchte hin und wieder · nach einem Schiffersmann.
Da hört' er Wasser rauschen · zu lauschen hub er an.
In einem schönen Brunnen · tat das manch weises Weib:
Die gedachten da im Bade · sich zu kühlen den Leib.

Hagen ward ihrer inne · da schlich er leis heran;
Sie eilten schnell von hinnen · als sie den Helden sahn.
Daß sie ihm entrannen · des freuten sie sich sehr.
Da nahm er ihre Kleider · und schadet' ihnen nicht mehr.

Da sprach das eine Meerweib · Hadburg war sie genannt:
„Hagen, edler Ritter · wir machen euch bekannt,
Wenn ihr uns, kühner Degen · die Kleider wiedergebt,
Was ihr auf dieser Reise · bei den Heunen erlebt.“

Sie schwammen wie die Vögel · schwebend auf der Flut.
Da daucht' ihn ihr Wissen · von den Dingen gut:
So glaubt' er um so lieber · was sie ihm wollten sagen.
Sie beschieden ihn darüber · was er begann sie zu fragen.

Si sprach : ‚ir mugt wol rîten · in Etzelen lant.
des setze ich iu ze bürgen · mîn triuwe hie zehant,
daz helde nie gevuoren · in deheiniu rîche baz
nâch alsô grôzen êren · nu geloubet wærlîchen daz.‘

Der rede was dô Hagene · in sîme herzen hêr:
dô gab er in ir kleider · und sûmte sich niht mêr.
dô si an geleiten · ir wunderlîch gewant,
dô sageten sim rehte · die reise in Etzelen lant.

Dô sprach daz ander merwîp · diu hiez Siglint:
‚ich wil dich warnen, Hagene · Aldrîânes kint.
durch der wæte liebe · hât mîn muome dir gelogen:
und kumestu zen Hiunen · sô bîstu sêre betrogen.

‚Jâ soltu kêren widere · daz ist an der zît:
wan ir helde küene · alsô geladet sît,
daz ir sterben müezet · in Etzelen lant:
swelhe dar gerîtent · die hânt den tôt an der hant.‘

Dô sprach aber Hagene · ‚ir trieget âne nôt.
wie möhte ez sich gevüegen · daz wir alle tôt
solden dâ belîben · durch iemannes haz?‘
si begunden im diu mære · sagen kuntlîcher baz.

Dô sprach aber diu eine · ‚ez muoz alsô wesen,
daz iuwer deheiner · kan dâ niht genesen
niuwan des küneges kapelân · daz ist uns wol bekant:
der kumt gesunder widere · in daz Guntheres lant.‘

Dô sprach in grimmem muote · der küene Hagene:
‚daz wære mînen hêrren · müelîch ze sagene,
daz wir zen Hiunen solden · verliesen alle en lîp.
nu zeig uns überz wazzer · daz aller wîseste wîp.‘

Si sprach: ‚Sît du der verte · niht wellest haben rât,
swâ oben bî dem wazzer · ein herberge stât,
dar inne ist ein verge · und niender anderswâ.‘
der mære, der er vrâgte · der geloubete er sich dâ.

Sie sprach: „Ihr mögt wohl reiten · in König Etzels Land:
Ich setz' euch meine Treue · dafür zum Unterpfand:
Niemals fuhren Helden · noch in ein fremdes Reich
Zu so hohen Ehren · in Wahrheit, ich sag' es euch."

Der Rede war da Hagen · im Herzen froh und hehr;
Die Kleider gab er ihnen · und säumte sich nicht mehr.
Als sie umgezogen · ihr wunderbar Gewand,
Vernahm er erst die Wahrheit · von der Fahrt in Etzels Land.

Da sprach das andre Meerweib · mit Namen Siegelind:
„Ich will dich warnen, Hagen · Aldrianens Kind.
Meine Muhme hat dich · der Kleider halb belogen:
Und kommst du zu den Heunen · so bist du übel betrogen.

„Wieder umzukehren · wohl wär' es an der Zeit,
Dieweil ihr kühnen Helden · also geladen seid,
Daß ihr müßt ersterben · in der Heunen Land:
Wer da hinreitet · der hat den Tod an der Hand."

Da sprach aber Hagen · „Ihr trügt mich ohne Not:
Wie sollte das sich fügen · daß wir alle tot
Blieben bei dem Hofgelag' · durch jemandes Groll?"
Da sagten sie dem Degen · die Märe deutlich und voll.

Da sprach die eine wieder · „Es muß nun so geschehn,
Keiner wird von euch allen · die Heimat wiedersehn
Als der Kaplan des Königs · das ist uns wohlbekannt,
Der kommt geborgen wieder · heim in König Gunthers Land."

Ingrimmen Mutes · sprach der kühne Hagen:
„Das ließen meine Herren · schwerlich sich sagen,
Wir verlören bei den Heunen · Leben all und Leib;
Nun zeig' uns übers Wasser · allerweisestes Weib."

Sie sprach: „Willst du nicht anders · und soll die Fahrt geschehn,
So siehst du überm Wasser · eine Herberge stehn:
Darin ist eine Ferge · und sonst nicht nah noch fern."
Weiter nachzufragen · des begab er nun sich gern.

Dem ungemuoten recken · sprach diu eine nâch:
‚nu bîtet noch, hêr Hagene · jâ ist iu gar ze gâch.
vernemet noch baz diu mære · wie ir komet über sant.
dirre marke hêrre · der ist Else genannt.

‚Sîn bruoder derst geheizen · der degen Gelphrât,
ein hêrre in Beier lande · vil müelîch ez iu stât,
welt ir durch sîne marke · ir sult iuch wol bewarn
und sult ouch mit dem vergen · vil bescheidenlîchen varn.

‚Der ist sô grimmes muotes · er lât iuch niht genesen,
irn welt mit guoten sinnen · bî dem helde wesen.
welt ir, daz er iuch vüere · sô gebet ir im den solt.
er hüetet dises landes · und ist Gelphrâte holt.

‚Und kume er niht bezîte · sô rüefet über vluot
und jehet, ir heizet Amelrîch · der was ein helt guot,
der durch vîentschefte · rümte ditze lant.
sô kumet iu der verge · swenne im der name wirt genant.‘

Der übermüete Hagene · den vrouwen dô neic.
er en redete niht mêre · wan daz er stille sweic.
dô gie er bî dem wazzer · hôher an den sant,
dâ er anderthalben · eine herberge vant.

Er begunde ruofen · vaste über vluot:
‚nu hol mich hie, verge‘ · sprach der degen guot,
‚sô gib ich dir ze miete · von golde ein bouc vil rôt;
jâ ist mir dirre verte · daz wizzest, wærlîche nôt.‘

Der verge was sô rîche · daz im niht dienen zam:
dâ von er lôn vil selten · von ieman dâ genam;
ouch wâren sîne knehte · vil hôhe gemuot.
noch stuont allez Hagene · eine disehalp der vluot.

Dô ruofte er mit der krefte · daz al der wâc erdôz
von des heldes sterke · diu was michel unde grôz:
‚nu hol mich Amelrîchen · ich bin der Elsen man,
der durch starke vîntschaft · von disen landen entran.‘

Dem unmutsvollen Recken · rief noch die eine nach:
„Nun wartet, Herr Hagen · euch ist auch gar zu jach;
Vernehmt noch erst die Kunde · wie ihr kommt durchs Land.
Der Herr dieser Marke · der ist Else genannt.

„Sein Bruder ist geheißen · Gelfrat der Held,
Ein Herr im Baierlande · nicht so leicht es hält,
Wollt ihr durch seine Marke · ihr mögt euch wohl bewahren
Und sollt auch mit dem Fergen · gar bescheidentlich verfahren.

„Der ist so grimmes Mutes · er läßt euch nicht gedeihn,
Wollt ihr nicht verständig · bei dem Helden sein.
Soll er euch überholen · so bietet ihm den Sold;
Er hütet dieses Landes · und ist Gelfraten hold.

„Und kommt er nicht bei Zeiten · so ruft über Flut
Und sagt, ihr heißet Amelrich · das war ein Degen gut,
Der seiner Feinde willen · räumte dieses Land:
So wird der Fährmann kommen · wird ihm der Name genannt."

Der übermüt'ge Hagen · dankte den Frauen hehr.
Er schwieg fürder stille · und redete nicht mehr.
Dann ging er bei dem Wasser · hinauf an dem Strand,
Wo er auf jener Seite · eine Herberge fand.

Laut begann zu rufen · der Degen über Flut:
„Nun hol' mich über, Ferge" · sprach der Degen gut,
„So geb' ich dir zum Lohne · eine Spange goldesrot;
Mir tut das Überfahren · das wisse, wahrhaftig not."

Es brauchte nicht zu dienen · der reiche Schiffersmann,
Lohn nahm er selten · von jemandem an;
Auch waren seine Knechte · zumal von stolzen Mut.
Noch immer stand Hagen · diesseits allein bei der Flut.

Da rief er so gewaltig · der ganze Strom erscholl
Von des Helden Stärke · die war so groß und voll:
„Mich Amelrich hol' über · ich bin es, Elses Mann,
Der vor starker Feindschaft · aus diesen Landen entrann."

Vil hôhe anme swerte · einen buoc er im dô bôt,
lieht unde schœne · was er von golde rôt,
daz man in über fuorte · in Gelphrâtes lant.
der übermüete verge · nam selbe daz ruoder an die hant.

Ouch was der selbe schifman · niulîch gehît.
diu gir nâch grôzem guote · vil bœsez ende gît.
dô wolt er verdienen · daz Hagnen golt vil rôt:
des leit er von dem degene · den swertgrimmegen tôt.

Der verge vuor genôte · hin über an den sant.
den er dâ nennen hôrte · dô er des niht envant,
dô zurnde er ernstlîchen · dô er Hagenen sach,
vil harte grimmeclîchen · er dô zuo dem helde sprach:

‚Ir muget wol sîn geheizen · bî namen Amelrîch;
des ich mich hie verwæne · dem sît ir ungelîch.
von vater und von muoter · was er bruoder mîn:
nu ir mich betrogen hât · ir müezet disehalben sîn.‘

‚Nein, durch Got den rîchen‘ · sprach dô Hagene,
‚ich bin ein vremder recke · und sorge ûf degene.
nu nemet hin vriuntlîche · hiute mînen solt,
daz ir mich über vüeret · ich bin iu wærlîchen holt.‘

Dô sprach aber der verge · ‚des enmac niht gesîn.
ez habent vîande · die lieben hêrren mîn.
dar umbe ich niemen vremden · vüer in ditze lant:
sô liep dir sî ze lebene · sô trit vil balde ûz an den sant.‘

‚Nune tuot des niht‘ sprach Hagene · ‚trûrec ist mîn muot.
nemt von mir ze minnen · ditze golt vil guot
und vüert uns über tûsent ros · und alsô manegen man.‘
dô sprach der grimme verge · ‚daz wirdet nimmer getân.‘

Er huop ein starkez ruoder · michel unde breit,
er sluoc ez ûf Hagenen · des wart er ungemeit,
daz er in dem schiffe · strûhte an sîniu knie.
sô rehte grimmer verge · kom dem Tronjære nie.

Hoch an seinem Schwerte · er ihm die Spange bot,
Die war schön und glänzte · von lichtem Golde rot,
Daß er ihn überbrächte · in Gelfratens Land.
Der übermüt 'ge Ferge · nahm selbst das Ruder an die Hand.

Auch hatte dieser Ferge · vor kurzem sich beweibt:
Die Gier nach großem Gute · zu bösem Ende treibt:
Er dachte zu verdienen · Hagens Gold so rot,
Da litt er von dem Degen · hier den schwertgrimmen Tod.

Der Ferge zog gewaltig · hinüber an den Strand.
Welcher ihm genannt war · als er den nicht fand,
Da hub er an zu zürnen · als er Hagen sah,
Mit grimmen Ungestüme · zu dem Helden sprach er da:

„Ihr mögt wohl sein geheißen · mit Namen Amelrich;
Doch seht ihr dem nicht ähnlich · des ich versehen mich.
Von Vater und von Mutter · war er der Bruder mein:
Nun ihr mich betrogen habt · so müßt ihr dieshalben sein."

„Nein! um Gotteswillen" · sprach Hagen dagegen.
„Ich bin ein fremder Recke · besorgt um andre Degen.
So nehmet denn freundlich · hin meinen Sold
Und fahrt uns hinüber · ich bin euch wahrhaftig hold."

Da sprach der Ferge wieder · „Das kann einmal nicht sein.
viel der Feinde haben · die lieben Herren mein.
Drum fahr' ich keinen Fremden · hinüber in ihr Land:
Wenn euch das Leben lieb ist · so tretet aus an den Strand."

„Das tu ich nicht" sprach Hagen · „traurig ist mein Mut.
Nehmt zum Gedächtnis · die goldne Spange gut
Und fahrt uns über, tausend Ross' · und auch so manchen Mann."
Da sprach der grimme Ferge · „Das wird nimmer getan."

Er hob ein starkes Ruder · mächtig und breit,
Und schlug es auf Hagen · (es ward ihm später leid),
Daß er im Schiffe nieder · strauchelt' auf die Knie.
Solchen grimmen Fergen · fand der von Tronje noch nie.

Dô wolde er baz erzürnen · den übermüeten gast:
er sluoc im eine schalten · daz diu gar zebrast,
Hagnen über houbet · er was ein starker man:
dâ von der Elsen verge · grôzen schaden dâ gewan.

Mit grimmegem muote · greif Hagene jehant
vil balde zeiner scheiden · dâ er ein wâfen vant:
er sluoc im ab daz houbet · und warf ez an den grunt.
diu mære wurden schiere · den stolzen Burgonden kunt.

In den selben stunden · dô er den schifmann sluoc,
daz schif vlôz enouwe · daz was im leit genuoc.
ê erz gerihte widere · müeden er began:
dô zôch vil krefteclîche · des künic Guntheres man.

Mit zügen harte swinden · kêrte ez der gast,
unz im daz starke ruoder · an sîner hant zebrast.
er wolde zuo den recken · ûz an einen sant.
dô was deheinez mêre · hei, wie schiere erz gebant

Mit eime schiltvezzel! · daz was ein borte smal.
gegen eime walde · kêrte er hin ze tal.
dô vant er sînen hêrren · an dem stade stân:
dô gie im hin enkegene · manec wætlîcher man.

Mit gruoze in wol enpfiengen · die edelen rîter guot.
dô sâhens in dem schiffe · riechen daz bluot
von einer starken wunden · die er dem vergen sluoc:
dâ wart von den degenen · gevrâget Hagene genuoc.

Dô der künic Gunther · daz heize bluot ersach
sweben in dem schiffe · balde er dô sprach:
‚wan saget ir mir, Hagene · war ist der verge komen?
iuwer starkez ellen · wæn im daz leben hât benomen.‘

Dô sprach er lougenlîche · ‚dâ ich daz schif vant
bî einer wilden wîden · dâ lôstez mîn hant.
ich hân deheinen vergen · hiute hie gesehen;
ez ist ouch niemen leide · von mînen schulden geschehen.‘

Noch stärker zu erzürnen · den kühnen Fremdling, schwang
Er seine Ruderstange · daß sie gar zersprang,
Auf das Haupt dem Hagen · er war ein starker Mann:
Davon Elses Ferge · bald großen Schaden gewann.

Mit grimmigem Mute · griff Hagen gleich zur Hand
Zur Seite nach der Scheide · wo er ein Waffen fand:
Er schlug das Haupt ihm nieder · und warf es auf den Grund.
Bald wurden diese Mären · den stolzen Burgunden kund.

Im selben Augenblicke · als er den Fährmann schlug,
Glitt das Schiff zur Strömung · das war ihm leid genug.
Eh' er es richten konnte · fiel ihn Ermüdung an:
Da zog am Ruder kräftig · König Gunthers Untertan.

Er versucht' es umzukehren · mit manchem schnellen Schlag,
Bis ihm das starke Ruder · in der Hand zerbrach.
Er wollte zu den Recken · sich wenden an den Strand;
Da hatt' er keines weiter · wie bald er es zusammen band

Mit seinem Schildriemen · einer Borte schmal.
Hin zu einem Walde · wandt' er das Schiff zutal.
Da fand er seinen Herren · sein harren an dem Strand;
Es gingen ihm entgegen · viel der Degen auserkannt.

Mit Gruß ihn wohl empfingen · die edeln Ritter gut:
Sie sahen in dem Schiffe · rauchen noch das Blut
Von einer starken Wunde · die er dem Fergen schlug:
Darnach ward von den Degen · befraget Hagen genug.

Als der König Gunther · das heiße Blut ersah
In dem Schiffe schweben · wie bald sprach er da:
„Wo ist denn, Herr Hagen · der Fährmann hingekommen?
Eure starken Kräfte haben · ihm wohl das Leben benommen."

Da sprach er mit Verleugnen · „Als ich das Schifflein fand
Bei einer wilden Weide · da löst' es meine Hand.
Ich habe keinen Fergen · heute hier gesehn;
Leid ist auch niemand · von meinen Händen geschehn."

Dô sprach von Burgonden · der hêrre Gêrnôt:
‚hiute muoz ich sorgen · ûf lieber vriunde tôt,
sît wir der schifliute · bereite niene hân.
wie wir komen übere · des muoz ich trûrende stân.‘

Lûte rief dô Hagene · ‚leit nider ûf daz gras,
ir knehte, daz gereite · ich gedenke, daz ich was
der aller beste verge · den man bî Rîne vant:
jâ trouwe ich iuch wol bringen · über in Gelphrâtes lant.‘

Daz si deste balder · kœmen über vluot,
diu ros si an sluogen · der swimmen daz wart guot,
wan diu starke ünde · deheinz in dâ benam,
erlîchez ouwete verre · als ez ir müede gezam.

Dô truogen si ze schiffe · ir golt und ouch ir wât,
sît daz si der verte · niht mohten haben rât.
Hagene der was meister · des vuorte er ûf den sant
vil manegen zieren recken · in daz unkunde lant.

Zem êrsten brâht er übere · tûsent rîter hêr,
dar zuo sîne recken · dannoch was ir mêr:
niun tûsent knehte · vuorte er an daz lant.
des tages was unmüezec · des küenen Tronjæres hant.

Dô er si wol gesunde · brâhte über vlut,
dô gedâhte vremder mære · der snelle degen guot,
diu im ê dâ seiten · diu wilden merwîp:
des hete des küneges kapelân· nâch verloren sînen lîp.

Bî dem kapelsoume · er den pfaffen vant;
ob dem heilictuome · er leinde an sîner hant.
des mohte er niht geniezen · dâ in Hagne sach,
der Gotes arme priester · muose lîden ungemach.

Er swanc in ûz dem schiffe · dar zuo was im gâch.
dô riefen ir genuoge · ‚nu vâhâ, hêrre, vâch.‘
Gîselher der junge · zürnen erz began:
ern wolde ez doch niht lâzen · er enhete im leide getân.

Da sprach von Burgunden · der König Gernot:
„Heute muß ich bangen · um lieber Freunde Tod,
Da wir keinen Schiffmann · hier am Strome sehn:
Wie wir hinüber kommen · darob muß ich in Sorgen stehn."

Laut rief Hagen · „Legt auf den Boden her,
Ihr Knechte, das Geräte · ich gedenke, daß ich mehr
Der allerbeste Ferge war · den man am Rheine fand:
Ich bring' euch hinüber · gar wohl in Gelfratens Land."

Daß sie desto schneller · kämen über Flut,
Trieb man hinein die Mähren · ihr Schwimmen ward so gut,
Daß ihnen auch nicht eines · der starke Strom benahm.
Einige trieben ferner · als sie Ermüdung überkam.

Sie trugen zu dem Schiffe · ihr Gut und ihre Wehr,
Nun einmal ihre Reise · nicht zu vermeiden mehr.
Hagen fuhr sie über · da bracht' er an den Strand
Manchen zieren Recken · in das unbekannte Land.

Zum ersten fuhr er über · tausend Ritter hehr
Und seine sechzig Degen · dann kamen ihrer mehr:
Neuntausend Knechte · die bracht' er an das Land.
Des Tages war unmüßig · des kühnen Tronejers Hand.

Da er sie wohlgeborgen · über Flut gebracht,
Da war der fremden Märe · der schnelle Held bedacht,
Die ihm verkündet hatte · das wilde Meerweib:
Dem Kaplan des Königs ging es · da schier an Leben und Leib.

Bei seinem Weihgeräte · er den Pfaffen fand,
Auf dem Heiligtume · sich stützend mit der Hand:
Das kam ihm nicht zugute · als Hagen ihn ersah;
Der unglücksel'ge Priester · viel Beschwerde litt er da.

Er schwang ihn aus dem Schiffe · mit jäher Gewalt.
Da riefen ihrer viele · „Halt, Hagen, halt!"
Geiselher der junge · hub zu zürnen an;
Er wollt' es doch nicht lassen · bis er ihm Leides getan.

Dô sprach von Burgonden · der hêrre Gêrnôt:
‚waz hilfet iuch nu, Hagene · des kapelânes tôt?
tæte ez ander ieman · ez solde im wesen leit.
umbe welhe schulde · habet ir dem priester widerseit?‘

Der pfaffe swam genôte · er wolde sîn genesen,
ob im ieman hülfe · des mohte dô niht wesen,
wan der starke Hagene · vil zornec was sîn muot,
er stiez in zuo dem grunde · daz endûhte nieman guot.

Dô der arme pfaffe · der helfe niht ensach,
dô kêrte er wider übere · des leit er ungemach.
swie er niht swimmen kunde · im half diu Gotes hant,
daz er kom gesunder · hin wider ûz an daz lant.

Dô stuont der arme priester · und schutte sîne wât.
dâ bî sach wol Hagene · daz sîn niht wære rât,
daz im vür mære sagten · diu wilden merwîp.
er dâhte: ‚dise degene · die müezen vliesen den lîp.‘

Dô si daz schif entluoden · und gar getruogen dan,
swaz dar ûfe hêten · der drîer künege man,
Hagne ez slouc ze stucken · und warf ez an die vluot.
des hete michel wunder · die recken küene unde guot.

‚Zwiu tuot ir daz, bruoder?‘ · sô sprach Dancwart:
‚wie suln wir komen übere · sô wir die widervart
rîten von den Hiunen · ze lande an den Rîn?‘
sît dô saget im Hagene · daz des kunde niht gesîn.

Dô sprach der helt von Troneje · ‚ich tuonz ûf den wân,
ob wir an diser reise · deheinen zagen hân,
der uns entrinnen welle · durch zegelîche nôt,
der muoz an disem wâge · lîden schemlîchen tôt.‘

Si vuorten mit in einen · ûz Burgonden lant,
einen helt ze sînen handen · der was Volkêr genant:
der redete spæhelîche · allen sînen muot:
swaz ie begie Hagene · daz dûhte den videlære guot.

Da sprach von Burgunden · der König Gernot:
„Was hilft euch wohl, Herr Hagen · des Kaplanes Tod?
Tät' dies anders jemand · es sollt' ihm werden leid.
Was verschuldete der Priester · daß ihr so wider ihn seid?"

Der Pfaffe schwamm nach Kräften · er hoffte zu entgehn,
Wenn ihm nur jemand hülfe · das konnte nicht geschehn,
Denn der starke Hagen · gar zornig war sein Mut,
Stieß ihn zu Grunde wieder · das dauchte niemanden gut.

Als der arme Pfaffe · hier keine Hülfe sah,
Da wandt' er sich ans Ufer · Beschwerde litt er da.
Ob er nicht schwimmen konnte · doch half ihm Gottes Hand,
Daß er wohlgeborgen · hinwieder kam an den Strand.

Da stand der arme Priester · und schüttelte sein Kleid.
Daran erkannte Hagen · ihm habe Wahrheit,
Unmeidliche, verkündet · das wilde Meerweib.
Er dachte: „Diese Degen · verlieren Leben und Leib."

Als sie das Schiff entladen · und ans Gestad' geschafft,
Was darauf besessen · der Kön'ge Ritterschaft,
Schlug Hagen es in Stücke · und warf es in die Flut;
Das wunderte gewaltig · die Recken edel und gut.

„Bruder, warum tut ihr das?" · sprach da Dankwart,
„Wie sollen wir hinüber · bei unsrer Wiederfahrt,
Wenn wir von den Heunen · reiten an den Rhein?"
Hernach sagt' ihm Hagen · das könne nimmermehr sein.

Da sprach der Held von Tronje · „Ich tat' s mit Wohlbedacht:
Haben wir einen Feigen · in dieses Land gebracht,
Der uns entrinnen möchte · in seines Herzens Not,
Der muß an diesen Wogen · leiden schmählichen Tod."

Sie führten bei sich einen · aus Burgundenland,
Einen Helden gar behende · Volker war er genannt.
Der redete da launig · nach seinem kühnen Mut:
Was Hagen je begangen · den Fiedler dauchte das gut.

Ir ros bereitet wâren · ir soumer wol geladen.
si heten an der verte · noch deheinen schaden
genomen, der si muote · wan des küneges kapelân:
der muose ûf sînen vüezen · hin wider zuo dem Rîne gân.

Die Rosse standen harrend · die Säumer wohl geladen;
Sie hatten auf der Reise · bisher noch keinen Schaden
Genommen, der sie schmerzte · als des Königs Kapellan:
Der mußt' auf seinen Füßen · sich zum Rheine suchen Bahn.

AVENTIURE

wie Dankwart Gelphrâten sluoc

Dô si nu wâren alle · komen ûf den sant,
der künec begunde vrâgen · ‚wer sol uns durch diu lant
die rehten wege wîsen · daz wir niht irre varn?‘
dô sprach der starke Volkêr · ‚daz sol ich eine bewarn.‘

‚Nu enthaldet iuch,‘ sprach Hagene · ‚rîter unde kneht.
man sol vriunden volgen · jâ dunket ez mich reht.
vil ungevürgiu mære · diu tuon ich iu bekant:
wirn komen nimmer mêre · wider in Burgonden lant.

‚Daz sagten mir zwei merwîp · hiute morgen vruo,
daz wir niht kœmen widere · nu râte ich, waz man tuo:
daz ir iuch wâfent, helde · ir sult iuch wol bewarn,
wir haben hie starke vînde · daz wir gewerlîchen varn.

‚Ich wânde an lüge vinden · diu wîsen merwîp:
si jâhen, daz gesunder · unser deheines lîp
nimmer ze lande kœme · niuwan der kapelân;
dar umbe ich in sô gerne · wolde hiute ertrenket hân.‘

Dô vlugen disiu mære · von schare baz ze schar.
des wurden snelle helde · vor leide missevar,
dô si begunden sorgen · ûf den herten tôt
an dirre hovereise · des gie in wærlîchen nôt.

Dâ ze Mœringen · si wâren über komen,
dâ dem Elsen vergen · der lîp was benomen.
dô sprach aber Hagene · ‚sît daz ich vînde hân
verdienet ûf der strâze · wir werden sicherlîch bestân.

‚Ich sluoc den selben vergen · hiute morgen vruo;
si wizzen wol diu wære · nu grîfet balde zuo,
ob Gelphrât und Else · hiute hie bestê
unser ingesinde · daz ez in schedelîch ergê.

SECHSUNDZWANZIGSTES ABENTEUER

Wie Dankwart Gelfraten erschlug

Als sie nun alle waren · gekommen an den Strand,
Da fragte König Gunther · „Wer soll uns durch das Land
Die rechten Wege weisen · daß wir nicht irre gehn?“
Da sprach der starke Volker · „Laßt mich das Amt nur versehn.“

„Nun haltet an,“ sprach Hagen · „sei's Ritter oder Knecht:
Man soll Freunden folgen · das bedünkt mich recht.
Eine ungefüge Märe · mach' ich euch bekannt:
Wir kommen nimmer wieder · heim in der Burgunden Land.

„Das sagten mir zwei Meerfraun · heute morgen fruh,
Wir kämen nimmer wieder · Nun rat' ich, was man tu':
Waffnet euch, ihr Helden · ihr sollt euch wohl bewahren:
Wir finden starke Feinde · und müssen drum wehrhaft fahren.

„Ich wähnt' auf Lug zu finden · die weisen Meerfraun:
Sie sagten mir, nicht Einer · werde wiederschaun
Die Heimat von uns allen · bis auf den Kapellan;
Drum hätt' ich ihm so gerne · heut' den Tod angetan.“

Da flogen diese Mären · von Schar zu Schar einher.
Bleich vor Schrecken wurden · Degen kühn und hehr,
Als sie die Sorge faßte · vor dem herben Tod
Auf dieser Hofreise · das schuf ihnen wahrlich Not.

Bei Möringen waren · sie über Flut gekommen,
Wo dem Fährmann Elsen · das Leben ward benommen.
Da sprach Hagen wieder · „Da ich mir so gewann
Unterwegs Feinde · so greift man sicherlich uns an.

„Ich erschlug den Fährmann · heute morgen fruh;
Sie wissen nun die Kunde · Drum eilt und greifet zu,
Wenn Gelfrat und Else · heute hier besteht
Unser Ingesinde · daß es ihnen übel ergeht.

‚Ich erkenne si sô küene · ez wirdet niht verlân.
diu ros sult ir lâzen · dester samfter gân,
daz des iemen wæne · wir vliehen ûf den wegen.‘
‚des râtes wil ich volgen‘ · sô sprach Gîselher der degen.

‚Wer sol daz gesinde · wîsen über lant?‘
si sprâchen: ‚daz tuo Volkêr · dem ist hie wol bekant
stîge unde strâze · der küene spilman.‘
ê daz mans vollen gerte · man sach wol gewâfent stân

Den snellen videlære · den helm er ûf gebant;
in hêrlîcher varwe · was sîn wîcgewant:
er bant ouch zeime schafte · ein zeichen, daz was rôt.
sît kom er mit den künegen · in eine vreislîche nôt.

Dô was tôt des vergen · Gelphrâte komen
mit gewissen mæren · dô hate ez ouch vernomen
Else der vil starke · ez war in beiden leit.
si sanden nâch ir helden · die wâren schiere bereit.

In vil kurzen zîten · ich wil iuch hœren lân,
sach man zuo zin rîten · den schaden was getân.
in starken urliugen · vil ungevüegiu her:
der kômen Gelphrâte · wol siben hundert oder mêr.

Dô si ir grimmen vînden · begunden rîten nâch,
jâ leiten si ir hêrren · den was ein teil ze gâch
nâch den küenen gesten · si wolden anden ir zorn:
des wart der hêrren vriunde · sider mêre verlorn.

Dô het von Tronje Hagene · wol gevüeget daz
(wie möhte sîner mâge · ein helt gehüeten baz?),
er pflac der nâchhuote · mit den sînen man
und Dancwart sîn bruoder · daz was vil wîslîch getân.

In was des tages zerrunnen · desen heten si niht mêr.
er vorhte an sînen vriunden · leit unde sêr.
si riten under schilden · durch der Beier lant.
dar nâch in kurzer wîle · die helde wurden an gerant.

„Sie sind gar kühn, ich weiß es · es wird gewiß geschehn.
Drum laßt nur die Rosse · in sanftem Schritte gehn,
Daß nicht jemand wähne · wir flöhn vor ihrem Heer.“
„Dem Rate will ich folgen“ · sprach der junge Geiselher.

„Wer zeigt nun dem Gesinde · die Wege durch das Land?“
Sie sprachen: „Das soll Volker · dem sind hie wohlbekannt
Die Straßen und die Steige · dem stolzen Fiedelmann.“
Eh’ man’s von ihm verlangte · kam er gewaffnet heran,

Der schnelle Fiedelspieler · den Helm er überband;
Von herrlicher Farbe · war all sein Streitgewand.
Am Schaft ließ er flattern · ein Zeichen, das war rot.
Bald kam er mit den Königen · in eine furchtbare Not.

Gewisse Kunde hatte · Gelfrat nun bekommen
Von des Fergen Tode · da hatt’ es auch vernommen
Else der starke · beiden war es leid.
Sie besandten ihre Helden · die traf man balde bereit.

Darauf in kurzen Zeiten · nun hört mich weiter an,
Sah man zu ihnen reiten · denen Schade war getan,
In starkem Kriegszuge · ein ungefüges Heer:
Wohl siebenhundert stießen · zu Gelfrat oder noch mehr.

Als das den grimmen Feinden · nachzuziehn begann,
Die Herren, die es führten · huben zu jagen an
Den kühnen Gästen hinterdrein · Sie wollten Rache haben:
Da mußten sie der Freunde · hernach noch manchen begraben.

Hagen von Tronje · richtete das ein
(Wie konnte seiner Freunde · ein bessrer Hüter sein?),
Daß er die Nachhut hatte · und die ihm untertan
Mit Dankwart seinem Bruder · das war gar weislich getan.

Ihnen war der Tag zerronnen · den hatten sie nicht mehr.
Er bangte vor Gefahren · für seine Freunde sehr.
Sie ritten unter Schilden · durch der Baiern Land:
Darnach in kurzer Weile · die Helden wurden angerannt.

Beidenthalp der strâze · und hinden vaste nâch
si hôrten hüeve klaffen · dem liute was sô gâch.
dô sprach der küene Dancwart · ‚man wil uns hie bestân:
nu binden ûf die helme · daz ist rætlîch getân.‘

Si hielten abe ir verte · als ez muose sîn.
si sâhen in der vinster · der liehten schilde schîn.
dône wolde Hagene · niht langer si verdagen:
‚wer jagt uns ûf der strâze?‘ · daz muos im Gelphrât dô sagen.

Dô sprach der marcgrâve · ûzer Beier lant:
‚wir suochen unser vînde · und haben her nâch gerant.
ich enweiz niht, wer mir hiute · mînen vergen sluoc.
der was ein helt zen handen · des ist mir leide genuoc.‘

Dô sprach von Tronje Hagene · ‚was der verge dîn?
der wolde uns niht vüeren · des ist diu schulde mîn:
dô sluoc ich den recken · deiswâr, des gie mir nôt:
ich hete von sînen handen · nâch den grimmegen tôt.

‚Ich bôt im ze miete · golt und ouch gewant,
daz er uns über vuorte · helt, in dîn lant.
daz zurnder sô sêre · daz er mich dô sluoc
mit einer starken schalten · des wart ich grimme genuoc.

‚Dô kom ich zuo dem swerte · und wert im sînen zorn
mit einer starken wunden · des wart der helt verlorn.
daz bringe ich iu ze suone · swie iuch dunket guot.‘
dô gie ez an ein strîten · si wâren herte gemuot.

‚Ich wesse wol,‘ sprach Gelphrât · ‚dô hie vür gereit
Gunther und sîn gesinde · daz uns tæte leit
Hagene von Troneje · nu sol er niht genesen:
vür des vergen ende · der helt muoz hie bürge wesen.‘

Si neicten über schilte · ze stichen nu diu sper,
Gelphrât und Hagene · in was ze ein ander ger.
Else unde Dancwart · vil hêrlîchen riten;
si versuohten, wer si wâren · dâ wart vil grimme gestriten.

Beiderseits der Straße · und hinter ihnen her
Vernahm man Hufe schlagen · die Haufen eilten sehr.
Da sprach der kühne Dankwart · „Gleich fallen sie uns an:
Bindet auf die Helme · das dünkt mich rätlich getan."

Sie hielten ein mit Reiten · als es mußte sein.
Da sahen sie im Dunkel · der lichten Schilde Schein.
Nicht länger stille schweigen · mochte da Herr Hagen:
„Wer verfolgt uns auf der Straße?" · Das mußte Gelfrat ihm sagen.

Da sprach zu ihm der Markgraf · aus der Baiern Land:
„Wir suchen unsre Feinde · denen sind wir nachgerannt.
Ich weiß nicht, wer mir heute · meinen Fergen schlug:
Das war ein schneller Degen · mir ist leid um ihn genug."

Da sprach von Tronje Hagen · „War der Ferge dein?
Er wollt' uns nicht fahren · alle Schuld ist mein:
Ich erschlug den Recken · fürwahr, es tat mir not:
Ich hatte von dem Degen · schier selbst den grimmigen Tod.

„Ich bot ihm zum Lohne · Gold und Gewand,
Daß er uns überführe · Held, in euer Land.
Darüber zürnt' er also · daß er nach mir schlug
Mit starker Ruderstange · da ward ich grimmig genug.

„Ich griff nach dem Schwerte · und wehrte seinem Zorn
Mit einer schweren Wunde · da war der Held verlorn.
Ich steh' euch hier zur Sühne · wie es euch dünke gut."
Da ging es an ein Streiten · sie hatten zornigen Mut.

„Ich wußte wohl," sprach Gelfrat · „als hier mit dem Geleit
Gunther zog vorüber · uns würde tun ein Leid
Hagen von Tronje · Nun büßt er' s mit dem Leben:
Für des Fergen Ende · soll er selbst hier Bürgschaft geben."

Über die Schilde neigten · da zum Stich den Speer
Gelfrat und Hagen · sich zürnten beide schwer.
Dankwart und Else · zusammen herrlich ritten:
Sie erprobten, wer sie waren · da wurde grimmig gestritten.

Wie möhten sich versuochen · immer helde baz?
von einer starken tioste · hinderz ors gesaz
Hagene der küene · von Gelphrâtes hant.
im brast daz vürbüege · des wart im vallen bekant.

Von ir ingesinde · der krach der schefte schal.
dô erholte ouch sich dort Hagene · dâ er was ze tal
komen von dem stiche · nider ûf das gras.
er wæne unsamftes muotes · wider Gelphrâte was.

Wer in diu ros behielte · daz ist mir unbekant.
si wâren zuo der erden · komen ûf den sant,
Hagne unde Gelphrât · ein ander liefens an.
des hulfen ir gesellen · daz in wart strîten kunt getân.

Swie bitterlîchen Hagene · zuo Gelphrâte spranc,
der edele marcgrâve · des schiltes hin im swanc
ein vil michel stücke · dazz viur drâte dan.
des was vil nâch erstorben · des künic Guntheres man.

Dô begunde er Dancwarten · vil vaste ruofen an:
‚hilfâ, lieber bruoder! · jâ hât mich bestân
ein helt zuo sînen handen · der enlât mich niht genesen.'
dô sprach der küene Dancwart · ‚des sol ich scheidære wesen.'

Der helt dô spranc dar nâher · und sluoc im einen slac
mit eime scharpfen wâfen · dâ von er tôt gelac.
Else wolde gerne · rechen dô den man:
er und sîn gesinde · si schieden schedelîchen dan.

Im was erslagen der bruoder · selbe wart er wunt.
wol ahzec sîner degene · belîben dâ zestunt
mit dem grimmen tôde · der hêrre muose dan
vlühteclîchen wenden · von den Guntheres man.

Dô die von Beier lande · wichen ûz dem wege,
dô hôrt man nâch hellen · die vreislîchen slege:
dô jagten die von Troneje · ir vîanden nâch;
die es niht enkelten wânden · den was allen ze gâch.

Wer je versuchte kühner · sich und die Gunst des Glücks?
Von einem starken Stoße · sank Hagen hinterrücks
Von der Mähre nieder · durch Gelfratens Hand.
Der Brustriem war gebrochen · so ward ihm Fallen bekannt.

Man hört' auch beim Gesinde · krachender Schäfte Schall.
Da erholte Hagen · sich wieder von dem Fall,
Den er auf das Gras getan · von des Gegners Speer:
Da zürnte der von Tronje · wider Gelfraten sehr.

Wer ihnen hielt die Rosse · das ist mir unbekannt.
Sie waren aus den Sätteln · gekommen auf den Sand,
Hagen und Gelfrat · nun liefen sie sich an.
Ihre Gesellen halfen · daß ihnen Streit ward kund getan.

Wie heftig auch Hagen · zu Gelfraten sprang,
Ein Stück gar gewaltig · der edle Markgraf schwang
Ihm vom Schilde nieder · das Feuer stob hindann.
Da wäre schier erstorben · König Gunthers Untertan.

Er rief mit lauter Stimme · Dankwarten an:
„Hilf mir, lieber Bruder! · Ein schneller starker Mann
Hat mich hier bestanden · der läßt mich nicht gedeihn."
Da sprach der kühne Dankwart · „So will ich denn Schiedsmann sein."
Da sprang der Degen näher · und schlug ihm solchen Schlag
Mit einer scharfen Waffe · daß er tot da lag.
Else wollte Rache · nehmen für den Mann:
Doch er und sein Gesinde · schied mit Schaden hindann.

Sein Bruder war erschlagen · selber ward er wund.
Wohl achtzig seiner Degen · wurden gleich zur Stund'
Des grimmen Todes Beute · da mußte wohl der Held
Gunthers Mannen räumen · in geschwinder Flucht das Feld.

Als die vom Baierlande · wichen aus dem Wege,
Man hörte nachhallen · die furchtbaren Schläge:
Da jagten die von Tronje · ihren Feinden nach;
Die es nicht büßen wollten · die hatten wenig Gemach.

Dô sprach an ir vlühte · Dancwart der degen:
,wir suln wider wenden · balde ûf disen wegen,
und lâze wir si rîten · si sint von bluote naz.
gâhen wir zen vriunden · in triuwen rât ich iu daz.'

Dô si hin wider kômen · dâ der schade was geschehen,
dô sprach von Tronje Hagene · ,helde, ir sult besehen,
wes uns hie gebreste · oder wen wir hân verlorn
hie in disem strîte · durch den Gelphrâtes zorn.'

Si heten vlorn viere · die muosen si verklagen.
die wâren wol vergolten · dâ wider was erslagen
der von Beier lande · hundert oder baz.
des wâren den von Troneje · ir schilde trüebe und bluotes naz.

Ein teil schein ûz den wolken · des liehten mânen brehen.
dô sprach aber Hagene · ,niemen sol verjehen
den mînen lieben hêrren · waz wir hie haben getân:
lât si unze morgen · âne sorge bestân.'

Dô si nu nâch in kômen · die dort striten ê,
dô tete dem ingesinde · diu müede harte wê.
,wie lange sul wir rîten?' · des vrâget manec man.
dô sprach der küene Dancwart · ,wir mugen niht herbergen hân.

,Ir müezet alle rîten · unz ez werde tac.'
Volkêr der snelle · der des gesindes pflac,
bat den marschalc vrâgen · ,wâ sul wir hînte sîn,
dâ gerasten unser mœre · und ouch die lieben hêrren mîn?'

Dô sprach der küene Dancwart · ,ich enkans iu niht gesagen:
wir mugen niht geruowen · ê ez beginne tagen;
swâ wirz danne vinden · dâ legen uns an ein gras.'
dô si diu mære hôrten · wie leit in sümelîchen was!

Si beliben unvermeldet · des heizen bluotes rôt,
unze daz diu sunne · ir liehtez schînen bôt
dem morgen über berge · daz ez der künec gesach,
daz si gestriten hêten · der helt vil zorneclîchen sprach:

Da sprach beim Verfolgen · Dankwart der Degen:
„Kehren wir nun wieder · zurück auf unsern Wegen
Und lassen wir sie reiten · sie sind vom Blute naß.
Wir eilen zu den Freunden · in Treuen rat' ich das."

Als sie hinwieder kamen · wo der Schade war geschehn,
Da sprach von Tronje Hagen · „Helden, laßt uns sehn,
Wen wir hier vermissen · oder wer uns verlorn
Hier in diesem Streite · ging durch Gelfratens Zorn."

Sie hatten vier verloren · der Schade ließ sich tragen.
Sie waren wohl vergolten · dagegen aber lagen
Deren vom Baierlande · mehr als hundert tot.
Den Tronejern waren · von Blut die Schilde trüb und rot.

Ein wenig brach aus Wolken · des hellen Mondes Licht;
Da sprach wieder Hagen · „Hört, berichtet nicht
Meinen lieben Herren · was hier von uns geschah:
Bis zum Morgen komme · ihnen keine Sorge nah."

Als zu ihnen stießen · die da kamen von dem Streit,
Da klagte das Gesinde · über Müdigkeit:
„Wie lange sollen wir reiten?" · fragte mancher Mann.
Da sprach der kühne Dankwart · „Wir treffen keine Herberg' an.

„Ihr müßt alle reiten · bis an den hellen Tag."
Volker der schnelle · der des Gesindes pflag,
Ließ den Marschall fragen · „Wo kehren wir heut' ein?
Wo rasten unsre Pferde · und die lieben Herren mein?"

Da sprach der kühne Dankwart · „Ich weiß es nicht zu sagen:
Wir können uns nicht ruhen · bis es beginnt zu tagen;
Wo wir es dann finden · legen wir uns ins Gras."
Als sie die Kunde hörten · wie leid war etlichen das!

Sie blieben unverraten · vom heißen Blute rot,
Bis daß die Sonne · die lichten Strahlen bot
Dem Morgen über Berge · wo es der König sah,
Daß sie gestritten hatten · sehr im Zorne sprach er da:

,Wie nu, vriunt Hagene? · iu wœne versmâhet daz,
daz ich iu bî wære · dâ iu die ringe naz
sus wurden von dem bluote · wer hât iu daz getân?'
er sprach: ,daz tet Else · der hete uns nehten bestân.

,Durch den sînen vergen · wir wurden an gerant.
dô sluoc Gelphrâten · mînes bruoder hant.
sît entran uns Else · des twanc in michel nôt:
in hundert und uns viere · belîben dâ in strîte tôt.'

Wir kunnen niht bescheiden · wâ si sich leiten nider.
al die lantliute · die gevrieschen sider,
daz ze hove vüeren · der edelen Uoten kint.
si wurden wol enpfangen · dâ ze Pazzouwe sint.

Der edelen künege œheim · der bischof Pilgrîn,
dem wart vil wol ze muote · dô die neven sîn
mit alsô vil recken · kômen in daz lant.
Daz er in willec wære · daz wart in schiere bekant.

Si wurden wol enpfangen · von vriunden ûf den wegen.
dâ ze Pazzouwe · man kunde ir niht gepflegen;
si muosen über wazzer · dâ si vunden velt:
dâ wurden ûf gespannen · beide hütten und gezelt.

Si muosen dâ belîben · allen einen tac
und ouch die naht mit vollen · wîe schône man ir pflac!
dar nâch si muosen rîten · in Rüedegêres lant:
dem wurden ouch diu mære · dar nâch vil schiere bekant.

Dô die wegemüeden · ruowe genâmen
unde si dem lande · nu nâher quâmen,
dô vundens ûf der marke · slâfende einen man,
dem von Tronje Hagene · ein starkez wâfen an gewan.

Jâ was geheizen Eckewart · der selbe rîter guot.
er gewan dar umbe · vil trûrigen muot,
daz er verlôs daz wâfen · von der helde vart.
die Rüedegêres marke · vundens übele bewart.

„Wie nun denn, Freund Hagen? – Verschmähtet ihr wohl das,
Daß ich euch Hilfe brächte · als euch die Ringe naß
Wurden von dem Blute? · Wer hat euch das getan?“
Da sprach er: „Else tat es · der griff nächten uns an.

„Seines Fergen wegen · wurden wir angerannt.
Da erschlug Gelfraten · meines Bruders Hand.
Zuletzt entrann uns Else · es zwang ihn große Not:
Ihnen hundert, uns nur viere · blieben da im Streite tot.“

Wir können euch nicht melden · wo man die Nachtruh' fand.
All den Landleuten · ward es bald bekannt,
Der edeln Ute Söhne · zögen zum Hofgelag.
Sie wurden wohl empfangen · dort zu Passau bald hernach.

Der werten Fürsten Oheim · der Bischof Pilgerin,
Dem wurde wohl zumute · als seine Neffen ihn
Mit soviel der Recken · besuchten da im Land:
Daß er sie gerne sähe · ward ihnen balde bekannt.

Sie wurden wohl empfangen · von Freunden vor dem Ort.
Nicht all' verpflegen mochte · man sie in Passau dort:
Sie mußten übers Wasser · wo Raum sich fand und Feld:
Da wurden aufgeschlagen · Hütten für sie und Gezelt.

Sie mußten da verweilen · einen vollen Tag
Und eine Nacht darüber · Wie schön man sie verpflag!
Dann ritten sie von dannen · in Rüdigers Land;
Dem wurden auch die Mären · darnach in Eile bekannt.

Als die Wegemüden · Nachtruh' genommen
Und sie dem Lande waren · näher gekommen,
Sie fanden auf der Marke · schlafen einen Mann,
Dem von Tronje Hagen · ein starkes Waffen abgewann.

Eckewart geheißen · war dieser Ritter gut.
Der gewann darüber · gar traurigen Mut,
Daß er verlor das Waffen · durch der Helden Fahrt.
Rüdgers Grenzmarke · die fand man übel bewahrt.

‚Ouwê mir dirre schande' · sprach dô Eckewart.
‚jâ riuwet mich vil sêre · der Burgonden vart.
sît ich verlôs Sîvrîden · sît was mîn vreude ergân;
ouwê, hêrre Rüedegêr · wie hân ich wider dich getân!'

Dô hôrte vil wol Hagene · des edelen recken nôt:
er gab im wider sîn wâfen · und sehs bouge rôt.
‚die habe dir, helt, ze minnen · daz du mîn vriunt sîst;
du bist ein degen küene · swie eine du ûf der marke lîst.'

‚Got lône iu iuwer bouge' · sprach dô Eckewart;
‚doch riuwet mich vil sêre · zen Hiunen iuwer vart.
ir sluoget Sîvrîden · man ist iu hie gehaz:
daz ir iuch wol behüetet · in triuwen rât ich iu daz.'

‚Nu müeze uns Got behüeten' · sprach dô Hagene.
‚jân hânt niht mêre sorge · dise degene,
wan umb die herberge · die künege und ir man,
wâ wir in disem lande · noch hînte nahtselde hân.

‚Diu ros sint uns verdorben · ûf den verren wegen
und spîse zerunnen' · sprach Hagene der degen:
‚wir vindenz ninder veile · uns wære wirtes nôt,
der uns hînte gæbe · durch sîne tugende sîn brôt.'

Dô sprach aber Eckewart · ‚ich zeige iu einen wirt,
daz ir ze hûse selten · sô wol bekomen birt
in deheime lande · als iu hie mac geschehen,
ob ir snelle degene · wellet Rüedegêren sehen.

‚Der sitzet bî der strâze · und ist der beste wirt,
der ie kom ze hûse · sîn herze tugende birt
alsam der süeze meie · daz gras mit bluomen tuot.
sô er sol helden dienen · sô ist er vrœlîch gemuot.'

Dô sprach der künic Gunther · ‚welt ir mîn bote sîn,
ob uns welle behalten · durch den willen mîn
mîn lieber vriunt Rüedegêr · mîn mâge und unser man?
daz wil ich immer dienen · sô ich aller beste kan.'

„O weh mir dieser Schande!" · sprach da Eckewart.
„Schwer muß ich beklagen · der Burgunden Fahrt.
Als ich verlor Siegfrieden · hub all mein Kummer an;
O weh, mein Herr Rüdiger · wie hab' ich wider dich getan!"

Gar wohl hörte Hagen · des edeln Recken Not:
Er gab das Schwert ihm wieder · dazu sechs Spangen rot.
„Die nimm dir, Held, zu Lohne · willst du hold mir sein;
Du bist ein kühner Degen · liegst auf der Mark du auch allein."

„Gott lohn' euch eure Spangen" · sprach da Eckewart;
„Doch muß ich sehr beklagen · zu den Heunen eure Fahrt.
Ihr erschlugt Siegfrieden · hier trägt man euch noch Haß:
Daß ihr euch wohl behütet · in Treuen rat' ich euch das."

„Nun mög' uns Gott behüten" · sprach Hagen entgegen,
„Keine andre Sorge · haben diese Degen
Als um die Herberge · die Fürsten und ihr Lehn,
Wo wir in diesem Lande · heute Nachtruh' sollen sehn.

„Verdorben sind die Rosse · uns auf den fernen Wegen,
Die Speise gar zerronnen" · sprach Hagen der Degen:
„Wir finden' s nicht zu Kaufe · es wär' ein Wirt uns not,
Der uns heute gäbe · um seine Ehre sein Brot."

Da sprach wieder Eckewart · „Ich zeig' euch solchen Wirt,
Daß niemand euch im Hause · so gut empfangen wird
Irgend in den Landen · als hier euch mag geschehn,
Wenn ihr schnelle Degen · wollt zu Rüdigern gehn.

„Der Wirt wohnt an der Straße · der beste allerwärts,
Der je ein Haus besessen · Milde gebiert sein Herz,
Wie das Gras mit Blumen · der süße Maimond tut,
Und soll er Helden dienen · so ist er froh und wohlgemut."

Da sprach der König Gunther · „Wollt ihr mein Bote sein,
Ob uns behalten wolle · bis an des Tages Schein
Mein lieber Freund Rüdiger · und die mir untertan?
Das will ich stets verdienen · so gut ich irgend nur kann."

‚Der bote bin ich gerne' · sprach dô Eckewart.
mit vil guotem willen · huob er sich an die vart
und seite Rüedegêre · als er hete vernomen.
im was in langen zîten · niht sô lieber mære komen.

Man sach ze Bechlâren · îlen einen degen.
selbe erkand in Rüedegêr · er sprach: ‚ûf disen wegen
dort her gâhet Eckewart · ein Kriemhilde man.'
er wânde, daz die vînde · im heten leide getân.

Dô gie er vür die porte · dâ er den boten vant.
daz swert er abe gurte · und leite ez von der hant.
diu mære, diu er brâhte · wurden niht verdaget
den wirt und sîne vriunde · ez wart in schiere gesaget.

Er sprach zem marcgrâven · ‚mich hât zuo ziu gesant
Gunther der hêrre · von Burgonden lant
und Gîselher sîn bruoder · und ouch Gêrnôt:
der recken ieslîcher · iu sînen dienest her enbôt.

‚Daz selbe hât ouch Hagene · dar zuo Volkêr
mit triuwen vlîzeclîchen · noch sage ich iu mêr,
daz iu des küneges marschalc · bî mir daz enbôt,
daz den guoten knehten · wær iuwer herberge nôt.'

Mit lachendem munde · sprach dô Rüedegêr:
‚nu wol mich dirre mære · daz die künege hêr
geruochent mîner dienste · der wirt in niht verseit.
koment si mir zu hûse · des bin ich vrœlich gemeit.'

‚Dancwart der marschalc · hiez iuch wizzen lân,
wen ir ze hûse · mit in soldet hân:
sehzec sneller recken · und tûsent rîter guot
und niun tûsent knehte' · dô wart er vrœlîch gemuot.

‚Nu wol mich dirre geste' · sprach dô Rüedegêr,
‚daz mir koment ze hûse · dise recken hêr,
den ich noch vil selten · iht gedienet hân.
nu rîtet in enkegene · beide mâge unde man.'

„Der Bote bin ich gerne“ · sprach da Eckewart.
Mit gar gutem Willen · erhob er sich zur Fahrt,
Rüdigern zu sagen · was er da vernommen.
Dem war in langen Zeiten · so liebe Kunde nicht gekommen.

Man sah zu Bechlaren · eilen einen Degen,
Den Rüdger wohl erkannte · er sprach: „Auf diesen Wegen
Kommt Eckewart in Eile · Kriemhildens Untertan.“
Er wähnte schon, die Feinde · hätten ihm ein Leid getan.

Da ging er vor die Pforte · wo er den Boten fand.
Der nahm sein Schwert vom Gurte · und legt' es aus der Hand.
Die Märe, die er brachte · verschwieg er länger nicht
Dem Wirt und seinen Freunden · bald gab er ihnen Bericht.

Er sprach zum Markgrafen · „Mich hat zu euch gesandt
Gunther der König · aus Burgundenland
Und Geiselher sein Bruder · und auch Gernot;
Jeglicher der Recken · euch seine Dienste her entbot.

„Dasselbe tut auch Hagen · Volker auch zugleich,
Mit Fleiß und rechter Treue · dazu bericht' ich euch,
Was des Königs Marschall · euch durch mich entbot,
Es sei den guten Degen · eure Herberge not.“

Mit lachendem Munde · sprach da Rüdiger:
„Nun wohl mir dieser Märe · daß die Könige hehr
Meinen Dienst verlangen · dazu bin ich bereit.
Wenn sie ins Haus mir kommen · des bin ich höchlich erfreut.“

„Dankwart der Marschall · hat euch kund getan,
Wer euch zu Hause · noch heute zieht heran:
Sechzig kühner Recken · und tausend Ritter gut
Mit neuntausend Knechten“ · Da ward ihm fröhlich zumut'.

„Wohl mir dieser Gäste“ · sprach da Rüdiger,
„Daß mir zu Hause kommen · diese Recken hehr,
Denen ich noch selten · hab' einen Dienst getan.
Entgegen reitet ihnen · sei's Freund oder Untertan.“

Dô îlten zuo den rossen · rîter unde kneht:
swaz in gebôt ir hêrre · daz dûhtes alle reht.
dô liezens in der dienste · zogen deste baz.
ez wesse niht vrou Gotelint · diu in ir kemenâten saz.

Da eilte zu den Rossen · Ritter so wie Knecht:
Was sie der Herr geheißen · das dauchte alle recht.
Sie brachten ihre Dienste · um so schneller dar.
Noch wußt' es nicht Frau Gotlind · die in ihrer Kammer war.

AVENTIURE

wie si ze Bechelâren kômen

Dô gie der marcgrâve · dâ er die vrouwen vant,
sîn wîp mit sîner tohter · und seite in zehant
diu vil lieben mære · diu er hete vernomen,
daz in ir vrouwen bruoder · dar ze hûse solden komen.

‚Vil liebiu triutinne‘ · sprach dô Rüedegêr,
‚ir sult vil wol enpfâhen · die edelen künege hêr,
sô si mit ir gesinde · her ze hove gân.
ir sult ouch schône grüezen · Hagenen Guntheres man.

‚Mit in kumt ouch einer · der heizet Dancwart;
der ander heizet Volkêr · an zühten wol bewart.
die sehse sult ir küssen · und diu tohter mîn
und sult ouch bî den recken · in zühten güetlîchen sîn.‘

Daz lobeten dô die vrouwen · und wâren sîn bereit:
si suohten ûz den kisten · diu hêrlîchen kleit,
dar inne si begegene · den recken wolden gân.
dâ wart vil michel vlîzen · von schœnen wîben getân.

Gevelschet vrouwen varwe · vil lützel man dâ vant.
si truogen ûf ir houbten · von golde liehtiu bant,
daz wâren schapel rîche · daz in ir schœne hâr
zervuorten niht die winde · daz ist an den triuwen wâr.

In solhen unmuozen · sul wir die vrouwen lân.
hie wart vil michel gâhen · über velt getân
von Rüedegêres vriunden · dâ man die vürsten vant.
si wurden wol enpfangen · in des marcgrâven lant.

Dô si der marcgrâve · zuo im komen sach,
ze sînen lieben gesten · vrœlîchen er dô sprach:
‚sît willekomen, ir hêrren · und ouch iuwer man.
hie in mîme lande · vil gerne ich iuch gesehen hân.‘

SIEBENUNDZWANZIGSTES ABENTEUER

Wie sie nach Bechlaren kamen

Hin ging der Markgraf · wo er die Frauen fand,
Sein Weib und seine Tochter · Denen macht' er da bekannt
Diese liebe Märe · die er jetzt vernommen,
Daß ihrer Frauen Brüder · zu ihrem Hause sollten kommen.

„Viel liebe Traute" · sprach da Rüdiger,
„Ihr sollt sie wohl empfangen · die edeln Kön'ge hehr,
Wenn sie und ihr Gesinde · vor euch zu Hofe gehn;
Ihr sollt auch freundlich grüßen · Hagen in König Gunthers Lehn.

„Mit ihnen kommt auch einer · mit Namen Dankwart;
Ein andrer heißt Volker · an Ehren wohlbewahrt.
Die sechse sollt ihr küssen · ihr und die Tochter mein,
Und sollt in höf'schen Züchten · diesen Recken freundlich sein."

Das gelobten ihm die Frauen · und waren's gern bereit.
Sie suchten aus den Kisten · manch herrliches Kleid,
Darin sie den Recken · entgegen wollten gehn.
Da mocht ein groß Befleißen · von schönen Frauen geschehn.

Gefälschter Frauenzierde · gar wenig man da fand;
Sie trugen auf dem Haupte · lichtes goldnes Band,
Das waren reiche Kränze · damit ihr schönes Haar
Die Winde nicht verwehten · das ist meiner Treue wahr.

In solcher Unmuße · lassen wir die Fraun.
Da war ein schnelles Reiten · über Feld zu schaun
Von Rüdigers Freunden · bis man die Fürsten fand.
Sie wurden wohl empfangen · in des Markgrafen Land.

Als sie der Markgraf · zu sich kommen sah,
Rüdiger der schnelle · wie fröhlich sprach er da:
„Willkommen mir, ihr Herren · und die in euerm Lehn!
Hier in diesem Lande · seid ihr gerne gesehn."

Dô nigen im die recken · mit triuwen âne haz.
daz er in willec wære · wol erzeigt er daz.
besunder gruozter Hagenen · dem het er ê bekant;
sam tet er Volkêren · ûzer Burgonden lant.

Er enpfie ouch Dancwarten · dô sprach der küene degen:
,sît ir uns welt beruochen · wer sol danne pflegen
des unsern ingesindes · daz wir haben brâht?'
dô sprach der marcgrâve · ,ir sult haben guote naht

,Und allez iuwer gesinde · swaz ir in daz lant
habt mit iu gevüeret · ros und gewant,
dem schaffe ich solhe huote · daz sîn niht wirt verlorn,
daz iu ze schaden bringe · gegen einen halben sporn.

,Spannet ûf, ir knehte · die hütten an daz velt;
swaz ir hie verlieset · des wil ich wesen gelt:
ziehet ab die zoume · diu ros lâzet gân.'
daz het in wirt deheiner · dâ vor vil selten getân.

Des vreuten sich die geste · dô daz geschaffet was,
die hêrren riten dannen · sich leiten in daz gras
über al die knehte · si heten guot gemach.
ich wæn, in an der verte · nie sô samfte geschach.

Diu edel marcgrâvinne · vür die burc was gegân
mit ir schœnen tohter · dô sach man bî ir stân
minneclîche vrouwen · und manec schœne meit:
die truogen vil der bouge · unde hêrlîchiu kleit.

Daz edele gesteine · lûhte verre dan
ûz ir vil rîchen wæte · si wâren wol getân.
dô kômen ouch die geste · und erbeizten sâ zehant.
hei, waz man grôzer zühte · an den Burgonden vant!

Sehs und drîzec meide · und ander manec wîp,
den was wol ze wunsche · geschaffen der lîp:
die giengen in enkegene · mit manegem küenen man.
dô wart schône grüezen · von edelen wîben getân.

Da dankten ihm die Recken · in Treuen ohne Haß.
Daß sie willkommen waren · wohl erzeigt' er das.
Besonders grüßt' er Hagen · der war ihm längst bekannt;
So tat er auch mit Volkern · dem Helden aus Burgundenland.

Er begrüßt' auch Dankwarten · Da sprach der kühne Degen:
„Wollt ihr uns hier versorgen · wer soll dann verpflegen
Unser Ingesinde · das wir mitgebracht?"
Da begann der Markgraf · „Dafür habt geruhige Nacht,

„Ihr und euer Gesinde! · Was ihr in das Land
Mit euch geführet habet · Roß und Gewand,
Ich schaff' ihm solche Hüter · nichts geht davon verloren,
Das euch zu Schaden brächte · nur um einen halben Sporen.

„Spannet auf, ihr Knechte · die Hütten in dem Feld!
Was ihr hier verlieret · dafür leist' ich Entgelt:
Zieht die Zäume nieder · und laßt die Rosse gehn."
Das war ihnen selten · von einem Wirt noch geschehn.

Des freuten sich die Gäste · Als das geschehen war
Und die Herrn von dannen ritten · legte sich die Schar
Der Knecht' im Grase nieder · sie hatten gut Gemach.
Sie fanden's auf der Reise · nicht besser vor oder nach.

Die Markgräfin eilte · vor die Burg zu gehn
Mit ihrer schönen Tochter · Da sah man bei ihr stehn
Die minniglichen Frauen · und manche schöne Maid:
Die trugen viel der Spangen · und manches herrliche Kleid.

Das edle Gesteine · glänzte fern hindann
Aus ihrem reichen Schmucke · sie waren wohlgetan.
Da kamen auch die Gäste · und sprangen auf den Sand.
Hei! was man edle Sitten · an den Burgunden fand!

Sechsunddreißig Mägdelein · und viel andre Fraun,
Die wohl nach Wunsche waren · und wonnig anzuschaun,
Gingen den Herrn entgegen · mit manchem kühnen Mann.
Da ward ein schönes Grüßen · von edeln Frauen getan.

Diu junge marcgrâvinne kuste · die künege alle drî:
alsam tet ir muoter · dâ stuont ouch Hagene bî.
ir vater hiez in küssen · dô blicte si in an:
er dûhte si dô vorhtlîch · daz siz vil gerne hete lân.

Doch muoste si dâ leisten · daz ir der wirt gebôt.
gemischet wart ir varwe · bleich unde rôt.
si kuste ouch Dancwarten · dar nâch den spilman:
durch sînes lîbes ellen · wart im daz grüezen getân.

Diu junge marcgrâvinne · diu nam bî der hant
Gîselher den jungen · von Burgonden lant:
alsam tet ir muoter · Gunther den küenen man.
sie giengen mit den helden · vil harte vrœlîchen dan.

Der wirt gie bî Gêrnôte · in einen wîten sal.
rîter unde vrouwen · gesâzen dâ ze tal.
dô hiez man balde schenken · den gesten guoten wîn.
jâ endorften nimmer · helde baz gehandelt sîn.

Mit lieben ougen blicken · wart gesehen an
Rüedegêres tohter · diu was sô wol getân.
jâ trûtes in den sinnen · vil manec rîter guot;
daz kunde ouch si verdienen · si was vil hôhe gemuot.

Si gedâhten, swes si wolden · des enmoht ab niht geschehen.
hin und her widere · wart dâ vil gesehen
an meide und an vrouwen · der saz dâ genuoc.
der edele videlære · dem wirte holden willen truoc.

Nâch gewonheite · sô schieden si sich dâ:
rîter unde vrouwen · die giengen anderswâ.
dô rihte man die tische · in dem sale wît;
den unkunden gesten · man diende hêrlîche sît.

Durch der geste liebe · hin ze tische gie
diu edele marcgrâvinne · ir tohter si dô lie
belîben bî den kinden · dâ sie von rehte saz.
die geste ir niht ensâhen · si muote wærlîchen daz.

Die junge Markgräfin küßte · die Kön'ge alle drei;
So tat auch ihre Mutter · Hagen stand dabei.
Den hieß ihr Vater küssen · da blickte sie ihn an:
Er dauchte sie so furchtbar · sie hätt' es lieb er nicht getan.

Doch mußte sie es leisten · wie ihr der Wirt gebot.
Gemischt ward ihre Farbe · bleich und auch rot.
Auch Dankwarten küßte sie · danach den Fiedelmann:
Seiner Kraft und Kühnheit wegen · ward ihm das Grüßen getan.

Die junge Markgräfin · nahm bei der Hand
Geiselher den jungen · von Burgundenland;
So nahm auch ihre Mutter · Gunthern den kühnen Mann.
Sie gingen mit den Helden · beide fröhlich hindann.

Der Wirt ging mit Gernot · in einen weiten Saal.
Die Ritter und die Frauen · setzten sich zumal.
Man ließ alsdann den Gästen · schenken guten Wein:
Gütlicher bewirtet · mochten Helden nimmer sein.

Mit zärtlichen Augen · sah da mancher an
Rüdigers Tochter · die war so wohlgetan.
Wohl kost' in seinem Sinne · sie mancher Ritter gut;
Das mochte sie verdienen · sie trug gar hoch ihren Mut.

Sie gedachten, was sie wollten · nur konnt ' es nicht geschehn.
Man sah die guten Ritter · hin und wieder spähn
Nach Mägdelein und Frauen · deren saßen da genug.
Dem Wirt geneigten Willen · der edle Fiedeler trug.

Da wurden sie geschieden · wie Sitte war im Land:
Zu andern Zimmern gingen · Ritter und Frau'n zur Hand.
Man richtete die Tische · in dem Saale weit
Und ward den fremden Gästen · zu allen Diensten bereit.

Den Gästen ging zuliebe · die edle Markgräfin
Mit ihnen zu den Tischen · die Tochter ließ sie drin
Bei den Mägdlein weilen · wo sie nach Sitte blieb.
Daß sie die nicht mehr sahen · das war den Gästen nicht lieb.

Dô si getrunken hêten · und gezzen über al,
dô wîsete man die schœnen · wider in den sal.
gemelîcher sprüche · wart dâ niht verdeiht:
der reite vil dô Volkêr · ein degen küene und gemeit.

Dô sprach offenlîchen · der edele spilman:
‚vil rîcher marcgrâve · Got hât an iu getân
vil genædeclîchen · wan er iu hât gegeben
ein wîp sô rehte schœne · dar zuo ein wünneclîchez leben.

‚Ob ich ein vürste wære‘ · sprach der spilman,
‚und solde tragen krône · ze wîbe wolde ich hân
iuwer schœne tohter · des wünschet mir der muot.
diu ist minneclîch ze sehene · dar zuo edel unde guot.‘

Dô sprach der marcgrâve · ‚wie möhte daz gesîn,
daz immer künic gerte · der lieben tohter mîn?
wir sîn hie ellende · beide, ich und mîn wîp:
was hilfet grôziu schœne · der guoten juncvrouwen lîp?‘

Des antwurte Gêrnôt · der wol gezogene man:
‚und solde ich triutinne · nâch mînem willen hân,
sô wolde ich solhes wîbes · immer werden vrô.‘
des antwurte Hagene · harte zühteclîchen dô:

‚Nu sol mîn hêrre Gîselher · nemen doch ein wîp:
ez ist sô hôher mâge · der marcgrâvinne lîp,
daz wir ir gerne dienden · ich und sîne man,
und soldes under krône · dâ zen Burgonden gân.‘

Diu rede Rüedegêren · dûhte harte guot
und ouch Gotelinde · jâ vreute si in den muot.
sît truogen an die helede · daz si ze wîbe nam
Gîselher der edele · als ez künege wol gezam.

Swaz sich sol gevüegen · wer mac daz understên?
man bat die juncvrouwen · hin ze hove gên:
dô swuor man im ze gebene · daz wünneclîche wîp:
dô lobte ouch er ze minnen · ir vil minneclîchen lîp!

Als sie getrunken hatten · und gegessen überall,
Da führte man die Schöne · wieder in den Saal.
Anmut'ge Reden · wurden nicht gescheut:
Viel sprach deren Volker · ein Degen kühn und allbereit.

Da sprach unverhohlen · der edle Fiedelmann:
„Viel reicher Markgraf · Gott hat an euch getan
Nach allen seinen Gnaden · er hat euch gegeben
Ein Weib, ein so recht schönes · dazu ein wonnigliches Leben.

„Wenn ich ein König wäre" · sprach der Fiedelmann,
„Und sollte Krone tragen · zum Weibe nähm' ich dann
Eure schöne Tochter · die wünschte sich mein Mut.
Sie ist minniglich zu schauen · dazu edel und gut."

Der Markgraf entgegnete · „Wie möchte das wohl sein,
Daß ein König je begehrte · der lieben Tochter mein?
Wir sind hier beide heimatlos · ich und mein Weib:
Was hilft große Schönheit · unsrer guten Tochter Leib?"

Zur Antwort gab ihm Gernot · der edle Degen gut:
„Sollt' ich ein Weib mir wählen · nach meinem Sinn und Mut,
So wär' ich solches Weibes · stets von Herzen froh."
Darauf versetze Hagen · in höfischen Züchten so:

„Nun soll sich doch beweiben · mein Herr Geiselher:
Es ist so hohen Stammes · die Markgräfin hehr,
Daß wir ihr gerne dienten · ich und all sein Lehn,
Wenn sie bei den Burgunden · unter Krone sollte gehn."

Diese Rede dauchte · den Markgrafen gut
Und auch Gotelinde · wohl freute sich ihr Mut.
Da schufen es die Helden · daß sie zum Weibe nahm
Geiselher der edle · wie er es mocht' ohne Scham.

Soll ein Ding sich fügen · wer mag ihm widerstehn?
Man bat die Jungfraue · hin zu Hof zu gehn.
Da schwur man ihm zu geben · das schöne Mägdelein,
Wogegen er sich erbot · die Wonnigliche zu frein.

Man beschiet der juncvrouwen · bürge unde lant.
des sichert dâ mit eiden · des edelen küneges hant
und der hêrre Gêrnôt · daz wurde daz getân.
dô sprach der marcgrâve · ‚sît ich der bürge niht enhân,

‚Sô sol ich iu mit triuwen · immer wesen holt.
ich gibe zuo mîner tohter · silber unde golt,
swaz hundert soumære · meist mügen tragen,
daz ez des heldes mâgen · nâch êren müge wol behagen.‘

Dô hiez man si beide · stên an einen rinc
nâch gewonheite · vil manec jungelinc
in vrœlîchem muote · ir zegagene stuont:
sie gedâhten in ir sinnen · sô noch die tumben gerne tuont.

Dô man begunde vrâgen · die minneclîchen meit,
ob si den recken wolde · ein teil was ez ir leit;
doch dâhte si ze nemene · den wætlîchen man.
si schamte sich der vrâge · sô manec meit hât getân.

Ir riet ir vater Rüedegêr · daz si spræche jâ
und daz si in gerne næme · vil schiere dô was dâ
mit sînen wîzen handen · der si umbeslôz,
Gîselher der junge · swie lützel si sîn doch genôz.

Dô sprach der marcgrâve · ‚ir edelen künege rîch,
als ir nur wider rîtet · daz ist gewonlîch,
heim ze Burgonden · sô gib ich iu mîn kint,
daz ir si mit iu vüeret‘ · daz gelobten si sint.

Swaz man dâ schalles hôrte · den muosen si doch lân.
man hiez die juncvrouwen · zir kemenâten gân
und ouch die geste slâfen · mit ruowe an den tac.
dô bereite man die spîse · der wirt ir güetlîche pflac.

Dô si enbizzen wâren · si wolden dannen varn
gên der Hiunen lande · ‚daz heiz ich wol bewarn,‘
sprach der wirt edele · ‚ir sult noch hie bestân,
wan ich sô lieber geste · selten iht gewunnen hân.‘

Man beschied der Jungfrau · Burgen und auch Land.
Da sicherte mit Eiden · des edeln Königs Hand
Und Gernot der Degen · es werde so getan.
Da sprach der Markgraf · „Da ich Burgen nicht gewann,

„So kann ich euch in Treuen · nur immer bleiben hold.
Ich gebe meiner Tochter · an Silber und an Gold,
Was hundert Saumrosse · nur immer mögen tragen,
Daß es des Bräutigams Freunden · nach Ehren möge behagen."

Da wurden diese beiden · in einen Kreis gestellt
Nach dem Rechtsgebrauche · Mancher junge Held
Stand ihr gegenüber · in fröhlichem Mut;
Er gedacht' in seinem Sinne · wie noch ein Junger gerne tut.

Als man begann zu fragen · die minnigliche Maid,
Ob sie den Recken wolle · zum Teil war es ihr leid;
Doch dachte sie zu nehmen · den waidlichen Mann.
Sie schämte sich der Frage · wie manche Maid hat getan.

Ihr riet ihr Vater Rüdiger · daß sie spräche ja,
Und daß sie gern ihn nähme · Wie schnell war er da
Mit seinen weißen Händen · womit er sie umschloß,
Geiselher der junge! · Wie wenig sie ihn doch genoß!

Da begann der Markgraf · „Ihr edeln Kön'ge reich,
Wenn ihr nun wieder reitet · heim in euer Reich,
So geb' ich euch, so ist es · am schicklichsten, die Magd,
Daß ihr sie mit euch führet" · Also ward es zugesagt.

Der Schall, den man hörte · der mußte nun vergehn.
Da ließ man die Jungfrau · zu ihrer Kammer gehn
Und auch die Gäste schlafen · und ruhn bis an den Tag.
Da schuf man ihnen Speise · der Wirt sie gütlich verpflag.

Als sie gegessen hatten · und nun von dannen fahren
Wollten zu den Heunen · „Davor will ich euch wahren,"
Sprach der edle Markgraf · „ihr sollt noch hier bestehn;
So liebe Gäste hab' ich · lange nicht bei mir gesehn."

Des antwurte Dancwart · ,des mac niht gesîn:
wâ næmet ir die spîse · daz brôt und ouch den wîn,
daz ir sô manegen recken · noch hînte müeset hân?'
dô daz der wirt erhôrte · er sprach: ,ir sult die rede lân.

,Mîne vil lieben hêrren · sult mir niht versagen;
jâ gib ich iu die spîse · ze vierzehen tagen
mit allem dem gesinde · daz mit iu her ist komen.
mir hât der künic Etzel · noch vil wênic iht genomen.'

Swie sêre si sich werten · sie muosen dâ bestân
unz an den vierden morgen · dô wart dâ getân
von des wirtes milte · daz verre wart geseit:
er gap sînen gesten · beidiu ros unde kleit.

Ez enkunde niht wern langer · si muosen dannen varn.
Rüedegêr der kunde · wênic iht gesparn
vor der sînen milte · swes iemen gerte nemen,
daz verseiter niemen · ez muose in allen wol gezemen.

Ir edel ingesinde · brâhte vür daz tor
gesatelt vil der mœre · dô kom zuo in dâ vor
vil der vremden recken · die truogen schilde enhant,
wan si wolden rîten · in daz Etzelen lant.

Der wirt dô sîne gâbe · bôt über al,
ê die edelen geste · kœmen vür den sal.
er kunde milteclîche · mit grôzen êren leben.
sîne tohter schœne · het er Gîselher gegeben.

Dô gab er Gêrnôte · ein wâfen guot genuoc,
daz er sît in stürmen · vil hêrlîchen truoc.
der gâbe im wol gunde · des marcgrâven wîp;
dâ von der guote Rüedegêr · sît muose vliesen den lîp.

Dô gab er Gunthêren · dem helde lobelîch,
daz wol truoc mit êren · der edel künic rîch,
swie er selten gâbe enpfienge · ein wâfenlîch gewant.
dar nâch neic dô Gunther · des edelen Rüedegêres hant.

Dankwart entgegnete · „Das kann ja nicht sein:
Wo nähmt ihr die Speise · das Brot und auch den Wein,
Das ihr doch haben müßtet · für solch ein Heergeleit?"
Als das der Wirt erhörte · er sprach: „Die Rede laßt beiseit'.

„Meine lieben Herren · ihr dürft mir's nicht versagen.
Wohl geb' ich euch die Speise · zu vierzehen Tagen,
Euch und dem Gesinde · das mit euch hergekommen.
Mir hat der König Etzel · noch gar selten was genommen."

Wie sehr sie sich wehrten · sie mußten da bestehn
Bis an den vierten Morgen · Da sah man geschehn
Durch des Wirtes Milde · was weithin ward bekannt:
Er gab seinen Gästen · beides Ross' und Gewand.

Nicht länger mocht' es währen · sie mußten an ihr Ziel.
Seines Gutes konnte · Rüdiger nicht viel
Vor seiner Milde sparen · Wonach man trug Begehr,
Das versagt' er niemand · er gab es gern den Helden hehr.

Ihr edel Ingesinde · brachte vor das Tor
Gesattelt viel der Rosse · zu ihnen kam davor
Mancher fremde Recke · den Schild an der Hand,
Da sie reiten wollten · in des König Etzels Land.

Der Wirt bot seine Gaben · den Degen allzumal,
Eh' die edeln Gäste · kamen vor den Saal.
Er konnte wohl mit Ehren · in hoher Milde leben.
Seine schöne Tochter · hatt' er Geiselhern gegeben;

Da gab er Gernoten · eine Waffe gut genug,
Die hernach in Stürmen · der Degen herrlich trug.
Ihm gönnte wohl die Gabe · des Markgrafen Weib;
Doch verlor der gute Rüdiger · davon noch Leben und Leib.

Er gab König Gunthern · dem Helden ohne Gleich,
Was wohl mit Ehren führte · der edle König reich,
Wie selten er auch Gab' empfing · ein gutes Streitgewand.
Da neigte sich der König · vor des milden Rüdger Hand.

Gotelint bôt Hagenen · als ir wol gezam,
ir minneclîche gâbe · sît si der künic nam,
daz er âne ir stiure · zuo der hôhgezît
von ir niht varn solde · doch widerreite er ez sît.

‚Alles, des ich ie gesach‘ · sprach dô Hagene,
‚sô engerte ich hinnen mêre · niht ze tragene
niuwan jenes schildes · dort an der want:
den wolde ich gerne vüeren · in daz Etzelen lant.‘

Dô diu marcgrâvinne · Hagenen rede vernam,
ez mande si ir leide · weinens si gezam.
dô dâhte si vil tiure · an Nuodunges tôt,
den hete erslagen Witege · dâ von het si jâmers nôt.

Si sprach zuo dem degene · ‚den schilt wil ich iu geben.
daz wolde Got von himele · daz er noch solde leben,
der in dâ truoc enhende! · der lac in sturme tôt.
den muoz ich immer weinen · des gât mir armem wîbe nôt.‘

Diu edel marcgrâvinne · von dem sedele gie,
mit ir vil wîzen handen · si den schilt gevie:
diu vrouwe truoc in Hagenen · er nam in an die hant.
diu gâbe was mit êren · an den recken gewant.

Ein hulft von liehtem pfelle · ob sîner varwe lac.
bezzern schilt deheinen · belûhte nie der tac.
von edelem gesteine · der sîn hete gegert
zu koufen, an der koste · was er wol tûsent marke wert.

Den schilt hiez dô Hagene · von im tragen dan.
dô begunde Dancwart · hin ze hove gân.
dem gab vil rîchiu kleider · des marcgrâven kint,
diu truoc er dâ zen Hiunen · vil harte hêrlîchen sint.

Allez, daz der gâbe · von in wart genomen,
in ir deheines hende · wær ir niht bekomen
wan durch des wirtes liebe · derz in sô schône bôt.
sît wurden si im sô vîent · daz si in slahen muosen tôt.

Gotelind bot Hagnen · sie durfte es ohne Scham,
Ihre freundliche Gabe · da sie der König nahm,
So sollt' auch er nicht fahren · zu dem Hofgelag
Ohn' ihre Steuer · der edle Held aber sprach:

„Alles, was ich je gesehn" · entgegnete Hagen,
„So begehr' ich nichts weiter · von hinnen zu tragen
Als den Schild, der dorten · hängt an der Wand:
Den möcht' ich gerne führen · mit mir in der Heunen Land."

Als die Rede Hagens · die Markgräfin vernahm,
Ihres Leids ermahnt' er sie · daß ihr das Weinen kam.
Mit Schmerzen gedachte · sie an Nudungs Tod,
Den Wittich hatt' erschlagen · das schuf ihr Jammer und Not.

Sie sprach zu dem Degen · „Den Schild will ich euch geben.
Wollte Gott vom Himmel · daß der noch dürfte leben,
Der einst ihn hat getragen! · er fand im Kampf den Tod.
Ich muß ihn stets beweinen · das schafft mir armem Weibe Not!

Da erhob sich vom Sitze · die Markgräfin mild:
Mit ihren weißen Händen · hob sie herab den Schild
Und trug ihn hin zu Hagen · der nahm ihn an die Hand.
Die Gabe war mit Ehren · an den Recken gewandt.

Eine Hülle lichten Zeuges · auf seinen Farben lag.
Bessern Schild als diesen · beschien wohl nie der Tag.
Mit edelm Gesteine · war er so besetzt,
Man hätt' ihn im Handel · wohl auf tausend Mark geschätzt.

Den Schild hinwegzutragen · befahl der Degen hehr.
Da kam sein Bruder Dankwart · auch zu Hofe her.
Dem gab reiche Kleider · Rüdgers Kind genug,
Die er bei den Heunen · hernach mit hohen Ehren trug,

Wieviel sie der Gaben · empfingen insgemein,
Nichts würd' in ihre Hände · davon gekommen sein,
War's nicht dem Wirt zuliebe · der es so gütlich bot.
Sie wurden ihm so feind hernach · daß sie ihn schlagen mußten tot.

Volkêr der snelle · mit sîner videlen dan
gie gezogenlîchen · vür Gotelinde stân.
er videlte süeze dœne · und sanc ir sîniu liet:
dâ mit nam er urloup · dô er von Bechlâren schiet.

Ir hiez diu marcgrâvinne · eine lade tragen,
von vriuntlîcher gâbe · muget ir hœren sagen:
dar ûz nam si zwelf bouge · und spien ims an die hant:
‚die sult ir hinnen vüeren · in daz Etzelen lant

‚Und sult durch mînen willen · si ze hove tragen:
swenne ir wider wendet · daz man mir müge sagen,
wie ir mir habet gedienet · dâ ze der hôhzît.‘
des diu vrouwe gerte · vil wol leistete er daz sît.

Dô sprach der wirt zen gesten · ‚ir sult dest samfter varn:
ich wil iuch selbe leiten · und heizen wol bewarn,
daz iu ûf der strâze · niemen müge schaden.‘
dô wurden sîne soume · harte schiere geladen.

Der wirt wart wol bereitet · mit vünf hundert man,
mit rossen und mit kleidern · die vuorte er mit im dan
vil harte vrœlîchen · zuo der hôhgezît;
der einer mit dem lebene · kom nie ze Bechlâren sît.

Mit kusse minneclîchen · der wirt dô dannen schiet:
alsô tet ouch Gîselher · als im sîn tugent riet.
mit umbeslozzen armen · si trûten schœniu wîp;
daz muose sît beweinen · vil maneger juncvrouwen lîp.

Dô wurden allenthalben · diu venster ûf getân.
der wirt mit sînen mannen · zen rossen wolde gân.
ich wæn, ir herze in seite · diu krefteclîchen leit:
dâ weinde manec vrouwe · und manec wætlîchiu meit.

Nâch ir lieben vriunden · genuoge heten sêr,
die si ze Bechelâren · gesâhen nimmer mêr.
doch riten si mit vreuden · nider über sant
zetal bî Tuonouwe · in daz Hiunische lant.

Da hatte mit der Fiedel · Volker der schnelle Held
Sich vor Gotelinde · höfisch hingestellt.
Er geigte süße Töne · und sang dazu sein Lied:
Damit nahm er Urlaub · als er von Bechlaren schied.

Da ließ die Markgräfin · eine Lade näher tragen.
Von freundlicher Gabe · mögt ihr nun hören sagen:
Zwölf Spangen, die sie aus ihr nahm · schob sie ihm an die Hand:
„Die sollt ihr führen, Volker · mit euch in der Heunen Land

„Und sollt sie mir zuliebe · dort am Hofe tragen:
Wenn ihr wiederkehret · daß man mir möge sagen,
Wie ihr gedient mir habet · bei dem Hofgelag'."
Wie sie ihn gebeten · so tat der Degen hernach.

Der Wirt sprach zu den Gästen · „Daß ihr nun sichrer fahrt,
Will ich euch selbst geleiten · so seid ihr wohl bewahrt,
Daß ihr auf der Straße · nicht werdet angerannt."
Seine Saumrosse · die belud man gleich zur Hand.

Der Wirt war reisefertig · und fünfhundert Mann
Mit Rossen und mit Kleidern · die führt' er hindann
Zu dem Hofgelage · mit fröhlichem Mut;
Nach Bechelaren kehrte · nicht Einer all der Ritter gut.

Mit minniglichen Küssen · der Wirt von dannen schied;
Also tat auch Geiselher · wie seine Zucht ihm riet.
Sie herzten schöne Frauen · mit zärtlichem Umfahn:
Das mußten bald beweinen · viel Jungfrauen wohlgetan.

Da wurden allenthalben · die Fenster aufgetan,
Als mit seinen Mannen · der Markgraf ritt hindann.
Sie fühlten wohl im Herzen · voraus das herbe Leid:
Drum weinten viel der Frauen · und manche waidliche Maid.

Nach den lieben Freunden · trug manche groß' Beschwer,
Die sie in Bechelaren · ersahen nimmermehr.
Doch ritten sie mit Freuden · nieder an dem Strand
Dort im Donautale · bis in das heunische Land.

Dô sprach zen Burgonden · der rîter vil gemeit,
Rüedegêr der edele · ‚jâ sulen niht verdeit
wesen unser mære · daz wir zen Hiunen komen.
im hât der künic Etzel · nie so liebes niht vernomen.‘

Zetal durch Osterrîche · der bote balde reit:
den liuten allenthalben · wart daz wol geseit,
daz die helde kœmen · von Wormez über Rîn.
des küneges ingesinde · kund ez niht lieber gesîn.

Die boten vür strichen · mit den mæren,
daz die Niblunge · zen Hiunen wæren:
‚du solt si wol enpfâhen · Kriemhilt, vrouwe mîn:
dir koment nâch grôzen êren · die vil lieben bruoder dîn.‘

Kriemhilt diu vrouwe · in ein venster stuont;
si warte nâch den mâgen · sô vriunt nâch vriunden tuont.
von ir vater lande · sach si manegen man;
der künec vriesch ouch diu mære · vor liebe er lachen began.

‚Nu wol mich mîner vreuden‘ · sô sprach Kriemhilt.
‚hie bringent mîne mâge · vil manegen niuwen schilt
und halsperge wîze · swer nemen welle golt,
der denke mîner leide · ich wil im immer wesen holt.‘

Da sprach zu den Burgunden · der milde Markgraf hehr,
Rüdiger der edle · „Nun darf nicht länger mehr
Verhohlen sein die Kunde · daß wir nach Heunland kommen.
Es hat der König Etzel · noch nie so Liebes vernommen."

Da ritt in Eil' der Bote · ins Österreicherland:
So ward es allenthalben · den Leuten bald bekannt,
Daß die Helden kämen · von Worms über Rhein.
Dem Ingesind' des Königs · konnt' es lieber nicht sein.

Die Boten vordrangen · mit diesen Mären,
Daß die Nibelungen · bei den Heunen wären:
„Du sollst sie wohl empfangen · Kriemhild, Fraue mein:
Nach großen Ehren kommen · dir die lieben Brüder dein."

Kriemhild, die Fraue · an ein Fenster ging:
Sie spähte nach den Brüdern · wie Freund den Freund empfing.
Aus ihres Vaters Lande · sah sie manchen ziehn heran.
Auch Etzel hört' die Märe · vor Freud' zu lachen er begann.

„Nun wohl mir dieser Freude!" · sprach da Kriemhild.
„Hier bringen meine Freunde · gar manchen neuen Schild
Und Panzer glänzend helle · wer nehmen will mein Gold
Und meines Leids gedenken · dem will ich immer bleiben hold."

AVENTIURE

wie Kriemhilt Hagenen enpfie

Dô die Burgonden · kômen in daz lant,
dô gevriesch ez von Berne · der alte Hildebrant.
er seite ez sîme hêrren · ez was im harte leit;
er bat in wol enpfâhen · die rîter küene und gemeît.

Wolfhart der snelle · hiez bringen diu marc.
dô reit mit Dietrîche · vil manec degen starc,
dâ er si grüezen wolde · zuo in an daz velt.
dâ hetens ûf gebunden · vil manec hêrlîch gezelt.

Dô si von Tronje Hagene · verrist rîten sach,
zuo den sînen hêrren · gezogenlîch er sprach:
,nu sult ir snelle recken · von dem sedele stân
und gêt in hin enkegene · die iuch hie wellent enpfân.

,Dort kumet her ein gesinde · daz ist mir wol bekant.
ez sint vil snelle degene · von Amelunge lant.
die vüeret der von Berne · si sint vil hôch gemuot.
nu lât iu niht versmâhen · swaz man iu dienste getuot.

Dô stuonden von den rossen · daz was michel reht,
neben Dietrîche · manec rîter unde kneht.
si giengen zuo den gesten · dâ man die helde vant:
si gruozten minneclîche · die von Burgonden lant.

Dô si der hêrre Dietrîch · gên im komen sach,
hie muget ir hœren gerne · waz der degen sprach
zuo den Uoten kinden · ir reise was im leit;
er wânde, ez weste Rüedegêr · daz erz in hête geseit.

,Sît willekomen, ir hêrren · Gunther und Gêselher,
Gêrnôt unde Hagene · sam sî hêr Volkêr
und Dancwart der snelle · ist iu daz niht bekant?
Kriemhilt noch sêre weinet · den helt von Niblunge lant.'

ACHTUNDZWANZIGSTES ABENTEUER

Wie Kriemhild Hagen empfing

Als die Burgunden · kamen in das Land,
Da erfuhr es von Berne · der alte Hildebrand.
Er sagt' es seinem Herren · Dietrichen war es leid;
Er hieß ihn wohl empfangen · der kühnen Ritter Geleit.

Da ließ der starke Wolfhart · die Pferde führen her;
Dann ritt mit dem Berner · mancher Degen hehr,
Sie zu begrüßen · zu ihnen auf das Feld.
Sie hatten aufgeschlagen · da manches herrliche Zelt.

Als sie von Tronje Hagen · aus der Ferne sah,
Wohlgezogen sprach er · zu seinen Herren da:
„Nun hebt euch von den Sitzen · ihr Recken wohlgetan,
Und geht entgegen denen · die euch hier wollen empfahn.

„Dort nahet ein Gesinde · das ist mir wohlbekannt;
Es sind viel schnelle Degen · von Amelungenland.
Die führt der von Berne · sie tragen hoch den Mut.
Laß euch nicht verschmähen · was man an Diensten euch tut."

Da sprang von den Rossen · wohl nach Fug und Recht
Mit Dietrichen nieder · mancher Herr und Knecht.
Sie gingen zu den Gästen · wo man die Helden fand,
Und begrüßten freundlich · die von der Burgunden Land.

Als sie der edle Dietrich · ihm entgegen kommen sah,
Nun mögt ihr wohl vernehmen · was er sagte da
Zu Frau Utens Söhnen · leid war ihm ihre Fahrt:
Er wähnte, Rüdger wüßt' es · und hätt' es ihnen offenbart.

„Willkommen mir, ihr Herren · Gunther und Geiselher,
Gernot und Hagen · Herr Volker auch so sehr,
Und Dankwart der schnelle! · Ist euch das nicht bekannt?
Schwer beweint noch Kriemhild · den von Nibelungenland."

‚Si mac vil lange weinen' · sprach dô Hagene:
‚er lît vor manegem jâre · ze tôde erslagene.
den künic von den Hiunen · sol si nu holden haben:
Sîvrit kumet niht widere · er ist nu lange begraben.'

‚Die Sîvrides wunden · lâzen wir nu stên:
sol leben mîn vrou Kriemhilt · sô mac schade ergên.'
sô redete von Berne · der hêrre Dietrîch.
‚trôst der Niblunge · dâ vor behüete du dich.'

‚Wie sol ich mich behüeten?' · sprach der künic hêr.
‚Etzel uns boten sande · waz sold ich vrâgen mêr?
daz wir zuo im solden · rîten in daz lant:
ouch hât uns manec mære · mîn swester Kriemhilt gesant.'

‚Ich kan iu wol gerâten' · sprach aber Hagene,
‚bitet iu diu mære · baz ze sagene
den hêrren Dietrîchen · und sîne helde guot,
daz si iuch lâzen wizzen · der vrouwen Kriemhilde muot.'

Dô giengen sundersprâchen · die drî künege rîch,
Gunther unde Gêrnôt · und ouch hêr Dietrîch.
‚nu sage uns, von Berne · vil edel rîter guot,
wie dir sî gewizzen · umb der küneginne muot.'

Dô sprach der vogt von Berne · ‚waz sol ich iu mêre sagen?
ich hœre alle morgen · weinen unde klagen
mit jæmerlîchen sinnen · daz Etzelen wîp
dem rîchen Gote von himele · des starken Sîvrides lîp.'

‚Ez ist et unerwendet' · sprach der küene man,
Volkêr der videlære · ‚daz wir vernomen hân.
wir suln ze hove rîten · und suln lâzen sehen,
waz uns snellen degenen · müge zen Hiunen geschehen.'

Die küenen Burgonden · hin ze hove riten:
sie kômen hêrlîchen · nâch ir landes siten.
dô wundert dâ zen Hiunen · vil manegen küenen man
umb Hagnen von Troneje · wie der wære getân.

„Sie mag noch lange weinen" · so sprach da Hagen:
„Er liegt seit manchem Jahre · schon zu Tod erschlagen.
Den König der Heunen · mag sie nun lieber haben:
Siegfried kommt nicht wieder · er ist nun lange begraben."

„Siegfriedens Wunden · lassen wir nun stehn:
So lange lebt Frau Kriemhild · mag Schade wohl geschehn."
So redete von Berne · der edle Dietrich:
„Trost der Nibelungen · davor behüte du dich!"

„Wie soll ich mich behüten?" · sprach der König hehr.
„Etzel sandt' uns Boten · was sollt' ich fragen mehr?
Daß wir zu ihm ritten · her in dieses Land.
Auch hat uns manche Botschaft · meine Schwester Kriemhild gesandt."

„So will ich euch raten" · sprach wieder Hagen,
„Laßt euch diese Märe · doch zu Ende sagen
Dieterich den Herren · und seine Helden gut,
Daß sie euch wissen lassen · der Frau Kriemhilde Mut."

Da gingen die drei Könige · und sprachen unter sich
Herr Gunther und Gernot · und Herr Dieterich:
„Nun sag' uns, von Berne · du edler Ritter gut,
Was du wissen mögest · von der Königin Mut."

Da sprach der Vogt von Berne · „Was soll ich weiter sagen?
Ich höre alle Morgen · weinen und klagen
Etzels Weib, Frau Kriemhild · in jämmerlicher Not
Zum reichen Gott vom Himmel · um des starken Siegfried Tod."

„Es ist halt nicht zu wenden" · sprach der kühne Mann,
Volker der Fiedler · „was ihr uns kund getan.
Laßt uns zu Hofe reiten · und einmal da besehn,
Was uns schnellen Degen · bei den Heunen möge geschehn."

Die kühnen Burgunden · hin zu Hofe ritten:
Sie kamen stolz gezogen · nach ihres Landes Sitten.
Da wollte bei den Heunen · gar mancher kühne Mann
Von Tronje Hagen schauen · wie der wohl wäre getan.

Durch daz man seite mære · des was im genuoc,
daz er von Niderlanden · Sîvriden sluoc,
sterkest aller recken · vroun Kriemhilde man:
des wart michel vrâgen · ze hove nâch Hagenen getân.

Der helt was wol gewahsen · daz ist alwâr,
grôz was er zen brusten · gemischet was sîn hâr
mit einer grîsen varwe · diu bein wârn im lanc,
eislîch sîn gesiune · er hete hêrlîchen ganc.

Dô hiez man herbergen · die Burgonden man.
Gunthers gesinde · wart gesundert dan.
daz riet diu küneginne · diu im vil hazzes truoc:
dâ von man sît die knehte · an der herberge sluoc.

Dancwart, Hagenen bruoder · der was marschalch;
der künec im sîn gesinde · vlîzeclîch bevalch,
daz er ir wol pflœge · und in gæbe genuoc.
der helt von Burgonden · in allen holden willen truoc.

Kriemhilt diu schœne · mit ir gesinde gie,
dâ si die Niblunge · mit valschem muote enpfie.
si kuste Gîselhêren · und nam in bî der hant.
daz sach von Tronje Hagene · den helm er vaster gebant.

‚Nâch sus getânem gruoze‘ · sô sprach Hagene,
‚mugen sich verdenken · snelle degene;
man grüezet sunderlîchen · die künege und ir man:
wir haben niht guoter reise · zuo dirre hôhzît getân.‘

Si sprach: ‚nu sît willekomen · swem iuch gerne siht:
durch iuwer selbes vriuntschaft · grüeze ich iuch niht.
saget, waz ir mir bringet · von Wormez über Rîn,
dar umbe ir mir sô grôze · soldet willekomen sîn?‘

‚Waz sint disiu mære‘ · sprach dô Hagene,
‚daz iu gâbe solden · bringen degene?
ich wære wol sô rîche · het ich mich baz verdâht,
daz ich iu mîne gâbe · her ze lande hete brâht.‘

Es war durch die Sage · dem Volk bekannt genug,
Daß er von Niederlanden · Siegfrieden schlug,
Aller Recken stärksten · Frau Kriemhildens Mann:
Drum ward so großes Fragen · bei Hof nach Hagen getan.

Der Held war wohlgewachsen · das ist gewißlich wahr,
Von Schultern breit und Brüsten · gemischt war sein Haar
Mit einer greisen Farbe · von Beinen war er lang
Und schrecklich von Antlitz · er hatte herrlichen Gang.

Da schuf man Herberge · den Burgundendegen;
Gunthers Ingesinde · ließ man gesondert legen.
Das riet die Königstochter · die ihm viel Hasses trug:
Daher man bald die Knechte · in der Herberg' erschlug.

Dankwart, Hagens Bruder · war da Marschall;
Der König sein Gesinde · ihm fleißig anbefahl,
Daß er sie gut verpflege · und ihnen geb' genug.
Der Held von Burgunden · holden Sinn dem Heere trug.

Kriemhild die schöne · mit dem Gesinde ging,
Wo sie die Nibelungen · mit falschem Mut empfing.
Sie küßte Geiselheren · und nahm ihn bei der Hand.
Als das Hagen sah von Tronje · den Helm er fester sich band.

„Nach solchem Empfange" · so sprach da Hagen,
„Mögen wohl Bedenken · die schnellen Degen tragen;
Man grüßt die Fürsten ungleich · und den Untertan:
Keine gute Reise haben wir · zu dieser Hochzeit getan."

Sie sprach: „Seid willkommen · dem, der euch gerne sieht:
Eurer Freundschaft willen · kein Gruß euch hier geschieht.
Sagt, was ihr mir bringet · von Worms überrhein,
Daß ihr mir so höchlich · solltet willkommen sein?"

„Was sind das für Sachen" · sprach Hagen entgegen,
„Daß euch Gaben bringen · sollten diese Degen?
So reich wär' ich gewesen· hätt' ich das gedacht,
Daß ich euch meine Gabe · her ins Land hätt' gebracht."

‚Nu sult ir mich der mære · mêre wizzen lân:
hort der Niblunge · war habet ir den getân?
der was doch mîn eigen · daz ist iu wol bekant:
den soldet ir mir bringen · in daz Etzelen lant.'

‚Entriuwen, mîn vrou Kriemhilt · des ist manec tac,
daz ich der Niblunge · hortes nie gepflac.
den hiezen mîne hêrren · senken in den Rîn:
dâ muoz er wærlîche · unz an daz jungiste sîn.'

Dô sprach diu küneginne · ‚ich hâns ouch wol gedâht.
ir habet mirs noch vil wênic · her ze lande brâht,
swie er mîn eigen wære · und ich sîn wîlent pflac;
des hân ich alle zîte · vil manegen trûrigen tac.'

‚Ich bringe iu den tiuvel' · sprach aber Hagene,
‚ich hân an mîme schilde · sô vil ze tragene
und an mîner brünne · mîn helm der ist lieht,
daz swert an mîner hende · des enbringe ich iu nieht.'

Dô sprach diu küneginne · zen recken über al:
‚man sol deheiniu wâfen · tragen in den sal;
ir helde, ir sult mirs ûf geben · ich wils behalten lân.'
‚entriuwen,' sprach dô Hagene · ‚daz wirdet nimmer getân.

‚Jâne ger ich niht der êren · vürsten wine milt,
daz ir zen herbergen · traget mînen schilt
und ander mîn gewæfen · ir sît ein künegîn.
daz enlêrte mich mîn vater niht · ich wil selbe kamerære sîn.'

‚Ouwê mîner leide' · sprach vrou Kriemhilt:
‚war umbe wil mîn bruoder · und Hagne sînen schilt
niht lâzen behalten? · si sint gewarnôt.
und wesse ich, wer daz tæte · ich riete im immer sînen tôt.'

Des antwurte ir mit zorne · der hêrre Dietrîch:
‚ich binz, der hât gewarnet · die edelen vürsten rîch
und Hagnen den küenen · den Burgonden man.
nu zuo, vâlandinne · du solt michs niht geniezen lân.'

„Nun frag' ich um die Märe · weiter bei euch an:
Der Hort der Nibelungen · wohin ward der getan?
Der war doch mein eigen · das ist euch wohl bekannt:
Den solltet ihr mir haben · gebracht in König Etzels Land."

„In Treuen, Frau Kriemhild · schon mancher Tag ist hin,
Den Hort der Nibelungen · seit ich des ledig bin:
Ihn ließen meine Herren · senken in den Rhein;
Da muß er auch in Wahrheit · bis zum jüngsten Tage sein."

Die Königin versetzte · „Ich dacht' es wohl vorher.
Ihr habt mir noch wenig · davon gebracht hieher,
Wiewohl er war mein eigen · und ich sein weiland pflag;
Drum hab' ich seither immer · gar manchen traurigen Tag."

„Ich bring' euch den Teufel!" · sprach wieder Hagen,
„Ich hab' an meinem Schilde · so viel zu tragen
Und an meinem Harnisch · mein Helm der ist licht,
Das Schwert an meiner Seite · drum bring' ich ihn euch nicht."

Da sprach die Königstochter · zu den Recken allzumal:
„Man soll keine Waffen · tragen hier im Saal;
Vertraut sie mir, ihr Helden · zur Verwahrung an."
„In Treuen," sprach da Hagen · „das wird nimmer getan.

„Ich begehre nicht der Ehre · Fürstengattin mild,
Daß ihr zur Herberge · tragt meinen Schild
Und ander Streitgeräte · ihr seid hier Königin.
So lehrte mich mein Vater · daß ich selbst ihr Hüter bin."

„O weh dieses Leides!" · sprach da Kriemhild:
„Warum will mein Bruder · und Hagen seinen Schild
Nicht verwahren lassen? · Gewiß, sie sind gewarnt:
Und wüßt' ich, wer es hat getan · der Tod der hielt' ihn umgarnt."

Im Zorn gab ihr Antwort · Dietrich sogleich:
„Ich bin es, der gewarnt hat · die edeln Fürsten reich
Und Hagen den kühnen · der Burgunden Mann:
Nur zu, du Braut des Teufels · du tust kein Leid mir drum an."

Des schamte sich vil sêre · daz Etzelen wîp:
si vorhte bitterlîchen · den Dietrîches lîp.
si gie von im balde · daz si niht ensprach,
wan daz si swinde blicke · an ir vîande sach.

Bî henden sich dô viengen · zwêne degene:
daz eine was hêr Dietrîch · daz ander Hagene.
dô sprach gezogenlîchen · der recke vil gemeit:
,iuwer komen ze den Hiunen · ist mir wærlîchen leit,

,Durch daz diu küneginne · alsô gesprochen hât.'
dô sprach von Troneje Hagene · ,des wirt wol alles rât.'
sus reiten mit ein ander · die zwêne küene man.
daz sach der künic Etzel · dar umbe er vrâgen began:

,Diu mære ich weste gerne' · sprach der künic rîch,
,wer jener recke wære · den dort hêr Dietrîch
sô vriuntlîch enpfâhet · er treit vil hôhen muot:
swer sîn vater wære · er mac wol sîn ein recke guot.'

Des antwurte dem künege · ein Kriemhilde man:
,er ist geborn von Troneje · sîn vater hiez Aldrîân.
swie blîde er hie gebâre · er ist ein grimmec man:
ich lâze iuch das schouwen · daz ich gelogen niene hân.'

,Wie sol ich daz erkennen · daz er sô grimmec ist?'
dannoch er niht weste · sô manegen argen list,
den sît diu küneginne · an ir mâgen begie,
daz si ir nie deheinen · von den Hiunen komen lie.

,Wol erkande ich Hagenen · wan er was mîn man.
lop und michel êre · er hie bî mir gewan.
ich machte in ze rîter · und gap im mîn golt.
durch daz er getriuwe was · des muose ich im wesen holt.

,Dâ von ich wol erkenne · allez Hagnen sint.
ez wurden mîne gîsel · zwei wætlîchiu kint,
er und von Spâne Walther · die wuohsen hie ze man.
Hagnen sand ich wider heim · Walther mit Hiltegunde entran.'

Da schämte sich gewaltig · die edle Königin:
Sie fürchtete sich bitter · vor Dietrichs Heldensinn.
Sie ging alsdann von dannen · kein Wort mehr sprach sie da,
Nur daß sie nach den Feinden · mit geschwinden Blicken sah.

Da nahmen bei den Händen · zwei der Degen sich,
Der eine war Hagen · der andere Dietrich.
Da sprach wohlgezogen · der Degen allbereit:
„Eure Reise zu den Heunen · die ist in Wahrheit mir leid,

„Da die Königstochter · so gesprochen hat."
Da sprach von Tronje Hagen · „Zu allem wird schon Rat."
So sprachen zueinander · die Recken wohlgetan.
Das sah der König Etzel · der gleich zu fragen begann:

„Die Märe wüßt' ich gerne" · befrug der König sich,
„Wer der Recke wäre · den dort Herr Dietrich
So freundlich hat empfangen · er trägt gar hoch den Mut;
Wie auch sein Vater heiße · er mag wohl sein ein Recke gut."

Antwort gab dem König · ein Kriemhildens Mann:
„Von Tronje ist er geboren · sein Vater hieß Aldrian;
Wie zahm er hier gebare · er ist ein grimmer Mann:
Ich lass' euch das noch schauen · daß ich keine Lüge getan."

„Wie soll ich das erkennen · daß er so grimmig ist?"
Noch hatt' er nicht Kunde · von mancher argen List,
Die wider ihre Freunde · die Königin spann,
Daß aus dem Heunenlande · ihr auch nicht Einer entrann.

„Wohl kannt' ich Hagen · er war mein Untertan.
Lob und große Ehre · er hier bei mir gewann.
Ich macht' ihn zum Ritter · und gab ihm mein Gold;
Weil er sich getreu erwies · war ich immer ihm hold.

„Daher ist mir von Hagen · alles wohlbekannt.
Zwei edle Kinder bracht' ich · als Geisel in dies Land,
Ihn und von Spanien Walther · die wuchsen hier heran.
Hagen sandt' ich wieder heim · Walther mit Hildegund entrann."

Er gedâhte langer mære · diu wâren ê geschehen.
sînen vriunt von Troneje · hete er reht ersehen,
der im in sîner jugende · vil starkiu dienest bôt;
sît vrumt er im in alter · vil manegen lieben vriwent tôt.

So gedacht' er alter Zeiten · und was vordem geschehn.
Seinen Freund von Tronje · hatt' er hier gesehn,
Der ihm in seiner Jugend · oft große Dienste bot;
Jetzt schlug er ihm im Alter · viel lieber Freunde zu Tod.

AVENTIURE

wie er niht gên ir ûf stuont

Dô schieden sich die zwêne · recken lobelîch,
Hagene von Troneje · und ouch hêr Dietrîch.
dô blikte über ahsel · der Guntheres man
nâch eime hergesellen · den er vil schiere gewan.

Dô sach er Volkêren · bî Gîselhere stên,
den spæhen videlære · er bat in mit im gên,
wan er vil wol erkande · sînen grimmen muot.
er was an allen tugenden · ein rîter küene unde guot.

Noch liezen si die hêrren · ûf dem hove stân.
niuwan si zwêne aleine · sach man dannen gân
über den hof vil verre · vür einen palas wît.
die ûz erwelten degene · vorhten niemannes nît.

Si gesâzen vor dem hûse · gegen eime sal,
der was Kriemhilde · ûf eine banc zetal.
dô lûhte in vor dem lîbe · ir hêrlîch gewant.
genuoge, die daz sâhen · heten gerne si bekant.

Alsam tier diu wilden · gekapfet wurden an
die übermüeten helde · von den Hiunen man.
si ersach durch ein venster · daz Etzelen wîp:
des wart aber betrüebet · der schœnen Kriemhilde lîp.

Ez mande si ir leide · weinen si began.
des hete michel wunder · die Etzelen man,
waz ir sô schiere ertrüebet · het ir hôhen muot.
si sprach: ‚daz hât Hagene · ir helde küene unde guot.‘

Si sprâchen zuo der vrouwen · ‚wie ist daz geschehen?
wan wir iuch niulîche · haben vrô gesehen.
nie niemen wart sô küene · derz iu hât getân,
heizet irz uns rechen · ez sol im an sîn leben gân.‘

NEUNUNDZWANZIGSTES ABENTEUER

Wie er nicht vor ihr aufstand

Da schieden auch die beiden · werten Recken sich,
Hagen von Tronje · und Herr Dieterich.
Über die Achsel blickte · Gunthers Untertan
Nach einem Heergesellen · den er sich bald da gewann.

Neben Geiselheren · sah er Volkern stehn,
Den kunstreichen Fiedler · den bat er mitzugehn,
Weil er wohl erkannte · seinen grimmen Mut:
Er war an allen Tugenden · ein Ritter kühn und auch gut.

Noch ließ man die Herren · auf dem Hofe stehn.
Die beiden ganz alleine · sah man von dannen gehn
Über den Hof hin ferne · vor einen Pallas weit:
Die Auserwählten scheuten · sich vor niemandes Streit.

Sie setzten vor dem Hause sich · genüber einem Saal,
Der war Kriemhilden · auf eine Bank zutal.
An ihrem Leibe glänzte · ihr herrlich Gewand;
Gar manche, die das sahen · hätten gern sie gekannt.

Wie die wilden Tiere · gaffte sie da an,
Die übermüt'gen Helden · mancher Heunenmann.
Da sah sie durch ein Fenster · Etzels Königin:
Das betrübte wieder · der schönen Kriemhilde Sinn.

Sie gedacht' ihres Leides · zu weinen hub sie an.
Das wunderte die Degen · die Etzeln untertan,
Was ihr bekümmert hätte · so sehr den hohen Mut.
Da sprach sie: „Das tat Hagen · ihr Helden kühn und auch gut."

Sie sprachen zu der Frauen · „Wie ist das geschehn?
Wir haben euch doch eben · noch wohlgemut gesehn.
Wie kühn er auch wäre · der es euch hat getan,
Befehlt ihr uns die Rache · den Tod müßt' er empfahn."

‚Daz wolde ich immer dienen · swer ræche mîniu leit:
alles, des er gerte · des wær ich im bereit.
ich biut mich iu ze vüezen‘ · sprach des küneges wîp:
‚rechet mich an Hagenen · daz er verliese den lîp.‘

Dô garten sich vil balde · sehzec küener man:
durch Kriemhilde willen · si wolden hin gân
und wolden slahen Hagenen · den vil küenen man,
und ouch den videlære · daz wart mit râte getân.

Dô diu küneginne · ir schar sô kleine sach,
in einem grimmen muote · si ze den helden sprach:
‚des ir dâ habet gedinge · des sult ir abe gân:
jâ endurfet ir sô ringe · Hagenen nimmer bestân.

‚Swie stark und swie küene · von Troneje Hagne sî,
noch ist verre sterker · der im dâ sitzet bî,
Volkêr der videlære · der ist ein übel man.
jâ ensult ir die helde · niht sô lîhte bestân.‘

Dô si daz gehôrten · dô garte sich ir mêr,
vier hundert recken · diu küneginne hêr
was des vil genœte · daz si in tæte leit.
dâ von wart sît den degenen · michel sorge bereit.

Dô si vil wol gewâfent · ir gesinde sach,
zuo den snellen recken · diu küneginne sprach:
‚nu bîtet eine wîle · jâ sult ir stille stân.
ich wil under krône · zuo mînen vîanden gân.

‚Und hœret itewîze · waz mir hât getân
Hagene von Troneje · der Guntheres man:
ich weiz in sô übermüeten · daz er mir lougent niht;
sô ist ouch mir unmære · swaz im dar umbe geschiht.‘

Dô sach der videlære · ein küene spilman,
die edelen küneginne · ab einer stiegen gân
nider abeme hûse · dô er daz ersach,
Volkêr der küene · zuo sîme hergesellen sprach:

„Dem wollt' ich immer danken · der rächte dieses Leid.
Was er nur begehrte · ich wär' dazu bereit.
Ich fall' euch zu Füßen" · so sprach des Königs Weib:
„Rächt mich an Hagen · er verliere Leben und Leib."

Da rüsteten die Kühnen · sich, sechzig an der Zahl:
Kriemhild zu Liebe · wollten sie vor den Saal
Und wollten Hagen schlagen · diesen kühnen Mann,
Dazu den Fiedelspieler · das ward einmütig getan.

Als so gering den Haufen · die Königin ersah,
In grimmem Mute sprach sie · zu den Helden da:
„Von solchem Unterfangen · rat' ich abzustehn:
Ihr dürft in so geringer Zahl · nicht mit Hagen streiten gehn.

„So kühn auch und gewaltig · der von Tronje sei,
Noch ist bei weitem stärker · der ihm da sitzet bei,
Volker der Fiedler · das ist ein übler Mann:
Wohl dürft ihr diesen Helden · nicht zu so wenigen nahn."

Als sie die Rede hörten · rüsteten sich mehr,
Vierhundert Recken · Der Königin hehr
Lag sehr am Herzen · die Rache für ihr Leid.
Da wurde bald den Degen · große Sorge bereit.

Als sie ihr Gesinde · wohlbewaffnet sah,
Zu den schnellen Recken · sprach die Königin da:
„Nun harrt eine Weile · ihr sollt noch stille stehn.
Ich will unter Krone · hin zu meinen Feinden gehn.

„Hört mich ihm verweisen · was mir hat getan
Hagen von Tronje · Gunthers Untertan.
Ich weiß ihn so verwegen · er leugnet's nimmermehr:
So will ich auch nicht fragen · was ihm geschehe nachher."

Da sah der Fiedelspieler · ein kühner Spielmann,
Die edle Königstochter · von der Stiege nahn,
Die aus dem Hause führte · Als er das ersah,
Zu seinem Heergesellen · sprach der kühne Volker da:

‚Nu schouwet, vriunt Hagene · wâ si dort here gât,
diu uns âne triuwe · inz lant geladet hât.
in gesach mit küneges wîbe · nie sô manegen man,
die swert enhende trüegen · alsô strîtlîchen gân.

‚Wizzet ir, vriunt Hagene · ob si iu sîn gehaz?
sô wil ich iu daz râten · ir hüetet deste baz
des lîbes und der êren · jâ dunket ez mich guot.
als ich mich versinne · si sint vil zornec gemuot,

‚Und sint ouch sumelîche · zen brusten alsô wît,
swer sîn selbes hüete · der tuo daz enzît.
ich wæn, si under sîden · die liehten prünne tragen.
wen si dâ mite meinen · daz kan ich niemen gesagen.‘

Dô sprach in zornes muote · Hagne der küene man:
‚ich weiz wol, daz ez allez · ist ûf mich getân,
daz si diu liehten wâfen · tragent an der hant.
vor den möht ich gerîten · noch in der Burgonden lant.

‚Nu saget mir, vriunt Volkêr · ob ir mir welt gestân,
ob mit mir wellent strîten · Kriemhilde man?
daz lâzet ir mich hœren · als liep als iuch iu sî.
ich won iu immer mêre · mit triuwen dienstlîchen bî.‘

‚Ich hilfe iu sicherlîchen‘ · sô sprach der spilman.
‚ob ich uns hie engegene · sæhe den künic gân
mit allen sînen recken · die wîle ich leben muoz,
so entwîche ich iu durch vorhte · ûz helfe nimmer einen vuoz.‘

‚Nu lôn iu Got von himele · vil edel Volkêr!
ob si mit mir strîten · wes bedarf ich danne mêr?
sît ir mir helfen wellet · als ich hân vernomen,
sô suln dise recken · vil gewerlîchen komen.‘

‚Nu stê wir von dem sedele‘ · sprach der spilman:
‚si ist ein küneginne · und lât si vür gân.
bieten ir die êre · si ist ein edel wîp.
dâ mite ist ouch getiuwert · unser ietweders lîp.‘

„Nun schauet, Freund Hagen · wie sie dorther naht,
Die uns ohne Treue · ins Land geladen hat.
Ich sah mit einer Königin · nie so manchen Mann
Die Schwerter in den Händen · also streitlustig nahn.

„Wißt ihr, Freund Hagen · daß sie euch abhold sind?
So will ich euch raten · daß ihr zu hüten sinnt
Des Lebens und der Ehre · fürwahr, das dünkt mich gut:
Soviel ich mag erkennen · ist ihnen zornig zumut.

„Es sind auch manche drunter · von Brüsten stark und breit:
Wer seines Lebens hüten will · der tu' es beizeit.
Ich glaube, unter Seide · sie lichte Panzer tragen.
Was sie damit meinen · das kann ich niemandem sagen."

Da sprach im Zornmute · Hagen, der kühne Mann:
„Ich weiß wohl, das wird alles · wider mich getan,
Daß sie die lichten Waffen · tragen an der Hand;
Vor denen aber reit' ich · noch in der Burgunden Land.

„Nun sagt mir, Freund Volker · denkt ihr mir beizustehn,
Wenn mit mir streiten wollen · die in Kriemhilds Lehn?
Das laßt mich vernehmen · so lieb als ich euch sei.
Ich steh' euch mit Diensten · immer wieder treulich bei."

„Sicherlich, ich helf' euch" · so sprach da Volker.
„Und säh ich uns entgegen · mit seinem ganzen Heer
Den König Etzel kommen · all meines Lebens Zeit
Weich' ich von eurer Seite · aus Furcht nicht eines Fußes breit."

„Nun lohn' euch Gott vom Himmel · viel edler Volker!
Wenn sie mit mir streiten · wes bedarf ich mehr?
Da ihr mir helfen wollet · wie ich jetzt vernommen,
So mögen diese Recken · fein behutsam näher kommen."

„Stehn wir auf vom Sitze" · sprach der Fiedelmann,
„Vor der Königstochter · so sie nun kommt heran.
Bieten wir die Ehre · der edeln Königin!
Das bringt uns auch beiden · an eignen Ehren Gewinn."

‚Nein, durch mîne liebe‘ · sprach dô Hagene.
‚sô wolden sich versinnen · dise degene,
daz ichz durch vorhte tæte · und solde ich hin gên.
ich enwil durch ir deheinen · nimmer von dem sedel stên.

‚Jâ zimet ez uns beiden · zwâre lâzen baz.
zwiu sold ich den êren · der mir ist gehaz?
daz getuon ich nimmer · die wîle ich hân den lîp:
ouch enruoche ich, waz mich nîdet · des künic Etzelen wîp.‘

Der übermüete Hagene · leit über sîniu bein
ein vil liehtez wâfen · ûz des knopfe schein
ein viel liehter jaspis · grüener danne ein gras.
wol erkande ez Kriemhilt · daz ez Sîvrides was.

Dô si daz swert erkande · dô gie ir trûrens nôt.
daz gehilz was guldîn · diu scheide ein borte rôt,
ez mande si ir leide · weinen si began;
ich wæne, ez hete dar umbe · der küene Hagne getân.

Volker der snelle · zôch nâher ûf der banc
einen videlbogen starken · michel unde lanc,
gelîch eime swerte · scharpf unde breit.
dô sâzen unervorhten · die zwêne recken gemeit.

Nu dûhten sich sô hêre · die zwêne küene man,
daz si niht enwolden · von dem sedel stân
durch niemannes vorhte · des gieng in an den vuoz
diu edele küneginne · und bôt in vîntlîchen gruoz.

Si sprach: ‚nu saget, hêr Hagene · wer hât nâch iu gesant,
daz ir getortest rîten · her in ditze lant,
und ir daz wol erkandet · waz ir mir habet getân?
hetet ir guote sinne · ir soldetz billîchen lân.‘

‚Nâch mir ensande niemen‘ · sprach dô Hagene.
‚man ladete her ze lande · drîe degene:
die heizent mîne hêrren · sô bin ich ir man:
deheiner hovereise · bin ich selden hinder in gestân.‘

„Nein! wenn ihr mich lieb habt“ · sprach dawider Hagen.
„Es möchten diese Degen · mit dem Wahn sich tragen,
Daß ich aus Furcht es täte · und dächte wegzugehn:
Von dem Sitze mein’ ich · vor ihrer keinem aufzustehn.

„Daß wir es bleiben lassen · das ziemt uns ganz allein.
Soll ich dem Ehre bieten · der mir feind will sein?
Nein, ich tu es nimmer · solang’ ich leben soll:
In aller Welt, was kümmr’ ich · mich um Kriemhildens Groll?“

Der vermessne Hagen legte · über die Schenkel hin
Eine lichte Waffe · aus deren Knaufe schien
Mit hellem Glanz ein Jaspis · grüner noch als Gras.
Wohl erkannte Kriemhild · daß Siegfried einst sie besaß.

Als sie das Schwert erkannte · das schuf ihr große Not.
Der Griff war von Golde · der Scheide Borte rot.
Ermahnt war sie des Leides · zu weinen hub sie an;
Ich glaube, Hagen hatt’ es · auch eben darum getan.

Volker der kühne · zog näher an die Bank
Einen starken Fiedelbogen · mächtig und lang,
Wie ein Schwert geschaffen · scharf dazu und breit.
So saßen unerschrocken · diese Recken allbereit.

Die kühnen Degen beide · dauchten sich so hehr,
Aus Furcht vor jemandem · wollten sie nimmermehr
Vom Sitz sich erheben · Ihnen schritt da vor den Fuß
Die edle Königstochter · und bot unfreundlichen Gruß.

Sie sprach: „Nun sagt, Herr Hagen · wer hat nach euch gesandt,
Daß ihr zu reiten wagtet · her in dieses Land,
Da ihr doch wohl wußtet · was ihr mir habt getan?
Wart ihr bei guten Sinnen · ihr durftet’s euch nicht unterfahn.“

„Nach mir gesandt hat niemand“ · sprach er entgegen,
„Her zu diesem Lande · lud man drei Degen,
Die heißen meine Herren · ich steh’ in ihrem Lehn;
Bei keiner Hofreise · pfleg’ ich daheim zu bestehn.“

Si sprach: ‚nu saget mir mêre · zwiu tâtet ir daz,
daz ir daz habet verdienet · daz ich iu bin gehaz?
ir sluoget Sîvrîden · mînen lieben man,
des ich unz an mîn ende · immer mêr ze weinen hân.'

Er sprach: ‚waz sol des mêre? · der rede ist nu genuoc.
ich binz et aber Hagene · der Sîvriden sluoc,
den helt ze sînen handen · wie sêre er des enkalt,
daz diu vrouwe Kriemhilt · die schœnen Prünhilde schalt!

‚Ez ist et âne lougen · küneginne rîch,
ich hân des alles schulde · des schaden schedelîch.
nu reche ez, swer sô welle · ez sî wîp oder man.
ich enwolde iu danne liegen · ich hân iu leides vil getân.'

Si sprach: ‚daz hœret, recken · wâ er mir lougent niht
aller mîner leide · swaz im dâ von geschiht,
daz ist mir vil unmære · ir Etzelen man.'
die übermüeten degene · sâhen alle ein ánder an.

Swer den strît dâ hüebe · sô wære dâ geschehen,
daz man den zwein gesellen · der êren müese jehen,
wan siz in stürmen hêten · vil dicke wol getân.
des sich jene vermâzen · durch vorhte muosen si daz lân.

Dô sprach ein der recken · ‚wes seht ir mich an?
daz ich ê dâ lobete · des wil ich abe gân,
durch niemannes gâbe · verliesen mînen lîp.
jâ wil uns verleiten · des künic Etzelen wîp.'

Dô sprach dâ bî ein ander · ‚des selben hân ich muot.
der mir gæbe türne · von rotem golde guot,
disen videlære · wolde ich niht bestân
durch sîne swinde blicke · die ich an im gesehen hân.

‚Ouch erkenne ich Hagenen · von sînen jungen tagen:
des mac man von dem recken · lîhte mir gesagen.
in zwein und zweinzec stürmen · hân ich in gesehen.
dâ vil maneger vrouwen · ist herzeleit von im geschehen.

Sie sprach: „Nun sagt mir ferner · was tatet ihr das,
Daß ihr es verdientet · wenn ich euch trage Haß?
Ihr erschlugt Siegfrieden · meinen lieben Mann,
Den ich bis an mein Ende · nicht genug beweinen kann."

„Wozu der Rede weiter?" · sprach er, „es ist genug:
Ich bin halt der Hagen · der Siegfrieden schlug,
Den behenden Degen · wie schwer er das entgalt,
Daß die Frau Kriemhild · die schöne Brunhilde schalt!

„Es wird auch nicht geleugnet · reiche Königin,
Daß ich an all dem Schaden · dem schlimmen, schuldig bin,
Nun räch' es, wer da wolle · Weib oder Mann.
Ich müßt' es wahrlich lügen · ich hab' euch viel zu Leid getan."

Sie sprach: „Da hört ihr, Recken · wie er die Schuld gesteht
An all meinem Leide ! · Wie's ihm deshalb ergeht,
Darnach will ich nicht fragen · ihr Etzeln untertan."
Die übermüt'gen Degen · blickten all einander an.

Wär' da der Streit erhoben · so hätte man gesehn,
Wie man den zwei Gesellen · müss' Ehre zugestehn:
Das hatten sie in Stürmen · oftmals dargetan.
Was jene sich vermessen · das ging aus Furcht nun nicht an.

Da sprach der Recken einer · „Was seht ihr mich an?
Was ich zuvor gelobte · das wird nun nicht getan.
Um niemands Gabe lass' ich · Leben gern und Leib.
Uns will hier verleiten · dem König Etzel sein Weib."

Da sprach ein andrer wieder · „So steht auch mir der Mut.
Wer mir Türme gäbe · von rotem Golde gut,
Diesen Fiedelspieler · wollt' ich nicht bestehn
Der schnellen Blicke wegen · die ich hab' an ihm ersehn.

„Auch kenn' ich diesen Hagen · von seiner Jugendzeit:
Drum weiß ich von dem Recken · selber wohl Bescheid.
In zweiundzwanzig Stürmen · hab' ich ihn gesehn;
Da ist mancher Frauen · Herzeleid von ihm geschehn.

,Er und der von Spâne · trâten manegen stic,
dô si hie bî Etzel · vâhten manegen wîc
ze êren dem künege · des ist vil geschehen:
dar umbe sol man Hagenen · der êren billîchen jehen.

,Dannoch was der recke · sîner jâre ein kint;
daz dô die tumben wâren · wie grîse die nu sint!
nu ist er komen ze witzen · und ist ein grimmec man;
ouch treit er Balmungen · daz er übele gewan.'

Dâ mite was gescheiden · daz niemen dâ enstreit.
dô wart der küneginne · vil herzenlîchen leit.
die helden kêrten dannen · jâ vorhten si den tot
von dem videlære · des gie in sicherlîchen nôt.

Wie dicke man durch vorhte · manegiu dinc verlât,
swâ sô vriunt bî vriunde · güetlîchen stât!
und hât er guote sinne · daz er sîn niht entuot,
schade vil maneges mannes · wirt von sinnen wol behuot.

Dô sprach der videlære · ,wir hân daz wol ersehen,
daz wir hie vinden vînde · als wir ê hôrten jehen.
Wir suln zuo den künegen · hin ze hove gân,
sô entar unser hêrren · mit strîte niemen bestân.'

,Nu wil ich iu volgen' · sprach dô Hagene.
si giengen, dâ si vunden · die zieren degene
in grôzem antfange · an dem hove stân.
Volkêr der küene · vil lûte sprechen began.

Er sprach ze sînen hêrren · ,wie lange welt ir stên,
daz ir iuch lâzet dringen? · ir sult ze hove gên
und hœret an dem künege · wie der sî gemuot.'
dô sach man sich gesellen · die helde küene unde guot.

Der vürste von Berne · der nam an die hant
Gunthern den vil rîchen · von Burgonden lant;
Irnvrit nam Gêrnôten · den vil küenen man;
dô sach man Rüedegêren · ze hove mit Gîselhere gân.

„Er und der von Spanien · traten manchen Pfad,
Da sie hier bei Etzeln · taten manche Tat
Dem König zuliebe · Das ist oft geschehn:
Drum mag man Hagen billig · große Ehre zugestehn.

„Damals war der Recke · an Jahren noch ein Kind
(Die damals Junge waren · wie grau die heute sind!):
Nun kam er zu Sinnen · und ist ein grimmer Mann;
Auch trägt er Balmungen · den er übel gewann."

Damit war's entschieden · niemand suchte Streit.
Das war der Königstochter · im Herzen bitter leid.
Die Helden gingen wieder · wohl scheuten sie den Tod
Von den Helden beiden · das tat ihnen wahrlich not.

Wie oft man verzagend · manches unterläßt,
Wo der Freund beim Freunde · treulich steht und fest!
Und hat er kluge Sinne · daß er nicht also tut,
Vor Schaden nimmt sich mancher · durch Besonnenheit in Hut.

Da sprach der kühne Volker · „Da wir nun selber sahn,
Daß wir hier Feinde finden · wie man uns kund getan,
So laß uns zu den Königen · hin zu Hofe gehn,
So darf unsre Herren · mit Kampfe niemand bestehn."

„Gut, ich will euch folgen" · sprach Hagen entgegen.
Da gingen hin die beiden · wo sie die zieren Degen
Noch harrend des Empfanges · auf dem Hofe sahn.
Volker der kühne · hub da laut zu reden an.

Er sprach zu seinen Herren · „Wie lange wollte ihr stehn
Und euch drängen lassen? · ihr sollt zu Hofe gehn
Und von dem König hören · wie der gesonnen sei."
Da sah man sich gesellen · der kühnen Helden je zwei.

Dietrich von Berne · nahm da an die Hand
Gunther den reichen · von Burgundenland;
Irnfried nahm Gernoten · diesen kühnen Mann;
Da ging mit Rüdigeren · Geiselher zu Hof heran.

Swie iemen sich gesellet · und ouch ze hove gie,
Volkêr und Hagene · geschieden sich nie
niuwan in eime sturme · unz an ir endes zît.
daz muosen edele vrouwen · beweinen grœzlîchen sît.

Dô sach man mit den künegen · hin zu hove gân
ir edelen ingesindes · tûsent küener man,
dar über sehzec recken · die wâren mit in komen,
die hete in sîme lande · der küene Hagene genomen.

Hâwart und Îrinc · zwêne ûz erwelte man,
die sach man geselleclîchen · bî den künegen gân.
Dancwart und Wolfhart · ein tiuwerlîcher degen,
die sach man wol ir tugende · vor den anderen pflegen.

Dô der voget von Rîne · in den palas gie,
Etzel der rîche · daz langer niht enlie,
er spranc von sîme sedele · als er in komen sach.
ein gruoz sô rehte schœne · von künege nie mêr geschach.

‚Sît willekomen, hêr Gunther · und ouch hêr Gêrnôt
und iuwer bruoder Gîselher · mîn dienst ich iu enbôt
mit triuwen willeclîchen · ze Wormez über Rîn.
und allez daz gesinde · daz sol mir willekomen sîn.

‚Nu sît uns grôze willekomen · ir zwêne degene,
Volkêr der vil küene · und ouch Hagene,
mir und mîner vrouwen · her in ditze lant:
si hât iu boten manegen · hin ze Rîne gesant.‘

Dô sprach von Troneje Hagene · ‚des hân ich vil vernomen.
wær ich durch mîne hêrren · zen Hiunen niht enkomen,
sô wær ich iu zen êren · geriten in daz lant.‘
dô nam der wirt edele · die lieben geste bî der hant.

Er brâhte si zem sedele · dâ er ê selbe saz.
dô schancte man den gesten · mit vlîze tet man daz,
in wîten goldes schâlen · mete, môraz und wîn
und bat die ellenden · grôze willekomen sîn.

Wie bei diesem Zuge · gesellt war jeglicher,
Volker und Hagen · die schieden sich nicht mehr
Als noch in Einem Kampfe · bis an ihren Tod.
Das mußten bald beweinen · edle Fraun in großer Not.

Da sah man mit den Königen · hin zu Hofe ziehn
Ihres edeln Ingesindes · tausend Degen kühn;
Darüber sechzig Recken · waren mitgekommen:
Die hatt' aus seinem Lande · der kühne Hagen genommen.

Hawart und Iring · zwei Degen auserkannt,
Die gingen mit den Königen · zu Hofe Hand in Hand;
Dankwart und Wolfhart · ein teuerlicher Degen,
Die sah man großer Hofzucht · vor den übrigen pflegen.

Als der Vogt vom Rheine · in den Pallas ging,
Etzel der reiche · das länger nicht verhing:
Er sprang von seinem Sitze · als er ihn kommen sah.
Ein Gruß, ein so recht schöner · nie mehr von Kön'gen geschah.

„Willkommen mir, Herr Gunther · und auch Herr Gernot
Und euer Bruder Geiselher · die ich hieher entbot
Mit Gruß und treuem Dienste · von Worms überrhein,
Und eure Degen alle · sollen mir willkommen sein.

„Laßt euch auch Willkommen · ihr beiden Recken, sagen,
Volker der kühne · und dazu Herr Hagen,
Mir und meiner Frauen · hier in diesem Land:
Sie hat euch manche Botschaft · hin zum Rheine gesandt."

Da sprach von Tronje Hagen · „Das haben wir vernommen.
Wär' ich um meine Herren · gen Heunland nicht gekommen,
So wär' ich euch zu Ehren · geritten in das Land."
Da nahm der edle König · die lieben Gäste bei der Hand

Und führte sie zum Sitze · hin, wo er selber saß.
Da schenkte man den Gästen · fleißig tat man das,
In weiten goldnen Schalen · Meth, Moraß und Wein
Und hieß die fremden Degen · höchlich willkommen sein.

Dô sprach der künic Etzel · ‚des wil ich iu verjehen,
mir enkunde in dirre werlde · lieber niht geschehen
danne an iu helden · daz ir mir sît bekomen.
des ist der küneginne · vil michel trûren benomen.

‚Mich nimet des immer wunder · waz ich iu habe getân,
sô manegen gast vil edele · den ich gewunnen hân,
daz ir nie geruohtet · komen in mîniu lant.
daz ich iuch nu gesehen hân· daz ist ze vreuden mir gewant‘.

Des antwurte Rüedegêr · ein rîter hôch gemuot:
‚ir muget si sehen gerne · ir triuwe diu ist guot,
der mîner vrouwen mâge · sô schône kunnen pflegen.
si bringent iu ze hûse · manegen wætlîchen degen.‘

An sunewenden âbent · die hêrren wâren komen
in Etzeln hof des rîchen · vil selten ist vernomen
von alsô hôhem gruoze · als er die helde enpfie.
nu was ouch ezzens zîte · der künic mit in ze tische gie.

Ein wirt bî sînen gesten · schôner nie gesaz.
man gab in volleclîchen · trinken unde maz:
alles, des si gerten · des was man in bereit.
man hete von den helden · vil michel wunder geseit.

Da sprach König Etzel · „Das muß ich wohl gestehn,
Mir konnt' in diesen Zeiten · nichts Lieberes geschehn
Als durch euch, ihr Recken · daß ihr gekommen seid;
Damit ist auch der Königin · benommen Kummer und Leid.

„Mich nahm immer wunder · was ich euch wohl getan,
Da ich der edeln Gäste · so manche doch gewann,
Daß ihr nie zu reiten · geruhtet in mein Land;
Nun ich euch hier ersehen hab' · ist mir's zu Freuden gewandt."

Da versetzte Rüdiger · ein Ritter hochgemut:
„Ihr mögt sie gern empfahen · ihre Treue die ist gut:
Der wissen meiner Frauen · Brüder schön zu pflegen.
Sie bringen euch zu Hause · manchen waidlichen Degen."

Am Sonnewendenabend · waren sie gekommen
An Etzels Hof, des reichen · Noch selten ward vernommen,
Daß ein König seine Gäste · freundlicher empfing.
Nun war auch Zeit zum Essen · Etzel zu Tisch mit ihnen ging.

Ein Wirt bei seinen Gästen · sich holder nie betrug.
Zu trinken und zu essen · bot man da genug:
Was sie nur wünschen mochten · das wurde gern gewährt.
Man hatte von den Helden · viel große Wunder gehört.

AVENTIURE

wie si der schiltwaht pflâgen

Der tac hete nu ende · und nâhet in diu naht.
die wegemüeden recken · ir sorge an vaht,
wanne si solden ruowen · und an ir bette gân.
daz bereite Hagene · ez wart in schiere kunt getân.

Gunther sprach zem wirte · ‚Got lâze iuch wol geleben,
wir wellen varn slâfen · ir sult uns urloup geben.
swenne ir daz gebietet · sô kome wir morgen vruo.'
er schiet von sînen gesten · harte vrœlîchen duo.

Dringen allenthalben · die geste man dô sach.
Volkêr der küene · zuo den Hiunen sprach:
‚wie geturret ir den recken · vür die vüeze gân?
und welt ir iuchs niht mîden · sô wirt iu leide getân.

Sô slah ich eteslîchem · sô swæren gîgen slac,
hât er getriuwen iemen · daz erz beweinen mac.
wan wîchet ir uns recken? · jâ dunket ez mich guot.
ez heizent allez degene · und sint gelîche niht gemuot.'

Dô der videlære · sô zorneclîchen sprach,
Hagene der küene · hinder sich dô sach.
er sprach: ‚iu rætet rehte · der küene spilman.
ir Kriemhilde helde · sult ze herberge gân.

‚Des ir dâ habet gedingen · ich wæne, ez ieman tuo.
welt ir iht beginnen · sô komet uns morgen vruo
und lât uns ellenden · hînt haben gemach:
jâ wæn ez von helden · mit solhem willlen ie geschach.'

Dô brâhte man die geste · in einen wîten sal,
den vunden si berihtet · den recken über al
mit vil rîchen betten · lanc unde breit.
in riet diu vrouwe Kriemhilt · diu aller grœzisten leit.

DREISSIGSTES ABENTEUER

Wie Hagen und Volker Schildwacht standen

Der Tag war nun zu Ende · es nahte sich die Nacht.
Den reisemüden Recken · war die Sorg' erwacht,
Wann sie ruhen sollten · und zu Bette gehn.
Zur Sprache bracht' es Hagen · Bescheid ist ihnen geschehn.

Zu dem Wirte sprach da Gunther · „Gott laß euch's wohlgedeihn:
Wir wollen schlafen gehen · mag es mit Urlaub sein.
Wenn ihr das gebietet · kommen wir morgen fruh."
Der Wirt entließ die Gäste · wohlgemut zu ihrer Ruh'

Von allen Seiten drängen · man die Gäste sah.
Volker der kühne · sprach zu den Heunen da:
„Wie dürft ihr uns Recken · so vor die Füße gehn?
Und wollt ihr das nicht meiden · so wird euch übel geschehn.

„So schlag' ich dem und jenem · so schweren Geigenschlag,
Hat er einen Treuen · daß der's beweinen mag.
Nun weicht vor uns Recken · fürwahr, mich dünkt es gut:
Es heißen alle Degen · und haben doch nicht gleichen Mut."

Als in solchem Zorne · sprach der Fiedelmann,
Hagen der kühne · sich umzuschaun begann.
Er sprach: „Euch rät zum Heile · der kühne Fiedeler.
Geht zu den Herbergen · ihr in Kriemhildens Heer.

„Was ihr habt im Sinne · es fügt sich nicht dazu:
Wollt ihr was beginnen · so kommt uns morgen fruh
Und laßt uns Landfremden · heut' in Frieden ruhn.
Ich glaube, niemals werden · es Helden williger tun."

Da brachte man die Gäste · in einen weiten Saal,
Zur Nachtruh' eingerichtet · den Recken allzumal
Mit köstlichen Betten · lang zumal und breit.
Gern schüf' ihnen Kriemhild · das allergrößeste Leid.

Manegen kolter spæhe · von Arraz man dâ sach
der vil liehten pfelle · und manec bettedach
von Arâbischen sîden · die beste mohten sîn;
dar ûfe lâgen lîsten · die gâben hêrlîchen schîn.

Declachen hermîn · vil manegiu man dâ sach
und von swarzem zobele · dar under si ir gemach
des nahtes schaffen solden · unz an den liehten tac.
ein künec mit sîme gesinde · nie sô hêrlîch gelac.

‚Ouwê der nahtselde' · sprach Gîselher daz kint,
‚und ouwê mîner vriunde · die mit uns komen sint!
swie ez uns mîn swester · sô güetlîch erbôt,
ich vürhte, daz wir müezen · von ir schulden ligen tôt.'

‚Nu lât iuwer sorgen' · sprach Hagene der degen.
‚ich wil noch hînte selbe · der schiltwache pflegen.
ich trouwe iuch wol behüeten · unz uns kumet der tac.
des sît gar ân angest · sô genese, swer der mac.'

Dô nigen si im alle · und seiten im des danc.
si giengen zuo den betten · diu wîle was niht lanc,
daz sich geleit hêten · die wætlîchen man.
Hagene der küene · der helt sich wâfen began.

Dô sprach der videlære · Volkêr der degen:
‚versmâhetz iu niht, Hagene · sô wold ich mit iu pflegen
hînt der schiltwache · unze morgen vruo.'
der helt vil minneclîchen · dancte Volkêre duo.

‚Nu lône iu Got von himele · vil lieber Volkêr.
zallen mînen sorgen · sône gerte ich niemen mêr
niuwan iuch alleine · swâ ich hete nôt.
ich sol ez wol verdienen · mich enwendes der tôt.'

Dô garten si sich bêde · in liehtez ir gewant.
dô nam ir ietwedere · den schilt an sîne hant
und giengen ûz dem hûse · vür die tür stân.
dô pflâgen sie der geste · daz was mit triuwen getân.

Schmucker Decken sah man · von Arras da genug
Aus lichthellem Zeuge · und manchen Überzug
Aus arabischer Seide · so gut sie mochten sein,
Verbrämt mit goldnen Borten · die gaben herrlichen Schein.

Viel Bettlaken fand man · von Hermelin gemacht
Und von schwarzem Zobel · worunter sie die Nacht
Sich Ruhe schaffen sollten · bis an den lichten Tag.
Ein König mit dem Volke · wohl nimmer herrlicher lag.

„O weh des Nachtlagers!" · sprach Geiselher das Kind,
„Und weh meiner Freunde · die mit uns kommen sind!
Wie gut es meine Schwester · uns auch hier erbot,
Wir gewinnen, fürcht' ich, alle · von ihrem Hasse den Tod."

„Nun laßt euer Sorgen" · sprach Hagen der Degen,
„Ich will heute selber · der Schildwache pflegen
Und getrau' euch zu behüten · bis morgen an den Tag:
Seid des ohne Sorge · so entrinne, wer da mag."

Da neigten sich ihm alle · und sagten ihm Dank.
Sie gingen zu den Betten · da währt' es nicht lang',
Bis in Ruhe lagen · die Helden wohlgetan.
Hagen der kühne · sich da zu waffnen begann.

Da sprach der Fiedelspieler · Volker der Degen:
„Verschmäht ihr's nicht, Hagen · so will ich mit euch pflegen
Heunt der Schildwache · bis morgen an den Tag."
Da dankte Volkeren · der Degen gütlich und sprach:

„Nun lohn' euch Gott vom Himmel · viel lieber Volker!
Zu allen meinen Sorgen · wünsch' ich mir niemand mehr
Als nur euch alleine · befahr' ich irgend Not.
Ich will es wohl vergelten · es verwehr' es denn der Tod."

Da kleideten die beiden · sich in ihr licht Gewand.
Jedweder faßte · den Schild an seine Hand,
Sie gingen aus dem Hause · vor die Türe stehn
Und hüteten der Gäste · das ist mit Treuen geschehn.

Volkêr der snelle · zuo des sales want
sînen schilt den guoten · leint er von der hant.
dô gie er hin widere · die videln er genam:
dô diende er sînen vriunden · als ez dem helde gezam.

Under die tür des hûses · saz er ûf den stein.
küener videlære · wart noch nie dehein.
dô im der seiten dœnen · sô süezlîch erklanc,
die stolzen ellenden · die seitens Volkêre danc.

Dô klungen sîne seiten · daz al daz hûs erdôz:
sîn ellen zuo der vuoge · diu wâren beidiu grôz.
süezer unde senfter · videlen er began:
do enswebete er an den betten · vil manegen sorgenden man.

Dô si entslâfen wâren · und er daz ervant,
dô nam der degen widere · den schilt an die hant
und gie ûz dem gademe · vür die türe stân
und huote der ellenden · vor den Kriemhilde man.

Des nahtes wol enmitten · ine weiz, ez ê geschach,
daz Volker der küene · einen helm schînen sach
verre ûz einer vinster · die Kriemhilde man
wolden an den gesten · schaden gerne hân getân.

Dô sprach der videlære · ‚vriunt, hêr Hagene,
uns zimet disiu sorge · ensamt ze tragene.
ich sihe gewâfent liute · vor dem hûse stên:
als ich mich versinne · ich wæn, si wellent uns bestên.‘

‚Sô swîget,‘ sprach dô Hagene · ‚lât si her nâher baz,
ê si unser werden innen · sô wirt hie helmevaz
verrucket mit den swerten · von unser zweier hant:
si werdent Kriemhilde · hin wider übele gesant.‘

Ein der Hiunen recken · vil schiere daz gesach,
daz diu tür was behüetet · wie balde er dô sprach:
‚des wir dâ heten willen · jâne mag es niht ergân:
ich sihe den videlære · an der schiltwache stân.

Volker der schnelle · lehnte von der Hand
Seinen Schild den guten · an des Saales Wand.
Dann wandt er sich zurücke · wo seine Geige war,
Und diente seinen Freunden · es ziemt ihm also fürwahr.

Unter des Hauses Türe · setzt' er sich auf den Stein.
Kühnrer Fiedelspieler · mochte nimmer sein.
Als der Saiten Tönen · ihm so hold erklang,
Die stolzen Heimatlosen · die sagten Volkern den Dank.

Da tönten seine Saiten · daß all das Haus erscholl;
Seine Kraft und sein Geschicke · die waren beide voll.
Süßer und sanfter · zu geigen hub er an:
So spielt' er in den Schlummer · gar manchen sorgenden Mann.

Da sie entschlafen waren · und Volker das befand,
Da nahm der Degen wieder · den Schild an die Hand
Und ging aus dem Hause · vor die Türe stehn,
Zu hüten die Landfremden · vor denen in Kriemhildens Lehn.

Wohl der Nacht inmitten · wenn es erst da geschah,
Volker der kühne · einen Helm erglänzen sah
Fernher durch das Dunkel · Die Kriemhild untertan,
Hätten an den Gästen · gerne Schaden getan.

Da sprach der Fiedelspieler · „Nun seht, Freund Hagen,
Uns ziemt, diese Sorge · gemeinsam zu tragen.
Gewaffnet vor dem Hause · seh' ich Leute stehn:
So viel ich mag erkennen · kommen sie uns zu bestehn."

„So schweigt," sprach da Hagen · „laßt sie erst näher her.
Eh' sie uns inne werden · wird ihrer Helme Wehr
Zerschroten mit den Schwertern · von unser beider Hand:
Sie werden Kriemhilden · übel wieder heimgesandt."

Der Heunenrecken einer · das gar bald ersah,
Die Türe sei behütet · wie schnell sprach er da:
„Was wir im Sinne hatten · kann nun nicht geschehn:
Ich seh' den Fiedelspieler · vor dem Hause Schildwacht stehn.

‚Der treit ûf sîme houbte · einen helmen glanz,
lûter unde herte · starc unde ganz.
ouch lohent im die ringe · sam daz viuwer tuot.
bî im stêt ouch Hagene · des sint die geste wol behuot.‘

Zehant si kêrten widere · dô Volkêr daz ersach,
wider sînen gesellen · er zorneclîchen sprach:
‚nu lat mich zuo den recken · von dem hûse gân:
ich wil vrâgen mære · der vrouwen Kriemhilde man.‘

‚Nein, durch mîne liebe‘ · sprach dô Hagene,
‚komet ir von dem hûse · die snellen degene
bringent iuch mit swerten · lîhte in solhe nôt,
daz ich iu müese helfen · wærz aller mîner mâge tôt.

‚Sô wir danne beide · kœmen in den strît,
ir zwêne oder viere · in einer kurzen zît
sprungen zuo dem hûse · und tæten uns diu leit
an den slâfenden · diu nimmer wurden verkleit.‘

Dô sprach aber Volkêr · ‚sô lât das geschehen,
daz wir si bringen innen · daz wir si hân gesehen;
daz des iht haben lougen · die Kriemhilde man,
daz si ungetriuwelîche · vil gerne hêten getân.‘

Zehant dô rief in Volkêr · hin engegene:
‚wes gêt ir sus gewâfent · snelle degene?
welt ir schâchen rîten · ir Kriemhilde man?
dar sult ir mich ze helfe · und mînen hergesellen hân.‘

Des antwurte im niemen · zornec was sîn muot:
‚pfî, ir zagen bœse‘ · sprach der helt guot,
‚wolt ir slâfende · uns ermordet hân?
daz ist sô guoten helden · noch vil selten her getân.‘

Dô wart der küneginne · vil rehte daz geseit,
daz ir boten niht enwurben · von schulden was ir leit.
dô vuogte si ez anders · vil grimmec was ir muot.
des muosen sît verderben · helde küene unde guot.

„Er trägt auf dem Haupte · einen Helm von lichtem Glanz,
Der ist hart und lauter · stark dazu und ganz.
Auch loh'n die Panzerringe · ihm, wie das Feuer tut.
Daneben steht auch Hagen · die Gäste sind in guter Hut."

Da wandten sie sich wieder · Als Volker das ersah,
Zu seinem Heergesellen · in Zorn sprach er da:
„Nun laßt mich von dem Hause · zu den Recken gehn:
So frag' ich um die Märe · die in Kriemhildens Lehn."

„Nein, wenn ihr mich lieb habt" · sprach Hagen entgegen,
„Kämt ihr aus dem Hause · diese schnellen Degen
Brächten euch mit Schwertern · leicht in solche Not,
Daß ich euch helfen müßte · wär's aller meiner Freunde Tod.

„Wenn wir dann beide · kämen in den Streit,
So möchten ihrer zweie · oder vier in kurzer Zeit
Zu dem Hause springen · und schüfen solche Not
Drinnen an den Schlafenden · daß wir's bereuten bis zum Tod."

Da sprach wieder Volker · „So laßt es nur geschehn,
Daß sie inne werden · wir haben sie gesehn:
So können uns nicht leugnen · die Kriemhild untertan,
Daß sie gerne treulos · an den Gästen hätten getan."

Da rief der Fiedelspieler · den Heunen entgegen:
„Wie geht ihr so bewaffnet · ihr behenden Degen?
Wollt ihr morden reiten · ihr Kriemhild untertan?
So nehmt mich zur Hülfe · und meinen Heergesellen an.'

Niemand gab ihm Antwort · zornig war sein Mut:
„Pfui, feige Bösewichter" · sprach der Degen gut,
„Im Schlaf' uns zu ermorden · schlicht ihr dazu heran?
Das ward so guten Helden · bisher noch selten getan."

Bald ward auch die Märe · der Königin bekannt
Vom Abzug ihrer Boten · wie schwer sie das empfand!
Da fügte sie es anders · gar grimmig war ihr Mut.
Da mußten bald verderben · viel der Helden kühn und gut.

AVENTIURE

wie die hêrren ze kirchen giengen

,Mir kuolent sô die ringe' · sô sprach Volkêr:
,jâ wæn diu naht welle · uns niht wern mêr.
ich kiusez an dem lufte · ez ist vil schiere tac.'
dô wacten si der manegen · der noch slâfende lac.

Dô schein der liehte morgen · den gesten in den sal.
Hagne begunde wecken · die recken über al,
ob si zuo dem münster · ze messe wolden gân?
nâch siten kristenlîchen · man vil liuten began.

Si sungen ungelîche · daz dâ vil wol schein,
kristen unde heiden · wâren niht enein.
dô wolden zuo der kirchen · Guntheres man:
si wâren von den betten · al gelîche gestân.

Dô næten sich die recken · in alsô guot gewant,
daz nie helde mêre · in deheines küneges lant
ie bezzer kleider brâhten · daz was Hagnen leit:
er sprach: ,jâ sult ir helde · hie tragen anderiu kleit

,Jâ sint iu doch genuogen · diu mære wol bekant.
nu traget vür die rôsen · diu wâfen an der hant,
vür schapel wol gesteinet · die liehten helme guot,
sît wir wol erkennen · der argen Kriemhilde muot.

,Wir müezen hiute strîten · daz wil ich iu sagen.
ir sult vür sîden hemde · die halsperge tragen
und vür die rîchen mentel · guote schilde wît:
ob ieman mit iu zürne · daz ir vil werlîchen sît.

,Mîne vil lieben hêrren · dar zuo mâge unt man,
ihr sult vil willeclîchen · zuo der kirchen gân
und klaget Gote dem rîchen · sorge und iuwer nôt
und wizzet sicherlîchen · daz uns nâhet der tôt.

EINUNDDREISSIGSTES ABENTEUER

Wie die Herren zur Kirche gingen

„Mir wird so kühl der Harnisch" · sprach da Volker:
„Die Nacht, wähn' ich, wolle · nun nicht währen mehr.
Ich fühl' es an den Lüften · es ist nicht weit vom Tag."
Da weckten sie gar manchen · der da im Schlafe noch lag.

Da schien der lichte Morgen · den Gästen in den Saal.
Hagen begann zu wecken · die Recken allzumal,
Ob sie zum Münster wollten · in die Messe heut.
Nach christlichen Sitten · erscholl der Glocken Geläut.

Der Gesang war ungleich · kein Wunder mocht' es sein,
Daß Christen mit Heiden · nicht stimmten überein.
Da wollten zu der Kirche · die in Gunthers Lehn:
Man sah sie von den Betten · allzumal da erstehn.

Da schnürten sich die Recken · in also gut Gewand,
Daß nie Helden wieder · in eines Königs Land
Beßre Kleider brachten · Hagen war es leid;
Er sprach: „Ihr tätet besser · ihr trügt hier anderlei Kleid.

„Nun ist euch doch allen · die Märe wohl bekannt:
Drum statt der Rosenkränze · nehmt Waffen an die Hand;
Statt wohlgesteinter Hüte · die lichten Helme gut,
Da wir so wohl erkennen · der argen Kriemhilde Mut.

„Wir müssen heute streiten · das will ich euch sagen.
Statt seidner Hemden sollt ihr · Halsbergen tragen
Und statt der reichen Mäntel · gute Schilde breit:
Zürnt mit euch jemand · daß ihr wehrhaftig seid.

„Meine lieben Herren · Freund' und Mannen mein,
Tretet in die Kirche · mit lauterm Herzen ein
Und klagt Gott dem reichen · eure Sorg' und Not:
Denn wißt unbezweifelt · es naht uns allen der Tod.

,Irn sult ouch niht vergezzen · swaz ir habet getân,
und sult vil vlîzeclîche · dâ gein Gote stân.
des wil ich iuch warnen · ir guoten recken hêr:
ez enwelle Got von himele · ir vernemet messe nimmer mêr.'

Sus giengen zuo dem münster · die vürsten und ir man.
ûf dem vrônen vrîthove · dâ hiez si stille stân
Hagene der küene · daz si sich schieden niht.
er sprach: ,jâ weiz noch niemen · waz von den Hiunen geschiht.

,Leget, mîne vriunde · die schilde vür den vuoz
und geltet, ob iu iemen · biete swachen gruoz,
mit tiefen verchwunden · daz ist der Hagnen rât,
daz ir sô werdet vunden · sam ez iu lobelîchen stât.'

Volkêr unde Hagene · die zwêne giengen dan
vür daz wîte münster · daz wart durch daz getân,
daz si daz wolden wizzen · daz des küneges wîp
müese mit in dringen · jâ was vil grimmec ir lîp.

Dô kom der wirt des landes · und ouch sîn schœne wîp;
mit rîchem gewande · gezieret was ir lîp
und der vil snellen recken · die man sach mit ir varn.
dô kôs man hôhe stouben · von den Kriemhilde scharn.

Dô der künic rîche · sus gewâfent sach
die künege und ir gesinde · wie balde er dô sprach:
,wie sihe ich vriunde mîne · under helmen gân?
mir ist leit ûf mîne triuwe · und hât in iemen iht getân.

,Ich solz in gerne büezen · swie si dunket guot.
hât iemen in beswæret · daz herze und ouch den muot,
des bringe ich sie wol innen · daz ez mir ist vil leit:
swaz si mir gebietent · des bin ich alles in bereit.'

Des antwurte Hagene · ,uns hât niemen niht getân.
ez ist site mîner hêrren · daz si gewâfent gân
zallen hôhgezîten · ze vollen drîn tagen.
swaz man uns hie tæte · wir soldenz Etzelen sagen.'

„Ihr sollt auch nicht vergessen · was je von euch geschah,
Und steht vor eurem Gotte · andächtig da.
Laßt euch alle warnen · gute Recken hehr:
Es wend' es Gott im Himmel · so hört ihr keine Messe mehr."

So gingen zu dem Münster · die Fürsten und ihr Lehn.
Auf dem heiligen Friedhof · da hieß sie stille stehn
Hagen der kühne · damit man sie nicht schied.
Er sprach: „Noch weiß ja niemand · was von den Heunen geschieht.

„Setzt, meine Freunde · die Schilde vor den Fuß
Und lohnt es, beut euch jemand · feindlichen Gruß,
Mit tiefen Todeswunden · das ist, was Hagen rät.
So werdet ihr befunden · wie's euch am löblichsten steht."

Volker und Hagen · die beiden stellten da
Sich vor das weite Münster · was darum geschah,
Sie wollten's dazu bringen· daß sich die Königin
Mit ihnen drängen müsse · wohl war gar grimmig ihr Sinn.

Da kam der Wirt des Landes · und auch sein schönes Weib;
Mit reichem Gewande · war ihr geziert der Leib
Und manchem schnellen Degen · der im Geleit ihr war.
Da flog der Staub zur Höhe · vor der Kriemhilden Schar.

Als der reiche König · so gewaffnet sah
Die Fürsten und ihr Ingesind' · wie bald sprach er da:
„Was seh' ich meine Freunde · unter Helmen gehn?
Leid wär' mir meiner Treue · wär' ihnen etwas hier geschehn.

„Das wollt' ich ihnen büßen · wie sie es däuchte gut.
Wenn ihnen wer beschwerte · das Herz und den Mut,
So lass' ich sie wohl schauen · es sei mir wahrlich leid:
Was sie gebieten mögen · dazu bin ich gern bereit."

Zur Antwort gab ihm Hagen · „Uns ist kein Leid geschehn.
Es ist der Herren Sitte · daß sie gewaffnet gehn
Bei allen Gastgeboten · zu dreien vollen Tagen.
Was uns hier geschähe · wir würden Etzeln es klagen."

Vil wol gehôrte Kriemhilt · waz Hagne gesprach.
wie rehte vîentlîche · si im under dougen sach!
sine wolde doch niht melden · den site von ir lant,
swie lange si den hête · ze den Burgonden erkant.

Swie grimme und swie starke · si in vîent wære,
het iemen geseit Etzeln · diu rehten mære,
er hete wol understanden · daz doch sît dâ geschach:
durch ir vil starken übermuot · ir deheiner ims verjach.

Dô gie vil grôziu menege · mit der küneginne dan:
dône wolden dise zwêne · iedoch niht hôher stân
zweier hande breite · daz was den Hiunen leit.
jâ muose si sich dringen · mit den helden vil gemeit.

Etzeln kameræere · die dûhte daz niht guot:
jâ heten si den recken · erzürnet dô den muot,
wan daz si entorsten · vor dem künege hêr.
dâ was vil michel dringen · und doch niht anderes mêr.

Dô man dô Gote gediende · und daz si wolden dan,
vil balde kom ze rossen · manec Hiunen man.
dô was bî Kriemhilde · vil manec schœniu meit;
wol siben tûsent degene · bî der küneginne reit.

Kriemhilt mit ir vrouwen · in diu venster gesaz
zuo Etzeln dem rîchen · liep was im daz.
si wolden schouwen rîten · helde vil gemeit.
hei, waz vremder recken · vor in ûf dem hove reit!

Dô was ouch der marschalc · mit den knehten komen:
Dancwart der vil küene · hete zuo im genomen
sîns hêrren ingesinde · von Burgonden lant.
diu ros man wol gesatelet · den küenen Niblungen vant.

Dô ze rosse kômen · die künege und ir man,
Volkêr der starke · râten daz began,
si solden bûhurdieren · nâch ir landes siten.
des wart von den helden · sît vil hêrlîch geriten.

Wohl vernahm die Königin · Hagens Rede da.
Wie feindlich sie dem Degen · unter die Augen sah!
Sie wollte doch nicht melden · den Brauch in ihrem Land,
Wie lang bei den Burgunden · sie den auch hatte gekannt.

Wie grimm und stark die Königin · ihnen abhold wäre,
Hätte jemand Etzeln · gesagt die rechte Märe,
Er hätt' es wohl gewendet · was nun doch geschah:
In ihrem hohen Übermut · verschwiegen sie es alle da.

Da schritt mit vielem Volke · Kriemhild zur Kirchentür:
Doch wollten diese beiden · weichen nicht vor ihr
Zweier Hände Breite · das war den Heunen leid.
Da mußten sie sich drängen · mit den Helden allbereit.

Etzels Kämmerlinge · die dauchte das nicht gut:
Wohl hätten sie den Recken · gern erzürnt den Mut,
Wenn sie es wagen dürften · vor dem König hehr.
Da gab es groß Gedränge · und doch nichts anderes mehr.

Als nach dem Gottesdienste · man auf den Heimweg sann,
Da kam hoch zu Rosse · mancher Heunenmann.
Auch war bei Kriemhilden · manche schöne Maid;
Wohl Siebentausend zählte · der Königin Heergeleit.

Kriemhild mit ihren Frauen · in den Fenstern saß
Bei Etzeln dem reichen · gerne sah er das.
Sie wollten reiten sehen · die Helden auserkannt:
Hei! was man fremder Recken · vor ihnen auf dem Hofe fand!

Nun war auch mit den Knechten · der Marschall gekommen:
Der kühne Dankwart hatte · mit sich genommen
Der Herren Ingesinde · von Burgundenland:
Die Rosse wohlgesattelt · man den kühnen Niblungen fand.

Als zu Rossen kamen · die Fürsten und ihr Heer,
Da begann zu raten · der starke Volker,
Sie sollten buhurdieren · nach ihres Landes Sitten.
Da wurde von den Helden · bald gar herrlich geritten.

Der helt het in gerâten · des si doch niht verdrôz;
der bûhurt unt daz schallen · wurden beidiu grôz.
ûf den hof vil wîten · kom vil manec man.
Etzel unde Kriemhilt · daz selbe schouwen began.

Uf den bûhurt kômen · sehs hundert degene,
Dietrîches recken · den gesten zegegene.
sie wolden kurzwîle · mit den Burgonden hân:
het er ins gegunnen · si hetenz gerne getân.

Hei, waz guoter recken · in dâ nâch reit!
dem hêrren Dietrîche · dem wart daz geseit.
mit Guntheres mannen · daz spil er in verbôt.
er vorhte siner manne · des gie im sicherlîchen nôt.

Dô dise von Berne · gescheiden wâren dan,
dô kômen von Bechlâren · Rüedegêres man
fünf hundert unter schilden · vür den sal geriten.
liep wære dem marcgrâven · daz siz hêten vermiten.

Dô reit er wîslîchen · zuo zin durch die schar
und seite sînen mannen · si wæren des gewar,
daz in unmuote wœren · Guntheres man:
ob si den bûhurt liezen · ez wær im liebe getân.

Dô von in geschieden · die helde vil gemeit,
dô kômen die von Dürengen · als uns daz ist geseit,
und der von Tenemarken · wol tûsent küener man.
von stichen sach man vliegen · vil der trunzûne dan.

Irnvrit unde Hâwart · in den bûhurt riten;
ir heten die von Rîne · vil stolzlîch erbiten.
si buten manege tjoste · den von Dürengen lant:
des wart von stichen dürkel · manec hêrlîcher rant.

Dô kom der hêrre Blœdelîn · mit drîn tûsent dar.
Etzel unde Kriemhilt · nâmen sîn wol war,
wan dâ vor in beiden · diu rîterschaft geschach.
diu künegin ez gerne · durch leit der Burgonde sach.

Was der Held geraten · niemanden wohl verdroß;
Der Buhurd und der Waffenklang · wurden beide groß.
In dem weiten Hofe · kam da mancher Mann;
Etzel mit Kriemhild · es selbst zu schauen begann.

Auf den Buhurd kamen · sechshundert Degen.
Dietrichens Recken · den Gästen entgegen.
Mit den Burgunden wollten · sie sich im Spiel ergehn;
Wollt' es ihr Herr vergönnen · so wär' es gerne geschehn.

Hei! was gute Recken · ritten da heran!
Dietrich dem Helden · ward es kund getan.
Mit Gunthers Ingesinde · das Spiel er verbot.
Er schonte seiner Leute · das tat ihm sicherlich not.

Als Dietrichs Gefolge · so vermied den Streit,
Da kam von Bechlaren · Rüdigers Geleit,
Fünfhundert unter Schilden · vor den Saal geritten.
Leid war's dem Markgrafen · er hätt' es gern nicht gelitten.

Da ritt er fürsorglich · zu ihnen durch die Schar
Und sagte seinen Mannen · sie würden selbst gewahr,
Daß im Unmut wären · die Gunthern untertan:
Wenn sie das Kampfspiel ließen · so wär' ihm Liebes getan.

Als von ihnen schieden · die Helden allbereit,
Da kamen die von Thüringen · hörten wir Bescheid,
Und vom Dänenlande · der kühnen tausend Mann.
Von Stichen sah man fliegen · viel der Splitter hoch hinan.

Irnfried und Hawart · ritten zum Buhurd hin;
Ihrer harrten die vom Rheine · mit hochfährt'gem Sinn
Zum Lanzenspiel mit denen · von Thüringerland:
Durchbohrt von Stichen wurde · mancher schöne Schildesrand.

Da kam der Degen Blödel · dreitausend in der Schar.
Etzel und Kriemhild · nahmen sein wohl war,
Da vor ihnen beiden · das Ritterspiel geschah.
Die Königin es gerne · aus Haß der Burgunden sah.

Schrûtân unde Gibeke · ûf den bûhurt riten,
Râmunc und Hornboge · nâch Hiunischen siten.
si hielten gein den helden · von Burgonden lant.
die schefte dræten hôhe · über des küneges sales want.

Swes dâ iemen pflæge · sô was ez niuwan schal.
man hôrte von schilde stœzen · palas unde sal
harte lût erdiezen · von Guntheres man.
den lop daz sîn gesinde · mit grôzen êren gewan.

Dô was ir kurzwîle · sô michel unde grôz,
daz durch die covertiure · der blanke sweiz dô vlôz
von den guoten rossen · diu die helde riten.
si versuochtenz an den Hiunen · mit vil hôhverten siten.

Dô sprach der küene Volkêr · ein edel spilman:
‚ich wæne, uns dise recken · türren niht bestân.
ich hôrte ie sagen mære · sie wæren uns gehaz:
nu enkund ez sich gevüegen · zwâre niender in baz.‘

‚Zen herbergen vüeren‘ · sprach aber Volkêr,
‚sol man uns die mœre · und rîten danne mêr
gegen âbende · sô es wirdet zît.
waz, ob diu küneginne · den lop den Burgonden gît?‘

Dô sâhens einen rîten · sô weigerlîchen hie,
daz ez al der Hiunen · getet neheiner nie.
jâ moht er in den venstern · wol haben herzen trût:
er vuor sô wol gekleidet · sam eines edeln rîters brût.

Dô sprach aber Volkêr · ‚wie möht ich daz verlân?
jener trût der vrouwen · muoz ein gepiuze hân.
ez kan nieman gescheiden · ez gât im an den lîp:
jâ enruoch ich, ob ez zürnet · des künic Etzelen wîp.‘

‚Nein, durch mîne liebe‘ · sprach der künic sân.
‚ez wîzent uns die liute · ob wir si bestân.
lât ez heben die Hiunen · daz vüeget sich noch baz.‘
dannoch der künic Etzel · bî der küneginne saz.

Schrutan und Gibeke · ritten zum Buhurd auch,
Hornbog und Ramung · nach heunischem Gebrauch.
Sie hielten vor den Helden · aus Burgundenland:
Die Schäfte flogen wirbelnd · über des Königssaales Wand.

Wie sie da alle ritten · das war doch eitel Schall.
Von Stößen auf die Schilde · das Haus und den Saal
Hörte man ertosen · durch manchen Gunthers-Mann.
Das Lob sich sein Gesinde · mit großen Ehren gewann.

Da ward ihre Kurzweil · so stark und so groß,
Daß den Satteldecken · der blanke Schweiß entfloß
Von den guten Rossen · so die Helden ritten.
Sie versuchten an den Heunen · sich mit hochfährt'gen Sitten.

Da sprach der kühne Volker · der edle Spielmann:
„Zu feig sind diese Degen · sie greifen uns nicht an.
Ich hörte immer sagen · daß sie uns abhold sei'n:
Nun könnte die Gelegenheit · ihnen doch nicht günst'ger sein."

„Zu den Ställen wieder" · sprach nochmals Volker,
„Ziehe man die Rosse · wir reiten wohl noch mehr
In den Abendstunden · wenn die Zeit erschien.
Ob dann den Burgunden · den Preis wohl gibt die Königin?"

Da sahn sie einen reiten · so stattlich daher,
Es tat's von allen Heunen · kein anderer mehr.
Er hatt' in den Fenstern · wohl ein Liebchen traut:
Er ritt so wohl gekleidet · als eines edeln Ritters Braut.

Da sprach wieder Volker · „Wie blieb' es ungetan?
Jener Weiberliebling · muß einen Stoß empfahn.
Das mag hier niemand wenden · es geht ihm an den Leib:
Nicht frag' ich, ob drum zürne · dem König Etzel sein Weib."

„Nicht doch," sprach der König · „wenn ich's erbitten kann:
Es schelten uns die Leute · greifen wir sie an.
Die Heunen laßt beginnen · es kommt wohl bald dahin."
Noch saß König Etzel · am Fenster bei der Königin.

‚Ich wil den bûhurt mêren' · sprach dô Hagene.
‚lât die vrouwen schouwen · und die degene,
wie wir künnen rîten · daz ist guot getân;
man gît doch lop deheinen · des künic Guntheres man.'

Volkêr der vil snelle · den bûhurt wider reit.
daz wart sît maneger vrouwen · grœzlîchen leit.
er stach dem rîchen Hiunen · daz sper durch den lîp.
daz sach man sît beweinen · beide meit unde wîp.

Vil harte hurteclîche · Hagne und sîne man,
mit sehzec sîner degene · rîten er began
nâch dem videlære · dâ daz spil geschach.
Etzel unde Kriemhilt · ez bescheidenlîchen sach.

Dône wolden die drî künege · den küenen spilman
bî den vîanden · niht âne huote lân.
dâ wart von tûsent helden · vil kunstlîch geriten.
si tâten, daz si wolden · in vil hôhverten siten.

Dô der rîche Hiune · ze tôde was erslagen,
man hôrte sîne mâge · rüefen unde klagen.
dô vrâgte al daz gesinde · ‚wer hât ez getân?'
‚daz hât der videlære · Volkêr der küene spileman.'

Nach swerten unde schilden · riefen dâ zehant
des marcgrâven mâge · von der Hiunen lant:
si wolden Volkêren · ze tôde erslagen hân,
der wirt ûz eime venster · vil harte gâhen began.

Dô huop sich von den Hiunen · allenthalben schal.
die künege und ir gesinde · erbeizten vür den sal.
diu ros ze rucke stiezen · die Burgonden man.
dô kom künic Etzel · der hêrre ez scheiden began.

Ein des Hiunen mâge · den er bî im vant,
Ein vil scharfez wâfen · brach er im ûz der hant:
dô sluog ers alle widere · wan im was vil zorn.
‚wie hete ich mînen dienest · an disen helden verlorn!

„Ich will das Kampfspiel mehren“ · sprach Hagen jedoch.
„Laßt diese Frauen · und die Degen noch
Sehn, wie wir reiten können · das ist wohlgetan;
Man läßt des Lobs doch wenig · die Recken Gunthers empfahn.“

Volker der schnelle · ritt wieder in den Streit.
Das schuf da viel der Frauen · großes Herzeleid.
Er stach dem reichen Heunen · den Speer durch den Leib.
Das sah man noch beweinen · manche Maid und manches Weib.

Alsbald rückt’ auch Hagen · mit seinen Helden an:
Mit sechzig seiner Degen · zu reiten er begann
Dahin, wo von dem Fiedler · das Spiel war geschehn.
Etzel und Kriemhild · konnten alles deutlich sehn.

Da wollten auch die Könige · den kühnen Fiedler gut
Unter seinen Feinden · nicht lassen ohne Hut.
Da ward von tausend Helden · mit großer Kunst geritten.
Sie taten, was sie lüstete · mit gar hochfährt’gen Sitten.

Als der reiche Heune · zu Tode war geschlagen,
Man hörte seiner Freunde · Wehruf und Klagen.
All’ das Gesinde fragte · „Wer hat das getan?“
„Das hat getan der Fiedler · Volker der kühne Spielmann.“

Nach Schwertern und Schilden · riefen gleich zur Hand
Des Markgrafen Freunde · von der Heunen Land:
Zu Tode schlagen wollten · sie den Fiedelmann.
Der Wirt von seinem Fenster · daher zu eilen begann.

Da hob sich von den Heunen · allenthalben Schall.
Abstiegen mit dem Volke · die Kön’ge vor dem Saal;
Zurück die Rosse stießen · die Gunthern untertan.
Da kam der König Etzel · den Streit zu schlichten, heran.

Einem Vetter dieses Heunen · den er da bei ihm fand,
Eine scharfe Waffe · brach er ihm aus der Hand
Und schlug sie all’ zurücke · er war in großem Zorn.
„Wie hätt’ ich meine Dienste · an diesen Helden verlorn!

‚Ob ir hie bî mir slüeget · disen spileman',
sprach der künec Etzel · ‚daz wære missetân.
ich sach vil wol sîn rîten · dô er den Hiunen stach,
deiz âne sîne schulde · von eime strûche geschach.

‚Ir müezet mîne geste · vride lâzen hân.'
dô wart er ir geleite · diu ros zôch man dan
zuo den herbergen · si heten manegen kneht,
die in mit vlîze wâren · ze allem dienste gereht.

Der wirt mit sînen vriunden · in den palas gie:
zorn er mêr deheinen · dâ niht werden lie.
dô rihte man die tische · daz wazzer man in truoc.
dô heten die von Rîne · der starke vînde genuoc.

Ê die hêrren gesæzen · des was harte lanc.
diu Kriemhilde sorge · si ze sêre twanc.
si sprach: ‚vürste von Berne · ich suoche dînen rât,
helfe und genâde · mîn dinc mir angestlîche stât.'

Des antwurte ir Hildebrant · ein recke lobelîch:
‚swer sleht die Nibelunge · der tuot ez âne mich.
durch deheines schatzes liebe · ez mac im werden leit.
si sint noch unbetwungen · die snellen rîter gemeit.'

Dô sprach in sînen zühten · dar zuo hêr Dietrîch:
‚die rede lât belîben · küneginne rîch;
mir habent iuwer mâge · der leide niht getân,
daz ich die degne küene · mit strîte welle bestân.

‚Diu bete iuch lützel êret · vil edel vürsten wîp,
daz ir iuwern mâgen · râtet an den lîp.
si kômen ûf genâde · her in ditze lant;
Sîvrit ist unerrochen · von der Dietrîches hant.'

Dô si der untriuwe · an dem Berner niene vant,
dô lobete si alsô balde · in Blœdelînes hant
eine wîte marke · die Nuodunc ê besaz;
sît dô slug in Dancwart · daz er der gâbe gar vergaz.

„Wenn ihr bei mir erschlüget · diesen Spielmann,“
Sprach der König Etzel · „übel wär’ das getan!
Als er erstach den Heunen · sein Reiten wohl ich sah,
Daß es ohne sein Verschulden · nur durch Straucheln geschah.

„Ihr sollt meine Gäste · mit Frieden lassen ziehn.“
So ward er ihr Geleite · Die Rosse zog man hin
Zu den Herbergen · Sie hatten manchen Knecht,
Der ihnen war zu Diensten · mit allem Fleiße gerecht.

Der Wirt mit seinen Freunden · ging zum Saal zurück:
Da regte sich kein Zürnen · mehr vor seinem Blick.
Man richtete die Tische · das Wasser man auch trug.
Da hatten die vom Rheine · der starken Feinde genug.

Bevor da niedersaßen · die Herren, das währte lang,
Weil zu sehr mit Sorgen · jetzt Frau Kriemhild rang.
Sie sprach: „Fürst von Berne · heute muß ich flehn
Zu dir um Rat und Hülfe · meine Sachen ängstlich stehn.“

Zur Antwort gab ihr Hildebrand · ein Recke tugendlich:
„Wer schlägt die Nibelungen · der tut es ohne mich,
Wie viel man Schätze böte · es wird ihm wahrlich leid.
Sie sind noch unbezwungen · die schnellen Ritter allbereit.“

Da sprach dazu Herr Dietrich · mit zuchtreichem Sinn:
„Die Rede laßt bleiben · reiche Königin;
Mir ist von euern Freunden · kein solches Leid geschehn,
Daß ich sollt’ im Streite · die kühnen Degen bestehn.

„Die Bitte ehrt euch wenig · edel Königsweib,
Daß ihr den Freunden ratet · an Leben und an Leib.
Sie kamen euch auf Gnade · hieher in dieses Land;
Siegfried bleibt ungerochen · wohl von Dietrichens Hand.“

Als sie keine Untreu · bei dem Berner fand,
Alsobald gelobte sie · Blödeln in die Hand
Eine weite Landschaft · die Nudung einst besaß;
Hernach erschlug ihn Dankwart · daß er der Gabe gar vergaß.

Si sprach: ‚du solt mir helfen · hêrre Blœdelîn.
jâ sint in diesem hûse · die viande mîn,
die Sîvriden sluogen · den mînen lieben man:
swer mir daz hilfet rechen · dem bin ich immer undertân.‘

Des antwurte ir Blœdel · , vrouwe, nu wizzet daz,
‚jâne getar ich in vor Etzeln · gerâten keinen haz,
wan er iuwer mâge · vrouwe, gerne siht:
tæt ich in iht ze leide · der künec vertrüege mir sîn niht.‘

‚Neinâ, hêrre Blœdel · ich bin dir immer holt:
jâ gib ich dir ze miete · silber unde golt
und eine maget schœne · daz Nuodunges wîp:
sô maht du gerne triuten · ir vil minneclîchen lîp.

‚Daz lant zuo den bürgen · wil ich dir allez geben,
sô mahtu, rîter edele · mit vreuden immer leben,
gewinnestu die marke · dâ Nuodunc inne saz.
swaz ich dir lobe hiute · mit triuwen leiste ich dir daz.‘

Dô der hêrre Blœdel · die miete vernam,
und daz im durch ir schœne · diu vrouwe wol gezam,
mit strîte wânde er dienen · daz minneclîche wîp.
dar umbe muose der recke · dô verliesen den lîp.

Er sprach zer küneginne · ‚gêt wider in den sal.
ê es iemen werde inne · sô hebe ich einen schal.
ez muoz erarnen Hagene · daz er iu hât getân:
ich antwurte iu gebunden · des künic Guntheres man.

‚Nu wâfent iuch,‘ sprach Blœdel · ‚alle, die ich hân!
wir suln den vîanden · in die herberge gân.
des wil mich niht erlâzen · daz Etzelen wîp:
dar umbe suln wir helde · alle wâgen den lîp.‘

Dô diu küneginne · Blœdelînen lie
in des strîtes willen · ze tische si dô gie
mit Etzeln dem künege · und ouch mit sînen man.
si hete swinde ræte · an die geste getân.

Sie sprach: „Du sollst mir helfen · Bruder Blödelein.
Hier in diesem Hause · sind die Feinde mein,
Die Siegfrieden schlugen · meinen lieben Mann:
Wer mir das rächen hülfe · dem wär' ich immer untertan."

Zur Antwort gab ihr Blödel · „Fraue, wisset das,
Ich darf Etzels wegen · ihnen sinnen keinen Haß:
weil er eure Freunde · so gerne leiden mag:
Tät ich ihnen Leides · der König säh' es mir nicht nach."

„Nicht also, Herr Blödel · ich bin dir immer hold:
Ich gebe dir zum Lohne · mein Silber und mein Gold
Und eine schöne Witwe · Nudungens Weib:
So magst du immer kosen · ihren minniglichen Leib.

„Das Land zu den Burgen · alles geb' ich dir,
So lebst du, teurer Ritter · in Freuden stets mit ihr,
Wenn du die Mark gewinnest · die Nudung einst besaß.
Was ich dir hier gelobe · mit Treuen leist' ich dir das."

Als Blödel bieten hörte · des Lohnes also viel
Und ihrer Schöne willen · die Frau ihm wohlgefiel,
Im Kampf verdienen wollt' er · das minnigliche Weib.
Da mußte dieser Recke · verlieren Leben und Leib.

Er sprach zu der Königin · „Geht wieder in den Saal!
Eh' man es inne werde · erheb' ich großen Schall.
Hagen muß es büßen · was er euch hat getan:
Ich bring' euch gebunden · König Gunthers Untertan.

„Nun waffnet euch," sprach Blödel · „ihr all in meinem Lehn.
Wir wollen zu den Feinden · in die Herberge gehn.
Mir will es nicht erlassen · König Etzels Weib:
Wir Helden müssen alle · verwagen Leben und Leib."

Als den Degen Blödel · entließ die Königin,
Daß er den Streit begänne · zu Tische ging sie hin
Mit Etzeln dem Könige · und manchem Untertan.
Sie hatte schlimme Räte · wider die Gäste getan.

Dô der strît niht anders · kunde sîn erhaben,
Kriemhilde leit daz alte · in ir herzen was begraben,
dô hiez si tragen ze tische · den Etzelen sun.
wie kund ein wîp durch râche · immer vreislîcher tuon?

Dô giengen an der stunde · vier Etzelen man:
si truogen Ortlieben · den jungen künic, dan
zuo der vürsten tische · dâ ouch Hagene saz.
des muose daz kint ersterben · durch sînen mortlîchen haz.

Dô der künic rîche · sînen sun ersach,
zuo sînen konemâgen · er güetlîchen sprach:
,nu sehet, vriunde mîne · daz ist mîn einec sun
und ouch iurer swester · daz mac iu allen wesen vrum.

,Gevæht er nâch dem künne · er wirt ein küene man,
rîch und vil edele · starc und wol getân.
lebe ich deheine wîle · ich gib im zwelf lant:
sô mag iu wol gedienen · des jungen Ortliebes hant.

,Dar umbe bite ich gerne · iuch, lieben vriunde mîn,
swenne ir ze lande rîtet · widere an den Rîn,
sô sult ir mit iu vüeren · iuwer swester sun
und sult ouch an dem kinde · vil genædeclîchen tuon.

,Und ziehet in zen êren · unz er werde man:
hât iu in den landen · iemen iht getân,
daz hilfet er iu rechen · gewahset im sîn lîp.'
die rede hôrte ouch Kriemhilt · des künic Etzelen wîp.

,Im solden wol getrouwen · dise degene,
gewüehse er ze manne' · sô sprach Hagene:
,doch ist der künic junge · sô veiclîch getân:
man sol mich sehen selten · ze hove nâch Ortliebe gân.'

Der künec an Hagnen blicte · diu rede was im leit.
swie niht dar umbe redete · der vürste gemeit,
ez truobte im daz herze · und beswârte im den muot.
dô was Hagenen wille · niht ze kurzwîle guot.

Da nicht anders konnte · erhoben sein der Streit,
Kriemhilden lag im Herzen · begraben altes Leid,
Da ließ sie zu den Tischen · tragen Etzels Sohn:
Wie konnt' ein Weib aus Rache · wohl entsetzlicher tun?

Da kamen vier gegangen · aus Etzels Ingesind'
Und brachten Ortlieben · das junge Königskind,
Den Fürsten an die Tafel · wo auch Hagen saß.
Das Kind mußt' ersterben · durch seinen mordlichen Haß.

Als der reiche König · seinen Sohn ersah,
Zu seiner Frauen Brüdern · gütlich sprach er da:
„Nun schaut, meine Freunde · das ist mein einzig Kind
Und das eurer Schwester · von dem ihr Frommen einst gewinnt.

„Gerät er nach dem Stamme · er wird ein kühner Mann,
Reich dazu und edel · stark und wohlgetan.
Erleb' ich es, ich geb' ihm · zwölf reicher Kön'ge Land:
So tut euch wohl noch Dienste · des jungen Ortliebens Hand.

„Darum bät' ich gerne · euch, lieben Freunde mein,
Wenn ihr heimwärts reitet · wieder an den Rhein,
Daß ihr dann mit euch nehmet · eurer Schwester Kind;
Und seid auch dem Knaben · immer gnädig gesinnt.

„Erzieht ihn nach Ehren · bis er gerät zum Mann:
Hat euch in den Landen · jemand ein Leid getan,
So hilft er euch es rächen · erwuchs ihm erst der Leib."
Die Rede hörte Kriemhild · mit an, König Etzels Weib.

„Ihm sollten wohl vertrauen · alle diese Degen,
Wenn er zum Mann erwüchse" · sprach Hagen entgegen;
„Doch ist der junge König · so schwächlich anzusehn:
Man soll mich selten schauen · nach Hof zu Ortlieben gehn."

Der König blickt' auf Hagen · die Rede war ihm leid.
Wenn er auch nichts erwiderte · der König allbereit,
Es betrübt' ihn in der Seele · und beschwert' ihm den Mut.
Da waren Hagens Sinne · zu keiner Kurzweile gut.

Ez tet den vürsten allen · mit dem künege wê,
daz Hagene von dem kinde · hete gesprochen ê.
daz siz vertragen solden · daz was in ungemach;
sin wessen niht der mære · waz von dem recken sît geschach.

Es schmerzte wie den König · sein fürstlich Ingesind,
Was Hagen da gesprochen · hatte von dem Kind.
Daß sie' s vertragen sollten · ging ihnen allen nah;
Noch konnten sie nicht wissen · was von dem Recken bald geschah.

AVENTIURE

wie Blœdelîn erslagen wart

Blœdelînes recken · die wâren alle gar.
mit tûsent halspergen · huoben si sich dar,
dâ Dancwart mit den knehten · ob den tischen saz.
dâ huop sich under helden · der aller grœziste haz.

Alsô der hêrre Blœdel · vür die tische gie,
Dancwart der marschalc · in vlîzeclîch enpfie:
,willekomen her ze hûse · mîn hêr Blœdelîn:
jâ wundert mich der mære · waz sol disiu rede sîn?

,Jâne darstu mich niht grüezen' · sô sprach Blœdelîn,
,wan ditze komen daz mîne · muoz dîn ende sîn
durch Hagenen dînen bruoder · der Sîvriden sluoc.
des enkiltestu zen Hiunen · und ander degene genuoc.

,Neinâ, hêrre Blœdel' · sprach dô Dancwart.
,sô möht uns balde riuwen · disiu hovevart.
ich was ein wênic kindel · dô Sîvrit vlôs den lîp:
ine weiz niht, waz mir wîzet · des künic Etzelen wîp.'

,Jâ enweiz ich dir der mære · niht mê ze sagene;
ez tâten dîne mâge · Gunther und Hagene.
nu wert iuch vil ellenden · ir kunnet niht genesen,
ir müezet mit dem tôde · pfant daz Kriemhilde wesen.'

,Sô enwelt ir niht erwinden?' · sprach dô Dancwart.
,sô riuwet mich mîn vlêgen · daz wære baz gespart!'
der snelle degen küene · von dem tische spranc,
er zôch ein scharpfes wâfen · daz was michel unde lanc.

Dô sluoc er Blœdelîne · einen swinden swertes slac,
daz im daz houbet schiere · vor den vüezen lac.
,daz sî dîn morgengâbe' · sprach Dancwart der degen
,zuo Noudunges briute · der du mit minne woldest pflegen.

ZWEIUNDDREISSIGSTES ABENTEUER

Wie Blödel erschlagen wurde

Blödels Recken standen · gerüstet allzumal.
In tausend Halsbergen · erreichten sie den Saal,
Wo Dankwart mit den Knechten · an den Tischen saß.
Da hob sich unter Helden · der allergrimmigste Haß.

Als der Degen Blödel · vor die Tische ging,
Dankwart der Marschall · ihn freundlich empfing:
„Willkommen hier im Hause · mein Herr Blödelein:
Mich wundert euer Kommen · sagt, was soll die Märe sein?"

„Du brauchst mich nicht zu grüßen" · sprach da Blödelein,
„Denn dieses mein Kommen · muß dein Ende sein
Um Hagen deinen Bruder · der Siegfrieden schlug.
Des entgiltst du bei den Heunen · und andre Helden genug."

„Nicht doch, mein Herr Blödel!" · sprach da Dankwart,
„So möchte sehr uns reuen · zu Hofe diese Fahrt.
Ich war ein Kind, als Siegfried · Leben ließ und Leib:
Nicht weiß ich, was mir wolle · dem König Etzel sein Weib."

„Ich weiß dir von der Märe · nicht mehr zu sagen;
Es taten' s deine Freunde · Gunther und Hagen.
Nun wehrt euch, ihr Armen · ihr könnt nicht länger leben,
Ihr müßt mit dem Tode · hier ein Pfand Kriemhilden geben."

„Wollt ihr es nicht lassen?" · sprach da Dankwart,
„So gereut mich meines Flehens · hätt' ich das gespart!"
Der schnelle kühne Degen · von dem Tische sprang,
Eine scharfe Waffe zog er · die war gewaltig und lang.

Damit schlug er Blödeln · einen schwinden Schwertesschlag,
Daß ihm das Haupt zur Stelle · vor den Füßen lag.
„Das sei die Morgengabe" · sprach der schnelle Degen,
„Zu Nudungens Witwe · der du mit Minne solltest pflegen.

‚Man mac si morgen mehelen · einem andern man:
wil er die brûtmiete · dem wirt alsam getân.‘
ein vil getriuwer Hiune · hete im daz geseit,
daz in diu küneginne · riet sô grœzlîchiu leit.

Dô sâhen Blœdelînes man · ir hêrre lac erslagen;
dône wolden si den gesten · niht langer daz vertragen
mit ûf erbürten swerten · si sprungen vür diu kint
in grimmigem muote · daz gerou vil manegen sint.

Lûte rief dô Dancwart · daz gesinde allez an:
‚ir sehet wol, edel knehte · wie ez umb uns wil gân.
nu wert iuch ellenden · deiswâr, des gât uns nôt,
swie uns diu edele Kriemhilt · sô rehte güetlîch enbôt.‘

Die niht swert enhêten · die reihten vür die banc
und huoben von den vüezen · vil manegen schâmel lanc.
der Burgonden knehte · wolden niht vertragen:
dâ wart von swæren stüelen · durch helme biulen vil geslagen.

Wie grimme sich dô werten · die ellenden kint!
si triben ûz dem hûse · die gewâfenden sint:
doch beleip ir tôt dar inne · fünf hundert oder baz.
dô was daz ingesinde · von bluote rôt unde naz.

Disiu starken mære · wurden dan geseit
den Etzelen recken · ez was in grimme leit,
daz erslagen wære · Blœdel und sîne man;
daz hete Hagenen bruoder · mit den knehten getân.

Ê ez der künec ervünde · die Hiunen durch ir haz,
der garten sich zwei tûsent · oder dannoch baz.
si giengen zuo den knehten · daz muos et alsô wesen,
und liezen des gesindes · ninder einen genesen.

Die ungetriuwen brâhten · vürz hûs ein michel her.
die ellenden knehte · stuonden wol ze wer.
waz half ir baldez ellen? · si muosen ligen tôt;
dar nâch in kurzen stunden · sich huop ein vreislîchiu nôt.

„Vermähle man sie morgen · einem andern Mann:
Will er den Brautschatz haben · wird ihm wie dir getan."
Ein getreuer Heune · hatt' ihm das hinterbracht,
Wie die Königstochter · auf ihr Verderben gedacht.

Da sahen Blödels Mannen · ihr Herr sei erschlagen;
Das wollten sie den Gästen · länger nicht vertragen.
Mit aufgehobnen Schwertern · auf die Knappen ein
Drangen sie mit Ingrimm · das mußte manchen gereun.

Laut rief da Dankwart · all das Gesinde an:
„Ihr seht wohl, edle Knechte · es ist um uns getan.
Nun wehrt euch, ihr Armen · fürwahr, das tut uns not,
So gütig es den Gästen · die edle Kriemhild entbot!"

Die nicht Schwerter hatten · die griffen vor die Bank,
Vom Boden aufzuheben · manchen Schemel lang.
Die Burgundenknechte · wollten nichts vertragen:
Mit schweren Stühlen sah man · starker Beulen viel geschlagen.

Wie grimm die armen Knappen · sich wehrten in dem Strauß!
Sie trieben zu dem Hause · die Gewaffneten hinaus:
Fünfhundert oder drüber · erlagen drin dem Tod.
Da war das Ingesinde · von Blute naß und auch rot.

Diese schwere Botschaft · drang in kurzer Zeit
Zu König Etzels Recken · ihnen war's grimmig leid,
Daß mit seinen Mannen · Blödel den Tod gewann;
Das hatte Hagens Bruder · mit den Knechten getan.

Eh' es vernahm der König · stand schon ein Heunenheer
In hohem Zorn gerüstet · zweitausend oder mehr.
Sie gingen zu den Knechten · es mußte nun so sein,
Und ließen des Gesindes · darin nicht einen gedeihn.

Die Ungetreuen brachten · vors Haus ein mächtig Heer.
Die landlosen Knechte · standen wohl zu Wehr.
Was half da Kraft und Kühnheit? · sie fanden doch den Tod.
Darnach in kurzer Weile · hob sich noch grimmere Not.

Hie muget ir hœren wunder · bî ungevüege sagen:
niun tûsent knehte · die lâgen tôt erslagen,
dar über rîter zwelfe · der Dancwartes man.
man sach in alterseine · noch bî den vîanden stân.

Der schal was geswiftet · der dôz was gelegen.
dô blicte über ahsel · Dancwart der degen:
er sprach: ‚ouwê der vriunde · die ich verlorn hân!
nu muoz ich leider eine · bî mînen vîanden stân.'

Diu swert genôte vielen · ûf sîn eines lîp:
daz muose sît beweinen · vil maneges heldes wîp.
den schilt den ructe er hôher · den vezzel nider baz:
dô vrumte er vil der ringe · von bluote vliezende naz.

‚Sô wê mir dirre leide' · sprach Aldrîânes kint.
‚nu wîchet, Hiunen recken · ir lât mich an den wint,
daz der luft erküele · mich sturmmüeden man.'
dô sach man den recken · vil harte hêrlîche gân.

Alsô der strîtes müede · ûz dem hûse spranc,
waz iteniuwer swerte · ûf sîme helme erklanc!
die niht gesehen hêten · waz wunders tet sîn hant,
die sprungen hin enkegene · dem von Burgonden lant.

„Nu wolde Got,' sprach Dancwart · ‚möht ich den boten hân,
der mînen bruoder Hagenen · kunde wizzen lân,
daz ich vor disen recken · stên in sölher nôt!
er hulfe mir von hinnen · oder er gelæge bî mir tôt.'

Dô sprâchen Hiunen recken · ‚der bote muostu sîn,
sô wir dich tragen tôten · vür den bruoder dîn.
sô sihet im êrste leide · der Guntheres man.
du hâst dem künege Etzel · sô grôzen schaden hie getân.

Er sprach: ‚nu lât daz dröuwen · und wîchet hôher baz:
jâ getuon ich eteslîchem · noch die ringe naz.
ich wil diu mære selbe · hin ze hove sagen
und wil ouch mînen hêrren · mînen grôzen kumber klagen.'

Nun mögt ihr Wunder hören · und Ungeheures sagen:
Neuntausend Knechte · lagen tot geschlagen,
Darüber zwölf Ritter · in Dankwartens Lehn.
Man sah ihn weltalleine · noch bei seinen Feinden stehn.

Der Lärm war beschwichtigt · das Tosen eingestellt.
Über die Achsel blickte · Dankwart der Held:
Er sprach: „O weh der Freunde · die ich fallen sah!
Nun steh' ich leider einsam · unter meinen Feinden da."

Die Schwerter fielen heftig · auf des einen Leib:
Das mußte bald beweinen · manches Helden Weib.
Den Schild rückt' er höher · der Riemen ward gesenkt:
Mit rotem Blute sah man · noch manchen Harnisch getränkt.

„O weh mir dieses Leides!" · sprach Aldrianens Kind.
„Nun weicht, Heunenrecken · und laßt mich an den Wind,
daß die Lüfte kühlen · mich sturmmüden Mann."
Da sah man den Recken · stolz und herrlich dringen an.

Als der Streitmüde · aus dem Hause sprang,
Wie manches Schwert von neuem · auf seinem Helm erklang!
Die nicht gesehen hatten · die Wunder seiner Hand,
Die sprangen da entgegen · dem aus Burgundenland.

„Nun wollte Gott," sprach Dankwart · „daß mir ein Bote käm',
Durch den mein Bruder Hagen · Kunde vernähm',
Daß ich vor diesen Recken · steh' in solcher Not!
Der hülfe mir von hinnen · oder fände selbst den Tod."

Da sprachen Heunenrecken · „Der Bote mußt du sein,
Wenn wir tot dich tragen · vor den Bruder dein.
Dann sieht erst sein Herzeleid · Gunthers Untertan.
Du hast dem König Etzel · hier großen Schaden getan."

Er sprach: „Nun laßt das Dräuen · und weicht zurück von mir,
Sonst netz' ich noch manchem · mit Blut den Harnisch hier.
Ich will die Märe selber · hin zu Hofe tragen
Und will meinen Herren · meinen großen Kummer klagen."

Er leidete sich sô sêre · den Etzelen man,
daz si in mit den swerten · torsten niht bestân:
dô schuzzen si der gêre · sô vil in sînen rant,
daz er in durch die swære · muose lâzen von der hant.

Dô wândens in betwingen · dô er niht schildes truoc.
hei, waz er tiefer wunden · durch die helme sluoc:
des muose vor im strûchen · manec küener man,
dar umbe lop vil grôzen · der küene Dancwart gewan.

Ze beiden sînen sîten · sprungen si im zuo.
jâ kom ir eteslîcher · in den strît ze vruo.
dô gie er vor den vînden · alsam ein eberswîn
ze walde tuot vor hunden · wie möht er küener gesîn?

Sîn vart diu wart erniuwet · von heizem bluote naz.
wie kund ein einec recke · gestrîten immer baz
mit sînen vîanden · danne er hete getân?
man sach Hagenen bruoder · ze hove hêrlîchen gân.

Truhsæzen unde schenken · die hôrten swerte klanc:
vil maneger dô daz trinken · von der hende swanc
und etelîche spîse · die man ze hove truoc.
dô kom im vor der stiegen · der starken vînde genuoc.

‚Wie nu, ir truhsæzen?‘ · sprach der müede degen,
‚jâ soldet ir der geste · vil güetlîchen pflegen
und soldet ir den hêrren · guote spîse tragen
und liezet mich diu mære · mînen lieben hêrren sagen.‘

Swelher durch sîn ellen · im vür die stiegen spranc,
der sluoc er etelîchem · sô swæren swertes swanc,
daz si durch die vorhte · ûf hôher muosen stân.
ez het sîn starkez ellen · vil michel wunder getân.

Er verleidete so sehr sich · dem Volk in Etzels Lehn,
Daß sie ihn mit Schwertern · nicht wagten zu bestehn:
Da schossen sie der Speere · so viel ihm in den Rand,
Er mußt' ihn seiner Schwere · wegen lassen aus der Hand.

Sie wähnten ihn zu zwingen · weil er den Schild nicht trug;
Hei, was er tiefer Wunden · durch die Helme schlug!
Da mußte vor ihm straucheln · mancher kühne Mann,
Daß sich viel Lob und Ehre · der kühne Dankwart gewann.

Von beiden Seiten sprangen · die Gegner auf ihn zu.
Wohl kam ihrer mancher · in den Kampf zu fruh.
Da ging er vor den Feinden · wie ein Eberschwein
Im Walde tut vor Hunden · wie mocht' er wohl kühner sein?

Sein Weg war stets aufs neue · genetzt mit heißem Blut.
Wie konnte je ein Recke · allein wohl so gut
Mit so viel Feinden streiten · als hier von ihm geschehn?
Man sah Hagens Bruder · herrlich hin zu Hofe gehn.

Truchsässen und Schenken · vernahmen Schwerterklang:
Gar mancher die Getränke · aus den Händen schwang
Oder auch die Speisen · die man zu Hofe trug.
Da fand er vor der Stiege · noch starker Feinde genug.

„Wie nun, ihr Truchsässen?" · sprach der müde Degen,
„Nun solltet ihr die Gäste · gütlich verpflegen
Und solltet den Herren · die edle Speise tragen
Und ließet mich die Märe · meinen lieben Herren sagen."

Wer da den Mut gewonnen · und vor die Stieg' ihm sprang,
Deren schlug er etlichen · so schweren Schwertesschwang,
Daß ihm aus Schreck die andern · ließen freie Bahn.
Da hatten seine Kräfte · viel große Wunder getan.

AVENTIURE

wie Dancwart diu mære ze hove sînen hêrren brâhte

Alsô der küene Dancwart · under die tür getrat,
daz Etzeln gesinde · er hôher wîchen bat.
mit bluote was berunnen · allez sîn gewant;
ein vil scharfez wâfen · truog er blôz an sîner hant.

Vil lûte rief dô Dancwart · einem degene:
,ir sitzet alze lange · bruoder Hagene.
iu und Gote von himele · klage ich unser nôt:
rîter und knehte · sint an den herbergen tôt.'

Er rief im hin enkegene · ,wer hât daz getân?'
,daz hât der hêrre Blœdel · unde sîne man.
ouch hât ers sêre enkolten · daz wil ich iu sagen:
ich hân mit mînen handen · im sîn houbet ab geslagen.'

,Daz ist ein schade kleine' · sprach dô Hagene,
,dâ man saget mære · von eime degene,
ob er von recken henden · verliuset sînen lîp:
in suln deste ringer · klagen wætlîchiu wîp.

,Nu saget mir, bruoder Dancwart · wie sît ir sô rôt?
ich wæne, ir von wunden · lîdet grôze nôt.
ist er inder inme lande · der ez iu hât getân,
in erner der übel tiuvel · ez muoz im an sîn leben gân.'

,Ir sehet mich wol gesunden · mîn wât ist bluotes naz.
von ander manne wunden · ist mir geschehen daz,
der ich alsô manegen · hiute hân erslagen,
ob ich des swern solde · ine kundez nimmer gesagen.'

Er sprach : ,bruoder Dancwart · sô hüetet uns der tür,
lât der Hiunen einen · komen niht dervür.
ich wil reden mit den recken · als uns des twinget nôt:
unser ingesinde · lît vor in unverdienet tôt.'

DREIUNDDREISSIGSTES ABENTEUER

Wie Dankwart die Märe seinen Herren brachte

Als der kühne Dankwart · unter die Türe trat
Und Etzels Ingesinde · zurückzuweichen bat,
Mit Blut war beronnen · all sein Gewand;
Eine scharfe Waffe · trug er bloß an seiner Hand.

Hellauf rief da Dankwart · einem Degen zu:
„Ihr sitzt, Bruder Hagen · hier zu lang in Ruh!
Euch und Gott vom Himmel · klag' ich unsre Not:
Ritter und Knechte · sind in der Herberge tot."

Der rief ihm hin entgegen · „Wer hat das getan?"
„Das tat der Degen Blödel · und die ihm untertan.
Auch hat er' s schwer entgolten · das will ich euch sagen:
Mit diesen Händen hab' ich · ihm sein Haupt abgeschlagen."

„Das ist ein kleiner Schade" · sprach Hagen unverzagt,
„Wenn man solche Märe · von einem Degen sagt,
Daß er von Heldenhänden · zu Tode sei geschlagen:
Den sollen desto minder · die schönen Frauen beklagen.

„Nun sagt mir, Bruder Dankwart · wie seid ihr so rot?
Ich glaube gar, ihr leidet · von Wunden große Not.
Ist der wo hier im Lande · von dem das ist geschehn?
Der üble Teufel helf' ihm denn · sonst muß es ihm ans Leben gehn."
„Ihr seht mich unverwundet · mein Kleid ist naß von Blut.
Das floß nur aus Wunden · andrer Degen gut,
Deren ich so manchen · heute hab' erschlagen,
Wenn ich's beschwören sollte · ich wüßte nicht die Zahl zu sagen."

Da sprach er: „Bruder Dankwart · so hütet uns die Tür
Und laßt von den Heunen · nicht einen Mann herfür!
So red' ich mit den Recken · wie uns zwingt die Not:
Unser Ingesinde · liegt ohne Schuld von ihnen tot.

‚Sol ich sîn kameræreʻ · sprach der küene man,
‚alsô rîchen künegen · ich wol gedienen kan:
sô pflige ich der stiegen · nâch den êren mîn.ʻ
den Kriemhilde degenen · kunde leider niht gesîn.

‚Mich nimet des michel wunderʻ · sprach aber Hagene,
‚waz nu hie inne rûnen · die Hiunen degene.
si wæn des lîhte enbæren · der an der tür dâ stât
und diu hovemære · geseit den Burgonden hât.

‚Ich hân vernomen lange · von Kriemhilde sagen,
daz sî ir herzeleide · wolde niht vertragen.
nu trinken wir die minne · und gelten sküneges wîn:
der junge vogt der Hiunen · der muoz der aller êrste sîn.ʻ

Dô sluoc daz kint Ortlieben · Hagne der helt guot,
daz im gein der hende · anme swerte vlôz daz bluot
und der küneginne · daz houbt spranc in die schôz.
dô huop sich under degenen · ein mort vil grimme unde grôz.

Er sluog deme meizogen · einen swinden swertes slac
mit beiden sînen henden · der des kindes pflac,
daz im daz houbet schiere · vor tische nider lac.
ez was ein jæmerlîcher lôn · den er dem meizogen wac.

Er sach vor Etzeln tische · einen spilman:
Hagne in sîme zorne · gâhen dar began.
er sluoc im ûf der videlen · abe die zeswen hant:
‚daz habe dir ze botschefte · in der Burgonden lant!ʻ

‚Sô wê mir mîner hendeʻ · sprach Werbel der spilman
‚hêr Hagene von Troneje · waz hân ich iu getân?
ich kom ûf grôze triuwe · in iuwer hêrren lant.
wie klenk ich nu die dœne · sît ich verlorn hân die hant?ʻ

Hagne ahte ringe · gevidelter nimmer mêr.
dô vrumte er inme hûse · diu verchgrimmen sêr
an den Etzeln recken · der er sô vil ersluoc.
dô brâchte er in dem hûse · ze tôde recken genuoc.

„Soll ich Kämmrer werden?" · sprach der kühne Mann,
„Bei so reichen Königen · steht mir das Amt wohl an:
Der Stiege will ich hüten · nach allen Ehren mein."
Kriemhildens Recken · konnte das nicht leider sein.

„Nun nimmt mich doch wunder" · sprach wieder Hagen,
„Was sich die Heunendegen · hier in die Ohren sagen:
Sie möchten sein entbehren · der dort die Tür bewacht
Und der die Hofmären · den Burgunden hat gebracht.

„Ich hörte schon lange · von Kriemhilden sagen,
Daß sie nicht ungerochen · ihr Herzleid wolle tragen.
Nun trinken wir die Minne · und zahlen Etzels Wein:
Der junge Vogt der Heunen · muß hier der allererste sein."

Ortlieb das Kind erschlug da · Hagen der Degen gut,
Daß vom Schwerte nieder · zur Hand ihm floß das Blut
Und das Haupt herabsprang · der Königin in den Schoß.
Da hob sich unter Degen · ein Morden grimmig und groß.

Darauf dem Hofmeiser · der des Kindes pflag,
Mit beiden Händen schlug er · einen schnellen Schlag,
Daß vor des Tisches Füße · das Haupt ihm niederflog;
Es war ein jämmerlicher Lohn · den er dem Hofmeister wog.

Er sah vor Etzels Tische · einen Spielmann:
Hagen in seinem Zorne · lief zu ihm heran.
Er schlug ihm auf der Geigen · herab die rechte Hand.
„Das habe für die Botschaft · in der Burgunden Land!"

„Ach meine Hand!" sprach Werbel · Etzels Spielmann:
„Herr Hagen von Tronje · was hatt' ich euch getan?
Ich kam in großer Treue · in eurer Herren Land:
Wie kläng' ich nun die Töne · da ich verlor meine Hand?"

Hagen fragte wenig · und geigt' er nimmermehr.
Da kühlt' er in dem Hause · die grimme Mordlust sehr
An König Etzels Recken · deren er viel erschlug:
Er bracht' in dem Saale · zu Tod der Recken genug.

Volkêr der vil snelle · von dem tische spranc:
ein videlboge im lûte · an sîner hant erklanc.
dô videlte ungevuoge · Gunthers spilman.
hei, waz er im ze vînde · der küenen Hiunen gewan!

Ouch sprungen von den tischen · die drîe künege hêr.
si woldenz gerne scheiden · ê schaden geschæhe mêr.
sine mohtenz mit ir sinnen · dô niht understân,
dô Volkêr unde Hagene · sô sêre wüeten began.

Dô sach der vogt von Rîne · ungescheiden den strît:
dô sluoc der vürste selbe · manege wunden wît
durch die liehten ringe · den vîanden sîn.
er was ein helt zen handen · daz tet er grœzlîchen schîn.

Dô kom ouch zuo dem strîte · der starke Gêrnôt:
jâ vrumte er der Hiunen · vil manegen helt tôt
mit eime scharfen swerte · daz im gap Rüedegêr.
den Etzelen recken · tet er diu gremlîchen sêr.

Der junge sun vroun Uoten · zuo dem strîte spranc:
sîn wâfen hêrlîchen · durch die helme erklanc
den Etzelen recken · ûzer Hiunen lant;
dâ tet vil michel wunder · des küenen Gîselheres hant.

Swie vrum si alle wâren · die künege und ouch ir man,
doch sach man vor in allen · Volkêren stân
gein den vîanden · er was ein helt guot:
er vrumte dâ mit wunden · manegen vallen in daz bluot.

Ouch werten sich vil sêre · die Etzelen man.
dô sach man die geste · houwende gân
mit den vil liehten swerten · durch des küneges sal.
man hôrte allenthalben · von wuofe grœzlîchen schal.

Dô wolden die dar ûze · zir vriunden sîn dar in:
die nâmen an den türen · vil kleinen gewin.
dô wæren die dar inne · vil gerne vür den sal:
Dancwart liez ir deheinen · die stiegen ûf noch zetal.

Volker sein Geselle · von dem Tische sprang,
Daß laut der Fiedelbogen · ihm an der Hand erklang.
Ungefüge fiedelte · Gunthers Spielmann:
Hei! was er sich zu Feinden · der kühnen Heunen gewann!

Auch sprangen von den Tischen · die drei Kön'ge hehr.
Sie wollten's gerne schlichten · eh' Schadens würde mehr.
Doch strebten ihre Kräfte · umsonst dawider an,
Da Volker mit Hagen · so sehr zu wüten begann.

Nun sah der Vogt vom Rheine · er scheide nicht den Streit:
Da schlug der König selber · manche Wunde weit
Durch die lichten Panzer · den argen Feinden sein.
Der Held war behende · das zeigte hier der Augenschein.

Da kam auch zu dem Streite · der starke Gernot:
Wohl schlug er den Heunen · manchen Helden tot
Mit dem scharfen Schwerte · das Rüdeger ihm gab:
Damit bracht' er manche · von Etzels Recken ins Grab.

Der jüngste Sohn Frau Utens · auch zu dem Streite sprang:
Sein Gewaffen herrlich · durch die Helme klang
König Etzels Recken · aus der Heunen Land;
Da tat viel große Wunder · des kühnen Geiselher Hand.

Wie tapfer alle waren · die Kön'ge wie ihr Lehn,
Jedennoch sah man Volkern · voran all andern stehn
Bei den starken Feinden · er war ein Degen gut:
Er förderte mit Wunden · manchen nieder in das Blut.

Auch wehrten sich gewaltig · die in Etzels Lehn.
Die Gäste sah man hauend · auf und nieder gehn
Mit den lichten Schwertern · durch des Königs Saal.
Allenthalben hörte man · von Wehruf größlichen Schall.

Da wollten die da draußen · zu ihren Freunden drin:
Sie fanden an der Türe · gar wenig Gewinn;
Da wollten die da drinnen · gerne vor den Saal:
Dankwart ließ keinen · die Stieg' empor noch zutal.

Des huop sich vor den türen · vil starker gedranc
und ouch von den swerten · grôzer helmklanc.
des kom der küene Dancwart · in eine grôze nôt:
daz besorgete sîn bruoder · als im sîn triuwe gebôt.

Vil lûte rief dô Hagene · Volkêren an:
‚seht ir dort, geselle · mînen bruoder stân
vor Hiunischen recken · under starken slegen?
vriunt, nert mir den bruoder · ê wir vliesen den degen.‘

‚Daz tuon ich sicherlîchen‘ · sprach der spilman.
er begunde videlende · durch den palas gân:
ein hertez swert im ofte · an sîner hant erklanc.
die recken von dem Rîne · im seiten grœzlîchen danc.

Volkêr der küene · zuo Dancwarte sprach:
‚ir habet erliten hiute · vil grôzen ungemach.
mich bat iuwer bruoder · durch helfe zuo iu gân.
welt ir nu sîn dar ûze · sô wil ich innerthalben stân.‘

Dancwart der snelle · stuont ûzerhalb der tür:
er werte in ir stiege · swaz ir kom der vür.
des hôrt man wâfen hellen · den helden an der hant.
sam tet ouch innerthalben · Volkêr von Burgonden lant.

Der küene videlære · rief über die menege:
‚der sal ist wol beslozzen · vriunt hêr Hagene;
jâ ist alsô verschrenket · diu Etzelen tür:
von zweier helde handen · dâ gênt wol tûsent rigele vür.‘

Dô von Troneje Hagene · die tür sach sô behuot,
den schilt warf dô ze rucke · der mære helt guot:
alrêrst begund er rechen · daz im dâ was getân.
dô heten sîne vînde · ze lebene keiner slahte wân.

Dô der vogt von Berne · rehte daz ersach,
daz Hagene der starke · sô manegen helm brach,
der künec von Amelunge · spranc ûf eine banc.
er sprach: ‚hie schenket Hagene · daz aller wirseste tranc.‘

So hob sich vor den Türen · ein ungestümer Drang
Und von den Schwerthieben · auf Helme lauter Klang.
Da kam der kühne Dankwart · in eine große Not:
Das beriet sein Bruder · wie ihm die Treue gebot.

Da rief mit lauter Stimme · Hagen Volkern an:
„Seht ihr dort, Geselle · vor manchem Heunenmann
Meinen Bruder stehen · unter starken Schlägen?
Schützt mir, Freund, den Bruder · eh' wir verlieren den Degen."

Der Spielmann entgegnete · „Das soll alsbald geschehn."
Dann begann er fiedelnd · durch den Saal zu gehn:
Ein hartes Schwert ihm öfters · an der Hand erklang.
Vom Rhein die Recken sagten · dafür ihm größlichen Dank.

Volker der kühne · zu Dankwarten sprach:
„Ihr habt erlitten heute · großes Ungemach.
Mich bat euer Bruder · ich sollt' euch helfen gehn;
Wollt ihr nun draußen bleiben · so will ich innerhalben stehn."

Dankwart der schnelle · stand außerhalb der Tür:
So wehrt' er von der Stiege · wer immer trat dafür.
Man hörte Waffen hallen · den Helden an der Hand:
So tat auch innerhalben · Volker von Burgundenland.

Da rief der kühne Fiedelmann · über die Menge laut:
„Der Saal ist wohl verschlossen · ihr, Freund Hagen, schaut!
Verschränkt ist so völlig · König Etzels Tür:
Von zweier Helden Händen · gehn ihr wohl tausend Riegel für."

Als von Tronje Hagen · die Türe sah in Hut,
Den Schild warf zurücke · der schnelle Degen gut:
Nun begann er erst zu rächen · was ihm war geschehn.
Da konnten seine Feinde · sich nicht des Lebens mehr versehn.

Als der Vogt von Berne · recht dies ersah,
Wie der starke Hagen · die Helme brach allda,
Der Fürst der Amelungen · sprang auf eine Bank.
Er sprach: „Hier schenkt Hagen · den allerbittersten Trank."

Der wirt het grôze sorge · als im daz gezam:
waz man im lieber vriunde · vor sînen ougen nam!
wan er vor sînen vînden · vil kûme dâ genâs.
er saz vil angestlîche · waz half in, daz er künic was?

Kriemhilt diu rîche · rief Dietrîchen an:
,hilf mir, rîter edele · mit dem lîbe dan,
durch aller vürsten tugende · ûz Amelunge lant:
wan erreichet mich Hagene · ich hân den tôt an der hant.'

,Wie sol ich iu gehelfen' · sprach hêr Dieterîch,
,edeliu küneginne? · nu sorge ich umbe mich.
ez sint sô sêre erzürnet · Guntheres man,
daz ich an disen zîten · gevriden niemen enkan.'

,Neinâ, hêrre Dietrîch · vil edel rîter guot,
lâzâ hiute schînen · dînen tugentlîchen muot,
daz du mir helfest hinnen · oder ich belîbe tôt.'
der sorge gie Kriemhilden · vil harte grœzlîche nôt.

,Daz wil ich versuochen · ob ich iu gehelfen kan,
wand ich in langen zîten · nie gesehen hân
sô bitterlîch erzürnet · manegen rîter guot.
jâ sihe ich durch die helme · von swerten springen daz bluot.'

Mit kraft begunde rüefen · der rîter ûz erkorn,
daz sîn stimme erlûte · alssam ein wisentes horn,
und daz diu burc vil wîte · von sîner kraft erdôz.
diu sterke Dietrîches · was unmæzlîchen grôz.

Dô gehôrte rüefen · Gunther disen man
in dem vil herten sturme · losen er began.
er sprach: ,Dietrîches stimme · ist in mîn ôre komen.
ich wæne, im unser degene · haben etwen benomen.

,Ich sihe in ûf dem tische · winken mit der hant.
vriunt unde mâge · von Burgonden lant,
habet ûf des strîtes · lât hœren unde sehen,
waz hie dem degene · von mînen mannen sî geschehen.'

Der Wirt war sehr in Sorgen · das tat ihm wahrlich not.
Was schlug man lieber Freunde · ihm vor den Augen tot!
Er selbst war kaum geborgen · vor seiner Feinde Schar.
Er saß in großen Ängsten · was half ihm, daß er König war?

Kriemhilt die reiche · rief Dietrichen an:
„Hilf mir mit dem Leben · edler Held, hindann,
Bei aller Fürsten Tugend · aus Amelungenland:
Denn erreicht mich Hagen · hab' ich den Tod an der Hand."

„Wie soll ich euch helfen" · sprach da Dietrich,
„Edle Königstochter? · ich sorge selbst um mich.
Es sind so sehr im Zorne · die Gunthern untertan,
Daß ich zu dieser Stunde · niemand Frieden schaffen kann."

„Nicht also, Herr Dietrich · edler Degen gut!
Laß uns heut' erscheinen · deinen tugendreichen Mut
Und hilf mir von hinnen · oder ich bleibe tot."
Es trieb zu solcher Sorge · Kriemhilden wahrhafte Not.

„Ich will es versuchen · ob euch zu helfen ist,
Jedoch sah ich wahrlich · nicht in langer Frist
In so bitterm Zorne · manchen Ritter gut:
Ich seh' ja durch die Helme · von Hieben springen das Blut."

Mit Kraft begann zu rufen · der Ritter auserkorn,
Daß seine Stimme hallte · wie ein Büffelhorn
Und daß die weite Veste · von seiner Kraft erscholl.
Dietrichens Stärke · die war gewaltig und voll.

Da hörte König Gunther · rufen diesen Mann
In dem harten Sturme · Zu horchen hub er an:
Er sprach: „Dietrichs Stimme · ist in mein Ohr gekommen.
Ihm haben unsre Degen · wohl der Seinen wen benommen.

„Ich seh ihn auf dem Tische · winken mit der Hand.
Ihr Vettern und Freunde · von Burgundenland,
Haltet ein mit Streiten · laßt hören erst und sehn,
Was hier diesem Degen · von meinen Mannen sei geschehn."

Dô der künic Gunther · bat und ouch gebôt,
si habten ûf mit swerten · in des strîtes nôt.
daz was gewalt vil grôzer · daz dâ niemen sluoc.
er vrâgte den von Berne · der mære schiere genuoc.

Er sprach: ‚vil edel Dietrîch · waz ist iu hie getân
von den mînen vriunden? · willen ich des hân,
buoze und suone · der bin ich iu bereit.
swaz iu iemen tæte · daz wær mir inneclîchen leit.‘

Dô sprach der hêrre Dietrîch · ‚mir ist niht getân.
lât mich ûz dem hûse · mit iuwerm vride gân
von disem herten strîte · mit dem gesinde mîn.
daz wil ich sicherlîchen · immer dienende sîn.‘

‚Wie vlêhet ir sô schiere?‘ · sprach hêr Wolfhart,
‚jâ hât det videlære · die tür nie sô verspart,
wir entsliezen si sô wîte · daz wir dar vür gân.‘
‚nu swîc,‘ sprach hêr Dietrîch · ‚du hast den tiuvel getân.‘

Dô sprach der künic Gunther · ‚erlouben ich iu wil:
vüert ûz dem hûse · wênec oder vil
âne mîne vînde · die suln hie bestân.
si hânt mir zen Hiunen · sô rehte leide getân.‘

Dô er daz erhôrte · under arm er beslôz
die edelen küneginne · ir sorge was vil grôz:
dô vuorte er anderthalben · Etzeln mit im dan.
ouch gie mit Dietrîche · sehs hundert wætlîcher man.

Dô sprach der marcgrâve · der edel Rüedegêr:
‚sol aber ûz dem hûse · iemen komen mêr,
die iu doch gerne dienent · daz lât uns vernemen:
sô sol vride stæte · guoten vriunden gezemen.‘

Des antwurte Gîselher · von Burgonden lant:
‚vride unde suone · sî iu von uns bekant,
sît ir sît triuwen stæte · ir und iuwer man.
ir sult unangestlîchen · mit iuwern vriunden hinnen gân.‘

Als so der König Gunther · bat und auch gebot,
Da senkten sie die Schwerter · in des Streites Not.
Das war Gewalt bewiesen · daß niemand da mehr schlug.
Er fragte den von Berne · um die Märe schnell genug.

Er sprach: „Viel edler Dietrich · was ist euch geschehen
Hier von meinen Freunden? · Ihr sollt mich willig sehn:
Zur Sühne und zur Buße · bin ich euch bereit.
Was euch jemand täte · das wär' mir inniglich leid."

Da sprach der edle Dietrich · „Mir ist nichts geschehn!
Laßt mich aus dem Hause · mit euerm Frieden gehn
Von diesem harten Streite · mit dem Gesinde mein.
Dafür will ich in Wahrheit · stets zu Dienst beflissen sein."

„Was müßt ihr also flehen?" · sprach da Wolfhart,
„Es hält der Fiedelspieler · die Tür' nicht so verwahrt,
Wir erschließen sie so mächtig · daß man ins Freie kann."
„Nun schweig", sprach da Dietrich · „du hast den Teufel getan!"

Da sprach der König Gunther · „Das sei euch freigestellt:
Führt aus dem Hause · so viel euch gefällt,
Ohne meine Feinde · die sollen hier bestehn.
Von ihnen ist mir Leides · bei den Heunen viel geschehn."

Als das der Berner hörte · mit einem Arm umschloß
Er die edle Königin · ihre Angst war groß!
Da führt' er an dem andern · Etzeln aus dem Haus.
Auch folgten Dietrichen · sechshundert Degen hinaus.

Da begann der Markgraf · der edle Rüdiger:
„Soll aber aus dem Hause · noch kommen jemand mehr,
Der euch doch gerne diente · so macht es mir kund:
So walte steter Friede · in getreuer Freunde Bund."

Antwort gab Geiselher · aus Burgunden Land:
„Frieden und Sühne · sei euch von uns bekannt:
Ihr haltet stete Treue · ihr und euer Lehn;
Ihr sollt mit euren Freunden · ohne Sorgen hinnen gehn."

Dô der hêrre Rüedegêr · gerûmte den sal,
vünf hundert oder mêre · im volgten über al,
daz was von den hêrren · durch triuwe getân,
von den der künic Gunther · schaden grôzen sît gewan

Dô sach ein Hiunen recke · Etzelen gân
bî Dietrîche nâhen · genozzen wolde ers hân.
dem gap der videlære · einen sölhen slac,
daz im daz houbet schiere · vor Etzeln vüezen gelac.

Dô der wirt des landes · kom vür daz hûs gegân,
dô kêrte er sich hin widere · und sach Volkêren an.
‚ouwê mir dirre geste · ditz ist ein grimmiu nôt,
daz alle mîne recken · vor in sulen ligen tôt!

‚Ach wê der hôhzîte!‘ · sprach der künic hêr.
‚dâ vihtet einer inne · der heizet Volkêr,
alsam ein eber wilde · und ist ein spilman.
ich dankes mîme heile · daz ich dem tiuvel entran.

‚Sîn leiche lûtent übele · sîn züge die sint rôt.
jâ vellent sîne dœne · manegen helt tôt.
ine weiz niht, waz uns wîze · der selbe spilman,
wan ich gast nie einen · sô rehte leiden gewan.‘

Si heten, die si wolden · lâzen vür den sal:
dô huop sich innerhalben · grœzlîcher schal.
die geste sêre râchen · daz in ê geschach.
Volkêr der vil küene · hei, waz er helme zebrach!

Sich kêrte gein dem schalle · Gunther der künic hêr:
‚hœrt ir die dœne, Hagene · die dort Volkêr
videlt mit den Hiunen · swer zuo den türen gât?
ez ist ein rôter anstrich · den er zem videlbogen hât.‘

‚Mich riuwet âne mâze‘ · sô sprach Hagene,
‚daz ich ie gesaz in dem hûse · vor dem degene.
ich was sîn geselle · und ouch er der mîn:
kome wir immer wider heim · daz sul wir noch mit triuwen sîn.

Als Rüdiger der Markgraf · räumte Etzels Saal,
Fünfhundert oder drüber · folgten ihm zumal.
Das ward von den Helden · aus Treue getan,
Wodurch König Gunther · bald großen Schaden gewann.

Da sah ein Heunenrecke · König Etzeln gehn
Neben Dietrichen · des wollt' er Frommen sehn.
Dem gab der Fiedelspieler · einen solchen Schlag,
Daß ihm gleich am Boden · das Haupt vor Etzels Füßen lag.

Als der Wirt des Landes · kam vor des Hauses Tor,
Da wandt' er sich und blickte · zu Volkern empor:
„O weh mir dieser Gäste · wie ist das grimme Not,
Daß alle meine Recken · vor ihnen finden den Tod!

„Ach weh des Hofgelages!“ · sprach der König hehr:
„Da drinnen ficht einer · der heißt Volker,
Wie ein wilder Eber · und ist ein Fiedelmann;
Ich dank' es meinem Heile · daß ich dem Teufel entrann.

„Seine Weisen lauten übel · sein Bogenstrich ist rot;
Mir schlagen seine Töne · manchen Helden tot.
Ich weiß nicht, was uns Schuld gibt · derselbe Fiedelmann,
Daß ich in meinem Leben · so leiden Gast nicht gewann.“

Sie hatten, die sie wollten · entlassen aus dem Saal:
Da hob sich innerhalben · ein furchtbarer Schall.
Die Gäste rächten bitter · ihr Leid und ihre Schmach.
Volker der kühne · hei, was der Helme zerbrach!

Sich kehrte zu dem Schalle · Gunther der König hehr:
„Hört ihr die Töne, Hagen · die dorten Volker
Mit den Heunen fiedelt · wenn wer zur Türe trat?
Es ist ein roter Anstrich · den er am Fiedelbogen hat.“

„Es reut mich ohne Maßen“ · sprach Hagen entgegen,
„Daß ich hier blieb drinnen · fern von dem Degen.
Ich war sein Geselle · er der Geselle mein,
Und kehren wir je wieder heim · wir wollen's noch in Treuen sein.

‚Nu schouwe, künic hêre · Volkêr ist dir holt:
er dient willeclîchen · dîn silber und dîn golt!
sîn videlboge snîdet · durch den herten stâl,
er brichet ûz den helmen · diu liehte schînenden mâl.

‚Ine gesach nie videlære · sô hêrlîche stân,
alsô der degen Volkêr · hiute hât getân.
sîne leiche hellent · durch helm und durch rant:
jâ sol er rîten guotiu ros · und tragen hêrlîch gewant.‘

Swaz der Hiunen mâge · in dem sale was gewesen,
der enwas nu deheiner · dar inne mê genesen.
des was der schal geswiftet · daz niemen mit in streit:
diu swert von handen leiten · die küenen recken gemeit.

„Nun schau, hehrer König · Volker ist dir hold:
Wie will er verdienen · dein Silber und dein Gold!
Sein Fiedelbogen schneidet · durch den harten Stahl,
Er wirft von den Helmen · die hellen Zierden zutal.

„Ich sah nie Fiedelspieler · noch so herrlich stehn,
Als diesen Tag von Volker · dem Degen ist geschehn.
Seine Weisen hallen · durch Helm und Schildesrand:
Gute Rosse soll er reiten · und tragen herrlich Gewand."

So viel der Heunendegen · auch waren in dem Saal,
Nicht einer blieb am Leben · von ihnen allzumal.
Da war der Schall beschwichtigt · als niemand blieb zum Streit.
Die kühnen Recken legten · da ihre Schwerter beiseit.

AVENTIURE

wie si die tôten abe wurfen

Die hêrren nâch ir müede · gesâzen dô zetal.
Volkêr unde Hagene · die giengen vür den sal.
sich leinden über schilde · die übermüeten man:
dô wart dâ rede spæhe · von in beiden vil getân.

Dô sprach von Burgonden · Gîselher der degen:
‚jâne muget ir, lieben vriunde · noch ruowe niht gepflegen:
ir sult die tôten liute · ûz dem hûse tragen:
wir werden noch bestanden · ich wilz iu wærlîchen sagen.

‚Sine suln uns under vüezen · hie niht langer ligen.
ê daz uns die Hiunen · mit sturme an gesigen,
wir houwen noch die wunden · diu mir vil sanfte tuot.
des hân ich,‘ sprach dô Gîselher · ‚einen stætigen muot.‘

‚Sô wol mich solhes hêrren‘ · sprach dô Hagene.
‚der rât enzæme niemen · wan eime degene,
den uns mîn junger hêrre · hiute hât getân.
des mugt ihr Burgonden · alle vrœlîche stân.‘

Dô volgten si dem râte · und truogen vür die tür
siben tûsent tôten · wurfen si dervür.
vor des sales stiegen · vielen si zetal,
dô huop sich von ir mâgen · ein vil klagelîcher schal.

Ez was ir etlîcher · sô mæzlîchen wunt,
der sîn sanfter pflæge · er wurde noch gesunt,
der von dem hôhen valle · muose liegen nôt.
daz klagten al ir vriunde · des gie in wærlîchen nôt.

Dô sprach der videlære · Volkêr, ein helt gemeit:
‚nu kiuse ich des die wâhrheit · als mir ist geseit:
die Hiunen sint bœse · si klagent sam diu wîp:
nu solden si beruochen · der vil sêre wunden lîp.‘

VIERUNDDREISSIGSTES ABENTEUER

Wie sie die Toten aus dem Saale warfen

Da setzten sich aus Müdigkeit · die Herrn und ruhten aus.
Volker und Hagen · die gingen vor das Haus
Über den Schild sich lehnend · in ihrem Übermut:
Da pflagen laun'ger Reden · diese beiden Helden gut.

Da sprach von Burgunden · Geiselher der Degen:
„Noch dürft ihr, lieben Freunde · nicht der Ruhe pflegen:
Ihr sollt erst die Toten · aus dem Hause tragen.
Wir werden noch bestanden · das will ich wahrlich euch sagen.

„Sie sollen untern Füßen · uns hier nicht länger liegen.
Bevor im Sturm die Heunen · mögen uns besiegen,
Wir haun noch manche Wunde · die gar sanft mir tut.
Des hab ich", sprach da Geiselher · „einen willigen Mut."

„O wohl mir solches Herren!" · sprach Hagen entgegen.
„Der Rat geziemte niemand · als einem solchen Degen,
Wie unsern jungen Herren · wir heute hier gesehn:
Ihr Burgunden möget · all darob in Freuden stehn."

Da folgten sie dem Rate · und trugen vor die Tür
Siebentausend Tote · die warfen sie dafür.
Vor des Saales Stiege · fielen sie zutal:
Da erhoben ihre Freunde · mit Jammern kläglichen Schall.

Auch war darunter mancher · nur so mäßig wund,
Käm' ihm sanftre Pflege · er würde noch gesund;
Doch von dem hohen Falle · fand er nun den Tod.
Das klagten ihre Freunde · es zwang sie wahrhafte Not.

Da sprach der Fiedelspieler · der Degen unverzagt:
„Nun seh' ich wohl, sie haben · mir Wahrheit gesagt:
Die Heunen sind feige · sie klagen wie ein Weib,
Da sie nun pflegen sollten · der Schwerverwundeten Leib."

Dô wând ein marcgrâve · er reitez durch guot:
er sach einen sînen mâc · gevallen in daz bluot.
er beslôz in mit den armen · und wolde in tragen dan.
den schôz ob im ze tôde · der vil küene spilman.

Dô die anderen daz sâhen · diu vluht huop sich von dan.
si begunden alle vluochen · dem selben spilman.
einen gêr er ûf zucte · vil scharf unde hart,
der von eime Hiunen · zuo im dar ûf geschozzen wart.

Den schôz er krefteclîchen · durch die burc dan
über daz volk verre · den Etzelen man
gab er herberge · hôher von dem sal.
sîn vil starkez ellen · die liute vorhten über al.

Dô stuonden vor dem hûse · vil manec tûsent man.
Volkêr und Hagene · reden dô began
mit Etzeln dem künege · allen ir muot.
des kômen sît in sorge · die helde küene unde guot,

‚Ez zæme' sô sprach Hagene · ‚vil wol volkes trôst,
daz die hêrren væhten · ze aller vorderôst,
alsô der mînen hêrren · hie ieslîcher tuot:
die houwent durch die helme · daz nâch swerten vliuzet daz bluot.'

Etzel was sô küene · er vazte sînen schilt.
‚nu vart gewerlîche' · sprach vrou Kriemhilt,
‚und bietet ir den recken · daz golt über rant.
wan erreicht iuch Hagene · ir habet den tôt an der hant.'

Der künic was sô küene · er wolde erwinden niht,
daz von sô rîchen vürsten · selden nu geschiht.
man muos in bî dem vezzel · ziehen wider dan.
Hagene der grimme · in aber hœnen began:

‚Ez was ein verriu sippe' · sprach Hagene der degen,
‚die Etzel unde Sîvrit · ze samne hânt gepflegen:
er minnete Kriemhilden · ê si ie gesæhe dich:
künic vil bœse · war umbe rætest âne mich?'

Da mocht' ein Markgraf wähnen · er meint' es ernst und gut:
Ihm war der Vettern einer · gefallen in das Blut;
Den dacht' er wegzutragen · und wollt' ihn schon umfahn:
Ihn schoß ob ihm zu Tode · da der kühne Spielmann.

Als das die andern sahen · sie flohen von dem Saal.
Dem Spielmann zu fluchen · begannen sie zumal.
Einen Speer hob Volker · vom Boden, scharf und hart,
Der von einem Heunen · zu ihm hinauf geschossen ward.

Den schoß er durch den Burghof · zurück kräftiglich
Über ihre Häupter · Das Volk Etzels wich
Erschreckt von dem Wurfe · weiter von dem Haus.
Vor seinen Kräften hatten · alle Leute Schreck und Graus.

Da standen vor dem Hause · viele tausend Mann.
Volker und Hagen · huben zu reden an
Mit Etzel, dem König · nach ihrem Übermut.
Das schuf bald große Sorge · diesen Helden kühn und gut.

„Wohl wär' es," sprach da Hagen · „des Volkes Trost im Leid,
Wenn die Herren föchten · allen voran im Streit,
Wie von meinen Herren · hier jeglicher tut:
Die hauen durch die Helme · daß von den Schwertern fließt das Blut."

So kühn war König Etzel · er faßte seinen Schild.
„Nun hütet eures Lebens" · sprach da Kriemhild,
„Und bietet Gold den Recken · auf dem Schildesrand;
Denn erreicht euch Hagen · ihr habt den Tod an der Hand."

So kühn war der König · er ließ nicht vom Streit,
Wozu so mächt'ge Fürsten · nun selten sind bereit.
Man mußt' ihn bei den Riemen · des Schildes ziehn hindann.
Hagen der grimme · ihn mehr zu höhnen begann:

„Eine ferne Sippe war es" · sprach Hagen gleich zur Hand,
„Die Etzeln zusammen · und Siegfried verband:
Er minnte Kriemhilden · eh' sie gesehen dich;
Feiger König Etzel · warum rätst du wider mich?"

Dise rede hôrte · des edelen küneges wîp.
des wart in ungemüete · der Kriemhilde lîp,
daz er si torste schelden · vor Etzelen man.
dar umbe si aber râten · an die geste began.

Si sprach: ‚der mir von Troneje · Hagenen slüege
unde mir sîn houbet · her vür mich trüege,
dem vult ich rôtes goldes · den Etzelen rant;
dar zuo gæb ich im ze miete · vil guote bürge unde lant.‘

‚Nu enweiz ich, wes si bîtent‘ · sprach der spilman.
‚ine gesach nie helde mêre · sô zagelîchen stân,
dâ man hôrte bieten · alsô hôhen solt.
jâ ensold in Etzel · dar umbe nimmer werden holt.

‚Die hie sô lasterlîchen · ezzent des küneges brôt
unde im nu geswîchent · in der grœzisten nôt,
der sihe ich hie manegen · vil zagelîchen stân,
und wellent doch sîn küene · si müezens immer schande hân.‘

Diese Rede hörte · die edle Königin.
Darüber ward unmutig · Kriemhild in ihrem Sinn,
Daß er sie schelten durfte · vor manchem Etzelsmann.
Wider die Gäste hub sie · aufs neue da zu werben an.

Sie sprach: „Wer von Tronje · den Hagen mir schlüge
Und sein Haupt als Gabe · her vor mich trüge,
Mit rotem Gold füllt' ich · ihm Etzels Schildesrand;
Auch gäb' ich ihm zum Lohne · viel gute Burgen und Land."

„Ich weiß nicht, was sie zaudern" · sprach der Fiedelmann.
„Nie sah ich, daß Helden · so verzagt getan,
Wo man bieten hörte · also reichen Sold.
Wohl sollt' ihnen Etzel · nimmer wieder werden hold.

„Die hier mit Schimpf und Schanden · essen des Königs Brot
Und jetzt im Stich ihn lassen · in der größten Not,
Deren seh' ich manchen · so recht verzagt da stehn,
Und tun doch so verwegen · sie können nie der Schmach entgehn."

AVENTIURE

wie Îrinc erslagen wart

Dô rief von Tenemarke · der marcgrâve Îrinc:
,ich hân ûf êre lâzen · nu lange mîniu dinc
und hân in volkes stürmen · des besten vil getân:
bringet mir mîn gewæfen · jâ wil ich Hagenen bestân.'

,Daz wil ich widerrâten' · sprach dô Hagene.
,sô heiz ûf hôher wîchen · die Hiunen degene.
gespringent iuwer zwêne · oder drî in den sal,
die send ich ungesunde · die stiegen widere zetal.'

,Dar umbe ichz niht enlâze' · sprach aber Îrinc.
,ich hân ouch ê versuochet · sam sorclîchiu dinc.
jâ wil ich mit dem swerte · eine dich bestân.
waz hilft dîn übermüeten · daz du mit rede hâst getân?'

Dô wart gewâfent balde · der degen Îrinc
unde Irnvrit von Dürengen · ein küener jungelinc,
und Hâwart der starke · wol mit tûsent man:
swes Îrinc begunde · sie woldens alle im gestân.

Dô sach der videlære · ein vil grôze schar,
die mit Îringe · gewâfent kômen dar.
si truogen ûf gebunden · manegen helm guot.
dô wart der küene Volkêr · ein teil vil zornec gemuot.

,Sehet ir, vriunt Hagene · dort Îringen gân,
der iuch mit dem swerte · lobete eine bestân?
wie zimet helde liegen? · ich wil unprîsen daz.
ez gênt mit im gewâfent · tûsent recken oder baz.'

,Nu heizet mich niht liegen' · sprach Hâwartes man.
,ich wil gerne leisten · daz ich gelobet hân.
durch deheine vorhte · wil ichs abe gân:
swie griulich nu sî Hagene · ich wil in eine bestân.'

FÜNFUNDDREISSIGSTES ABENTEUER

Wie Iring erschlagen ward

Da rief der Markgraf Iring · aus der Dänen Land:
„Ich habe nun auf Ehre · die Sinne lang gewandt;
Auch ist von mir das Beste · in Stürmen oft geschehn:
Nun bringt mir mein Gewaffen · so will ich Hagen bestehn."

„Das möcht' ich widerraten" · hub da Hagen an;
„Heiß' die Heunendegen · weichen mehr hindann.
Springen eurer zweie · oder drei in den Saal,
Die send' ich wohlverhauen · die Stiege wieder zutal."

„Ich will's darum nicht lassen" · sprach wieder Iring:
„Wohl schon oft versucht' ich · ein gleich gefährlich Ding.
Wohl will ich mit dem Schwerte · allein dich bestehn.
Was hilft dein stolz Gebahren · das du in Worten läßt sehn?"

Da ward gewaffnet Iring · nach ritterlichem Brauch
Und Irnfried der kühne · von Thüringen auch
Und Hawart der starke · wohl mit tausend Mann:
Sie wollten Iring helfen · was der Held auch begann.

Da sah der Fiedelspieler · ein gewaltig Heer,
Das mit Iringen · gewaffnet zog einher.
Sie trugen aufgebunden · die lichten Helme gut.
Da ward dem kühnen Volker · darüber zornig zumut.

„Seht ihr, Freund Hagen · dort Iringen gehn,
Der euch im Kampf alleine · gelobte zu bestehn?
Wie ziemt Helden Lüge? · Fürwahr, ich tadl' es sehr.
Es gehn mit ihm gewaffnet · tausend Recken oder mehr."

„Nun straft mich nicht Lügen" · sprach Hawarts Untertan,
„Ich will gerne leisten · was ich euch kund getan.
Mein Wort soll um Feigheit · nicht gebrochen sein:
Sei Hagen noch so greulich · ich besteh' ihn ganz allein."

Ze vüezen bôt sich Îrinc · mâgen unde man,
daz si in eine liezen · den recken bestân.
daz tâten si ungerne · wan in was wol bekant
der übermüete Hagene · ûzer Burgonden lant.

Doch bat er si sô lange · daz ez sît geschach.
dô daz ingesinde · den sînen willen sach,
daz er warp nâch êren · dô liezen si in gân.
des wart von in beiden · ein grimmez strîten getân.

Îrinc von Tenemarken · hôhe truoc den gêr,
sich dacte mit dem schilde · der tiuwer degen hêr:
dô lief er ûf zuo Hagenen · vaste vür den sal:
dô huop sich von den degenen · ein vil grœzlîcher schal.

Dô schuzzen si die gêre · mit krefte von der hant
durch die vesten schilde · ûf liehtez ir gewant,
daz die gêrstangen · vil hôhe dræten dan.
dô griffen zuo den swerten · die zwêne grimme küenen man.

Des küenen Hagenen ellen · daz was starke grôz;
doch sluoc ûf in Îrinc · daz al daz hûs erdôz.
palas unde türne · hullen nâch ir slegen.
dône kunde niht verenden · sînes willen der degen.

Îrinc lie Hagenen · unverwundet stân:
zuo dem videlære · gâhen er began.
er wânde in mugen twingen · mit sinen grimmen slegen.
daz kunde wol beschermen · der vil zierlîche degen.

Dô sluoc der videlære · daz über des schildes rant
dræte daz gespenge · von Volkêres hant.
den liez er dô belîben · er was ein übel man:
dô lief er Gunthêren · von den Burgonden an.

Dô was ir ietwedere · ze strîte starc genuoc.
swaz Gunther und Îrinc · ûf ein ander sluoc,
daz brâhte niht von wunden · vliezendez bluot.
daz behuote ir gewæfen · daz was starc unde guot.

Zu Füßen warf sich Iring · den Freunden und dem Lehn,
Daß sie allein ihn ließen · den Recken bestehn.
Das taten sie doch ungern · ihnen war zu wohl bekannt
Der übermüt'ge Hagen · aus der Burgunden Land.

Doch bat er sie so lange · bis es zuletzt geschah.
Als das Ingesinde · seinen Willen sah,
Und daß er warb nach Ehre · da ließen sie ihn gehn.
Da ward von den beiden · ein grimmes Streiten gesehn.

Iring der Däne · hielt hoch empor den Speer,
Sich deckte mit dem Schilde · der teure Degen hehr:
So lief er auf im Sturme · zu Hagen vor den Saal.
Da erhob sich von den Degen · ein gewaltiger Schall.

Die Speere schossen beide · kräftig aus der Hand
Durch die festen Schilde · auf ihr licht' Gewand,
Daß die Speersplitter · hoch in die Lüfte flogen.
Da griffen zu den Schwertern · die grimmen Degen verwogen.

Die Kraft des kühnen Hagen · war ohne Maßen voll;
Doch schlug nach ihm Iring · daß all die Burg erscholl.
Der Saal und die Türme · erhallten von den Schlägen.
Es konnte seinen Willen · doch nicht vollführen der Degen.

Iring ließ Hagen · unverwundet stehn:
Auf den Fiedelspieler · begann er loszugehn.
Er wähnt', er sollt' ihn zwingen · mit seinen grimmen Schlägen,
Doch wußte sich zu schirmen · dieser zierliche Degen.

Da schlug der Fiedelspieler · daß von des Schildes Rand
Das Gespänge wirbelte · von Volkers starker Hand,
Den ließ er wieder stehen · es war ein übler Mann:
Jetzt lief er auf Gunther · den Burgundenkönig, an.

Da war nun jedweder · zum Streite stark genug.
Wie Gunther auf Iring · und der auf Gunther schlug,
Das brachte nicht aus Wunden · das fließende Blut.
Ihre Rüstung wehrt' es · die war zu fest und zu gut.

Gunthern er lie belîben · und lief Gêrnôten an.
daz viuwer ûz den ringen · houwen erm began.
dô hete von Burgonden · der starke Gêrnôt
den küenen Îringen · erslagen næhlîchen tôt.

Dô spranc er von dem vürsten · snel er was genuoc.
der Burgonden viere · der helt vil balde sluoc,
des edelen ingesindes · von Wormez über Rîn.
dô enkunde Gîselhêre · nimmer zorner gesîn.

‚Got weiz, hêr Îrinc' · sprach Gîselher daz kint,
‚ir müezet mir die gelten · die vor iu tôt sint
gelegen an den stunden' · dô lief er in an.
er sluoc den Tenelender · daz er muose dâ bestân.

Er schôz vor sînen handen · nider in daz bluot,
daz si alle wânden · daz der helt guot
zu strîte nimmer mêre · geslüege keinen slac.
Îrinc doch âne wunden · hie vor Gîselhere lac.

Von des helmes dôze · und von des swertes klanc
wâren sîne witze · worden harte kranc,
daz sich der degen küene · des lebens niht versan.
daz hete mit sînen kreften · der starke Gîselher getân.

Dô im begund entwîchen · von houbte der dôz,
den er ê dâ dolte · von dem slage grôz,
er dâhte: ‚ich bin noch lebende · und ouch ninder wunt:
nu ist mir aller êrste · daz ellen Gîselheres kunt.'

Er hôrte beidenthalben · die vîande stân.
wessen sie diu mære · im wære mê getân.
ouch het er Gîselhêren · dâ bî im vernomen:
er dâhte, wie er solde · von den vîanden komen.

Wie rehte tobelîchen · er ûz dem bluote spranc!
sîner snelheite · er mohte sagen danc.
dô lief er ûz dem hûse · dâ er Hagenen vant,
und sluoc im slege swinde · mit sîner ellenthafter hant.

Gunthern ließ er stehen · und lief Gernoten an.
Das Feuer aus den Ringen · er ihm zu haun begann.
Da hätte von Burgunden · der starke Gernot
Iring den kühnen · beinah gesandt in den Tod.

Da sprang er von dem Fürsten · schnell war er genug.
Der Burgunden viere · der Held behend erschlug,
Des edeln Heergesindes · aus Worms an dem Rhein.
Darüber mochte Geiselher · nicht wohl zorniger sein.

„Gott weiß, Herr Iring“ · sprach Geiselher das Kind,
„Ihr müßt mir entgelten · die hier erlegen sind
Vor euch in dieser Stunde“ · Da lief er ihn an
Und schlug den Dänenhelden · daß er nicht weichen konnt' hindann.
Er schoß vor seinen Händen · nieder in das Blut,
Daß sie alle wähnten · dieser Degen gut
Schlüg' im Streit nicht wieder · einen Schlag mit seinem Schwert.
Doch lag vor Geiselheren · Iring da noch unversehrt.

Von des Helmes Schwirren · und von des Schwertes Klang
Waren seine Sinne · so betäubt und krank,
Daß sich der kühne Degen · des Lebens nicht besann.
Das hatt' ihm mit den Kräften · der starke Geiselher getan.

Als ihm aus dem Haupte · das Schwirren jetzt entwich,
Das er zuerst mußt' leiden · von dem Schlage fürchterlich,
Da gedacht' er: „Ich lebe · und bin auch nirgend wund:
Nun ist mir erst die Stärke · des kühnen Geiselher kund!“

Zu beiden Seiten hört' er · seine Feinde stehn.
Sie hätten's wissen sollen · so wär' ihm mehr geschehn.
Auch hatt' er Geiselheren · vernommen nahe bei:
Er sann, wie mit dem Leben · den Feinden zu entkommen sei.

Wie tobend der Degen · aus dem Blute sprang!
Er mochte seiner Schnelle · wohl sagen großen Dank.
Da lief er aus dem Hause · wo er Hagen fand,
Und schlug ihm schnelle Schläge · mit seiner kraftreichen Hand.

Dô gedâhte Hagene · ‚du muost des tôdes wesen.
dich envride der tiuvel · dune kanst niht genesen.‘
doch wundet Îrinc Hagenen · durch den helmhuot.
daz tet der helt mit Wasken · daz was ein wâfen vil guot.

Dô der hêrre Hagene · der wunden enpfant,
dô erwagte im ungevuoge · daz swert an sîner hant.
al dâ muost im entwîchen · der Hâwartes man;
abe von der stiegen · Hagne volgen im began.

Îrinc der vil küene · dem schilt über houbet swanc.
und wær diu selbe stiege · drîer stiegen lanc,
die wîle lie in Hagene · nie slahen einen slac.
hei, waz rôter vanken · ob sîme helme gelac!

Wider zuo den sînen · kom Irinc wol gesunt.
dô wurden disiu mære · kriemhilde kunt,
waz er von Tronje Hagenen · in strîte hete getân;
des im diu küneginne · vil hôhe danken began.

‚Nu lône dir Got, Îrinc · vil mære helt guot,
du hâst mir wol getrœstet · daz herze und ouch den muot:
nû sihe ich rôt von bluote · Hagnen sîn gewant.‘
Kriemhilt nam im selbe · den schilt vor liebe von der hant.

‚Ir muget im mâzen danken‘ · sô sprach Hagene,
‚wold erz noch versuochen · daz zæme degene.
kæm er danne widere · sô wœr er ein küene man.
diu wunde vrumet iu kleine · die ich von im enpfangen hân.

‚Daz ir von mîner wunden · die ringe sehet rôt,
daz hât mich erreizet · ûf maneges mannes tôt.
ich bin alrêrste erzürnet · ûf in und manegen man.
mir hât der degen Îrinc · schaden kleinen noch getân.‘

Dô stuont gein dem winde · Îrinc von Tenelant.
er kuolte sich in ringen · den helm er abe gebant.
dô sprâchen al die liute · sîn ellen wære guot:
des hete der marcgrâve · einen rîche hôhen muot.

Da gedachte Hagen · „Du mußt des Todes sein.
Befriede dich der Teufel · sonst kannst du nicht gedeihn.“
Doch traf Iring Hagnen · durch seines Helmes Hut.
Das tat der Held mit Waske · das war eine Waffe gut.

Als der gimme Hagen · die Wund' an sich empfand,
Da schwenkte sich gewaltig · das Schwert in seiner Hand.
Es mußte vor ihm weichen · Hawarts Untertan:
Hagen ihm die Stiege · hinab zu folgen begann.

Übers Haupt den Schildrand · Iring der kühne schwang.
Und wär' dieselbe Stiege · drei solcher Stiegen lang,
Derweil ließ ihn Hagen · nicht schlagen einen Schlag.
Hei! was roter Funken · da auf seinem Helme lag!

Doch kam zu den Freunden · Iring noch gesund.
Da wurde diese Märe · Kriemhilden kund,
Was er dem von Tronje · hatt' im Streit getan;
Dafür die Königstochter · ihm sehr zu danken begann.

„Nun lohne Gott dir, Iring · erlauchter Degen gut!
Du hast mir wohl getröstet · das Herz und auch den Mut:
Nun seh' ich blutgerötet · Hagens Wehrgewand!“
Kriemhild nahm ihm selber · den Schild vor Freud' aus der Hand.

„Ihr mögt ihm mäßig danken“ · begann da Hagen,
„Versucht' er es zum andern Mal · das ziemte dem Degen.
Käm' er heran wieder · er wär' ein kühner Mann.
Die Wunde frommt euch wenig · die ich noch von ihm gewann.

„Daß ihr von meiner Wunde · mir seht den Harnisch rot,
Das hat mich noch erbittert · zu manchen Mannes Tod.
Nun bin ich erst im Zorne · auf ihn und manchen Mann;
Mir hat der Degen Iring · noch kleinen Schaden getan.“

Da stand dem Wind entgegen · Iring von Dänenland;
Er kühlte sich im Harnisch · den Helm er niederband.
Da priesen ihn die Leute · für streitbar und gut:
Darüber trug der Markgraf · nicht wenig hoch seinen Mut.

Aber sprach dô Îrinc · ‚mine vriunt, wizzet daz,
daz ir mich wâfent schiere · ich wilz versuochen baz,
ob ich müge betwingen · den übermüeten man.‘
sîn schilt was verhoewen · einen bezzern er gewan.

Vil schiere wart der recke · dô gewâfent baz.
einen gêr vil starken · nam er durch den haz,
dâ mite er aber wolde · Hagnen dort bestân.
dô warte im vîentlîche · der mortgrimmege man.

Sîn mohte niht erbîten · Hagene der degen.
er lief im hin entgegene · mit schüzzen unde slegen
die stiegen ûz an ein ende · sîn zürnen daz was grôz.
Îrinc sîner sterke · dô vil wênic genôz.

Si sluogen durch die schilde · daz ez lougen began
von viuwerrôten winden · der Hâwartes man
wart von Hagenen swerte · krefteclîche wunt
durch schilt unt durch brünne · des er wart nimmer mê gesunt.

Dô der degen Îrinc · der wunden enpfant,
den schilt er baz dô ructe · über diu helmbant.
der schade in dûhte der volle · den er dâ gewan;
sît tet im aber mêre · des künic Guntheres man.

Hagene vor sînen vüezen · einen gêr ligen vant:
er schôz ûf Îringen · den helt von Tenelant.
daz im von dem houbte · diu stange ragte dan.
im hete der recke Hagene · den grimmen ende getân.

Îrinc muoste entwîchen · zuo den von Tenelant.
ê man dô dem degene · den helm ab gebant,
man brach den gêr von houbte · dô nâhte im der tôt.
daz weinden sîne mâge · des gie si wærlîche nôt.

Dô kom diu küneginne · über in gegân:
den starken Îringen · klagen si began.
sie weinde sîne wunden · ez was ir grimme leit.
dô sprach vor sînen mâgen · der recke küene unt gemeit:

Da sprach Iring wieder · „Nun, Freunde, sollt ihr gehn
Und neue Waffen holen · ich will noch einmal sehn,
Ob ich bezwingen möge · den übermüt'gen Mann."
Sein Schild war verhauen · einen bessern er gewann.

Gewaffnet war der Recke · bald in noch festre Wehr.
Er griff in seinem Zorne · nach einem starken Speer:
Damit wollt' er aufs neue · gegen Hagen an.
Bereit auf ihn in Feindschaft · stand der mordgrimme Mann.

Da wollte sein nicht harren · Hagen der Degen.
Mit Schüssen und mit Hieben · lief er ihm entgegen
Die Stiege bis zu Ende · zornig war sein Mut.
Da kam dem Degen Iring · seine Stärke nicht zugut.

Sie schlugen durch die Schilde · daß es zu loh'n begann
Mit feuerrotem Winde · Hawarts Untertan
Ward von Hagens Schwerte · da gefährlich wund
Durch Schild und durch Brünne · er ward nicht wieder gesund.

Als Iring der Degen · der Wunde sich besann,
Den Schild rückte näher · dem Helm der kühne Mann.
Ihn dauchte voll der Schaden · der ihm war geschehen;
Bald tat ihm aber größern · der in König Gunthers Lehn.

Hagen vor seinen Füßen · einen Wurfspieß liegen fand;
Auf Iringen schoß er · den von Dänenland,
Daß man ihm aus dem Haupte · die Stange ragen sah.
Ein grimmes Ende ward ihm · von dem Recken Hagen da.

Iring mußt' entweichen · zu seinen Dänen hin.
Eh' man den Helm dem Degen · mochte niederziehn,
Brach man den Speer vom Haupte · da naht' ihm der Tod.
Das beweinten seine Freunde · es zwang sie wahrhafte Not.

Da kam die Königstochter · auch zu ihm heran:
Iring den starken · hub sie zu klagen an.
Sie beweinte seine Wunden · es war ihr grimmig leid.
Da sprach vor seinen Freunden · dieser Recke kühn im Streit:

‚Lât die klage belîben · vil hêrlîchez wîp.
waz hilfet iuwer weinen? · jâ muoz ich mînen lîp
verliesen von den wunden · die ich enpfangen hân.
der tôt wil mich niht langer · iu und Etzeln dienen lân.‘

Er sprach zuo den von Dürengen · und den von Tenelant:
‚die gâbe sol enpfâhen · iuwer deheines hant
von der küneginne · ir liehtez golt vil rôt:
und bestêt ir Hagenen · ihr müezet kiesen den tôt.‘

Sîn varwe was erblichen · des tôdes zeichen truoc
Îrinc der vil küene · daz was in leit genuoc.
genesen niht enmohte · der Hâwartes man:
dô muos ez an ein strîten · von den von Tenemarke gân.

Irnvrit und Hâwart · sprungen vür daz gadem
wol mit tûsent helden · vil ungevüegen kradem
hôrt man allenthalben · kreftec unde grôz.
hei, waz man scharfer gêre · zuo den Burgunden schôz!

Irnvrit der küene · lief an den spilman,
des er schaden grôzen · von sîner hant gewan.
der edel videlære · den lantgrâven sluoc
durch einem helm vesten · jâ was er grimme genuoc.

Dô sluoc der hêrre Irnvrit · den küenen spilman,
daz im muosen bresten · diu ringes gespan
und daz sich beschutte · diu brünne viuwerrôt.
doch viel der lantgrâve · vor dem videlære tôt.

Hâwart unde Hagene · zesamene wâren komen.
er möhte wunder kiesen · ders hete war genomen.
diu swert genôte vielen · den helden an der hant:
Hâwart muoste sterben · von dem von Burgonden lant.

Dô die Tenen und die Dürenge · ir hêrren sâhen tôt,
dô huop sich vor dem hûse · ein vreislîchiu nôt,
ê si die tür gewunnen · mit ellenthafter hant.
des wart dâ verhouwen · manec helm unde rant.

„Laßt eure Klage bleiben · viel hehre Königin.
Was hilft euer Weinen? · Mein Leben muß dahin
Schwinden aus den Wunden · die an mir offen stehn.
Der Tod will mich nicht länger · euch und Etzeln dienen sehn.“

Zu Thüringern und Dänen · sprach er hingewandt:
„Die Gaben, so die Königin · euch beut, soll eure Hand
Nicht zu erwerben trachten · ihr lichtes Gold so rot:
Und besteht ihr Hagen · so müßt ihr schauen den Tod.“

Seine Farbe war erblichen · des Todes Zeichen trug
Iring der kühne · ihnen war es leid genug.
Es konnte nicht gesunden · der Held in Hawarts Lehn:
Da mußt es an ein Streiten · von den Dänenhelden gehn.

Irnfried und Hawart · sprangen vor das Haus
Wohl mit tausend Helden · Einen ungestümen Braus
Vernahm man allenthalben · kräftig und groß.
Hei! was man scharfer Speere · auf die Burgunden schoß!

Irnfried der kühne · lief den Spielmann an,
Wodurch er großen Schaden · von seiner Hand gewann.
Der edle Fiedelspieler · den Landgrafen schlug
Durch den Helm den festen · wohl war er grimmig genug.

Da schlug dem grimmen Spielmann · Irnfried einen Schlag,
Daß er den Ringpanzer · dem Helden zerbrach
Und sich sein Harnisch färbte · von Funken feuerrot.
Dennoch fiel der Landgraf · vor dem Spielmann in den Tod.

Zusammen waren Hagen · und Hawart gekommen.
Da mochte Wunder schauen · wer es wahrgenommen.
Die Schwerter fielen kräftig · den Helden an der Hand:
Da mußte Hawart sterben · vor dem aus Burgundenland.

Die Thüringer und Dänen · sahn ihre Herren tot.
Da hub sich vor den Hause · noch grimmere Not,
Eh' sie die Tür gewannen · mit kraftreicher Hand.
Da ward noch verhauen · mancher Helm und Schildesrand.

,Wîchet,' sprach dô Volkêr · ,und lât si her in gân:
ez is sus unverendet · des si dâ habent wân.
si müezen drinne sterben · in vil kurzer zît:
si arnent mit dem tôde · daz in diu küneginne gît.'

Dô die übermüeten · kômen in den sal,
vil manegem war daz houbet · geneiget sô zetal,
Daz er muost ersterben · von ir swinden slegen.
wol streit der küene Gêrnot · samt tet ouch Gîselher der degen

Tûsent und viere · kômen in daz hûs:
von swerten sach man blicken · vil manegen swinden sûs.
sît wurden doch die recken · alle drinne erslagen:
man möhte michel wunder · von den Burgonden sagen.

Dar nâch wart ein stille · dô der schal verdôz.
daz bluot allenthalben · durch diu löcher vlôz
und dâ zen rigelsteinen · von den tôten man.
daz heten die von Rîne · mit starkem ellen getân.

Dô sâzen aber ruowen · die von Burgonden lant;
diu wâfen mit den schilden · si leiten von der hant.
dô stuont noch vor dem hûse · der küene spilman:
er warte, ob iemen wolde · noch zuo zin mit strîte gân.

Der künic klagte sêre · sam tet ouch sîn wîp.
meide unde vrouwen · quelten dâ den lîp.
ich wæne des, daz hête · der tôt ûf si gesworn:
des wart noch vil der recken · von den gesten dâ verlorn.

„Weichet," sprach da Volker · „laßt sie zum Saal herein:
Was sie im Sinne haben · kann dennoch nicht sein.
Sie müssen bald ersterben · allzumal darin:
Sie ernten mit dem Tode · was ihnen beut die Königin."

Als die Übermüt'gen · drangen in den Saal,
Das Haupt ward da manchem · so geneigt zutal,
Daß er ersterben mußte · vor ihren schnellen Schlägen.
Wohl stritt der kühne Gernot · so tat auch Geiselher der Degen.

Tausend und viere · die kamen in das Haus:
Da hörte man erklingen · den hellen Schwertersaus.
Sie wurden von den Gästen · alle drin erschlagen:
Man mochte große Wunder · von den Burgunden sagen.

Darnach ward eine Stille · als der Lärm verscholl.
Das Blut allenthalben · durch die Lücken quoll
Und zu den Riegelsteinen · von den toten Degen:
Das hatten die vom Rheine · getan mit kräftigen Schlägen.

Da saßen wieder ruhend · die aus Burgundenland,
Sie legten mit den Schilden · die Waffen aus der Hand.
Da stand noch vor dem Hause · der kühne Spielmann,
Erwartend, ob noch jemand · zum Streite zöge heran.

Der König klagte heftig · dazu die Königin;
Mägdelein und Frauen · härmten sich den Sinn.
Der Tod, wähn' ich, hatte · sich wider sie verschworen:
Drum gingen durch die Gäste · noch viel der Recken verloren.

AVENTIURE

wie diu künegin den sal vereiten hiez

,Nu bindet abe die helme' · sprach Hagne der degen,
,ich und mîn geselle · sulen iuwer pflegen.
und wellent ez versuochen · noch die Etzeln man,
sô warn ich mîne hêrren · sô ich aller schiereste kan.'

Dô entwâfende daz houbet · manec rîter guot.
si sâzen ûf die wunden · die vor in daz bluot
wâren zuo dem tôde · von ir handen komen.
dô wart der edelen geste · vil übele goume genomen.

Noch vor dem âbende · schuof der künic daz
und ouch diu küneginne · daz ez versuohten baz
die Hiunischen recken · der sach man vor in stân
noch wol zweinzec tûsent · die muosen dâ ze strîte gân.

Sich huop ein sturm herte · zuo den gesten sân.
Dancwart, Hagenen bruoder · der vil snelle man,
spranc von sinen hêrren · zen vînden vür die tür.
man wând, er wær erstorben · er kom gesunt wol dervür.

Der herte strît werte · unz inz diu naht benam.
dô werten sich die geste · sô guoten helden zam,
der Etzelen manne · den sumerlangen tac.
hei, waz guoter degene · vor in veige gelac!

Zeinen sunewenden · der grôze mort geschach,
daz diu vrouwe Kriemhilt · ir herzeleit errach
an ir næhsten mâgen · und an manegem man,
dâ von der künic Etzel · vreude nimmer mê gewan.

In was des tages zerrunnen · dô gie in sorge nôt.
si dâhten, daz in bezzer · wær ein kurzer tôt
danne lange dâ ze quelne · ûf ungevüegiu leit.
eines vrides dô gerten · die stolzen rîter gemeit.

SECHSUNDDREISSIGSTES ABENTEUER

Wie die Königin den Saal verbrennen ließ

„Nun bindet ab die Helme" · sprach Hagen der Degen:
„Ich und mein Geselle · wollen euer pflegen.
Und versuchen es noch einmal · die Etzeln untertan,
So warn' ich meine Herren · so geschwind ich immer kann."

Da band den Helm vom Haupte · mancher Ritter gut.
Sie setzten auf die Leichen · sich nieder, die ins Blut
Waren zum Tode · von ihrer Hand gekommen.
Da ward der edeln Gäste · mit Erbittrung wahrgenommen.

Noch vor dem Abend · schuf der König hehr
Und Kriemhild die Königin · daß es der Heunen mehr
Noch versuchen mußten · Man sah vor ihnen stehn
Wohl an zwanzigtausend · die mußten da zum Kampfe gehn.

Da drang zu den Gästen · ein harter Sturm heran.
Dankwart, Hagens Bruder · der kraftvolle Mann,
Sprang von seinen Herren · zu den Feinden vor das Tor.
Sie versahn sich seines Todes · doch sah man heil ihn davor.

Das harte Streiten währte · bis es die Nacht benahm.
Da wehrten sich die Gäste · wie Helden lobesam
Wider Etzels Recken · den sommerlangen Tag.
Hei! was guter Helden · im Tod vor ihnen erlag!

Zu einer Sonnenwende · der große Mord geschah:
Ihres Herzens Jammer · rächte Kriemhild da
An ihren nächsten Freunden · und manchem andern Mann,
Wodurch der König Etzel · nie wieder Freude gewann.

Der Tag war zerronnen · ihnen schuf nun Sorge Not.
Sie gedachten, wie doch besser · wär' ein kurzer Tod,
Als sich so lang zu quälen · in ungefügem Leid.
Da wünschten einen Frieden · die stolzen Ritter allbereit.

Si bâten, daz man bræhte · den künic zuo in dar.
die bluotvarwen helde · und ouch harnaschvar
trâten ûz dem hûse · und die drî künege hêr.
si enwessen wem ze klagene · ir vil grœzlichiu sêr.

Etzel unde Kriemhilt · kômen beidiu dar;
daz lant was ir eigen · des mêrte sich ir schar.
er sprach zuo den gesten · ‚nu sagt, waz welt ir mîn?
ir wænt vride gewinnen · daz kunde müelîch gesîn

‚Uf schaden alsô grôzen · als ir mir habet getân.
ir sult es niht geniezen · sol ich mîn leben hân:
mîn kint, daz ir mir sluoget · und vil der mâge mîn,
vride unde suone · sol iu vil gar versaget sîn.‘

Des antwurte Gunther · ‚des twanc uns grôziu nôt.
allez mîn gesinde · lac vor dînen helden tôt
an der herberge · wie hete ich daz versolt?
ich kom zuo dir ûf triuwe · ich wând, daz du mir wærest holt.‘

Dô sprach von Burgonden · Gîselher daz kint:
‚ir Etzelen helde · die noch lebende sint,
waz wîzet ir mir recken? · waz het ich iu getân?
wan ich vriuntlîche · in ditze lant geriten hân.‘

Si sprâchen: ‚dîner güete · ist al diu burc vol
mit jâmer zuo dem lande · jâ gunde wir dir wol,
daz du nie komen wærest · von Wormez über Rîn.
daz lant hât ir verweiset · du und ouch die bruoder dîn.‘

Dô sprach in zornes muote · Gunther der degen:
‚welt ir ditz starke hazzen · zeiner suone legen
mit uns ellenden · deist beidenthalben guot;
ez ist gar âne schulde · swaz uns Etzel getuot.‘

Dô sprach der wirt zen gesten · ‚mîn und iuwer leit
diu sint ungelîche · diu michel arebeit
des schaden zuo den schanden · die ich hie hân genomen,
des sol iuwer deheiner · nimmer lebende hinnen komen.‘

Sie baten, daß man brächte · den König vor den Saal.
Die blutroten Helden · geschwärzt vom rost'gen Stahl,
Traten aus dem Hause · und die drei Kön'ge hehr.
Sie wußten nicht, wem klagen · ihres großen Leids Beschwer.

Etzel und Kriemhild · kamen beide her;
Das Land war ihnen eigen · drum mehrte sich ihr Heer.
Er sprach zu den Gästen · „Sagt, was begehrt ihr mein?
Wollt ihr Frieden haben? · das könnte nun schwerlich sein

„Nach so großem Schaden · als ihr mir habt getan.
Es kommt euch nicht zustatten · solang' ich atmen kann:
Mein Kind, das ihr erschluget · und viel der Freunde mein,
Fried' und Sühne soll euch · stets dafür geweigert sein."

Antwort gab ihm Gunther · „Uns zwang wohl große Not.
All mein Gesinde · lag vor deinen Helden tot
In der Herberge · verdient' ich solchen Sold?
Ich kam zu dir auf Treue · und wähnte, du wärst mir hold."

Da sprach von Burgunden · Geiselher das Kind:
„Ihr Helden König Etzels · die noch am Leben sind,
Wes zeiht ihr mich, ihr Degen? · was hatt' ich euch getan,
Der ich die Fahrt so gütlich · zu diesem Land begann?"

Sie sprachen: „Deiner Güte · ist all die Burg hier voll
Mit Jammer gleich dem Lande · Wir gönnten dir es wohl,
Wärst du nie gekommen · von Worms überrhein.
Das Land ist gar verwaiset · durch dich und die Brüder dein."

Da sprach im Zornmute · Gunther der Held:
„Wünscht ihr noch dies Morden · im Frieden eingestellt
Mit uns Heimatlosen · das ist uns beiden gut;
Es ist gar unverschuldet · was uns König Etzel tut."

Der Wirt sprach zu den Gästen · „Mein und euer Leid
Sind einander ungleich · die große Not im Streit,
Der Schaden und die Schande · die ich von euch gewann,
Dafür soll euer keiner · mir lebend kommen hindann."

Dô sprach zuo dem künege · der starke Gêrnôt:
,so sol iu Got gebieten · daz ir vriuntlîchen tuot:
slahet uns ellende · und lât uns zuo ziu gân
hin nider an die wîte · daz ist iu êre getân.

,Swaz uns geschehen künne · daz lât dâ kurz ergân:
ir habt sô vil gesunder · und türrens uns bestân,
daz si uns sturmmüede · lâzent niht genesen:
wie lange sul wir recken · in disen arbeiten wesen?'

Die Etzelen recken · die hetenz nâch getân,
daz si si wolden lâzen · vür den palas gân.
daz gehôrte Kriemhilt · ez was ir grimme leit.
des wart den ellenden · der vride gâhes widerseit.

,Neinâ, Hiunen recken · des ir dâ habet muot,
ich râte an rehten triuwen · daz ir des niht entout,
daz ir die mortræzen · lâzet vür den sal;
sô müesen iuwer mâge · lîden den tœtlîchen val.

,Ob ir nu nieman lebte · wan diu Uoten kint,
die mînen edelen bruoder · und kœmens an den wint,
erkuolent in die ringe · sô sît ir alle vlorn.
ez enwurden küener degene · nie zer werlde geborn.'

Dô sprach der junge Gîselher · ,vil schœniu swester mîn,
des getrouwet ich vil übele · dô du mich über Rîn
ladetes her ze lande · in diese grôze nôt:
wie hân ich an den Hiunen · hie verdienet den tôt?

,Ich was dir ie getriuwe · nie tet ich dir leit:
ûf solhen gedingen · her ze hove ich reit,
daz du mir holt wærest · vil liebiu swester mîn.
bedenke an uns genâde · ez mac niht anders gesîn.'

,Ich enmag iu niht genâden · ungenâde ich hân.
mir hât von Troneje Hagene · sô grôziu leit getân:
ez ist vil unversüenet · die wîle ich hân den lîp.
ir müezets alle engelten' · sprach daz Etzelen wîp.

Da sprach zu dem König · der starke Gernot:
„So soll euch Gott gebieten · daß ihr die Lieb' uns tut:
Erschlagt uns Heimatlose · und laßt zuvor hindann
Ins freie Feld uns nieder · das wär' nach Ehren getan!

„Was uns geschehen könne · das laßt schnell ergehn!
Ihr habt so viel Gesunde · die dürfen uns bestehn
Und geben uns vom Streite · Müden leicht den Tod:
Wie lange solln wir Recken. bleiben in so grimmer Not?"

Von König Etzels Recken · wär' es fast geschehn,
Daß sie die Helden ließen · aus dem Saale gehn.
Als das Kriemhild hörte · es war ihr grimmig leid.
Da war den Heimatlosen · mit nichten Sühne bereit.

„Nein, edle Recken · worauf euch sinnt der Mut,
Ich will euch treulich raten · daß ihr das nimmer tut,
Daß ihr die Mordgierigen · laßt vor den Saal;
Sonst müssen eure Freunde · leiden tödlichen Fall.

„Und lebten nur alleine · die Utens Söhne sind,
Und kämen meine edeln · Brüder an den Wind,
Daß sie die Panzer kühlten · ihre alle wärt verloren!
Es wurden kühnre Degen · noch nie auf Erden geboren."

Da sprach der junge Geiselher · „Viel schöne Schwester mein,
Wie hätt' ich dir das zugetraut · als du mich überrhein
Her zu Lande ladetest · in diese große Not:
Wie mocht' ich an den Heunen · hier verdienen den Tod?

„Ich hielt dir stete Treue · tat nie ein Leid dir an:
Ich kam auch her zu Hofe · geritten in dem Wahn,
Du wärst mir gewogen · viel liebe Schwester mein,
Nun schenk' uns deine Gnade · da es anders nicht mag sein."

„Ich schenk' euch keine Gnade · Ungnad' ich selbst gewann.
Mir hat von Tronje Hagen · so großes Leid getan:
Das wird nie gesühnet · solang' ich hab' den Leib.
Ihr alle müßt's entgelten" · so sprach König Etzels Weib.

,Welt ir mir Hagenen einen · ze einem gîsel geben,
sône wil ich niht versprechen · ichn welle iuch lâzen leben.
wan ir sît mîne bruoder · und einer muoter kint:
sô rede ichz nâch der suone · mit disen helden, die hie sint.'

,Nune welle Got von himele' · sprach dô Gêrnôt.
,ob unser tûsent wæren · wir lægen alle tôt
der sippe dîner mâge · ê wir den einen man
gæben hie ze gîsel · ez wirdet nimmer getân.'

,Wir müesen doch ersterben' · sprach dô Gîselher.
,uns entscheidet niemen · von rîterlîcher wer.
swer gerne mit uns vehte · wir sîn et aber hie:
wan ich deheinen mînen vriunt · an den triuwen nie verlie.'

Dô sprach der küene Dancwart · im zæme niht ze dagene:
,jâ enstêt noch niht eine · mîn bruoder Hagene.
die hie den vride versprechent · ez mac in werden leit;
des bringe wir iuch inne · daz sî iu wærlîch geseit.'

Dô sprach diu küneginne · ,ir helde vil gemeit,
nu gêt der stiege nâher · und rechet mîniu leit.
daz wil ich immer dienen · als ich von rehte sol:
der Hagenen übermüete · der gelône ich im wol.

,Lât einen ûz dem gademe · niht komen über al:
sô heiz ich vieren enden · zünden an den sal.
sô werdent wol errochen · elliu mîniu leit.'
die Etzelen recken · die wurden schiere bereit.

Die noch hie ûze stuonden · die tribens in den sal
mit slegen und mit schüzzen · des wart grôz der schal.
doch wolden nie gescheiden · die vürsten und ir man:
sine kunden von ir triuwen · niht ein ander verlân.

Den sal hiez dô zünden · daz Etzelen wîp.
dô qualte man mit viure · den helden dâ den lîp.
daz hûz von einem winde · vil balde al erbran:
ich wæne, volk enheinez · grœzer angest ie gewan.

„Wollt ihr mir aber Hagen · allein zum Geisel geben,
So will ich's nicht verweigern · daß ich euch lasse leben.
Denn meine Brüder seid ihr · der gleichen Mutter Kind
So red' ich um die Sühne · mit den Helden, die hier sind."

„Nicht woll' es Gott vom Himmel!" · sprach da Gernot.
„Und wären unser tausend · wir wollten alle tot
Vor deinen Freunden liegen · eh' wir den einen Mann
Hier zu Geisel gäben · das wird nimmer getan."

„Wir müßten doch ersterben" · sprach da Geiselher,
„So soll uns niemand scheiden · von ritterlicher Wehr.
Wer gerne mit uns stritte · wir sind noch immer hie:
Verriet ich meine Treue · an einem Freunde doch nie."

Da sprach der kühne Dankwart · es ziemt' ihm wohl zu sagen:
„Noch steht nicht alleine · hier mein Bruder Hagen.
Die uns den Frieden weigern · beklagen es noch schwer,
Des sollt ihr inne werden · ich sag's euch wahrlich vorher."

Da sprach die Königstochter · „Ihr Helden allbereit,
Nun geht der Stiege näher · und rächet mein Leid.
Das will ich stets verdienen · wie ich billig soll:
Der Übermut Hagens · dessen lohn' ich ihm wohl.

„Laßt keinen aus dem Hause · der Degen allzumal:
So lass' ich an vier Enden · anzünden hier den Saal.
So wird noch wohl gerochen · all mein Herzeleid."
König Etzels Recken · sah man bald dazu bereit.

Die noch draußen standen · die trieb man in den Saal
Mit Schlägen und mit Schüssen · da gab es lauten Schall.
Doch wollten sich nicht scheiden · die Fürsten und ihr Heer:
Durch ihre Treue ließen · sie voneinander nicht mehr.

Den Saal in Brand zu stecken · gebot da Etzels Weib.
Da quälte man den Helden · mit Feuersglut den Leib.
Das Haus, vom Wind ergriffen · geriet in hohen Brand.
Nie wurde solcher Schrecken · noch einem Volksheer bekannt.

Genuoge riefen drinne · ,ouwê dirre nôt!
wir möhten michel gerner · sîn in sturme tôt.
ez möhte Got erbarmen · wie sî wir alle vlorn!
nu richet ungevuoge · an uns diu küneginne ir zorn.'

Ir einer sprach dar inne · ,wir müezen ligen tôt
vor rouch und ouch vor viure · deist ein grimmiu nôt!
mir tuot von starker hitze · der durst sô rehte wê,
daz wæn mîn leben schiere · in disen sorgen zergê.'

Dô sprach von Tronje Hagene · ,ir edelen rîter guot,
swen der durst twinge · der trinke hie daz bluot.
daz ist an solher hitze · noch bezzer denne wîn;
ez enmac an disen zîten · et nu niht bezzer gesîn.'

Dô gie der recken einer · dâ er einen tôten vant:
er kniet im zuo der wunden · den helm er abe gebant.
dô begunde er trinken · daz vliezende bluot.
swie ungewon ers wære · ez dûhte in grœzlîchen guot.

,Nu lône iu Got, hêr Hagene' · sprach der müede man,
,daz ich von iuwer lêre · sô wol getrunken hân.
mir ist noch vil selten · geschenket bezzer wîn.
lebe ich deheine wîle · ich sol iu immer wæge sîn.'

Dô die andern daz gehôrten · daz ez in dûhte guot,
dô wart ir michels mêre · die trunken ouch daz bluot.
dâ von gewan vil krefte · ir eteslîches lîp:
des engalt an lieben vriunden · sît vil manec wætlîchez wîp.

Daz viur viel genôte · ûf si in den sal;
dô leiten siz mit schilden · von in hin ze tal.
der rouch und ouch die hitze · in tâten beidiu wê.
ich wæn, sô grôzer jâmer · an helden nimmer ergê.

Dô sprach von Troneje Hagene · ,stêt zuo des sales want;
lât niht die brende vallen · ûf iuwer helmbant,
tret si mit den vüezen · tiefer in daz bluot.
ez ist ein übel hôhzît · die uns diu küneginne tuot'

Da riefen viele drinnen · „O weh dieser Not!
Da möchten wir ja lieber · im Sturm liegen tot.
Das möge Gott erbarmen · wie sind wir all verlorn!
Wie grimmig rächt die Königin · an uns allen ihren Zorn!“

Da sprach darinnen einer · „Wir finden hier den Tod
Vor Rauch und vor Feuer · wie grimm ist diese Not!
Mir tut vor starker Hitze · der Durst so schrecklich weh,
Ich fürchte, mein Leben · in diesen Nöten zergeh'!“

Da sprach von Tronje Hagen · „Ihr edlen Ritter gut,
Wen der Durst will zwingen · der trinke hier das Blut.
Das ist in solcher Hitze · besser noch als Wein;
Es mag halt zu trinken · hier nichts Besseres sein.“

Hin ging der Recken einer · wo er einen Toten fand:
Er kniet' ihm zu der Wunde · den Helm er niederband.
Da begann er zu trinken · das fließende Blut.
So wenig er's gewohnt war · er fand es köstlich und gut.

„Nun lohn' euch Gott, Herr Hagen“ · sprach der müde Mann,
„Daß ich von eurer Lehre · so guten Trunk gewann!
Man schenkte mir selten · noch einen bessern Wein.
Solang' ich leben bleibe · will ich euch stets gewogen sein.“

Als das die andern hörten · es däuchte ihn so gut,
Da fanden sich noch viele · die tranken auch das Blut.
Davon kam zu Kräften · manches Recken Leib:
Des entgalt an lieben Freunden · bald manches waidliche Weib.

Das Feuer fiel gewaltig · auf sie in den Saal:
Sie wandten mit den Schilden · es von sich ab im Fall.
Der Rauch und auch die Hitze · schmerzten sie gar sehr.
Also großer Jammer · geschieht wohl Helden nimmermehr.

Da sprach von Tronje Hagen · „Stellt euch an die Wand;
Laßt nicht die Brände fallen · auf eurer Helme Band
Und tretet sie mit Füßen · tiefer in das Blut.
Eine üble Hochzeit ist es · zu der die Königin uns lud.“

In sus getânem leide · in doch der naht zeran.
noch stuont vor dem hûse · der küene spilman
und Hagene sîn geselle · geleint über rant:
si warten schaden mêre · von den ûz Etzelen lant.

Dô sprach der videlære · ,nu gê wir in den sal:
sô wænent des die Hiunen · daz wir sîn über al
tôt von dirre quâle · diu an uns ist getân:
si sehent uns noch begegene · in strîte ir eteslîchen gân.'

Dô sprach von Burgonden · Gîselher daz kint:
,ich wæne, ez tagen welle · sich hebet ein küeler wint.
nu lâz uns Got von himele · noch lieber zît geleben.
uns hat mîn swester Kriemhilt · ein arge hôhgezît gegeben.'

Dô sprach aber einer · ,ich kiuse nu den tac.
sît daz ez uns nu bezzer · wesen niene mac,
sô wâfent ir iuch, helde · gedenket an den lîp.
jâ kumt uns aber schiere · des künec Etzelen wîp.'

Der wirt wolde wænen · die geste wæren tôt
von ir arbeite · und von des viuwers nôt:
dô lebt ir noch dar inne · sehs hundert küener man,
daz nie künec deheiner · bezzer degene gewan.

Der ellenden huote · hete wol ersehen,
daz noch die geste lebten · swie vil in was geschehen
ze schaden und ze leide · den hêrren und ir man.
man sach si in dem gademe · noch vil wol gesunde stân.

Man sagte Kriemhilde · ir wære vil genesen.
dô sprach diu küneginne · daz möhte nimmer wesen,
daz ir deheiner lebte · von des viuwers nôt:
,ich wil des baz getrouwen · daz si alle ligen tôt.'

Noch genæsen gerne · die vürsten und ir man,
ob noch iemen wolde · genâde an in begân.
des enkunden si niht vinden · an den von Hiunen lant:
dô râchen si ir sterben · mit vil williger hant.

Unter solchen Nöten · zerrann zuletzt die Nacht.
Noch hielt vor dem Hause · der kühne Spielmann Wacht
Und Hagen sein Geselle · gelehnt auf Schildesrand,
Noch größern Leids gewärtig · von denen aus König Etzels Land.

Da sprach der Fiedelspieler · „Gehn wir in den Saal:
Da wähnen wohl die Heunen · wir seien allzumal
Von der Qual erstorben · die sie uns angetan:
Dann kommen doch noch etliche · zum Streit mit ihnen heran."

Da sprach von Burgunden · Geiselher das Kind:
„Ich wähn', es wolle tagen · sich hebt ein kühler Wind.
Nun lass' uns Gott vom Himmel · noch liebre Zeit erleben!
Eine arge Hochzeit hat uns · meine Schwester Kriemhild gegeben."

Da sprach wieder einer · „Ich spüre schon den Tag.
Wenn es denn uns Degen · nicht besser werden mag,
So waffnet euch, ihr Helden · denkt an euren Leib!
Nicht lang', so kommt wieder · über uns König Etzels Weib."

Der Wirt mochte wähnen · die Gäste wären tot
Von den Beschwerden allen · und von des Feuers Not:
Da lebten doch so Kühner · noch drin sechshundert Mann,
Daß wohl nie ein König · bessre Degen gewann.

Der Heimatlosen Hüter · hatten wohl gesehn,
Daß noch die Gäste lebten · was ihnen auch geschehn
Zu Schaden war und Leide · den Herrn und ihrem Lehn.
Man sah sie in dem Hause · noch gar wohl geborgen stehn.

Man sagte Kriemhilden · noch viele lebten drin.
„Wie wäre das möglich" · sprach die Königin,
„Daß noch einer lebte · nach solcher Feuersnot?
Eher will ich glauben · sie fanden alle den Tod."

Noch wünschten zu entkommen · die Fürsten und ihr Lehn,
Wenn an ihnen Gnade · noch jemand ließ' ergehn.
Die konnten sie nicht finden · in der Heunen Land:
Da rächten sie ihr Sterben · mit gar williger Hand.

Des tages wider morgen · grüezen man in bôt
mit hertem urliuge · des kômen helde in nôt.
dô wart zuo in geschozzen · vil manec starker gêr:
sich werten rîterlîche · die recken küene unde hêr.

Dem Etzeln gesinde · erweget was der muot,
daz si wolden dienen · daz Kriemhilde guot:
dar zuo si wolden leisten · daz in der künec gebôt:
dâ muose maneger schiere · von in kiesen den tôt.

Von geheize und ouch von gâbe · man möhte wunder sagen.
si hiez golt daz rôte · dar mit schilden tragen:
si gab ez, swer sîn ruohte · und ez wolde enpfân.
jâne wart nie grœzer solden · mêr ûf vînde getân.

Ein michel kraft der recken · dar zuo gewâfent gie.
dô sprach der küene Volkêr · ‚wir sîn et aber hie:
ine gesach ûf vehten · nie helde gerner komen,
die daz golt des küneges · uns ze vâre hânt genomen.‘

Dô riefen ir genuoge · ‚nâher, helde, baz!
daz wir dâ suln verenden · nu tuon bizîte daz.
hie belîbet niemen · wan der doch sterben sol.‘
dô sach man schier ir schilde · stecken gêrschüzze vol.

Waz mac ich sagen mêre? · wol zwelf hundert man
die versuochten ez vil sêre · wider unde dan.
dô kuolten mit den wunden · die geste wol ir muot.
ez enmohte nieman scheiden · des sach man vliezen daz bluot

Von verchtiefen wunden · der wart dâ vil geslagen.
ieslîchen nâch den vriunden · hôrte man dô klagen.
die biderben sturben alle · dem rîchen künege hêr:
des heten holde mâge · nâch in grœzlîchiu sêr.

Schon früh am andern Morgen · man ihnen Grüße bot
Mit heftigem Angriff · wohl schuf das Helden Not.
Zu ihnen aufgeschossen · ward mancher scharfe Speer:
Ritterlich sich setzten · die kühnen Recken zur Wehr.

Dem Heergesinde Etzels · war erregt der Mut,
Daß sie verdienen wollten · Frau Kriemhildens Gut
Und alles willig leisten · was der Fürst gebot:
Da mußte bald noch mancher · von ihnen schauen den Tod.

Von Verheißen und von Gaben · mochte man Wunder sagen:
Sie ließ ihr Gold, das rote · auf Schilden vor sich tragen;
Sie gab es jedem willig · der es wollt' empfahn.
Nie wurden wider Feinde · so große Schätze vertan.

Gewaffnet trat der Recken · eine große Macht zur Tür.
Da sprach der kühne Volker · „Wir sind noch immer hier!
So gern sah ich Helden · zum Streiten nimmer kommen:
Sie haben das Gold des Königs · uns zu verderben genommen."

Da riefen ihrer viele · „Nur näher zu dem Streit!
Da wir doch fallen müssen · so tun wir's gern beizeit.
Hier wird niemand bleiben · als wer doch sterben soll."
Da staken ihre Schilde · gleich von Speerschüssen voll.

Was kann ich weiter sagen? · Wohl zwölfhundert Degen
Versuchten's auf und nieder · mit starken Schwertesschlägen.
Da kühlten an den Feinden · die Gäste wohl den Mut.
Kein Friede war zu hoffen · drum sah man fließen das Blut

Aus tiefen Todeswunden · deren wurden viel geschlagen.
Man hörte nach den Freunden · jeglichen klagen.
Die Biedern starben alle · dem reichen König hehr:
Da hatten liebe Freunde · nach ihnen Leid und Beschwer.

AVENTIURE

wie der marcgrâve Rüedegêr erslagen wart

Ez heten die ellende · wider morgen guot getân.
wine der Gotlinde · kam ze hove gegân,
dô sach er beidenthalben · diu grœzlîchen sêr:
daz weinte inneclîche · der vil getriuwe Rüedegêr.

‚Sô wê mir,‘ sprach der recke · ‚daz ich den lîp gewan!
daz disen grôzen jâmer · kan niemen understân!
swie gerne ichz vriden wolde · der künec entuot es niht,
wand er der sînen leide · ie mêr und mêre gesiht.‘

Dô sande an Dietrîchen · der guote Rüedegêr,
ob siz noch kunden wenden · an den künegen hêr?
dô enbôt im der von Berne · ‚wer möht ez understân?
ez enwil der künec Etzel · scheiden nieman enlân.‘

Dô sach ein Hiunen recke · Rüedegêren stân
mit weinunden ougen · und hetes vil getân.
der sprach zer küneginne · ‚nu seht ir, wie er stât,
der doch gewalt den meisten · hie bî Etzelen hât

‚Und dem ez allez dienet · liut unde lant.
wie ist sô vil der bürge · an Rüedegêr gewant,
der er von dem künege · vil manege haben mac!
er sluoc in disen stürmen · noch nie loblîchen slac.

‚Mich dunket, er enruoche · wie ez hier umbe gât,
sît daz er den vollen · nâch sînem willen hât.
man giht im, er sî küener · danne ieman müge sîn:
daz ist in disen sorgen · worden bœslîchen schîn.‘

Mit trûregem muote · der vil getriuwe man,
den er daz reden hôrte · der helt der blicte in an.
er gedâht: ‚du solt ez arnen · du gihst, ich sî verzagt:
du hâst diu dînen mære · ze hove ze lûte gesagt.‘

SIEBENUNDDREISSIGSTES ABENTEUER

Wie Rüdiger erschlagen ward

Die Heimatlosen hatten · am Morgen viel getan.
Der Gemahl Gotlindens · kam zu Hof heran
Und sah auf beiden Seiten · des großen Leids Beschwer:
Darüber weinte inniglich · der getreue Rüdiger.

„O weh, daß ich das Leben" · sprach der Held, „gewann
Und diesem großen Jammer · nun niemand wehren kann!
So gern ich Frieden schüfe · der König geht's nicht ein,
Da ihm das Unheil stärker · immer stärker bricht herein."

Zu Dietrichen sandte · der gute Rüdiger,
Ob sie's noch könnten wenden · von den Kön'gen hehr?
Da entbot ihm der von Berne · „Wer möcht' ihm widerstehn?
Es will der König Etzel · keine Sühne mehr sehn."

Da sah ein Heunenrecke · Rüdigern da stehn
Mit weinenden Augen · wie er ihn oft gesehn.
Er sprach zu der Königin · „Nun seht, wie er da steht,
Den ihr und König Etzel · vor allen andern habt erhöht

„Und dem doch alles dienet · die Leute wie das Land.
Wie sind so viel der Burgen · an Rüdigern gewandt,
Deren er so manche · von dem König haben mag!
Er schlug in diesen Stürmen · noch keinen löblichen Schlag.

„Mich dünkt, ihn kümmert wenig · was hier mit uns geschieht,
Wenn er nach seinem Willen · bei sich die Fülle sieht.
Man rühmt, er wäre kühner · als jemand möge sein:
Das hat uns schlecht bewiesen · in dieser Not der Augenschein."

Mit traurigem Mute · der vielgetreue Mann,
Den er so reden hörte · den Heunen sah er an.
Er dachte: „Das entgiltst du · du sagst, ich sei verzagt:
Da hast du deine Mären · zu laut bei Hofe gesagt."

Die vûst begunder twingen · dô lief er in an
und sluoc sô krefteclîche · den Hiunischen man,
daz er im vor den vüezen · lac vil schiere tôt.
dô was aber gemêret · des künic Etzelen nôt.

,Hin, du zage bœse' · sprach dô Rüedegêr,
,ich hân doch genuoge · leit unde sêr.
daz ich hie niht envihte · zwiu wîzest du mir das?
jâ wær ich den gesten · von grôzen schulden gehaz,

,Und allez, daz ich möhte · daz hete ich in getân,
niuwan daz ich die recken · her gevüeret hân.
ich was ir geleite · in mînes hêrren lant:
des ensol mit in niht strîten · mîn vil ellendes hant.'

Dô sprach zem marcgrâven · Etzel der künic hêr:
,wie habt ir uns geholfen · vil edel Rüedegêr!
wan wir sô vil der veigen · hie ze lande hân,
wir bedurfen ir niht mêre · ir habt vil übele getân.'

Dô sprach der rîter edele · ,jâ beswârt er mir den muot
und hât mir geitewîzet · êre unde guot,
des ich von dînen handen · sô vil hân genomen:
daz ist dem lügenære · ein teil ze unstaten komen.'

Dô kom diu küneginne · und hetez ouch gesehen,
daz von des heldes zorne · dem Hiunen was geschehen.
si klagte ez ungevuoge · ir ougen wurden naz.
si sprach zuo Rüedegêre · ,wie habe wir verdienet daz,

,Daz ir mir und dem Künege · mêret unser leit?
nu habt ir, edel Rüedegêr · uns allez her geseit,
ir woldet durch uns wâgen · die êre und daz leben.
ich hôrt iu vil der recken · den prîs vil grœzlîchen geben.

,Ich mane iuch der genâden · und ir mir hânt gesworn.
dô ir mir zuo Etzeln rietet · rîter ûz erkorn,
daz ir mir woldet dienen · an unser eines tôt.
des wart mir armen wîbe · nie sô grœzlîchen nôt.'

Er zwang die Faust zusammen · da lief er ihn an
Und schlug mit solchen Kräften · den heunischen Mann,
Daß er ihm vor die Füße · niederstürzte tot.
Da war gemehrt aufs neue · dem König Etzel die Not.

„Fahr' hin, verzagter Bösewicht!" · sprach da Rüdiger,
„Ich hatte doch des Leides · genug und der Beschwer.
Daß ich hier nicht fechte · was rügst du mir das?
Wohl trüg' auch ich den Gästen · mit Grunde feindlichen Haß,

„Und alles, was ich könnte · tät' ich ihnen an,
Hätt' ich nicht hieher geführt · die Gunthern untertan.
Ich war ihr Geleite · in meines Herren Land:
Drum darf sie nicht bestreiten · meine unsel'ge Hand."

Da sprach zum Markgrafen · Etzel der König hehr:
„Wie habt ihr uns geholfen · vieledler Rüdiger!
Wir hatten doch der Toten · so viel in diesem Land,
Daß wir nicht mehr bedurften · mit Unrecht schlug ihn eure Hand."

Da sprach der edle Ritter · „Er beschwerte mir den Mut
Und hat mir bescholten · die Ehre wie das Gut,
Des ich aus deinen Händen · so große Gaben nahm,
Was nun dem Lügenbolde · übel auch zustatten kam."

Da kam die Königstochter · die hatt' es auch gesehn,
Was von des Helden Zorne · dem Heunen war geschehn.
Sie beklagt' es ungefüge · ihre Augen wurden naß.
Sie sprach zu Rüdigeren · „Wie verdienten wir das,

„Daß ihr mir und dem König · noch mehrt unser Leid?
Ihr habt uns, edler Rüdiger · verheißen allezeit,
Ihr wolltet für uns wagen · die Ehre wie das Leben;
Auch hört' ich viel der Recken · den Preis des Mutes euch geben.

„Ich mahn' euch nun der Treue · die mir schwur eure Hand,
Da ihr mir zu Etzeln rietet · Ritter auserkannt,
Daß ihr mir dienen wolltet · bis an unsern Tod.
Des war mir armen Weibe · noch niemals so bitter not."

,Daz ist âne lougen · ich swuor iu, edel wîp,
daz ich durch iuch wâgte · die êre und ouch den lîp;
daz ich die sêle vliese · des enhân ich niht gesworn.
zuo dirre hôhgezîte · brâht ich die vürsten wol geborn.'

Si sprach: ,gedenke, Rüedegêr · der grôzen triuwe dîn,
der stæte und ouch der eide · daz du den schaden mîn
immer woldest rechen · und elliu mîniu leit.'
dô sprach der marcgrâve · ,ich hân iu selten iht verseit.'

Etzel der rîche · vlêgen ouch began:
dô buten si sich beidiu · ze vüezen vür den man.
den edelen marcgrâven · unmuotes man dô sach:
der vil getriuwe recke · harte jæmerlîchen sprach:

,Ouwê mich Gotes armen · daz ich ditz gelebet hân!
aller mîner êren · der muoz ich abe stân,
triuwen unde zühte · der Got an mir gebôt.
ouwê, Got von himele · daz michs niht wendet der tôt!

,Swelhez ich nu lâze · und daz ander begân,
sô hân ich bœslîche · und vil übele getân:
lâz aber ich si beide · mich schendet elliu diet.
nu ruoche mich bewîsen · der mir ze lebene geriet.'

Dô bâten si genôte · der künec und ouch sîn wîp.
des muosen sider recken · vliesen den lîp
von Rüedegêres hende · dâ ouch der helt erstarp.
ir mugt daz hie wol hœren · daz er vil jæmerlîchen warp.

Er weste schaden gewinnen · und ungevüegiu leit.
er hête dem künege · vil gerne verseit
und ouch der küneginne · vil sêre vorhte er daz,
ob er ir einen slüege · daz im diu werlt trüege haz.

Dô sprach zuo dem küenege · der vil küene man:
,hêr künec, nu nemt hin widere · swaz ich von iu hân,
daz lant mit den bürgen · der sol mir niht bestên.
ich wil ûf mînen vüezen · in daz ellende gên.

„Das kann ich nicht leugnen · ich schwur euch, Königin,
Die Ehre wie das Leben · gäb' ich für euch dahin:
Die Seele zu verlieren · hab' ich nicht geschworen.
Zu diesem Hofgelage · bracht' ich die Fürsten wohlgeboren."

Sie sprach: „Gedenke, Rüdiger · der hohen Eide dein
Von deiner steten Treue · wie du den Schaden mein
Immer wolltest rächen · und wenden all mein Leid."
Der Markgraf entgegnete · „Ich war euch stets zu Dienst bereit."

Etzel der reiche · hub auch zu flehen an.
Da warfen sie sich beide · zu Füßen vor den Mann.
Den edeln Markgrafen · man da in Kummer sah;
Der vielgetreue Recke · jammervoll begann er da:

„O weh mir Unsel'gem · muß ich den Tag erleben!
Aller meiner Ehren · soll ich mich nun begeben,
Aller Zucht und Treue · die Gott mir gebot;
O weh, Herr des Himmels · daß mir's nicht wenden will der Tod!

„Welches ich nun lasse · das andre zu begehn,
So ist doch immer übel · und arg von mir geschehn.
Was ich tu' und lasse · so schilt mich alle Welt.
Nun möge mich erleuchten · der mich dem Leben gesellt!"

Da baten ihn so dringend · der König und sein Weib,
Daß bald viel Degen mußten · Leben und Leib
Von Rüdgers Hand verlieren · und selbst der Held erstarb.
Nun mögt ihr bald vernehmen · welchen Jammer er erwarb.

Er wußte wohl, nur Schaden · und Leid sei sein Gewinn.
Er hätt' es auch dem König · und der Königin
Gern versagen wollen · der Held besorgte sehr,
Erschlüg' er ihrer einen · daß er der Welt ein Greuel wär'.

Da sprach zu dem Könige · dieser kühne Mann:
„Herr Etzel, nehmt zurücke · was ich von euch gewann,
Das Land mit den Burgen · bei mir soll nichts bestehn:
Ich will auf meinen Füßen · hinaus ins Elend gehn."

Dô sprach der künic Etzel · ‚wer hulfe danne mir?
daz lant zuo den liuten · daz gibich allez dir,
daz du mich rechest, Rüedegêr · an den vînden mîn.
du solt ein künec gewaltic · bî neben Etzelen sîn.'

Dô sprach aber Rüedegêr · ‚wie sol ichz ane vân?
heim zu mînem hûse · ich si geladen hân,
trinken unde spîse · ich in güetlîchen bôt
und gap in mîne gâbe · wie sol ich râten in den tôt?

‚Die liute wænent lîhte · daz ich si verzagt.
deheinen mînen dienest · hân ich in versagt,
den vil edeln vürsten · unde den ir man.
ouch riuwet mich diu vriuntschaft · die ich mit in geworben hân.

‚Gîselher dem degene · gab ich die tohter mîn:
sine kunde in dirre werlde · niht baz verwendet sîn
ûf zuht und ouch ûf êre · ûf triuwe und ûf guot.
ine gesach nie künic jungen · sô rehte tugentlîch gemuot.

Dô sprach aber Kriemhilt · ‚vil edel Rüedegêr:
‚nu lâ dich erbarmen · unser beider sêr,
mîn und ouch des küneges · gedenke wol dar an,
daz nie wirt deheiner · sô leide geste mêr gewan.'

Dô sprach der marcgrâve · wider daz edel wîp:
‚ez muoz hiute gelten · der Rüedegêres lîp,
swaz ir und ouch mîn hêrre · mir liebes habt getân:
dar umbe muoz ich sterben · daz nac niht langer gestân.

‚Ich weiz wol, daz noch hiute · mîn bürge und mîniu lant
iu müezen ledec werden · von ir eteslîches hant.
ich bevilhe iu ûf genâde · mîn wîp und mîn kint
und ouch die vil ellenden · die ze Bechelâren sint.'

‚Nu lôn dir Got, Rüedegêr' · sprach der künic dô.
er und diu küneginne · sie wurden beidiu vrô.
‚uns suln dîne liute · vil wol bevolhen wesen:
ouch trouwe ich mînem heile · daz du maht selbe wol genesen.'

Da sprach der König Etzel · „Wer aber hülfe mir?
Mein Land mit den Leuten · das alles geb' ich dir,
Daß du mich rächest, Rüdiger · an den Feinden mein:
Du sollst neben Etzeln · ein gewalt'ger König sein."

Da sprach wieder Rüdiger · „Wie dürft' ich ihnen schaden?
Heim zu meinem Hause · hab' ich sie geladen:
Trinken und Speise · ich ihnen gütlich bot,
Dazu meine Gabe · wie sänn' ich ihnen den Tod?

„Die Leute mögen wähnen · ich sei zu verzagt.
Keiner meiner Dienste · war ihnen je versagt,
Den hochedeln Fürsten · wie ihrem letzten Mann.
Nun reut mich die Freundschaft · die ich an ihnen gewann.

„Geiselher dem Degen · gab ich die Tochter mein:
Sie konnt' auf Erden nimmer · besser verwendet sein,
Seh' ich auf Zucht und Ehre · auf Treu' oder Gut.
Nie ein so junger König · trug wohl tugendreichern Mut."

Da sprach wieder Kriemhild · „Vieledler Rüdiger,
Nun laß dich erbarmen · unsres Leids Beschwer,
Mein und auch des Königs · gedenke wohl daran,
Daß nie ein Wirt auf Erden · so leide Gäste gewann."

Da begann der Markgraf · zu der Kön'gin hehr:
„Heut' muß mit dem Leben · entgelten Rüdiger,
Was ihr und der König · mir Liebes habt getan:
Dafür muß ich sterben · es steht nicht länger mehr an.

„Ich weiß, daß noch heute · meine Burgen und mein Land
Euch ledig werden müssen · von dieser Helden Hand.
So befehl' ich euch auf Gnade · mein Weib und mein Kind
Und all die Heimatlosen · die da zu Bechlaren sind."

„Nun lohne Gott dir, Rüdiger!" · der König sprach da so;
Er und die Königin · sie wurden beide froh.
„Uns seien wohlbefohlen · alle Leute dein;
Auch trau' ich meinem Heile · du selber werdest glücklich sein."

Dô liez er an die wâge · sêle unde lîp.
dô begunde weinen · daz Etzelen wîp.
er sprach: ‚ich muoz iu leisten · als ich gelobt hân.
ouwê der mînen vriunde · die ich vil ungerne bestân!‘

Man sach in von dem künege · vil trûreclîchen gân.
dô vant er sîne recken · vil nâhen bî im stân:
er sprach: ‚ir sult iuch wâfenen · alle mîne man:
die küenen Burgonden · muoz ich leider bestân.‘

Si hiezen balde springen · dâ man ir wâfen vant.
ez der helm wære · oder des schildes rant,
von ir ingesinde · wart ez in dar getragen.
sît hôrten leidiu mære · die stolzen ellende sagen.

Gewâfent wart dô Rüedegêr · mit fünf hundert man,
dar über zwelf recken · sach man mit im gân.
die wolden prîs erwerben · in des sturmes nôt:
si enwessen niht der mære · daz in sô nâhent der tôt.

Dô sach man Rüedegêre · under helme gân.
ez truogen swert diu scharpfen · des marcgrâven man,
dar zuo vor ir handen · die liehte schilde breit.
daz sach der videlære · ez was im grœzlîchen leit.

Dô sach der junge Gîselher · sînen sweher gên
mit ûf gebundem helme · wie moht er dô verstên,
waz er dâ mite meinte · niuwan allez guot?
des wart der künic edele · sô rehte vrœlîch gemuot.

‚Nu wol mich solher vriunde‘ · sprach Gîselher der degen,
‚die wir hân gewunnen · nu ûf disen wegen!
wir suln mînes wîbes · vil wol geniezen hie:
mir ist liep ûf mîn triuwe · daz ie der hîrât ergie.‘

‚Ine weiz, wes ir iuch trœstet‘ · sprach der spilman.
‚wâ sâht ir ie durch suone · sô manegen helt gân
mit ûf gebunden helmen · die trüegen swert enhant?
an uns wil dienen Rüedegêr · sîne bürge und sîniu lant.‘

Da setzt' er auf die Wage · die Seele wie den Leib.
Da begann zu weinen · König Etzels Weib.
Er sprach: „Ich muß euch halten · den Eid, den ich getan.
O weh' meiner Freunde! · wie ungern greif' ich sie an."

Man sah ihn von dem König · hinweggehn trauriglich.
Da fand er seine Recken · nahe stehn bei sich:
Er sprach: „Ihr sollt euch waffnen · ihr all in meinem Lehn:
Die kühnen Burgunden · muß ich nun leider bestehn."

Nach den Gewaffen riefen · die Helden allzuhand,
Ob es Helm wäre · oder Schildesrand,
Von dem Ingesinde · ward es herbeigetragen.
Bald hörten leide Märe · die stolzen Fremdlinge sagen.

Gewaffnet ward da Rüdiger · mit fünfhundert Mann;
Darüber zwölf Recken · zu Hülf' er sich gewann:
Die wollten Preis erwerben · in des Sturmes Not;
Sie wußten nicht die Märe · wie ihnen nahe der Tod.

Da sah man unterm Helme · den Markgrafen gehn.
Scharfe Schwerter trugen · die in Rüdgers Lehn,
Dazu vor den Händen · die lichten Schilde breit.
Das sah der Fiedelspieler · dem war es ohne Maßen leid.

Da sah der junge Geiselher · seinen Schwäher gehn
Mit aufgebundnem Helme · Wie mocht' er da verstehn,
Wie er damit es meine · es sei denn treu und gut?
Da gewann der edle König · von Herzen fröhlichen Mut.

„Nun wohl mir solcher Freunde" · sprach da Geiselher,
„Die wir gewonnen haben · auf der Fahrt hieher!
Meines Weibes willen · ist uns Hülfe nah:
Lieb ist mir, meiner Treue · daß diese Heirat geschah."

„Wes ihr euch wohl tröstet!" · sprach der Fiedelmann:
„Wann saht ihr noch zur Sühne · so viel der Helden nahn
Mit aufgebundnen Helmen · die Schwerter in der Hand?
Er will an uns verdienen · seine Burgen und sein Land."

Bedaz der videlære · die rede vol gesprach,
Rüedegêr den edelen · man vor dem hûse sach.
sînen schilt den guoten · satzt er vür den vuoz:
dô muos er sînen vriunden · versagen dienest und gruoz.

Der edel marcgrâve · rief dô in den sal:
,ir küene Nibelunge · nu wert iuch über al.
ir soldet mîn geniezen · nu engeldet ir mîn.
ê dô wâren wir vriunde · der triuwe wil ich ledec sîn.'

Dô erschrahten dirre mære · die nôthaften man:
in was der trôst enpfallen · den si dâ wânden hân,
dô mit in wolde strîten · dem si dâ wâren holt.
si heten von ir vînden · vil michel arbeit gedolt.

,Nune welle Got von himele' · sprach Gunther der degen,
,daz ir iuch genâden · sült an uns bewegen
und der vil grôzen triuwe · der wir doch heten muot:
ich wil iu des getrouwen · daz ir ez nimmer getuot.'

,Jâne mac ichs niht gelâzen' · sprach der küene man;
,ich muoz mit iu strîten · wan ichz gelobt hân.
nu wert iuch, küene degene · sô liep iu sî der lîp.
mich enwoldes niht erlâzen · des künic Etzelen wîp.'

,Ir widersagt uns nu ze spâte' · sprach der künic hêr.
,nu müez iu Got vergelten · vil edel Rüedegêr,
triuwe unde minne · die ir uns habt getân,
ob ir ez an dem ende · woldet güetlîcher lân.

,Wir soltenz immer dienen · daz ir uns habt gegeben,
ich und mîne mâge · ob ir uns liezet leben,
der hêrlîchen gâbe · dô ir uns brâhtet her
in Etzeln lant mit triuwen · des gedenket, edel Rüedegêr.'

,Wie wol ich iu des gunde' · sprach Rüedegêr der degen,
,daz ich iu mîne gâbe · mit vollen solde wegen
alsô willeclîche · als ich des hete wân!
sône wurde mir dar umbe · nimmer schelten getân.'

Eh' der Fiedelspieler · die Rede sprach vollaus,
Den edeln Markgrafen · sah man schon vor dem Haus.
Seinen Schild den guten · setzt' er vor den Fuß:
Da mußt' er seinen Freunden · versagen dienstlichen Gruß.

Rüdiger der edle · rief da in den Saal:
„Ihr kühnen Nibelungen · nun wehrt euch allzumal!
Ihr solltet mein genießen · ihr entgeltet mein:
Wir waren ehmals Freunde · der Treue will ich ledig sein."

Da erschraken dieser Märe · die Notbedrängten schwer.
Ihnen war der Trost entsunken · den sie gewähnt vorher,
Da sie bestreiten wollte · dem jeder Liebe trug.
Sie hatten von den Feinden · schon Leid erfahren genug.

„Das verhüte Gott vom Himmel!" · sprach Gunther der Degen
„Daß ihr eurer Freundschaft · tätet so entgegen
Und der großen Treue · darauf uns sann der Mut:
Ich will euch wohl vertrauen · daß ihr das nimmermehr tut."

„Es ist nicht mehr zu wenden" · sprach der kühne Mann:
„Ich muß mit euch streiten · wie ich den Schwur getan.
Nun wehrt euch, kühne Degen · wenn euch das Leben wert,
Da mir die Königstochter · nicht andre Willkür gewährt."

„Ihr widersagt uns nun zu spät" · sprach der König hehr.
„Nun mög' euch Gott vergelten · viel edler Rüdiger,
Die Treu' und die Liebe · die ihr uns habt getan,
Wenn ihr bis ans Ende · auch halten wolltet daran.

„Wir wollen stets euch danken · was ihr uns habt gegeben,
Ich und meine Freunde · lasset ihr uns leben:
Der herrlichen Gaben · als ihr uns brachtet her
In Etzels Land mit Treue · des gedenket, edler Rüdiger!"

„Wie gern ich euch das gönnte" · sprach Rüdiger der Degen,
„Daß ich euch meiner Gabe · die Fülle dürfte wägen
Nach meinem Wohlgefallen · wie gerne tät' ich das,
So es mir nicht erwürbe · der edeln Königin Haß!"

‚Erwindet, edel Rüedegêr‘ · sprach dô Gêrnôt,
‚wan ez wirt deheiner · gesten nie erbôt
sô rehte minneclîchen · als ir uns habt getân.
des sult ir wol geniezen · ob wir bî lebene bestân.‘

‚Daz wolde Got,‘ sprach Rüedegêr · ‚vil edel Gêrnôt,
daz ir ze Rîne wæret · und ich wære tôt
mit etelîchen êren · sît ich iuch sol bestân!
ez enwart noch nie an helden · wirs von vriunden getân.‘

‚Nu lône iu Got, hêr Rüedegêr‘ · sprach dô Gêrnôt,
‚der vil rîchen gâbe · mich riuwet iuwer tôt,
sol an iu verderben · sô tugentlîcher muot.
hie trag ich iuwer wâfen · daz ir mir gâbet, helet guot.

‚Daz ist mir nie geswichen · in aller dirre nôt:
under sînen ecken · lît manec rîter tôt.
ez ist lûter unde stæte · hêrlîch unde guot.
ich wæne, sô rîche gâbe · ein recke nimmer mêr getuot.

‚Und welt ir niht erwinden · irn wellet zuo uns gân,
slaht ir mir iht der vriunde · die ich hinne hân,
mit iuwer selbes swerte · nim ich iu den lîp!
sô riuwet ir mich, Rüedegêr · und iuwer hêrlîchez wîp.‘

‚Daz wolde Got, hêr Gêrnôt · und möht ez ergân,
daz aller iuwer wille · wære hie getân
und daz genesen wære · iuwer vriunde lîp!
jâ sol iu wol getrûwen · beidiu mîn tohter und mîn wîp.‘

Dô sprach von Burgonden · der schœnen Uoten kint:
‚wie tuot ir sô, hêr Rüdegêr? · die mit mir komen sint,
si sint iu alle wæge · ir grîfet übel zuo:
die iuwer schœne tohter · welt ir verwitwen ze vruo.

‚Swenne ir und iuwer recken · mit strîte mich bestât,
wie reht unvriuntlîche · ir daz schînen lât,
daz ich iu wol getrûwe · vür alle ander man,
dâ von ich ze wîbe · iuwer tohter mir gewan.‘

„Laßt ab, edler Rüdiger“ · sprach wieder Gernot,
„Nie ward ein Wirt gefunden · der es den Gästen bot
So freundlich und so gütlich · als uns von euch geschehn.
Des sollt ihr auch genießen · so wir lebendig entgehn.“

„Das wollte Gott,“ sprach Rüdiger · „viel edler Gernot,
„Daß ihr am Rheine wäret · und ich wäre tot.
So rettet’ ich die Ehre · da ich euch soll bestehn!
Es ist noch nie an Degen · von Freunden übler geschehn.“

„Nun lohn’ euch Gott, Herr Rüdiger“ · sprach wieder Gernot,
„Eurer reichen Gabe · Mich jammert euer Tod,
Soll an euch verderben · so tugendlicher Mut.
Hier trag’ ich eure Waffe · die ihr mir gabet, Degen gut.

„Sie hat mir noch nie versagt · in all dieser Not:
Es fiel vor ihrer Schärfe · mancher Ritter tot.
Sie ist stark und lauter · herrlich und gut:
Gewiß, so reiche Gabe · kein Recke je wieder tut.

„Und wollt ihr es nicht meiden · wider uns zu gehn,
Erschlagt ihr mir die Freunde · die hier bei mir stehn,
Mit euerm Schwerte nehm’ ich · Leben euch und Leib.
So reut ihr mich, Rüdiger · und euer herrliches Weib.“

„Das wolle Gott, Herr Gernot · und möcht’ es geschehn,
Daß hier nach euerm Willen · alles könnt’ ergehn
Und euern Freunden bleiben · Leben möcht’ und Leib,
Euch sollten wohl vertrauen · meine Tochter und mein Weib.“

Da sprach von Burgunden · der schönen Ute Kind:
„Wie tut ihr so, Herr Rüdiger? · Die mit mir kommen sind,
Die sind euch all gewogen · ihr greift übel zu:
Eure schöne Tochter · wollt ihr verwitwen allzufruh.

„Wenn ihr und eure Recken · mich wollt im Streit bestehn,
Wie wär’ das unfreundlich · wie wenig ließ’ es sehn,
Daß ich euch vertraute · vor jedem andern Mann,
Als ich eure Tochter · mir zum Weibe gewann.“

‚Gedenket iuwer triuwen · vil edel künic hêr,
gesende iuch Got von hinne' · sô sprach Rüedegêr,
‚lât die juncvrouwen · niht enkelten mîn:
durch iuwer selbes tugende · sô ruochet ir genædic sîn.'

‚Daz tæt ich billîche' · sprach Gîselher daz kint:
‚die hôhen mîne mâge · die noch hier inne sint,
suln die von iu ersterben · sô muoz gescheiden sîn
diu vil stæte vriuntschaft · zuo dir und der tohter dîn.'

‚Nu müez uns Got genâden' · sprach der küene man.
dô huoben si die schilde · alsô si wolden dan
strîten zuo den gesten · in Kriemhilde sal.
dô rief vil lûte Hagene · von der stiege hin zetal:

‚Belîbet eine wîle · vil edel Rüedegêr.'
alsô sprach dô Hagene · ‚wir wolden reden mêr,
ich und mîne hêrren · als uns des twinget nôt.
waz mac gehelfen Etzeln · unser ellender tôt?

‚Ich stên in grôzen sorgen' · sprach aber Hagene,
‚den schilt, den mir vrou Gotelint · gap ze tragene,
den habent mir die Hiunen · zerhouwen vor der hant.
ich vuort in vriuntlîche · in daz Etzelen lant.

‚Daz des Got von himele · ruochen wolde,
daz ich schilt sô guoten · noch tragen solde,
sô den du hâst vor hende · vil edel Rüedegêr!
so bedorfte ich in dem sturme · deheiner halsperge mêr.'

‚Vil gerne wær ich dir guot · mit mînem schilde,
getörst ich dirn gebieten · vor Kriemhilde.
doch nim du in hin, Hagene · und trag in an der hant.
hei, soldest du in vüeren · in der Burgonden lant!'

Dô er im sô willeclîchen · den schilt ze gebene bôt,
dô wart genuoger ougen · von heizen trehen rôt.
ez was diu leste gâbe · die sider immer mêr
bôt deheinem degene · von Bechlâren Rüedegêr.

„Gedenkt eurer Treue“ · sprach da Rüdiger.
„Und schickt euch Gott von hinnen · viel edler König hehr,
So laßt es nicht entgelten · die liebe Tochter mein:
Bei aller Fürsten Tugend · geruht, ihr gnädig zu sein.“

„So sollt' ich's billig halten“ · sprach Geiselher das Kind;
„Doch meine hohen Freunde · die noch im Saal hier sind,
Wenn die vor euch ersterben · so muß geschieden sein
Diese stete Freundschaft · zu dir und der Tochter dein.“

„Nun möge Gott uns gnaden“ · sprach der kühne Mann.
Da hoben sie die Schilde · und wollten nun hinan,
Zu streiten mit den Gästen · in Kriemhildens Saal.
Laut rief da Hagen · von der Stiege her zutal:

„Verzieht noch eine Weile · viel edler Rüdiger,“
Also sprach da Hagen · „wir reden erst noch mehr,
Ich und meine Herren · wie uns zwingt die Not.
Was hilft es Etzeln, finden · wir in der Fremde den Tod?

„Ich steh' in großen Sorgen“ · sprach wieder Hagen,
„Der Schild, den Frau Gotlind · mir gab zu tragen,
Den haben mir die Heunen · zerhauen vor der Hand;
Ich bracht ihn doch in Treuen · her in König Etzels Land.

„Daß es Gott vom Himmel · vergönnen wollte,
Daß ich so guten Schildrand · noch tragen sollte,
Als du hast vor den Händen · viel edler Rüdiger:
So bedürft' ich in dem Sturme · keiner Halsberge mehr.“

„Wie gern wollt' ich dir dienen · mit meinem Schilde,
Dürft' ich dir ihn bieten · vor Kriemhilde!
Doch nimm ihn hin, Hagen · und trag ihn an der Hand.
Hei! dürftest du ihn führen · heim in der Burgunden Land!“

Als er den Schild so willig · zu geben sich erbot,
Die Augen wurden vielen · von heißen Tränen rot.
Es war die letzte Gabe · es durft' hinfort nicht mehr
Einem Degen Gabe bieten · von Bechlaren Rüdiger.

Swie grimme Hagne wære · und swie herte gemuot,
jâ erbarmet im diu gâbe · die der helt guot
bî sînen lesten zîten · sô nâhen het getân.
vil manec rîter edele · mit im trûren began.

‚Nu lôn iu Got von himele · vil edel Rüedegêr.
ez wirt iuwer gelîche · deheiner nimmer mêr,
der ellenden recken · sô hêrlîchen gebe.
sô sol daz Got gebieten · daz iuwer tugent immer lebe.'

‚Sô wê mich dirre mære' · sprach aber Hagene.
‚wir heten ander swære · sô vil ze tragene:
suln wir mit vriunden strîten · daz sî Got gekleit.'
dô sprach der marcgrâve · ‚daz ist mir inneclîche leit.'

‚Nu lôn ich iu der gâbe · vil edel Rüedegêr.
swie halt gein iu gebâren · dise recken hêr,
daz nimmer iuch gerüeret · mit strîte hie mîn hant,
ob ir si alle slüeget · die von Burgonden lant.'

Des neig im mit zühten · der guote Rüedegêr.
si weinten allenthalben · daz disiu herzen sêr
niemen scheiden kunde · daz was ein michel nôt.
vater aller tugende · lac an Rüedegêre tôt.

Dô sprach von dem hûse · Volkêr der spileman:
‚sît mîn geselle Hagene · den vride hât getân,
den sult ir alsô stæte · haben von mîner hant.
daz habt ir wol verdienet · dô wir kômen in daz lant.

‚Vil edel marcgrâve · ir sult mîn bote sîn.
dise rôte bouge · gab mir diu marcgrâvîn,
daz ich si tragen solde · hie zer hôhgezît:
die mugt ir selbe schouwen · daz ir des mîn geziuge sît.'

‚Daz wolde Got von himele' · sprach dô Rüedegêr,
‚daz iu diu marcgrâvinne · noch solde geben mêr!
diu mære sage ich gerne · der triutinne mîn,
gesihe ich si gesunder · des sult ir âne zwîvel sîn.'

Wie grimmig auch Hagen · wie hart auch war sein Mut,
Ihn erbarmte doch die Gabe · die der Degen gut
So nah seinem Ende · noch hatt' an ihn getan.
Mancher edle Ritter · mit ihm zu trauern begann.

„Nun lohn euch Gott vom Himmel · viel edler Rüdiger!
Es wird eures Gleichen · auf Erden nimmermehr,
Der heimatlosen Degen · so milde Gabe gebe.
So möge Gott gebieten · daß eure Milde immer lebe."

„O weh' mir dieser Märe!" · sprach wieder Hagen.
„Wir hatten Herzensschwere · schon so viel zu tragen:
Das müsse Gott erbarmen · gilt's uns mit Freunden Streit!"
Da sprach der Markgraf wieder · „Das ist mir inniglich leid."

„Nun lohn' ich euch die Gabe · viel edler Rüdiger:
Was euch auch widerfahre · von diesen Recken hehr,
Es soll euch nicht berühren · im Streit meine Hand,
Ob ihr sie all erschlüget · die von der Burgunden Land."

Da neigte sich ihm dankend · der gute Rüdiger.
Die Leute weinten alle · daß nicht zu wenden mehr
Dieser Herzensjammer · Das war zu große Not.
Der Vater aller Tugend · fand an Rüdiger den Tod.

Da sprach von der Stiege · Volker der Fiedelmann:
„Da mein Geselle Hagen · euch trug den Frieden an,
So biet' ich auch so steten · euch von meiner Hand.
Das habt ihr wohl verdient an uns · da wir kamen in das Land.

„Ihr sollt, viel edler Markgraf · mein Bote werden hier:
Diese roten Spangen · gab Frau Gotlinde mir,
Daß ich sie tragen sollte · bei dieser Lustbarkeit:
Ich tu es, schauet selber · daß ihr des mein Zeuge seid."

„Wollt' es Gott vom Himmel!" · sprach da Rüdiger,
„Daß euch geben dürfte · die Markgräfin noch mehr!
Die Märe sag' ich gerne · der lieben Trauten mein,
Seh' ich gesund sie wieder · des sollt ihr außer Zweifel sein."

Als er im daz gelobete · den schilt huop Rüedegêr,
des muotes er ertobete · dô enbeit er dâ niht mêr.
dô lief er zuo den gesten · einem degene gelîch,
manegen slac vil swinden · sluoc der marcgrâve rîch.

Die zwêne stuonden hôher · Volkêr und Hagene,
wan ez im ê gelobten · die zwêne degene.
noch vant er alsô küenen · bî den türen stân,
daz Rüedegêr des strîtes · mit grôzen sorgen began.

Durch mortræchen willen · sô liezen in dar in
Gunther und Gêrnôt · sie heten helde sin.
dô stuont hôher Gîselher · zwâre ez was im leit.
er versach sich noch des lebenes · dâ von er Rüedegêren meit.

Dô sprungen zuo den vînden · des marcgrâven man.
man sach si nâch ir hêrren · vil degenlîche gân.
diu snîdunden wâfen · si truogen an der hant:
des brast dâ vil der helme · und manec hêrlîcher rant.

Dô sluogen die vil müeden · vil manegen swinden slac
den von Bechelâren · der eben und tiefe wac,
durch die liehten ringe · vast unz ûf daz verch.
si tâten in dem sturme · diu vil hêrlîchen werch.

Daz edel ingesinde · was nu komen gar dar in.
Volkêr unde Hagene · die sprungen balde hin.
sine gâben vride niemen · wan dem einen man.
von ir beider hende · daz bluot durch helme nider ran.

Wie rehte gremlîche · vil swerte drinne erklanc!
vil der schiltspangen · ûz von den slegen spranc:
des reis ir schiltgesteine · verhouwen in daz bluot:
si vâhten alsô grimme · daz manz nimmer mêr getuot.

Der vogt von Bechelâren · gie wider unde dan,
alsô der mit ellen · in sturme werben kan.
dem tet des tages Rüedegêr · harte wol gelîch,
daz er ein recke wære · vil küene unde lobelîch.

Nach diesem Angeloben · den Schild hob Rüdiger,
Sein Mut begann zu toben · nicht länger säumt' er mehr.
Auf lief er zu den Gästen · wohl einem Recken gleich.
Viel kraftvolle Schläge · schlug da dieser Markgraf reich.

Volker und Hagen · die zwei traten beiseit,
Wie ihm verheißen hatten · die Degen allbereit.
Noch traf er bei den Türen · so manchen Kühnen an,
Daß Rüdiger die Feindschaft · mit großen Sorgen begann.

Aus Rachewillen ließen · ihn ins Haus hinein
Gernot und Gunther · das mochten Helden sein.
Zurück wich da Geiselher · fürwahr, es war ihm leid;
Er versah sich noch des Lebens · drum mied er Rüdigern im Streit.

Da sprangen zu den Feinden · die in Rüdgers Lehn.
Hinter ihrem Herren · sah man sie kühnlich gehn.
Schneidende Waffen · trugen sie an der Hand:
Da zerbrachen viel der Helme · und mancher herrliche Rand.

Da schlugen auch die Müden · noch manchen schnellen Schlag
Auf die von Bechlaren · der tief und eben brach
Durch die lichten Panzer · und drang bis auf das Blut.
Sie frommten in dem Sturme · viel Wunder herrlich und gut.

Das edle Heergesinde · war alle nun im Saal.
Volker und Hagen · die sprangen hin zumal:
Sie gaben niemand Frieden · als dem einen Mann.
Das Blut von ihren Hieben · von den Helmen niederrann.

Wie da der Schwerter Tosen · so grimmig erklang,
Daß unter ihren Schlägen · das Schildgespänge sprang!
Die Schildsteine rieselten · getroffen in das Blut.
Da fochten sie so grimmig · wie man es nie wieder tut.

Der Vogt von Bechlaren · schuf hin und her sich Bahn,
Wie einer der mit Ungestüm · im Sturme werben kann.
Des Tages ward an Rüdiger · herrlich offenbar,
Daß er ein Recke wäre · kühn und ohne Tadel gar.

Hie stuonden dise recken · Gunther und Gêrnôt,
si sluogen in dem strîte · vil manegen helt tôt.
Gîselher und Dancwart · die zwêne ez ringe wac:
des vrumten si vil manegen · unz ûf ir jungisten tac.

Vil wol zeigte Rüedegêr · daz er was starc genuoc,
küene und wol gewâfent · hei, waz er helde sluoc!
daz sach ein Burgonde · zornes gie im nôt.
dâ von begunde nâhen · des edelen Rüedegêres tôt.

Gêrnôt der starke · den helt ruofte er an.
er sprach zem marcgrâven · ‚ir welt mir mîner man
niht genesen lâzen · vil edel Rüedegêr.
daz müet mich âne mâze · ichn kans niht an gesehen mêr.

‚Nu mag iu iuwer gâbe · wol ze schaden komen,
sît ir mir mîner vriunde · habt sô vil genomen.
nu wendet iuch her umbe · vil edel küene man:
iuwer gâbe wirt verdienet · sô ich aller hôheste kan.‘

Ê daz der marcgrâve · zuo im vol kœme dar,
des muosen liehte ringe · werden missevar.
dô sprungen zuo ein ander · die êre gernde man.
ir ietweder schermen · vür starke wunden began.

Ir swert sô scharpf wâren · ez enkunde niht gewegen.
dô sluoc Gêrnôten · Rüedegêr der degen
durch helm vlinsherten · daz nider vlôz das bluot:
daz vergalt im schiere · der rîter küene unde guot.

Die Rüedegêres gâbe · an hende er hôhe erwac:
swie wunt er wær zem tôde · er sluog im einen slac
durch den schilt vil guoten · unz ûf diu helmgespan:
dâ von muose ersterben · dô der Gotlinden man.

Jâne wart nie wirs gelônet · sô rîcher gâbe mêr.
dô vielen beide erslagene · Gêrnôt und Rüedegêr,
gelîch in dem sturme · von ir beider hant.
alrêrst erzurnde Hagene · dô er den grôzen schaden vant.

Hier standen diese Recken · Gunther und Gernot,
Sie schlugen in dem Streite · viel der Helden tot.
Geiselhern und Dankwart · am Heile wenig lag:
Da brachten sie noch manchen · hin zu seinem jüngsten Tag.

Wohl erwies auch Rüdiger · daß er stark war genug,
Kühn und wohl gewaffnet · hei, was er Helden schlug!
Das sah ein Burgunde · da schuf der Zorn ihm Not:
Davon begann zu nahen · des edeln Rüdiger Tod.

Gernot der starke · rief den Helden an.
Er sprach zum Markgrafen · „Ihr wollt mir keinen Mann
Der Meinen leben lassen · viel edler Rüdiger.
Das schmerzt mich ohne Maßen · ich ertrag' es nicht länger mehr.

„Nun mag euch eure Gabe wohl · zu Unstatten kommen,
Da ihr mir der Freunde · habt so viel genommen.
Nun bietet mir die Stirne · ihr edler kühner Mann:
So verdien' ich eure Gabe · so gut ich immer nur kann."

Bevor da der Markgraf · zu ihm gedrungen war,
Ward noch getrübt vom Blute · manch lichter Harnisch klar.
Da liefen sich einander · die Ehrbegier'gen an:
Jedweder sich zu schirmen · vor starken Wunden begann.

Doch schnitten ihre Schwerter · es schützte nichts dagegen.
Da schlug den König Gernot · Rüdiger der Degen
Durch den steinharten Helm · daß niederfloß das Blut:
Das vergalt alsbald ihm · dieser Ritter kühn und gut.

Hoch schwang er Rüdgers Gabe · die in der Hand ihm lag;
Wie wund er war zum Tode · er schlug ihm einen Schlag
Auf des Helmes Bänder · und durch den festen Schild,
Davon ersterben mußte · der gute Rüdiger mild.

So reicher Gabe übler · gelohnt ward nimmermehr.
Da fielen beid' erschlagen · Gernot und Rüdiger,
Im Sturm gleichermaßen · von beider Kämpfer Hand.
Da erst ergrimmte Hagen · als er den großen Schaden fand.

Dô sprach der helt von Troneje · ,ez ist uns übele komen.
wir haben an in beiden · sô grôzen schaden genomen,
den nimmer überwindent · ir liute und ouch ir lant.
die Rüedegêres helde · sint unser ellenden pfant.'

,Ouwê mich mînes bruoder · der tôt ist hie gevrumt!
waz mir der leiden mære · ze allen zîten kumt!
ouch muoz mich immer riuwen · der edele Rüedegêr:
der schade ist beidenthalben · und diu grœzlîchen sêr.'

Dô der junge Gîselher · sach sînen bruoder tôt,
die dô dar inne wâren · die muosen lîden nôt.
der tôt der suohte sêre · dâ sîn gesinde was.
der von Bechelâren · dô langer einer niht genas.

Gunther unde Gîselher · und ouch Hagene,
Dancwart unde Volkêr · die guoten degene,
die giengen, dâ si vunden · ligen die zwêne man:
dô wart dâ von den helden · mit jâmer weinen getân.

,Der tôt uns sêre roubet' · sprach Gîselher daz kint.
,nu lâzet iuwer weinen · und gê wir an den wint,
daz uns die ringe erkuolen · uns strîtmüeden man.
jâ wæn uns Got niht langer · hie ze lebene engan.'

Den sitzen, disen leinen · sach man dâ manegen degen.
si wâren aber müezec · dâ wâren tôt gelegen
die Rüedegêres helde · vergangen was der dôz.
sô lange wert diu stille · daz sîn Etzeln verdroz.

,Ouwê mir dirre dienste!' · sprach des küneges wîp,
dine sint niht sô stæte · daz unser vînde lîp
müge des engelten · von Rüedegêres hant:
er wil si wider bringen · in der Burgonden lant.

,Waz hilfet, künic Etzel · daz wir geteilet hân
mit im, swaz er wolde? · der helt hât missetân.
der uns dâ solde rechen · der wil der suone pflegen.
des antwurt ir dô Volkêr · der vil zierlîche degen:

Da sprach der Held von Tronje · „Es ist uns schlimm bekommen.
So großen Schaden haben · wir an den Zwein genommen,
Daß ihn nie verwinden · ihr Volk noch ihr Land.
Uns Heimatlosen bleiben · nun Rüdgers Helden zu Pfand."

„Weh mir um den Bruder! · der fiel hier in den Tod.
Was mir zu allen Stunden · für leide Märe droht!
Auch muß mich immer reuen · der edle Rüdiger:
Der Schad' ist beidenthalben · und großen Jammers Beschwer."

Als der junge Geiselher · sah seinen Bruder tot,
Die noch im Saale waren · die mußten leiden Not.
Der Tod suchte eifrig · wo sein Gesinde wär':
Deren von Bechelaren · entging kein einziger mehr.

Gunther und Hagen · und auch Geiselher,
Dankwart und Volker · die guten Degen hehr,
Die gingen zu der Stelle · wo man sie liegen fand:
Wie jämmerlich da weinten · diese Helden auserkannt!

„Der Tod beraubt uns übel" · sprach Geiselher das Kind.
„Nun laßt euer Weinen · und gehn wir an den Wind,
Daß sich die Panzer kühlen · uns streitmüden Degen:
Es will nicht Gott vom Himmel · daß wir länger leben mögen."

Den sitzen, den sich lehnen · sah man manchen Mann.
Sie waren wieder müßig · Die Rüdgern untertan
Waren all erlegen · verhallt war das Getos.
So lange blieb es stille · daß es Etzeln verdroß.

„O weh dieser Dienste!" · sprach die Königin:
„Die sind nicht so stetig · daß unsre Feinde drin
Müßten Buße zahlen · durch Rüdigers Hand:
Er will sie wiederbringen · heim in der Burgunden Land.

„Was hilft's, König Etzel · daß wir an ihn vertan,
Was er nur begehrte? · Er tat nicht wohl daran:
Der uns rächen sollte · der will der Sühne pflegen."
Da gab ihr Volker Antwort · dieser zierliche Degen:

,Der rede enist sô niht leider · vil edeles küneges wîp.
getörste ich heizen liegen · alsus edelen lîp,
sô het ir tiuvellîchen · an Rüedegêr gelogen.
er und die sînen degene · sint an der suone gar betrogen.

,Er tet sô willeclîche · daz im der künec gebôt,
daz er und sîn gesinde · ist hie gelegen tôt.
nu seht al umbe, Kriemhilt · wem ir nu gebieten welt:
iu hât unz an den ende · gedienet Rüedegêr der helt.

,Welt ir des niht gelouben · man solz iuch sehen lân.'
durch ir herzen sêre · sô wart dô daz getân:
man truoc den helt verhouwen · dâ in der künic sach.
den Etzelen degenen · sô rehte leide nie geschach.

Dô si den marcgrâven · tôten sâhen tragen,
ez enkunde ein schrîbære · gebrieven noch gesagen
die manegen ungebærde · von wîbe und ouch von man,
diu sich von herzen jâmer · aldâ zeigen began.

Der Etzelen jâmer · der wart alsô grôz,
als eines lewen stimme · der rîche künec erdôz
mit herzeleidem wuofe · alsam tet ouch sîn wîp.
si klagten ungevuoge · des guoten Rüedegêres lîp.

„Dem ist nicht also leider · viel edel Königsweib,
Und dürft' ich Lügen strafen · ein so hehres Weib,
So hättet ihr recht teuflisch · Rüdigern verlogen.
Er und seine Degen · sind um die Sühne gar betrogen.

„So williglich vollbracht' er · was ihm sein Herr gebot,
Daß er und sein Gesinde · hier fielen in den Tod.
Nun seht euch um, Frau Kriemhild · wem ihr gebieten wollt:
Euch war bis an sein Ende · Rüdiger getreu und hold.

„Wollt ihr mir nicht glauben · so schaut es selber an."
Zu ihrem Herzeleide · ward es da getan:
Man trug ihn hin erschlagen · wo ihn der König sah.
König Etzels Mannen · wohl nimmer leider geschah.

Da sie den Markgrafen · tot sahn vor sich tragen,
Da vermöcht' euch kein Schreiber · zu schildern noch zu sagen
Die ungebärd'ge Klage · so von Weib als Mann,
Die sich aus Herzensjammer · da zu erzeigen begann.

König Etzels Jammern · war so stark und voll,
Wie eines Löwen Stimme · dem reichen König scholl
Der Wehruf der Klage · auch ihr schuf's große Not;
Sie weinten übermäßig · um des guten Rüdger Tod.

AVENTIURE

wie hêrn Dietrîches man alle erslagen wurden

Dô hôrt man allenthalben · jâmer alsô grôz,
daz palas unde türne · von dem wuof erdôz.
dô hôrte ez ouch von Berne · ein Dietrîches man:
durch disiu starken mære · wie balde er gâhen began!

Dô sprach er zuo dem vürsten · ‚hœrt, mîn hêr Dietrîch!
swaz ich noch her gelebet hân · sô rehte unmügelîch
gehôrt ich klage nie mêre · als ich nu hân vernomen.
ich wæne, der künic Etzel · ist selbe zuo dem schaden komen.

‚Wie möhtens anders alle · haben solhe nôt?
der künic oder Kriemhilt · ir einez daz ist tôt
von den küenen gesten · durch ir nît gelegen.
ez weinet ungevuoge · vil manec zierlîcher degen.‘

Dô sprach der vogt von Berne · ‚mîne vil liebe man,
nu gâhet niht ze sêre · swaz hie hânt getân
die ellenden recken · des gât in michel nôt:
und lât si des geniezen · daz ich in mînen vride enbôt.‘

Dô sprach der küene Wolfhart · ‚ich wil dar gân
und wil der mære vrâgen · waz si haben getân,
und wilz iu sagen denne · vil lieber hêrre mîn,
als ich ez dort ervinde · waz diu klage müge sîn.‘

Dô sprach der hêrre Dietrîch · ‚swâ man zornes sich versiht,
ob ungevüegiu vrâge · danne dâ geschiht,
daz betrüebet recken · lîhte ir muot.
ich enwil niht, Wolfhart · daz ir die vrâge gein in getuot.‘

Dô bat er Helfrîche · balde dar gân,
und hiez daz ervinden · an Etzelen man
oder an den gesten · waz wære dâ geschehen.
dône het man von liuten · sô grôzen jâmer nie gesehen.

ACHTUNDDREISSIGSTES ABENTEUER

Wie Dietrichens Recken alle erschlagen wurden

Der Jammer allenthalben · zu solchem Maße schwoll,
Daß von der Wehklage · Pallas und Turm erscholl.
Da vernahm es auch ein Berner · Dietrichs Untertan:
Der schweren Botschaft willen · wie eilends kam er heran!

Da sprach er zu dem Fürsten · „Hört mich, Herr Dieterich,
Was ich noch je erlebte · so herzensjämmerlich
Hört' ich noch niemals klagen · als ich jetzt vernahm.
Ich glaube, daß der König · selber nun zu Schaden kam.

„Wie wären sonst die Leute · all' in solcher Not?
Der König oder Kriemhild · eins ward dem Tod
Von den kühnen Gästen · in ihrem Zorn gesellt.
Es weint übermäßig · mancher auserwählte Held."

Da sprach der Vogt von Berne · „Ihr Getreun in meinem Lehn,
Seid nicht allzu eilig · was hier auch ist geschehn
Von den Heimatlosen · sie zwang dazu die Not:
Nun laßt sie des genießen · daß ich ihnen Frieden bot."

Da sprach der kühne Wolfhart · „Ich will zum Saale gehn,
Der Märe nachzufragen · was da sei geschehn,
Und will euch dann berichten · viel lieber Herre mein,
Wenn ich es dort erkunde · worum die Klage möge sein."

Da sprach der edle Dietrich · „Wenn man sich Zorns versieht
Und ungestümes Fragen · zur Unzeit dann geschieht,
Das betrübt den Recken · allzuleicht den Mut:
Drum will ich nicht, Wolfhart · daß ihr die Frage da tut."

Da bat er Helfrichen · hin zu gehn geschwind,
Ob er erkunden möge · bei Etzels Ingesind
Oder bei den Gästen · was da wär' geschehn.
Da wurde nie bei Leuten · so großer Jammer gesehn.

Der bote begunde vrâgen · ,waz ist hie getân?'
do sprach einer drunder · ,da ist vil gar zergân,
zwaz wir vreuden hêten · in der Hiunen lant:
hie lît erslagen Rüedegêr · von der Burgonden hant.

,Die mit im dar in kômen · der ist einer niht genesen.
dô enkunde Helfrîche · nimmer leider wesen.
jâne gesaget er mære · sô rehte ungerne nie.
der bote ze Dietrîche · vil sêre weinende gie.

,Waz habt ir uns ervunden?' · sprach dô Dietrîch:
,wie weinet ir sô sêre · degen Helfrîch?'
dô sprach der edel recke · ,ich mac wol balde klagen:
den guoten Rüedegêre · hânt die Burgonde erslagen.'

Dô sprach der helt von Berne · ,daz ensol niht wellen Got.
daz wær ein starkiu râche · und ouch des tiuvels spot.
wâ mit hete Rüedegêr · an in daz versolt?
jâ ist mir daz wol künde · er ist den ellenden holt.'

Des antwurte Wolfhart · ,und heten sîz getân,
sô solt ez in allen · an daz leben gân.
ob wir inz vertrüegen · des wær wir geschant.
jâ hât uns vil gedienet · des guoten Rüedegêres hant.'

Der vogt der Amelunge · hiez ez ervarn baz.
vil harte senelîche · er in ein venster saz:
dô bat er Hildebrande · zuo den gesten gân,
daz er an in ervüere · waz dâ wære getân.

Der sturmküene recke · meister Hildebrant,
weder schilt noch wâfen · truog er an der hant:
er wolde in sînen zühten · zuo den gesten gân;
von sîner swester kinde · wart im ein strâfen getân.

Dô sprach der grimme Wolfhart · ,welt ir dar blôzer gân,
sô mag ez ân ein schelten · nimmer wol gestân:
sô müezt ir lesterlîche · tuon die widervart;
komt ir dar gewâfent · daz eteslîcher wol bewart.'

Der Bote kam und fragte · „Was ist hier geschehn?"
Da ward ihm zum Bescheide · „Nun mußt' uns auch zergehn
Der Trost, der uns geblieben · noch war in Heunenland:
Hier liegt erschlagen Rüdiger · von der Burgunden Hand.

„Nicht einer ist entkommen · der mit ihm ging hinein."
Das konnte Helfrichen · nimmer leider sein.
Fürwahr er mochte Märe · noch nie so ungern sagen:
Er kam zu Dietrichen · zurück mit Weinen und Klagen.

„Was bringt ihr uns für Kunde?" · sprach da Dieterich,
„Wie weint ihr so heftig · Degen Helferich?"
Da sprach der edle Recke · „Wohl hab' ich Grund zu klagen:
Den guten Rüdger haben · die Burgunden erschlagen."

Da sprach der Held von Berne · „Das wolle nimmer Gott!
Eine starke Rache wär' es · und des Teufels Spott.
Wie hätt' an ihnen Rüdiger · verdient solchen Sold?
Ich weiß wohl die Kunde · er ist den Fremdlingen hold."

Da sprach der kühne Wolfhart · „Und wär' es geschehn,
So sollt' es ihnen allen · an Leib und Leben gehn.
Wenn wir's ertragen wollten · es brächt' uns Spott und Schand',
Uns bot so große Dienste · des guten Rüdiger Hand."

Der Vogt von Amelungen · erfragt' es gern noch mehr.
In ein Fenster setzt' er sich · ihm war das Herz so schwer.
Da hieß er Hildebranden · zu den Gästen gehn,
Bei ihnen zu erforschen · was da wäre geschehn.

Der sturmkühne Recke · Meister Hildebrand,
Weder Schild noch Waffen · trug er an der Hand.
Er wollt' in seinen Züchten · zu den Gästen gehn;
Von seiner Schwester Kinde · mußt' er sich gescholten sehn.

Da sprach der grimme Wolfhart · „Geht ihr dahin so bloß,
So kommt ihr ungescholten · nimmer wieder los:
So müßt ihr dann mit Schanden · tun die Wiederfahrt;
Geht ihr dahin in Waffen · so weiß ich, daß es mancher spart."

Dô garte sich der wîse · durch des tumben rât.
ê daz ers innen wurde · dô wâren in ir wât
alle Dietrîches recken · und truogen swert enhant.
dem helde was ez leide · vil gerne het erz erwant.

Er vrâgte, war si wolden · ‚wir wellen mit iu dar.
waz, ob von Troneje Hagene · deste wirs getar
gein iu mit spotte sprechen · des er wol kan gepflegen?'
dô er daz gehôrte · dô gestuont ins der degen.

Dô sach der küene Volkêr · wol gewâfent gân
die recken von Berne · die Dietrîches man,
begürtet mit den swerten · si truogen schilt enhant:
er sagtez sînen hêrren · ûzer Burgonden lant.

Dô sprach der videlære · ‚ich sihe dort her gân
sô rehte vîentlîche · die Dietrîches man,
gewâfent under helme · si wellent uns bestân.
ich wæne, ez an daz übele · welle uns ellenden gân.'

In den selben zîten · kom ouch Hildebrant.
dô satzter vür die vüeze · sînes schildes rant.
er begunde vrâgen · die Guntheres man:
‚ouwê, ir guote helde · waz hete iu Rüedegêr getân?

‚Mich hât mîn hêrre Dietrîch · her zuo iu gesant,
ob erslagen hête · iuwer deheines hant
den edelen marcgrâven · als uns daz ist geseit?
wir enkunden überwinden · niht diu grœzlîchen leit.'

Dô sprach von Troneje Hagene · ‚daz mære ist ungelogen,
wie wol ich iu des gunde · het iuch der bote betrogen,
durch Rüedegêres liebe · daz lebte noch sîn lîp,
den immer mugen weinen · beidiu man unde wîp!'

Dô sie daz rehte erhôrten · daz er wære tôt,
dô klagten in die recken · ir triuwe in daz gebôt.
den Dietrîches recken · sach man trehene gân
über bart und über kinne · in was vil leide getân.

Da rüstete der Alte · sich nach des Jungen Rat.
Eh' er es inne wurde · standen in ihrem Staat
Die Recken Dietrichs alle · die Schwerter in der Hand.
Leid war das dem Helden · er hätt' es gern noch abgewandt.

Er frug, wohin sie wollten · „Wir wollen mit euch hin.
Ob von Tronje Hagen · wohl dann noch ist so kühn,
Mit Spott zu euch zu reden · wie ihm zu tun gefällt?"
Als er dieses hörte · erlaubt' es ihnen der Held.

Da sah der kühne Volker · wohlgewaffnet gehn
Die Recken von Berne · in Dietrichens Lehn,
Die Schwerter umgegürtet · die Schilde vor der Hand:
Er sagt es seinen Herren · aus der Burgunden Land.

Da sprach der Fiedelspieler · „Dorten seh' ich nahn
Recht in Feindesweise · die Dietrich untertan,
Gewaffnet unter Helmen · Sie wollen uns bestehn.
Nun wird es an das Üble · mit uns Fremdlingen gehn."

Es währte nicht lange · so kam auch Hildebrand.
Da setzt' er vor die Füße · seinen Schildesrand
Und begann zu fragen · die Gunthern untertan:
„O weh, ihr guten Degen · was hatt' euch Rüdiger getan?

„Mich hat mein Herr Dietrich · her zu euch gesandt,
Ob erschlagen liege · Helden, von eurer Hand
Dieser edle Markgraf · wie man uns gab Bescheid?
Wir könnten nicht verwinden · also schweres Herzeleid."

Da sprach der grimme Hagen · „Die Mär' ist ungelogen,
Wie gern ich's euch gönnte · wärt ihr damit betrogen,
Rüdigern zuliebe · so lebt' er uns noch,
Den nie genug beweinen · mögen Fraun und Mannen doch."

Als sie das recht vernahmen · Rüdiger sei tot,
Da beklagten ihn die Recken · wie ihre Treu' gebot.
Dietrichens Mannen · sah man die Tränen gehn
Übern Bart zum Kinne · viel Leid war ihnen geschehn.

Der herzoge ûzer Berne · Sigestap dô sprach:
,nu hât gar ein ende · genomen der gemach,
den uns hie vuogte Rüedegêr · nâch unser leide tagen:
vreude ellender diete · lît von iu helden hie erslagen.'

Dô sprach von Amelunge · der degen Wolfwîn:
,und ob ich hiute sæhe · tôt den vater mîn,
mir enwurde nimmer leider · denn umbe sînen lîp.
ouwê, wer sol nu trœsten · des guoten marcgrâven wîp?'

Dô sprach in zornes muote · der degen Wolfhart:
,wer wîset nu die recken · sô manege hervart,
alsô der marcgrâve · vil dicke hât getân?
ouwê, vil edel Rüedegêr · daz wir dich sus verloren hân!'

Wolfbrant und Helfrîch · und ouch Helmnôt
mit allen ir vriunden · si weinden sînen tôt.
vor siuften mohte vrâgen · niht mêre Hildebrant:
er sprach : ,nu tuot, ir degene · dar nâch mîn hêrre hât gesant.

,Gebt uns Rüedegêren · alsô tôten ûz dem sal,
an dem gar mit jâmer · lit unser vreuden val,
und lât uns an im dienen · daz er ie hât getân
an uns vil grôze triuwe · und an manegem andern man.

,Wir sîn ouch ellende · als Rüedegêr der degen.
wes lâzet ir uns bîten? · lât in uns after wegen
tragen, daz wir nâch tôde · lônen noch dem man;
wir hetenz vil billîche · bî sînem lebene getân.'

Dô sprach der künic Gunther · ,nie dienest wart sô guot,
sô den ein vriunt vriunde · nâch dem tôde tuot.
daz heiz ich stæte triuwe · swer die kan begân.
ir lônet im von schulden · er hât iu liebe getân.'

,Wie lange sul wir vlêgen?' · sprach Wolfhart der degen.
,sît unser trôst der beste · von iu ist tôt gelegen,
und wir sîn leider mêre · mugen niht gehaben,
lât uns in tragen hinnen · dâ wir den recken begraben.'

Siegstab der Herzog · von Bern sprach zuhand:
„O weh, wie all die Güte · hier gar ein Ende fand,
Die uns Rüdiger hier schuf · nach unsers Leides Tagen:
Der Trost der Heimatlosen · liegt von euch Degen erschlagen.“

Da sprach von Amelungen · der Degen Wolfwein:
„Und wenn ich vor mir liegen · hier säh' den Vater mein,
Mir würde nimmer leider · als um Rüdgers Tod.
O weh, wer soll nun trösten · die Markgräfin in ihrer Not?“

Da sprach im Zornmute · der kühne Wolfhart:
„Wer leitet nun die Recken · auf mancher Heerfahrt,
Wie von dem Markgrafen · so oft geschehen ist?
O weh, viel edler Rüdiger · daß du uns so verloren bist!“

Wolfbrand und Helferich · und auch Helmnot
Mit allen ihren Freunden · beweinten seinen Tod.
Nicht mehr fragen mochte · vor Seufzen Hildebrand:
Er sprach: „Tut denn, ihr Degen · warum mein Herr uns gesandt.

„Gebet uns den toten · Rüdiger aus dem Saal,
An dem all unsre Freude · erlitt den Jammerfall.
Laßt uns ihm so vergelten · was er an uns getan
Hat mit großer Treue · und an manchem andern Mann.

„Wir sind hier auch Vertriebene · wie Rüdiger der Degen.
Wie laßt ihr uns warten? · Laßt uns ihn aus den Wegen
Tragen und im Tode · lohnen noch dem Mann:
Wir hätten es wohl billig · bei seinem Leben getan.“

Da sprach der König Gunther · „Nie war ein Dienst so gut,
Als den ein Freund dem Freunde · nach dem Tode tut.
Das nenn' ich stete Treue · wenn man das leisten kann:
Ihr lohnt ihm nach Verdienste · er hat euch Liebes getan.“

„Wie lange solln wir flehen?“ · sprach Wolfhart der Held.
„Da unser Trost der beste · liegt von euch gefällt
Und wir ihn nun leider · nicht länger mögen haben,
Laßt uns ihn hinnen tragen · daß wir den Recken begraben.“

Des antwurte im Volkêr · ‚niemen iu in gît.
nu nemt in in dem hûse · dâ der degen lît
mit starken verchwunden · gevallen in daz bluot:
sô ist ez ein voller dienest · den ir hie Rüedegêre tuot.'

Dô sprach der küene Wolfhart · ‚Got weiz, hêr spilman,
irn durft uns nicht reizen · ir habt uns leit getân.
törst ich vor mînen hêrren · sô kœmet irs in nôt.
des müezen wir ez lâzen · wan er uns strîten hie verbôt.'

Dô sprach der videlære · ‚der vorhte ist gar ze vil,
swaz man im verbiutet · derz allez lâzen wil:
daz kan ich niht geheizen · rehten heldes muot.'
diu rede dûhte Hagenen · von sînem hergesellen guot.

‚Des enlât iuch niht gelangen' · sprach aber Wolfhart,
‚ich entrihte iu sô die seiten · swenn ir die widervart
rîtet gegen Rîne · daz irz wol muget sagen.
iuwer übermüeten · mag ich mit êren niht vertragen.'

Dô sprach der videlære · ‚swenn ir die seiten mîn
verirret guoter dœne · der iuwer helmschîn
muoz vil trüebe werden · von der mînen hant,
swie halt ich gerîte · in der Burgonden lant.'

Dô wolt er zuo im springen · wan daz in niht enlie
Hildebrant sîn œheim · in vaste zim gevie.
‚ich wæn, du woldest wüeten · durch dînen tumben zorn;
mînes hêrren hulde · du hetes immer mêr verlorn.'

‚Lât abe den lewen, meister! · er ist sô grimme gemuot;
kumt er mir zen handen' · sprach Volkêr der degen guot,
‚het er die werlt alle · mit sîner hant erslagen,
ich slahe in, daz erz widerspel · nimmer mêre darf gesagen.'

Des wart vil sêre erzürnet · der Bernære muot.
den schilt gezucte Wolfhart · ein sneller helt guot:
alsam ein lewe wilde · lief er vor in dan.
im wart ein gæhez volgen · von sînen vriunden getân.

Zur Antwort gab ihm Volker · „Man bringt ihn euch nicht her:
Holt ihn aus dem Hause · wo der Degen hehr
Mit tiefen Herzenswunden · gefallen ist ins Blut:
So sind es volle Dienste · die ihr hier Rüdigern tut."

Da sprach der kühne Wolfhart · „Gott weiß, Herr Fiedelmann,
Ihr müßt uns nicht noch reizen · ihr habt uns Leid getan.
Dürft' ich's vor meinem Herren · so kämt ihr drum in Not,
Doch müssen wir es lassen · weil er den Streit uns verbot."

Da sprach der Fiedelspieler · „Der fürchtet sich zu viel,
Der, was man ihm verbietet · alles lassen will:
Das kann ich nimmer heißen · rechten Heldenmut."
Die Rede dauchte Hagnen · von seinem Heergesellen gut.

„Laßt's lieber unterwegen!" · fiel ihm Wolfhart ein,
„Ich verstimm' euch so die Saiten · daß ihr noch am Rhein,
Wenn je ihr heimreitet · habt davon zu sagen.
Euer Überheben · mag ich mit Ehren nicht ertragen."

Da sprach der Fiedelspieler · „Wenn ihr den Saiten mein
Die guten Töne raubtet · eures Helmes Schein
Müßte trübe werden · dabei von meiner Hand,
Wie ich halt auch reite · in der Burgunden Land."

Da wollt' er zu ihm springen · doch blieb nicht frei die Bahn.
Hildebrand sein Oheim · hielt ihn mit Kräften an:
„Ich seh', du willst wüten · in deinem dummen Zorn;
Nun hätten wir auf immer · meines Herren Huld verlorn."

„Laßt los den Leuen, Meister! · er hat so grimmigen Mut;
Doch kommt er mir zu nahe" · sprach Volker der Degen gut,
„Hätt' er mit seinen Händen · die ganze Welt erschlagen,
Ich schlag' ihn, daß er nimmermehr · ein Widerwort weiß zu sagen."

Darob ergrimmte heftig · den Bernern der Mut.
Den Schild ruckte Wolfhart · ein schneller Recke gut:
Gleich einem wilden Leuen · lief er auf ihn an.
Die Schar seiner Freunde · ihm rasch zu folgen begann.

Swie wîter sprunge er pflæge · vür des sales want,
doch ergâhte in vor der stiege · der alte Hildebrant:
er wolde in vor im lâzen · niht komen in den strît.
si vunden, daz sie suohten · an den ellenden sît.

Dô gespranc zuo Hagenen · meister Hildebrant:
diu swert man hôrt erklingen · an ir beider hant.
si wâren sêre erzürnet · daz moht man kiesen sint:
von ir zweier swerten · gie der viurrôte wint.

Die wurden dô gescheiden · in des strîtes nôt:
daz tâten die von Berne · als in ir kraft gebôt.
zehant dô wande Hildebrant · von Hagenen wider dan,
dô lief der starke Wolfhart · den küenen Volkêren an.

Er sluoc den videlære · ûf den helm guot,
daz des swertes ecke · unz ûf die spange wuot.
daz vergalt mit ellen · der küene spilman:
dô sluog er Wolfharten · daz er stieben began.

Des viurs ûs den ringen · hiuwen si genuoc:
haz ir ieslîcher · dem anderen truoc.
die schiet dô von Berne · der degen Wolfwîn.
ob ez ein helt niht wære · daz kunde nimmer gesîn.

Gunther der recke · mit williger hant
enpfie die helde mære · von Amelunge lant.
Gîselher der hêrre · diu liehten helmvaz
der vrumte er dâ vil manegez · von bluote rôt unde naz.

Dancwart, Hagenen bruoder · was ein grimmec man:
swaz er dâ vor hête · in strîte getân
den Etzelen recken · daz was gar ein wint:
nu vaht vil tobelîche · des küenen Aldrîânes kint.

Ritschart unde Gêrbart · Helfrîch und Wîchart
die heten in manegen stürmen · selten sich gespart:
des brâhten si wol inne · die Guntheres man.
dô sach man Wolfpranden · in strîte hêrlîchen gân.

Mit weiten Sprüngen setzt' er · bis vor des Saales Wand;
Doch ereilt' ihn vor der Stiege · der alte Hildebrand:
Er wollt' ihn vor ihm selber · nicht lassen in den Streit.
Zu ihrem Willen fanden · sie gern die Gäste bereit.

Da sprang hin zu Hagen · Meister Hildebrand:
Man hörte Waffen klingen · an der Helden Hand.
Sie waren sehr im Zorne · das zeigte sich geschwind:
Von der beiden Schwertern · ging der feuerrote Wind.

Da wurden sie geschieden · in des Streites Not:
Das taten die von Berne · wie Kraft und Mut gebot.
Als sich von Hagen wandte · Meister Hildebrand,
Da kam der starke Wolfhart · auf den kühnen Volker gerannt.

Auf den Helm dem Fiedler · schlug er solchen Schwang,
Daß des Schwertes Schärfe · durch die Spangen drang.
Das vergalt mit Ungestüm · der kühne Fiedelmann:
Da schlug er Wolfharten · daß er zu sprühen begann.

Feuers aus den Panzern · hieben sie genug;
Grimmen Haß jedweder · zu dem andern trug.
Da schied sie von Berne · der Degen Wolfwein;
Wär' er kein Held gewesen · so konnte das nimmer sein.

Gunther der Recke · mit williger Hand
Empfing die hehren Helden · aus Amelungenland.
Geiselher der junge · die lichten Helme gut
Macht' er in dem Sturme · manchem naß und rot von Blut.

Dankwart, Hagens Bruder · war ein grimmer Mann:
Was er zuvor im Streite · Herrliches getan
An König Etzels Recken · das schien nun gar ein Wind:
Nun erst begann zu toben · des kühnen Aldrians Kind.

Ritschart und Gerbart · Helfrich und Wichart
In manchen Stürmen hatten · die selten sich gespart:
Das ließen sie wohl schauen · die in Gunthers Lehn.
Da sah man Wolfbranden · in dem Streite herrlich gehn.

Dô vaht, alsam er wuote · der alte Hildebrant.
vil der guoten recken · vor Wolfhartes hant
mit tôde muose vallen · von swerten in daz bluot:
sus râchen Rüedegêren · die recken küene unde guot.

Dô vaht der hêre Sigestap · als im sîn ellen riet.
hei, waz er in dem sturme · der guoten helme schriet
den sînen vîanden · Dietrîches swester sun!
er kunde in dem sturme · nimmer bezzers niht getuon.

Volkêr der starke · dô er daz ersach,
daz Sigestap der küene · den bluotegen bach
hiu ûz herten ringen · daz was dem helde zorn:
er spranc im hin engegene · dô hete Sigestap verlorn

Von dem videlære · vil schiere daz leben:
er begunde im sîner künste · al solhen teil dâ geben,
daz er von sînem swerte · muose ligen tôt.
daz rach der alte Hildebrant · als im sîn ellen daz gebôt.

‚Ouwê liebes hêrren' · sprach meister Hildebrant,
‚der hie lît erstorben · vor Volkêres hant!
nune sol der videlære · lenger niht genesen.'
Hildebrant der küene · wie kunde er grimmer gewesen?

Dô sluog er Volkêren · daz im diu helmbant
stuben allenthalben · zuo des sales want
von helm und ouch von schilte · dem küenen spileman;
dâ von der starke Volkêr · dô den ende dâ gewan.

Dô drungen zuo dem strîte · die Dietrîches man.
si sluogen, daz die ringe · vil verre dræten dan
und daz man ort der swerte · vil hôhe vliegen sach.
si holten ûz den helmen · den heize vliezenden bach.

Dô sach von Troneje Hagene · Volkêren tôt:
daz was zêr hôhgezîte · sîn aller meistiu nôt,
die er dâ hete gewunnen · an mâge und ouch an man.
ouwê, wie harte Hagene · den helt dô rechen began!

Da focht, als ob er wüte · der alte Hildebrand.
Viel gute Recken mußten · vor Wolfhartens Hand
Auf den Tod getroffen · sinken in das Blut:
So rächten Rüdgers Wunden · diese Recken kühn und gut.

Da focht der Herzog Siegstab · wie ihm der Zorn gebot.
Hei! was guter Helme · brach in des Sturmes Not
Dort an seinen Feinden · Dietrichens Schwestersohn!
Er konnt' in dem Sturme · nicht gewaltiger drohn.

Volker der starke · als er das ersah,
Wie Siegstab der kühne · aus Panzerringen da
Bäche Blutes holte · das schuf dem Biedern Zorn:
Er sprang ihm hin entgegen · da hatte hier bald verlorn

Von dem Fiedelspieler · das Leben Siegstab:
Volker ihm seiner Künste · so vollen Anteil gab,
Er fiel von seinem Schwerte · nieder in den Tod.
Das rächte Meister Hildebrand · wie ihm sein Eifer gebot.

„O weh des lieben Herren“ · sprach Meister Hildebrand,
„Der uns hier erschlagen · liegt von Volkers Hand!
Nun soll der Fiedelspieler · auch länger nicht gedeihn.“
Hildebrand der kühne · wie konnt' er grimmiger sein?

Da schlug er so auf Volker · daß von des Helmes Band
Die Splitter allwärts stoben · bis zu des Saales Wand,
Vom Helm und auch vom Schilde · dem kühnen Spielmann;
Davon der starke Volker · nun auch sein Ende gewann.

Da drangen zu dem Streite · die in Dietrichs Lehn:
Sie schlugen, daß die Splitter · sich wirbelnd mußten drehn
Und man der Schwerter Enden · in die Höhe fliegen sah.
Sie holten aus den Helmen · heiße Blutbäche da.

Nun sah von Tronje Hagen · Volker den Degen tot:
Das war ihm bei der Hochzeit · die allergrößte Not,
Die er gewonnen hatte · an Freund und Untertan!
O weh, wie grimmig Hagen · den Freund zu rächen begann!

‚Nu ensol sîn niht geniezen · der alte Hildebrant:
mîn helfe lît erslagene · von des heldes hant,
der beste hergeselle · den ich iè gewan.'
den schilt den ructer hôher · dô gie er houwende dan.

Helfrîch der starke · Dancwarten sluoc.
Gunther unde Gêselher · den was ez leit genuoc,
dô si in sâhen vallen · in der starken nôt.
er het mit sînen handen · wol vergolten sînen tôt.

Die wîle gie ouch Wolfhart · beidiu wider unde dan
allez houwende · die Guntheres man.
er was die driten kêre · nu komen durch den sal:
dâ viel von sînen handen · vil manec recke zetal.

Dô rief der hêrre Gîselher · Wolfharten an:
‚ouwê, daz ich sô grimmen · vient ie gewan!
edel rîter küene · nu wendet gegen mîn.
ich wil ez helfen enden · ez enmac niht lenger gesîn.'

Ze Gîselhere kêrte · Wolfhart in den strît.
dô sluoc ir ietwedere · vil manege wunden wît.
sô rehte krefteclîche · er zuo dem künege dranc,
daz imz bluot undern vüezen · al überz houbet gespranc.

Mit swinden slegen grimmen · der schœnen Uoten kint
enpfie Wolfharten · den küenen helt sint.
swie stark der degen wære · er kunde niht genesen.
ezn dorfte künec sô junger · nimmer küener sîn gewesen.

Dô sluoger Wolfharten · durch eine brünne guot,
daz im von der wunde · nider vlôz daz bluot:
er wunte zuo dem tôde · den Dietrîches man.
ez enhet ân einen recken · zwâre niemen getân.

Alsô der küene Wolfhart · der wunden enpfant,
den schilt liez er vallen · hôher an der hant
huob er ein starkez wâfen · daz was scharpf genuoc:
durch helm und durch ringe · der helt dô Gîselheren sluoc.

„Nun soll es nicht genießen · der alte Hildebrand:
Mein Gehilfe liegt erschlagen · von des Helden Hand,
Der beste Heergeselle · den ich je gewann."
Den Schild rückt' er höher · so ging er hauend hindann.

Helferich der starke · Dankwarten schlug:
Gunthern und Geiselhern · war es leid genug,
Als sie ihn fallen sahen · in der starken Not;
Doch hatten seine Hände · wohl vergolten seinen Tod.

Derweil schuf sich Wolfhart · hin und wieder Bahn,
Alles niederhauend · was Gunthern untertan.
Er machte nun zum dritten Mal · die Runde durch den Saal:
Da fiel von seinen Händen · gar mancher Recke zutal.

Da rief der edle Geiselher · Wolfharten an:
„O weh, daß ich so grimmen · Feind je gewann!
Kühner Ritter edel · nun wende dich hieher!
Ich will es helfen enden · nicht länger trag' ich es mehr."

Zu Geiselheren wandte · sich Wolfhart in den Streit.
Da schlugen sich die Recken · manche Wunde weit.
Mit solchem Ungestüme · er zu dem König drang,
Daß unter seinen Füßen · übers Haupt das Blut ihm sprang.

Mit schnellen grimmen Schlägen · der schönen Ute Kind
Empfing da Wolfharten · den Helden hochgesinnt.
Wie stark auch war der Degen · wie sollt' er hier gedeihn?
Es konnte nimmer kühner · ein so junger König sein.

Da schlug er Wolfharten · durch einen Harnisch gut,
Daß ihm aus der Wunde · niederquoll das Blut:
Zum Tode war verwundet · Dietrichens Untertan.
Wohl mußt' er sein ein Recke · der solche Werke getan.

Als der kühne Wolfhart · die Wund' an sich empfand,
Den Schild ließ er fallen · Höher in der Hand
Hob er ein starkes Waffen · das war wohl scharf genug:
Durch Helm und Panzerringe · der Degen Geiselhern schlug.

Si heten beide ein ander · den grimmen tôt getân.
dô enlebte ouch nu niht mêre · der Dietrîches man.
Hildebrant der alte · Wolfharten vallen sach:
im wæn vor sînem tôde · sô rehte leide nie geschach.

Dô wâren gar erstorben · die Guntheres man
und ouch die Dietrîches · Hildebrant was gegân,
dâ Wolfhart was gevallen · nider in daz bluot.
er umbeslôz mit armen · den recken küene unde guot.

Er wolde in ûz dem hûse · mit im tragen dan;
er was ein teil ze swære · er muose in ligen lân.
dô blicte ûz dem bluote · der rêwunde man:
er sach wol, daz im gerne · sîn neve het geholfen dan.

Dô sprach der tôtwunde · ‚vil lieber œheim mîn,
ir muget an disen zîten · mir niht vrum gesîn.
nu hüetet iuch vor Hagenen · jâ dunket ez mich guot:
er treit in sînem herzen · einen grimmigen muot.

‚Und ob mich mîne mâge · nâch tôde wellen klagen,
den næhsten und den besten · den sult ir von mir sagen,
daz si nâch mir iht weinen · daz sî âne nôt:
vor eines küneges handen · lig ich hie hêrlîchen tôt.

‚Ich hân ouch sô vergolten · hier inne mînen lîp,
daz ez wol mugen beweinen · der guoten rîter wîp.
ob iuch des iemen vrâge · sô muget ir balde sagen:
vor mîn eines handen · lît wol hundert erslagen.‘

Dô gedâht ouch Hagene · an den spilman,
dem der küene Hildebrant · sîn leben an gewan:
dô sprach er zuo dem degene · ‚ir geltet mîniu leit.
ir habt uns hinne erbunnen · vil maneges recken gemeit.‘

Er sluog ûf Hildebranden · daz man wol vernam
Palmungen diezen · den Sîvride nam
Hagene der vil küene · dâ er den helt sluoc.
dô werte sich der alte · er was ouch küene genuoc.

Den grimmen Tod einander · hatten sie angetan.
Da lebt' auch niemand weiter · der Dietrich untertan.
Hildebrand der alte · Wolfharten fallen sah:
Gewiß vor seinem Tode · solch Leid ihm nimmer geschah.

Erstorben waren alle · die in Gunthers Lehn
Und die in Dietrichens · Hilbranden sah man gehn,
Wo Wolfhart war gefallen · nieder in das Blut.
Er umschloß mit Armen · den Degen bieder und gut.

Er wollt' ihn aus dem Hause · tragen mit sich fort;
Er war zu schwer doch, lassen · mußt' ihn der Alte dort.
Da blickt' aus dem Blute · der todwunde Mann:
Er sah wohl, sein Oheim · hülfe gern ihm hindann.

Da sprach der Todwunde · „Viel lieber Oheim mein,
Mir kann zu dieser Stunde · eure Hilfe nicht gedeihn.
Nun hütet euch vor Hagen · fürwahr, ich rat' euch gut:
Der trägt in seinem Herzen · einen grimmigen Mut.

„Und wollen meine Freunde · im Tode mich beklagen,
Den nächsten und den besten · sollt ihr von mir sagen,
Daß sie nicht um mich weinen · das tu' nimmer not:
Von eines Königs Händen · fand ich hier herrlichen Tod.

„Ich hab' auch so vergolten · mein Sterben hier im Saal,
Das schafft noch den Frauen · der guten Ritter Qual.
Will's jemand von euch wissen · so mögt ihr kühnlich sagen:
Von meiner Hand alleine · liegen hundert wohl erschlagen."

Da gedacht' auch Hagen · an den Fiedelmann,
Dem der kühne Hildebrand · das Leben abgewann:
Da sprach er zu dem Degen · „Ihr entgeltet nun mein Leid.
Ihr habt uns hier benommen · manchen Recken kühn im Streit."

Er schlug auf Hildebranden · daß man wohl vernahm
Balmungen dröhnen · den Siegfrieden nahm
Hagen der kühne · als er den Helden schlug.
Da wehrte sich der Alte · er war auch streitbar genug.

Der recke Dietrîches · sluog ein wâfen breit
ûf den helt von Troneje · daz ouch vil sêre sneit.
dône kunder niht verwunden · den Guntheres man.
dô sluog aber in Hagene · durch eine brünne wol getân.

Dô der alte Hildebrant · der wunden reht enpfant,
dô vorhte er schaden mêre · von der Hagenen hant.
den schilt warf über rucke · der Dietrîches man:
mit der starken wunden · der helt dô Hagenen entran.

Dâ was nu nieman lebender · al der degene,
niuwan die zwêne aleine · Gunther und Hagene.
mit bluote gie berunnen · der alte Hildebrant:
er brâhte leidiu mære · dâ er Dietrîchen vant.

Dô sach er trûreclîchen · sitzen hie den man.
der leide michels mêre · der vürste dô gewan.
er sach ouch Hildebranden · in sîner brünne rôt:
dô vrâgter in der mære · als im diu sorge gebôt.

‚Nu sagt mir, meister Hildebrant · wie sît ir sô naz
von dem verchbluote? · oder wer tet iu daz?
ich wæne, ir mit den gesten · zem hûse habt gestriten:
ich verbôt ez iu sô sêre · dô het irz billîch vermiten.‘

Dô sagte er sînem hêrren · ‚ez tet Hagene:
der sluoc mir dise wunden · in dem gademe,
dô ich von dem recken · wolde wenden dan.
mit mînem lebene kûme · ich dem tiuvel entran.‘

Dô sprach der Bernære · ‚vil reht ist iu geschehen,
dô ir mich vriuntschefte · den recken hôrtet jehen,
daz ir den vride brâchet · den ich in hete gegeben:
het ichs niht immer schande · ir soldet vliesen daz leben.‘

‚Nu erzürnet niht sô sêre · mîn hêr Dietrîch:
an mir und mînen vriunden · der schade ist alze rîch.
wir wolden Rüedegêren · hân getragen dan:
des enwolden uns niht gunnen · des künic Guntheres man.‘

Dietriches Recke · ein breites Waffen schwang
Auf Hagen von Tronje · das scharf den Stahl durchdrang.
Doch konnt' er nicht verwunden · Gunthers Untertan.
Da schlug ihm Hagen wieder · durch einen Harnisch wohlgetan.

Als der alte Hildebrand · die Wunde recht empfand,
Besorgt' er größern Schaden · noch von Hagens Hand.
Den Schild warf auf den Rücken · Dietrichs Untertan:
Mit der starken Wunde · der Held vor Hagen entrann.

Da lebt' auch von allen · den Degen niemand mehr
Als Gunther und Hagen · die beiden Recken hehr.
Mit Blut ging beronnen · der alte Hildebrand:
Er brachte leide Märe · da er Dietrichen fand.

Schwer bekümmert sitzen · sah er da den Mann.
Noch größern Leides Kunde · nun der Fürst gewann.
Als er Hildebranden · im Panzer sah so rot,
Da fragt' er nach der Ursach' · wie ihm die Sorge gebot.

„Nun sagt mir, Meister Hildebrand · wie seid ihr so naß
Von dem Lebensblute? · oder wer tat euch das?
Ihr habt wohl mit den Gästen · gestritten in dem Saal?
Ihr ließt es billig bleiben · wie ich so dringend befahl."

Da sagt' er seinem Herren · „Hagen tat es mir:
Der schlug mir in dem Saale · diese Wunde hier,
Als ich von dem Recken · zu wenden mich begann.
Kaum daß ich mit dem Leben · noch dem Teufel entrann."

Da sprach der von Berne · „Gar recht ist euch geschehn,
Da ihr mich Freundschaft hörtet · den Recken zugestehn
Und doch den Frieden brachet · den ich ihnen bot:
Wär mir's nicht ewig Schande · ihr solltet's büßen mit dem Tod."

„Nun zürnt mir, Herr Dietrich · darob nicht allzusehr:
An mir und meinen Freunden · ist der Schade gar zu schwer.
Wir wollten Rüdger gerne · tragen aus dem Saal:
Das wollten uns nicht gönnen · die, welchen Gunther befahl."

‚Sô wê mir dirre leide! · ist Rüedegêr doch tôt?
daz muoz mir sîn ein jâmer · vor aller mîner nôt.
Gotelint diu edele · ist mîner basen kint:
ach wê der armen weisen · die dâ ze Bechelâren sint!'

Riuwen unde leides · mant in dô sîn tôt.
er begunde weinen · des gie dem helde nôt.
‚ouwê getriuwer helfe · die ich verlorn hân!
jâne überwinde ich nimmer · des künic Etzelen man.

‚Muget ir mir, meister Hildebrant · diu rehten mære sagen,
wer der recke wære · der in dâ hât erslagen?'
er sprach: ‚daz tet mit kreften · der starke Gêrnôt:
von Rüedegêres handen · ist ouch der helt gelegen tôt.'

Er sprach ze Hildebrande · ‚nu saget mînen man,
daz si sich balde wâfen · wan ich wil dar gân;
und heizet mir gewinnen · mîn liehtez wîcgewant:
ich wil selbe vrâgen · dei helde ûz Burgonden lant.'

Dô sprach meister Hildebrant · ‚wer sol zuo iu gên?
swaz ir habt der lebenden · die seht ir bî iu stên:
daz bin ich alters eine · die andern die sint tôt.'
dô erschricte er dirre mære · des gie im wærlîchen nôt,

Wan er leit sô grôzez · zer werlde nie gewan.
er sprach: ‚und sint erstorben · alle mîne man,
sô hât mîn Got vergezzen · ich armer Dietrîch!
ich was ein künec hêre · vil gewaltic unde rîch.'

‚Wie kunde ez sich gevüegen' · sprach aber hêr Dietrîch,
‚daz si alle sint erstorben · die helde lobelîch,
von den strîtmüeden · die doch heten nôt?
wan durch mîn ungelücke · in wær noch vremde der tôt!

‚Sît daz es mîn unsælde · niht langer wolde entwesen,
sô sagt mir, ist der geste · noch iemen genesen?'
dô sprach meister Hildebrant · ‚daz weiz Got, nieman mêr
niuwan Hagene aleine · und Gunther der künic hêr.'

„O weh mir dieses Leides! · Ist Rüdiger doch tot?
Das muß mir sein ein Jammer · vor all meiner Not.
Gotelind die edle · ist meiner Base Kind:
O weh der armen Waisen · die dort zu Bechlaren sind!“

Herzeleid und Kummer · schuf ihm sein Tod:
Er hub an zu weinen · den Helden zwang die Not.
„O weh der treuen Hilfe · die mir an ihm erlag!
König Etzels Degen · nie verschmerzen ich mag.

„Könnt ihr mir, Meister Hildebrand · rechte Kunde sagen,
Wie der Recke heiße · der ihn hat erschlagen?“
Er sprach: „Das tat mit Kräften · der starke Gernot;
Von Rüdigers Händen · fand auch der König den Tod.“

Er sprach zu Hilbranden · „So sagt den Meinen an,
Daß sie alsbald sich waffnen · so geh' ich selbst hinan.
Und befehlt, daß sie mir bringen · mein lichtes Streitgewand:
Ich selber will nun fragen · die Helden aus Burgundenland.“

Da sprach Meister Hildebrand · „*Wer* soll mit euch gehn?
Die euch am Leben blieben · die seht ihr vor euch stehn:
Das bin ich ganz alleine · die andern die sind tot.“
Da erschrak er dieser Märe · es schuf ihm wahrhafte Not,

Da er auf Erden nimmer · noch solches Leid gewann.
Er sprach: „Und sind erstorben · all die mir untertan,
So hat mein Gott vergessen · ich armer Dietrich!
Ich herrscht' ein mächt'ger König · hehr einst und gewaltiglich.“

Wieder sprach da Dietrich · „Wie konnt' es nur geschehn,
Daß sie all' erstarben · die Helden ausersehn,
Vor den Streitmüden · die doch gelitten Not?
Mein Unglück schuf's alleine · sonst verschonte sie der Tod!

„Wenn dann mein Unheil wollte · es sollte sich begeben,
So sprecht, blieb von den Gästen · einer noch am Leben?“
Da sprach Meister Hildebrand · „Das weiß Gott, niemand mehr
Als Hagen ganz alleine · und Gunther der König hehr.“

‚Ouwê, lieber Wolfhart · sol ich dich hân verlorn,
sô mac mich balde riuwen · daz ich ie wart geborn;
Sigestab unde Wolfwîn · und ouch Wolfbrant:
wer sol mir denne helfen · in der Amelunge lant?

‚Helfrîch der vil küene · und ist mir der erslagen,
Gêrbart unde Wîchart · wie solde ich die verklagen?
daz ist an mînen vreuden · mir der leste tac.
ouwê, daz vor leide · nieman sterben nemac.‘

„O weh, lieber Wolfhart · und hab' ich dich verloren,
So mag mich bald gereuen · daß ich je ward geboren.
Siegstab und Wolfwein · und auch Wolfbrand:
Wer soll mir denn helfen · in der Amelungen Land?

„Helferich der kühne · und ist mir der erschlagen,
Gerbart und Wichart · wann hör' ich auf zu klagen?
Das ist aller Freuden · mir der letzte Tag.
O weh, daß vor Leide · niemand doch ersterben mag!"

AVENTIURE

wie Gunther unde Hagene unde Kriemhilt wurden erslagen

Dô suohte der hêrre Dietrîch · selbe sîn gewant;
im half, daz er sich wâfent · meister Hildebrant.
dô klagete alsô sêre · der kreftige man,
daz daz hûs erdiezen · von sîner stimme began.

Dô gewan er widere · rehten heldes muot.
in grimme wart gewâfent · dô der degen guot.
einen schilt vil vesten · den nam er an die hant:
si giengen balde danne · er unde meister Hildebrant.

Dô sprach von Tronje Hagene · ‚ich sihe dort her gân
den hêrren Dietrîche · der wil uns bestân
nâch sînem starken leide · daz im ist hie geschehen.
man sol daz hiute kiesen · wem man des besten müge jehen.

‚Jâne dunket sich von Berne · der hêrre Dietrîch
nie sô stark des lîbes · und ouch sô gremlîch,
und wil erz an uns rechen · daz im ist getân,‘
alsô redete Hagene · ‚ich getar in rehte wol bestân.‘

Dise rede hôrte · Dietrîch und Hildebrant.
er kom, dâ er die recken · beide stênde vant
ûzen vor dem hûse · geleinet an den sal.
sînen schilt den guoten · den satzte Dietrîch zetal.

In leitlîchen sorgen · sprach dô Dietrîch:
‚wie habt ir sô geworben · Gunther, künic rîch,
wider mich ellenden? · waz het ich iu getân?
alles mînes trôstes · des bin ich eine bestân.

‚Iuch endûhte niht der volle · an der grôzen nôt,
dô ir uns Rüedegêre · den helt sluoget tôt:
nu habt ir mir erbunnen · aller mîner man.
jâne het ich iu helden · solher leide niht getân.

NEUNUNDDREISSIGSTES ABENTEUER

Wie Gunther, Hagen und Kriemhild erschlagen wurden

Da suchte sich Herr Dietrich · selber sein Gewand;
Ihm half, daß er sich waffnete · Meister Hildebrand.
Da klagte so gewaltig · der kraftvolle Mann,
Daß von seiner Stimme · das Haus zu schüttern begann.

Dann gewann er wieder · rechten Heldenmut.
Im Grimm ward gewaffnet · da der Degen gut.
Seinen Schild, den festen · den nahm er an die Hand:
Sie gingen bald von dannen · er und Meister Hildebrand.

Da sprach von Tronje Hagen · „Dort seh' ich zu uns gehn
Dietrich den Herren · der will uns bestehn
Nach dem großen Leide · das wir ihm angetan.
Nun soll man heute schauen · wen man den Besten nennen kann.

„Und dünkt sich denn von Berne · der Degen Dieterich
Gar so starkes Leibes · und so fürchterlich,
Und will er's an uns rächen · was ihm ist geschehn,"
Also sprach da Hagen · „ich bin wohl Mann, ihn zu bestehn."

Die Rede hörte Dietrich · mit Meister Hildebrand.
Er kam, wo er die Recken · beide stehen fand
Außen vor dem Hause · gelehnt an den Saal.
Seinen Schild den guten · den setzte Dietrich zutal.

In leidvollen Sorgen · sprach da Dietrich:
„Wie habt ihr so geworben · Herr Gunther, wider mich,
Einen Heimatlosen? · Was tat ich euch wohl je,
Daß alles meines Trostes · ich nun verwaiset mich seh'?

„Ihr fandet nicht Genüge · an der großen Not,
Als ihr uns Rüdigeren · den Recken, schluget tot:
Ihr mißgönntet sie mir alle · die mir untertan.
Wohl hätt' ich solchen Leides · euch Degen nimmer getan.

,Gedenket an iuch selben · und an iuwer leit,
tôt der iuwer vriunde · und ouch diu arbeit,
ob ez iu guoten recken · beswârt iht den muot.
ouwê, wie rehte unsanfte · mir tôt der Rüedegêres tuot!

,Ez geschach ze dirre werlde · nie manne leider mêr.
ir gedâhtet übele · an mîn und iuwer sêr.
swaz ich vreuden hête · diu lieget von iu erslagen:
jâ enkan ich nimmer mêre · die mîne mâge verklagen.'

,Jâne sî wir niht sô schuldec' · sprach dô Hagene.
,ez giengen ze disem hûse · die iuwer degene
gewâfent wol ze vlîze · mit einer schar sô breit;
mich dunket, daz diu mære · iu niht rehte sîn geseit.'

,Was sol ich mêr gelouben? · mir sagt Hildebrant:
dô mîne recken gerten · von Amelunge lant,
daz ir in Rüedegêre · gæbet ûz dem sal,
dô bütet ir niuwan spotten · den küenen helden her zetal.'

Dô sprach der vogt von Rîne · ,si jâhen, wolden tragen
Rüedegêr von hinne · den hiez ich in versagen
Etzeln ze leide · und niht den dînen man,
unze daz dô Wolfhart · dar umbe schelten began.'

Dô sprach der helt von Berne · ,ez muose et alsô sîn.
Gunther, künic edele · durch die zühte dîn
ergetze mich der leide · diu mir sint von dir geschehen,
und süene ez, rîter küene · daz ich des künne dir gejehen.

,Ergip dich mir ze gîsel · du und dîn man:
sô wil ich behüeten · sô ich aller beste kan,
daz dir hie zen Hiunen · niemen niht entuot.
du solt an mir niht vinden · niuwan triuwe und allez guot.'

,Daz enwelle Got von himele' · sprach dô Hagene,
,daz sich dir ergæben · zwêne degene,
die noch sô werlîche · gewâfent gegen dir stânt
und noch sô ledeclîche · vor ir vîanden gânt.'

„Gedenket an euch selber · und an euer Leid,
Eurer Freunde Sterben · und all die Not im Streit,
Ob es euch guten Degen · nicht beschwert den Mut.
O weh, wie so unsanft · mir der Tod Rüdgers tut!

„So leid geschah auf Erden · niemanden je.
Ihr gedachtet wenig · an mein und euer Weh.
Was ich Freuden hatte · das liegt von euch erschlagen:
Wohl kann ich meine Freunde · nimmermehr genug beklagen."

„Wir sind wohl nicht so schuldig" · sprach Hagen entgegen.
„Zu diesem Hause kamen · alle eure Degen
Mit großem Fleiß gewaffnet · in einer breiten Schar.
Man hat euch wohl die Märe · nicht gesagt, wie sie war."

„Was soll ich anders glauben? · mir sagt Hildebrand:
Euch baten meine Recken · vom Amelungenland,
Daß ihr ihnen Rüdigern · gäbet aus dem Haus:
Da botet ihr Gespötte nur · den kühnen Helden heraus."

Da sprach der Vogt vom Rheine · „Sie wollten Rüdgern tragen,
Sagten sie, von hinnen · das ließ ich versagen
Etzeln zum Trotze · nicht aber deinem Heer,
Bis darob zu schelten · Wolfhart begann, der Degen hehr."

Da sprach der Held von Berne · „Es sollte nun so sein.
Gunther, edler König · bei aller Tugend dein
Ersetze mir das Herzeleid · das mir von dir geschehn;
Versühn' es, kühner Ritter · so daß ich's mög' dir zugestehn.

„Ergib dich mir zum Geisel · mit Hagen deinem Mann:
So will ich verhüten · so gut ich immer kann,
Daß euch bei den Heunen · jemand Leides tut.
Ihr sollt an mir erfahren · daß ich getreu bin und gut."

„Das verhüte Gott vom Himmel!" · sprach Hagen entgegen,
„Daß sich dir ergeben · sollten zwei Degen,
Die noch in voller Wehre · gewaffnet vor dir stehn
Und noch so frei und ledig · vor ihren Widersachern gehn."

‚Irn sult ez niht versprechen' · sô redete Dietrîch,
‚Gunther unde Hagene · ir habt beide mich
sô sêre beswæret · daz herze und ouch den muot,
welt ir michs ergetzen · daz irz vil billîchen tuot.

‚Ich gibe iu mîne triuwe · und sicherlîche hant,
daz ich mit iu rîte · heim in iuwer lant.
ich geleite iuch nâch den êren · oder ich gelige tôt
und wil durch iuch vergezzen · der mînen grœzlîchen nôt.'

‚Nu enmuotet sîn niht mêre' · sprach aber Hagene.
‚von uns enzimt daz mære · niht wohl ze sagene,
daz sich iu ergæben · zwên also küene man.
nu siht man bî iu niemen · wan eine Hildebranden stân.'

Dô sprach meister Hildebrant · ‚got weiz, hêr Hagene,
der iu den vride biutet · mit iu ze tragene,
ez kumt noch an die stunde · daz ir in möhtet nemen.
die suone mînes hêrren · möht ir iu lâzen gezemen.'

‚Iâ næme ich ê die suone' · sprach aber Hagene,
‚ê ich sô lesterlîche · ûz einem gademe
vlühe, meister Hildebrant · als ir hie habt getân:
ich wânde ûf mîne triuwe · ir kundet baz gein vînden stân.'

Des antwurte Hildebrant · ‚zwiu verwîzet ir mir daz?
nu wer was, der ûfme schilde · vor dem Wasgensteine saz,
dô im von Spâne Walther · sô vil der mâge sluoc?
ouch habt ir noch ze zeigen · an iu selben genuoc.'

Dô sprach der hêrre Dietrîch · ‚daz enzimt niht helde lîp,
daz si sulen schelden · sam diu alten wîp.
ich verbiute iu, meister Hildebrant · daz ir iht sprechet mêr.
mich ellenden recken · twinget grœzlîchiu sêr.

‚Lât hœren', sprach Dietrîch · ‚recke Hagene,
‚waz ir beide sprâchet · vil snelle degene,
dô ir mich gewâfent · zuo iu sâhet gân?
ir jâhet, daz ir eine · mit strîte woldet mich bestân.'

„Ihr solltet's nicht verweigern“ · so sprach Dietrich,
„Gunther und Hagen · ihr habt so bitterlich
Beide mir bekümmert · das Herz und auch den Mut,
Wollt ihr mir das vergüten · daß ihr es billiglich tut.

„Ich geb' euch meine Treue · und reich' euch drauf die Hand,
Daß ich mit euch reite · heim in euer Land.
Ich geleit' euch wohl nach Ehren · ich stürbe denn den Tod,
Und will um euch vergessen · all meiner schmerzhaften Not.“

„Begehrt es nicht weiter“ · sprach wieder Hagen:
„Wie ziemt es, wenn die Märe · wär' von uns zu sagen,
Daß zwei so kühne Degen · sich ergäben eurer Hand?
Sieht man bei euch doch niemand · als alleine Hildebrand.“

Da sprach Meister Hildebrand · „Gott weiß, Herr Hagen,
Den Frieden, den Herr Dietrich · euch hat angetragen,
Es kommt noch an die Stunde · ihr möchtet gern ihn nehmen.
Der Sühne meines Herren · könnt ihr mit Fug euch bequemen.“

„Auch nähm' ich eh' die Sühne“ · sprach Hagen entgegen,
„Eh' ich mit Schimpf und Schande · aus dem Saal vor den Degen
Flöhe, Meister Hildebrand · wie ihr hier habt getan:
Ich wähnt' auf meine Treue · ihr stündet besser euren Mann.“

Drauf antwortet' Hildebrand · „Was verweiset ihr mir das?
Nun wer war's, der auf dem Schilde · vor dem Wasgensteine saß,
Als ihm von Spanien Walther · so viel der Freunde schlug?
Wohl habt ihr an euch selber · noch zu rügen genug.“

Da sprach der edle Dietrich · „Wie ziemt solchen Degen,
Sich mit Worten schelten · wie alte Weiber pflegen?
Ich verbiet' es, Meister Hildebrand · sprecht hier nicht mehr.
Mich heimatlosen Recken · zwingt so große Beschwer.

„Laßt hören, Recke Hagen“ · sprach da Dieterich,
„Was spracht ihr zusammen · ihr Degen tugendlich,
Als ihr mich gewaffnet · sahet zu euch gehn?
Ihr sagtet, ihr alleine · wolltet mich im Streit bestehn.“

,Jâne lougent iu des niemen' · sprach Hagene der degen,
,ich enwellez hie versuochen · mit den starken slegen,
ez ensî, daz mir zebreste · daz Nibelunges swert.
mir ist zorn, daz unser beider · hie ze gîsel ist gegert.'

Dô Dietrîch gehôrte · den grimmen Hagnen muot,
den schilt vil balde zucte · der snelle degen guot.
wie balde gein im Hagene · von der stiegen spranc!
Niblunges swert daz guote · vil lûte ûf Dietrîch erklanc.

Dô wesse wol hêr Dietrîch · daz der küene man
vil grimmes muotes wære · schirmen im began
der hêrre von Berne · vor angestlîchen slegen.
wol erkander Hagenen · den vil zierlîchen degen.

Ouch vorht er Balmungen · ein wâfent starc genuoc.
under wîlen Dietrîch · mit listen wider sluoc.
unze daz er Hagenen · mit strîte doch betwanc.
er sluog im eine wunden · diu was tief unde lanc.

Dô gedâht der hêrre Dietrîch · ,du bist in nôt erwigen;
ich hâns lützel êre · soltu tôt vor mir geligen.
ich wil ez sus versuochen · ob ich ertwingen kan
dich mir zeinem gîsel' · daz wart mit sorgen getân.

Den schilt liez er vallen · sîn sterke diu was grôz;
Hagnen von Troneje · mit armen er beslôz.
des wart dô betwungen · von im der küene man
Gunther der edele · dar umbe trûren began.

Hagenen bant dô Dietrîch · und vuorte in, dâ er vant
die edelen küneginne · und gab ir bî der hant
den küenisten recken · der ie swert getruoc.
nâch ir vil starkem leide · dô wart si vrœlîch genuoc.

Vor liebe neic dem degene · daz Etzelen wîp:
,immer sî dir sælec · dîn herze und ouch dîn lîp!
du hâst mich wol ergetzet · aller mîner nôt:
daz sol ich immer dienen · mich ensûmes der tôt.'

„Das wird euch niemand leugnen“ · sprach Hagen entgegen,
„Wohl will ich’s hier versuchen · mit kräftigen Schlägen,
Es sei denn, mir zerbreche · das Nibelungenschwert:
Mich entrüstet, daß zu Geiseln · unser beider ward begehrt.“

Als Dietrich erhörte · Hagens grimmen Mut,
Den Schild behende zuckte · der schnelle Degen gut.
Wie rasch ihm von der Stiege · entgegen Hagen sprang!
Niblungs Schwert das gute · auf Dietrichen laut erklang.

Da wußte wohl Herr Dietrich · daß der kühne Mann
Grimmen Mutes fechte · zu schirmen sich begann
Der edle Vogt von Berne · vor ängstlichen Schlägen.
Wohl erkannt’ er Hagen · diesen auserwählten Degen.

Auch scheut’ er Balmungen · eine Waffe stark genug.
Nur unterweilen Dietrich · mit Kunst entgegenschlug,
Bis daß er im Streite · Hagen doch bezwang.
Er schlug ihm eine Wunde · die gar tief war und lang.

Der edle Dietrich dachte · „Dich schwächte lange Not;
Mir brächt’ es wenig Ehre · gäb’ ich dir den Tod.
So will ich nur versuchen · ob ich dich zwingen kann,
Als Geisel mir zu folgen“ · Das ward mit Sorgen getan.

Den Schild ließ er fallen · seine Stärke, die war groß;
Hagnen von Tronje · mit den Armen er umschloß.
So ward von ihm bezwungen · dieser kühne Mann.
Gunther der edle · darob zu trauern begann.

Hagen band da Dietrich · und führt’ ihn, wo er fand
Kriemhild die edle · und gab in ihre Hand
Den allerkühnsten Recken · der je Gewaffen trug.
Nach ihrem großen Leide · ward sie da fröhlich genug.

Da neigte sich dem Degen · vor Freuden Etzels Weib:
„Nun sei dir immer selig · das Herz und auch der Leib!
Da hast mich wohl entschädigt · aller meiner Not:
Ich will dir’s immer danken · es verwehr’ es denn der Tod.“

Dô sprach der hêrre Dietrîch · ,ir sult in lân genesen,
vil edeliu küneginne · und mac daz noch gewesen,
wie wol er iuch ergetzet · daz er iu hât getân!
er sol des niht engelten · daz irn gebunden sehet stân.'

Dô hiez sì Hagenen vüeren · an sînen ungemach,
dâ er lac beslozzen · und dâ in niemen sach.
Gunther der künic edele · rüefen dô began.
,war kom der helt von Berne? · der hât mir leide getân.'

Dô gie im hin engegene · der hêrre Dietrîch.
daz Guntheres ellen · daz was vil lobelîch;
dô enbeit ouch er niht mêre · er lief her vür den sal.
von ir beiden swerten · huob sich ein grœzlîcher schal.

Swie vil der hêrre Dietrîch · lange was gelobt,
Gunther was sô sêre · erzürnet und ertobt:
wan er nâch starkem leide · sîn herzevîent was.
man sagt ez noch ze wunder · daz dô hêr Dietrîch genas.

Ir ellen und ir sterke · beide wâren grôz.
palas und türne · von ir slegen dôz,
dô si mit swerten hiuwen · ûf die helme guot.
ez hete der künic Gunther · einen hêrlîchen muot.

Sît twanc in der von Berne · als Hagnen ê geschach.
daz bluot man durch die ringe · dem helde vliezen sach
von einem scharpfen swerte · daz truoc hêr Dietrîch.
doch het gewert hêr Gunther · nâch müede loblîchen sich.

Der hêrre wart gebunden · von Dietrîches hant,
swie küenege niene solden · lîden solhiu bant.
er dâht, ob er si lieze · den künec und sînen man,
alle, die si vünden · die müesen tôt vor in bestân.

Dietrîch von Berne · der nam in bî der hant:
dô vuorte er in gebunden · dâ er Kriemhilde vant.
dô was mit sîme leide · ir sorgen vil erwant.
si sprach: ,willekomen Gunther · ûzer Burgonden lant.'

Da sprach der edle Dietrich · „Nun laßt ihn am Leben,
Edle Königstochter · ob es sich mag begeben,
Gar wohl er euch vergütet · das Leid, das er euch tat:
Er soll es nicht entgelten · daß ihr ihn gebunden saht."

Da ließ sie Hagnen führen · in ein Haftgemach,
Wo niemand ihn erschaute · und er verschlossen lag.
Gunther der edle · hub da zu rufen an:
„Wo blieb der Held von Berne? · Er hat mir Leides getan."

Da ging ihm hin entgegen · von Bern Herr Dieterich.
Gunthers Kräfte waren · stark und ritterlich;
Da säumt' er sich nicht länger · er rannte vor den Saal.
Von ihrer beider Schwerter · erhob sich mächtiger Schall.

So großen Ruhm erstritten · Dietrich seit alter Zeit,
In seinem Zorne tobte · Gunther so sehr im Streit:
Er war nach seinem Leide · von Herzen feind dem Mann.
Ein Wunder mußt' es heißen · daß da Herr Dietrich entrann.

Sie waren alle beide · so stark und mutesvoll,
Daß von ihren Schlägen · Pallas und Turm erscholl,
So hieben sie mit Schwertern · auf die Helme gut.
Da zeigte König Gunther · einen herrlichen Mut.

Doch zwang ihn der von Berne · wie Hagnen war geschehn.
Man mochte durch den Panzer · das Blut ihm fließen sehn
Von einem scharfen Schwerte · das trug Herr Dieterich.
Doch hatte sich Herr Gunther · gewehrt, der müde, ritterlich.

Der König ward gebunden · von Dietrichens Hand,
Wie nimmer Könige sollten · leiden solch ein Band.
Er dachte, ließ' er ledig · Gunthern und seinen Mann,
Wem sie begegnen möchten · die müßten all' den Tod empfahn.

Dietrich von Berne · nahm ihn bei der Hand,
Er führt' ihn hin gebunden · wo er Kriemhilden fand.
Der Fraun mit seinem Leide · des Kummers viel verschwand.
Sie sprach: „Willkommen, Gunther · aus der Burgunden Land!"

Er sprach: ‚ich solde iu nîgen · vil edele swester mîn,
ob iuwer grüezen möhte · genædeclîcher sîn.
ich weiz iuch, küneginne · sô zornec gemuot,
daz ir mich und Hagenen · vil swachez grüezen getuot.‘

Dô sprach der helt von Berne · ‚vil edeles küneges wîp,
ez enwart nie gîsel mêre · sô guoter rîter lîp,
als ich iu, vrouwe hêre · an in gegeben hân.
nu sult ir die ellenden · mîn vil wol geniezen lân.‘

Si jach, si tæt ez gerne · dô gie hêr Dietrîch
mit weinenden ougen · von den helden lobelîch.
sît rach sich grimmeclîche · daz Etzelen wîp:
den ûz erwelten degenen · nam si beiden den lîp.

Si lie si ligen sunder · durch ir ungemach,
daz ir sît dewedere · den andern nie gesach.
unz si ir bruoder houbet · hin vür Hagenen truoc.
der Kriemhilde râche · wart an in beiden genuoc.

Dô gie diu küneginne · dâ si Hagnen sach;
wie rehte vîentlîche · si zuo dem recken sprach:
‚welt ir mir geben widere · daz ir mir habt genomen,
sô muget ir noch wol lebende · heim zen Burgonden komen.‘

Dô sprach der grimme Hagene · ‚diu rede ist gar verlorn,
vil edeliu küneginne · jâ hân ich des gesworn,
daz ich den hort iht zeige · die wîle daz si leben,
deheiner mîner hêrren · sô sol ich in nieman gegeben.‘

‚Ich bringez an ein ende‘ · sô sprach daz edel wîp.
dô hiez si ir bruoder · nemen dâ den lîp.
man sluoc im ab daz houbet · bî hâre si ez truoc
vür den helt von Troneje · dô wart im leide genuoc.

Alsô der ungemuote · sîns hêrren houbet sach,
wider Kriemhilde · dô der recke sprach:
‚du hâst ez nâch dîm willen · zeinem ende brâht,
und ist ouch rehte ergangen · als ich mir hête gedâht.

Er sprach: „Ich müßt' euch danken · viel edle Schwester mein,
Wenn euer Gruß in Gnaden · geschehen könnte sein.
Ich weiß euch aber, Königin · so zornig von Mut,
Daß ihr mir und Hagen · solchen Gruß im Spotte tut."

Da sprach der Held von Berne · „Königstochter hehr,
So gute Helden sah man · als Geisel nimmermehr
Als ich, edle Königin · bracht' in eure Hut.
Nun komme meine Freundschaft · den Heimatlosen zugut."

Sie sprach, sie tät' es gerne · Da ging Herr Dieterich
Mit weinenden Augen · von den Helden tugendlich.
Da rächte sich entsetzlich · König Etzels Weib:
Den auserwählten Recken · nahm sie Leben und Leib.

Sie ließ sie gesondert · in Gefängnis legen,
Daß sich nie im Leben · wiedersahn die Degen.
Bis sie ihres Bruders Haupt · hin vor Hagen trug.
Kriemhildens Rache · ward an beiden grimm genug.

Hin ging die Königstochter · wo sie Hagen sah;
Wie feindselig sprach sie · zu dem Recken da:
„Wollt ihr mir wiedergeben · was ihr mir habt genommen,
So mögt ihr wohl noch lebend · heim zu den Burgunden kommen."

Da sprach der grimme Hagen · „Die Red' ist gar verloren,
Viel edle Königstochter · Den Eid hab' ich geschworen,
Daß ich den Hort nicht zeige · solange noch am Leben
Blieb einer meiner Herren · so darf ich ihn niemand geben."

„Ich bring' es zu Ende" · sprach das edle Weib.
Dem Bruder ließ sie nehmen · Leben da und Leib.
Man schlug das Haupt ihm nieder · bei den Haaren sie es trug
Vor den Held von Tronje · da gewann er Leids genug.

Als der Unmutvolle · seines Herren Haupt ersah,
Wider Kriemhilden · sprach der Recke da:
„Du hast's nach deinem Willen · zu Ende nun gebracht;
Es ist auch so ergangen · wie ich mir hatte gedacht.

,Nu ist von Burgonden · der edel künic tôt,
Gîselher der junge · und ouch Gêrnôt.
den schatz weiz nu nieman · wan Got unde mîn:
der sol dich vâlendinne · immer wol verholen sîn.'

Si sprach: ,sô habt ir übele · geltes mich gewert;
sô wil ich doch behalten · daz Sîvrides swert.
daz truoc mîn holder vriedel · dô ich in jungest sach,
an dem mir herzen leide · von iuwern schulden geschach.'

Si zôch ez von der scheiden · daz kunder niht erwern.
dô dâhte si den recken · des lebenes behern.
si huob ez mit ir handen · daz houpt si im abe sluoc.
daz sach der künic Etzel · dô was im leide genuoc.

,Wâfen,' sprach der vürste · ,wie ist nu tôt gelegen
von eines wîbes handen · der aller beste degen,
der ie kom ze sturme · oder ie schilt getruoc!
swie vîent ich im wære · ez ist mir leide genuoc.'

Dô sprach der alte Hildebrant · ,jâ geniuzet si es niht,
daz si in slahen torste · swaz halt mir geschiht,
swie er mich selben brâhte · in angestlîche nôt,
iedoch sô wil ich rechen · des küenen Tronjæres tôt.'

Hildebrant mit zorne · zuo Kriemhilde spranc:
er sluoc der küneginne · einen swæren swertes swanc.
jâ tet ir diu sorge · von Hildebrande wê;
waz mohte si gehelfen · daz si sô grœzlîchen schrê?

Dô was gelegen aller · dâ der veigen lîp:
ze stücken was gehouwen · dô daz edele wîp.
Dietrîch und Etzel · weinen dô began:
si klageten innеclîche · beidiu mâge unde man.

Diu vil michel êre · was dâ gelegen tôt:
die liute heten alle · jâmer unde nôt.
mit leide was verendet · des küneges hôhgezît,
als ie diu liebe leide · zaller jungeste gît.

„Nun ist von Burgunden · der edle König tot,
Geiselher der junge · dazu Herr Gernot.
Den Hort weiß nun niemand · als Gott und ich allein:
Der soll dir Teufelsweibe · immer wohl verhohlen sein."

Sie sprach: „So habt ihr üble · Vergeltung mir gewährt;
So will ich doch behalten · Siegfriedens Schwert.
Das trug mein holder Friedel · als ich zuletzt ihn sah,
An dem mir Herzensjammer · von euern Schulden geschah."

Sie zog es aus der Scheide · er konnt' es nicht wehren.
Da dachte sie dem Recken · das Leben zu versehren.
Sie schwang es mit den Händen · das Haupt schlug sie ihm ab.
Das sah der König Etzel · dem es großen Kummer gab.

„Weh!" rief der König · „wie ist hier gefällt
Von eines Weibes Händen · der allerbeste Held,
Der je im Kampf gefochten · und seinen Schildrand trug!
So feind ich ihm gewesen bin · mir ist leid um ihn genug."

Da sprach der alte Hildebrand · „Es kommt ihr nicht zugut,
Daß sie ihn schlagen durfte · Was man halt mir tut,
Ob er mich selber brachte · in Angst und große Not,
Jedennoch will ich rächen · dieses kühnen Tronjers Tod."

Hildebrand im Zorne · zu Kriemhilden sprang:
Er schlug der Königstochter · einen schweren Schwertesschwang.
Wohl mußt' sie erfahren · von Hildebranden Pein;
Was konnt' ihr da helfen · ihr verzweifeltes Schrein?

Die da sterben sollten · die lagen all' umher:
Zu Stücken lag verhauen · die Königin hehr.
Dietrich und Etzel · huben zu weinen an
Und inniglich zu klagen · mancher Freund und Untertan.

Da war der Helden Herrlichkeit · hingelegt im Tod:
Die Leute hatten alle · Jammer und Not.
Mit Leide war beendet · des Königs Lustbarkeit,
Wie immer Leid die Freude · am letzten Ende verleiht.

Ich enkan iu niht bescheiden · waz sider dâ geschach,
wan rîter unde vrouwen · weinen man dâ sach,
dar zuo die edeln knehte · ir lieben vriunde tôt.
hie hât daz mær ein ende · ditze ist *der Nibelunge nôt.*

Ich kann euch nicht bescheiden · was seither geschah.
Als daß man Fraun und Ritter · immer weinen sah,
Dazu die edeln Knechte · um lieber Freunde Tod.
Hier hat die Mär' ein Ende · das ist die Nibelungennot.

INHALT

INHALT